MD VOCA 수능

MD 영어연구소 문덕.김형탁 지음

지수

MD VOCA 수능 개정9쇄 2024년 03월 25일 **지은이** 문덕·김형탁 지음 **발행처** 도서출판 지수 **주소** 서울시 마포구 토정로222 (한국출판콘텐츠센타 417호)

전화 02-717-6010 **팩스** 02-717-6012 **인쇄** 창 미디어(070-8935-1879) **ISBN** 978-89-93432-28-2 [53740] * 잘못된 책은 구입한 서점에서 바꿔드립니다.

* 이 책의 전부 또는 일부 내용을 재사용하려면 사전에 저작권자와 도서 출판 지수의 동의를 받아야 합니다. * 책값은 뒤표지에 있습니다.

『MD VOCA 수능』은 대학 진학을 앞둔 고등학교 학생들이 반드시 알아야 할 핵심 필수어휘 1800여개를 담았습니다. 수능 기출 문제와 내신 교과서들의 철저한 분석을 통하여 엔트리를 발췌하였으며 오랜 기간의 연구와 강의를 바탕으로 학생들이 가장 효율적으로 어휘를 암기할 수 있는 방법론이 이 책의 모든 페이지에 녹아 있다는 것을 말씀드립니다.

인간은 어떤 사물을 기억을 하려할 때 기억을 돕는 도우미역할을 하는 요소를 활용하는 경우가 많습니다. 우리가 어떤 연예인하면 맨 처음 머릿속에 떠오르는 특정한 이미지가 바로 그것이지요. 때로는 그것이 외모적 특징 일수도 있고, 또는 그가 출연했던 드라마나 영화일 수도 있으며 만약 그 연예인이 가수라면 노래일 수도 있습니다. 다른 경우에는 여러분이 우연히 길거리나 식당에서 마주친 적이 있다면 이것 또한 그 연예인에 대한 기억의 암기코드로 작용을 하게 될 것입니다.

영어 단어도 자기만의 암기코드를 갖는다면 훨씬 암기가 빠르고 효율적이며 지속적인 암기가 가능할 것입니다. 본서에서 다루어지는 모든 단어는 〈다의어 암기 코드〉, 〈 어원 암기 코드 〉, 〈 주제별 암기 코드 〉 세 가지 암기코드 중 하나의 도움을 받게 될 것입니다.

다의어 암기코드는 여러 뜻을 가진 다의어들에 대하여 '영어단어의 의미는 하나다'라는 관점 하에 해당 다의어의 중심의미를 파악해 냄으로써 그 단어의 여러 가지 의미들이 정확하고 오래 기억되게 하는『MD VOCA 수능』만의 획기적인 장치입니다. 어원 암기코드는 '영어 단어도 한자와 같다' 라는 인식하에 영어단어 안의 의미 덩어리들인 접두어, 어근, 접미어를 통하여 과학적으로 영단어를 이해하는 가장 효율적인 암기 장치입니다. 마지막으로 주제별 암기코드는 테마별 단어들의 집합을 통하여 어원적으로 접근하기에 다소 무리가 가는 단어들을 효율적으로 덩어리로 묶어내어 서로서로 연상되며 기억이 오래가도록 하는 흥미로운 암기장치입니다.

이 세 파트에 의하여 여러분은 가장 효율적인 어휘학습의 암기코드를 안내받게 될 것입니다. 또한 본서의 모든 단어들은 WCS(Word - Coupling - Sentence) 학습법이 가능하도록 구성이 되어 있으며 부록편을 통하여 예문은 따로 정리도 되어 있으므로 이 또한 잘 활용하신다면 단어의 암기는 기본이거니와 향후 독해나 심지어 영작에도 큰 힘이 될 탄탄한 실력을 갖추게 될 것입니다. 아무쪼록 본서와 함께 여러분이 꿈을 펼칠 수 있는 초석이 마련되길 간절히 기원합니다.

본서가 나오기까지 많은 분들의 헌신적인 노력이 함께 했습니다. 바쁜 일정에도 교정과 감수를 맡아주신 강상구 교수님, 김성현 교수님께 깊은 감사를 드립니다. 원고정리에 도움을 준, 고마운 제자들인 하지희, 고주연, 안은지, 김원희 학생들께 깊은 감사를 드립니다. 항상 멋진 디자인을 완성해 주시는 구수연 팀장님과 편집을 도맡아 멋진 책을 만들어 주신 김화정 선생님께도 깊은 감사를 드립니다. 또한 힘든 여건 속에서 묵묵히 각자의 역할들을 충실히 수행해 온 출판사의 모든 식구들에게 깊은 존경과 사랑을 보냅니다. 마지막으로 MD에 항상 애정과 격려를 아끼지 않는 수많은 독자 여러분께 깊은 감사와 무한한 응원을 보냅니다.

2020. 문덕 김형탁

MD가 대한민국 고등학생들에게 보내는 희망 편지

*다음의 편지는 여러분의 영어학습에 대한 근원적인 문제 제기와 함께 희망의 메시지를 전달 하고자 하는 주된 목적 외에도 『MD VOCA 수능』의 혁신적인 학습법을 상세히 소개하여 본서를 더욱 잘 학습하도록 이끄는 학습 가이드로서의 목적도 담겨있습니다. 지금 바로 읽기가 부담스럽다면 나중에라도 공부를 하시다가 중간에 짬을 내서 꼬옥 읽어 주시면 감사하겠습니다.

어휘 학습의
중요성에
관하여

우리는 왜 어휘학습을
따로 해야만 하는가?

어휘학습을 시작하기에 앞서서 가장 먼저 우리가 분명히 해두어야 할 점이 있는데 그것은 과연 영어 어휘만을 따로 모아놓은 본서와 같은 Vocabulary서를 공부를 해야 하는지에 관한 질문입니다. 영어 선생님들에게서도 영어 어휘만을 따로 공부하는 것은 바람직하지 못하다는 주장을 곧잘 만나게 되는데요. 그러한 주장은 결국 영어 어휘는 독해지문이나 대화를 통해 익혀야 한다는 얼핏 보면 너무나 당연한 주장에 기반한 것이라고 할 수 있는데, 여기에는 결정적인 상황판단의 오류가 담겨있답니다. 미국의 원어민들이야 눈을 뜨고 나서 잠이 드는 순간까지 무슨 활동을 하던 간에 거의 모든 순간이 언어의 습득과정이자 무한 반복의 연속이지요. 마치 우리나라 사람들이 한국어를 배워온 방식처럼 말이죠. 하지만 우리나라 사람들에게 영어는 모국어가 아니며 항시적으로 노출될 수 있는 언어 환경이 마련되어 있지 않다는 것이죠. 그러므로 영어를 영어 단어를 네이티브의 방식처럼 익혀야 한다는 말은 얼핏 보면 너무나 당연한 말처럼 보이지만 사실은 매우 황당하고 무식한 궤변에 지나지 않습니다. 이러한 이유 때문에 우리 조상들도 한자 공부를 하려할 때 처음에 천자문만큼은 묻지도 따지지도 않고 떼는 것을 가장 기본으로 여겼던 것입니다.

영어 어휘의 별도 학습은 무조건적으로 필요합니다. 다만 너무 단어와 한글 뜻 이 두 가지 암기에만 매몰될 때 부작용이 생길 여지가 있는데 걱정 마십시오. 『MD VOCA 수능』에는 정확한 의미를 전달하는 용례와 수준 높은 예문까지 완벽한 어휘학습을 위한 보조 장치가 따로 마련이 되어 있으니까요.

영어공부를 어휘부터 시작하십시오. 산골의 소년도 설사 조그만 섬마을 친구라도 아무런 부담 없이 할 수 있는 것이 어휘 공부입니다. 이 책을 한번 공부해 보십시오. 당신의 영어 운명이 달라질 것입니다.

독해만을 통해서 어휘학습을 할 때
생기는 문제점은?

영어 어휘학습에 있어서 가장 커다란 장애물이 있는데 그것은 바로 '다의어'와 관련된 문제입니다. 영어 단어들 중에는 한 단어 안에 여러 가지 의미를 가지고 있는 다의어들이 매우 많으며 특히 우리가 공부하고자 하는 고교 수준의 기본어휘에 이러한 다의어가 많이 분포되어 있습니다. *deliver*의 예만 봐도 금방 이해할 수 있는데 영어의 기본단어들은 대부분 다의어 투성이입니다.

deliver   **1.** 배달하다   **2.** 해방시키다   **3.** 연설하다   **4.** 분만시키다

아마 여러분 중에서 설사 deliver 를 이미 알고 있다 할지라도 이렇게 네 가지를 모두 다 알고 있는 경우는 드물 것입니다. 만약 이 단어가 어떤 독해 지문에 쓰인다면 이 네 가지 중에서 어느 한 의미로 나올 가능성이 높은 것이죠. 만약 독해를 통해서 설사 이 단어가 들어있는 지문을 공부를 했다 치더라도 나머지 세 가지 의미의 용례는 접할 수가 없는 것이죠. 또 분명히 안다고 믿는 단어인데 해석이 어색한 경우를 보면 다른 뜻으로 쓰인 문장인 것을 사전을 찾아 보고 나서야 깨닫게 되는 것이죠. 이런 과정 속에서 빠른 독해를 꿈꿀 수는 없는 것이죠. 그러므로 독해를 통한 어휘 학습만으로 영어 어휘공부의 모든 퍼즐이 완성될 수 없음은 자명한 이치이며 독해학습이외의 별도의 어휘 전문학습이 병행되어야 하는 것입니다.

고교 기본어휘 학습을
소홀히 하면?

무턱대고 '독해 중심 어휘 학습'을 일정 기간 수행하는 데도 학생의 실력이 늘지 않을 때 가장 먼저 찾아오는 것이 영어에 대한 자신감 상실과 좌절감입니다. 많은 사람들은 이 좌절감의 원인을 문법이나 독해에서 찾는 경우가 많은데 사실은 새로운 어휘들의 엄청난 '인구수', 그리고 다의어들이 가져다주는 끊임없는 당혹감과 자신의 어휘 암기력간의 괴리가 커지면 커질수록 영어에 대한 좌절감이 증가하게 되는 것이죠. 이 좌절감은 학생과 영어 사이에 '벽'을 만들기 시작하고 그 벽을 방치하게 되면 어느 순간부터는 영어에 대한 흥미를 잃고 아예 포기하게 되는 현상이 벌어지는 것입니다.

성인 대학생이 되었는데도 영어 실력이 바닥에 가까운 학생들에게 공통적으로 발견되는 점은 '중 고등 기본 어휘력'이 절대적으로 떨어진다는 것입니다. 또한 이런 친구들이 영어와 담을 쌓게 된 시작점이 대부분 중학교 3학년이나 고등학교 1학년 무렵인데 이 시기부터 암기해야 할 어휘량이 대폭 증가한다는 점에서 그 원인을 찾을 수 있을 것입니다. 그러므로 기본 어휘의 체계적 선행학습은 단순히 학생들의 내신과 수능 성적을 올린다는 현실적인 목표를 위한 것일 뿐만 아니라 한 학생의 '영어 운명'을 좌우하는 가장 중요한 요소라는 점을 반드시 인식해야 합니다. 저는 오랜 기간 현장에서 강의하고 연구를 통해 우리나라 영어 교육에서 가장 개선되어야 할 부분에 대해서 확신하고 있습니다. 문제는 당신의 어휘입니다. 어느 영화에서 비슷한 대사를 들은 것 같기도 하네요. "뭣이 중헌디?" "어휘가 없네~!"^^

그렇다면 이제 '체계적인', 어휘학습을 어떻게 할 것인가의 문제가 제기되는데 체계적인 어휘 학습을 고민하는 과정은 실제로 '잘못된' 어휘학습들을 정확히 짚어내고 그것들을 바르게 고쳐나가는 것이라고 할 수 있습니다.

잘못된
어휘학습은 당신의 영어를
병들게 합니다

어휘 강의와 연구를 20년 넘게 해 오면서 가장 한탄스럽고 한편 책임감을 통감하는 문제가 하나 있는데, 그것은 바로 영어 발음을 왜곡하여 한글 발음과 적당히 교차시켜서 단어를 암기 시키는 '한글 발음 연상 암기법'이 활개치고 있다는 사실입니다. '뇌과학' '암기과학' '해마'등의 적당한 광고성 용어들로 학생들을 현혹하고 있는데, 진정 과학적이고 효율적인 방법일까요?

> *wife* [waif] (아내): 와 이쁘다. 누구 아내지?
> *amazing* [əméiziŋ] 놀라운: '어메~ 징그러운거~!'하며 놀라는 모습
> *allure* [əlúər] 매혹하다: 예쁜 여성에게 '어 누워'하며 유혹한다.
> *navigation* [nævəɡéiʃən] 항해하다: '내 비개(베개) 어디섰?'하며 찾아 돌아다니는 모습

혹시 '오잉! 완전 효율적인데 뭐가 문제예요' 하시는 분 안계신가요? 영어 수업이 다소 지루하고 학생들이 힘들어 할 때 농담 삼아서 얼마든지 이런 방식으로 분위기 전환을 할 수는 있다고 생각합니다. 저도 사실 장난스럽게 학생들에게 간간히 농담처럼 중간에 가볍게 소개하기도 합니다. 하지만 결단코 이런 방식을 감히 어휘 암기의 하나의 주된 '방법론'으로 대우할 수는 없는 일이죠. 우리가 사탕이나 초콜릿을 간혹 먹을 수는 있지만 결코 아이들의 주식이 되어서는 안되는 이유와 똑 같습니다. 왜냐하면 이런 방식에는 너무나 심각한 부작용이 많기 때문입니다. 이러한 단어 암기법이 가져오는 심각한 폐해를 살펴보도록 하겠습니다.

심각한 발음 왜곡현상의
문제가 발생합니다.

세계는 글로벌 경쟁시대로 이미 접어들었고 이제는 speaking도 매우 중요해진 시대입니다. 물론 발음을 꼭 네이티브처럼 제대로 완벽히 해야 하는 것인지는 또 다른 문제이기는 하지만 그렇다고 일부러 발음을 왜곡되게 입력하는 것은 대단히 심각한 문제라고 아니할 수 없습니다.

우리의 자녀들이 영어의 wife의 발음을 정말 우리말 [와 이쁘]처럼 발음한다면 아무런 문제가 없는 것일까요? 또한 wipe(닦다)와의 혼란과 구별의 문제는 또 어떻구요? 영어의 자음과 우리말의 자음은 우리말과 달리 서로 비슷해 보이지만 실상은 조음과 음가에 있어 차이가 심한 경우도 있는데 [l/r=ㄹ? : lead 이끌다/read 읽다], [f/p=ㅍ? : fine 좋은/pine 소나무], [b/v=ㅂ? : berry 딸기, bury 묻다/ very 매우], [z/ʒ/dʒ=ㅈ? : use 사용하다/pleasure 즐거움/age 나이] 등 한글로는 서로 구분이 안 되지만 영어에서는 서로 분명히 구분해야할 발음들이 상

당히 많답니다. 흔히 모음의 경우는 우리말 [ㅏ ㅔ ㅣ ㅗㅜ]와 별로 다르지 않을 것이라고 오해하는 경우가 많은데 사실은 모음의 경우는 더 심각해서 [ㅔ/ㅐ ?e/æ: pen 펜/pan 냄비, 후라이팬] 이나 [ㅗ? ou/ɔ: boat 배/bought 'buy 사다' 의 과거형]의 경우에서 알 수 있듯이 이러한 발음차이가 얼마나 중요한지 영어를 조금만 이해해도 절실히 깨닫게 될 것입니다. (자세한 설명은 www.moonduk.com에서 **MD 스마트 발음기호 무료 동영상 강의**를 참조하세요.)

'한글 발음 연상 암기법'이 유사한 영어 발음들의 차이에 대해 얼마나 학생들의 눈을 멀게 하는지가 납득이 잘 안 간다면 아래의 그룹들만 보아도 쉽게 이해하실 수 있습니다. 한글 발음으로는 대충 비슷해 보이지만 미국사람들에게는 그리고 listening시험 등에서 그 구분이 너무나 기본적이라고 할 수 있는 많은 혼동어휘들을 보세요.

필?	*fill* 채우다 / *feel* 느끼다 *pill* 알약 *peel* 껍질을 벗기다
페어?	*fair* 공정한 *fare* 운임 *pair* 쌍 *pare* (칼로) 껍질을 벗기다 *pear* 배
리드?	*read* 읽다 *lead* 이끌다 *reed* 갈대 *lid* 뚜껑 *rid* 제거하다
보트?	*boat* 배 *bought* 샀다 *vote* 투표하다

가볍게 장난스럽게 학생들에게 농담 비슷하게 간간히 이 방법을 사용할 수는 있겠으나 진지한 자세로 마치 혁신적인 단어 암기법인양 어린 학생들을 현혹하여 학생들에게 무차별적으로 위의 방식을 전달하고 있는 현실은 영어 교육자들 전체의 책임이라 아니할 수 없습니다.

심각한 의미 왜곡 현상을
일으키는 경우도 많습니다.

영어에는 한글로 보면 비슷해 보이지만 같은 동의어끼리도 미묘한 때로는 심각한 의미차이가 나는 경우가 종종 있습니다. amazing(놀라운)을 외우는데 있어서 '놀라운 장면을 보며 어메~ 징그러운거하는' 모습을 연상하며 잘 외우셨다구요? ㅎㅎ amazing은 그렇게 부정적인 뉘앙스가 아니라 wonderful처럼 '대단하고 놀라운' '굉장한'의 긍정적인 의미인데 이 일을 어찌할까요? allure도 사실 seduce와 같이 노골적으로 '유혹하다'의 뉘앙스가 아닌데 어떡할까요? 만약 한번 이런 방식으로 당신의 두뇌가 '오염'이 된다면 그걸 바꾸는 과정 또한 아주 성가신 일이 될 것입니다.(얼마 전 신문에서 위의 '한글 발음 연상 암기법'에 관하여 비판적인 기사를 몇 차례 본 적이 있습니다. 그 기사들에서 하나같이 문제 삼고 있는 것은 allure의 경우처럼 여성을 비하하고 성적인 대상으로 묘사하는 부분이었습니다. 물론 그 부분 또한 심각한 문제라고 할 수 있겠지만 성희롱적 요소가 다수 포함된 것이 이 학습법이 가지고 있는 문제의 본질은 결코 아니며 사실 지금 제가 설명하고 있듯이 훨씬 더 심각한 해악성이 담겨있다는 점입니다. 설사 성희롱적 표현이 없다해도 원래 문제가 심각한 방식인거죠.)

그러나 안타깝게도 현실은 지금 이 순간에도 위의 '한글 발음 연상법'을 시도하는 수많은 교재와 온라인 강의들이 단기간에 몇 천 단어를 외울 수 있다는 달콤한 유혹의 광고들로 학생들을 잘못된 길로 인도하고 있습니다.

다의어와 파생어 문제에 대해서
아무런 해결책이 되지 않습니다.

영어 어휘, 그 중에서도 고교수준의 기본어휘는 특히 '다의어'가 많습니다. 아주 오래전에 어떤 고등학생이 draft 란 단어를 위의 '한글 발음 연상법'으로 다음과 같이 배웠다며 저에게 질문을 해 온 적이 있습니다.

> ***draft*** (1. 기초 설계도 2. 마시기, 모금)
> '농사를 지으려면 draft(<u>들에부터</u>),나가서 일을 하는 것이 <u>기초</u>이다.
> 일을 열심히 하고나서 물을 <u>한 모금</u>을 마셔서 갈증을 푼다.'
> – 대충 이런 식이었던 것으로 기억이 납니다.

이 학생의 고민상담의 내용은 다음과 같았습니다. 이렇게 나름 혁신적 방법이라 믿고 공부를 했는데 우연히 저의 다른 교재와 강의를 보고 나서 의문이 들더라는 것이죠. 하긴 draft 는 '1.기초 설계도 2.마시기, 모금'외에도 '3.징 집, 징병' '4.통풍, 외풍 5.어음'이라는 중요한 뜻도 있거든요. ㅎㅎ 바로 이런 의미들은 어떻게 해야 하는 것인지 저에게 묻는 질문이었습니다. 사실 그 순간 저는 한 숨부터 나왔던 것은 사실이지만 이런 일도 스스로 대한민국을 대표하는 어휘강사라고 자부하는 저에게도 상당부분 책임이 있다고 생각하며 분노를 삼켰던 기억이 납니다. 중고 등학교의 기본어휘, 특히 동사들은 다의어가 80%이상이라고 할 수가 있습니다. 한 가지 의미를 발음을 조작해서 설사 외웠다 할지라도 다른 의미는 어떻게 할 것인가를 조금만 고민해 본다면 이 방식을 얼마나 학생들을 '기만'하 고 있는지를 쉽게 알 수 있는 것이죠.(draft의 해결책은 조금 뒤에 말씀드리겠습니다.)

뿐만 아니라 영어 단어는 품사에 따라서 파생변화가 복잡한 언어인데 만약 동사의 발음을 한글과 억지로 연결하여 말을 만든 다음에 암기하도록 하였다면 명사나 형용사의 암기시에 도움이 아니라 오히려 혼란을 일으키는 경우가 너무나 많지요. 그래서 설사 위의 잘못된 방법으로 어떤 어휘를 잘(?) 암기하였다손 치더라도 독해지문에 등장할 때 학생들이 생각처럼 쉽게 의미를 연상해 내지 못한다는 것입니다. 그리고 결정적으로 '한글 발음 연상법'을 이 방 법으로 강의를 하는 강사에 따라서 나름 '암기코드' 라고 제시하는 위와 같은 한글로 된 '암기 주문'이 다르다는 것 이죠. 그리하여 똑 같은 영어 단어에 대해서도 여러 한글 암기 '주문'들이 여기 저기 난무하니 도대체 이게 무슨 난 리입니까? 그래서 언뜻 매우 '달콤해' 보이는 이 방법으로 영어 어휘를 익힌 학생들이 시간이 지날수록 나중에 이 방법에 스스로 회의감을 느끼거나 부작용을 호소하는 경우를 너무나 자주 접하고 있습니다. 마치 '달콤한' 사탕이 나 초콜릿을 너무 자주 그리고 오랫동안 먹을 때 그 심각한 부작용이 나중에 나타나는 것처럼 말이죠.

이제는 이러한 '교육적 범죄'는 우리나라 영어 교육에서 사라져야 하며 이 일은 공교육이건 사교육이건 영어 교육 에 몸담고 있는 모든 사람의 책임이라고 할 수 있습니다. 혹시 그럼에도 불구하고 소비자인 학생들이 좋아하는데 무엇이 문제인가라고 누군가 반문한다면 저는 이런 질문들을 던지고 싶습니다. '우리가 아무리 학생들을 가르치며 돈을 버는 직업을 가지고 있다고 할지언정 돈만 벌게 되면 모든 것이 정당화되는 것입니까?' '다른 학생들이 아니 라 당신의 자녀가 진정 이 방법으로 영어 어휘를 익히려 한다면 과연 추천하시겠습니까?'

올바른
어휘 학습법은
무엇인가?

01

영어 발음 피하지 말고
부딪혀 극복합시다.

『MD VOCA 수능』은 학생들이 발음에의한 좌절과 그에 따른 사기적 방식들이 침투하는 것을 막아주는 근원적 힘을 주기 위하여 〈MD 스마트 발음표〉를 책의 서두에 따로 마련하였습니다. 또한 QR코드를 통하여 바로 네이티브의 정확한 발음법을 확인할 수 있도록 하였으며 무료 해설 강의도 마련하였으니 아무리 영어에 대한 두려움이 있는 학생도 쉽게 영어 발음에 대하여 제대로 이해할 수 있을 것입니다. 이제 어휘 학습을 본격적으로 시작하기 전에 반드시 이〈MD 스마트 발음표〉를 원어민의 발음과 함께 학습하고 나면 실제 어휘 학습을 하는데 중추적 도움을 받을 수 있답니다.

❶ 발음이 철자보다 중요한 이유는?

영어나 우리말이나 언어의 '보편적인 특성 (universal feature)'을 공유하고 있는데, 그것은 바로 발음이 철자보다 훨씬 중요한 역할을 한다는 것입니다.

지금 당장 우리말 아무 단어나 떠올려봅시다.

예를 들어 '해가 뜨는 것'을 '해돋이' 영어로는 'sunrise'라고 하는데 우리말을 생각할 때 발음만 떠오르지 그 철자가 'ㅎ/ㅐ/ㄷ/ㅗ/ㄷ/ㅇ/ㅣ'처럼 머릿속에 떠오른다면 크나큰 병이라고 할 수가 있지요.

영어도 마찬가지라서 sunrise의 경우에 [썬라이즈]라는 발음이 중요하고 머릿속에 들어있는 가장 중요한 정보인 것입니다. 결코 's /u/n/r/i/s/e' 이런 식으로 철자의 연결형이 중요한 정보는 아니지요. 그러니 이 제부터는 철자보다 오히려 발음을 훨씬 중요하게 기억하려는 의식적 노력이 필요한 것이죠. 어휘암기를 유난히 힘들어 하는 학생들의 공통적인 특징 중에 하나가 바로 단어를 공부할 때 발음을 하지 않거나 심지어 발음기호를 잘 읽지를 못하는 현상입니다. 의외로 상당수의 학생들의 발음기호를 제대로 읽지를 못하는 경우를 목격하게 되는바 재차 강조하지만 반드시 〈MD 스마트 발음표〉를 먼저 학습하시면 가장 큰 난 관이 해결이 되는 것입니다.

❷ **철자를 실수하는 경우에 대하여**

발음을 중시하다가 철자를 틀리게 되면 어떡하느냐는 질문을 하실 수도 있습니다. 미리 결론부터 말하면 철자를 틀리되 발음만 잘 한다면 그건 '아름다운 실수'로 이해하셔야 합니다. 다음의 예들을 생각해 봅시다.

    a. '해돋이'라고 제대로 철자를 쓰면서 발음을 '해도디'로 하는 경우

    b. '해도지'라고 철자를 잘못 쓰면 서 발음은 '해도지'로 제대로 하는 경우

    c. 'sunrise'라고 제대로 철자를 쓰면서 발음을 '썬리즈'로 하는 경우

    d. 'sunrize'라고 철자를 잘못 쓰면서 발음은 '썬라이즈'로 제대로 하는 경우

위 네 가지는 모두 다 잘못된 점을 포함하는 경우이나 a.와 c.는 언어생활을 하는 데 심각한 어려움을 초래하지만 b.나 d.는 커다란 어려움 없이 또 그 실수 교정 기회를 나중에 자연스레 얻을 수도 있습니다. 그러므로 우리는 우선 정확한 발음은 머릿속에 기억하고 그 다음에 철자의 조합을 연결해서 기억하려는 기본적 자세를 갖추어야만 합니다.

❸ **발음과 철자를 짝지어 단어를 외우는**
구체적인 방법은?

발음을 철자를 익히는 데 구체적으로 어떻게 활용할 것인가? 우선 발음과 철자를 한 음절단위로 일대일 대응을 시켜 나갑시다. 물론 영어단어의 '음절'을 어떻게 구분하느냐는 좀 까다로운 면이 담겨져 있답니다. 굳이 음절의 정의를 내린다면 '소리가 나는 모음이 포함된 발음의 단위'라고 말할 수 있는데요. 우선은 '영어단어를 천천히 발음을 할 때 호흡이 한 덩어리로 묶이는 단위'라고 생각하도록 합시다. 단어 발음의 첫 단계는 바로 이러한 음절 단위로 발음을 해보며 철자와의 연관성을 느껴 보는 것입니다. 예를 들면

"sun 썬 rise 라이즈" "a애 pple 플" "in인 di 디 vi 비 sual 쥬얼" "dis디스 cus커 sion션"

실력이 조금씩 좋아지다 보면 2음절 이상씩을 묶어서 철자와 연결하는 것이 가능해질 것입니다. 여기서 주의할 것은 너무 음절에 대한 정확한 이해를 바탕으로 하기보다는 스스로 발음하기 편한대로 자르면 된다는 점입니다. 예를 들면

"indi 인디 visual 비쥬얼" "dis디스 cussion커션" "cele 셀러 brate 브레이트 "

이런 식으로 항상 발음을 최우선시하는 습관을 기르면 자신감도 생기고 훨씬 더 좋아질 것입니다. 우리 모두 발음을 중시해서 음과 철자를 연결해서 익히려는 습관을 기르도록 합시다. 이제부터는 새로운 단어를 만나면 제일 먼저 발음을 음절단위로 해보며 철자와 발음의 연관성을 느끼려 노력해 보시길 당부드립니다. 그래서 어떤 단어를 공부하고 나서 떠올릴 때 반드시 '의미'보다 먼저 '발음'이 떠오르는 과정이 몸에 배도록 노력하세요.

02

다의어를 이해하면
영어의 새로운 세계가 열립니다.

영어 어휘에서 앞에서도 살짝 언급한 다의어 문제가 얼마나 심각하며 영어 학습자를 얼마나 괴롭히는지는 영어 학습을 조금이라도 진지하게 해 본 사람이라면 누구나 느껴 보았을 것입니다. 이러한 다의어에 대한 문제에 있어 우리 영어 선생님들은 어떤 입장을 취해왔을까요? 이렇게 자조 섞인 목소리로 논할 수밖에 없는 것은 너무나 자연스럽게 너무나 뻔뻔스럽게 아무런 대안을 내놓지 못했기 때문이죠. 학생들은 설사 어떤 영단어의 한 의미를 확실히 외웠다할지라도 새로이 만나는 낯선 의미들에 의해 계속 좌절하고 힘들어하고 있는데 말이죠.

> *bill* n. 1.지폐 2.청구서 3.법안
>
> *draft* 는 1. 기초 설계도 2. 징병, 징집 3. 통풍 외풍 4.마시기, 모금 5.어음

"열심히 반복해서 외워라!!" 과연 이것이 우리가 내놓을 수 있는 유일한 대안일까요? take 같은 기본 어휘의 경우를 보면 심지어 사전에 30가지 이상의 의미가 실려 있기도 하지요 . 과연 반복만으로 이러한 다의어 현상에 대한 문제를 해결할 수 있을까요? 미국사람들은 어떻게 이 복잡하고 까다로운 의미체계를 이해하고 있는 것일까요? 이제는 달라져야 합니다. 21세기를 선도해 갈 우리의 젊은 두뇌들은 우리 기성세대들처럼 어리석게 공부하지 않았으면 하는 것이 제 진정한 바램이며 그동안 강의와 연구를 통해 축적한 다의어 공략의 비법을 『MD VOCA 수능』에 완벽히 구현하였습니다.

◆ 다의어 공략 tip 하나 :
"영어 단어의 의미는 하나의 이미지다!!"

bill n. 1. 지폐 2. 청구서 3. 법안

자 이제 bill 의 여러 의미를 단순 반복으로 마구 외우려 하지 마시고 하나의 중심 의미로서의 이미지를 떠올려 봅시다.

bill : "직인 도장이 찍혀있는 직사각형 모양의 종이"

→ 가게에서 받는 직인을 찍은 종이 : 청구서

→ 직인이 찍힌 종이돈 : 지폐

→ 직인이 찍힌 공식적인 종이문서 : 법안

◆ 다의어 공략 tip 둘 :
어원을 보면 수많은 다의어의 의미가 보인다 .

draft : draw(끌다 에서) 유래:

→ [펜을 끌어 그린 것]: 설계도, 기초

→ [병사를 군대로 끌어들임]: 징병, 징집

→ [밖에서 바람을 끌어 들임]: 외풍, 통풍

→ [마실 것을 몸 안으로 끌어 들임]: 마시기 , 모금

→ [돈을 끌어오는 것어음]

결국 draft는 알고 보니 draw와 한 집안의 단어였군요. 철자상의 유사함도 이해가 되구요. 『MD VOCA 수능』의 1, 2, 3장에서는 먼저 고교 수준의 핵심 다의어들의 공략법을 먼저 집중 훈련을 할 것입니다. 이걸 바탕으로 본 교재의 곳곳에서 등장 할 수많은 다의어들과의 싸움을 성공적으로 이끌어 나갈 것입니다. 그리하여 여러분 모두가 영어 다의어 세계에 눈을 뜨게 되면 영어에 대한 엄청난 자신감과 이해력을 갖게 된다는 점을 분명히 말씀드립니다.

03
어원이 어휘학습의 희망입니다.

❶ 왜 어원인가?

어휘 학습에서 가장 중요한 방법론이 바로 영어 단어의 어원을 활용하는 것입니다. 우리말이 중국한자어에서 많은 어휘를 차용해 쓰는 것처럼 영어도 Latin어나 Greek어에서 들여온 단어가 80%가 넘는답니다. 그런데 Latin어나 Greek어는 한자처럼 철자자체에 의미가 반영되어 있는 표의문자이지요. 그러므로 많은 영어 단어는 어원적인 분석의 도움을 받을 때 의미추출이나 이해가 훨씬 수월하게 되는 것이죠. 본서에서는 어원이 단어의 의미로 쉽게 연결되는 것을 친절하고 명료한 어원 분석을 통해 제시하고 있습니다. 이 책을 공부하는 내내 여러분이 꼭 기억해야할 또 다른 급훈이 있습니다.

"영어 단어도 한자와 같다!!"

> *subscribe* : 1.서명하다 2.구독하다
> 접두어 *sub*(아래) + 어근 *scribe*(쓰다) : (문서) 아래에 쓰다 ➡ 1.서명하다
> ➡ (잡지 등의 신청서에) 아래에 써서 서명을 하다 ➡ 2.구독하다

이렇게 간단히 어원만 분석해보면 *subscribe*가 그냥 우연한 철자의 조합이 아니라 나름 의미를 가지고 있는 두 의미 덩어리임을 알 수가 있으며 앞서 말씀드린 것처럼 다의어의 의미연결도 쉽게 이해가 되지요. 그런데 어원적 접근은 가장 중요한 핵심적 기능이 있으니 같은 어근을 공유하는 다른 단어들의 학습에 있어서 가히 혁명적이라고 할 수 있는 암기와 이해효과를 가지고 있다는 것입니다.

> *describe* : 서술하다
> *de*(아래로) + *scribe*(쓰다) : (어떤 주제에 관하여) 아래로 써내려가다 ➡ 묘사하다
>
> *prescribe* : 처방하다
> *pre*(이전) + *scribe*(쓰다) : (환자를 약국에 보내기 전에) 미리 쓰다 ➡ 처방하다
>
> *inscribe* : 새기다
> *in*(안) + *scribe* (쓰다) : (묘비 등의) 안에 쓰다 ➡ 새기다

위에서 알 수 있듯이 한 어근을 익힘으로써 많은 다른 어휘들까지 쉽게 익히는 놀라운 효과를 가지고 있습니다. 마치 물고기를 잡을 때 한 마리 한 마리 낚시로 잡는 것이 아니라 그물로 한꺼번에 많은 단어들을 잡는 효과라고 할 수 있겠지요. 여기에서 멈추지 않고 어원적 어휘학습은 여러분이 나중에 대학에 가서 만나게 될 대학 수준의 고급어휘학습의 튼튼한 발판이 되기도 한답니다.

〈대학 수준의 고급어휘들〉

> *scribble* : 휘갈겨 쓰다, 낙서하다
> 어근 *scribe*에서 유래

transcribe : 베끼다, 옮겨 적다
trans(가로질러) + **scribe**(쓰다) : 한 쪽에서 다른 쪽으로 가로질러 쓰다 → 베끼다

conscript : 징집하다
con(함께) + **script**(쓰다) : (징집 명단에) 함께 쓰다 → 징집하다

위 단어들을 통해 알 수 있듯이 지금 여러분이 어원을 통한 바람직한 학습 습관을 갖게 된다면 나중에 수능 수준을 뛰어넘는 대학 수준의 단어들을 차후에 학습을 할 때도 너무나 쉽게 어휘 수준을 업그레이드 하실 수 있답니다. 그러므로 지금 우리가 하고 있는 이 어휘 학습은 자동적으로 여러분의 미래 영어학습에 대한 너무나 충실한 준비과정이라는 점을 반드시 인식하기 바랍니다. 이제 우리 모두 영어 단어도 한자처럼 철자들이 의미를 갖고 있는 덩어리를 가진 '뜻글자'라는 인식을 통해서 단순한 반복이 아닌 좀 더 체계적인 어휘 학습을 시작하도록 합시다.

❷ **어원적 접근이 주는 추가적 선물들**

어원을 통해 어휘를 익히는 것은 '효과적이고 지속적 단어의 암기'라는 가장 중요한 이점과 앞서 소개해드린 다의어의 의미체계의 비밀을 풀어준다는 사실 외에도 여러 가지의 부수적인 이점들이 있는데 가장 핵심적인 몇 가지만 소개하고자 합니다.(좀 더 자세한 것은 www.moonduk.com을 통해 무료 동영상 강의를 통해 참고하기 바랍니다.)

a. 파생어 변화에 능동적으로 대처할 수 있다.

subscribe : 1. 서명하다 2. 구독하다   **sub-**(아래) + **scribe**(쓰다) : 아래에 쓰다 ➡ 서명하다

subscribe의 명사는 subscribement?, subscription?, subscribity?, subscribeness? 중에서 어떤 형태일까요? 얼핏 보면 어리석은 질문처럼 보일 수도 있지만 사실 파생어를 외우는 것이 매우 성가신 경우를 우리는 자주 경험하게 되고 많은 학생들이 단순히 반복이외에는 달리 방도가 없다고 생각하는 경우가 많습니다 . 하지만 inscribe의 명사가 inscription이고 prescribe의 명사가 prescription라는 점을 떠올린다면 쉽게 subscription이 명사임을 유추해 낼 수가 있다는 것이죠. 즉 어근을 공유하는 단어들은 파생어 변화도 대체로 유사한 형태를 띠는 경우가 많습니다. 이렇게 어원은 파생어 선택에도 도움을 주며 또한 많은 발음이 비슷하지만 철자가 다른 수많은 혼동어휘들은 어원의 상이함이 그 원인이라고 할 수 있답니다.

b. 단어의 뉘앙스(미미한 의미차이)를 파악하는데 도움을 준다.

delude : (완전히) 속이다   **de-**(강조) + **lud**(놀다)

'I was deceived by him.'과 'I was deluded by him.'은 어떻게 다를까요? 결론부터 말하면 delude가 포함된 문장이 의미가 더 강합니다. 즉 '완전히 속았다'의 의미를 delude가 전달하지요. 이런 점은 우리와 같은 외국인들이 볼 때는 가장 극복하기 힘든 난제 중에 하나인데요. 하지만 어원적 사고에 익숙한 사람은 이러

한 뉘앙스 문제에 대해 대처할 수가 있답니다. 'lud(놀다 : play)'라는 어근이 '그가 나를 가지고 놀았다'식의 속뜻을 전달할 수 있기에 deceive보다는 delude의 의미가 더 세다는 것을 알 수 있는 것이죠. 그러므로 이미 알고 있는 단어라도 어원적인 구성을 생각해 보면 그 깊은 뜻을 유추해 내는데 도움을 주는 경우가 많답니다.

c. 단어의 동의어나 동의 숙어를 익히는데 도움을 주기도 한다.

despise : 경멸하다
de-(아래로) + *spise*(보다)
동의 숙어 : *look down on*

위의 어원 분석을 조금만 신경을 써서 본다면 despise의 동의어로서 왜 look down on이 자연스럽게 연결되는지를 쉽게 이해할 수 있을 것입니다 .

위에서 살펴본 대로 어원적 접근은 단순히 어떤 단어를 조금 쉽게 익히는 차원의 문제가 아니라는 점을 분명히 말씀드리고 어원은 마치 아이들에게 산타할아버지와도 같이 우리들에게 주는 선물이 많은 너무나 고마운 어휘 학습 방법입니다.

04
어원으로 공략이 힘든 단어들을
〈주제별〉 학습을 통해 보완하십시오.

어원적 학습 방식은 가장 과학적이고 효율적인 어휘 학습 방식이지만 모든 어휘를 어원적 접근만으로 공략할 수는 없습니다. 그래서 『MD VOCA 수능』에서는 51장에서 60장까지 주제별 어휘학습 코너를 마련하였습니다. 동일한 테마 속에 들어 있는 단어들을 연관지어 한꺼번에 익히는 것 또한 중요한 어휘학습의 방법론입니다.

〈옷 의복 연관어휘 〉

clothing 명) (집합적) 의류, 의복
weave 동) ① (실·천을) 짜다 엮다 ② (이야기를) 지어내다, 만들어내다
pattern 명) ① 무늬 ② (정형화된) 양식, 패턴
trend 명) 동향, 추세, 유행
brace 명) 1. 멜빵 2. (조여 주는) 보조기, 치아교정기
shabby 형) 낡은, 허름한

위의 예를 통해 보면 알 수 있듯이 동일한 주제에 속한 단어 그룹을 같이 익힐 때 기억에 큰 도움이 되는 것은 널리 알려진 사실입니다. 우리가 '병원' '학교' '군대'하면 떠오르는 단어들의 그룹이 각기 다른 것은 원래 동일한 주제에 속한 단어들은 같이 뭉쳐서 기억되고 있기 때문입니다. 그래서 암기효율과 완벽한 수능어휘 정복을 위하여 『MD VOCA수능』에서는 100% 어원만으로 기술된 어원에 기초한 다른 교재들과 달리 테마별 어휘학습을 추가로 마련한 것입니다. 또한 본서 안에 마련되어 있는 표제어와 연관된 추가별 테마어휘코너를 통해 더욱 완성된 어휘 실력을 갖추기 바랍니다.

05

MD의 WCS 학습법으로
영어 실력을 업그레이드 하십시오.

WCS 학습법이란? MD 영어 연구소가 독자적으로 개발해낸 WCS(**W**ord 단어 – **C**oupling 짝짓기 – **S**entence 문장) 학습법은 한 단어에 그 용례에 해당하는 coupling(짝짓기)의 예를 제시하고 이 용례가 그대로 사용된 예문을 제시함으로써 어휘학습이 단어 암기에 머무르지 않고 독해와 작문으로까지 이어질 수 있는 기반을 튼튼히 하는 획기적인 영어 어휘 학습 시스템입니다.

> W: reservation 예약
> C: make a reservation 예약하다
> S: I'd like to make a reservation for three nights starting Apr. 10th. 저는 4월 10일부터 3박으로 예약을 하고 싶습니다.

『MD VOCA 수능』의 모든 표제어는 WCS학습법에 의하여 설명이 제시되고 있으므로 어휘학습이 단순한 한글 의미를 외우는 데서 멈추지 않고 암기의 지속성 보장과 함께 해당 어휘의 실제 proficiency(활용능력)를 대폭 올려주는 데에도 기여를 하게 될 것입니다. 또한 WCS 학습법은 어휘학습이 자연스럽게 독해는 물론 말하기(speaking)와 쓰기(writing)로 이어지며 MP3를 활용할 경우 듣기(listening) 능력까지 키울 수 있는 가장 이상적인 어휘 학습법입니다.

이제 영어를 포기할 필요가 없습니다. 육지와 동떨어진 저 멀리 낙도의 학생도, 깊은 산골의 소년도, 그리고 설사 집안 형편이 어렵더라도 주변에 크게 의지하지 않고 많은 비용을 지불하지 않고도 할 수 있는 것이 바로 영어 단어공부입니다. 그래서 제가 이 교재가 희망이라고 감히 말씀드리는 것입니다 .『MD VOCA 수능』이 영어의 만병통치약은 결코 아닙니다. 하지만 여러분이 이 책을 최소한 3회 이상을 회독한다면 여러분의 영어 고민의 너무나 많은 부분들이 시간이 지날수록 자연스럽게 해결이 되는 신기한 경험을 하게 될 것입니다. 당장 눈앞에 놓인 내신과 수능시험의 완벽한 대비는 물론이거니와 대학이후에 만나게 될 공무원, 편입, TOEIC 등 각종 영어 시험 준비가 상당부분 미리 해결이 되는 것이니 이 얼마나 기분 좋은 공부입니까? 즐겁게 공부하시기 바랍니다.

다른 나라도 많은 문제들을 안고 있겠지만 우리 대한민국은 너무나 많은 문제와 갈등요소들로 많이 병들어 있습니다. 그래도 항상 '교육이 국가의 백년지대계이다'라는 말이 의미하듯 교육만큼은 결코 '침몰'하지 않고 반드시 그 사회의 희망이 되어야만 합니다. 결국 여러분이 대한민국의 미래 그 자체이기 때문입니다. 저는 최소한 영어 교육에서만큼은 잘못된 부분을 바로 잡고 그러한 과정이 우리 학생들에게 희망을 주는 그러한 모습을 생각하며 온갖 난관과 싸워 가며 이 교재를 3년여에 걸쳐 준비해 왔습니다.

이제『MD VOCA수능』과 함께 여러분의 영어의 새로운 희망을 발견하는 중요한 과정이 여러분 앞에 놓여 있습니다. www.moonduk.com에서는 여러분의 이러한 희망 찾기를 최대한 지원하기 위해 각종 무료 학습 자료들을 지속적으로 제공하는 등 다양한 노력들을 기울일 것을 약속드립니다. 길고 장황한 편지 읽어주셔서 대단히 감사드리고 여러분 모두의 건투를 빕니다.

"짙은 어둠속에선 눈앞의 반딧불에 휘둘리지 말라! 동쪽을 향하여 묵묵히 걸어가라!!
그것이 당신이 아침을 가장 **빨리** 만나는 길이다." – 2018. MD

본문 구성

1. 다의어편

다의어를 완벽히 정복할 수 있도록 했습니다! 수능 시험에 빈출하는 핵심 다의어들을 단순한 암기가 아닌 완벽한 이해의 세계로 안내하는 경이롭고 혁신적인 학습법이 소개됩니다.

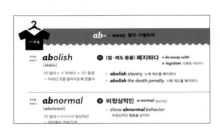

2. 어원 편

MD의 어원편은 최고의 암기과학입니다! 본서의 가장 핵심적인 암기코드인 어원을 활용한 과학적이고 효율적인 어휘학습을 통해 암기가 오래 지속되는 효과를 경험하게 될 것입니다.

3. 주제 편

어원만으로는 부족합니다. 마무리는 테마별 학습으로! 어원적 접근이 효율성이 떨어지는 경우의 단어들만 엄선하여 테마별로 묶어서 익히는 주제별 암기코드를 통하여 수능어휘를 완벽 대비할 수 있습니다.

4. 실전형 연습 문제

친절한 복습장치와 실전훈련은 TEST로! MD의 연습문제편은 학습을 마친 후 암기의 지속성을 극대화하고 실력력을 끌어올릴 수 있도록 다양한 문제양식으로 구성되어 있습니다.

부록 편 구성

WCS 학습법으로
예문 총정리

단어학습으로 독해와 청취까지! MD의 예문은 용례를 그대로 구현한 WCS 학습법으로 완성된 놀라운 결과물입니다. 본서를 최소1회 이상 회독한 이후에 예문을 함께 공부하신다면 단어의 복습은 물론 독해력과 작문능력까지 자연스럽게 향상시킬 수 있으며, MP3파일을 통한 학습을 병행한다면 청취력 향상에도 도움이 될 것입니다.

단어장

MD의 1,800여개의 단어와 뜻을 따로 모아 휴대 암기의 편의성을 극대화했습니다.

MD 회독 권장표

- 〈MD VOCA 수능〉은 당신의 완벽한 어휘실력을 위하여 최소 3회 이상을 회독하시길 권장합니다.
- 아래의 회독 권장표는 절대적 기준에 의한 것은 아닙니다.
  예를 들어 실력이 다소 뛰어난 학생은 1회독시에 2회독 학습내용을 함께 해도 상관이 없습니다.
  그러나 자신의 영어 어휘 실력이 평균이거나 그 이하일 때는
  가능하면 아래 제시된 회독 권장표를 따라서 반복적으로 정복하시기 바랍니다.

---

1 회독

- **60**일 완성: 매일(월화수목금토일) 1강씩 60일[2개월 완성]
- **90**일 완성: 매주(월화수목금) 5강씩 90일[3개월 완성]

  - 표제어와 의미, 용례 위주 학습

---

2 회독

기억이 나는 것과 나지 않는 것 형광펜 표시

- **30**일 완성: 매일(월화수목금토일) 2강씩 30일 완성
- **45**일 완성: 매주(월화수목금) 10강씩 일 주 완성

  - 표제어와 의미, 용례에서 기억이 잘 나지 않는 부분 표시할 것.
  - 파생어의 의미도 반드시 함께 학습
  - 연습문제를 풀기
  - WCS에 입각한 부록편 예문 학습

---

3 회독

- **15**일 완성: 매일(월화수목금토일) 4강씩 15일 완성
- **21**일 완성: 매주(월화수목금) 20강씩 21일[3주] 완성

  - 본문내용 중에서 따로 표시된 부분만 빠르게 학습
  - 아직도 기억이 잘 나지 않는 것으로 자기만의 단어장 만들기
  - 연습문제 중에서 틀려서 표시된 부분 학습
  - WCS에 입각한 부록편 예문 학습

CONTENTS

⌈모음
vowel

■ 쉬운 모음

α	ㅏ	***body*** [bádi] 몸
		box [baks] 박스
e	ㅔ	***air*** [eər] 공기
		net [net] 그물
i	ㅣ	***lip*** [lip] 입술
		hill [hil] 언덕
o	ㅗ	***home*** [houm] 집
		snow [snou] 눈
u	ㅜ	***look*** [luk] 보다
		full [ful] 가득찬

■ 주의 해야 할 모음

ə	ㅓ	약하게	***asleep*** [əslíːp] 잠이든
			girl [gəːrl] 여자아이
ʌ	ㅓ	강하게	***son*** [sʌn] 아들
			cut [kʌt] 자르다
ɔ	ㅓ/ㅗ	중간	***dog*** [dɔːg] 개
			fall [fɔːl] 떨어지다
ɛ	ㅔ		***bear*** [beər] 곰
			care [keər] 신경쓰다
æ	ㅐ	입술을 좌우로 길게 벌리고	***apple*** [ǽpl] 사과
			bad [bæd] 나쁜
ː		모음길게	***moon*** [muːn] 달
			beat [biːt] 치다

강세
accent

제1강세 제2강세
necessary [nésəsèri] 필요한

제2강세 제1강세
international [ìntərnǽʃənəl] 국제적인

자음
consonant

■ 쉬운 자음

b	ㅂ	**boy** [bɔi] 소년 **bed** [bed] 침대
d	ㄷ	**dish** [diʃ] 접시 **dinner** [dínər] 저녁 식사
g	ㄱ	**game** [geim] 게임, 경기 **green** [gri:n] 녹색
h	ㅎ	**hair** [heər] 머리카락 **hat** [hæt] 모자
k	ㅋ	**kind** [kaind] 친절한 **cake** [keik] 케이크
l	ㄹ	**lady** [léidi] 숙녀 **line** [lain] 선, 줄
m	ㅁ	**man** [mæn] 사람, 남자 **mother** [mʌðer] 어머니
n	ㄴ	**nine** [nain] 아홉 **neck** [nek] 목
p	ㅍ	**pie** [pai] 파이 **pine** [pain] 소나무
s	ㅅ	**sun** [sʌn] 태양 **spoon** [spu:n] 숟가락
t	ㅌ	**tea** [ti:] 차 **table** [téibl] 탁자

■ 주의 해야 할 자음

w	ㅜ	입모양을 동그랗게 앞으로 내밀며	**wind** [wind] 바람 **woman** [wúmən] 여자
r	ㄹ	'l' 과 달리 입 천장에 혀가 닿지 않게	**roof** [ru:f] 지붕 **arm** [a:rm] 팔
f	ㅍ ㅎ 중간	윗니를 아랫입술에 살짝대고	**father** [fá:ðər] 아버지 **fine** [fain] 좋은
v	ㅂ	윗니를 아랫입술에 살짝대고	**very** [véri] 매우 **view** [vju:] 시야
θ	ㅆ	이 사이에 혀를 살짝 물었다 빼며	**three** [θri:] 셋 **think** [θiŋk] 생각하다
ð	ㄷ	혀가 윗니에 살짝닿게	**this** [ðis] 이것 **brother** [brʌðər] 형제
z	ㅈ	우리말 'ㅅ'을 성대를 떨며 발음	**zebra** [zí:brə] 얼룩말 **zoo** [zu:] 동물원
ʒ	쥐		**pleasure** [pléʒər] 기쁨 **usual** [jú:ʒuəl] 평소의
dʒ	짧게 쥐		**juice** [dʒu:s] 쥬스 **age** [eidʒ] 나이
ʃ	쉬		**sure** [ʃuər] 확실한 **nation** [néiʃən] 국가
tʃ	짧게 취		**chair** [tʃeər] 의자 **nature** [néitʃər] 자연
ŋ	받침 ㅇ		**song** [sɔ́:ŋ] 노래 **bring** [briŋ] 가져오다
ja	ㅑ		**yard** [ja:rd] 마당, 뜰
jʌ	ㅕ		**young** [jʌŋ] 젊은
je	ㅖ		**yellow** [jélou] 노랑
jɔ	ㅛ		**yawn** [jɔ:n] 하품하다
ju	ㅠ		**you** [ju] 너

POLYSEMY

1. 순수 다의어편

0001
★★☆

draw
[drɔː]
끌다

타 1. **끌다·당기다** ▶ 구체적으로 **끌다**
2. **(선을) 긋다·그리다** ▶ 연필 등을(종이에) **끌다**
3. **매혹하다** = *attract* ▶ 마음을 끌어당기다

- *draw* a cart 수레를 끌다
- *draw* a picture (선으로) 그림을 그리다
- *draw* her attention 그녀의 관심을 끌다

명 **무승부·비김** = *tie*(동점) ▶ 관심을 끄는 상황

- end in a *draw* 무승부로 끝나다

drawing
(명) (선으로만 그린) 그림
drawer
(명) 서랍

0002
★★☆

flat
[flæt]
평평한

형 1. **평평한** ▶ 일직선으로 구체적으로 **평평한**
2. **김빠진·맛없는** = *tasteless, vapid* ▶ 맛이 밋밋한
3. **활기 없는·저조한** ▶ 변화나 활기 없이 **평평한**
4. **펑크 난·방전된** ▶ 타이어가 공기가 빠져 **평평해진**
5. **단호한** ▶ 남의 제안을 딱 자르는

- on *flat* ground 평지에
- *flat* beer[coke] 김빠진 맥주[콜라]
- the *flat* economy 저조한 경제
- a *flat* tire 펑크 난 타이어
- a *flat* refusal 단호한 거절

flatly
(부) 단호하게

0003
★★☆

plain
[plein]
(변화없이) **평평한**

형 1. **분명한·평이한** = *obvious, evident* ▶ 평평해서 알아보기 쉬운
2. **소박한·수수한** ▶ 꾸밈없이 **평범한**
3. **(여자가) 예쁘지 않은** = *ugly* ▶ 외모가 **평범**하여 볼품없는

- in *plain* English 평이한 영어로
- a *plain* dress 수수한 드레스
- a *plain* woman 예쁘지 않은 여자

명 **평원·평지** ▶ 평평한 땅

- a vast *plain* 광활한 평원

0004 **level** ★★☆

[lévəl]

(수준기로 측정하는) **수평면**

명 1. **수평면·평면** ▶ 구체적인 **수평면**
2. **높이·고도** = height, altitude ▶ 어떤사물과 **수평**으로 비교되는 높낮이
3. **수준** ▶ 수평으로 비교되는 추상적 높낮이

- *1,000 meters above sea level* 해발 1,000미터
- *at the level with one's eyes* 자신의 눈높이에
- *the level of living[English]* 생활[영어] 수준

형 **수평의·평평한** = horizontal ▶ 구체적으로 **수평** 상태인

- *a level road* 평평한 도로

동 **평평하게 하다·쓰러뜨리다** ▶ **수평** 상태로 만들다

- *level the ground* 땅을 고르다

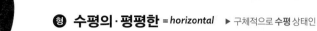

0005 **even** ★★★

[íːvən]

(양쪽이) **똑같은**

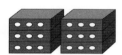

형 1. **평평한** ▶ 양쪽 높이가 **똑같은**
2. **공정한** = fair, just, impartial, even-handed ▶ 양쪽을 대하는 것이 **똑같은**
3. **짝수의** ▶ 숫자를 나누면 양쪽이 **똑같은**

- *even ground* 고른 표면
- *an even distribution* 공정한 분배
- *an even number* 짝수

부 **~도·조차** ▶ 한 사람처럼 다른 사람도 **똑같이**

- *Even a child can do it.* 아이도 그 것을 할 수 있다.

숙어 / *get even with* ~에게 복수하다·앙갚음을 하다

0006 **odd** ★★★

[ad]

(하나가) **남는**

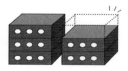

형 1. **짝이 안 맞는** ▶ 짝이 없이 남는
2. **이상한** = strange, unusual, uncommon ▶ 하나만 **남아서** 정상이 아닌
3. **홀수의** ≠ even (짝수의) ▶ 숫자가 반으로 나누면 하나가 **남는**

- *wear odd socks* 양말을 짝짝이로 신다
- *an odd habit* 이상한 습관
- *an odd number* 홀수

숙어 / *be at odds over*
~에 대해 의견이 다르다·다투고 있다

oddity
명 이상함·이상한 사람[것]

odds **명** 가능성
= possibility

0007 **bill** ★★★

[bil]

직인이 찍힌 종이

명 1. **계산서·고지서** ▶ 직인을 찍은 종이
2. **지폐** = paper money, note ▶ 직인이 찍힌 돈
3. **법안** ▶ 직인이 찍힌 공식적인 문서

- *pay the bill* 계산을 치르다
- *a 10-dollar bill* 10달러짜리 지폐
- *pass the bill* 그 법안을 통과시키다

참고 / *bill* (새의) 부리

0008 ★★★ **board**

[bɔːrd]

널빤지

명 1. **판자 · (칠)판** ▶ (구체적인) 판자 · ~판
2. **식사** = meal ▶ 널빤지로 된 식탁
3. **위원회** = committee ▶ 널빤지로 된 회의 탁자

- *a bulletin **board*** 게시판
- *provide room and **board*** 숙식을 제공하다
- *the **board** of directors* 이사회

동 1. **탑승하다** = get on ▶ 널빤지로 만든 탈 것에 오르다
2. **하숙하다 · 숙식을 제공하다** ▶ 널빤지로 된 집에 살다

- ***board** the plane* 비행기에 탑승하다
- ***board** at the college* 그 대학에서 기숙하다

숙어 / ***across the board*** 전반에 걸쳐

0009 ★☆☆ **trunk**

[trʌŋk]

상자 · 박스

명 1. **줄기 · 몸통** ▶ 박스 모양의 몸통 부분
2. **(여행용) 대형 가방** ▶ 박스 모양으로 된 큰 가방
3. **(자동차 뒤의) 트렁크** ▶ 박스 모양으로 널찍한 짐 싣는 공간
4. **(수영 · 권투에서의) 팬츠 · 반바지** ▶ 박스 모양으로 널찍한 반바지

- *the **trunk** of a tree* 나무의 줄기
- *pull a **trunk*** 큰 가방을 끌다
- *open the **trunk** of the car* 그 차의 트렁크를 열다
- *wear swimming **trunks*** 수영팬츠를 입다

0010 ★★★ **break**

[breik]

깨다

동 1. **깨다 · 부수다** ▶ (구체적으로) 깨다 · 부수다
2. **(잠시) 쉬다** ▶ 하던 일을 깨고 끊다
3. **(소식을) 알리다** ▶ 소식을 터트려 알리다

breakage **명** 파손

- ***break** the door open* 문을 부수고 열다
- ***break** for a cup of coffee* 좀 쉬면서 커피 한잔 하다
- ***break** the news* 그 소식을 알리다

명 **휴식 · 쉬는 시간** ▶ 하던 일의 흐름을 깸

- *take a **break*** 잠시 쉬다

0011 ★★★ **count**
[kaunt]

세다

동 1. **세다 · 계산하다** ▶ (구체적으로) 세다
2. **중요하다** ▶ 세어질 가치가 있다
3. **생각[간주]하다** ▶ 마음 속으로 헤아려 계산하다
= *regard, consider, think*

- **count** *money* 돈을 세다
- *Money doesn't* **count** . 돈은 중요하지 않다.
- **count** *him* **as** *a genius* 그를 천재로 생각하다

명 **셈 · 계산** ▶ (구체적으로) 셈

- *do a* **count** *of the students* 학생들의 숫자를 세다 .

숙어 / **count on** ~을 믿다 · 의지하다
참고 / **recount** (경험을) 이야기하다 · 말하다

countless
형 셀 수 없이 많은

0012 ★★☆ **court**
[kɔːrt]

(담으로 둘러싸인) 안뜰

명 1. **궁궐** = *palace* ▶ 높은 담으로 둘러싸인 뜰
2. **법정** ▶ 옛날 안뜰에서 열린 재판
3. **코트 · 경기장** ▶ 높게 둘러싸인 운동하는 뜰

- *the* **courts** *of Europe* 유럽의 궁궐들
- *take him to* **court** 그를 고소하다
- *an indoor tennis* **court** 실내 테니스 코트

타 **구애하다 · 환심을 사려고 하다** ▶ 궁에서 왕에게 하듯 여성에게 하다

- **court** *voters* 유권자들의 환심을 사려고 하다

courtroom
명 법정

courtesy
명 공손함 · 예절바름

courteous
형 공손한 · 예의바른 = *polite*

0013 ★★★ **cover**
[kΛvər]

덮다

타 1. **덮다 · 가리다** ▶ (보호나 감추려고) 덮다
2. **보도하다 · 다루다** = *report* ▶ 기사로 지면을 뒤덮다
3. **보상하다** ▶ 손실을 덮다

- *be* **covered** *with snow* 눈으로 덮이다
- **cover** *an incident* 사건을 보도하다
- **cover** *loss by fire* 화재로 인한 손실을 보상하다

참고 / 보도하다 : *report*   발표하다 : *announce*
크게 보도하다 : *headline*

coverage
명 1. 보도 2. (보험의) 보장

0014
★★★

move
[muːv]

움직이다

통 1. **움직이다·옮기다** ▶ 움직이다
2. **이사하다** ▶ 집을 움직이다
3. **감동시키다** ▶ 마음을 움직이다
4. **제안하다** = propose ▶ 생각을 움직여 보여주다

- **move** his arms and legs 그의 팔과 다리를 움직이다
- **move** to the country 시골로 이사하다
- be **moved** by the movie 그 영화에 감동받다
- **move** that the issue be voted
  그 문제를 표결할 것을 제안하다

명 1. **움직임** ▶ 몸을 움직임
2. **이동·이사** ▶ 집을 움직임
3. **조치·행동** = step, action ▶ 목적을 위한 움직임

- watch his every **move** 그의 모든 움직임을 지켜보다
- prepare for one's **move** 이사 준비하다
- a wise **move** 현명한 조치

숙어 / **get a move on** 빨리 하다·서두르다

---

movement
명 1. 움직임·이동
2. (사회) 운동

moving
형 감동적인 = touching

0015
★★★

raise
[reiz]

올리다

타 1. **올리다·높이다** ▶ (구체적으로) 올리다
2. **(자금을) 모으다** = collect ▶ 돈을 모아 올리다
3. **(문제를) 제기하다** ▶ 들어 올려 보이게 하다
4. **(자식을) 키우다·기르다** = rear ▶ 자식을 위로 자라게 하다

- **raise** one's hand 손을 들다
- **raise** money for the charity 자선 기금을 모으다
- **raise** an issue 문제를 제기하다
- **raise** three children 세 명의 아이를 키우다

명 **인상** = rise ▶ 올림

- a pay **raise** 임금 인상

0016
★☆☆

hike
[haik]

힘차게 걷다

동 1. **도보 여행하다** ▶ 어떤 곳을 힘차게 걷다

2. **(기습적으로) 대폭 인상하다** ▶ 힘차게 걷듯이 대폭 변화하다

- *hike* a mountain 등산을 하다
- *hike* the power rate 전기요금을 대폭 인상하다

명 1. **(장거리) 도보 여행** ▶ 어떤 곳을 힘차게 걷다

2. **대폭 인상·급등** = surge ▶ 힘차게 걷듯이 대폭 변화함

- go on a *hike* 등산을 가다
- the *hike* in train fares 기차 요금의 대폭 인상

비교 / *climbing* (암벽) 등반

0017
★★★

steep
[sti:p]

(아주) 높은

형 1. **(경사가) 가파른** ▶ 경사가 아주 높은

2. **급격한** ▶ 변화폭이 높은

3. **너무 비싼** ▶ 가격이 매우 높은

- a *steep* slope 가파른 경사지
- a *steep* drop in prices 가격의 급락
- the *steep* price 너무 비싼 가격

참고 / *steep* 담그다

steepen

동 더 가팔라지다·
가파르게 하다

0018
★☆☆

dump
[dʌmp]

세게 내던지다

타 1. **(내다) 버리다** = discard ▶ 쓰레기 등을 내 던지다

2. **(헐값에) 팔다** ▶ 물건을 싼 값에 내 던지다

3. **(애인을) 차다** ▶ 애인을 내 던지다

- *dump* your stuff over there 네 물건을 저기에 내려 놓다
- *dump* out of style clothes 유행이 지난 옷들을 싼 값에 팔아 치우다
- *dump* one's boyfriend 남자친구를 차버리다

연습문제

DAY **01** | 다의어

♥ 다음에 주어진 영단어에 없는 뜻을 고르시오.

1. draw
   ① 끌다 ② (선으로) 그리다
   ③ 색칠하다 ④ 매혹하다

2. flat
   ① 평평한 ② 평화로운
   ③ 단호한 ④ 저조한

3. even
   ① 공정한 ② 홀수의
   ③ 짝수의 ④ ~조차

4. plain
   ① 분명한 ② 평이한
   ③ 예쁘지 않은 ④ 아름다운

5. odd
   ① 뛰어난 ② 이상한
   ③ 짝이 안 맞는 ④ 홀수의

6. bill
   ① 계산서 ② 지폐
   ③ 법안 ④ 문서

7. board
   ① 식사 ② 위원회
   ③ 갈아타다 ④ 탑승하다

8. court
   ① 법정 ② 재판
   ③ 경기장 ④ 구애하다

9. cover
   ① 덮다 ② 보도하다
   ③ 보상하다 ④ 드러내다

10. raise
    ① 오르다 ② 올리다
    ③ (돈을) 모으다 ④ 키우다

♥ 다음 중 밑줄 친 단어와 같은 뜻을 고르시오.

11. The school lost a number of students after the tuition **hike**.
    ① rate ② draft ③ fee
    ④ process ⑤ surge

12. The concert is annually held to **raise** money for the poor orphans in our society.
    ① collect ② earn ③ count on
    ④ contribute ⑤ donate

13. He is an experienced journalist who has **covered** several presidential campaigns.
    ① hid ② described ③ reported
    ④ involved ⑤ demonstrated

♥ 다음 중 밑줄 친 단어의 반대되는 뜻을 고르시오.

14. Her secretary is probably the busiest person in the building, but she will always give you a **courteous** reception no matter what the problem is.
    ① voluntary ② optimistic ③ rude
    ④ indifferent ⑤ stubborn

♥ 다음 괄호에 들어갈 알맞은 말을 고르시오.

15. My father has served on the (board / border) of directors of a private high school.

16. My character in the movie is a very (flat / plain) woman, a typical mother and a wife.

17. The ruling party wanted to pass the (note / bill) quickly and start working on the next year's budget.

18. The monk teaches his followers to act on the doctrine that money doesn't (count / account) much to them.

▶ 정답 *p. 445*

2. 정확한 중심의미를 잡아라!!

0019
★★★

hold
[hould]

잡고 있다

계~속
이 상태가 좋아!

동 **1.** **잡고 있다** ▶ 구체적으로 잡고 있다

2. **담다 · 수용하다** = contain ▶ 내용물을 담아서 잡고 있다

3. **지속하다 · 유지하다** = keep ▶ 어떤 상태를 계속 잡고 있다

4. **개최하다** ▶ 모임의 주최자로서 움켜쥐고 있다

5. **억제하다** ▶ 움직이지 못하게 잡고 있다

- **hold** each other 서로를 껴안고 있다
- **hold** five persons 다섯 명을 수용하다
- My ticket **holds** good. 내 티켓은 유효하다.
- **hold** a meeting 회의를 개최하다
- **hold** one's tongue 말을 참다

숙어 / **hold out** 저항하다 · 버티다

0020
★★☆

beat
[biːt]

여러 번 계속해서 치다

동 **1.** **(연거푸) 치다** ▶ 구체적으로 여러 번 계속해서 치다

2. **패배시키다** = defeat ▶ 경쟁자를 여러 번 계속해서 치다

3. **(심장 등이) 뛰다** = throb, pound ▶ 심장이 여러 번 계속해서 치듯이 뛰다

- **beat** a person 사람을 두들겨패다
- Korea **beat** Italy. 한국이 이탈리아를 이겼다.
- a heart **beating** violently 격렬히 뛰는 심장

0021
★★☆

bear
[bɛər]

품고 있다

동 **1.** **품다** ▶ 몸이나 마음속에 품고 있다

2. **낳다** = give birth to ▶ 아기를 품고 있다

3. **열매 맺다** = produce ▶ 나무가 열매를 품고 있다

4. **참다** = endure ▶ 버리지 않고 계속 품고 있다

- **bear** ill will 악의를 품고 있다
- be **born** in 2002 2002년에 태어나다
- **bear** no fruits 열매가 안 열린다
- I can't **bear** him any more! 나는 그를 더 이상 참을 수 없다!

0022 ★★☆ **balance**

[bǽləns]

저울

명 1. **저울·천칭** ▶ 구체적인 저울
2. **균형** ▶ 비유적인 저울의 상태
3. **(계좌의) 잔고** ▶ 대변과 차변의 균형을 맞추는 금액

- weigh on a **balance** 저울에 무게를 달다
- a **balance** of power 힘의 균형
- check one's bank **balance** 은행의 잔고를 조회하다

동 **균형을 잡다**

- a **balanced** diet 균형잡힌 식사

숙어 / **hang in the balance** 극히 불안정하다·위기에 처해 있다

0023 ★★☆ **fair**

[fεər]

아름다운

형 1. **아름다운** = pretty ▶ 사람이 환하고 **아름다운**
2. **화창한** = fine ▶ 날씨가 화창하고 **아름다운**
3. **살결이 밝은·금발의** ▶ 피부나 머리가 밝고 **아름다운**
4. **공정한·정당한** = just ▶ 일처리 등이 **아름다운**
5. **꽤 많은·상당한** ▶ 양이 상당하여 **아름답고** 좋은

- a **fair** lady 아름다운 숙녀
- **fair** weather 화창한 날씨
- **fair** skin[hair] 흰 피부[금발]
- a **fair** decision 공정한 결정
- a **fair** income 상당한 소득

fairness
명 1. 아름다움 2. 공정성

fairly
부 1. 꽤·상당히 2. 공정하게

0024 ★☆☆ **screen**

[skri:n]

(천으로 된) 커튼

명 **화면·스크린·은막** ▶ 커튼 모양의 네모난 화면

- the computer **screen** 컴퓨터 화면

동 1. **숨기다·가리다** = hide ▶ 커튼을 쳐서 보이지 않게 하다
2. **지키다·보호하다** = protect ▶ 커튼을 쳐서 보호하다
3. **심사하다·가려내다** = filter ▶ 천[커튼]을 통해 걸러내다

- **screen** windows 창문들을 가리다
- **screen** him from danger 그를 위험에서 보호하다
- **screen** candidates 후보들을 선별하다

0025 ★★★
yield
[ji:ld]
내주다

동 1. **양보하다 · 굴복하다** ▶ 자기 것을 남에게 내주다
2. **산출하다** = produce ▶ 결과를 내어놓다

- *yield to* the enemy 적에게 항복하다
- *yield* good crops 많은 농작물을 산출하다(풍년이다)

명 **산출 · 수확(량)** ▶ 내어놓는 양

- give a high *yield* 수확이 좋다

0026 ★★☆
lot
[lat]
제비뽑기

명 1. **제비뽑기 · 추첨** ▶ (구체적인) 제비뽑기
2. **운명** = destiny ▶ 제비뽑기로 이미 정해진 것
3. **(구획된) 땅 · 부지** ▶ 제비뽑기로 할당 받은 것
4. **많음** ▶ 제비를 뽑기 위한 한 묶음

- appoint a public official by *lot* 추첨으로 공무원을 임용하다
- be unhappy with his *lot* 그의 운명에 불만이다
- a parking *lot* 주차장
- a *lot* of money 많은 돈

lottery **명** 복권

0027 ★★★
deal
[di:l]
(나눈) 몫

명 1. **거래 · 계약** = transaction ▶ 서로의 몫을 나눔
2. **양** = amount ▶ 나눈 몫의 크기

- make a *deal* with ~와 거래를 체결하다
- a great *deal* of money 상당한 액수의 돈

동 **(나누어) 주다** ▶ 몫을 나누다

- *deal out* leaflets 전단지를 나누어주다

숙어 / *deal in* (상품을) 거래하다
　　　 deal with ~을 다루다 · 처리하다

dealer
명 (상품) 중개인 · 딜러

0028 ★★☆ engagement 명

[inɡéidʒmənt]

en 안 + gage 약속 + ment 명접

⇩

굳게 맺어짐

1. **약속** = appointment ▶ 서로 굳게 맺어짐
2. **약혼** ▶ 남녀 간에 굳게 맺어짐
3. **고용·일** = employment ▶ 일과 사람이 굳게 맺어짐
4. **교전** = battle ▶ 서로 싸우느라 단단히 붙드는 상황

- a previous **engagement** 선약
- break off **engagement** 파혼하다
- get an **engagement** 직업을 갖다[고용되다]
- a fierce **engagement** 치열한 교전

숙어 / **be engaged to** ~와 약혼하다
be engaged in ~에 종사하다(= engage in)

engage
(동) 1. 약속하다
2. 약혼시키다
3. 고용하다
4. 교전하다

engaging (형) 매력적인

0029 ★★☆ nerve

[nəːrv]

힘줄

명 1. **신경** ▶ 몸과 뇌를 잇는 힘줄
2. 《~s》 **긴장·불안** ▶ 긴장된 힘줄
3. **용기** = courage ▶ 강한 정신의 힘줄
4. **뻔뻔함** ▶ 나쁜 의미의 용기

- get on my **nerves** 내 신경을 건드린다
- calm one's **nerves** 완화하다
- lose one's **nerve** 용기를 잃다
- What a **nerve!** 참 뻔뻔하다!

숙어 / **get on one's nerves**
~의 신경을 건드리다·화나게 하다

nervous
(형) 1. 신경의 2. 불안한
- be **nervous** about the exam
시험에 대해 불안해하다

0030 ★★★ practice

[prǽktis]

(늘) 하는 것

명 1. **연습·훈련** = exercise ▶ 실력을 키우려 늘 하는 것
2. **실행·실천** ▶ 생각을 늘 행함
3. **관행** = custom ▶ 예로부터 늘 해옴

- choir[soccer] **practice** 합창[축구] 연습
- put the plan into **practice** 그 계획을 실행하다
- bad business **practices** 나쁜 사업 관행

동 **개업하다** ▶ 자기 직업을 늘 하다

- **practice** dentistry 치과의원을 개업하다

숙어 / **in practice** 실제로
out of practice 연습 부족인

practical
(형) 현실[실제]적인

practicable
(형) 실행가능한

0031
★★★

charge
[tʃɑ:rdʒ]

채우다

동 1. **(임무를) 맡기다** ▶ 해야 할 임무를 채우다
2. **고발하다** = accuse ▶ 혐의를 채우다
3. **(요금을) 청구하다** ▶ 금액적 부담을 채우다
4. **장전하다 · 충전하다** ▶ 총알이나 전기를 채우다
5. **돌격하다 · 공격하다** ▶ 총알을 채우고 달려가다

- be **charged** with a task 임무를 맡다
- be **charged** with a crime 범죄로 고발되다
- **charge** $20 for repairs 수리비로 20달러를 청구하다
- **charge** a gun 총을 장전하다
- **charge** the enemy's position 적의 진지로 돌진하다

명 1. **책임** = responsibility ▶ 자신에게 임무로서 채워진 것
2. **고발 · 혐의** ▶ 자신에게 채워진 범죄
3. **요금** ▶ 지불하도록 채워진 돈
4. **장전 · 충전** ▶ 총알이나 전기를 채우는 것

- in **charge** of the department 그 부서를 책임지고 있는
- a **charge** of theft 절도 혐의
- Delivery is free of **charge**. 배달은 무료입니다.
- an electrical **charge** 전기 충전

0032
★★★

trial
[tráiəl]

시도 · 시험

명 1. **시도 · 시험** = test ▶ 한번 해보는 시험
2. **재판** ▶ 법적인 시험
3. **시련** ▶ 시도나 시험이 동반하는 것

- **trial** and error 시행착오
- face four criminal **trials** 4번의 형사재판을 받다
- suffer **trials** 시련을 겪다

try
동 1. 시도하다 · 노력하다
2. 재판하다

0033
★★★

spare
[spɛər]

따로 떼 놓은

형 **여분의 · 예비의** = extra ▶ (나중을 위해) 따로 떼 놓은

- a **spare** tire 예비 타이어

동 1. **아끼다 · 절약하다** = save ▶ 쓰지 않고 따로 떼놓다
2. **(시간 · 돈 등을) 할애하다** ▶ 자기 것의 일부를 따로 떼어서 주다
= afford, grant
3. **용서하다** = forgive ▶ 처벌하지 않고 열외로 따로 떼놓다

- **spare** no efforts 수고를 아끼지 않다
- **spare** me 5 minutes 나에게 5분 시간을 내주다
- **spare** one's enemy 적을 용서하다

0034
★★★
settle
[sétl]

앉다

동 1. **정착하다** ▶ 특정 지역에 눌러앉다
2. **해결하다 · 결정하다** ▶ 문제를 가라앉게 만들다
3. **진정시키다** ▶ 마음을 가라앉히다

- **settle** in the country 시골에 정착하다
- **settle** a dispute 분쟁을 해결하다
- **settle** one's nerves 불안감을 가라앉히다

숙어 / **settle for** (불만이지만) 받아들이다

settlement
명 1. 정착(지) 2. 해결 · 합의
- *reach a* **settlement**
  합의에 도달하다

0035
★★☆
bent
[bent]

구부려진

형 1. **휜 · 구부러진** ▶ 구체적으로 구부려진
2. **열중한 · 결심한** ▶ 마음이 어떤 쪽으로 구부려진

- a **bent** metal wire 구부려진 철사
- be **bent on** ~ing ~하기로 결심하다

명 **소질 · 취향** = inclination ▶ 마음이 어떤 쪽으로 구부려짐

- have a scientific **bent** 과학에 소질이 있다

bend 동 구부리다

0036
★☆☆
spell
[spel]

말하다

타 **철자를 말하다[쓰다]** ▶ 철자를 말하다
- **spell** one's name 자기 이름의 철자를 말하다

명 1. **주문 · 마법** ▶ 말하고 읊는 것
2. **매력** = charm ▶ 주문처럼 사람을 끔

- casts a **spell** on her 그녀에게 주문을 걸다
- the **spell** of jazz 재즈의 매력

참고 / **spell** 한동안 · 기간 ⇐ 어원이 다름

spelling
명 철자(법) · 맞춤법

연습문제

DAY **02** | 다의어

♥ 다음에 주어진 영단어에 없는 뜻을 고르시오.

1. **hold**
   ① 유지하다 ② 시작하다
   ③ 개최하다 ④ 억제하다

2. **bear**
   ① 품다 ② 낳다
   ③ 참다 ④ 이기다

3. **balance**
   ① 저울 ② 균형
   ③ 기금 ④ 잔고

4. **fair**
   ① 약간의 ② 상당한
   ③ 공정한 ④ 화창한

5. **screen**
   ① 화면 ② 보호하다
   ③ 보도하다 ④ 심사하다

6. **engagement**
   ① 약혼 ② 매력
   ③ 고용 ④ 교전

7. **nerve**
   ① 신경 ② 평안
   ③ 용기 ④ 뻔뻔함

8. **charge**
   ① 고용하다 ② 고발하다
   ③ 청구하다 ④ 충전하다

9. **trial**
   ① 시도 ② 재판
   ③ 시련 ④ 고민

10. **settle**
    ① 정착하다 ② 해결하다
    ③ 올리다 ④ 진정시키다

♥ 다음 중 밑줄 친 단어와 같은 뜻을 고르시오.

11. I won't **hold** any resentment toward him.
    ① grasp ② provoke ③ complain
    ④ restrain ⑤ oppress

12. They **beat** hands down their opponents in the game.
    ① throb ② defeat ③ resist
    ④ endure ⑤ protect

13. The apple trees **yielded** an abundant harvest this year.
    ① mined ② maintained ③ produced
    ④ reaped ⑤ submitted

♥ 다음 중 밑줄 친 단어의 반대되는 뜻을 고르시오.

14. My grandmother is very **nervous** about her driving test.
    ① sorrowful ② dreadful ③ irritable
    ④ ethical ⑤ composed

15. The service offers young people **practical** advice on finding a job.
    ① unusual ② impartial ③ insignificant
    ④ unrealistic ⑤ unstable

♥ 다음 괄호에 들어갈 알맞은 말을 고르시오.

16. It doesn't seem very intelligent to appoint a public official by (lot / rot) .

17. The manager breathed a sigh of relief when he was faced with a problem easy to (treat / deal) with.

18. The owner of the company was (charged / discharged) with several crimes including setting up slush funds.

▶ 정답 *p. 445*

3. 어원을 보면 다의어가 보인다. !!

0037 ★★★ account
[əkáunt]

ac(=ad) ~을 +
count 세다

⇩

셈 · 계산

명
1. **계좌** ▶ 예금에 대한 계산
2. **(자세한) 설명** ▶ 계산과정처럼 자세한 설명
3. **이유 · 중요성** ▶ 마음속의 계산인 속셈
4. **고려** ▶ 마음속으로 헤아림

- *open an* **account** 계좌를 개설하다
- *give an* **account** *of the incident* 그 사건에 대해 설명하다
- *cancel on* **account** *of the rain* 비 때문에 취소하다
- *take ~ into* **account** ~을 고려하다

숙어 / **account for** 1. 설명하다 2. ~의 원인이다 3. 차지하다

accounting
명 회계

accountant
명 회계사

accountable
형 책임이 있는

0038 ★☆☆ gross
[grous]

great의 변형

⇩

큰

형
1. **(다 합쳐) 총** = total ▶ 숫자를 다 합쳐 엄청 큰
2. **엄청난 · 심각한** ▶ 일의 나쁜 정도가 엄청 큰
3. **비대한 · 뚱뚱한** = overweight ▶ 사람의 몸이 살쪄 엄청 큰

- *the* **gross** *domestic product* 국내총생산(GDP) 총수익
- *a* **gross** *error* 엄청난 실수
- *a* **gross** *man* 비대한 사람

어 마~안큼!

0039 ★☆☆ campaign
[kæmpéin]

camp(=field) 들판 +
aign 명접

⇩

들판에서 벌이는 일

명
1. **(조직적) 운동 · 캠페인** ▶ 군인들이 들판에서 벌인 (전쟁) 활동
2. **군사행동 · 작전** ▶ 군인들이 들판에서 벌인 전쟁 활동

- *an election* **campaign** 선거 운동
- *wage a military* **campaign** 군사작전을 벌이다

자 **캠페인을 벌이다** ▶ 명사 캠페인이 동사로 쓰여

- **campaign** *for protection of the environment*
환경 보호 캠페인을 벌이다

0040 ★☆☆ plot
[plat]

plan(계획)에서 유래

⇩

(계획을) 짬

명
1. **(이야기의) 구성 · 줄거리** ▶ 이야기의 짜임새
2. **음모** = scheme ▶ 범죄를 계획하여 짬

- *the* **plot** *of the movie* 그 영화의 줄거리
- *form a* **plot** 음모를 꾸미다

동 **음모를 꾸미다** = conspire ▶ 범죄를 계획하여 짜다

- **plot** *to blow up the building* 그 건물을 폭파하기 위한 음모를 꾸미다

0041
★★☆

crush

[krʌʃ]

crash(부수다)의 변형

⇩

부쉬버리다

타 1. **으스러뜨리다 · 빻다** ▶ 구체적으로 사물을 부숴버리다
2. **진압하다 · 짓밟다** = trample ▶ 추상적으로 세력이나 힘을 부수다
- *crush* garlics 마늘을 빻다
- *crush* the rebellion 반란을 진압하다

명 **홀딱 반함** ▶ 매료되어 산산이 부서짐
- have a *crush* on ~에게 홀딱 반하다

0042
★★★

check

[tʃek]

chess(체스 · 장기의)에서 유래

⇩

왕을 공격하다

동 1. **막다 · 억제하다** = restrain ▶ 장기에서처럼 못 움직이게 하다
2. **점검하다 · 확인하다** ▶ 장기에서처럼 여러 수를 검토하다
- *check* the spread of the disease 질병의 확산을 막다
- *check* out the engine 엔진을 점검하다

명 1. **저지 · 억제** ▶ 장기에서처럼 못 움직이게 하는 것
2. **점검 · 확인** ▶ 장기에서처럼 여러 가지 수를 검토함
3. **수표** ▶ 위조를 저지하기 위한 것
- put a *check* on inflation 인플레이션을 억제하다
- do a *check* of the car 차를 점검하다
- pay by *check* 수표로 지불하다

숙어 / *check in* (투숙 · 탑승 전) 체크인하다
check out (호텔에서) 체크아웃하다

0043
★★☆

draft

[dræft]

draw(끌다)에서 유래

⇩

끌다

명 1. **원고 · 초안** ▶ 펜을 끌어 그린 것
2. **마시기 · 모금** ▶ 음료를 몸안으로 끌어들임
3. **징병 · 선수선발** ▶ 병사를 군대로 끌어들임
4. **찬바람 · 외풍** = cold air ▶ 밖에서 바람을 끌어 들임
5. **어음** ▶ 돈을 끌어오는 것
- the *draft* of the Constitution 헌법의 초안
- a *draft* of beer 맥주 한 모금
- avoid the *draft* 징병을 기피하다
- There's a *draft* here. 여기 외풍이 들어온다.
- issue a *draft* 어음을 발행하다

타 1. **초안을 작성하다** ▶ 펜을 끌어 쓰다
2. **징병하다 · 선발하다** ▶ 병사를 군대로 끌어들이다
- *draft* a speech 연설의 초안을 작성하다
- be *drafted* into the army 군대에 징병되다

0044 ★☆☆ **channel**

[tʃǽnl]

canal(운하)에서 유래

⇓

운하

명 1. **수로** ▶ 운하처럼 물을 운반하는 곳
2. **(전달) 경로·과정** ▶ 운하처럼 뭔가를 운반하는 통로
3. **(TV·라디오의) 채널** ▶ 방송을 운반하는 경로

- a **channel** of the river 그 강의 수로
- go through official **channel** 공식적인 경로를 거치다
- change the TV **channel** TV 채널을 바꾸다

타 **전달하다·보내다** ▶ 운하가 물을 전달하듯 보내다

- **channel** millions of dollars into the project
수백만 달러를 그 프로젝트에 투입하다

0045 ★★☆ **drain**

[drein]

drai(=dry) 마른 + *n* 동접

⇓

다 빼내서 마르게 하다

타 1. **(물을) 빼내다·비우다** ▶ 물을 빼내서 마르게 하다
2. **(자원을) 고갈시키다** = exhaust ▶ 자원을 빼내서 마르게 하다

- **drain** water from the pool 풀장에서 물을 빼내다
- **drain** national resources 국가 자원을 고갈시키다

명 **유출·소모·고갈** ▶ 서서히 빼내서 마르게 함

- brain **drain** 인재 유출

0046 ★★☆ **grasp**

[græsp]

grab '꽉 붙잡다'의 변형

⇓

꽉 잡다

타 1. **꽉 잡다** = grab ▶ 구체적으로 꽉 잡다
2. **이해하다** = comprehend ▶ 내용의 감을 잡다

- **grasp** his wrist 그의 손목을 꽉 잡다
- **grasp** the significance 중요성을 파악하다

명 1. **꽉 붙잡음** ▶ 구체적으로 꽉 잡기
2. **파악·이해** ▶ 내용의 감을 잡기

- keep a firm **grasp** on the rope 밧줄을 꽉 붙잡고 있다
- get a **grasp** on ~을 파악하다

유의어 / **snatch** 잡아채다·낚아채다

0047 ★★☆ **keen**

[ki:n]

can(~할 수 있다)에서 유래

⇓

할 수 있는

형 1. **날카로운·예리한** = sharp ▶ 알아 낼 수 있는
2. **열렬한·아주 좋아하는** ▶ 무슨 일이든 할 수 있다는
= enthusiastic

- a **keen** analysis 예리한 분석
- be **keen on** tennis 테니스에 열심이다

keenness
명 예리함

0048
★★☆

breed

[briːd]

brood(품다)에서 유래

⇩

(새끼나 알을) 품다

동 1. (동·식물을) **사육하다·재배하다** ▶ 새끼를 품어서 기르다
= raise, bring up

2. **낳다·일으키다** ▶ 알을 품어서 부화시켜 낳다

- ***breed*** *dogs[cattle]* 개[소]를 기르다
- *Mistakes* ***breed*** *success.* 실수[실패]는 성공의 어머니다.

명 **품종·유형** ▶ 알을 품어 낳은 것의 종류

- *a pure* ***breed*** *of cat* 순종 고양이

well-bred

형 가정교육이 잘 된·예절바른

≠ *ill-bred* (버릇없는)

0049
★★☆

litter

[lítər]

li(t)(=lie) 눕다 + *(t)er* 명접

⇩

바닥에 누워있는 것들

명 **쓰레기** = *trash, garbage, waste* ▶ 바닥에 누워있는 것들

- *drop* ***litter*** 쓰레기를 버리다

동 1. (쓰레기를) **버리다** ▶ 명사 '쓰레기'의 동사로

2. **어지럽게 뒤덮다** ▶ 물건들을 바닥 여기저기 누워있게 하다

- *It is illegal to* ***litter****.* 쓰레기를 버리는 것은 불법이다.
- *be* ***littered*** *with empty cans* 빈 캔들로 어지럽게 뒤덮이다

0050
★★☆

brand

[brænd]

bran(= burn) 태우다 + *d* 동접

⇩

(달군 인두로) **털**을

태워 새기다

타 **낙인찍다** ▶ 인두로 태워 낙인찍다

- ***brand*** *him as a coward* 그를 겁쟁이라고 낙인찍다

명 **상표·브랜드** ▶ 인두로 태워서 남은 자국

- *a famous* ***brand*** *of shoes* 유명한 신발 브랜드

숙어 / ***brand A (as) B*** A를 B라고 낙인찍다

0051
★★☆

spot

[spat]

speck (점)에서 유래

⇩

작은 반점

명 1. (작은) **점·얼룩** ▶ 구체적인 작은 점

2. **지점·장소** ▶ 지도상의 작은 점

- *a red* ***spot*** 붉은 반점
- *a tourist* ***spot*** 관광지

타 **발견하다·알아채다** ▶ 위치를 점을 딱 찍어내다

- ***spot*** *a star in the sky* 하늘의 별을 발견하다

숙어 / ***on the spot*** 즉시·현장에서

spotless

형 티 없이 깨끗한

0052
★★☆

witness

[wítnis]

wit(= *know*) 알다 + *ness* 명접

⇩

알고 있는 사람

명 목격자 · 증인 ▶ 보아서 알고 있는 사람

- *a **witness** of the accident* 그 사고의 목격자

동 1. 목격하다 ▶ 보아서 알고 있다

2. 증명하다 = *prove* ▶ 보아서 알고 있다고 말하다

- ***witness** the accident* 그 사고를 목격하다
- ***witness** (to) an interest* 관심이 있음을 증명하다

0053
★★★

character

[kǽriktər]

carve(조각하다)에서 유래

⇩

새기다

명 1. 특징 ▶ 새겨진 모양

2. (소설 · 영화 내의) 인물 ▶ 특징적으로 새겨진 인물

3. 성격 · 인격 ▶ 새겨진 내면의 모습

- *the unique **character** of the city* 그 도시의 독특한 특징
- *an interesting **character*** 흥미로운 등장인물
- *a person of good **character*** 훌륭한 인격의 소유자

characteristic
형 특유의

characteristic
명 특징

characterize
동 1. ~의 특징을 이루다
2. ~의 특징을 묘사하다
= *describe*

0054
★★★

figure

[fígjər]

fig(= *form*) 형성하다 + *ure* 명접

⇩

모양

명 1. 모양 · 몸매 ▶ 몸의 모양

2. 수치 ▶ 각기 다른 **모양**을 가진 숫자

3. 인물 ▶ 모양새를 갖춘 사람

- *have a good **figure*** 몸매가 좋다
- *the sales **figures*** 판매 수치
- *the mysterious **figure*** 미지의 사람

숙어 / ***figure out*** 이해하다

연습문제

DAY 03 | 다의어

♥ 다음에 주어진 영단어에 없는 뜻을 고르시오.

1. account
   ① 설명 　　② 잔고
   ③ 이유 　　④ 고려

2. check
   ① 막다 　　② 점검하다
   ③ 현금 　　④ 수표

3. draft
   ① 초안 　　② 징병
   ③ 외풍 　　④ 경로

4. breed
   ① 재배하다 　　② 낳다
   ③ 작물 　　④ 품종

5. spot
   ① 점 　　② 장소
   ③ 충돌 　　④ 발견하다

6. witness
   ① 피고 　　② 증인
   ③ 목격하다 　　④ 증명하다

7. character
   ① 특징 　　② 장점
   ③ (등장) 인물 　　④ 인격

8. figure
   ① 모양 　　② 계산
   ③ 수치 　　④ 인물

9. grasp
   ① 붙잡음 　　② 파악
   ③ 이해하다 　　④ 헐떡이다

10. gross
   ① 총합의 　　② 눈부신
   ③ 뚱뚱한 　　④ 엄청난

♥ 다음 중 밑줄 친 단어와 같은 뜻을 고르시오.

11. They **plotted** to blow up the skyscraper.
   ① deceived 　　② conspired 　　③ crushed
   ④ checked 　　⑤ injured

12. I can't **figure out** why he does these crazy things.
   ① drain 　　② spot 　　③ witness
   ④ brand 　　⑤ grasp

13. I offered him the job when he came for an interview, and he accepted the offer **on the spot**.
   ① immediately 　　② reluctantly 　　③ willingly
   ④ suspiciously 　　⑤ critically

14. Eventually, you will need to **account for** your behavior.
   ① disclose 　　② consider 　　③ calculate
   ④ explain 　　⑤ acknowledge

♥ 다음 괄호에 들어갈 알맞은 말을 고르시오.

15. You may not know I had a (crash / crush) on you from the moment I laid my eyes on you.

16. Many people have failed to (grip / grasp) the significance of learning English vocabulary properly.

17. He fought against the school bully lest he should be (branded / brushed) as a coward.

▶ 정답 *p. 445*

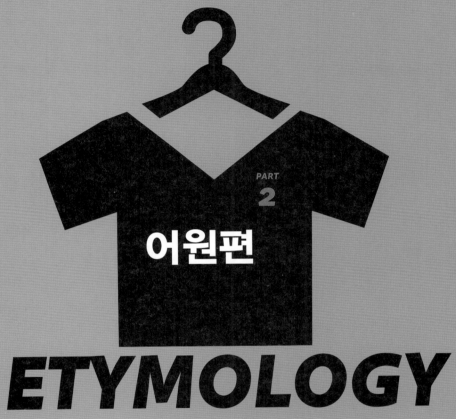

PART
2

어원편

ETYMOLOGY

PART
2-1

접두사

PREFIX

DAY 04

ab- : away 멀리·이탈하여

0055 ★★☆
abolish
[əbális]

ab 멀리 + *ol* 자라다 + *ish* 동접
⇨ 자라난 것을 멀어지도록 만들다

타 (법·제도 등을) 폐지하다 = *do away with*
≠ *legislate* (법률을) 제정하다

• **abolish** *slavery* 노예 제도를 폐지하다
• **abolish** *the death penalty* 사형 제도를 폐지하다

abolition 명 폐지

0056 ★★☆
abnormal
[æbnɔ́ːrməl]

ab 멀리 + *normal* 정상적인
⇨ 정상에서 거리가 먼

형 비정상적인 ≠ *normal* (정상적인)

• *show* **abnormal** *behavior*
비정상적인 행동을 보이다

abnormality
명 비정상·기형

0057 ★★☆
absorb
[æbsɔ́ːrb]

ab ~로부터 멀리 + *sorb*(=*suck in*)
빨아들이다 ⇨ ~로부터 빨아들이다

타 1. 흡수하다   2. 몰두시키다

• **absorb** *sweat* 땀을 흡수하다
• *be* **absorbed** *in a book* 책에 몰두하다

오~완전
빠져드는데!?

absorption 명 흡수

0058 ★★☆
abundant
[əbʌ́ndənt]

ab 멀리 + *und* 흐르다
⇨ 멀리 흘러넘치는

형 풍부한·많은 = *rich, plentiful* ≠ *scarce* (부족한)

• **abundant** *resources* 풍부한 자원

어법 / **abound** 《*in/with*》 자 ~이 풍부하다
• **abound in[with]** *resources* 자원이 풍부하다

abundance 명 풍부
abundantly 부 풍부하게·아주

---

ad- : to, toward ~에, ~쪽으로   (뒤에 자음에 따라 스펠링이 바뀜에 주의!!)

0059 ★★☆
approach
[əpróutʃ]

ap(= *ad*) ~에 + *proach*
(= *come nearer*) 가까이 가다
⇨ 접근하다 ⇨ 접근(법)

동 접근하다·가까이가다 명 접근(법)

• *A stranger* **approached** *me.*
낯선 사람이 나에게 다가왔다.
• *make an* **approach** 접근하다

approachable
형 접근하기 쉬운
= *accessible*

0060 ★★☆
accelerate
[æksélərèit]

ac(= *ad*) ~에 + *celer*(= *swift*) +
ate 동접 ⇨ ~을 빨라지게 하다

타 가속시키다 ≠ *decelerate* (속도를 줄이다)

• **accelerate** *a car* 차를 가속시키다

accelerator
명 (자동차의) 액셀러레이터·가속장치
= *gas pedal* 《美》

0061 ★★☆ *accuse*

[əkjúːz]

ac(= ad) ~에 대해 +
cuse(= cause) 원인
⇨ ~를 어떤 일의 원인으로 말하다

타 1. **비난하다** 2. **고소하다** = charge, prosecute

- **accuse** a person **of** lying
  남을 거짓말을 했다고 비난하다
- **accuse** a person **of** murdering
  남을 살인죄로 고소하다

숙어 / **accuse** A **of** B A를 B의 혐의로 고발하다

accusation 몡 고발·혐의

《*the-*》 **accused**
몡 (형사 사건의) 피고 = defendant
≠ plaintiff 원고

0062 ★★☆ *accumulate*

[əkjúːmjulèit]

ac(= ad) ~에 + *cumul*(= heap up)
쌓아올리다 + *ate* 동접
⇨ ~에 쌓아올리다

동 **축적하다·모으다** = collect, amass

- **accumulate** a fortune 재산을 축적하다
- **accumulate** knowledge 지식을 쌓다

accumulation 몡 축적

accumulative 혱 누적되는
= cumulative

0063 ★★☆ *abandon*

[əbǽndən]

a(= ad) ~에 + *band*(= power)
쌓아올리다 + *on* 동접
⇨ ~에 대한 힘을 넘겨주다

타 **(사람·장소를) 버리다·포기하다**
= surrender, give up

- **abandon** one's wife and children
  아내와 아이들을 버리다
- **abandon** one's principle 원칙을 버리다

abandonment 몡 버림·유기
- the **abandonment** of the body 사체유기

abandoned 혱 1. 버려진 2. 방종한
- lead an **abandoned** life 방종한 삶을 살다

0064 ★★★ *allow*

[əláu]

al(= ad) ~을 +
low(= praise) 칭찬하다
⇨ ~을 칭찬하여 무엇을 하게 하다

타 **허락하다·허용하다** = permit

- **allow** children **to** watch TV
  아이들이 TV 보는 것을 허락하다
- **allow** smoking 담배피우는 것을 허용하다

숙어 / **allow for** = make allowances for
~을 참작[고려]하다

allowance
몡 1. 허용(량)
2. 용돈
3. 고려·참작

0065 ★★☆ *arrogant*

[ǽrəgənt]

ar(= ad) ~을 +
rog(= ask) 요구하다 + *ant* 형접
⇨ 남에게 ~을 요구하는

형 **거만한·오만한** = haughty
≠ humble, modest 겸손한

- an **arrogant** behavior[attitude]
  거만한 행동[태도]

arrogance 몡 거만

0066 ★☆☆ *await*

[əwéit]

a(= ad) ~을 + *wait* 기다리다
⇨ ~을 기다리다

타 **기다리다** = wait for

- **await** a train 기차를 기다리다
- **await** a person's reply ~의 대답[답장]을 기다리다

0067
★★☆

ancient
[éinʃənt]

anci(=ante) 이전의 + ent 형접

⇨ 이전 것인

형 고대의·아주 오래된 = very old

- an **ancient** civilization
  고대 문명

0068
★★☆

antique
[æntíːk]

anti 이전의 + que 형접

⇨ 예전에 만들어진

형 골동품의 = old and valuable

명 골동품

- collect **antique** furniture 골동품 가구를 수집하다
- priceless **antiques** 귀중한 골동품들

와~!
antique다!

0069
★★☆

anticipate
[æntísəpèit]

anti 미리 + cip(=take)

취하다 + ate 동접

⇨ 미리 생각을 취하다

타 기대하다·예상하다 = look forward to

- **anticipate** a victory in the election
  선거 승리를 예상하다

anticipation **명** 예상·기대

0070
★★☆

advance
[ædvǽns]

adv(=ab) ~로부터 +
anc(=ante) 앞 + e 동접

⇩

~에서
앞으로 가(게 하)다

동 1. **전진하다·발전시키다** ▶ 앞으로 가게 하다

2. **선불로 주다** ▶ 돈의 지불 일을 앞으로 가게 하다

3. **(이론 등을) 제기하다** ▶ 이론 등을 나아가게 하다

- **advancing** troops[technology] 전진 부대[발전하는 기술]
- **advance** him $100 그에게 100 달러를 선불로 주다
- **advance** a new theory 새로운 이론을 제기하다

명 1. **전진·발전** ▶ 앞으로 감

2. **선불(금)** ▶ 돈의 지불 일을 앞으로 가게 함

- make rapid **advance** 장족의 발전을 하다
- pay in **advance** 선불로[미리] 지불하다

advancement
명 1. 진보·발전 2. 승진

advanced
형 1. 선진의
2.(학습 과정이) 상급인

0071
★★☆

advantage
[ædvǽntidʒ]

adv(=ab) ~로부터 +
ant(=ante) 앞 + age 명접

⇨ ~로부터 앞서 있는 점

명 유리한 점·이점 ≠ disadvantage (불리한 점)

- have an **advantages** over ~보다 유리하다

숙어 / **take advantage of** 1. 이용하다 2. 속이다

advantageous
형 유리한·이로운 = beneficial

ant(i)- : opposite 반대, against 저항하여

0072
★★☆
antibiotic
[æntibaiátik]

anti 저항하여 + tic 명접
⇨ (미)생물 번식에 저항하는 것

명 항생제
- *resistant to **antibiotic*** 항생제에 내성이 있는

0073
★☆☆
antibody
[æntibádi]

anti 저항하여 + body 몸(체)
⇨ (병원균에) 저항하는 것

명 항체 ≠ *antigen* (항원)
- *make an **antibody*** 항체를 만들다
- *limit **antibody** production* 항체 생성을 억제하다

0074
★★☆
antarctic
[æntá:rktik]

ant(i) 반대 + arc 북극 + tic 형접
⇨ 북극의 반대인

형 남극의 ≠ *arctic* (북극(의))
- *an **Antarctic** exploration* 남극 탐험

antarctica **명** 남극대륙

Arctic
Antarctic

auto- : self 스스로·직접

0075
★☆☆
automatic
[ɔ:təmǽtik]

auto 스스로 + ma(=think)
생각하다 + tic 형접
⇨ 스스로 생각하는 힘을 가진

형 1. **반사적인·무의식적인**
2. **자동의** ≠ *manual* (수동의)
- *give an **automatic** reply* 반사적으로 대답하다
- *an **automatic** door* 자동문

automation **명** 자동화
automatically
부 1. 무의식적으로 2. 자동적으로

0076
★★☆
autograph
[ɔ́:tougræf]

auto 직접 + graph(=write) 형접
⇨ 자신이 직접 쓴 것

명 (유명인의) 사인
- *ask for an **autograph***
  사인해달라고 부탁하다
- *sign an **autograph*** 사인을 해주다

비교/ *signature* (공식적) 서명

0077
★★☆
automobile
[ɔ́:təməbí:l]

auto 스스로 + mobile 이동하는
⇨ 스스로 이동하는 것

명 자동차 = *car*
- *an **automobile** company*
  자동차 회사

0078
★★☆
autobiography **명** 자서전
[ɔ:toubaiágrəfi]

auto 스스로 + biography 전기
⇨ 스스로 쓴 전기

- *write an **autobiography*** 자서전을 쓰다
- *complete an **autobiography*** 자서전을 완성하다

0079
★★☆
become
[bikʌ́m]

be 되다·만들다 +
come 오다
⇩
오게 되다

자 **~이 되다** ▶ 어떤 상태로 오게 되다
- **become** a king 왕이 되다

타 **어울리다** ▶ 좋은 모습이 오게 되다
- That clothes **become** you. 저 옷 너한테 어울린다.

becoming
형 어울리는·적절한

0080
★★☆
behalf
[biháef]

be 되다 + half 반
⇨ 누군가의 반[친구]이 되어줌

명 1. **이익** 2. **대신·대표**
- **on behalf of** one's country 자신의 조국을 위해
- reply **on behalf of** the Chairman 의장을 대신해 답변하다

0081
★☆☆
behold
[biháuld]

be 되다·만들다 + hold 잡고 있다
⇨ (눈으로) 계속 잡고 있다

타 **(바라) 보다** = look at
- **behold** the beauty of the valley
  자연의 아름다움을 바라보다

경치를 눈에 다 담아두겠어!

0082
★☆☆
beloved
[bilʌ́vd]

be 되다·만들다 + love 사랑 +
(e)d 형접 (~된) ⇨ 사랑을 받게 된

형 **사랑받는·소중한** = dear
- one's **beloved** husband 자신의 소중한 남편

0083
★☆☆
bestow
[bistóu]

be 되다·만들다 +
stow 싣다·채우다
⇨ ~에게 물건을 채우다

타 **수여하다** = confer
- **bestow** an honorary degree **on** her
  그녀에게 명예학위를 수여하다

어법 / **bestow A on B** A를 B에게 수여하다

0084
★★☆
bewilder
[biwíldər]

be 만들다 + wilder 황야·황무지
⇨ 황야로 만들어 갈피를 못 잡게
하다

타 **어리둥절[당황]하게 하다**
= confuse, embarrass, perplex
- a **bewildered** look 당황한 표정

bewilderment 명 어리둥절함

헉!

저랑…
결혼해주세요!

연습문제
DAY 04 | 접두어 *AB- ~ BE-*

♥ 영어를 우리말로, 우리말을 영어로 바꾸세요.

1. abolish

2. abundant

3. accumulate

4. abandon

5. arrogant

6. anticipate

7. antibiotic

8. antibody

9. autobiography

10. bestow

11. 흡수하다; 몰두시키다

12. 비난하다; 고소하다

13. 전진하다; (이론 등을) 제기하다

14. 반사적인; 자동의

15. (유명인의) 사인

16. 어리둥절하게 하다

17. 골동품(의)

18. 허락하다, 허용하다

19. 가속시키다

20. 접근하다

♥ 다음 중 밑줄 친 단어와 같은 뜻을 고르시오.

21. Henry managed to **accumulate** some valuable experience working in his father's company over the summer.
   ① select　　　② gather　　　③ lack
   ④ provide　　　⑤ broaden

22. The politician is a very selfish, **arrogant** man who will stop at nothing to gain power.
   ① haughty　　　② altruistic　　　③ excessive
   ④ appropriate　　　⑤ professional

23. The philanthropist **bestowed** a large amount of money on the institute.
   ① offered　　　② inferred　　　③ conferred
   ④ preferred　　　⑤ referred

♥ 다음 중 밑줄 친 단어의 반대되는 뜻을 고르시오.

24. Hitting children as punishment for bad behavior was **abolished** in schools when I was a child.
   ① enforced　　　② legislated　　　③ absorbed
   ④ confirmed　　　⑤ administered

♥ 다음 괄호에 들어갈 알맞은 말을 고르시오.

25. The man (accused / charged) of murdering his nephew and aunt appeared in the courtroom.

26. He refused to (abuse / abandon) his wife and children even in times of despair.

27. The famous soccer player was signing (autographs / signatures) for his fans who visited the dome stadium to see him.

28. The passenger was so (absorbed / absurd) in a book that he missed the flight to Australia.

▶ 정답 *p. 445*

circul- / circum- : around 주변의·빙돌아

0085
★★☆
circular
[sə́:rkjulər]

circul 원 + *ar* 형접
⇨ 원형 모양의

형 1. **원형의** = round
2. **순회하는**

- a **circular** stage[staircase] 원형 무대[계단]
- a **circular** bus route 순환버스 노선

circle 명 원; 사회·~계

0086
★★☆
circulate
[sə́:rkjulèit]

circul 원 + *ate* 동접
⇨ 원 모양을 띠다

동 1. **순환하다**
2. **유포하다·유포되다**

- **circulate** through the body 체내를 순환하다
- **circulate** a questionnaire 설문지를 배포하다

circulation
명 1. 순환
2. 유통·판매부수

0087
★☆☆
circuit
[sə́:rkit]

circu 원 + *it* (=go) 가다
⇨ 원 모양으로 돌아감

명 1. **순환·순회**
2. **(전기) 회로**

- make a **circuit** of a city 도시를 한 바퀴 돌다
- electronic **circuits** 전자 회로들

0088
★★☆
circumstance
[sə́:rkəmstæns]

circum 주위 + *sta*
(*n*) 서다 + *ce* 명접
⇨ 주위에 서있는 것

명 《주로 – s》 (주변) **상황·환경**

= surroundings, environment

- adapt to new **circumstances** 새 환경에 적응하다
- under no **circumstances** 어떠한 일이 있어도, 절대로

com- / con- / col- / cor- : 1. together 함께 2. intensive 강조

0089
★★★
combine
[kəmbáin]

com 함께 + *bin(e)* 둘
⇨ 둘을 함께 합치다

동 **합치다·결합하다[되다]**

- **combine** cocoa **with** water 코코아와 물을 합치다
- **combine** the advantages 장점들을 결합시키다

어법 / **combine A with B** A를 B와 결합하다

combination 명 결합

0090
★★☆
company
[kʌ́mpəni]

com 함께 + *pan*(=bread) +
y 명접 ⇨ 함께 빵을 먹음

명 1. **동행·함께 있음**
2. **회사** = firm, corporation

- keep **company** with him 그와 어울리다
- run a **company** 회사를 운영하다

0091 ★★☆ accompany
[əkʌ́mpəni]

ac (=ad) ~에 + company 동행
⇨ ~에 함께 동행하다

타 1. **동행하다 · 동반하다**
2. **(주로 피아노로) 반주 해주다**

- **accompany** her to the hotel 그녀를 호텔까지 데려다주다
- **accompany** her on the piano
  피아노로 그녀의 노래에 반주 해주다

accompaniment
명 1. 부속물 2. 반주

0092 ★★☆ compile
[kəmpáil]

com 함께 + pil(e) 쌓다
⇨ (자료를) 함께 쌓아 놓다

타 **(여러 자료를 엮어) 편찬하다**

- **compile** a dictionary
  사전을 편찬하다

compilation **명** 편집(본)

0093 ★★☆ compromise
[kámprəmàiz]

com 함께 + promise 약속하다
⇨ ~하기로 함께 약속하다

명 **타협 · 절충**

동 1. **타협하다** 2. **(명성 등을) 손상하다**

- make a **compromise** with ~와 타협하다
- **compromise** on the issue 그 문제에 대해 타협하다
- **compromise** one's credit 자신의 신용을 떨어뜨리다

compromising
형 1. 타협적인
2. 체면을 손상시키는 · 비굴한

uncompromising
형 비타협적인

0094 ★★☆ counsel
[káunsəl]

coun(=con) 함께 +
sel(=gather) 모이다
⇨ (조언하려) 함께 모이다

동 **(전문적으로) 조언하다** = advise

명 **조언** = advice

- **counsel** students on personal problems
  개인적 문제들에 대해 학생들에게 조언하다
- the **counsel** of the elders 연장자들의 조언

counselor
명 1. 조언자 · 고문 · 심리상담사
2. 변호사

0095 ★★☆ consult
[kənsʌ́lt]

con 함께 +
sult(=gather) 모이다

⇩

함께 모이다

동 1. **상의하다** = confer ▶ ~와 함께 모여 있다
2. **~의 상담을 받다** ▶ 전문가와 함께 모여 있다

- **consult** with a secretary 비서와 상의하다
- **consult** a doctor 의사의 진찰을 받다

consultant
명 상담가 · 컨설턴트

consultation
명 1. 상의 · 협의
2. 상담 · 진찰

0096 ★★☆ confront
[kənfrʌ́nt]

con 함께 + front 앞 · 정면
⇨ 서로의 앞에 마주치다

타 **(어려움에) 맞서다 · 직면하게 하다** = face

- be **confronted with** a crisis
  위기에 직면하다

confrontation **명** 대립 · 대치
- military **confrontation** 군사적 대립

0097
★★☆

*com*plain
[kəmpléin]

con 강조 +
plain(=strike) 때리다
⇨ (답답하여 가슴을) 때리다

자 1. 불평하다 = criticize
2. (고통을) 호소하다

- *complain about* the service
  서비스에 대해 불평하다
- *complain of* headache
  두통을 호소하다

complaint
명 1. 불평·항의 2. (만성의) 병·통증

0098
★★☆

*con*demn
[kəndém]

con 강조 +
demn(=damage) 해
⇨ 큰 해를 주다

타 1. 비난하다 = criticize
2. 유죄 선고하다 = sentence

- *condemn* the use of violence
  폭력의 사용을 강력히 비난하다
- be *condemned to death* 사형 선고를 받다

condemned
형 1. 비난받은 2. 사형수의

condemnation **명** 비난

0099
★★☆

*con*dense
[kəndéns]

con 강조 + *dense* 밀집한
⇨ 조밀하게 만들다

타 1. 농축시키다
2. (글을) 요약하다 = summarize

- *condense* the milk 우유를 농축시키다
- *condense* a report 보고서를 요약하다

condensation
명 1. 농축·응결 2. 압축

0100
★★☆

*con*template
[kántəmplèit]

con 강조 + *templ*(=temple)
신전 + *ate* 동접
⇨ 신전에서 생각하다

동 심사숙고하다 = consider, deliberate

- *contemplate* moving to the country
  시골로 이사 가는 것을 숙고하다

contemplation **명** 심사숙고

0101
★★☆

*col*lapse
[kəlǽps]

col(=com) 강조
+ *lapse*(=fall) 떨어지다
⇨ 완전히 떨어지다

자 1. 붕괴되다·무너지다 2. 폭락하다
명 붕괴·폭락

- The building *collapsed*. 그 건물이 붕괴되었다.
- Oil prices has *collapsed*. 유가가 폭락했다.
- be in danger of *collapse* 붕괴될 위험이 있다

0102
★★☆

*con*ceal
[kənsíːl]

col 강조 +
ceal(=hide) 숨기다
⇨ 완전히 숨기다

동 감추다·숨기다 = hide, cover up

- *conceal* the truth 진실을 숨기다
- *conceal* one's identity
  자신의 정체를 숨기다

concealment **명** 은폐

0103
★★☆

*contra*ry
[kántreri]

contra 반대 + *ry* 형접
⇨ 반대인

형 ~와 다른·반대되는 = opposite

- ***contrary to*** one's expectations 기대와는 다른
- a ***contrary*** wind 역풍

숙어 / ***on the contrary*** 반대로

0104
★★☆

*contra*st
[kəntrǽst]

contra 반대 +
st(=stand) 서다
⇨ 반대편에 서 있다

동 대조하다·대비되다
명 대조·차이

- ***contrast*** a person ***with*** another
  한 사람과 다른 사람을 대조하다
- be in ***contrast with*** ~와 대조가 되다

숙어 / ***in contrast*** 그에 반해서

0105
★☆☆

*counter*feit
[káuntərfit]

counter 반대 +
feit(=make) 만들다
⇨ (진짜의) 반대를 만들다

타 위조하다 = forge, falsify, fabricate
형 위조의 = fake

- ***counterfeit*** a bill[document] 지폐[문서]를 위조하다
- use ***counterfeit*** bills 위조지폐를 사용하다

0106
★☆☆

*counter*part
[káuntərpɑːrt]

counter 상대 + *part* 부분
⇨ 상대편인 것

명 상대물·대응되는 것[사람]

- meet one's ***counterpart***
  자신의 상대역과 만나다

♥ 영어를 우리말로, 우리말을 영어로 바꾸세요.

1. **circumstance**

2. **combine**

3. **accompany**

4. **compromise**

5. **consult**

6. **confront**

7. **contemplate**

8. **conceal**

9. **contrast**

10. **counterpart**

11. 순환하다; 유포하다

12. 동행; 회사

13. 편찬하다

14. (전문적으로) 조언하다

15. 불평하다; 호소하다

16. 비난하다; 유죄 선고하다

17. 농축시키다; (글을) 요약하다

18. 붕괴되다; 폭락하다

19. ~와 다른·반대되는

20. 위조하다; 위조의

♥ 다음 중 밑줄 친 단어와 같은 뜻을 고르시오.

21. Mark has been **confronted** with some serious personal problems lately, and is finding it difficult to concentrate at work.

① blamed ② found ③ faced
④ posed ⑤ caused

22. Leaders of all the major political parties have joined together to **condemn** this latest violent incident by extremist groups.

① cover ② demonstrate ③ cite
④ criticize ⑤ prevent

23. As Marly nears the end of high school, he needs to **contemplate** his future plans.

① disrupt ② contain ③ institute
④ collapse ⑤ deliberate

♥ 다음 중 밑줄 친 단어의 반대되는 뜻을 고르시오.

24. He tried to **conceal** his anger, but I could see it in his eyes.

① subside ② tremble ③ arouse
④ reveal ⑤ provoke

♥ 다음 괄호에 들어갈 알맞은 말을 고르시오.

25. A recent survey found that many guests do not always (complain / complement) about the hotel's poor service.

26. The criminal (counteracted / counterfeited) 2 million-dollar bills which make people difficult to distinguish them from the genuine ones.

27. If the pain continues, you should (counsel / consult) your doctor as soon as possible.

28. Although I warned her not to hang out with them, she continued to keep (company / accompany) with them.

▶ 정답 *p. 446*

de- : 1. away 떨어져·이탈하여   2. down 아래

0107
★★☆

delay
[diléi]

de 떨어뜨려 + *lay* 놓다
⇨ (날짜를) 떨어뜨려 놓다

타 **미루다·연기하다** = *postpone, put off*

명 **지연·지체**
- ***delay*** *one's schedule* 자신의 일정을 미루다
- *finish without* ***delay*** 지체 없이 끝마치다

0108
★★☆

*de*tect
[ditékt]

de 떨어뜨려 + *tec(t)* 덮다
⇨ 덮여 있는 것을 벗겨내다

타 **탐지하다·알아내다** = *discover, notice*
- ***detect*** *alcohol in the blood*
  혈중 알코올을 검출하다

detection 명 탐지·발견
detective 명 탐정·형사
detector 명 탐지기

0109
★★☆

*de*parture
[dipá:rtʃər]

de 떨어져 + *part* 갈라지다 + *ure* 명접 ⇨ 갈라져 멀어져감

명 **출발(편)·떠남** ≠ *destination* (도착지·목적지)
- *postpone one's* ***departure*** 출발을 연기하다

비교 / *department* 부서·부문

depart 동 떠나다·출발하다

0110
★★☆

*de*rive
[diráiv]

de 떨어져 + *riv*(=*stream*) 흐르다
⇨ 흘러서 떨어져 나오다

동 1. **~에서 유래되다** = *originate*   2. **~을 얻다** = *get*
- *The word* ***derived from*** *Latin.* 그 단어는 라틴어에서 유래되었다.
- ***derive*** *pleasure* ***from*** *reading* 독서에서 즐거움을 얻다

어법 / ***derive from*** ~에서 유래되다
         derive A from B A를 B로부터 얻다

derivative
명 파생물·파생어

0111
★★☆

*de*vote
[divóut]

de 떨어뜨려 + *vo*(= *vow*)
맹세하다 + *te* 동접
⇨ 떼 내어 바치며 맹세하다

타 **(시간·노력을) 바치다·쏟다** = *dedicate*
- ***devote*** *himself to family* 가족에 일생을 바치다
- ***devote*** *oneself to helping the poor*
  가난한 사람들을 돕는데 헌신하다

devotion
명 헌신·전념 = *commitment*

0112
★★☆

*de*clare
[dikléər]

de 강조 + *clare*(= *clear*) 분명한
⇨ 아주 분명히 하다

타 1. **선언하다** = *proclaim*
    2. **(소득·수입품을) 신고하다**
- ***declare*** *war against* ~에 대해 전쟁을 선포하다
- ***declare*** *one's income* 소득을 신고하다

declaration
명 1. 선언(서)
    2. 신고

0113
★★☆

*de*bate
[dibéit]

de 강조 + *bat(e)*(= *beat*) 치다
⇨ (논쟁에서) 세게 치다

동 **논쟁[토론]하다** = *discuss*

명 **논쟁·토론** = *argument*
- ***debate*** *the subject* 그 주제를 토론하다
- *a heated* ***debate*** *on* ~에 관한 열띤 논쟁

0114
★★★

deliberate
[dilíbərèit]

de 강조 + *liber*(= weigh)
무게를 달다 + *ate* 동접
⇨ 무게를 달아 따져 보다

🅣 **숙고하다 · 신중히 생각하다** = consider, ponder

🅗 1. **신중한** [dilíbərət]
　　2. **고의적인** = intentional

- **deliberate** a case 사건을 심의하다
- a **deliberate** decision 신중한 결정
- a **deliberate** attempt to trick people
  사람들을 속이려는 고의적 시도

deliberately
🅑 1. 신중하게
　　2. 고의로 = on purpose

0115
★★☆

degrade
[digréid]

de 아래 + *grade* 등급
⇨ 등급을 낮추다

🅣 **떨어뜨리다 · 저하시키다** ≠ upgrade (개선하다)

- **degrade** the quality 품질[격]을 떨어뜨리다
- a **degrading** motive 비열한 동기

0116
★★★

decrease
[dikríːs]

de 아래 + *cre*(a) 자라다 +
se 동접
⇨ 자란 것을 아래로 내리다

🅣 **줄(이)다 · 감소하다** = reduce
　　　　　　　　　　　≠ increase (증가하다)

🅜 **감소** [díkriːs]

- **decrease** by five percent 5% 감소하다
- a **decrease** in population 인구의 감소

어법 / **a decrease in + N** : ~의 감소

　　* **of** 가 아님에 주의!

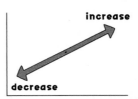

---

dia- : across 가로질러

0117
★☆☆

diameter
[daiǽmətər]

dia 가로질러 + *meter* 재는 것
⇨ (원의 내부를) 가로질러 재는 것

🅜 **지름 · 직경**

- measure the **diameter** of a circle 원의 지름을 재다
- be two inches in **diameter** 지름이 2인치이다

참고 / **radius** 반지름 · 반경

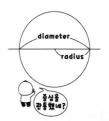

0118
★☆☆

dialect
[dáiəlèkt]

dia 가로질러
+ *lect*(= speak) 말하다
⇨ 어느 한 지역을 가로질러 쓰이는 말

🅜 **사투리 · 방언**

- use a unique **dialect** 특이한 사투리를 쓰다

참고 / **slang** 속어

---

dis- : 1. away 멀리 2. opposite 반대

0119 ★★☆
disinterested
[disíntərèstid]
dis 멀리 + interested 관심 있는
⇨ (개인적) 관심을 멀리하는

형 사심이 없는 · 객관적인 = impartial, objective
- a **disinterested** attitude
  객관적인 태도

0120 ★★☆
disagree
[dìsəgríː]
dis 반대 + agree 동의하다
⇨ '동의하다'의 반대

자 (의견이) 다르다 · 일치하지 않다 = be at odds with
- **disagree with** his opinion 그의 의견에 반대하다

disagreement
명 의견 차이

0121 ★★☆
disadvantage
[dìsədvǽntidʒ]
dis 반대 + advantage 이점
⇨ '이점'의 반대

명 약점 · 불리한 점 = shortcoming, drawback
- be at a **disadvantage** 불리한 입장에 있다

disadvantageous
형 불리한

0122 ★★☆
disappear
[dìsəpíər]
dis 반대 + appear 나타나다
⇨ '나타나다'의 반대

자 사라지다 = vanish
- **disappear** from view 시야에서 사라지다

disappearance
명 실종 · 소멸

disappear ── appear

0123 ★★☆
disgust
[disgʌ́st]
dis 반대 + gust(=taste) 입맛
⇨ 입맛에 맞지 않음

명 혐오감 · 역겨움 = dislike, distaste

타 혐오감을 주다 · 역겹게 하다 = offend, repel
- feel **disgust** at ~에 대해 혐오감을 느끼다
- The smell **disgusts** me. 그 냄새가 나를 역겹게 한다.

disgusting
형 역겨운 · 혐오스러운

0124 ★★☆
dishonest
[disánist]
dis 반대 + honest 정직한

형 정직하지 못한 · 부정한 = corrupt, deceitful
- a **dishonest** salesman 부정직한 영업사원

dishonesty **명** 부정직

0125 ★★☆
disloyal
[dislɔ́iəl]
dis 반대 + loyal 충성스러운

형 불충한 · 충실하지 않은
- **disloyal to** one's country 나라에 불충한

disloyalty **명** 불충

0126 ★★☆

disorder
[disɔ́:rdər]

dis 반대 + order 질서
⇨ '질서'의 반대

명 1. **무질서·혼란** = chaos, confusion
2. **(신체의) 장애·병** = condition
- be thrown into **disorder** 혼란에 빠지다
- mental **disorder** 정신 이상

숙어 / **out of order** 고장 난 = broken

disorderly 형 무질서한

0127 ★★☆

display
[displéi]

dis 반대 + play(= fold) 접다
⇨ 접힌 것을 반대로 하다

타 1. **전시하다·진열하다** = exhibit
2. **(감정·특징 등을) 보이다·드러내다** = show
- **display** fruit[toys] 과일[장난감들]을 진열하다
- **display** no interest 관심을 보이지 않다

0128 ★★☆

displease
[displí:z]

dis 반대 + please 기쁘게 하다
⇨ '기쁘게 하다'의 반대

타 **불쾌하게 하다** = dissatisfy
- be **displeased** with ~에 불쾌해하다

displeasure 명 불쾌감·불만
unpleasant 형 불쾌한

---

en- : 1. **make** 만들다   2. **in** ~안에

0129 ★★☆

enable
[inéibl]

en 만들다 + able 할 수 있는
⇨ ~을 할 수 있게 만들다

타 **~을 할 수 있게 하다·가능하게 하다** = empower
- **enable** us to do 우리가 ~할 수 있게 하다

숙어 / **enable A to V** A를 ~할 수 있게 하다

0130 ★★☆

enlarge
[inlá:rdʒ]

en 만들다 + large 큰
⇨ 크게 만들다

타 1. **확대하다** = magnify
2. **자세히 설명하다**
- **enlarge** the photo 사진을 확대하다
- **enlarge on** that point 그 점에 대해 상세히 설명하다

enlargement 명 확대

0131 ★★☆

enlighten
[inláitn]

en 만들다 + light 밝은 + en
동접 ⇨ (마음속을) 밝게 만들다

타 **계몽하다·교화하다** = instruct
- **enlighten** the ignorant
  무지한 사람들을 계몽하다

비교 / **lighten** 1. 밝게 하다
2. 가볍게 하다

0132 ★★☆

enrich
[inrítʃ]

en 만들다 + rich 풍부한
⇨ 풍부하게 만들다

타 **부유하게 하다·풍부하게 하다**
- **enrich** one's vocabulary
  자신의 어휘력을 풍부하게 하다

enrichment 명 풍부하게 함

0133 ★★☆ **entitle**

[intáitl]

en 만들다 + title 제목[직함]
⇨ 제목[직함]을 만들다

타 1. **제목을 붙이다** 2. **권한을 주다** = qualify

- **entitle** a book[movie] 책[영화]에 제목을 붙이다
- be **entitled to** do ~할 자격이 있다
- be **entitled to** privileges 특권이 주어지다

어법 / **entitle** 目 **to V** 目에게 ~할 수 있는 자격을 주다

entitlement 명 자격·권리
entitled 형 자격이 있는

0134 ★★☆ **enclose**

[inklóuz]

en 안에 + close 닫다
⇨ 안에 넣고 닫다

타 1. **(담·울타리가) 둘러싸다** = surround
2. **동봉하다**

- be **enclosed** by a wall 벽으로 둘러싸여있다
- **enclose** a photo with the letter 사진을 편지에 동봉하다

enclosure
명 1. 울타리를 친 장소
2. 동봉된 것

0135 ★★☆ **embrace**

[imbréis]

en 안에 + brace (=arms) 양팔
⇨ (사람을) 양팔 안에 두다

타 1. **껴안다·포옹하다** = hug
2. **수용하다·받아들이다** = accept

- **embrace** each other warmly 서로를 따뜻하게 껴안다
- **embrace** a religion 종교를 받아들이다

embracement
명 1. 포옹
2. (기꺼이) 받아들임

0136 ★★☆ **encounter**

[inkáuntər]

en 안에 + counter 반대
⇨ 반대쪽에서 자기의 시야 안으로 들어오다

동 **(우연히) 만나다·마주치다** = come across, run into
명 **(뜻밖의) 만남**

- **encounter** a famous actor 유명 배우를 우연히 만나다
- **encounter** a lot of opposition 많은 반대에 부딪치다
- an **encounter** with an old friend 옛 친구와 뜻밖의 만남

---

ex- : out 밖에·밖으로

0137 ★★☆ **exotic**

[igzátik]

ex(o) 밖에 + tic 형접
⇨ (나라) 밖에 있는

형 **외국의·이국적인** = foreign, outlandish

- **exotic** food[flavors] 이국적인 음식[맛]

0138 ★★☆ **external**

[ikstɔ́:rnl]

ex(tern) 밖 + al 형접
⇨ 외부의

형 **밖의·외부의** ≠ internal (내부의)

- the **external** world[wound] 외부세계[외상]

비교 / **exterior** (건물의) 외부면의

0139 ★★☆ **exchange**

[ikstʃéindʒ]

ex 밖으로 + *change* 바꾸다
⇨ 밖으로 내어 바꾸다

동 교환하다

명 교환·환전

- **exchange** this sweater **for** a bigger one
  이 스웨터를 더 큰 것으로 교환하다
- an **exchange** of presents 선물 교환
- the current **exchange** rate 현재의 환율

어법 / **exchange A for B** A를 B와 교환하다

0140 ★★☆ **expand**

[ikspǽnd]

ex 밖으로 + *pand*(=spread) 뻗다
⇨ 뻗어나가다

동 1. 커지다·팽창하다 ≠contract (수축하다)
2. (규모를) 확대하다 =extend

- the **expanding** universe 팽창하는 우주
- **expand** vocabulary 어휘력을 키우다

expansion 명 확대·확장

expanse 명 넓게 트인 지역

expansive 형 광범위한·넓은

비교 / **expend** (돈·시간을) 쏟다·소비하다

0141 ★★★ **exaggerate**

[igzǽdʒərèit]

ex 강조 + *agger* (=heap) 쌓다
+ *ate* 동접⇨ 더 크게 쌓아올리다

타 과장하다 =overstate

- **exaggerate** one's achievements 자신의 업적을 과장하다
- an **exaggerated** advertisement 과장 광고

exaggeration

명 과장

0142 ★★★ **exhaust**

[igzɔ́ːst]

ex 밖으로 +
haust (=draw) 끌다
⇨ (힘·자원을) 밖으로 다 끌어내다

타 1. (완전) 지치게 하다 =wear out
2. 고갈시키다 =use up

명 배기가스

- be **exhausted** with fatigue 피로로 지치다
- **exhaust** a fortune in gambling
  도박으로 재산을 다 써버리다
- automobile **exhaust** 자동차 배기가스

exhaustion 명 1. 기진맥진·탈진
2. 고갈

exhaustive 형 철저한

- an **exhaustive** investigation
  철저한 조사

0143 ★★☆ **emerge**

[imə́ːrdʒ]

e (x) 밖으로 +
merge (=sink) 가라앉다
⇨ 가라앉은 것이 밖으로 나오다

자 (밖으로) 나오다·모습을 드러내다

- a ship **emerging from** the fog
  안개로부터 모습을 드러내는 배
- an **emerging** fashion capital
  떠오르는 패션 중심지

emergence 명 출현

emergency 명 비상 (사태)
- an **emergency** room 응급실

emergent 형 1. 신생의·신흥의
2. 위기의

연습문제
DAY 06 | 접두어 DIA- ~ EX-

♥ 영어를 우리말로, 우리말을 영어로 바꾸세요.

1. **derive**

2. **diameter**

3. **disinterested**

4. **disgust**

5. **enclose**

6. **encounter**

7. **exotic**

8. **exaggerate**

9. **exhaust**

10. **emerge**

11. 바치다, 쏟다

12. 사투리, 방언

13. 약점, 불리한 점

14. 정직하지 못한 · 부정한

15. 불충한 · 충실하지 않은

16. 무질서; 장애

17. 확대하다; 자세히 설명하다

18. 계몽하다, 교화하다

19. 제목을 붙이다; 권한을 주다

20. 포옹하다; 받아들이다

♥ 다음 중 밑줄 친 단어와 같은 뜻을 고르시오.

21. The children stared in wonder when the magician made the rabbit **disappear**.
    ① disgust ② handle ③ wipe out
    ④ lead to ⑤ vanish

22. I won a ticket which **entitles** me to two free seats at the Belfry Theater.
    ① occupies ② qualifies ③ resumes
    ④ settles ⑤ reserves

23. Fishermen always **exaggerate** the size of a fish they almost caught.
    ① emerge ② enlarge ③ put on
    ④ overstate ⑤ increase

24. They **encountered** a few problems while travelling in Greece last year.
    ① got around ② took place ③ went through
    ④ called off ⑤ came across

♥ 다음 괄호에 들어갈 알맞은 말을 고르시오.

25. (Exhausted / Exhibited) with fatigue, I had not strength to utter a word.

26. He made up his mind to publish a book that would (lighten / enlighten) the ignorant.

27. Wireless Internet network will (enable / entitle) us to gain access to the site anywhere.

28. The nation was thrown into (disability / disorder) by a massive anti-government demonstration.

▶ 정답 p. 446

extra- / extro- : outside 밖의·밖에

0144
★★☆

extra
[ékstrə]

extra 밖의
⇨ (본래의 것) 이외의

- 형 **추가의** = additional
- 부 **추가로·더** = further
- 명 **(영화의) 단역 배우·엑스트라**
  - **extra** money[charge] 여분의 돈[추가 요금]
  - pay $5 **extra** for room service 룸서비스에 대해 5달러를 추가로 내다
  - play an **extra** part 엑스트라 역을 하다

0145
★☆☆

extracurricular
[ékstrəkəríkjulər]

extra 밖의 + curricular 교과
과정의 ⇨ 교과 과정 외의

- 형 **교과 과정 외의·과외의**
  - **extracurricular** activities 과외 활동들

fore- : before 먼저·앞서

0146
★☆☆

foresee
[fɔːrsíː]

fore 앞서 + see 보다
⇨ 앞을 내다 보다

- 타 **예견하다** = predict, foretell
  - **foresee** the future 미래를 예견하다

foreseeable
형 예견할 수 있는

0147
★☆☆

forefather
[fɔ́ːrfɑ̀ːðər]

fore 먼저 + father 아버지
⇨ 먼저 태어난 아버지

- 명 《-s》 **선조·조상** = ancestor, forebear
  - ≠ descendant (자손·후손)
  - disgrace the name of **forefathers**
    조상들의 명예를 더럽히다

0148
★☆☆

forehead
[fɔ́ːrhèd]

fore 앞의 + head 머리
⇨ 머리의 앞부분

- 명 **이마** = brow
  - a large **forehead** 넓은 이마

0149
★★☆

foremost
[fɔ́ːrmoust]

fore 앞에 + most 가장
⇨ 가장 앞에 있는

- 형 **가장 중요한·최고의** = leading, primary
  - the **foremost** composer 최고의 작곡가

0150 ★★☆
*in*come
[ínkʌm]

in 안으로 + *come* 오다
⇨ 안으로 들어오는 것

(명) **소득·수입** = *earnings*
≠ *expenditure* (지출)

- *save[earn] one's **income*** 수입을 저축하다[벌어들이다]
- *an **income** tax* 소득세

0151 ★☆☆
*in*door
[índɔːr]

in 안에 + *door* 문
⇨ 문 안쪽의

(형) **실내의** ≠ *outdoor* (야외의)

- *an **indoor** sport* 실내 스포츠

indoors (부) 실내에서

0152 ★★☆
*in*flame
[infléim]

in 안에 + *flame* 불
⇨ (마음) 안에 불을 붙이다

(타) 1. **격분시키다** = *enrage*
2. **격렬하게 하다** = *heat*

- ***inflame** the mob* 군중을 격분시키다
- ***inflame** a dispute* 논쟁을 가열시키다

inflammation (명) 염증

- *a chronic **inflammation*** 만성적인 염증

0153 ★★☆
*in*herent
[inhíərənt]

in 안 + *her*(=stick) 붙다
+ *ent*형접 ⇨ 안에 붙어 있는

(형) **내재하는** = *intrinsic*

- *an **inherent** problem in all major cities*
  모든 대도시에 내재하는 문제

inherently (부) 본질적으로·본래

0154 ★★☆
*im*prison
[imprízn]

in 안 + *prison*감옥
⇨ 감옥 안에 가두다

(타) **투옥하다·수감하다** = *put in jail*

- ***imprison** an opposition leader*
  야당지도자를 투옥하다

imprisonment (명) 투옥

- *life **imprisonment*** 무기징역

0155 ★★☆
*in*put
[ínpùt]

in 안에 + *put* 놓다
⇨ 안에 들여 넣다

(동) **입력하다** = *put in*
(명) **입력·투입** ≠ *output* (출력·생산량)

- ***input** new data* 새로운 데이터를 입력하다
- *a considerable **input** of money* 상당한 돈의 투입

0156 ★★☆
*in*sight
[ínsàit]

in 안 + *sight* 보는 것
⇨ 안을 들여다보는 것

(명) **통찰력**

- *a man of great **insight*** 대단한 통찰력을 가진 사람
- *have **insight into** the economy* 경제에 대한 통찰력이 있다

insightful (형) 통찰력 있는

0157
★★☆

invest
[invést]

in 안 + *vest* 옷을 입히다
⇨ (돈에 다른 형태의) 옷을 입히다

동 1. 투자하다
2. (권한을) 부여하다

- **invest** money **in** real estate
  돈을 부동산에 투자하다
- be **invested with** power by the people
  국민들에게 권한을 부여받다

investment 명 투자

---

in- / im- / il- / ir- : not 부정

0158
★★☆

incapable
[inkéipəbl]

im 부정 + *capable* 할 수 있는
⇨ 할 수 없는

형 ~할 수 없는·무능한 = *incompetent*

- an **incapable** secretary 무능한 비서
- be **incapable of** thinking 생각할 수 없다

incapability 명 불능·무능

0159
★★☆

indispensable
[ìndispénsəbl]

in 부정 + *dispensable* 분배될
수있는 ⇨ 남에게 주면 안되는

형 없어서는 안 될·필수적인 = *essential, vital*

- be **indispensable to** the team 팀에 없어서는 안 된다

indispensability
명 (긴급한) 필요

0160
★★☆

inevitable
[inévətəbl]

in 부정 + *evitable* 피할 수 있는
⇨ 피할 수 없는

형 피할 수 없는·불가피한 = *unavoidable*

- the **inevitable** result 불가피한 결과

inevitably 부 필연적으로

0161
★★☆

innocent
[ínəsnt]

in 부정 + *noc* 해 + *ent* 형접
⇨ 아무런 해가 없는

형 1. 순진한 2. 무죄인 ≠ *guilty* (유죄인)

- an **innocent** child 순진한 어린이
- be **innocent of** a crime
  범죄에 대해 무죄다

innocence 명 1. 순수
2. 결백·무죄

0162
★☆☆

impersonal
[impə́:rsənl]

im 부정 + *personal* 개인적인
⇨ 개인적이 아닌

형 1. 특정 개인과 상관없는
2. 비인간적인·인간미 없는 = *inhuman*

- discuss the **impersonal** topic
  특정 개인과 상관없는 주제를 논의하다
- an **impersonal** manner 아주 차갑고 비인간적인 태도

impersonality 명 비인간적임

0163 ★★☆ *illegal*

[ilíːgəl]

il(=in) 부정 +
legal 합법적인
⇨ 합법적이 아닌

형 불법적인 = *illicit*

- possess **illegal** weapons 불법 무기를 소지하다
- **illegal** immigrants 불법 이민자들

illegality **명** 불법(행위)
illegally **부** 불법적으로

0164 ★★☆ *irrelevant*

[irélevənt]

ir(=in) 부정 +
relevant 관련 있는
⇨ 관련 없는

형 관련 없는·무관한 = *unrelated*

- be **irrelevant to** the topic 그 주제와 관련이 없다

irrelevance **명** 무관함

0165 ★★☆ *irregular*

[irégjulər]

ir(=in) 부정 +
regular 규칙적인
⇨ 규칙적이지 않은

형 1. 불규칙적인·고르지 못한
2. 변칙적인·비정상적인

- an **irregular** shape 불규칙한 모양
- an **irregular** worker 비정규직 근로자

irregularity
명 불규칙(성); 변칙

규칙적이지 않잖아!

0166 ★★☆ *irresponsible*

[ìrispánsəbl]

ir(=in) 부정 +
responsible 책임지는
⇨ 책임을 지지 않는

형 무책임한

- make **irresponsible** remarks 무책임한 말들을 하다
- be **irresponsible for** one's duty
  자신의 의무에 대해 무책임하다

irresponsibility
명 무책임함

---

inter- : between 사이의

0167 ★★☆ *inter*est

[íntərəst]

inter 중간 +
es (=be) 있다 + t 명접
⇨ (어떤 일의) 중간에 있는 것

명 1. 관심·흥미
2. 이익·이해관계
3. (은행) 이자

- have **interest in** ~에 대한 관심이 있다
- the shared **interests** 공동의 이해관계
- an **interest** rate 이자율

interested
형 관심있는·흥미있는
interesting
형 재미있는·흥미로운

0168 ★★☆ *inter*national

[ìntərnǽʃənəl]

inter 사이 + national 국가의
⇨ 국가와 국가사이의

형 국제적인 = *global*

- **international** trade 국제 무역

internationally
부 국제적으로

0169
★☆☆
intermediate
[ìntərmíːdiət]

inter 사이의 +
medi 중간 + *ate* 형접
⇨ (초급과 고급) 사이의 중간인

형 중간의·중급의

- take an **intermediate** course
  중급 강좌를 수강하다

참고 / **basic** 기본의
intermediate 중급의
advanced 고급의

0170
★★☆
interval
[íntərvəl]

inter 사이 + *val*(=wall) 벽
⇨ 벽과 벽 사이

명 (시간적) 간격·(중간) 휴식 시간 = break, recess

- at **intervals** of ~의 간격을 두고

0171
★☆☆
intercourse
[íntərkòːrs]

inter 사이 + *cour*(=run) 달리다
⇨ 서로에게 달려감

명 교제·소통

- social **intercourse** 사교
- sexual **intercourse** 성교

0172
★★☆
interfere
[ìntərfíər]

inter 사이 + *fer(e)*(=strike) 치다
⇨ 사이로 들어와 치다

자 1. 간섭[참견]하다 = meddle
2. 방해하다

- **interfere in** her private life 그녀의 사생활에 간섭하다
- **interfere with** business affairs 사업을 방해하다

interference 명 간섭·참견

0173
★★☆
interpret
[intə́ːrprit]

inter 중간 + *pret*(=agent) 대리인
⇨ 중간에서 대리인을 하다

동 1. 통역하다 = translate
2. 해석하다 = construe

- ask our guide to **interpret**
  우리의 가이드에게 통역해달라고 부탁하다
- **interpret** her silence **as** a refusal
  그녀의 침묵을 거절로 이해하다

interpretation 명 해석·이해
interpretor 명 통역사

아저씨!
오리가 뭐래요?

0174
★★☆
interaction
[ìntəræk∫ən]

nter 서로에게 + *action* 작용
⇨ 서로에게 미치는 작용

명 상호 작용·소통

- the **interaction** between A and B
  A와 B간의 상호 작용[소통]

interact
동 상호 작용하다·교류하다
interactive
형 상호작용을 하는

♥ 영어를 우리말로, 우리말을 영어로 바꾸세요.

1. *foresee*

2. *forefather*

3. *foremost*

4. *inherent*

5. *invest*

6. *indispensable*

7. *inevitable*

8. *illegal*

9. *interpret*

10. *interaction*

11. 추가의; 추가로

12. 수입, 소득

13. 격분시키다; 격렬하게 하다

14. 투옥하다

15. 통찰력

16. 순진한; 무죄인

17. 특정 개인과 상관없는; 비인간적인

18. 불규칙적인

19. 무책임한

20. 간섭하다, 참견하다

♥ 다음 중 밑줄 친 단어와 같은 뜻을 고르시오.

21. Stress is an **inherent** part of life, with both positive and negative consequences.
    ① *intrinsic*   ② *inflammatory*   ③ *insightful*
    ④ *inevitable*   ⑤ *innocent*

22. The United States has no right to **interfere** in the internal matters of this country.
    ① *migrate*   ② *mediate*   ③ *meddle*
    ④ *meditate*   ⑤ *medicate*

23. In some countries, selling **illegal** drugs is an offence which is punishable by death.
    ① *illiterate*   ② *illicit*   ③ *irrelevant*
    ④ *irregular*   ⑤ *irresponsible*

♥ 다음 중 밑줄 친 단어의 반대되는 뜻을 고르시오.

24. He was found **innocent** of murdering his wife in a court of law.
    ① *incompetent*   ② *guilty*   ③ *prone*
    ④ *definite*   ⑤ *controversial*

♥ 다음 괄호에 들어갈 알맞은 말을 고르시오.

25. He has always been the life of the party, and is (*indisputable* / *indispensable*) to our team.

26. Many unusual weather phenomena are the (*inevitable* / *inefficient*) results of global warming caused by greenhouse gases.

27. After months of the entry level courses, I was permitted to take an (*immediate* / *intermediate*) course.

28. The village community (*interfered* / *interpreted*) her silence as a refusal to admit her theft.

▶ 정답 *p. 446*

ob- : 1. against ~에 반대하여·거슬러서   2. over 위에

0175
★★☆
obstacle
[ábstəkl]

ob 거슬러 +
sta 서다 + cle 명접
⇨ (가로막고) 거슬러 서있는 것

명 장애(물) = barrier, hindrance
- an **obstacle to** success 성공의 장애

0176
★★★
oppose
[əpóuz]

op 반대로 + pose 놓다
⇨ 반대로 놓다

타 반대하다 = object to
- **opposes** cruelty to animals
  동물에 대한 잔혹행위에 반대하다
- **oppose** changing the rule 규칙을 변경하는 것에 반대하다

opposite 형 반대의
opposition
명 1. 반대 2. 《the O-》 야당
opponent 명 상대·적

0177
★★☆
obscure
[əbskjúər]

ob 위에 +
scure (=covered) 덮인

⇩

위가 덮여 있는

형 1. 애매한·모호한 = vague, ambiguous ▶ 위가 덮여 가려진
2. 잘 알려지지 않은·무명의 ▶ 덮여 가려져 사람들이 모르는
- an **obscure** question[explanation] 모호한 질문[설명]
- an **obscure** singer 무명가수

타 모호하게 하다·숨기다 = conceal, hide ▶ 위를 덮어 가리다
- **obscure** the fact 사실을 모호하게 하다

obscurity 명 모호함

---

out- : 1. 밖으로   2. ~보다 더

0178
★★☆
outcome
[áutkʌm]

out 밖으로 + come 오다
⇨ 밖으로 나온 것

명 결과 = result, consequence
- the final **outcome** of the election
  그 선거의 최종 결과

0179
★★☆
outlook
[áutluk]

out 밖으로 + look 보다

⇩

밖으로 내다보는 것

명 1. 경치 = view ▶ 밖으로 볼 때의 모습
2. 예상·전망 = prospect ▶ (현재의) 밖인 미래를 바라봄
3. 관점 = perspective ▶ (생각을 가지고) 어떤 사물을 바라봄
- a wonderful **outlook** 멋진 경치
- the **outlook** for the future of the economy 경제 미래에 대한 전망
- a positive **outlook** on life 긍정적 인생관

0180 ★★☆ **out**standing

[autstǽndiŋ]

out 밖에 +
standing 서있는

⇩

(보통 사람의 무리) 밖에

나와 서있는

형 1. **뛰어난·출중한** = excellent ▶ (보통 사람의 무리) 밖에 나와 서있는
2. **미해결의·미지불된** = not yet paid ▶ (능력 범위의) 밖에 나와 서있는

- an **outstanding** musician 뛰어난 음악가
- **outstanding** parking tickets 미지불된 주차요금 고지서들

0181 ★★☆ **out**break

[áutbreik]

out 밖에 +
break 깨지다·터지다
⇨ 터져 나온 것

명 **(전쟁·질병의) 발발·발생**

- an **outbreak** of influenza[plague]
  독감[역병]의 발생

참고 / **outburst** 1. (감정의) 분출·폭발 2. 급증

0182 ★★☆ **out**going

[áutgouiŋ]

out 밖으로 +
going 가는

⇩

밖으로 나가는

형 1. **떠나는·물러나는** = leaving ▶ (현재의 지위에서) 밖으로 나가는
2. **외향적인** = sociable ▶ (집에서 자주) 밖으로 나가는

- **outgoing** mail[president]
  발신 우편[퇴임하는 회장]
- her **outgoing** personality
  그녀의 외향적인 성격

0183 ★★☆ **out**line

[áutlain]

out 바깥 +
line 선

⇩

바깥을 그린 선

명 1. **윤곽** = profile ▶ (사물이나 지형의) 바깥을 그린 선
2. **개요** = summary ▶ (어떤 내용의) 큰 테두리를 그린 선

- the **outline** of her face 그녀의 얼굴의 윤곽
- an **outline** of a speech 연설문의 개요

동 **개요를 설명하다·윤곽을 보여주다** = summarize ▶ 바깥 테두리 선을 그리다

- **outline** the historical event
  그 역사적 사건의 개요를 설명하다

0184 ★★☆ **out**let

[áutlet]

out 밖으로 +
let 하게 하다

⇩

밖으로 나가게 함

명 1. **배출구·표출 수단** ▶ 밖으로 나가게 하는 곳
2. **(플러그를 꽂는) 콘센트** = socket ▶ (전기를) 밖으로 나가게 하는 곳
3. **할인점·직판 매장** = a discount store ▶ (제품을) 밖으로 나가게 하는 곳

- an **outlet** for one's emotion 감정의 표출 수단
- a wall electric **outlet** 벽에 있는 전기 콘센트
- a discount furniture **outlet** 가구 할인점

0185
★★☆

*out*put

[áutput]

out 밖으로 +
put 놓다

⇩

밖으로 내놓은 것

명 1. **생산량** = *production, yield* ▶ (공장의) 밖으로 내 놓은 것
2. **출력** ≠ *input* (입력) ▶ (컴퓨터에서) 밖으로 내 놓은 것

- *increase* **output** *by 20%* 생산량을 20% 늘리다
- *an* **output** *device* 출력 장치(모니터·프린터 등)

동 **출력하다** ▶ (컴퓨터에서) 밖으로 내놓다

- *Computers* **output** *data very quickly.* 컴퓨터는 데이터를 아주 빠르게 출력한다.

0186
★★☆

*ut*ter

[ʌ́tər]

ut(t)(=out) 밖으로 +
er 비교급 접미어

⇩

더 바깥으로 나온

형 **완전한·순전한** = *sheer, downright* ▶ (명백히 보이게) 더 밖으로 나온

- *plunge into* **utter** *chaos*
  완전한 혼돈 속으로 빠져들다

타 **(소리를) 내다·말하다** ▶ (소리를) 밖으로 내다

- **utter** *a word* 말 한마디를 하다

utterance
명 말·언급

0187
★★☆

*ut*most

[ʌ́tmòust]

ut(=out) 밖에 + *most* 가장
⇨ 가장 밖에 있는

형 **최고의·극도의** = *greatest, highest*

- *a matter of* **utmost** *concern* 최고로 중요한 문제

0188
★★☆

*out*do

[autdú]

out ~보다 더 + *do* 하다
⇨ ~보다 더 잘 하다

타 **능가하다** = *excel, surpass*

- **outdo** *the others* 남들을 능가하다

숙어 / ***not to be outdone*** 남에게 뒤지지 않으려고

0189
★★★

*out*weigh

[áutwei]

out ~보다 더 +
weigh 무게가 ~이다
⇨ ~보다 더 무겁다

타 **~보다 뛰어나다**

- **outweigh** *the benefits* 이점을 능가하다

DAY 08

0190
★★☆
*over*charge
[ouvərtʃáːrdʒ]

over 위로 +
charge (요금을) 청구하다
⇨ (정상보다) 위로 청구하다

동 (금액을) 많이 청구하다 · 바가지를 씌우다 = *rip off*
- **overcharge** for car repairs 자동차 수리비를 바가지 씌우다
- **overcharge** the customer 그 손님에게 바가지 씌우다

0191
★★☆
*over*head
[ouvərhéd]

over 위의 + head 머리
⇩
머리 위

형 머리 위의 ▶ 머리보다 위의
- an **overhead** sprinkler system 머리 위의 스프링클러 시스템

부 머리 위로 ▶ 머리보다 위로
- A plane flies **overhead**. 비행기가 머리 위로 날고 있다.

명 고정비 = overhead costs ▶ 늘 맨 위에 자리 잡는 비용
- reduce high **overhead** 높은 고정비를 줄이다

0192
★★☆
*over*flow
[ouvərflóu]

over 위로 + flow 흐르다
⇨ ~위로 흘러넘치다

동 넘치다
명 넘침 · 범람
- **overflow** with water[tourists] 물로[관광객들로] 넘쳐나다
- the **overflow** of the river 강물의 범람

0193
★★☆
*over*whelm
[òuvərhwélm]

over 위 + whelm 뒤덮다
⇨ ~위를 뒤덮어 버리다

타 압도하다 · 제압하다
- win an **overwhelming** victory 압승하다
- be **overwhelmed** by the enemy 적에 의해 제압되다

overwhelming
형 압도적인

0194
★★☆
*over*work
[òuvərwə́ːrk]

over 위 + work 일하다
⇨ 정도 이상으로 일하다

동 과로하다 · 혹사시키다
명 과로
- **overwork** oneself on the new job 새 일에 과로하다
- get sick through **overwork** 과로로 병나다

0195
★★☆
*over*come
[ouvərkʌ́m]

over 넘어·위로 +
come 오다
⇩
넘어오다 · 뒤덮다

타 1. 극복하다 = get over ▶ (어려움을) 넘어오다
2. 《수동태》 (감정에) 휩싸이다 · 사로잡히다 = overwhelm ▶ 위로 와서 뒤덮다
- **overcome** one's difficulties 어려움을 극복하다
- be **overcome** by grief 큰 슬픔에 휩싸이다

0196
★☆☆

*over*due

[ouvərdjúː]

over 넘어 + due 만기가 된
⇨ 만기를 넘은

형 만기를 넘은

- an **overdue** bill 기한이 지난 청구서

비교 / **undue** 지나친·과도한

0197
★★☆

*over*hear

[ouvərhíər]

over 넘어서 + hear 듣다
⇨ (장애물을) 넘어서 듣다

타 (남의 대화 등을) 우연히 듣다

- **overhear** rumors about her
  그녀에 대한 소문을 우연히 듣다

0198
★★☆

*over*look

[ouvərlúk]

over 위에서·넘어 +
look 보다

⇩

위에서 내려다보다·
보고 넘기다

타 1. (경치를) 내려다보다 = command ▶ (멀리) 위에서 내려다 보다
2. 못 보고 넘어가다·간과하다 ▶ (실수로) 보고 넘기다
3. 용서하다·눈감아주다 = forgive ▶ (남의 잘못을 일부러) 보고 넘기다

- a hotel that **overlooks** a lake 호수가 내려다보이는 호텔
- **overlook** an important clue 중요한 단서를 간과하다
- **overlook** a fault 잘못을 눈감아주다

0199
★★☆

*over*seas

[ouvərsíːz]

over 넘어 + sea 바다
⇨ 바다를 넘어

부 해외에서 = abroad

형 해외의 = foreign

- be sold **overseas** 해외에서 팔리다
- **overseas** trade[markets] 해외 무역[시장]

0200
★★☆

*over*take

[ouvərtéik]

over 넘어 + take 잡다
⇨ (멀리로부터) 넘어와 잡다

동 1. 따라잡다·추월하다 = catch up with
2. (나쁜 일이) 닥치다·덮치다 = befall

- **overtake** a truck 트럭을 따라잡다
- be **overtaken** by misfortune 불행이 닥치다

0201
★★☆

*over*throw

[ouvərθróu]

over 넘어 + throw 던지다
⇨ 던져서 넘어뜨리다

타 타도하다·전복시키다 = subvert

- **overthrow** the dictator 독재자를 타도하다

연습문제

DAY 08 | 접두어 *OB- ~ OVER-*

♥ 영어를 우리말로, 우리말을 영어로 바꾸세요.

1. obstacle

2. oppose

3. outcome

4. utmost

5. outdo

6. overcharge

7. overflow

8. overwork

9. overcome

10. overtake

11. 애매한; 무명의

12. 경치; 예상, 전망

13. 뛰어난; 미해결의

14. 외향적인

15. 배출구; 할인점

16. 완전한; (소리를) 내다, 말하다

17. 압도하다, 제압하다

18. 만기를 넘은

19. 우연히 듣다

20. 내려다보다; 간과하다; 용서하다

♥ 다음 중 밑줄 친 단어와 같은 뜻을 고르시오.

21. He is an __outstanding__ basketball player, probably the best in the country.
   ① creative   ② mediocre   ③ aggressive
   ④ remarkable   ⑤ promising

22. Martha's inability to __overcome__ her fear of water has kept her from learning how to swim.
   ① turn over   ② get over   ③ take over
   ④ make over   ⑤ watch over

23. Studies show that lovers tend to __overlook__ the current problems in their relationship, and usually make overly optimistic predictions about how long it will last.
   ① recognize   ② identify   ③ admit
   ④ minimize   ⑤ ignore

24. The Jamaican runner __overtook__ his American rival in the last 100 yards of the race.
   ① be fed up with   ② keep up with   ③ came down with
   ④ caught up with   ⑤ put up with

♥ 다음 괄호에 들어갈 알맞은 말을 고르시오.

25. Computer illiteracy will be a major (obstacle / observance) to your success.

26. Public health officials worry that an (occurrence / outbreak) of influenza could have serious consequences to the health of newborn babies.

27. I received a written warning that they would cut off electricity if the (undue / overdue) bill was not paid by the end of this month.

28. If the presidential election had been fair, the opposition candidate would have won an (overbearing / overwhelming) victory.

▶ 정답 p. 447

per- : 1. through 통과해서 2. intensive 강조(완전히)

와-! 좋은 냄새!

0202
★★☆

*per*fume
[pə́ːrfjuːm]

per 통과하여 + *fume* 연기
⇨ 통과하여 퍼지는 연기

명 향기 · 향수 = *scent, fragrance*
- *wear **perfume*** 향수를 뿌리다

0203
★★☆

*per*manent
[pə́ːrmənənt]

per 끝까지 + *man* (=stay) 남다 +
ent 형접 ⇨ 끝까지 남아있는

형 영구적인 = *eternal, everlasting, perpetual*
≠ *temporary* (일시적인)
- *get a **permanent** job* 정규직을 얻다

permanently (**부**) 영구히

0204
★★☆

*per*severe
[pə̀ːrsəvíər]

per 끝까지 + *severe* 엄격한
⇨ (자신에게) 끝까지 엄격히 하다

자 인내하다 · 꾸준히 계속하다 = *persist*
- *persevere in one's study*
학문적 연구를 꾸준히 해나가다

어법 / ***persevere in[with]*** ~을 꾸준히 해나가다

perseverance (**명**) 인내
= *endurance*
persevering (**형**) 인내심이 강한

0205
★★★

*per*form
[pərfɔ́ːrm]

per 완전히 +
form (= *furnish*) 제공하다
⇨ (가진 능력을) 모두 제공하다

동 1. (일 · 의무 등을) 수행하다 = *conduct, fulfill*
2. 공연하다
- ***perform** an operation on* ~에 대한 수술을 하다
- ***perform** a play* 연극을 공연하다

performance
(**명**) 1. 실적 · 성과 2. 공연 3. 성능
performer
(**명**) 1. 실행자 2. 연주[연기]자

---

post- : after 뒤에 · 후에

0206
★★☆

*post*pone
[poustpóun]

post 뒤로 + *pon* (e) 놓다
⇨ (날짜를) 뒤로 놓다

타 연기하다 · 미루다 = *delay, put off*
- *be **postponed** until the day after tomorrow*
모레로 연기되다

postponement (**명**) 연기

0207
★☆☆

*post*script
[póustskrìpt]

post 뒤에 + *script* 쓰는 것
⇨ 뒤에 쓰는 것

명 추신 · 후기
- *add a **postscript** to the letter*
편지에 추신을 덧붙이다

줄여서 **PS**

0208
★★☆

*post*erity
[pastérəti]

poster 뒤에 있는 + *ity* 명접
⇨ (내) 뒤에 태어난 사람

명 자손 · 후세 = *descendants, offspring, progeny*
- *be preserved for **posterity*** 후세를 위해 보존되다

---

pre- : before 전에

0209 ★★☆

precaution
[prikɔ́:ʃən]

pre 미리 + caution 조심
⇨ 미리 조심하는 것

🅜 **예방 조치·조심** = prevention
- take a **precaution** against infection
  감염을 조심하다

precautious 🅗 조심하는

0210 ★★☆

prejudice
[prédʒudis]

pre 미리 + jud 판단하다 +
ice 명접 ⇨ 미리 판단하는 것

🅜 **편견·선입견** = bias
- racial **prejudice** 인종적 편견

prejudiced 🅗 편견이 있는

≠ unprejudiced (편견이 없는)

0211 ★★☆

premature
[prì:mətʃúər]

pre 이전의 + mature 익은
⇨ 아직 익기 전인

🅗 **너무 이른·시기상조의** = too early, untimely
- a **premature** birth 조산
- a **premature** decision 너무 이른 결정

0212 ★★☆

previous
[prí:viəs]

pre 앞서 + vi 길 +
ous 형접 ⇨ 앞서 길을 간

🅗 **이전의·사전의** = preceding
- the **previous** owner 이전 소유주

previously
🅑 미리·사전에 = beforehand

---

pro- : forth 앞으로, before 미리

0213 ★★★

produce
[prədjúːs]

pro 앞으로 + duc (e) 끌다
⇨ 앞으로 이끌어내다

🅣 **생산하다** = yield

🅜 **농산물**
- **produce** a film[automobile]
  영화[자동차]를 제작하다
- fresh local **produce**
  신선한 지역 농산물

product 🅜 제품
production 🅜 생산; 제작
producer 🅜 1. 생산자 2. 제작자
productive 🅗 생산적인·생산하는

우와-
멋진 차다!

0214 ★★★

progress
[prágres]

pro 앞으로 + gress 가다
⇨ 앞으로 나아감

🅜 **진전·발전** = advance, development

🅢 **나아가다·진전을 보이다**
- make **progress** in English 영어가 늘다
- **progress** rapidly[slowly] 빠르게[느리게] 발전하다

progressive
🅗 1. (꾸준히) 진행되는
  2. 진보적인

0215
★★★

prolong
[prəlɔ́ːŋ]

pro 앞으로 + *long* 긴
⇨ 앞으로 길게 늘이다

타 (시간을) **연장하다** = *extend, lengthen*

- **prolong** *one's stay[life]* 체류[생명]를 연장하다

0216
★★★

protect
[prətékt]

pro 앞 + *tect* 덮다
⇨ 앞을 덮어 막아주다

동 보호하다·지키다 = *guard, preserve*

- **protect** *the environment* 환경을 보호하다

protection 명 보호
protective 형 보호용의

0217
★★★

purchase
[pə́ːrtʃəs]

pur(=*pro*) 앞으로 +
chase 뒤쫓다
⇨ (얻기 위해) 앞으로 나아가 뒤를 쫓다

타 구매하다·구입하다

명 구매·구입

- **purchase** *a computer* 컴퓨터를 구매하다
- *the* **purchase** *tax* 취득세

---

re- : 1. **back** 뒤에·뒤로 2. **again** 다시

0218
★★☆

relay
[riːléi]

re 뒤에 + *lay* 놓다

⇩

(지친 말을) 뒤에 놓고
새 말로 이어주다

동 1. (소식을) **전달하다** ▶ 지친 말을 뒤로 놓고 소식을 전할 새 말로 이어주다
     2. (경기를) **중계하다** = *broadcast* ▶ 방송 전파를 받아서 시청자에게 이어주다

- **relay** *the news* 소식을 전달하다
- **relay** *the game* 경기를 중계하다

명 계주·이어달리기 ▶ 전 주자와 새 주자를 이어주는 경기

- *run in the* **relay** 계주(릴레이)에서 달리다

0219
★★★

remain
[riméin]

re 뒤에 +
main (=*stay*) 남다
⇨ 뒤에 남다

자 1. (없어지지 않고) **남다·머물다** = *stay*
     2. 여전히 ~이다

- **remain** *at home* 집에 남아있다
- **remain** *silent* 계속 침묵을 지키다

remains 명 남은 것; 유적
remainder 명 나머지 = *rest*

0220
★★☆

repay
[ripéi]

re 뒤로 + *pay* 갚다
⇨ (빌린 것을) 되갚다

타 (빌린 돈을) **갚다·보답하다** = *reward*

- **repay** *a loan* 융자금을 갚다

repayment 명 상환

0221 ★★☆ reveal

[riví:l]

e 뒤로 + veal(=veil) 가리는 천
⇨ 가려둔 천을 뒤로 하다

동 (비밀 등을) 드러내다·폭로하다 = *disclose*

- **reveal** the secret 비밀을 폭로하다

revelation **명** 폭로

0222 ★★★ reluctant

[rilʌ́ktənt]

re (=against)) 대항하여 +
luct (=struggle) 싸우다 +
ant 형접 ⇨ 대항하여 싸우는

형 꺼리는·내키지 않는 = *unwilling*

- be **reluctant to** do ~하기를 꺼려하다

reluctance **명** 꺼림·내키지 않음
reluctantly **부** 마지못해서

0223 ★★☆ replace

[ripléis]

re 뒤로 + place 놓다
⇨ 뒤로 놓아서 치우다

타 대체하다·교체하다 = *displace*

- **replace** an old habit **with** a new one
  오래된 습관을 새로운 습관으로 바꾸다

어법 / **replace A with B** A를 B로 교체하다

replacement
명 교체(물)·후임자

replaceable
형 교체 가능한

0224 ★★☆ recycle

[ri:sáikl]

re 다시 + cycle 순환하다
⇨ 다시 순환시키다

타 재활용하다·재생하다 = *reuse*

- **recycled** paper 재생지

recycling **명** 재활용(품)
recyclable **형** 재활용할 수 있는

0225 ★☆☆ recall

[rikɔ́:l]

re 다시 + call 부르다
⇨ 다시 불러내다

타 1. 기억해내다 = *recollect*
2. 다시 불러들이다·리콜하다

- **recall** his name 그의 이름을 기억해내다
- **recall** vehicles 차량들을 리콜하다

0226 ★★★ recover

[rikʌ́vər]

re 다시 + cover (=take) 잡다
⇨ 다시 붙잡다

동 1. 되찾다 = *restore*
2. 회복하다

- **recover** one's confidence 자신감을 되찾다
- **recover** from an injury 부상에서 회복하다

recovery **명** 회복

0227 ★★☆ reproduce

[riprədjú:s]

re 다시 +
produce 만들어 내다

⇩

다시 만들어 내다

동 1. 복제하다·복사하다 ▶ 똑같게 다시 만들어내다
= *duplicate*
2. 재현하다 ▶ (색·소리를) 다시 만들어내다
3. 번식하다 = *multiply* ▶ 자손을 다시 만들어내다

- **reproduce** softwares illegally
  소프트웨어를 불법으로 복제하다
- **reproduce** natural sounds[colors] 자연음[천연색]을 재현하다
- **reproduce** by laying eggs 알을 낳아 번식하다

reproduction
명 1. 복사 2. 재생 3. 번식

0228
★★☆

restore
[ristɔ́:r]

re 다시 + *sto* (=stand) 서다 + *re* 동접 ⇨ 다시 세우다

타 **회복시키다** = *recover*

- **restore** *law and order*
  법과 질서를 회복시키다

restoration 명 회복·복구
restorative 형 원기를 회복시키는
= *refreshing*

0229
★★☆

resort
[rizɔ́:rt]

re 다시 +
sort (=go out) 나가다

⇩

다시 감

명 1. **휴양지·리조트** ▶ (쉬려고) 다시 가는 곳
2. **의지·(의지) 수단** ▶ (도움을 얻으려) 다시 감

- *a beach* **resort** 해변 리조트
- *at a last* **resort** 최후의 수단으로

자 **(나쁜 것에) 의지하다** ▶ (도움을 얻으려) 다시 나가다

- **resort** *to violence* 폭력에 의지하다(폭력을 쓰다)

0230
★★☆

remark
[rimá:rk]

re 강조 +
mark 표시하다
⇨ (의사를) 확실히 표시하다

동 **말하다·언급하다** = *comment*

명 **말·언급**

- **remark** *on the movie* 그 영화에 대해 말하다
- *make rude* **remarks** 무례한 말을 하다

remarkable
형 놀랄[주목할] 만한

0231
★★★

represent
[rèprizént]

re 다시·강조 +
present 보여주다
⇨ 확실하게 보여주다

타 1. **나타내다·상징하다** = *stand for*
2. **대표하다**

- *the 50 stars* **representing** *the 50 states*
  50개 주를 상징하는 50개의 별
- **represent** *the company* 그 회사를 대표하다

representative
명 대표 형 대표하는

representation
명 묘사·상징

0232
★★★

remove
[rimú:v]

re 뒤로·다시 +
move 움직이다

⇩

뒤로·다시 움직이다

타 1. **제거하다·없애다** = *get rid of* ▶ 뒤로 움직여 치우다
2. **해고하다·쫓아내다** = *fire, dismiss* ▶ (직위에서) 뒤로 움직이다

- **remove** *the tumor[trash]* 종양[쓰레기]을 없애다
- *be* **removed** *from office* 해직되다

자 **이동하다·이사하다** = *move* ▶ (위치를) 다시 움직이다

- **remove** *to Seoul* 서울로 이사하다

removal
명 1. 제거 2. 해고
= *dismissal*

연습문제

DAY 09 | 접두어 *PER- ~RE-*

♥ 영어를 우리말로, 우리말을 영어로 바꾸세요.

1. **permanent** ....
2. **postpone** ....
3. **posterity** ....
4. **precaution** ....
5. **premature** ....
6. **purchase** ....
7. **reveal** ....
8. **reluctant** ....
9. **replace** ....
10. **recover** ....
11. 꾸준히 계속하다 ....
12. 수행하다; 공연하다 ....
13. 보호하다, 지키다 ....
14. 전달하다; 중계하다 ....
15. 남다·머물다; 여전히 ~이다 ....
16. 재활용하다 ....
17. 복제하다; 번식하다 ....
18. 휴양지; 의지, (의지) 수단 ....
19. 나타내다; 대표하다 ....
20. 제거하다; 해고하다 ....

♥ 다음 중 밑줄 친 단어와 같은 뜻을 고르시오.

21. The search for the plane that crashed in the mountains has been **postponed** due to bad weather.
    ① cut off   ② run off   ③ gone off
    ④ put off   ⑤ set off

22. You can totally trust Jaimie; she will never **reveal** your secrets to anyone.
    ① drain   ② drop   ③ violate
    ④ disclose   ⑤ replace

23. The loss of the recent by-election **represents** a serious setback for the government.
    ① makes out   ② stands for   ③ takes on
    ④ deals with   ⑤ turns down

24. His **perseverance** and diligence in his youth have made him what he is today.
    ① authority   ② integrity   ③ endurance
    ④ destiny   ⑤ proficiency

♥ 다음 괄호에 들어갈 알맞은 말을 고르시오.

25. I attended many interviews until I eventually got a (persistent / permanent) job

26. Due to the deadly Ebola outbreak in Africa, the doctors remind their patients to take (precautions / precedents) against infection.

27. She is (reliant / reluctant) to be photographed because she has no makeup on.

28. The thing is, the city council is trying to make a (immature / premature) decision.

▶ 정답 *p.* 447

se- : apart 떨어져

0233
★★★
separate
[sépərèit]

se 따로 +
par (=prepare) 준비하다 +
ate 동접
⇨ 따로 준비해두다

- **동** 나누다·분리되다 = divide
- **형** 분리된·따로 떨어진 [sépərət]
  - *separate* the wheat *from* the chaff
    좋고 나쁨을 구별하다
  - sleep in *separate* rooms 각방을 쓰다

separation **명** 1. 분리
2. 별거

sub- : under 아래

0234
★☆☆
*sub*marine
[sʌbmərí:n]

sub 아래 + *marine* 바다의
⇨ 바다 아래의

- **형** 해저의 = undersea
- **명** 잠수함
  - install *submarine* cables 해저 케이블을 깔다
  - a nuclear *submarine* 핵잠수함

0235
★☆☆
*sub*conscious
[sʌbkánʃəs]

sub 아래 + *conscious* 의식의
⇨ 의식의 아래에 있는

- **형** 잠재의식의
- **명** 잠재의식
  - *subconscious* mind[desires] 잠재의식적인 마음[욕망]
  - feelings in one's *subconscious* 잠재의식 속의 감정

참고 / *conscious* 의식하는
unconscious 의식하지 못 하는

super- / sur- : above 위에

0236
★★☆
*super*ior
[səpíəriər]

superr (i) 위의 +
or 형접(비교급)
⇨ ~보다 위의

- **형** (보다 더) 우수한·상위의 ≠ inferior (열등한)
- **명** 상사·상관 = boss
  - be *superior to* others in English
    영어가 남들보다 우수하다
  - one's immediate *superior* 직속상관

superiority
명 1. 우수함 2. 우월감
- a sense of *superiority* 우월감

0237
★★☆
*super*ficial
[sù:pərfíʃəl]

super 위에 + *fici* (=face) 표면 +
al 형접 ⇨ 표면 위의

- **형** 피상적인·깊이가 없는 = not deep
  ≠ profound (깊은·심오한)
  - a *superficial* inspection[knowledge]
    피상적인 조사[지식]

0238
★★☆

surplus

[sə́:rplʌs]

sur 위에 + plus 더하기
⇨ 위에 더해진 것

명 잉여·흑자 ≠ *deficit* (적자)

형 잉여의·여분의 = *extra*

- produce a trade **surplus** 4억 달러의 무역 흑자를 내다
- **surplus** milk[funds] 남는 우유[잉여금]

0239
★★☆

surface

[sə́:rfis]

sur 위 + face 표면
⇨ 위의 표면

명 표면

동 표면화되다·떠오르다

- the uneven **surface** 울퉁불퉁한 표면
- Their conflicts **surfaced** again. 그들의 갈등이 다시 표면화되었다.

0240
★★☆

surmount

[sərmáunt]

sur 위로 + mount 오르다
⇨ (어려움을 딛고) 위로 오르다

타 극복하다 = *overcome, get over*

- **surmount** obstacles 장애들을 극복하다

surmountable
형 극복할 수 있는

0241
★★☆

surround

[səráund]

sur (=super) 위 +
ound (=wave) 물결치다
⇨ 위로 물결쳐 흘러 에워싸다

타 둘러싸다·포위하다 = *encircle*

- **surround** a building 건물을 포위하다

surroundings **명** 환경
= *environment*

---

sym- / syn- : together 함께·같은

0242
★☆☆

symphony

[símfəni]

sym 함께 + phon (=sound)
소리 + y 명접
⇨ (어울려) 함께 내는 소리

명 교향곡

- compose a **symphony** 교향곡을 작곡하다

0243
★★☆

symptom

[símptəm]

sym 함께 + pt(=fall)
발생하다 + om 명접
⇨ (질병과) 함께 발생하는 것

명 증상·조짐 = *sign*

- a **symptom** of a cold 감기 증상

비교 / **syndrome** 증후군

- **A**cquired **I**mmune **D**eficiency **S**yndrome
  후천성 면역결핍증후군(AIDS)

symptomatic **형** 증상이 있는

0244
★★☆

synthetic
[sinθétik]

sym 함께 + *thet* 놓다 +
ic 형접 ⇨ 함께 놓은

형 **합성한·인조의** = *man-made, artificial*

- **synthetic** *fiber* 합성 섬유

synthesis 명 합성·종합
synthesize 동 합성하다

---

tele- : far off 멀리

0245
★☆☆

tele*pathy*
[təlépəθi]

tele 멀리서 + *path* 느끼다 +
y 명접 ⇨ 멀리서도 느낌

명 **텔레파시·이심전심**

- *communicate by* **telepathy** 텔레파시로 의사소통하다

0246
★★☆

tele*scope*
[téləskòup]

tele 멀리서 + *scope*(=look) 봄
⇨ 멀리 보는 것

명 **망원경**

- *observe stars through a* **telescope**
  망원경을 통해 별을 관찰하다

참고 / ***microscope*** 현미경

---

trans- : across 건너서·가로질러

0247
★★☆

trans*form*
[trænsfɔ́ːrm]

trans 건너서 +
form 형태
⇨ (다른) 형태로 건너가다

타 **변형시키다**

- **transform** *water* **into** *electricity*
  물을 전기로 바꾸다

transformation
명 변형·탈바꿈

0248
★★☆

trans*plant*
[trænsplǽnt]

trans 가로질러 +
plant 심다
⇨ 가로질러 옮겨 심다

타 **(식물·인체 조직을) 이식하다**

명 **이식**

- **transplant** *a liver* **into** *one's father*
  간을 아버지에게 이식하다
- *receive a kidney* **transplant** 신장이식을 받다

transplantation 명 이식

---

un- : not 1. 부정 2. 원상태로 되돌려

0249
★★☆

un*fair*
[ʌnféər]

un 부정 + *fair* 공정한
⇨ 공정하지 않은

형 **불공정한·부당한** = *unjust*

- *an* **unfair** *treatment* 불공정한 대우

unfairly 부 불공정하게

0250
★★☆

*un*fortunate

[ʌnfɔ́ːrtʃənət]

un 부정 + fortunate
운 좋은 ⇨ 운이 좋지 않은

형 **불운한 · 불행한** = *unlucky*

- the **unfortunate** victim 불행한 피해자

unfortunately
부 불행하게도 · 유감스럽게도

misfortune 명 불운 · 불행

0251
★★☆

*un*easy

[ʌní:zi]

un 부정 + easy 편한
⇨ (마음이) 편하지 않은

형 **불안한 · 불안정한** = *nervous, uncomfortable*

- feel **uneasy** about ~에 대해 불안해하다

uneasiness 명 불안 · 걱정
= *anxiety*

0252
★★☆

*un*reasonable

[ʌnrí:zənəbl]

un 부정 +
reasonable 합리적인
⇨ 합리적이지 않은

형 **불합리한 · 부당한** = *absurd*

- an **unreasonable** demand 부당한 요구

0253
★★☆

*un*usual

[ʌnjú:ʒuəl]

run 부정 + usual
흔히 있는 ⇨ 흔하지 않은

형 **특이한 · 드문** = *rare, uncommon*

- an **unusual** name 특이한 이름

어법 / **It is unusual for somebody to V**
~가 ~하는 것은 드문 일이다

unusually
부 1. 이상하게도 2. 아주 = *very*

0254
★★☆

*un*willing

[ʌnwíliŋ]

un 부정 +
willing 기꺼이 하는
⇨ 기꺼이 하려 하지 않는

형 **~하기를 꺼리는** = *reluctant*

- be **unwilling to** lend money 돈 빌려주기를 꺼리다

어법 / **be unwilling to V** ~하기를 꺼리다

unwillingly 부 마지못해

0255
★★☆

*un*employment

[ʌnimplɔ́imənt]

un 부정 + employment
고용 ⇨ 고용되지 않은 상태

명 **실업**

- youth **unemployment** rate 청년 실업률

unemployed 형 실직한
= *out of work*

0256
★★☆

*un*lock

[ʌnlák]

un 되돌려 + lock 잠그다
⇨ 잠긴 것을 되돌리다

타 1. **(잠긴 것을) 열다**
2. **(비밀을) 드러내다** = *reveal, unveil, unmask*

- leave one's car **unlocked** 차 문을 열어 놓다
- **unlock** the secrets of DNA DNA의 비밀을 풀다

차 문은 잘 잠궈야지!

0257
★★☆

*un*do
[ʌndúː]

un 되돌려 + do 하다
⇨ (묶거나 한 것을) 원상태로 되돌리다

타 1. (잠긴·묶인 것을) **풀다·열다** = unfasten, unfold

2. (원상태로) **되돌리다**

• *undo* a zipper 지퍼를 풀다
• *undo* the past 과거를 되돌리다

숙어 / ***What is done cannot be undone.*** 이미 지나간 일은 돌이킬 수 없다.

---

under- : 아래에

0258
★★☆

*under*ground
[ʌndərgraund]

under 아래 + ground 땅
⇨ 땅 아래의

형 1. 지하의
2. 비밀스런 = secret

부 지하에

• an *underground* parking lot 지하 주차장
• be successful due to *underground* organization 지하조직으로 인해 성공하다
• bury the cables *underground* 전선들을 지하에 매설하다

0259
★★☆

*under*mine
[ʌndərmain]

under 아래로 + mine 파다
⇨ 아래를 파다

타 (서서히) **훼손하다·손상을 입히다**

• *undermine* ethics 윤리에 손상을 입히다

0260
★★☆

*under*line
[ʌndərlàin]

under 아래 + line 선
⇨ 아래에 선을 긋다

동 밑줄을 긋다·강조하다 = emphasize, stress

• *underline* the need for ~에 대한 필요성을 강조하다

0261
★★☆

*under*graduate
[ʌndərgrǽdʒuət]

under ~의 아래 +
graduate 졸업하다
⇨ 졸업 아래에 있는 사람

명 대학생·학부생

• an *undergraduate* program 학부 과정

참고 / ***graduate school***
(대학 졸업생들이 다니는) 대학원

0262
★★☆

*under*go
[ʌndərgóu]

under 아래로 + go 가다
⇨ 아래로 지나가다

타 (안 좋은 일을) **겪다·받다** = suffer, go through

• *undergo* treatment[trial] 치료[재판]를 받다

0263
★★☆

*under*take
[ʌndərtéik]

under 아래로 + take 잡다
⇨ 아래쪽으로 웅크리며 잡다

타 (일·책임을) **맡다·착수하다**

• *undertake* the task of raising the frame
틀을 올리는 작업을 수행하다
• *undertake* responsibility for
~에 대한 책임을 지다

undertaker 명 장의사

연습문제

DAY 10 | 접두어 *SE- ~ UNDER-*

♥ 영어를 우리말로, 우리말을 영어로 바꾸세요.

1. separate

2. subconscious

3. superficial

4. surface

5. surmount

6. transform

7. unfair

8. uneasy

9. undergraduate

10. undertake

11. 해저의; 잠수함

12. 우수한; 상관

13. 흑자

14. 증상, 조짐

15. 망원경

16. 이식하다

17. ~하기를 꺼리는

18. 실업

19. 풀다; 되돌리다

20. (안 좋은 일을) 겪다, 받다

♥ 다음 중 밑줄 친 단어와 같은 뜻을 고르시오.

21. The politician looked **uneasy** when questioned about his knowledge of the scandal.

① nervous ② difficult ③ naive
④ pale ⑤ bewildered

22. The President himself visited the troops in Iraq to **underline** his commitment to stopping terrorism.

① undo ② emphasize ③ surmount
④ command ⑤ show off

♥ 다음 중 밑줄 친 단어의 반대되는 뜻을 고르시오.

23. Emilio has only a very **superficial** knowledge of computers, but he acts like he knows everything.

① considerate ② factual ③ profound
④ practical ⑤ rudimentary

24. With the central government **unwilling** to provide financial support, it isn't unsure how the new fare will be set.

① reluctant ② voluntary ③ simultaneous
④ disinclined ⑤ automatic

♥ 다음 괄호에 들어갈 알맞은 말을 고르시오.

25. Some (symptoms / synergies) of a cold include sneezing, high fever, and sore throat.

26. The hydroelectric power is a type of renewable energy that (transforms / transplants) water into electricity.

27. She's (undermining / undergoing) treatment at the hospital after the intense surgery.

28. Even though the hostages were threatened with death, they refused to gave in to the terrorists' (reasonable / unreasonable) demands.

up- : 위로

0264
★★☆
up**hold**
[ʌphóuld]

up 위로 + hold 잡고 있다
⇨ (아래에서) 위로 떠받쳐 잡고 있다

타 지지하다 · 옹호하다 = *advocate*
- **uphold** human rights 인권을 옹호하다

0265
★★☆
up**right**
[ʌ́pràit]

up 위로 + right 똑바른
⇨ 위로 똑바로 선

형 1. 똑바른 · 곧추 선 = *erect*　2. 올바른 · 정직한
- an **upright** posture 똑바른 자세
- an **upright** citizen 정직한 시민

부 똑바로
- stand **upright** 똑바로 서다

비교 /
outright 완전한
downright (부정적으로) 순전한 · 완전한

0266
★★★
up**set**
[ʌpsét]

up 위로 +
set 놓다

⇩

아래를 위로 놓다

타 1. 뒤엎다　▶ (사물의 아래 부분을) 위로 놓다
2. 망치다　▶ (일을 거꾸로) 뒤집어 놓다
3. (기분을) 상하게 하다 = *offend*　▶ (마음을) 위로 뒤집어 놓다
- **upset** a vase 꽃병을 뒤엎다
- be **upset** by the snowy weather 눈이 내리는 날씨 때문에 엉망이다
- **upset** a lot of people 많은 사람들의 기분을 상하게 하다

형 1. 화난 · 기분이 상한 = *angry*　▶ (마음이) 위로 뒤집힌
2. 배탈 난　▶ (뱃속이) 위로 뒤집힌
- feel **upset** by the result 결과에 기분이 상하다
- have an **upset** stomach 배탈 나다

0267
★☆☆
up**side**
[ʌ́psaid]

up 위로 + side 면
⇨ 위쪽 면

명 긍정적인 면 · 괜찮은 면 ≠ *downside* (불리한 면)
- the **upside** of the new system
  새로운 시스템의 긍정적인 면

숙어 / **upside down** 거꾸로 · 뒤집혀

---

with- : 1. back 뒤로　2. against 반대하여

0268
★★★
with**draw**
[wiðdrɔ́ː]

with 뒤로 +
draw 끌다

⇩

뒤로 끌다

동 1. 철수하다 = *retreat*　▶ (군대를) 뒤로 끌다
2. (약속 등을) 철회하다 · 취소하다 = *cancel*　▶ (앞서 한 말을) 뒤로 끌다
3. 인출하다 ≠ *deposit* (예금하다)　▶ (은행의 돈을) 뒤로 끌다
- **withdraw** from Iraq 이라크에서 철수하다
- **withdraw** support for the candidate 그 후보에 대한 지지를 철회하다
- **withdraw** money from one's bank account 은행 계좌에서 돈을 인출하다

withdrawal
명 1. 철수　2. 인출
- **withdrawal** symptom
  금단 증상

0269
★★☆

*with***hold**
[wiðhóuld]

with 뒤로 + hold 잡고 있다
⇨ (내놓지 않고) 뒤로 잡고 있다

타 **보류하다 · 내주지 않다** = hold back

- **withhold** one's payment
지불을 보류하다

0270
★★☆

*with***stand**
[wiðstǽnd]

with 반대하여 + stand 서다
⇨ 반대하여 서다

타 **견뎌 내다** = resist, weather, put up with

- a bridge designed to **withstand** earthquakes
지진에 견디도록 설계된 다리

참고 / **notwithstanding**
~에도 불구하고

---

a- : 1. on ~의 상태로   2. intensive 강조

0271
★★☆

aboard
[əbɔ́ːrd]

a 상태 + board 탑승하다
⇨ 탑승한 상태로

부 **(배 · 비행기 등에) 탑승하여** = on board

- go **aboard** a ship 배에 승선하다
- All **aboard**! 모두 탑승해 주십시오!

비교 / **abroad** 해외에 · 해외로

0272
★★☆

alike
[əláik]

a 강조 + like 비슷한
⇨ 아주 비슷한

형 **(아주) 비슷한** = similar, analogous

부 **똑같이 · 둘 다** = in the same way

- be **alike** in appearance 외모가 비슷하다
- children and adults **alike** 어린이나 어른 모두

어법 / **A and B alike = both A and B** A와 B 둘 다

0273
★★☆

amaze
[əméiz]

a 상태 + maze 미로
⇨ 미로 상태로 만들다

타 **(깜짝) 놀라게 하다**

= surprise, astonish

- to one's **amazement**
놀랍게도

amazing 형 놀라운 = awesome

amazement 명 놀라움

0274
★★☆

aside
[əsáid]

a 상태 + side 옆
⇨ 옆쪽에 있도록

부 **한쪽으로 · 옆으로**

- stand **aside** 옆으로 비켜서다

숙어 / **aside from** ~을 제외하고 = except, apart from

0275
★★☆

arise
[əráiz]

a 강조 + rise 일어나다
⇨ (일이) 발생하다

자 **(일이) 일어나다 · 발생하다** = happen

- **arose** in the 18th century 18세기에 일어났다

0276 **arouse** ★★☆

[əráuz]

a 강조 + *rouse* 깨우다
⇨ 확실히 깨우다]

타 **(감정 등을) 불러일으키다** = *stir up*

- ***arouse*** *public interest* 대중적 관심을 불러일으키다

0277 **ashamed** ★★☆

[əʃéimd]

a 강조 + *shamed* 부끄러운
⇨ 아주 부끄러운

형 **부끄러워하는·창피한**

- ***feel ashamed of*** *one's wrongdoing* 잘못된 행동에 대해 부끄러워하다

숙어 / **be ashamed of N** ~에 대해 부끄러워하다
be ashamed to V ~하기 부끄럽다

shame 명 수치·수치심리
shameful 형 부끄러운·수치스러운

0278 **afford** ★★★

[əfɔ́:rd]

a(f) 강조 + *ford(=forth)* 앞으로
⇩
앞으로 내어주다

동 1. **주다·제공하다** = *provide* ▶ (남에게) 앞으로 내어주다
2. **~할[살] 여유가 있다** ▶ (돈이나 시간을) 앞으로 내어주다

- ***afford*** *an opportunity* 기회를 주다
- ***afford to*** *buy a new car* 새 차를 살 여유가 있다

어법 / **can afford to V** ~할 여유가 있다

affordable 형 (가격이) 알맞은 = *reasonable*
- *an* ***affordable*** *price* 적당한 가격

mono- / uni- : one 하나·혼자

0279 **monarch** ★★☆

[mánərk]

mon(o) 혼자 + *arch* 통치
⇨ 혼자서 통치하는 사람

명 **군주·제왕** = *sovereign*

- *an absolute* ***monarch*** 절대 군주

monarchy 명 군주제[국]
- *a constitutional* ***monarchy*** 입헌군주 국가

0280 **unique** ★★☆

[ju:ní:k]

uni 하나 + *que* 형접
⇨ 하나만 있는

형 **독특한·특별한** = *uncommon*

- *a* ***unique*** *style* 독특한 스타일

uniquely 부 독특하게·유례없이

0281 **unite** ★★☆

[ju:náit]

uni 하나 + *te* 동접
⇨ 하나로 만들다

동 **연합하다·통합하다** = *combine*

- ***unite*** *against a common enemy* 공동의 적에 맞서 연합하다

비교 / **unify** (완전히) 통일시키다

unity 명 통합·단결
unit 명 1. (상품의) 한 개·단위
2. 부대·부서

0282 ★★☆ **union**
[jú:njən]

uni 하나 + on 명접
⇨ 하나가 된 것

명 1. **결합·연합**
2. **노동조합**

- the European **Union** 유럽 연합(EU)
- a labor[trade] **union** leader 노동조합 지도자

참고 / **reunion**
(오랜만에 만나는) 모임·재회

---

bi- / di- / du- / twi : **two 둘**

0283 ★★☆ **billion**
[bíljən]

bi 둘 + llion (million) 백만
⇨ 백만의 제곱

명 10억

- earn two **billion** dollars 20억 달러를 벌다

billionaire 명 억만장자
참고 / 원래 billion은 million(백만)의
제곱인 trillion(조)을 가리켰음.

0284 ★★☆ **dilemma**
[dilémə]

di 둘 + lem (m) (=take)
취하다 + a 명접
⇨ (나쁜) 둘 중에서 취해야 함

명 **딜레마·진퇴양난**

- be faced with **dilemma** 딜레마에 직면하다

0285 ★★☆ **duplicate**
[djú:plikeit]

du 둘 + plic 접다 +
ate 동접
⇨접어서 두 개로 만들다

타 **복사하다** = make a copy

명 **사본** [djú:plikət]

형 **사본[복사]의**

- **duplicate** a document 문서를 복사하다
- submit in **duplicate** 정부(正副)본 2통으로 제출하다
- have a **duplicate** key made 열쇠를 복사해두다

duplication 명 1. 복사 2. 중복
- eliminate **duplication** 중복을 없애다

0286 ★★☆ **twilight**
[twáilàit]

twi 둘 + light 빛
⇨ (햇빛과 달빛의) 두 가지 빛

명 **황혼(기)** = dusk ≠ dawn, daybreak (새벽)

- entering the **twilight** of one's life
  인생의 황혼기에 접어들어서

이게 햇빛이야? 달빛이야?

tri- : three 셋

0287 ★★☆
triangle
[tráiæŋgl]

tri 셋 + angle 각(도)
⇨ 각이 세 개인 것

명 1. 삼각형
2. 《악기》 트라이앵글

- draw a **triangle** 삼각형을 그리다
- play the **triangle** 트라이앵글을 치다

triangular
형 1. 삼각형의 2. 3자간의

0288 ★★☆
tribe
[traib]

tri 셋 + be 있다
⇨ 고대 로마의 경우 처럼 세 갈래로 나뉘어 존재하는 것

명 부족 · 종족

- the native **tribe** 원주민 부족

tribal 형 부족[종족]의
참고 / **race** 인종 **clan** 씨족

multi- : many 많은

0289 ★★★
multiply
[mʌ́ltəplài]

multi 많은 +
ply (=fold) 겹 · 배
⇩
여러 겹으로 만들다

동 1. 곱하다 ≠ divide (나누다) ▶ (다른 숫자만큼) 여러 겹으로 만들다
2. (크게) 증가시키다 · 증식하다 ▶ (수가 많아지게) 여러 겹으로 만들다

- If you **multiply** 5 and 2 you get 10. 5와 2를 곱하면 10이 된다.
- **multiply** the risk of cancer 암의 위험을 크게 증가시키다

multiple
형 많은 · 다수의 = numerous
명 《수학》 배수
multiple-choice
(시험이) 객관식의

0290 ★★☆
multitude
[mʌ́ltətjùːd]

multi 많은 + tude 명접
⇨ (숫자가) 많음

명 1. 다수 = lot
2. 《the −》 대중 · 군중 = crowd, mass, throng

- a **multitude** of students 다수의 학생들
- appeal to the **multitude** 대중의 관심을 끌다

연습문제

DAY 11 | 접두어 *UP- ~ MULTI-*

♥ 영어를 우리말로, 우리말을 영어로 바꾸세요.

1. uphold
   _____

2. withhold
   _____

3. withstand
   _____

4. aboard
   _____

5. amaze
   _____

6. arise
   _____

7. arouse
   _____

8. monarch
   _____

9. duplicate
   _____

10. multiply
    _____

11. 똑바른; 정직한
    _____

12. 뒤엎다; (기분을) 상하게 하다
    _____

13. 긍정적인 면
    _____

14. 철수하다; 철회하다; 인출하다
    _____

15. 비슷한; 똑같이
    _____

16. 주다; ~할 여유가 있다
    _____

17. 진퇴양난
    _____

18. 황혼(기)
    _____

19. 부족, 종족
    _____

20. 다수; 대중
    _____

♥ 다음 중 밑줄 친 단어와 같은 뜻을 고르시오.

21. One or two minor problems **arose** during the project, but we were able to take care of them.

    ① increased   ② recovered   ③ overcame
    ④ happened   ⑤ suffered

22. There is a shortage of **affordable** rental housing in this town, and the government needs to do something about it.

    ① exorbitant   ② reasonable   ③ soaring
    ④ discounted   ⑤ competitive

23. Acting in culturally disapproved ways may **arouse** feelings of shame and guilt.

    ① lessen   ② scatter   ③ define
    ④ intensify   ⑤ stir up

♥ 다음 중 밑줄 친 단어의 반대되는 뜻을 고르시오.

24. Touring the small villages of Vietnam by bicycle was a **unique** experience.

    ① common   ② valuable   ③ practical
    ④ irrelevant   ⑤ ethical

♥ 다음 괄호에 들어갈 알맞은 말을 고르시오.

25. I was in a (dimension / dilemma) as to which party to vote for.

26. If you forget your PIN number, you can't (withdraw / withhold) money from your bank account.

27. This railway bridge is specially designed and constructed to (persevere / withstand) earthquakes.

28. Since his income has dropped drastically, my husband cannot (affect / afford) to buy a new car.

▶ 정답 *p. 448*

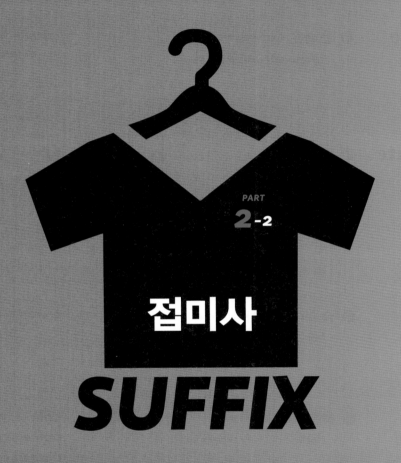

PART
2-2

접미사

SUFFIX

-ate : 1. ~하게 만들다·시키다(동사) 2. ~의 특징을 지닌(형용사)

0291
★★☆
fortunate
[fɔ́ːrtʃənət]

fortune 운 +
ate ~의 특징을 지닌
⇨ 운을 가지고 있는

형 운 좋은 ≠ *unfortunate* (불운한·불행한)
- a **fortunate** outcome 운 좋은 결과

fortune **명** 1. 운 2. (큰) 재산
- make a **fortune** 큰 재산을 모으다

0292
★★☆
passionate
[pǽʃənət]

passion 열정 +
ate ~의 특징을 지닌
⇨ 열정을 지닌

형 열정적인
- a **passionate** speech
  열정적인 연설

passion **명** 열정

-e : do 하다

0293
★★☆
breathe
[briːð]

breath 숨 + *e* 동접
⇨ 숨 쉬다·호흡하다

동 숨 쉬다·호흡하다 = *respire*
- help many patients **breathe**
  많은 환자들이 호흡하는 것을 돕다

breath **명** 숨·호흡

0294
★☆☆
clothe
[klouð]

cloth 천 + *e* 동접
⇨ 천을 입히다

동 옷을 입히다 = *dress*
- **clothe** a child in 아이에게 ~를 입히다

cloth **명** 천
clothes **명** 옷
clothing **명** 〈집합적〉 의류

-en : make 만들다, become 되다

0295
★★☆
deepen
[díːpən]

deep 깊은 + *en* 만들다
⇨ 깊게 만들다

동 깊게 하다·깊어지다
- **deepen** their relationship 그들의 관계를 깊게 하다

deep **형** 1. 깊은 2. 심오한

0296
★★☆
lessen
[lésn]

less 더 적은 + *en* 동접
⇨ 더 적어지다

동 줄다·줄이다 = *reduce, diminish, dwindle*
- **lessen** the risk 위험을 줄이다

0297 ★★☆ **weaken**
[wíːkən]
week 약한 + en 만들다

동 약화시키다·약해지다
• **weaken** the immune system
면역 체계를 약화시키다

weak 형 약한

0298 ★★☆ **lengthen**
[léŋkθən]
length 길이 + en 만들다
⇨ 길도록 만들다

동 길게 하다
• be **lengthened** by at least 10 hours
적어도 10시간이 연장되다

length 명 길이
long 형 긴

-(i) *fy* : make 만들다

0299 ★★☆ **purify**
[pjúərəfài]
pure 깨끗한 + ify 만들다
⇨깨끗하게 만들다

타 정화하다
• **purify** drinking water 식수를 정화하다

pure 형 순수한·깨끗한
purity 명 순수성
purification 명 정화

0300 ★★☆ **classify**
[klǽsəfài]
class 종류 + ify 만들다
⇨ (여러) 종류로 만들다

타 분류하다 = assort
• be **classified** by subject and genre
주제와 장르별로 분류된다

class 명 1. 종류·부류 2. 학급·수업
3. 계층·계급
classification 명 분류·유형
classified 형 1. 분류된
2. (정보가) 기밀의
• **classified** advertising (신문의) 안내광고

0301 ★★★ **satisfy**
[sǽtisfài]
satis (=enough) 충분한 +
fy 만들다
⇨ 충분하게 만들다

타 만족시키다·충족시키다 = meet, gratify
• be **satisfied with** the result 결과에 만족하다

satisfaction
명 만족 = contentment
≠ **dissatisfaction** (불만)
satisfactory
형 만족스러운 = pleasing
satisfied 형 만족해하는

-ize : make 만들다·~화하다

0302 ★★★ **realize**
[ríːəlàiz]
real 현실의 + ize 만들다
⇨ (눈앞의) 현실로 만들다

타 1. 실현하다 = achieve, accomplish
2. 깨닫다·인지하다 = perceive, recognize
• **realize** a dream 꿈을 실현하다
• **realize** the danger 위험을 인지하다

real 형 1. 진짜의 2. 현실적인
really 부 실제로·정말로
reality 명 현실
realization 명 1. 실현 2. 인지

0303
★★★

idealize
[aidíːəlàiz]

ideal 이상적인
+ *ize* ~화하다
⇨ 이상화하다

🅣 이상화하다
- the **idealized** images of the human body
  이상화된 인체 이미지

ideal 🗒 이상적인·상상의
idealistic 🗒 이상주의적인
idealization 🗒 이상화

Ⅱ. 명사를 만드는 접미어

-*age* : 1. ~함·~한 상태 2. 집단

0304
★★☆

*marri**age***
[mǽridʒ]

marry 결혼하다 + *age* ~함
⇨ 결혼을 함

🅜 1. 결혼(식)
   2. 결혼 생활
- propose a **marriage** to her 그녀에게 청혼을 하다
- have a happy **marriage** 행복한 결혼 생활을 하다

marry 🗒 ~와 결혼하다

0305
★★☆

*bagg**age***
[bǽgidʒ]

bag 가방 + *age* 집단
⇨ (자신의) 가방들

🅜 (여행용) 수화물·짐 = *luggage*
- leave **baggage** unattended
  가방을 아무데나 내버려두다

bag 🗒 가방
참고 / 집합 명사이므로 복수형 불가

0306
★★☆

*short**age***
[ʃɔ́ːrtidʒ]

short 부족한 + *age* 한 것
⇨ 부족함

🅜 부족·결핍
- a water **shortage** 물 부족

short 🗒 1. 짧은 2. 부족한
shorten 🗒 짧게 하다

-*ance* / -*ence* : ~함·~한 상태

0307
★★☆

*guid**ance***
[gáidns]

guide 안내하다 +
ance ~함 ⇨ 안내함

🅜 안내·지도
- under the **guidance** of ~의 지도하에

guide 🗒 안내하다·지도하다
       🗒 안내인·가이드

0308
★★☆

*obedi**ence***
[oubíːdiəns]

obed(i) 순종하다 +
ence ~함 ⇨ 순종함

🅜 순종·복종
- blind **obedience** 맹종

obey 🗒 순종하다
obedient
🗒 순종하는 = *submissive*

0309 ★★☆ accuracy
[ǽkjurəsi]

accura(te) 정확한 +
cy ~함
⇨ 정확함·정확도

명 정확(함)·정확도
- the **accuracy** of missiles 미사일의 정확도

accurate 형 정확한
= exact, precise

0310 ★★★ sacrifice
[sǽkrəfàis]

sacr(i) 신성한 +
fic(=make) 만들다 +
e 명접

⇩

신성하게 만듦

명 1. 제물 = offering ▶ 제사를 신성하게 만드는 것
2. 희생 ▶ 신성하게 만드는 행위
- perform a **sacrifices** to God 신께 제물을 바치다
- make the final **sacrifice** 마지막 희생을 하다

타 희생시키다 = give up ▶ 신성하게 만들다
- **sacrifice** a lot for one's family 가족을 위해 많은 희생을 하다

참고/ **scapegoat** 희생양

0311 ★★☆ wisdom
[wízdəm]

wise 현명한 + dom ~함
⇨ 현명함

명 현명함·지혜
- a man of great **wisdom** 대단히 현명한 사람
- a **wisdom** tooth 사랑니

wise 형 현명한

0312 ★★☆ freedom
[frí:dəm]

free 자유로운 + dom ~함
⇨ 자유로움

명 자유 = liberty
- religious **freedom** 종교의 자유

free 형 1. 자유로운 2. 공짜인
3. ~이 없는
- **free** from cares 근심이 없는
- sugar-**free** 무설탕의

0313 ★★☆ boredom
[bɔ́:rdəm]

bore 지루하게 하다 +
dom ~함 ⇨ 지루함

명 지루함·따분함 = tedium
- relieve **boredom** and stress
지루함과 스트레스를 덜다

bore 동 지루하게하다
boring 형 지루한
bored 형 지루해하는

0314
★★☆
slavery
[sléivəri]

slave 노예 + *ry* 상태
⇨ 노예 상태

명 1. 노예 (상태)
2. 노예 제도

- *be sold into slavery* 노예로 팔리다
- *the abolition of slavery* 노예 제도 폐지

slave 명 노예
enslave 동 노예로 만들다

0315
★★☆
bribery
[bráibəri]

bribe 뇌물 + *ery* 상태
⇨ 뇌물을 주고받은 상태

명 뇌물 수수

- *be accused of bribery* 뇌물 수수 혐의로 고발되다

bribe 명 뇌물

0316
★★☆
jewelry
[dʒú:əlri]

jewel 보석 + *ry* 집합
⇨ 보석들의 집합

명 보석류 = *gems*

- *wear jewelry* 보석류를 걸치다
- *a store that sells jewelry* 보석을 파는 가게

jewel
명 보석

0317
★★☆
machinery
[məʃí:nəri]

machin 기계 + *ery* 집합
⇨ 기계들의 집합[전체]

명 《집합적》 기계류

- *a piece of farm machinery* 농기구 한 점
- *install new machinery* 새로운 기계를 설치하다

machine 명 기계

연습문제

DAY **12** | 접미어 *-ate ~ -hood*

♥ 다음 중 밑줄 친 단어와 같은 뜻을 고르시오.

21. Everywhere, we can witness devices designed to **satisfy** humans' needs.

    ① increase   ② meet   ③ lower
    ④ irritate   ⑤ remove

22. The government has announced plans to **classify** videos so that parents will know if a film is okay for young viewers.

    ① search   ② inspect   ③ analyze
    ④ assort   ⑤ review

23. I distracted myself from the **boredom** of my long journey by reading mysteries.

    ① boarding   ② wisdom   ③ tedium
    ④ fatigue   ⑤ excitement

♥ 영어를 우리말로, 우리말을 영어로 바꾸세요.

1. *fortunate*

2. *lessen*

3. *classify*

4. *idealize*

5. *baggage*

6. *guidance*

7. *accuracy*

8. *boredom*

9. *slavery*

10. *machinery*

11. 열정적인

12. 숨 쉬다, 호흡하다

13. 깊게 하다, 깊어지다

14. 정화하다

15. 만족시키다 · 충족시키다

16. 실현하다; 인지하다

17. 순종, 복종

18. 제물 · 희생; 희생시키다

19. 현명함 · 지혜

20. 뇌물수수

♥ 다음 중 밑줄 친 단어의 반대되는 뜻을 고르시오.

24. In the past in my culture, women were expected to be **obedient** to their husbands.

    ① defiant   ② submissive   ③ hostile
    ④ temperate   ⑤ mild

♥ 다음 괄호에 들어갈 알맞은 말을 고르시오.

25. When the ex-Minister was accused of (bribery / browsing), he claimed his innocence at first.

26. Student activities take place under the (guardian / guidance) of an experienced tutor.

27. By the time the drunken driver (realized / idealized) the danger, it was too late.

28. Healthy diet and regular exercise will (lessen / loosen) the risk of various adult diseases.

▶ 정답 *p. 448*

-ism : 1. ~하는 행위 2. 생각·주의

0318
★★☆
human**ism**
[hjú:mənìzm]

human 인간 + *ism* 주의
⇨ 인간이 먼저라는 주의

명 **인도주의·휴머니즘**
(인간의 존엄성을 최우선으로 생각하는 주의)
- *be based on* **humanism** 휴머니즘에 기초하다

humanist 명 휴머니스트
human 명 인간 형 인간의
humane 형 인간적인

0319
★★☆
*optim**ism***
[áptəmìzm]

optim 최고의 + *ism* 주의
⇨ 최고라는 주의

명 **낙천주의** ≠ *pessimism* (비관주의)
- *be one of* **optimism** 낙관론 중 하나다

optimistic 형 낙척적인·낙관적인

-logy : 학문

0320
★★☆
socio**logy**
[sòusiálədʒi]

soci 교제·친구 + *ology* 학문
⇨ 사람들간의 교제를 연구하는 학문

명 **사회학**
- *a degree in* **sociology** 사회학 학위

sociologist
명 사회학자

0321
★★★
psycho**logy**
[saikálədʒi]

psycho 정신 + *logy* 학문
⇨ 정신을 연구하는 학문

명 1. **심리학**
2. **심리**
- *major in* **psychology** 심리학을 전공하다
- *mob* **psychology** 군중 심리

psychological
형 1. 심리학적인 2. 심리적인
psychologist 명 심리학자

-ics : 학문명 단수 처리함에 유의

0322
★★☆
eth**ics**
[éθiks]

ethic (=moral) 도덕적인 +
ics 학문 ⇨ 도덕에 관한 학문

명 **윤리학·도덕**
- *study philosophy and* **ethics**
  철학과 윤리를 연구하다

ethical 형 윤리적인
비교 / *ethnic* 인종의

0323
★★☆
mechan**ics**
[məkǽniks]

mechan(=machine) 기계 +
ics 학문 ⇨ 기계에 대한 학문

명 **기계학**
- *major in* **mechanics**
  기계학을 전공하다

mechanic 명 기계공·정비사

-ment : 동작·결과

0324
★★☆

amusement
[əmjúːzmənt]

amuse 즐겁게 하다 + *ment*
결과 ⇨ 즐겁게 된 상태

명 즐거움·오락 = *delight, pleasure*
- *go to an* **amusement** *park* 놀이공원에 가다

amuse 동 즐겁게 하다

0325
★★☆

retirement
[ritáiərmənt]

retire 은퇴하다 + *ment*
동작 ⇨ 은퇴하기

명 은퇴·퇴직
- *people approaching one's own* **retirements**
  자신의 퇴직이 다가온 사람들

retire 동 은퇴하다·퇴직하다

-ness : ~인 상태·특성

0326
★★☆

darkness
[dáːrknis]

dark 어두운 + *ness* 상태
⇨ 어두운 상태

명 어둠
- *under the cover of* **darkness** 어둠을 틈타

dark 형 어두운
darken 동 어둡게하다·어두워지다

0327
★★☆

deafness
[défnis]

deaf 귀먹은 + *ness* 상태
⇨귀먹은 상태

명 귀먹음·청각 장애
- *the cause of* **deafness** 청각 장애의 원인

어법 / ***turn a deaf ear to*** ~을 귀담아 듣지 않다
fall on deaf ears 무시되다

deaf 형 귀가 먹은
deafen 동 귀를 먹게 만들다

0328
★★☆

idleness
[áidlnis]

idle 게으른 + *ness* 상태
⇨ 게으른 상태

명 게으름·나태 = *laziness*
- *fall into* **idleness** 나태해지다

idle 형 1. 한가한·놀고있는
2. 게으른
동 빈둥거리다

-ory / -ary : ~하는 곳[장소]

0329 ★★★
laboratory
[lǽbərətɔ̀ːri]

labor(at) 일 + ory 명접(장소)
⇨ 일하는 곳

명 실험실·실습실 (줄여서 lab)
- a chemical **laboratory** 화학 실험실
- a language **laboratory** 어학 실습실

0330 ★★☆
library
[láibrèri]

lib(=leaf) 잎·책장 + (r)ary 장소
⇨ 책이 있는 곳

명 도서관
- a public **library**
  공공도서관

librarian **명** (도서관) 사서

-ship : 1. ~의 상태·특질 2. 지위·신분

0331 ★★☆
hardship
[háːrdʃip]

hard 어려운 + ship ~인 상태
⇨ 어려운 상태

명 어려움·곤란 = difficulty
- suffer financial **hardship** 재정적인 어려움을 겪다

hard **형** 1. 단단한 2. 어려운 3. 열심인
부 열심히

0332 ★★☆
leadership
[líːdərʃip]

leader 지도자 + ship 지위
⇨ 지도자의 지위

명 1. 지도자임[직] 2. 통솔력·리더쉽
- assume the **leadership** of the party
  그 당의 지도자 직을 맡다
- the lack of **leadership** 리더십의 부족

lead **동** 1. 이끌다·지도하다
2. 이어지다

0333 ★★☆
scholarship
[skálərʃip]

scholar 학자 + ship 특질
⇨ 학자가 갖는 특질

명 1. 학문 2. 장학금
- a work of great **scholarship** 대단한 학문적 저작물
- grant[receive] a **scholarship** 장학금을 받다

0334 ★☆☆
sportsmanship
[spɔ́ːrtsmənʃip]

sports 스포츠 + man 사람 +
ship 특질
⇨ 스포츠맨의 특질

명 스포츠맨정신
(스포츠맨으로서 공정한 플레이를 하는 것)
- show good **sportsmanship**
  훌륭한 스포츠맨 정신을 보여주다

sport
명 1. 스포츠 2. 재미·장난

내가 운이
좋았을뿐이야

- (t) ion : ~하는 동작·~의 상태

0335
★★☆
addition
[ədíʃən]

add 더하다 + *tion* 동작
⇨ 더하는 동작

명 덧셈·추가

- *addition* and subtraction 덧셈과 뺄셈
- in *addition* to the prison sentence 징역형 이외에도

숙어 / *in addiction* 게다가 = *moreover*

add 동 더하다·추가하다
additional 형 부가적인·추가적인
비교 / *addiction* 중독

0336
★★☆
tuition
[tjuːíʃən]

tui(=care) 보살피다 +
(t) ion 동작
⇨ 보살핌

명 1. **(개인) 교육·교습**
2. **등록금·수업료** = *tuition fees*

- receive private *tuition* 개인 교습을 받다
- raise university *tuition* 대학 등록금을 인상하다

0337
★★☆
discussion
[diskʌ́ʃən]

discuss 토론하다 +
(s) ion 동작
⇨ 토론을 함

명 토론·논의 = *debate*

- hold a *discussion* 토론을 하다

숙어 / *under discussion* 토론 중인

discuss 동 토론하다·논의하다

DAY 13

-ty / -y : 상태·~함

0338
★★☆
cruelty
[krúːəlti]

cruel 잔인한 + *ty* 상태
⇨ 잔인한 상태

명 잔인함·냉혹함

- *cruelty* to animals 동물학대

cruel 형 잔인한

0339
★★☆
honesty
[ánisti]

honest 정직한 + *y* ~함
⇨ 정직함

명 정직

- a leader of *honesty* 정직한 지도자

honest 형 정직한

0340
★★☆
pleasure
[pléʒər]

please 즐겁게 하다 +
ure 결과
⇨ 즐겁게 된 상태

명 기쁨·즐거움 = delight, relish
≠ displeasure (불쾌)

- It is my **pleasure** to do ~하게 되어 즐겁다

please 동 기쁘게 하다 부 제발
≠ displease (불쾌하게하다)

pleasant 형 즐겁게 하는·유쾌한

0341
★★☆
pressure
[préʃər]

press 누르다 + ure 행위
⇨ 누르는 행위

명 압력·압박 = stress, strain

- blood **pressure** 혈압
- be under **pressure** 압박을 받고 있다

pressing 형 긴급한

Ⅲ. 사람 접미어

0342
★★★
owner
[óunər]

own 소유하다 + er 사람
⇨ 소유하는 사람

명 소유자·주인

- the **owner** of the car 그 차의 소유자

own 동 1. 소유하다 2. 자백하다
형 자기자신의

ownership 명 소유권

0343
★★☆
governor
[gávərnər]

govern 통치하다 + or 사람
⇨ 통치하는 사람

명 주지사·지사

- a new provincial **governor** 새 도지사

govern 동 통치하다
government 명 정부

0344
★☆☆
preacher
[príːtʃər]

preach 설교하다 + er 사람
⇨ 설교하는 사람

명 설교자·전도사

- a popular **preacher** 인기있는 목사

preach 동 설교하다

연습문제

DAY 13 | 접미어 -ism ~ -er

♥ 영어를 우리말로, 우리말을 영어로 바꾸세요.

1. optimism
2. psychology
3. ethics
4. laboratory
5. hardship
6. tuition
7. discussion
8. honesty
9. owner
10. preacher
11. 은퇴, 퇴직
12. 어둠
13. 귀먹음, 청각 장애
14. 게으름, 나태
15. 통솔력
16. 학문; 장학금
17. 잔인함 · 냉혹함
18. 기쁨 · 즐거움
19. 압력, 압박
20. 주지사 · 지사

♥ 다음 중 밑줄 친 단어와 같은 뜻을 고르시오.

21. It is important for all researchers in the field of psychology to maintain a strict code of **ethical** conduct.
    ① ethnic   ② moral   ③ negligent
    ④ successive   ⑤ favorable

22. Whaling should be banned on grounds of **cruelty** alone.
    ① delight   ② punishment   ③ fishery
    ④ mercilessness   ⑤ boldness

23. Her parents are putting a lot of **pressure** on her to get married, but she isn't interested.
    ① rage   ② displeasure   ③ strictness
    ④ stain   ⑤ strain

♥ 다음 중 밑줄 친 단어의 반대되는 뜻을 고르시오.

24. I don't know if I got the job, but I'm pretty **optimistic** because the interview went really well.
    ① realistic   ② persuasive   ③ pessimistic
    ④ frightening   ⑤ reasonable

♥ 다음 괄호에 들어갈 알맞은 말을 고르시오.

25. I went to the (amazement / amusement) park with my girlfriend and went on all the rides.

26. I am majoring in (psychologist / psychology), with a minor in linguistics.

27. With our family facing financial (hardships / possessions), my sister was obliged to give up the idea of entering a university.

28. The six Foreign Minsters held a (discuss / discussion) on how to handle the North Korean nuclear issue.

▶ 정답 p. 448

DAY 14

-ist : ~하는 사람

0345
★★☆
feminist
[fémənist]

feminine 여성의 +
ist 하는 사람
⇨ 여성 권리를 위해 일하는 사람

명 여권 신장론자 · 남녀 평등주의자
- *a **feminist** movement* 여권 신장 운동

feminine **형** 여성의
feminism **명** 여권 신장 운동 ·
페미니즘

0346
★★☆
journalist
[dʒɔ́ːrnəlist]

journal 신문 · 잡지 +
ist 하는 사람
⇨ 신문 · 잡지 일을 하는 사람

명 기자 · 저널리스트 = *reporter*
- *a **journalist** of the New York Times*
뉴욕 타임즈 기자

journal **명** 신문 · 잡지
journalism **명** 저널리즘
(기사를 모으고 쓰는 일)

-ian : 기술자

0347
★★☆
musician
[mjuːzíʃən]

music 음악 + *ian* 기술자
⇨ 음악에 기술이 있는 사람

명 음악가 · 뮤지션
- *a talented **musician*** 재능 있는 음악가

music **명** 음악

0348
★★☆
magician
[mədʒíʃən]

magic 마술 + *ian* 기술자
⇨ 마술에 기술이 있는 사람

명 마술사
- *a popular **magician*** 인기 있는 마술사

magic **명** 마술
magical **형** 마법의 · 마술적인

-ard : (경멸적 표현으로) 사람

0349
★☆☆
drunkard
[drʌ́ŋkərd]

drunk 술 취한 + *ard* 사람
⇨ 술 취한 사람

명 술고래 · 술주정뱅이
- *a habitual **drunkard***
상습적인 주정뱅이

0350
★★☆
coward
[káuərd]

cow (=tail) 꼬리 + *ard* 사람
⇨ (도망치며) 꼬리를 보이는 사람

명 겁쟁이
- *behave like a **coward*** 겁쟁이처럼 행동하다

cowardly **형** 비겁한
cowardice **명** 비겁함

-ee : ~당하는 사람 · ~된 사람

0351
★★★
employee
[èmplɔíː]

employ 고용하다 +
ee ~된 사람
⇨ 고용된 사람

명 종업원 · 직원

- have more than 2,000 **employees**
  직원이 2천명 이상이다

employ **동** 고용하다

0352
★★☆
refugee
[rèfjudʒíː]

refuge 피난 · 보호 +
ee ~된 사람
⇨ 보호를 받는 사람

명 (피)난민

- a **refugee** camp 난민 수용소

refuge **명** 피난(처) · 보호

-ess : ~인 여성형

0353
★☆☆
princess
[prínses]

princ(e) 왕자 + ess 여성형
⇨ 왕자의 여성형

명 공주 · 왕세자비

- a pretty **princess** 예쁜 공주

prince **명** 왕자

받아요,
선물이에요.

아구공 주네?

0354
★☆☆
countess
[káuntis]

count 백작 + ess 여성형
⇨ 백작의 여성형

명 여자 백작 · 백작 부인

- pay homage to the **countess**
  백작 부인에게 경의를 표하다

count **명** 백작

IV. 형용사를 만드는 접미어

-able / -ible : ~될 수 있는 대부분 수동의 의미로 사용

0355
★★★
remarkable
[rimáːrkəbl]

remark 언급하다 +
able ~될 수 있는
⇨ (남들에게) 언급될 수 있는

형 놀랄만한 · 주목할 만한

- a **remarkable** achievement 놀랄만한 성취

remark **동** 언급하다 **명** 언급

0356
★★☆

visible
[vízəbl]

vis (=see) 보다 +
ible ~될 수 있는
⇨ 보여질 수 있는

형 눈에 보이는 · 눈에 띄는
- be **visible** to the naked eye 육안으로 보이다

0357
★★☆

sensible
[sénsəbl]

sense 감지하다 + able
~될 수 있는〈수동〉·
~할 수 있는〈능동〉

⇩

감지될 수 있는 ·
감지할 수 있는

형 1. 상당한 · 감지할 수 있는 = considerable ▶ 감지될 수 있는 만큼 많은
2. 분별 있는 · 현명한 = reasonable ▶ (자신이) 감지할 능력이 있는
- a **sensible** improvement 눈에 띄는 진전
- a **sensible** choice 현명한 선택

-al : 1. (형용사) ~의 2. (명사) ~하는 것

0358
★★★

environmental
[invàiərənméntl]

environment 환경 +
al ~의 ⇨ 환경의

형 (자연) 환경의
- the **environmental** movement 환경운동

environment 명 (자연) 환경
environmentalist
명 환경 보호론자
environ 동 둘러싸다

0359
★★☆

verbal
[və́:rbəl]

verb 말 + al ~의 ⇨ 말의

형 언어의 · 구두의
- a **verbal** promise 구두 약속

참고 / **vocal** 목소리의

0360
★★☆

arrival
[əráivəl]

arriv(e) 도착하다 +
al ~하는 것 ⇨ 도착하는 것

명 도착
- await the **arrival** of guests
  손님들의 도착을 기다리다

arrive 동 도착하다

-ant / -ent : 1. (형용사) ~하는 2. (명사) ~하는 사람·~하는 것

0361 ★★☆
brilliant
[bríljənt]
brill (=shine) 빛나다 +
ant ~하는 ⇨ 빛나는

형 눈부신·훌륭한
- a **brilliant** performance 눈부신 공연

brilliance 명 눈부심·훌륭함

0362 ★★☆
excellent
[éksələnt]
excel 뛰어나다 +
(l)ent ~하는 ⇨ 뛰어난

형 뛰어난·우수한
- an **excellent** musician 뛰어난 음악가

excel 동 뛰어나다·탁월하다
excellence 명 우수함·탁월함

0363 ★★☆
peasant
[péznt]
peas (=country) 시골 +
ant ~하는 사람
⇨ 시골에 사는 사람

명 (가난한) 농부·소작농 = a poor farmer
- a **peasant** farmer 소작 농부

0364 ★★☆
pollutant
[pəlú:tənt]
pollut(e) 오염시키다 +
ant ~하는 것
⇨ 오염시키는 것

명 오염 물질
- air **pollutants**
  대기 오염 물질들

pollute 동 오염시키다 = foul
pollution 명 오염

-ary : 1. (형용사) ~의·~적인 2. (명사) ~하는 것·사람

0365 ★★☆
customary
[kʌ́stəmèri]
custom 관례 + *ary* ~적인
⇨ 관례적인

형 관례적인
- It is **customary** to do ~하는 것이 관례적이다

custom 명 1. 관습·관례
        2. 〈복수〉 관세

0366 ★★☆
legendary
[lédʒəndèri]
legend 전설 + *ary* ~의
⇨ 전설의

형 전설의·전설적인
- a **legendary** soccer player 전설적인 축구 선수

legend 명 전설

0367
★★☆

diction**ary**
[díkʃənèri]

diction 단어 + *ary* ~하는 것
⇨ 단어를 모아놓은 것

명 사전
- *an English **dictionary*** 영어 사전
- *refer to a **dictionary*** 사전을 찾아보다

diction 명 말

0368
★★☆

secret**ary**
[sékrətèri]

secret 비밀 + *ary* 사람
⇨ (중요한) 비밀을 가지고 있는 사람

명 1. 비서
2. 장관 = minister
- *one's personal **secretary*** 개인 비서
- *US defense **secretary*** 미국 국방장관

secret 명 비밀 형 비밀의
secretly 부 몰래

-ful : ~로 가득한

0369
★★☆

care**ful**
[kéərfəl]

care 조심 + *ful* 가득한
⇨ 조심으로 가득 찬

형 조심하는·주의 깊은
- *a **careful** driver* 조심하는 운전자

care 동 1. 걱정하다 2. 좋아하다
careless 형 부주의한

0370
★★☆

cheer**ful**
[tʃíərfəl]

cheer 활기 + *ful* 가득찬
⇨ 활기로 가득찬

형 쾌활한·유쾌한 = pleasant, delightful
- *a **cheerful** song* 활기찬 노래
- *feel **cheerful*** 기분이 유쾌하다

cheer 명 1. 갈채·환호 2. 기쁨·활기
동 응원하다
cheerfully 부 활기차게·쾌활하게

0371
★★★

doubt**ful**
[dáutfəl]

doubt 의심·의문 + *ful* 가득찬
⇨ 의심[의문]이 가득찬

형 1. 의심을 품은
2. 의문스러운
- *be **doubtful** about* ~에 대해 의문을 가지다
- *It is **doubtful** whether ~* ~일지는 의문이다

doubt 명 의심·의문
동 ~에 대해 의심하다

0372
★★☆

hope**ful**
[hóupfəl]

hope 희망 + *ful* 가득찬
⇨ 희망으로 가득찬

형 1. 희망에 찬 ≠ hopeless (절망적인)
2. 희망적인·유망한 = promising
- *remain **hopeful** about the future*
  미래에 대해 희망을 간직하다
- *a **hopeful** message* 희망적인 메시지

hope 명 희망 동 희망하다

I can make it,
I'm still young.

0373
★★☆

pain**ful**
[péinfəl]

pain 고통 + *ful* 가득찬
⇨ 고통으로 가득찬

형 고통스러운·괴로운
- *a **painful** wound* 아픈 상처
- *a **painful** memory* 괴로운 기억

pain 명 1. 고통 2. 수고

연습문제

DAY **14** | 접미어 *-ist ~ -ful*

♥ 영어를 우리말로, 우리말을 영어로 바꾸세요.

1. feminist

2. journalist

3. coward

4. refugee

5. countess

6. sensible

7. verbal

8. peasant

9. customary

10. painful

11. 마술사

12. 술고래, 술주정뱅이

13. 종업원, 직원

14. 환경의

15. 눈부신, 훌륭한

16. 오염 물질

17. 전설적인

18. 비서; 장관

19. 쾌활한 · 유쾌한

20. 의심스러운

♥ 다음 중 밑줄 친 단어와 같은 뜻을 고르시오.

21. She wrote a **remarkable** book about her journey across the Australian desert by camel.
    ① famous   ② controversial   ③ boring
    ④ enormous   ⑤ exceptional

22. An American **journalist** covering the war has been kidnapped by rebel soldiers.
    ① feminist   ② drunkard   ③ coward
    ④ reporter   ⑤ refugee

23. The singer has achieved **legendary** status in the music industry over the course of his 25-year career.
    ① bright   ② imaginary   ③ fabulous
    ④ creative   ⑤ recognizable

♥ 다음 중 밑줄 친 단어의 반대되는 뜻을 고르시오.

24. It is not **cowardly** to be afraid when you are in great danger. It is common sense.
    ① bald   ② bold   ③ hostile
    ④ unique   ⑤ abnormal

♥ 다음 괄호에 들어갈 알맞은 말을 고르시오.

25. Numerous (refuse / refugee) camps have been established near the border, but the poor conditions of the camps are beyond description.

26. He gave me a (verbal / verb) promise to pay back his debts sooner or later.

27. When it comes to tipping culture in the country, it is (customary / custom-made) to give a tip to the waiting staff at restaurants.

28. US defense (Security / Secretary) has warned the country against such a military action, urging a political resolution.

▶ 정답 p. 449

DAY 15

-ic / -ical : ~의·~적인·~와 관계된

0374
★★☆
basic
[béisik]

base 토대 + ic ~적인
⇨ 토대가 되는

형 **기본적인·근본적인** =fundamental
- a **basic** principle 기본 원칙

base 명 바닥·토대
basis 명 근거·이유
- on the **basis** of ~ ~에 기초하여

0375
★★★
electronic
[ilektránik]

electron 전자 + ic ~의
⇨ 전자의

형 **전자의**
- an **electronic** calculator[device]
  전자계산기[전자 기기]

electron 명 전자
비교 / **electric** 전기의

0376
★★☆
historic
[histɔ́:rik]

history 역사 + ic ~의
⇨ 역사에 기록된

형 **역사상 유명한·역사적인**
- a **historic** place[event] 유적지[역사적인 사건]

history 명 역사·역사학
historical 형 역사의·역사에 관한

0377
★★★
typical
[típikəl]

type 종류 +
ical ~와 관계가 있는
⇨ 하나의 종류가 전체와 관계 있는

형 **전형적인·보통의** ≠atypical (비전형적인)
- a **typical** example 전형적인 예

type 명 종류·유형

0378
★★★
chemical
[kémikəl]

chemi(=alchemy) 화학 +
al ~의 ⇨ 화학의

형 **화학의·화학적인**
명 **화학물질**
- a new **chemical** product 새로운 화학 제품
- a **chemical** fertilizer 화학 비료
- dangerous **chemicals** 위험한 화학물질

chemistry 명 화학
chemically 부 화학적으로

-ile : ~하기 쉬운·~에 적합한

0379
★★☆
mobile
[móubəl]

mob(=move) 옮기다 +
ile ~하기 쉬운 ⇨ 옮기기 쉬운

형 **이동식의·휴대용의** =portable
- a **mobile** library 이동 도서관

mobility 명 1. 기동성
2. (사회적) 변동성

-ish : ~같은·~의 성질인

0380
★★☆
childish
[tʃáildiʃ]

child 아이 + ish 같은
⇨ 아이 같은

형 유치한
- *childish* behavior[prank]
  유치한 행동[장난]

비교 / *childlike* 아이 같은·천진한

0381
★★★
selfish
[sélfiʃ]

self 자기 + ish ~의 성질인
⇨ 자기만의

형 이기적인 ≠ *unselfish* (이기적이지 않은)
- *selfish* motives 이기적 동기

selfishness 명 이기적임

-ive : ~하는·~의 성질인

0382
★★★
expensive
[ikspénsiv]

expens(e) 비용 +
ive ~하는 ⇨ 비용이 드는

형 비싼 ≠ *inexpensive*
- an *expensive* car 비싼 차

expend 동 (다) 소비하다
expense 명 비용·경비
expenditure 명 지출

0383
★★★
explosive
[iksplóusiv]

explos(=explode) 폭발하다 +
ive ~의 성질인 (것)
⇨ 폭발성의 (것)

형 1. **폭발성의**
   2. **(증가폭이) 폭발적인** = *rapid*

명 폭발물·폭약
- *explosive* material 폭발성 물질
- *explosive* population growth 폭발적인 인구 증가
- keep away from an *explosive* 폭발물에서 멀리 떨어져있다

explode 동 폭발하다
explosion 명 폭발

-less : ~이 없는

0384
★★☆
countless
[káuntlis]

count 세다 +
less ~적이 없는
⇨ (너무 많아서) 셀 수가 없는

형 무한한·셀 수 없이 많은 = *innumerable*
- *countless* stars[excuses]
  셀 수 없이 많은 별들[변명들]

count 동 세다

0385
★★☆
merci*less*
[mə́:rsilis]

merci (=mercy) 자비 +
less ~이 없는 ⇨ 자비가 없는

형 **무자비한** = ruthless
- a **merciless** judge 자비심없는 판사

mercy 명 자비
merciful 형 자비로운

0386
★★☆
price*less*
[práislis]

price 가격 +
less ~이 없는
⇨ 따로 가격이 없는

형 **아주 값비싼·대단히 귀중한** = invaluable
≠ valueless (무가치한)

- **priceless** antiques[information]
아주 귀중한 골동품들[정보]

price 명 가격

0387
★★☆
rest*less*
[réstlis]

rest 안정 +
less ~이 없는 ⇨ 안정이 없는

형 **가만히 못 있는·불안한** = nervous
- a **restless** child 가만히 못 있는 아이

rest 명 휴식·안정 동 휴식하다

-or : ~보다 더한(비교급) 뒤에 to가 붙는 것에 주의

0388
★★☆
inferi*or*
[infíəriər]

inferi (=infra) 아래의 +
or ~보다 더한
⇨ ~보다 더 아래인

형 **(보다) 열등한·하위의** ≠ superior (보다우수한·상위의)
- be **inferior** to others
남들보다 열등하다

inferiority 명 열등함
• a sense of **inferiority** 열등감

0389
★★☆
pri*or*
[práiər]

pri 첫째의 +
or ~보다 더한
⇨ 더 먼저인

형 1. **이전[사전]의** = previous
2. **~에 앞의·~전의**

- without **prior** notice 사전 통지 없이
- **prior to** the war 그 전쟁에 앞서

priority 명 우선 (사항)·우선권
• give[take] **priority** 우선시하다[되다]

-ous : ~의·~을 가지고 있는

0390
★★☆
spaci*ous*
[spéiʃəs]

space 공간 +
ous ~을 가지고 있는
⇨ 공간을 가지고 있는

형 **넓은·널찍한** = capacious, roomy
- a **spacious** office 넓은 사무실

space 명 공간

⁰³⁹¹
★★☆
courage*ous*
[kəréidʒəs]

courage 용기 +
ous ~을 가진 ⇨ 용기를 가진

🔲 용감한 = *brave, fearless*
- a **courageous** decision 용감한 결정

courage 圐 용기

-some : ~을 일으키는·~좋아하는

⁰³⁹²
★★☆
burden*some*
[bə́ːrdnsəm]

burden 부담 +
some ~을 일으키는
⇨ 부담을 일으키는

🔲 부담스러운·힘든 = *demanding*
- a **burdensome** task 부담스러운 일

burden 圐 짐·부담
圄 부담을 주다
- tax **burden** 세부담

⁰³⁹³
★★☆
quarrel*some*
[kwɔ́ːrəlsəm]

quarrel 다툼 +
some ~좋아하는
⇨ 다투기 좋아하는

🔲 다투기 좋아하는
- a **quarrelsome** woman 다투기 좋아하는 여자

quarrel 圐 다툼 圄 다투다

DAY 15

⁰³⁹⁴
★★☆
trouble*some*
[trʌ́blsəm]

trouble 곤란 +
some ~을 일으키는
⇨ 곤란함을 일으키는

🔲 골치 아픈·골칫거리인
- a **troublesome** problem 골치 아픈 문제

trouble 圐 문제·골칫거리

V. 부사를 만드는 접미어

-ly : 1. (부사) ~하게 2. (형용사) ~의·~인

⁰³⁹⁵
★★☆
scarce*ly*
[skéərsli]

scarce 부족한 + *ly* 형
⇨ (기준보다) 부족하게

🔲 거의 ~ 않다 = *hardly, rarely, seldom*
- in a **scarcely** audible voice 거의 들리지 않는 목소리로

scarce 圐 부족한·드문
scarcity 圐 부족·결핍

⁰³⁹⁶
★☆☆
father*ly*
[fáːðərli]

father 아버지 + *ly* ~의
⇨ 아버지의

🔲 아버지의
- play a **fatherly** role 아버지의 역할을 하다

참고 / *motherly* 어머니의

0397
★★★

likely

[láikli]

like 비슷한 + *ly* 형접

⇨ (실제 상황과) 비슷해 보이는

📘 형 **~할 것 같은 · ~할 가망이 있는**

≠ *unlikely* (~할 것 같지 않은 · 가망이 없는)

• *be **likely to** rain* 비가 올 것 같다

어법 / ***be likely to V*** ~할 것 같다

likelihood 명 (일어날) 가능성

0398
★★☆

timely

[táimli]

time 시간 + *ly* ~인

⇨ (제) 시간인

📘 형 **시기적절한 · 때맞춘** = *opportune*

• *take **timely** action* 시기적절한 조치를 취하다

timeliness 명 시기적절함

0399
★★☆

worldly

[wɔ́:rldli]

world 세상 + *ly* ~의

⇨ (이) 세상의

📘 형 1. **세속적인 · 속세의**
　 2. **세상 경험이 많은**

• ***worldly** pleasures* 세속적인 쾌락
• *She is more **worldly** than I.* 그녀는 나보다 세상 경험이 더 많다.

worldliness 명 세속적임

-wise : 1. ~방향으로 2. ~한 방식으로

0400
★★☆

clockwise

[klɑ́:kwaiz]

clock 시계 +
wise ~방향으로
⇨ 시계방향으로

📙 부 **시계방향으로** ≠ *anticlockwise* (시계 반대 방향으로)

• *turn the screw **clockwise***
　나사를 시계방향으로 돌리다

anticlockwise　　clockwise

clock 명 (벽·실내의) 시계
o'clock 부 ~시(정각)

0401
★★☆

likewise

[láikwàiz]

like 같은 +
wise ~한 방식으로
⇨ 같은 방식으로

📙 부 **똑같이 · 마찬가지로** = *in the same way*

• *do **likewise*** 똑같이 하다

like 형 같은 전 ~와 같은 · ~처럼

연습문제

DAY 15 | 접미어 -ic, ical ~ -wise

♥ 영어를 우리말로, 우리말을 영어로 바꾸세요.

1. electronic

2. typical

3. chemical

4. selfish

5. countless

6. priceless

7. restless

8. spacious

9. scarcely

10. likewise

11. 역사상 유명한 · 역사적인

12. 유치한

13. 폭발성의; 폭발적인

14. 무자비한

15. (~보다) 열등한

16. 부담스러운, 힘든

17. 다투기 좋아하는

18. 골치 아픈 · 골칫거리인

19. ~할 것 같은

20. 시기적절한

♥ 다음 중 밑줄 친 단어와 같은 뜻을 고르시오.

21. The cells in our body come in many different shapes and sizes, and serve **countless** different functions.
    ① innumerable ② restless ③ essential
    ④ efficient ⑤ proper

22. The Nazis under the leadership of Hitler were **merciless** in putting to death of millions of Jews just because they were Jews.
    ① restless ② ruthless ③ meaningless
    ④ tireless ⑤ formless

23. Italian police announced today the discovery of a number of previously stolen **priceless** artworks in an abandoned house.
    ① traditional ② brilliant ③ valueless
    ④ invaluable ⑤ original

♥ 다음 중 밑줄 친 단어의 반대되는 뜻을 고르시오.

24. Some people try to suggest that the education offered in public schools is **inferior** to that of private schools, but I don't agree.
    ① interior ② superior ③ prior
    ④ junior ⑤ anterior

♥ 다음 괄호에 들어갈 알맞은 말을 고르시오.

25. Many parents worried that a reliance on the (electric / electronic) calculator would weaken their children's grasp of mathematical concepts.

26. She gave me useful advice on how to get (restricted / restless) children to go to sleep.

27. International flight schedules can change without (prior / posterior) notice due to inclement weather.

28. The landlady was such a (burdensome / quarrelsome) woman that she constantly pick a fight with someone else.

▶ 정답 p. 449

PART
2-3

어근

ROOT

0402
★★☆

*act*ive

[ǽktiv]

act 행동하다 + ive 형접
⇨ 행동하는

형 **활동적인·적극적인** = *energetic*

- *an **active** search* 활발한 수색
- *take an **active** role* 적극적인 역할을 하다

act 동 행동하다　명 1. 법령　2. 막
action 명 1. 행동·조치　2. 전투; (영화의) 액션
　　　　 • *take **action*** 조치를 취하다
activity 명 1. 활동　2. 활기
actor 명 배우
actress 명 여배우

0403
★★☆

*act*ual

[ǽktʃuəl]

act(u) 행동하다 + al 형접
⇨ (정말로) 행해지는

형 **실제의** = *real*

- *examine the **actual** state*
　실제 상황을 조사하다

actually 부 실제로·정말로

0404
★★☆

*re*act

[riǽkt]

re 다시 + act 작용하다
⇨ (되받아) 다시 작용하다

자 **반응하다·반응을 보이다** = *respond*

- ***react** to the drug* 그 약에 반응을 보이다
- ***react** angrily **to the news*** 그 뉴스에 성난 반응을 하다

reaction 명 반응
reactor 명 원자로

0405
★★★

*ex*act

[igzǽkt]

ex 밖·내어 + act 하다
⇨ (일을) 해낸 · (제대로) 해낸 ·
　밖으로 나오게 하다

형 **정확한** = *accurate, precise*
타 **요구하다·강요하다**

- *the **exact** time[location]* 정확한 시간[위치]
- ***exact** a promise from him*
　그에게 강요해 약속을 받아내다

exacting 형 힘든·까다로운
exactly 부 정확히·꼭

0406
★★☆

*ag*ent

[éidʒənt]

ag 행동하다 + ent 사람[것]
⇨ 어떤 일을 행하는 사람[사물]

명 1. **대리인·중개인**
　 2. **(작용하는) 물질·동인**

- *a real estate **agent*** 부동산 중개인
- *a cleaning **agent*** 세제

agency 명 대행사; (정부) 기관

0407
★★☆

*es*say

[ései]

es(s)(=ex) 밖 +
ay(=act) 행동하다

⇩

생각을 밖으로
나오게 함

명 **(특정 주제에 관한) 글·작문** = *composition*　▶ (생각을) 밖으로 내서 쓴 것

- *write an **essay*** 글[에세이]을 쓰다

타 **시도하다** = *try, attempt*　▶ (생각을) 밖으로 내서 행하다

- ***essay** a career as a writer* 작가로서의 일을 해보려하다

ac (u) : sharp 날카로운

0408 ★★☆ acid
[ǽsid]

ac 날카로운 + id 형접
⇨ (맛이나 말이) 날카로운

형 1. (맛이) **신·산성의** = sour
2. (말이) **신랄한·매서운** = biting

- an **acid** taste 신맛
- an **acid** criticism 신랄한 비판

acidity 명 신맛·산성(도)

0409 ★★☆ acute
[əkjúːt]

acu 날카로운
+ te 형접

⇩

뾰족하게 날카로운

형 1. (병이) **급성의** ≠ chronic (만성적인) ▶ (병이) 뾰족하듯 갑작스러운
2. **예리한** = keen ▶ (생각이) 뾰족하고 날카로운
3. **극심한·심각한** = severe, intense ▶ (상황의 정도가) 날카로운

- an **acute** respiratory disease 급성 호흡기질병
- have **acute** insight 예리한 통찰력을 갖다
- an **acute** food shortage 극심한 식량 부족

acuteness
명 날카로움·격렬함

---

alt / ult / eld / ol : 1. high 높은 2. grow 자라다

0410 ★★☆ altitude
[ǽltətjùːd]

alt(i) 높은 + tude 명접
⇨ 높은 정도

명 **고도·높이** = height

- flying at high **altitude** 높은 고도로 날고 있는

어법 / **latitude** 위도
longitude 경도

0411 ★★★ adult
[ədʌ́lt]

ad 강조 + ul 자라다 +
t 명접(완료)
⇨ 다 자란 사람

명 **성인·어른**

형 **성인의** = grown-up

- communicate with **adults** 어른들과 의사소통하다
- an **adult** disease 성인병

adulthood 명 성인(기)

0412 ★★☆ elderly
[éldərli]

eld 나이가 높은 + ly 형접
⇨ 나이가 높은

형 **나이가 지긋한** = old

- an **elderly** couple 노부부

elder 형 손위인 명 연장자

0413 ★★☆ adolescent
[ædəlésnt]

ad(=to) ~향하여 +
ol 자라다 + escent 형접
⇨ (성인을) 향해 자라고 있는

형 **청소년의** = juvenile

- an **adolescent** boy 사춘기의 소년

adolescence 명 청소년기

alter / al : other 다른

0414
★☆☆
alter
[ɔ́:ltər]

alter 다른 ⇨ (다른 것으로) 바꾸다

동 **변경하다 · 바뀌다** = change
- *alter* one's policy 정책을 변경하다

alteration 명 변화

0415
☆☆☆
*alter*nate
[ɔ́:ltərnèit]

alter(n) 다른 + *ate* 동접
⇨ (하나 다음에) 다른 것이 나오게 하다

동 **번갈아 하다 · 교대로 하다** = take turns
- *alternate* in doing the dishes
  번갈아 설거지를 하다

0416
★★☆
*alter*native
[ɔ:ltɔ́:rnətiv]

alter(na) 다른 + *tive* 형접
⇨ (이것과는) 다른 것의

형 **다른 · 대안이 되는**

명 **대안 · 다른 방안** = option
- *alternative* energy 대체 에너지
- have no *alternative* but to do ~하는 것 외에 다른 대안이 없다
- an *alternative* to fossil fuel 화석연료에 대한 대안

0417
★★☆
*al*ien
[éiljən]

al(i) 다른 + *en* 형접

⇩

다른

형 1. **외국의 · 외계의** = extraterrestrial ▶ 나라 · 행성이 다른
2. **이상한 · 생소한** = strange ▶ 익숙한 것과 다른
- an *alien* culture 외국 문화
- an *alien* environment 생소한 환경

명 **외국인 체류자 · 외계인** ▶ 다른 나라 · 행성 사람
- an invasion by *aliens* 외계인들의 침공

---

ang / anx : tight 꽉 조이는

0418
★☆☆
*ang*uish
[ǽŋgwiʃ]

ang(u) 꽉 조이는 + *ish* 명접
⇨ (마음을) 꽉 조여들어오는 것

명 **(극심한) 고통 · 괴로움** = pain, agony, torment
- relieve one's *anguish* ~의 고통을 덜다

비교 / *anger* 화 · 분노

0419
★★☆

anxious
[ǽŋkʃəs]

anx(i) 꽉 조이는 + *ous* 형접
⇨ (걱정·열망으로 마음을) 꽉 조이는

형 1. **걱정[염려]하는** = concerned
　　2. **열망하는** = eager

- be **anxious about** the exam result
  시험 결과에 대해 걱정하다
- be **anxious to** select
  ~을 선택하기를 열망한다

어법 / **be anxious about** ~에 대해서 걱정하다
　　　be anxious for N [to do] ~을[하기를] 열망하다

anxiety 명 1. 걱정·불안
　　　　　　= uneasiness
　　　　　2. 열망 = aspiration

---

anim : 1. life 생명　2. mind 마음

0420
★☆☆

animate
[ǽnəmèit]

anim 생명 + *ate* 동접
⇨ 생명을 불어넣다

타 **생기를 불어넣다** = enliven
형 **살아 있는·생물의** = alive, living ≠ inanimate (무생물의)

- **animates** the discussion　토론에 생기를 불어넣다
- **animate** beings　생명체들

animation
명 1. 생기　2. 만화영화·애니메이션
참고 / **cartoon** 만화

0421
★★★

unanimous
[juːnǽnəməs]

un(=uni) 하나 + *anim* 마음 +
ous 형접 ⇨ 마음이 하나인

형 **만장일치의** = likeminded

- make a **unanimous** decision
  만장일치로 결정하다

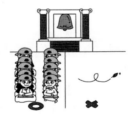

unanimously 부 만장일치로
unanimity 명 만장일치

---

ann : year 해·년

0422
★★☆

annual
[ǽnjuəl]

ann(u) 해 + *al* 형접
⇨ 해마다 하는

형 **매년의·연례의** = yearly

- an **annual** festival[report]
  연례 축제[보고서]

0423
★★☆

anniversary
[æ̀nəvə́ːrsəri]

ann(i) 해 +
vers(= turn) 바뀌다 + *ary* 명접
⇨ 해가 바뀌며 돌아오는 것

명 **기념일**

- celebrate one's wedding **anniversary**
  결혼기념일을 축하하다

apt / att : fit 적합한

0424 ★★☆
apt**itude**
[ǽptətjùːd]
apt(i) 적합한 + *tude* 명접
⇨ (~하기에) 적합한 상태

명 소질·적성

• an **aptitude** test 적성 검사

apt 형 1. 적절한 = *proper*
2. ~하기 쉬운 = *likely*

• **be apt + V** ~하기 쉽다

참고 / **SAT : Scholastic Aptitude Test**
《美》학습 능력 적성시험(수능시험)

0425 ★★★
ad**apt**
[ədǽpt]
ad ~을 + *apt* 적합한
⇩
~을 적합하게 하다

동 1. **맞추다·적응하다** = *adjust* ▶ (새로운 환경에) 적합하게 하다
2. **각색하다·개작하다** ▶ (영화·연극에) 적합하게 맞추다

• **adapt** (oneself) **to** different cultures 다른 문화에 적응하다
• **adapt** the novel for the screen 그 소설을 영화로 각색하다

숙어 / **adapt** (oneself) **to N** ~에 적응하다
adapt A for B A를 B로 각색하다

adaptation
명 1. 적응 2. 각색
adaptable
형 적응할 수 있는

0426 ★★☆
att**itude**
[ǽtitjùːd]
att(i)(= apt) 적합한 + *tude* 명접
⇨ (~하기에) 적합한 마음

명 태도·마음가짐 = *posture, stance*

• have an optimistic **attitude** 긍정적인 태도를 갖다

---

art : skill 기술·예술

0427 ★★☆
art**ificial**
[ùːrtəfíʃəl]
art(i) 기술 + *fic(i)(= make)* 만들다 +
al 형접 ⇨ 기술로 만들어낸

형 1. **인공적인** = *synthetic*
2. **인위적인·꾸며낸** = *false, fake*

• **artificial** intelligence[satellite] 인공 지능[위성]
• an **artificial** smile 꾸며낸 미소

0428 ★☆☆
art**isan**
[áːrtizən]
art(i) 기술 + *san* 사람
⇨ 기술을 갖춘 사람

명 장인·기능 보유자 = *expert, craftsman*

• a skilled **artisan** 숙련된 기능공

비교 / **artist** 예술가

0429
★☆☆
astronomy
[əstránəmi]

astro 별 + *nomy* 학문
⇨ 별을 연구하는 학문

명 천문학

• get interested in **astronomy**
  천문학에 관심을 갖다

astronomical
형 1. 천문학의
2. 천문학적인 · 어마어마한 = *huge*

astronomer **명** 천문학자

비교 / *astrology* 점성술

0430
★★☆
astronaut
[ǽstrənɔ̀ːt]

astro 별 + *naut*(= sailor)
항해사 ⇨ 별을 비행하는 사람

명 우주 비행사 = *spaceman*

• the first female **astronaut**
  첫 여성 우주 비행사

참고 / *pilot* (비행기) 조종사 · 비행사

0431
★★★
*dis***aster**
[dizǽstər]

dis 멀리 · 나쁜 + *aster* 별
⇨ 별의 위치가 나쁨

(점성술에서는 별의 위치로 다가
올 재앙을 예측했다고 함)

명 재난 · 재해 = *calamity, catastrophe*

• a natural[man-made] **disaster**
  자연재해[인재]

disastrous **형** 비참[처참]한 = *tragic*

참고 / 자연 재해의 종류
flood 홍수 / *drought* 가뭄 /
earthquake 지진 /
hurricane 태풍

DAY 16

0432
★★★
con**sider**
[kənsídər]

con 함께 + *sider* 별들
⇨ 별들을 함께 바라보다

(점성술에서 별들을 두루 살펴본
데서 유래)

동 1. 고려하다 = *ponder*
2. 간주하다 · ～라 여기다 = *regard*

• **consider** buying a new car 새 차를 살 것을 고려하다
• **consider** A (as) an expert A를 전문가로 여기다

숙어 / **all things considered** 모든 것을 고려해볼 때
어법 / **consider** A (as) B A를 B라고 간주하다

consideration
명 숙고 · 고려(사항)

considerate
형 사려 깊은 = *thoughtful*

considerable
형 상당한

considerably
부 상당히 = *fairly*

♥ 영어를 우리말로, 우리말을 영어로 바꾸세요.

1. react
2. altitude
3. adolescent
4. alter
5. anguish
6. unanimous
7. annual
8. adapt
9. artificial
10. consider
11. 정확한; 강요하다
12. 대리인 · 중개인
13. (병이) 급성의; 예리한
14. 번갈아 하다 · 교대로 하다
15. 대안
16. 소질 · 적성
17. 장인 · 기능 보유자
18. 천문학
19. 우주비행사
20. 재난 · 재해

♥ 다음 중 밑줄 친 단어와 같은 뜻을 고르시오.

21. There's an **acute** shortage of food in the area.
    ① current   ② severe   ③ chronic
    ④ acid   ⑤ alternate

22. The newspaper told of the mother's **anguish** at the death of her son.
    ① miser   ② agony   ③ anxiety
    ④ recognition   ⑤ regret

23. The air crash was the biggest aviation **disaster** in the country's history.
    ① incident   ② casualty   ③ astronaut
    ④ calamity   ⑤ authority

♥ 다음 중 밑줄 친 단어의 반대되는 뜻을 고르시오.

24. International oil and gold prices have **considerable** impact on the economy of the country.
    ① thoughtful   ② dramatic   ③ substantial
    ④ disastrous   ⑤ negligible

♥ 다음 괄호에 들어갈 알맞은 말을 고르시오.

25. Currently, the councils are not planning to (alter / altar) their policies even though they are responsible to do so.

26. The jurors notified the federal judge that they were unable to make a(n) (inanimate / unanimous) decision.

27. The applicants for the temporary job are supposed to take a physical and an (attitude / aptitude) test.

28. Anyone will be able to drive the new car, because it is equipped with (artful / artificial) intelligence technology.

▶ 정답 *p. 449*

audi : listen 듣다

0433
★☆☆

*audi*ble
[ɔ́:dəbl]

aud 듣다 + *ible* ~될 수 있는
⇨ 들릴 수 있는

형 **들리는** ≠ *inaudible* (들리지 않는)

- be **audible** during the presentation 발표동안 들리다

0434
★★☆

*audi*ence
[ɔ́:diəns]

audi 듣다 + *ence* 명접
⇨ 듣는 사람

명 **(공연·영화 등의) 청중·관객**

- attract a large **audience** 많은 청중을 끌다

0435
★☆☆

*audi*torium
[ɔ̀:ditɔ́:riəm]

auditori 듣는 + *um* 명접(장소)
⇨ (공연·강의를) 듣는 장소

명 **강당·객석**

- gather in the **auditorium** 강당에 모이다

---

band / *bind* / *bond* / *b(o)und* : tie 묶다

0436
★★☆

*band*age
[bǽndidʒ]

band 묶다 + *age* 명접
⇨ (다친 부위를) 묶어주는 것

명 **붕대**

타 **붕대를 감다**

- wrap a **bandage** around one's knee 무릎에 붕대를 감다
- **bandage** the wound 상처에 붕대를 감다

여기가 뼈 메지?

0437
★★★

bind
[baind]

bind 묶다

타 **묶다·결속시키다** = *tie, fasten*

- **bind** a prisoner's arms 죄수의 팔을 묶다
- be **bound** by the contract terms 계약 조건에 묶이다

어법 / **be bound for** ~행이다
be bound to V ~해야 한다·~할 운명이다

0438 ★★☆ **bond**
[band]

묶어줌

명 1. **유대 (관계)** ▶ (좋은 의미로) 서로 묶여 끈끈한 상태
2. 《-s》 **굴레·속박** ▶ (나쁜 의미로) 묶여 있는 상태
3. **채권** ▶ (채무의 의무로) 묶여 있는 것
- *form a close bond* 긴밀한 유대감을 형성하다, 유대 관계를 강화하다
- *the bonds of oppression* 압제의 굴레
- *issue a bond* 채권을 발행하다

bondage **명** 구속·속박

0439 ★★☆ **bound**ary
[báundəri]

bound 묶다 + *ary* 명접
⇨ 묶여있는 영역

명 **경계·한계** = *border, frontier*
- *within the boundaries of the law*
  법의 경계 안에서

0440 ★★☆ **bund**le
[bʌ́ndl]

bund 묶다 + *le* 명접
⇨ (같은 종류의) 묶음

명 **묶음·꾸러미** = *bunch*
- *a bundle of flowers* 꽃 한 다발

참고 / *bunch* 다발·송이

---

bar : 막대기

0441 ★★☆ **bar**
[bar]

막대기

명 1. **막대기 (모양의 것)** = *rod* ▶ (구체적인) 막대기 형태
2. **술집·바** ▶ 막대기 모양의 긴 탁자가 있는 곳
3. **변호사직** ▶ 법정 안에 막대기로 구분된 곳
- *a bar of soap* 비누 한 개
- *go to a bar* 술집[바]에 가다
- *pass the bar exam* 사법 시험에 합격하다

타 **막다·금지하다** = *ban, prevent* ▶ (못 들어오게) 막대기를 치다
- *bar him from entering* 그가 입장하는 것을 막다

숙어 / *behind bars* 감옥에 갇힌·철창신세인

0442 ★★☆ **bar**rier
[bǽriər]

bar(r) 막다 + *(i)er* 명접
⇨ 막는 것

명 **장벽·장애물** = *obstacle*
- *a crash barrier* (도로의) 중앙 분리대
- *a language barrier* 언어 장벽

0443
★★★

embarrass
[imbǽrəs]

em(= in) 안 + bar(r) 막대기 +
ass 동접

⇨ (못 가게) 막대기(빗장)안에 가두다

🅣 **당황하게 하다** = bewilder, perplex, puzzle

- ask an **embarrassing** question
  당황스러운 질문을 하다

embarrassing ⑱ 당황하게 만드는
embarrassed ⑱ 당황해하는
embarrassment ⑲ 당황스러움·난처함

---

bid : bead 구슬·말하다

0444
★★☆

bid
[bid]

bid(= bead) 구슬·염주알

⇩

구슬로 기원하며 말하다

🅥 **1. (인사 등을) 말하다** ▶ (인사·이별 등을) 말하다
  2. (값을) 부르다·입찰하다 ▶ (자신이 내려는 가격을) 말하다

- **bid** farewell 작별을 고하다
- **bid** $3,000 for the antique 그 골동품에 대해 3천 달러의 값을 부르다

🅝 **호가·입찰·시도** = attempt ▶ (자신이 내려는 가격을) 말함

- make a **bid** of $1,000 for ~에 대해 1,000달러의 호가를 부르다

0445
★★★

forbid
[fərbíd]

for 멀리·부정 + bid 말하다
⇨ ~하지 말라고 말하다

🅥 **(개인적으로) 금지하다**

- **forbid** him to smoke 그에게 담배피우지 못하게 하다

어법 / **forbid** 目 **to V** ~에게 ~하지 못하게 하다

시제변화 / **forbid - forbade - forbidden**

---

bio : life 생명·삶

0446
★★☆

biology
[baiáləʤi]

bio 생명 + logy 학문
⇨ 생명을 연구하는 학문

🅝 **생물학**

- major in **biology** 생물학을 전공하다

biological ⑱ 생물학적인
biologist ⑲ 생물학자

0447
★★☆

biography
[baiágrəfi]

bio 삶 + graphy 쓴 것
⇨ 삶에 대해 쓴 것

🅝 **전기·일대기**

- read a **biography** of Abraham Lincoln
  아브라함 링컨의 전기를 읽다

비교 / **autobiography** 자서전

0448 ★★☆ **blind**

[blaind]

blind(=*bleach*) 하얗게 만들다
⇨ 눈앞이 하얗게 된

형 1. **눈 먼·맹인인** 2. **맹목적인**

명 **(햇빛을 막기 위한) 블라인드**

- *go* **blind** 눈이 멀다
- **blind** *loyalty*[*obedience*] 맹목적인 충성[복종]
- *raise*[*lower*] *the* **blinds** 블라인드를 올리다[내리다]

참고 / **color-blind** 색맹인
a blind date 소개팅

0449 ★☆☆ **blunt**

[blʌ́nt]

blunt(=*bleach*)
하얗게 되다

⇩

눈앞이 하얗게 되어
눈이 먼

형 1. **무딘·뭉툭한** ≠*sharp* (날카로운) ▶ 눈 먼 사람처럼 칼이 날카롭지 않은

2. **직설적인·무뚝뚝한** = *rude* ▶ 상대에 대해 배려하는 눈이 먼

- *a* **blunt** *knife* 무딘 칼, 잘 안 드는 칼
- **blunt** *remarks* 무뚝뚝한 말

숙어 / **To be blunt** 직설적으로 말하면, 딱 잘라 말하면

0450 ★★☆ **blush**

[blʌ́ʃ]

blus(=*bleach*) 하얗게 되다
⇨ 얼굴이 하얗게[밝게] 빛이 나다

자 **얼굴이 빨개지다** = *flush*

명 **얼굴이 빨개짐·홍조**

- **blush** *at an idea* 어떤 생각에 얼굴이 빨개지다
- *bring a* **blush** *to her cheeks* 그녀의 얼굴을 빨개지게 하다

숙어 / **at first blush** 언뜻 보기에 (여기서 *blush* 는 한 번 보는 '눈빛')

0451 ★★☆ **blaze**

[bleiz]

blind(= *bleach*) 하얗게 되다
⇨ 하얗게[밝게] 타다

자 **활활 타다**

명 **(활활 타는) 불꽃·화염·강한 빛**

- *a fire* **blazing** *in the hearth* 난로에서 활활 타오르고 있는 불
- *be injured in a* **blaze** 화재에서 부상을 입다
- *a* **blaze** *of glory* 빛나는 영광

0452 ★★☆ **capable**

[kéipəbl]

cap 잡다 +
able ~할 수 있는
⇨ (원하는 것을) 잡을 수 있는

형 **~할 수 있는·유능한** ≠*incapable* (~할 수 없는·무능한)

- *be* **capable** *of surviving* 생존할 수 있다

capability **명** 능력·역량

0453
★★☆

capacity
[kəpǽsəti]

cap(a) 취하다 + city 명접
⇨ 취할 수 있는 정도

명 1. **수용 능력·용량**

2. **능력** = ability

- be filled to **capacity** 만원으로 꽉 차다
- a child's **capacity** for learning 아이의 학습 능력

capacious 형 널찍한·큼직한
= spacious

0454
★★★

capture
[kǽptʃər]

cap(t) 잡다 +
ure 명접·동접

⇩

붙잡다

타 1. **잡다·포획하다** ▶ (구체적으로) 붙잡다

2. **(사진·문장 등에) 담다·포착하다** ▶ (사진 속에 이미지를) 붙잡다

- **capture** burglars 절도범을 붙잡다
- be **captured** by the security cameras 보안 카메라에 포착되다

명 1. **체포·포획** ▶ (구체적인) 붙잡음

2. **(이미지) 캡쳐** ▶ (이미지를) 붙잡음

- manage to avoid **capture** 간신히 붙잡히지 않다
- image **capture** 이미지 캡쳐

captive
명 포로

captivity
명 감금·억류

0455
★★☆

exception
[iksépʃən]

ex 밖 + cep(t) 잡다 + ion 명접
⇨ 잡아서 밖으로 빼낸 것

명 **예외·제외**

- an **exception** to a rule 규칙에 대한 예외

숙어 / **take exception to**
~에 이의를 제기하다·화를 내다

exceptional
형 1. 예외적인 = unusual

2. 뛰어난·아주 훌륭한 = terrific
- an **exceptional** student
아주 뛰어난 학생

exceptionally 부 대단히·아주

except 전 ~을 제외하고
동 ~을 제외시키다

0456
★★★

occupy
[ákjupài]

oc(= ob)~에 대해 + cup 잡다 +
y 동접 ⇨ ~을 움켜잡고 있다

타 1. **차지하다** = take up

2. **점령하다**

- All seats are **occupied**. 모든 좌석이 다 찼다.
- **occupy** the country's capital 그 나라의 수도를 점령하다

occupation 명 1. 직업
2. 점령·거주

occupancy 명 (토지·건물의)사용

0457
★★★

re**ceive**
[risíːv]

re 뒤로 + ceive 받다
⇨ 뒤로 받아들이다

타 1. **받다·받아들이다**

2. **환영하다·접대하다** = greet, entertain

- **receive** a letter[discount] 편지를[할인을]받다
- **receive** the guests 손님들을 접대하다

reception 명 1. (호텔의) 접수처
2. 환영회·리셉션

receipt 명 영수증

recipient 명 수령인·수취인

0458 ★★☆ deceive
[disíːv]

de (= away) 떨어뜨려·멀리 +
ceive 잡다
⇨ (정신을) 멀리 빼앗아 가다

타 속이다 · 기만하다 = cheat, swindle
- **deceive** a customer 고객을 속이다

deception, deceit
명 속임수·기만

0459 ★★☆ perceive
[pərsíːv]

per 강조·완전히 + ceive 잡다
⇨ 완전히 감을 잡다

타 알아차리다 · 감지하다 = notice, recognize
- **perceive** a change 변화를 감지하다

perception 명 지각·인식
perceptible 형 감지할 수 있는
≠ **imperceptible** (감지할 수 없는·미세한)

0460 ★★☆ conceive
[kənsíːv]

con 강조·확실히 +
ceive 잡다

⇩

확실히 잡다

동
1. **(생각을) 품다 · 상상하다** ▶ (머릿속에 생각을) 잡다
2. **(아이를) 갖다 · 임신하다** ▶ (뱃속에 아이를) 잡다
- **conceive** a plan 계획을 품다
- **conceive** a child 아이를 갖다

concept 명 개념
conception 명 1. 개념
　　　　　　　2. (난소의) 수정
참고 / **contraception** 피임

0461 ★☆☆ conceit
[kənsíːt]

con 강조·확실히 + ceit 잡음
⇨ (자신에 대해) 품고 있는 생각

명 자만심
- be full of **conceit** 자만심이 가득하다

conceited 형 자만하는
비교 / **confidence** 자신감
　　　　pride 자부심

연습문제

DAY 17 | 어근 *audi ~ cap*

♥ 영어를 우리말로, 우리말을 영어로 바꾸세요.

1. *bind*

2. *bond*

3. *embarrass*

4. *forbid*

5. *blind*

6. *blunt*

7. *blaze*

8. *capable*

9. *deceive*

10. *conceit*

11. 청중, 관객

12. 경계 · 한계

13. 묶음, 꾸러미

14. 장벽 · 장애물

15. 전기, 일대기

16. 얼굴이 빨개지다; 홍조

17. 수용 능력 · 용량; 능력

18. 포획하다; 포착하다

19. 차지하다; 점령하다

20. 알아차리다, 감지하다

♥ 다음 중 밑줄 친 단어와 같은 뜻을 고르시오.

21. She has **deceived** herself into believing her boyfriend still loves her, but it's obvious their relationship is finished.
    ① declined ② decayed ③ broke
    ④ cheated ⑤ perceived

22. The chief of police held a press conference to announce the **capture** of the murderer.
    ① guilt ② cruelty ③ execution
    ④ arrest ⑤ mortality

23. I thought I could **perceive** a bit of jealousy in my girlfriend's voice when she asked me who the woman was that I was talking to.
    ① notice ② notify ③ bewilder
    ④ realize ⑤ resolve

♥ 다음 중 밑줄 친 단어의 반대되는 뜻을 고르시오.

24. Her **conceit** about her beauty annoyed many people.
    ① drift ② humility ③ popularity
    ④ eccentricity ⑤ immunity

♥ 다음 괄호에 들어갈 알맞은 말을 고르시오.

25. It was difficult for us to communicate with the French students because of the language (border / barrier).

26. She was asked an (embarrassed / embarrassing) question, and a blush came over her face.

27. My father has strictly (forbidden / prohibited) me to smoke a single cigarette.

28. As they say, there is always an (excess / exception) to every general rule.

▶ 정답 *p. 450*

capit / chief / chiev : head 머리

0462
★★★
capital
[kǽpitl]

capit 머리 + *al* 명접
⇩
머리임

명 1. **대문자** = upper case ≠ lower case (소문자) ▶ (문장 맨 앞의) 머리글자
2. **자본** ▶ 머리처럼 큰 초기의 뭉치 자금
3. **수도** ▶ 나라의 머리와 같은 으뜸 도시
- attract foreign **capital** 외국 자본을 유치하다
- write in **capitals** 대문자로 쓰다
- the **capital** of France 프랑스의 수도

Seoul

형 **사형의** ▶ 머리처럼 으뜸인
- **capital** punishment 사형

capitalism
명 자본주의
≠ communism (공산주의)
≠ socialism (사회주의)

capitalist
명 1. 자본주의자
2. 자본가

0463
★★☆
chief
[tʃi:f]

머리

명 (단체의) **~장 · 최고위자** ▶ 조직의 우두머리
- a police **chief** 경찰총장

형 1. (직책이) **최고위자인** = highest ▶ 직책이 우두머리인
2. **주된 · 주요한** = main, principal ▶ 머리처럼 가장 큰
- a **chief** executive officer 최고 경영자
- a **chief** cause of death 주된 사망 원인

chiefly
부 주로 = mostly

뉘앙스 /
captain
선장 · 대위 · (팀의) 주장
head 우두머리
boss 두목 · 상사 · 사장

0464
★★★
achieve
[ətʃíːv]

ac(= *ad*) ~에 + *chiev*(e) 머리
⇨ (목표의) 머리에 도달하다

타 **성취하다 · 달성하다** = accomplish
- **achieve** one's goal 목표를 달성하다

achievement **명** 성취 · 업적

---

car : wagon 마차

0465
★★★
carry
[kǽri]

car(r) 마차 + *y* 동접
⇩
마차에서 실어 나르다

동 1. **나르다 · 옮기다** ▶ (구체적으로) 나르다
2. **휴대하다 · 가지고 다니다** ▶ 자기 몸에 지니고 나르듯이 다니다
3. **행동하다 · 처신하다** ▶ (특정한 태도로) 자기 몸을 나르며 다니다
4. **(가게가 상품을) 팔고 있다** ▶ (공장으로부터 상품을) 고객에게 나르다
- **carry** luggage 짐을 옮기다
- the police officer **carrying** a gun 총을 휴대하고 있는 경찰관
- **carry** oneself well 잘 처신하다
- **carry** women's clothing 여성 의류를 취급하다

carriage
명 1. 운반 · 수송
2. 마차 · 객차
3. 품행
carrier
명 1. 항공사 · 운송회사
2. 나르는 사람[것]

⁰⁴⁶⁶
★★☆
cargo
[káːrgou]

car 마차 + go 명접
⇨ 마차에 싣는 것

명 (선박·비행기의) **화물** = load, freight
- a **cargo** ship 화물선

비교 / **luggage**
= **baggage** (여행용) 짐

---

cast : throw 던지다

⁰⁴⁶⁷
★★☆
cast
[kæst]

car(r) 마차 + y 동접

⇩

던지다

동 1. (주사위·표를) **던지다** ▶ (구체적으로) 던지다
2. (시선·미소 등을) **던지다·보내다** ▶ (비유적으로) 던지듯이 보내다
3. **배역을 정하다·캐스팅하다** ▶ 배우를 정해진 역할에 던지다
- **cast** a vote 표를 던지다
- **cast** her a glance 그녀에게 시선을 보내다
- **cast** the actress as a lawyer 변호사 역에 그 여배우를 캐스팅하다

명 1. **출연자들·배역진** ▶ 내던져져 배정된 역할
2. **깁스** ▶ 틀을 석고반죽 안에 던져 만든것
- **cast** members 출연진
- have a **cast** on one's arm 팔에 깁스하다

casting
명 배역 선정·캐스팅

뉘앙스 /
throw (일반적) 던지다
cast (세게) 던지다
hurl (거칠게) 던지다
pitch (힘껏) 던지다
fling (화가 나서) 던지다

⁰⁴⁶⁸
★★☆
broadcast
[brɔ́ːdkæst]

broad 넓은 + cast 던지다
⇨ (방송 전파를) 널리 던지다

타 **방송하다**

명 **방송**
- be **broadcast** live 생중계 되다
- a live[recorded] **broadcast** 생방송[녹화방송]

참고 / **on air** 방송 중인

⁰⁴⁶⁹
★★☆
forecast
[fɔ́ːrkæ̀st]

fore 미리 + cast 던지다
⇨ (생각을) 미리 던지다

타 **예측하다·예보하다** = predict

명 **예측·예보**
- **forecast** a deepening slump 깊어가는 불황을 예측하다
- the weather **forecast** 일기 예보

forecaster 명 예측가

---

ceed / ced / ces (s) / ceas : go 가다

⁰⁴⁷⁰
★★☆
proceed
[prəsíːd]

pro 앞 + ceed 가다
⇨ 앞으로 (쭈욱) 가다

동 1. (특정 방향으로) **가다·이동하다**
2. **진행하다·계속하다** = continue
- **proceed** toward the exit 출구로 가다
- **proceed** as planned 계획된 대로 진행되다

procedure 명 절차
process 명 과정 동 가공처리하다
proceeding 명 (소송)절차

0471 ★★★

succeed
[səksíːd]

suc(=sub) 아래 +
ceed 가다

⇩

아래에서 (올라)가다

동 1. **뒤를 잇다·계승하다** ▶ 아랫사람이 뒤를 따라가다
　　2. **성공하다** ≠*fail*(실패하다) ▶ 아래에서 위로 가다
- **succeed to** the throne 왕위를 계승하다
- **succeed in** one's business 사업에서 성공하다

어법 / **succeed to N** ~을 계승하다
　　　succeed in N ~에서 성공하다

success 명 성공
successful 형 성공적인
succession 명 연속·계승
successive 형 연속적인

0472 ★★☆

exceed
[iksíːd]

ex밖 + ceed 가다
⇨ (기준) 밖으로 나가다

타 **넘다·초과하다**
- **exceed** one's expectation 예상을 초과하다

excess 명 초과·과잉
excessive 형 지나친·과도한
= *superfluous*

0473 ★★☆

unprecedented
[ʌnprésidəntid]

un 부정 + pre 앞서 + ced 가다
+ ent 명접 + ed 과거분사형
⇨ 앞서 간적 없는

형 **전례 없는·유례없는** = *unexampled*
- a historically **unprecedented** event
　역사적으로 전례 없는 사건

precede 동 ~에 앞서다·선행하다
precedent 명 선례·전례

0474 ★★☆

ancestor
[ǽnsestər]

an(= ante) 먼저+ ces(t) 가다
+ or 명접(사람)
⇨ 먼저 가버린 사람

명 **조상** = *forefather* ≠ *descendant*(자손·후손)
- honor one's **ancestors** 조상들께 경의를 표하다

0475 ★★☆

access
[ǽkses]

ac(= ad) ~쪽으로 +
ces(s) 가는 것
⇨ ~쪽으로 다가가는 것

명 **접근·접속**
- give **access to** the entrance
　입구에 접근을 허용한다

숙어 / **give access to** ~에 접근[입장]을 허용하다

accessible 형 접근하기 쉬운

0476 ★☆☆

recess
[ríːses]

re 뒤로 + ces(s) 가다
⇨ (하던 일에서) 뒤로 물러나는 것

명 **휴회·휴식·쉬는 시간** = *break*
- summer **recess** 여름휴가[방학]
- be in **recess** 휴회 중이다

recede 동 물러나다
비교 / *recession* 불황

0477 ★★★

necessary
[nésəsèri]

ne(=not) 부정 +
cess 가다 + ary 형접
⇨ (떠나) 가게 할 수 없는

형 **필요한** = *indispensable* ≠ *unnecessary*(불필요한)
- provide **necessary** information
　필요한 정보를 제공하다

어법 / **It is necessary for A to do** A가 ~는 것은 필요하다
숙어 / **not necessarily** 반드시[꼭] ~는 아닌

necessity 명 1. 필요(성) 2. 필수품
necessarily 부 반드시·어쩔수없이

0478
★★☆

predecessor

[prédəsèsər]

pre 미리 + *de* 떠나 +
cess 가다 + *or* 명접(사람)
⇨ 미리 떠나간 사람

명 전임자 ≠ *successor* (후임자)

- *his immediate* **predecessor**
  그의 바로 앞 전임자

0479
★★☆

cease

[si:s]

ceas(e) 가다
⇨ (하던 일에서) 떠나가다

동 멈추다 · 중단하다 = *discontinue*

- **cease** *fire* 발포를 중지하다

ceaseless 형 끊임없는
= *incessant*

DAY
18

centr : center 중심

0480
★★★

concentrate

[kánsəntrèit]

con 함께 + *centr* 중심 +
ate 동접
⇨ 함께 중심에 모으다

동 집중하다 · 집중시키다 = *focus*

- **concentrate on** *one's study* 공부에 집중하다

concentration 명 집중

0481
★☆☆

eccentric

[ikséntrik]

ec(=ex) 밖 + *centr* 중심 +
ic 형접
⇨ 중심 밖으로 벗어난

형 별난 · 이상한 = *strange, unusual, odd*

- *an* **eccentric** *person* 별난 사람[괴짜]

eccentricity
명 별남 · 기이한 행동

---

charm / cent : 1. sing 노래를 부르다 2. spell 주문을 걸다

0482
★★☆

charm

[tʃɑ:rm]

charm 노래 · 주문

⇩

노래로 된 주문

명 1. **매력** = *allure* ▶ 노래로 된 주문이 가진 힘
2. **부적** ▶ 주문의 힘을 가지고 있는 것

- *the* **charm** *of his poetry* 그의 시의 매력
- *keep a ring as a* **charm** 반지를 부적으로 간직하다

타 매혹하다 = *fascinate, attract, enchant* ▶ 노래로 된 주문이 가진 힘

- **charm** *all men with one's beauty* 미모로 모든 남자들을 매혹하다

charming
형 매력적인

0483 ★★☆

accent

[ǽksent]

ac(=ad) ~에 +
cent 노래

⇩

말에 붙여진 노래

명 1. **강세·악센트** ▶ 노래안의 높은 소리

2. **말투·억양** ▶ 노래안의 소리의 오르내림

- *put the accent on the first syllable* 첫 음절에 강세를 주다
- *a British accent* 영국식 억양

accentuate 동 강조하다

---

chron : time 시간

0484 ★★☆

chronic

[kránik]

chron 시간 + ic 형접
⇨ (오랜) 시간의

형 **만성적인** ≠ *acute* (급성의)

- *suffer from a chronic disease*
  만성적인 병을 앓다

chronically 부 만성적으로

0485 ★★☆

synchronize

[síŋkrənàiz]

syn 함께 + chron 시간
+ ize 동접
⇨ 시간을 함께 맞추다

동 **동시에 맞추다**

- *synchronize their movements*
  그들의 동작을 동시에 맞추다

synchronization
명 동시에 맞춤

synchronous
형 동시 발생하는 = *coincident*

---

cid / *cas* / *cay* : fall (우연히) 떨어지다

0486 ★★★

accident

[ǽksidənt]

ac(=ad) ~에게 +
cid 떨어지다 + ent 명접
⇨ ~에게 떨어진 것

명 1. **우연** = *chance*

2. **사고**

- *meet ~ by accident* ~을 우연히 만나다
- *a fatal accident* 치명적인 사고

accidental 형 우연한 = *casual*
accidentally 부 우연히

0487 ★★☆

incident

[ínsədənt]

in 안 + cid 떨어지다 + ent 명접
⇨ ~안에 떨어진 일

명 **(나쁜) 사건** = *event*

- *a shooting incident* 총격 사건

incidence 명 (사건의) 발생 정도
incidental 형 부수적인
incidentally
부 그런데·그건그렇고 = *by the way*

0488
★★★

case

[keis]

cas 떨어지다 + *e* 명접

⇩

떨어진 일

명 1. **경우·사례** ▶ ~에게 떨어져 닥친 상태
2. **(범죄) 사건·소송** ▶ ~에게 떨어져 닥친 사건
3. **주장** (자신이 말하는)실제로 벌어진 일
- *in* **case** *of an emergency* 비상사태의 경우에
- *a murder* **case** 살인사건
- *make out a* **case** 주장을 펴다

숙어 / *in any case* 어쨌든
= *anyway*

참고 / *case* (담는) 용기·케이스
= *container*
(다른 어원에서 유래된 단어임)

0489
★★☆

casual

[kǽʒuəl]

cas(u) 떨어지다 +
al 형접

⇩

(하늘에서) 떨어지는

형 1. **우연한** = *accidental* ▶ (불현듯 툭) 떨어지는
2. **대충하는·무심결의** ▶ (툭 떨어지듯) 정해진 것 없이 하는
= *careless*
3. **(옷이) 캐주얼의** = *informal* ▶ (옷이) 정해진 것 없이 입는
- *a* **casual** *encounter on the street* 거리에서의 우연한 만남
- *take a* **casual** *glance at* ~을 대충 훑어보다
- *wear* **casual** *clothes* 캐주얼한 옷을 입다

casually **부** 우연히·무심코

casualty

명 사상자·피해자 = *victim*
- *suffer heavy* **casualties**
많은 사상자가 나다

참고 / *toll* 사상자 수

0490
★★☆

occasion

[əkéiʒən]

oc(= ob) ~에 + *cas* 떨어지다 +
ion 명접 ⇨ ~에 떨어져 닥친 것

명 1. **(특정한 일의) 경우·~번**
2. **(특별한) 행사·일** = *event*
- *meet on three* **occasions** 세 번 만나다
- *a special* **occasion** 특별한 행사

숙어 / *on occasion* 가끔 = *from time to time*

occasional **형** 가끔의
occasionally **부** 가끔

0491
★★☆

decay

[dikéi]

de 아래 + *cay* 떨어지다
⇨ 아래로 쓰러지다

동 **썩다·부패하다[시키다]** = *rot, decompose*
명 **부패·타락**
- *remove a* **decayed** *tooth* 충치를 뽑다
- *have a tooth* **decay** 충치가 있다

뽑아야
하겠네요

허걱!
어떻해~이!

연습문제

DAY **18** | 어근 *capit- ~ cid-*

♥ 영어를 우리말로, 우리말을 영어로 바꾸세요.

1. achieve

2. cargo

3. broadcast

4. forecast

5. proceed

6. exceed

7. ancestor

8. necessary

9. cease

10. eccentric

11. 수도·자본; 사형의

12. 옮기다; 휴대하다

13. 계승하다; 성공하다

14. 전례 없는·유례없는

15. 접근·접속

16. 전임자

17. 만성적인

18. 우연; 사고

19. (나쁜) 사건

20. 우연한; 대충하는·무심결의

♥ 다음 중 밑줄 친 단어와 같은 뜻을 고르시오.

21. At the age of 38, he finally **achieved** his goal of winning the U.S. Open.

① admitted ② exceeded ③ accomplished
④ conceded ⑤ accommodated

22. They are an **eccentric** couple who dress in funny old clothes, and are always laughing about something.

① adorable ② odd ③ romantic
④ irrational ⑤ spectacular

23. The stink of **decaying** fish on the beach made me feel sick.

① drying ② freezing ③ frying
④ grilling ⑤ rotting

♥ 다음 중 밑줄 친 단어의 반대되는 뜻을 고르시오.

24. Having a **chronic** disease does not mean you can no longer enjoy the good things in life: these diseases may not be curable, but they can often be controlled.

① common ② incurable ③ hereditary
④ acute ⑤ communicable

♥ 다음 괄호에 들어갈 알맞은 말을 고르시오.

25. The work is (preceding / proceeding) as planned, but the process might not be as smooth as before.

26. The Gulf of Mexico oil spill is one of the historically (unprejudiced / unprecedented) events that caused severe destruction to the eco-system.

27. The general gave his men orders to (cease / cede) fire at once and throw down their weapons.

28. The leader follows the foot steps of his immediate (processor / predecessor) for the purpose of restoring peace to his nation.

▶ 정답 *p. 450*

cide / *cise* : 1. kill 죽이다 2. cut 자르다

0492
★★☆
*sui**cide***
[súːəsàid]

sui (=self) 자신 + *cide* 죽이다
⇨ 자신을 죽임

명 자살

- commit **suicide** 자살하다

0493
★★☆
*de**cide***
[disáid]

de (=off) 떨어뜨려 +
cid (e) 자르다
⇨ (망설임을) 잘라내다

동 결정[결심]하다 = determine, resolve

- **decide to** leave the company
  그 회사를 떠나기로 결정하다

decision **명** 결정·판단
- make a **decision** 결정을 하다

decisive
형 1. 결정적인
  2. 결단력 있는 = resolute
  ≠ **indecisive** (우유부단한)

undecided **형** 결정되지 않은

0494
★★☆
*con**cise***
[kənsáis]

con 강조 + *cis* 자르다 + *e* 형접
⇨ (긴 글을) 완전히 잘라낸

형 간결한 = brief, compact, condensed

- a **concise** explanation 간결한 설명

conciseness **명** 간결함

0495
★★☆
*pre**cise***
[prisáis]

pre 미리 + *cis* 자르다 + *e* 형접
⇨ (딱 맞게) 미리 잘라둔

형 정확한 = exact, accurate

- a **precise** calculation[report] 정확한 계산[보도]

precision **명** 정확(성)

---

cite : call 부르다

0496
★★☆
cite
[sait]

cit 부르다 + *e* 동접

⇩

불러내다

타 1. 인용하다 = quote ▶ (책의 구절을) 불러내다
2. (증거·예를) 들다 ▶ (예를) 불러내다

- **cite** a passage from a poem 시에서 한 구절을 인용하다
- **cite** several instances of school violence 학교 폭력의 몇 가지 사례를 들다

citation
명 1. 인용(문) 2. 표창장

0497
★★☆
*re**cite***
[risáit]

re 다시 + *cit* (e) 불러내다
⇨ (기억을) 다시 불러내다

타 1. 암송하다·낭독하다
2. 열거하다

- **recite** a poem 시를 낭독하다
- **recite** all the facts
  모든 사실들을 열거하다

recitation **명** 낭송

recital **명** 독주회·독창회

나보기가 역겨워
가실 때에는~

civ / cit : city 도시

0498
★★☆

civil
[sívəl]

civ 도시 + il 형접

⇩

도시에 사는
시민인

형 1. **시민의·민간의** = civic ▶ 도시에 사는 사람인
2. **국내의** ▶ 나라 안의 시민간의
3. **정중한·예의바른** ▶ 시민처럼 행동하는
4. 《법》**민사의** ▶ 시민간의 재판인

- *a civil right* 시민의 권리
- *a civil war* 내전
- *be civil to each other* 서로 예의를 지키다
- *file a civil suit against* ~에게 민사 소송을 제기하다

참고 / *criminal* 《법》 형사의

civilian 명 민간인
civility 명 공손함
= courtesy

0499
★★☆

civilization
[sìvələzéiʃən]

civil 시민 + ize 동접 + tion 명접
⇨ 시민답게 만드는 것

명 **문명**

- *modern[ancient] civilization* 현대[고대] 문명

civilize 동 교화하다·세련되게 하다
civilized 형 1. 문명화된
2. 세련된·교양있는

0500
★☆☆

citizen
[sítəzən]

citi(= city) 도시 + zen 사람
⇨도시 사람

명 **시민·주민**

- *become an American citizen* 미국 시민이 되다

참고 / *netizen* 네티즌 : 인터넷 사용자

citizenship 명 1. 시민권
2. 시민의 자질

---

claim : cry out 외치다

0501
★★★

claim
[kleim]

외치다

타 1. **(사실이라고) 주장하다** ▶ (~이 맞다고) 외치다
2. **(자기 것이라고) 요구하다** = demand ▶ (~이 자기 것이라고) 외치다

- *claim that A is true* A가 사실이라고 주장하다
- *claim damages for* ~에 대한 손해배상을 요구하다

명 1. **주장** = assertion ▶ (~이 맞다는) 외침
2. **청구(권)·권리** = right ▶ (~이 자기 것이라는) 외침

- *deny the magazine's claim* 그 잡지의 주장을 부인하다
- *file an insurance claim* 보험금을 청구하다

0502
★☆☆

exclaim

[ikskléim]

ex 밖 + *claim* 외치다

⇨ 밖으로 외치다

동 **소리치다·외치다** = shout, yell, scream

- **exclaim** in delight 기뻐서 외치다

exclamation 명 외침·절규

0503
★★☆

proclaim

[proukléim]

pro 앞 + *claim* 외치다

⇨ 앞으로 외치다

타 **선언하다·공포하다** = declare, pronounce

- **proclaim** a national day 국경일을 선포하다

proclamation 명 선언(서)·공표

---

clin : lean 기울다

0504
★★☆

clinic

[klínik]

clin 기울다 + *ic* 곳

⇨ (환자가 아플 때) **기대는 곳**

명 **(전문 분야의) 병원**

- a dental **clinic** 치과 병원
- a speech **clinic** 언어 교정소

0505
★★☆

decline

[dikláin]

de 아래 + *clin(e)* 기울다

⇩

아래로 기울다

자 **쇠퇴하다·감소하다** = dwindle ▶ 아래로 기울다

- **decline** significantly[by a quarter] 현저히[25%] 감소하다

타 **(정중히) 거절하다** ▶ (제안을) 아래로 기울이다

- **decline** an invitation 초대를 정중히 거절하다

명 **감소·하락** = reduction ▶ 아래로 기울어짐

- a **decline in** population 인구의 감소

DAY
19

0506
★★☆

incline

[inkláin]

in 안 + *clin(e)* 기울다

⇨ ~안으로 마음을 기울이다

동 **(마음이) ~로 기울게 하다** = dispose

≠ **disincline** (마음이 안 내키게하다)

- **incline** me to do 내가 ~하고 싶게 만들다
- be **inclined to** do ~하고 싶다

inclination 명 기호·성향

= tendency

---

clud / *clos* : shut, close 닫다

0507
★★☆

include

[inklú:d]

in 안 + *clud(e)* 닫다

⇨ 안에 넣고 닫다

타 **포함하다** = count in

- **include** various items 다양한 품목들을 포함하다
- **include** tax and service 세금과 봉사료를 포함하다

inclusion 명 포함

inclusive 형 포함하는·포괄적인

= general

0508 ★★★

*ex**clude***

[iksklú:d]

ex 밖 + *clud(e)* 닫다
⇨ 밖으로 빼내고 닫다

타 **배제하다·제외하다** = *rule out*
- ***exclude*** *minors from the club*
미성년자를 클럽에서 배제하다

exclusion 명 제외·배제
exclusive 형 1. 배타적인
2. 독점적인 = *sole*
exclusively
부 독점적으로·오로지 = *solely*

0509 ★★☆

*con**clude***

[kənklú:d]

con 강조 + *clud(e)* 닫다
⇨ 완전히 닫아서 끝내다

타 1. **결론을 내리다**
2. **끝내다·마치다** = *complete, terminate*
- *The jury **concluded** that* ~ 배심원은 ~라고 결론을 내렸다
- ***conclude*** *a debate* 토론을 마치다

conclusion 명 결론·결말
- *reach a **conclusion*** 결론에 도달하다
conclusive 형 결정적인·확실한

0510 ★☆☆

*clos**et***

[klázit]

close 닫다 + *et* 명접
⇨ (문이) 닫혀있는 곳

명 **벽장·찬장**
- *a **closet** full of new clothes* 새 옷들로 가득한 옷장

참고 / ***wardrobe*** 옷장
cupboard 찬장

0511 ★★☆

*dis**close***

[disklóuz]

dis 반대 + *close* 닫다
⇨ 닫는 것과 반대로 하다

타 **밝히다·폭로하다** = *reveal, expose*
- ***disclose*** *the identity of the politician*
그 정치인의 신원을 밝히다

disclosure 명 폭로

---

cord / *co(u)r* : **heart** 마음

0512 ★☆☆

*cord**ial***

[kɔ́:rdʒəl]

cord(i) 마음 + *al* 형접
⇨ (진짜) 마음으로부터의

형 **진심에서 우러난·정중한**
- *a **cordial** reception* 진심어린 환영

cordially 부 진심으로

0513 ★★☆

*ac**cord***

[əkɔ́:rd]

ac(= ad) ~로·가까이 +
cord 마음

⇩

마음이 가까움

명 **일치·합의·협정** = *agreement* ▶ 서로의 마음이 가까움
- *the terms of **accord*** 합의의 조건들

동 1. **일치하다** ▶ 서로의 마음이 가까이 있다
2. **(지위·가치 등을) 부여하다** ▶ (합당한 것을) 가까이 있도록 주다
- ***accord*** *with the fact* 사실과 일치하다
- ***accord*** *importance to education* 교육에 중요성을 부여하다

참고 / ***in accordance with*** ~에 따라
of one's own accord 자발적으로

according to
전 ~에 따르면
accordingly
부 그에 따라·그러므로

0514
★★☆

concord
[kánkɔːrd]

con 함께 + cord 마음
⇨ 함께하는 마음

명 조화·일치 = harmony

• exist in **concord**
화합하며 존재하다

0515
★★☆

discord
[dískɔːrd]

dis 멀어져 + cord 마음
⇨ 서로의 마음이 멀리 있음

명 불화·다툼 = conflict

• experience family **discord** 가정불화를 겪다

0516
★★☆

core
[kɔːr]

cord 심장
⇨ 심장부 (가장 중요한 부분)

명 핵심·(과일의) 속

• the **core** of the matter 그 문제의 핵심

0517
★★☆

encourage
[inkə́ːridʒ]

en 만들다 + courage 용기
⇨ ~할 용기를 만들어주다

타 1. 용기를 북돋우다·격려하다
2. 권장하다

• **encourage** students **to** study hard
학생들이 열심히 공부하도록 격려하다
• **encourage** investment 투자를 권장하다

encouragement
명 격려·고무

0518
★★☆

discourage
[diskə́ːridʒ]

dis 멀리 + courage 용기
⇨ 용기를 멀리 사라지게하다

타 1. 낙담시키다·실망시키다 = disappoint
2. 단념시키다 = dissuade

• be **discouraged** by the bad result
나쁜 결과에 낙담하다
• **discourage** him **from** ~ing
그가 ~하는 것을 단념시키다

discouragement
명 낙심·좌절

---

corp / *corpor* : **body** 몸·조직체

0519
★☆☆

corpse
[kɔːrps]

corp 시체 + se 명접
⇨ 시체·송장

(body에 이미 '시체'란 뜻이 있음)

명 시체·송장 = body

• a battlefield covered with **corpses**
시체들로 뒤덮인 전쟁터

0520 ★☆☆

corps
[kɔːr]

corp 몸 + *s* 명접
⇨ (한 몸처럼 돌아가는) 사람들

명 1. **군단·부대**
2. **단체·집단** = group

- the Marine **Corps** 해병대
- a **corps** of volunteers 자원봉사단

주의 / 〈복수형〉 **corps** [kɔːrz]의 발음에 주의할 것!

0521 ★★☆

corporation
[kɔːrpəréiʃən]

corpor(a) 조직체 +
tion 명접
⇨ (한 몸 덩어리인) 조직체

명 (규모가 큰) **기업·회사** = a large company

- work for a large **corporation**
대기업에서 일하다

corporate **형** 기업의·법인의

- **corporate** tax 법인세

비교 / *cooperation* 협력

0522 ★★☆

incorporate
[inkɔːrpərèit]

in 안 + *corpor* 몸 + *ate* 동접
⇨ (한) 몸 안에 넣다

타 (일부로) **포함하다** = include

- **incorporate** the revisions **into** a text
수정 사항들을 본문에 포함하다

incorporation
명 1. **통합·포함**
2. **법인·회사**

연습문제

DAY 19 | 어근 *cide- ~ corpor-*

♥ 영어를 우리말로, 우리말을 영어로 바꾸세요.

1. concise

2. precise

3. civilization

4. exclaim

5. proclaim

6. incline

7. include

8. exclude

9. disclose

10. encourage

11. 자살

12. 인용하다

13. 암송하다

14. 시민의; 예의바른

15. 주장하다; 요구하다

16. 쇠퇴하다 · 감소하다; 거절하다

17. 결론을 내리다; 끝내다 · 마치다

18. 진심에서 우러난 · 정중한

19. 불화, 다툼

20. 시체 · 송장

♥ 다음 중 밑줄 친 단어와 같은 뜻을 고르시오.

21. His comment was **concise** and to the point.
   ① brief   ② favorable   ③ critical
   ④ negative   ⑤ witty

22. You need to be more **precise** in telling us what the problem is if you want us to help you.
   ① credible   ② probable   ③ accurate
   ④ logical   ⑤ obvious

23. Switzerland **proclaimed** its policy of neutrality in World War One.
   ① opposed   ② developed   ③ enforced
   ④ introduced   ⑤ declared

♥ 다음 중 밑줄 친 단어의 반대되는 뜻을 고르시오.

24. He asked her to the dance, but she **declined** his invitation.
   ① rejected   ② refused   ③ accepted
   ④ extended   ⑤ turned down

♥ 다음 괄호에 들어갈 알맞은 말을 고르시오.

25. The police began to suspect that he may not have committed (suicide / homicide), but was a victim of foul play.

26. He would always (cite / site) a passage from a poem to describe a situation.

27. The media did not (enclose / disclose) the identity of the politician who is related to the crime.

28. According to a recent study, almost all families experience family (concord / discord) at least once.

▶ 정답 *p. 450*

cre (a) / **cru** : **grow** 자라다 (곡물의 여신 'Ceres 세레스'에서 유래)

0523
★★☆

create
[kriéit]

cre 자라다 + ate 동접
⇨ 자라나게 하다

타 **창조하다·만들어내다**
- **create** more jobs 더 많은 일자리들을 창출하다

creation 명 창조·창출
creativity 명 창의력·창조성
creature 명 생물·동물
creative 형 창조적인·창의적인

0524
★★★

incre**ase**
[inkríːs]

in 안 + cre 자라다 +
se 동접
⇨ 안이 자라다

동 **증가하다[시키다]·인상하다** ≠ decrease (감소·감소하다)
명 **증가·인상** = rise, increment
- **increase** the price of the product
  그 제품의 가격을 인상하다
- an **increase** in crime 범죄의 증가

숙어 / **on the increase** 증가하고 있는

increasingly
부 점점 더

0525
★★☆

recreation
[rèkriéiʃən]

re 다시 + creation 창조
⇨ 다시 새롭게 만들어 줌

명 **레크리에이션·취미 활동** = hobby, pastime
- play golf for **recreation** 취미 활동으로 골프를 치다

recreate
타 (과거의 것을) 되살리다·재현하다

0526
★★☆

concre**te**
[kánkriːt]

con 함께 +
cre 자라다 + te 형접
⇩
함께 자라난

형 1. **구체적인** ≠ abstract (추상적인) ▶ 함께 자라나 명백한 모습을 띤
2. **콘크리트로 된** ▶ 시멘트와 모래가 섞여 함께 자라난
- a **concrete** idea[example] 구체적인 생각[예]
- a **concrete** pavement 콘크리트 포장도로

concretely
부 구체적으로

0527
★★☆

recruit
[rikrúːt]

re 다시 +
cru 자라다 + it 명접
⇨ 다시 새로이 자라나는 사람

명 **신병·신입 사원** = rookie
타 **(신입·신병 등을) 모집하다**
- the training of new **recruits** 신병 교육
- **recruit** new volunteers 새로운 자원봉사자들을 모집하다

recruiting 명 채용·구인

cred / creed : believe 믿다

0528 ★★☆
credit
[krédit]

cred 믿다 + it 명접

⇩

믿고 내어주는 것

명 1. 신용 (거래) ≠ discredit (~의 신뢰를 떨어뜨리다) ▶ 믿고 상대에게 주는 것
2. 이수 학점 ▶ 학생에게 믿고 주는 것
- buy on credit 외상으로 사다
- earn a total of 15 credits 총 15학점을 따다

타 ~의 공을 인정하다 ▶ 남의 공이라 믿다
- credit his success to her support 그의 성공을 그녀의 지원의 공으로 돌리다

creditor 명 채권자
≠ debtor (채무자)

creditable
형 칭찬할 만한·훌륭한

0529 ★★☆
incredible
[inkrédəbl]

in 부정 + cred 믿다 + ible ~될 수 있는
⇨ 믿어지지 않는

형 믿을 수 없는·믿기지 않는 = unbelievable
- an incredible talent[story]
  믿을 수 없는 재능[이야기]

incredibly 부 대단히·엄청나게

0530 ★☆☆
creed
[kri:d]

cre (e)d 믿음
⇨ (자신이) 믿는 것

명 1. (종교의) 교리 = doctrine
2. 신념·신조 = faith, credo
- a religious creed 종교 교리
- a political creed 정치적 신념

여러분!
미슙미까!

DAY 20

---

crit / cris / crim / cern / cert : separate 나누다, sift 가려내다

0531 ★★★
criticize
[krítəsàiz]

crit 가려내다 + ize 동접
⇨ (좋고 나쁨을) 가려내다

타 1. 비평하다
2. 비판하다·비난하다 = blame, find fault with
- how to criticize poems 시를 비평하는 법
- criticize him for being lazy 그를 게으르다고 비난하다

어법 / criticize A for B A를 B에 대해 비판[비난]하다

criticism 명 비판·비난
critic 명 비평가·평론가
critique 명 비평한 글·평론

0532 ★★☆
critical
[krítikəl]

crit (i) 가려내다 + cal 형접

⇩

가려내는

형 1. 비판적인 ▶ (좋고 나쁨을) 가려내는
2. 위기의·중대한 = crucial ▶ (성공과 실패가) 갈리는
- critical writing[thinking] 비판적 글쓰기[사고]
- a critical phase of the negotiation 협상의 중대한 단계

critically
부 1. 비판적으로 2. 대단히

153

0533 ★★☆ criterion
[kraitíəriən]

crit (er) 가려내다 + ion 명접
⇨ (좋고 나쁨을) 가려내주는 것

명 (판단·결정의) **기준** = standard

- the university's **criterion** for admission
  그 대학의 입학 기준

복수 / **criteria** 기준들

0534 ★★☆ crisis
[kráisis]

cris 나누다 + is 명접
⇨ (성공과 실패가) 갈리는 시점

명 위기

- the financial[economic] **crisis**
  금융[경제] 위기

복수 / **crises** 위기들

0535 ★☆☆ hypocrisy
[hipákrəsi]

hypo 아래 + cris 가려내다 +
y 명접 ⇨ (연극 대본이 배우를 통해)
걸러져 내려온 연기

(우리 말에서도 '쟤 저거 연기야!'
하면 곧 '위선'을 나타냄)

명 위선 = dishonesty, insincerity

- full of **hypocrisy** 위선으로 가득 찬

hypocritical 형 위선적인
hypocrite 명 위선자

0536 ★★☆ discriminate
[diskrímənèit]

dis 떨어뜨려 + crim 나누다 +
ate 동접
⇨ 떨어뜨려 나누다

동 1. **구별하다** = differentiate
2. **(사람을) 차별하다** = segregate

- **discriminate** the original **from** the copy
  원본과 사본을 구별하다
- **discriminate against** colored races
  유색 인종을 차별하다

discrimination
명 1. 구별·식별 2. 차별
discriminating
형 1. 식별력있는 2. 차별적인

0537 ★★★ concerned
[kənsə́:rnd]

con 함께 + cern 가려내다 +
ed ~된
⇨ 가려내어져 함께 있는

형 1. **관계된·관심이 있는** = relevant
2. **걱정[염려]하는** = anxious

- is **concerned with** computers 컴퓨터와 관련이 있다
- be **concerned about** one's looks
  자신의 외모에 대해 걱정하다

concern
동 1. 관련시키다 2. 걱정시키다
명 1. 관심 2. 걱정

concerning 전 ~에 관하여
= with regard to

0538 ★★☆ discern
[disə́:rn]

dis 떨어뜨려 + cern 나누다
⇨ (걸러서) 떨어뜨려 나누다

타 알아보다·구별하다 = distinguish, discriminate

- **discern** truth **from** falsehood
  옳고 그름을 구별하다

숙어 / **discern A from B** A와 B를 구별하다

discernible 형 구별할 수 있는
discernment 명 안목

0539 ★☆☆ ascertain

[æsərtéin]

as (=ad) ~을 + *certain* (구분되어)
확실한 ⇨ ~을 확실히 하다

타 확인하다 · 알아내다 = confirm, find out

- **ascertain** *the fact* 그 사실을 확인하다

0540 ★★☆ certificate

[sərtífikeit]

cert (구분되어) 확실한 + *fic*
(=make) 만들다 + *ate* 명접
⇨ 확실하게 만들어주는 것

명 1. 증명서
2. 자격증 · 인가증 = qualification, credential

- *a birth[medical]* **certificate** 출생증명서[진단서]
- *a teaching* **certificate** 교원 자격증

certify (통) (확실히) 증명하다

---

cult / col : till (밭을) 갈다

0541 ★★☆ culture

[kʌ́ltʃər]

cult 갈다 + *ure* 명접

⇩

갈아서 키움

명 1. 문화 ▶ 오랜 기간 갈아서 키운 정신문명
2. 교양 ▶ 개인이 오랜 기간 갈아서 키운 정신

- **culture** *shock* 문화 충격
- *a person of* **culture** 교양있는 사람

cultural (형) 문화의
- **cultural** *heritage* 문화 유산

참고 / **civilization** 문명

0542 ★★☆ cultivate

[kʌ́ltəvèit]

cult(iv) 갈다 + *ate* 동접
⇨ 갈아서 키우다

타 1. 경작하다 · 재배하다 = till
2. (관계 · 능력을) 개발하다 · 함양하다

- **cultivate** *rice* 쌀을 재배하다
- **cultivate** *family ties* 가족 간 유대감을 기르다

cultivation
(명) 1. 경작 · 재배   2. 개발 · 함양

cultivated
(형) 1. 경작된 · 재배된
2. 세련된 = civilized

DAY 20

0543 ★★☆ agriculture

[ǽgrəkʌltʃər]

agri (=field) 밭 + *cult* 갈다 +
ure 명접 ⇨ 밭을 가는 것

명 농업

- *be occupied with* **agriculture** 농업에 종사하다

agricultural (형) 농업의

0544 ★★☆ colony

[káləni]

col(o) 갈다 + *ny* 명접
⇨ (다른 나라를) 경작하여 개척한 것

명 식민지

- *a former French* **colony** 전 프랑스 식민지

colonist (명) 식민지 이주자
colonial (형) 식민지의
colonize (통) 식민지로 만들다 ·
식민지에 정착하다

0545 ★★☆
current
[kə́:rənt]

cur(r) 흐르다 +
ent 명접·형접

⇩

흐러가고 있는

형 **현재의·지금의** = *present* ▶ (지금) 흐러가고 있는
- *the current issues* 현재의 이슈들

명 1. **흐름·전류** ▶ 물이나 전기의 흐름
2. **동향·추세** = *tendency, trend* ▶ 생각이나 상황의 흐름
- *strong air currents* 강한 기류
- *the current of public opinion* 여론의 동향

currently 부 현재

0546 ★★☆
currency
[kə́:rənsi]

cur(r) 흐르다 + ency 명접

⇩

흐러다님

명 1. **통화** = *money* ▶ 나라안에 흐러 다니는 돈
2. **유통·유행** ▶ 여기저기 흐러 다님
- *foreign currencies* 외국 통화들
- *in wide currency* 널리 쓰이는

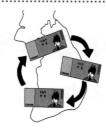

0547 ★★★
occur
[əkə́:r]

oc(=ob) ~부딪쳐 +
cur 달리다

⇩

달려가 부딪치다

자 1. **(일이) 일어나다·발생하다** = *happen* ▶ 달려가 부딪혀 일이 생기다
2. **(생각이) ~에게 들다[떠오르다]** ▶ 생각이 자신에게 부딪혀 떠오르다
- *occur last evening* 어제 저녁에 발생하다
- *An idea just occurred to me.* 아이디어가 막 떠올랐다.

occurrence
명 발생한 일·사건
= *episode, event*

0548 ★☆☆
excursion
[ikskə́:rʒən]

ex 밖 + cur 달리다
+ sion 명접
⇨ 밖으로 달려 나가는 것

명 **(짧은) 여행** = *trip*
- *go on an all-day excursion*
일일 여행을 가다

0549 ★☆☆
coarse
[kɔ:rs]

coar 달리다 + se 형접

⇩

달리는

형 1. **거친** = *rough* ▶ (마구) 달리는
2. **저속한·음란한** = *suggestive* ▶ 말이나 행동이 마구 달려가는
- *a coarse fabric[skin]* 거친 천[피부]
- *make a coarse joke* 저속한 농담을 하다

coarsely
부 굵게·거칠게

비교 / *course* 1. 방향
2. 강좌·과정

0550 ★☆☆ corridor
[kɔ́:ridər]

cor (ri) 달리다 +
dor 명접
⇨ (폭이 있어) 달릴 수 있는 곳

명 복도 · 통로 = passage, hallway

- hurry down the **corridor**
  복도로 서둘러 달려가다

비교 / **aisle** (비행기 · 극장 내) 통로

0551 ★★☆ career
[kəríər]

car (e) 달리다 + er 명접
⇨ 앞만 보고 달려가는 것

명 1. (전문) 직업 = profession
2. 경력

- a **career** soldier 직업 군인
- one's business **career** 자신의 직업 경력

---

cur (e) : care 관심 · 주의 · 걱정

0552 ★★☆ curious
[kjúəriəs]

cur(i) 관심 + ous 형접

⇩

관심이 있는

형 1. 호기심 많은 · 궁금한 = inquisitive ▶ (사람이) 관심을 가지고 있는
2. 이상한 · 신기한 = strange, unusual ▶ (사물이) 관심을 가지게 되는

- a **curious** student 호기심 많은 학생
- a **curious** statement 이상한 진술

curiosity 명 호기심

0553 ★★★ accurate
[ǽkjurət]

ac (=ad) ~에 + cur 주의 +
ate 형접
⇨ ~에 주의를 기울인

형 정확한 = exact, precise

- an **accurate** account 정확한 설명

accurately 부 정확히
accuracy 명 정확(성)

0554 ★★★ secure
[sikjúər]

se 떨어져 + cure 걱정

⇩

걱정이 없는

형 안전한 · 확실한 = safe ▶ 걱정할 일이 없는

- keep valuables **secure** 귀중품을 안전하게 보관하다

동 1. 안전하게 하다 · 지키다 ▶ 걱정을 멀리하게 하다
2. (노력하여) 확보하다 · 획득하다 = obtain ▶ 잃어버릴 걱정을 멀리하다

- **secure** one's property 재산을 지키다
- **secure** a contract 계약을 따내다

security 명 1. 안전 2. 담보 · 증권

DAY 20

연습문제

DAY 20 | 어근 *cre- ~ cur-*

♥ 영어를 우리말로, 우리말을 영어로 바꾸세요.

1. *increase*

2. *criticize*

3. *criterion*

4. *crisis*

5. *hypocrisy*

6. *discern*

7. *ascertain*

8. *cultivate*

9. *currency*

10. *occur*

11. 구체적인

12. 신병, 신입 사원; 모집하다

13. 교리; 신조

14. 비판적인; 위기의, 중대한

15. 구별하다; 차별하다

16. 관계된; 걱정하는

17. 증명서; 자격증

18. 농업

19. 식민지

20. 안전한, 확실한

♥ 다음 중 밑줄 친 단어와 같은 뜻을 고르시오.

21. *Coffee is __critical__ to the economy of Ethiopia, with exports of some $260 million in 2000.*

① *crucial*　　② *negligible*　　③ *incredible*
④ *aromatic*　　⑤ *immense*

22. *Americans are said to regard the amount of money a man makes as a __criterion__ of his ability.*

① *creation*　　② *standard*　　③ *conduct*
④ *proof*　　⑤ *instance*

23. *The accident __occurred__ because of a lack of attention on the part of the driver of the truck.*

① *appeared*　　② *incurred*　　③ *investigated*
④ *happened*　　⑤ *involved*

♥ 다음 중 밑줄 친 단어의 반대되는 뜻을 고르시오.

24. *With small children, it is important to teach arithmetic with __concrete__ objects, such as apples, or toys.*

① *indispensable*　　② *abstract*　　③ *sacred*
④ *rare*　　⑤ *numerable*

♥ 다음 괄호에 들어갈 알맞은 말을 고르시오. .

25. *The candidate promised that he would end the (discernment / discrimination) against the colored races.*

26. *Nowadays, not only young women but also young men are highly (concerned / conceived) about their looks.*

27. *The young lady frowned at me for making a (coarse / course) joke.*

28. *When you study economics, it is impossible not to study about the foreign (curses / currencies).*

custom / *costum* : be used to ~에 익숙하다

0555
★★★
custom
[kʌ́stəm]
⇩
익숙한 것

명 1. **관습** = tradition, convention ▶ 익숙한 것
2. **《–s》세관; 관세** ▶ 관례적으로 내는 돈
- *a local* **custom** 지방의 관습
- *go through* **customs** 세관을 통과하다

customer 명 고객·손님
- **customer** *satisfaction* 고객 만족
customary 형 관습적인
customize 동 주문 제작하다
custom-made 형 주문 제작한

0556
★★☆
accustomed
[əkʌ́stəmd]

ac(= ad) ~에 + *custom* 익숙하다
+ *ed* 형접(~해진)
⇨ ~에 익숙해진

형 **익숙한** = used
- *be[get]* **accustomed to** *a new job*
  새로운 직업에 익숙하다[해지다]

accustom 동 익숙하게 하다

0557
★★☆
costume
[kʌ́stjuːm]

costume (=*custom*) 익숙한 옷

명 **(특정 시대의) 복장·의상** = clothes
- *a traditional* **costume** 전통 의상

---

du *(e)* / *deav* : debt 빚, owe 빚지다

0558
★★★
due
[djuː]

du 빚지다 + *e* 형접
⇩
빚지고 있는

형 1. **빚지고 있는·갚아야 할** ▶ (돈을) 빚지고 있는
2. **~ 때문인** ▶ 결과가 다른 것에 빚지고 있는
3. **~ 할 예정인** ▶ 빚져서 갚을 예정인
4. **적절한·마땅한** ▶ 빚져서 갚는 것이 마땅한
- *The bill is* **due.** 그 청구서는 만기가 되었다.
- *be* **due** *to retire* 은퇴할 예정이다
- *be* **due** *to negligence* 게으름 때문이다
- *drive without* **due** *care* 부주의하게 운전하다

명 **《–s》회비·세금** ▶ (빚져서) 내야 할 돈
- *pay one's* **dues** 회비를 내다

숙어 / *be due to + N* ~ 때문이다, *be due to + V* ~할 예정이다

0559
★★★
duty
[djúːti]

du 빚지다 + *ty* 명접
⇩
빚진 일

명 1. **의무** ▶ (마땅히 해야 할) 빚진 일
2. **(수입품에 대한) 세금** = tax ▶ (마땅히 내야 할) 빚진 돈
- *fulfill one's* **duty** 자신의 의무를 다하다
- *a* **duty**-*free shop* 면세점

숙어 / *on duty* 당번인·근무 중인 *off duty* 비번인·근무가 아닌

0560 ★★☆ **endeavor**

[indévər]

en (=in) 안 · 상태 +
deav(=duty) 의무 + or 명접
⇨ 의무가 되어 있는 것

(명) 노력 · 시도 = effort, attempt

(동) 노력하다 = exert

- make every **endeavor** 온갖 노력을 다하다
- **endeavor to** please customers 고객들을 만족시키려 노력하다

---

dic (t) / dit / dex : speak 말하다 (동의어근 *fa*, *locut*)

0561 ★★☆ **predict**

[pridíkt]

pre 미리 + dict 말하다
⇨ 미리 말하다

(타) 예언[예측]하다 = forecast, foretell, prophesy

- **predict** one's destiny 운명을 예언하다

prediction (명) 예측

unpredictable (형) 예측할 수 없는

0562 ★★☆ **dictate**

[díkteit]

dict 말하다 + ate 동접
⇨ (옛날 왕이) 말하다

(타) 1. **받아쓰게 하다**
2. **명령하다 · 지시하다** = order

- **dictate** a text message 문자 메시지를 받아쓰게 하다
- **dictate** the new standard 새로운 기준을 지시하다

dictation (명) 받아쓰기 · 구술

dictator (명) 독재자

0563 ★★☆ **addict**

[ǽdikt]

ad ~을 + dict 말하다
⇨ ~을 (자꾸) 말하는 사람

(명) 중독자

- a drug **addict** 약물 중독자

drug drug drug쥐~

addiction (명) 중독

addictive (형) 중독성의

addicted (형) 중독된

0564 ★★☆ **contradict**

[kàntrədíkt]

contra 반대 + dict 말하다
⇨ (서로) 반대하여 말하다

(타) 1. **반박하다** = deny
2. **~에 모순되다**

- **contradict** their claims 그들의 주장을 반박하다
- The evidence **contradicts** the statement.
  증거가 그 진술과 모순된다.

contradiction (명) 반박 · 모순

contradictory (형) 모순되는

0565 ★★☆ **indicate**

[índikèit]

in 안 + dic 말하다 + ate 동접
⇨ (내용을) 안에 담아 말하다

(타) **가리키다 · 나타내다** = represent, refer to

- the signs **indicating** bad health
  안 좋은 건강을 나타내는 징후들

indication (명) 표시 · 조짐
= hint, suggestion

indicator (명) 지표 · 측정기

0566 ★★☆ **dedicate**

[dédikèit]

de (=away) 떨어뜨려 +
dic 말하다 + ate 동접
⇨ 떼어내어 (신께 바치겠다고) 말하다

(타) **바치다 · 헌신하다** = devote

- **dedicate** one's life **to** ~ing ~하는데 일생을 바치다

어법 / **dedicate A to B** A를 B에 바치다

dedication (명) 헌신 · 전념
= commitment

0567 ★★★ condition

[kəndíʃən]

con 함께 + dit 말하다 + ion 명접

⇩

함께 말하여
정한 조건

명 1. **조건** ▶ 함께 말하여 정한 것
2. **상태 · 상황** = state ▶ 현재 처해진 조건
3. **질환 · 병** = illness ▶ 몸이 안 좋게 처해진 조건
- on the **condition** that~ ~라는 조건하에
- the hygienic **condition** 위생 상태
- suffer from a serious heart **condition** 심각한 심장 질환을 앓다

타 (특정 조건에서) **길들이다 · 훈련시키다** ▶ 특정 조건에 주어지게 하다
- be **conditioned** to press a button 버튼을 누르도록 훈련받다

conditional
형 조건부의
≠ unconditional
(무조건적인)

conditioner
명 (헤어) 컨디셔너 ·
(섬유) 유연제

0568 ★★☆ index

[índeks]

index (=indicate)

⇨ (페이지나 수량을) 가리키는 것

명 1. **색인 · 찾아보기**   2. **지표 · 지수** = indicator
- look up the word in the **index** 그 단어를 색인에서 찾아보다
- a stock **index** 주가 지수

---

dom / dom(a)in : 1. house 집   2. rule 지배 · 통치

0569 ★★☆ domestic

[dəméstik]

dom(es) 집 · 지배 + tic 형접

⇨ (아버지 · 왕이) 지배하는

형 1. **가정의**   2. **국내의** ≠ foreign (외국의)
- **domestic** animals[violence] 가축[가정 폭력]
- **domestic** consumption 국내 소비

domesticate **타** 길들이다
= tame, break in

0570 ★★☆ domain

[douméin]

domain (=domin) 통치

⇨ 통치하는 곳

명 1. **영토** = territory
2. **영역 · 분야** = sphere, realm
- the king's **domain** 그 왕의 영토
- the **domain** of medical science 의학의 영역

DAY 21

0571 ★★☆ dominate

[dámənèit]

domin 지배 + ate 동접

⇨ 지배하다

동 **지배하다 · 우세하다** = rule over
- **dominate** the conversation 대화를 지배하다

dominant, dominating
형 지배적인 · 우세한

domination **명** 지배 · 우세

don / dos / dot / dow / der / dit / dat : give 주다

0572
★★☆
donate
[dóuneit]

don 주다 + *ate* 동접
⇨ (도움이 되는 것을) 주다

타 기부하다 · 기증하다 = endow
- **donate** money to an orphanage
  돈을 고아원에 기부하다

donation 몡 기부 · 기증
- *blood* **donations** 헌혈

donor 몡 기부자 · 기증자

0573
★★☆
*par***don**
[pá:rdn]

par (=par) 완전히 +
don 주다 ⇨
(너그럽게) 완전히 다 주다

타 용서하다 = forgive

명 용서
- **Pardon** me. 실례합니다.[죄송합니다.]
- ask my **pardon** 나에게 용서를 구하다

0574
★★☆
dose
[dous]

dos 주다 + *e* 명접
⇨ (먹을 만큼) 주는 양

명 (약의 1회) 복용량
- exceed the recommended **dose**
  권장 복용량을 초과하다

dosage 몡 복용량 · 복용법

overdose 몡 (약의) 과다 복용

비교 / **doze** [douz] 졸다

0575
★☆☆
anec**dote**
[ǽnikdòut]

an (=not) 부정 + *ec* (=ex) 밖 +
dot(e) 준 것
⇨ 외부로 알려주지 않은 것

명 일화
- an amusing **anecdote** 재미있는 일화

참고 / **fable** 우화
fairy tale 동화
legend 전설

0576
★★☆
en**dow**
[indáu]

en (=in) 안 + *dow* 주다
⇨ (돈 · 능력을) ~안에 주다

타 1. 기부하다 = donate
2. (재능 · 권리 등을) 부여하다
- **endow** a scholarship to the university
  그 대학에 장학금을 기부하다
- be **endowed with** beauty 미모를 타고나다

어법 / **endow A with B** A에게 B를 부여하다

endowment
몡 1. 기부(금) 2. (-s) (타고난) 재능

0577
★★☆
ren**der**
[réndər]

re(n) (=again) 다시 +
der 주다

⇩

다시 주다

타 1. (~을) ~한 상태가 되게 하다 ▶ ~한 상태를 만들어 주다
2. 주다 · 제공하다 = offer ▶ (도움 등을) 주다
3. 표현하다 · 번역하다 = translate ▶ 새로운 형태로 만들어서 주다
- **render** a computer useless 컴퓨터를 쓸 수 없게 만들다
- **render** a service to~ ~에게 서비스를 제공하다
- **render** a text **into** English 원문을 영어로 번역하다

rendition
몡 연주 · 공연

rendering
몡 1. 공연 2. 번역 · 묘사

0578 ★★☆

surrender
[səréndər]

sur (=over) 넘겨 + *render* 주다
⇨ (자기 것을) 넘겨주다

동 항복하다 · 포기하다 = renounce, give up

명 항복 = submission

- **surrender to** the enemy[police] 적[경찰]에게 항복하다
- demand an unconditional **surrender** 무조건적인 항복을 요구하다

0579 ★★☆

tradition
[trədíʃən]

tra (=trans) 건너서 + *di(t)* 주다 +
ion 명접
⇨ (조상들이) 건너서 주는 것

명 전통 · 관습 = custom, convention

- follow the **tradition** 전통을 따르다

traditional 휑 전통적인
traditionally 휜 전통적으로

0580 ★★☆

edition
[idíʃən]

e(x) 밖 + *di(t)* 주다 + *ion* 명접
⇨ (인쇄되어) 밖으로 내보내지는 것

명 (책 · 방송의) ~판 · ~호 · ~회

- the first **edition** 초판

edit 동 편집하다 · 수정하다
editor 명 편집자
editorial 명 (신문의) 사설
휑 편집의

0581 ★★☆

betray
[bitréi]

be 완전히 +
tra (=trans) 가로질러 +
y (=dat) 넘겨주다
⇨ (비밀을) 완전히 넘겨주다

타 1. 배신하다 · 배반하다
2. 누설하다 · 드러내다 = leak out

- **betray** a friend 친구를 배반하다
- His eyes **betrayed** the anxiety.
  그의 눈은 걱정을 드러냈다.

betrayal 명 배신 · 배반
betrayer 명 배반자 = traitor

I don't love you anymore.

---

duc (u) / *duce* : lead 이끌다

0582 ★★★

conduct
[kəndʌ́kt]

con 함께 · 강조 +
duct 이끌다

⇩

함께 이끌어 가다

타 1. 수행하다 · 실시하다 = carry out ▶ (일을) 이끌어 가다
2. 지휘하다 ▶ (사람들을) 이끌어 가다
3. 《oneself》 행동하다 ▶ (자신을) 이끌어 가다

- **conduct** a survey 조사를 실시하다
- **conduct** the choir 합창단을 지휘하다
- **conduct** oneself well 잘 처신하다

명 행동 · 수행 [kándʌkt] ▶ (자신 · 일을) 이끌어 감

- the **conduct** of a business 사업의 수행

참고 / **semi-conductor** 반도체

conductor
명 1. 지휘자 2. (전기 · 열의) 전도체

활용 /
conduct an investigation
수사하다

conduct an expriment
실험하다

conduct an interview
인터뷰하다

0583 ★☆☆
*de**duct***
[didʌ́kt]

de (=par) 아래 + *duct* 이끌다
⇨ (숫자를) 끌어내리다

타 공제하다 · 감점하다 = *subtract*
- *deduct* tax at source 세금을 원천징수하다

deduction
명 1. 공제(액) 2. 추론 = *inference*

참고 / *deduce* 추론하다 · 연역하다

0584 ★☆☆
*educ**ate***
[édʒukèit]

e (x) 밖 + *duc* 이끌다 +
ate 동접
⇨ (능력을) 밖으로 이끌어내다

동 교육하다 = *teach, instruct*
- *educate* new recruits 신입 사원들을 교육하다
- *educate on* the dangers of smoking
  흡연의 위험성에 대해 교육하다

education 명 교육
educational 형 교육의 · 교육적인
educator 명 교육자

0585 ★★☆
induce
[indjúːs]

in 안 + *duc(e)* 이끌다
⇨ 안으로 끌어 들이다

타 1. 유도하다 · 유발하다 = *cause*
2. 설득하다 = *persuade*
- *induce* vomiting 구토를 유발하다
- *induce* people *to* buy 사람들이 사도록 설득하다

어법 / *induce A to V* A를 ~하도록 설득[유도]하다

induction 명 1. 유도
2. 《철학》 귀납법
inducement
명 1. 설득 · 권유
2. 유인물 · 동기 = *incentive*

0586 ★★☆
*intro**duce***
[ìntrədjúːs]

intro 안으로 + *duc(e)* 이끌다
⇩
새로이 안으로 끌어들이다

타 1. 소개하다 ▶ (새 사람을) 안으로 끌어들이다
2. 도입하다 ▶ (새 법률 · 제도를) 안으로 끌어들이다
3. 발표하다 ▶ (새 제품을) 안으로 끌어들이다
- *introduce* oneself *to* ~에게 자신을 소개하다
- *introduce* the new system 새로운 제도를 도입하다
- *introduce* a new product 신제품을 발표하다

introduction
명 1. 도입(부) 2. 소개

0587 ★★☆
reduce
[ridjúːs]

re 뒤로 + *duc(e)* 이끌다
⇨ (숫자 · 양을) 뒤로 끌다

타 줄이다 · 축소하다 = *lessen, diminish*
- *reduce* interest rates
  이자율을 낮추다

reduction 명 축소 · 삭감

♥ 영어를 우리말로, 우리말을 영어로 바꾸세요.

1. accustomed

2. endeavor

3. addict

4. indicate

5. dedicate

6. dominate

7. donate

8. anecdote

9. surrender

10. reduce

11. 관습; 세관

12. 의무; 세금

13. 받아쓰게 하다; 명령하다

14. 반박하다; ~에 모순되다

15. 가정의; 국내의

16. 영토; 영역 · 분야

17. (약의 1회) 복용량

18. 배신하다; 누설하다

19. 공제하다 · 감점하다

20. 유도하다; 설득하다

♥ 다음 중 밑줄 친 단어와 같은 뜻을 고르시오.

21. Businessman Andrew Carnegie donated about $330 million to libraries, research projects, and world peace **endeavors**.
   ① effect ② effort ③ trait
   ④ treaty ⑤ settlement

22. Reports now suggest the drug may **induce** heart attacks, and users should be closely followed by their physician.
   ① activate ② launch ③ cause
   ④ motivate ⑤ carry out

23. A week after the invasion of Singapore in 1941, the British force **surrendered** to the Japanese.
   ① go over ② hand in ③ held up
   ④ gave up ⑤ took over

♥ 다음 중 밑줄 친 단어의 반대되는 뜻을 고르시오.

24. The government hopes that by raising taxes on cigarettes, it will be able to **reduce** the number of teenagers who start smoking.
   ① calculate ② increase ③ subtract
   ④ dwindle ⑤ diminish

♥ 다음 괄호에 들어갈 알맞은 말을 고르시오.

25. Despite their stardom, the celebrity couple had to go through (customs / currents) just like everyone else.

26. Your medical record is presenting in detail the signs (dedicating / indicating) bad health.

27. The physician advised her patient not to exceed the recommended (dose / doze) of cough medicine.

28. The fifth graders were assigned to plan and (conduct / deduct) a survey about school transportation.

DAY 22

equ : equal 같은

0588
★★☆
equality
[ikwáləti]

equal 같은 + ity 명접
⇨ 같은 상태

명 평등·균등 = fairness
≠ inequality (불평등)

- gender **equality** 성 평등

equal 형 같은·동일한
동 ~에 맞먹다·필적하다
equator 명 《the-》(지구의) 적도

0589
★★☆
equivalent
[ikwívələnt]

equ (i) 같은 +
val(=value) 가치 + ent 형접
⇨ 가치가 같은

형 (가치·중요도 등이) **동등한·상당하는** = equal

명 **동등한 것·상응하는 것**

- A is **equivalent** to B. A는 B와 동등하다.
- the **equivalent** of a word 어떤 단어와 똑같은 말

0590
★★☆
a**d**e**qu**ate
[ǽdikwət]

ad ~에 + equ 똑같은 +
ate 형접
⇨ (수량이) 필요한 것에 똑같은

형 충분한 = sufficient
≠ inadequate (불충분한)

- have **adequate** parking spaces
충분한 주차공간을 가지다

adequacy 명 충분함

---

es (s) : exist 있다·존재하다

0591
★★★
essential
[isénʃəl]

essenti (=essence) 존재하는 것
+ al 형접

⇩

안에 존재하는

형 1. **본질적인·근본적인** ▶ 안에 항상 존재하는
2. **필수적인** = indispensable ▶ 안에 항상 존재해야만 하는

- the **essential** nature of religion 종교의 본질적 특성
- be **essential to** a plan 계획에 필수적이다

essentially 부 본질적으로
essence
명 1. 본질 2. (식물에서 추출한) 에센스·
진액 = extract

0592
★★★
present
[préznt]

pre 앞 + (e) s 있다 +
ent 형접

⇩

지금 앞에 있는

형 1. **출석한** ▶ (사람이 지금) 앞에 있는
2. **현재의** = current ▶ (지금) 앞에 있는 상황인

- be **present** at the funeral 장례식에 참석하다
- the **present** situation 현재의 상황

명 1. 《the-》 **현재·지금** ▶ (지금) 앞에 있는 상황
2. **선물** = gift ▶ (지금) 앞에 주어진 물건

- just at **present** 바로 지금
- exchange **presents** 선물을 주고 받다

타 **증정하다·제출하다** [prizént] ▶ (물건을) 앞에 있게 하다

- **present** her with a gold medal 그녀에게 금메달을 수여하다

presently
부 1. 현재·지금 2. 머지않아·곧
presence 명 출석·존재
presentation
명 1. 수여·증정 2. 발표·제출
- give a **presentation**
발표[프리젠테이션]하다

0593
★★☆

absent
[金bsənt]

ab 떨어져 + *(e)s* 있다 +
ent 형접
⇨ 떨어져 있는

형 결석한

동 《재귀용법》 결석하다

- be **absent from** school 학교에 결석하다
- **absent oneself from** school 학교에 결석하다

absence 몡 결석

absentee 몡 결석자·결근자

---

estim / **esteem** : **value** 가치

0594
★★☆

*estim*ate
[éstəmèit]

estim 가치 + *ate* 동접
⇨ 가치를 매기다

타 (대략) 평가하다·추산하다

명 1. **추정(치)·추산** [éstəmət]
 2. **견적(서)**

- **estimate** the crowd 군중의 수를 추산하다
- a ballpark **estimate** 근사치[대략의 추정치]
- make an **estimate** of ~ ~의 견적을 내다

estimation 몡 판단·평가(치)

참고 /
overestimate 과대평가하다
underestimate 과소평가하다

0595
★★☆

esteem
[istíːm]

esteem 가치
⇨ 가치를 두다

타 존경하다 =respect, admire

명 존경

- **esteem** a teacher 선생님을 존경하다
- hold him in high **esteem** 그를 대단히 존경하다

self-esteem 몡 자부심·자존감

---

fa / **fess** : **speak** 말하다

0596
★★☆

*fa*ble
[féibl]

fa 말하다 + *ble* 명접
⇨ (이솝이) 말한 이야기

명 우화

- Aesop's **fables** 이솝 우화

fabulous 몡 우화적인·멋진

0597
★★☆

*fa*te
[feit]

fa 말하다 + te 명접
⇨ (신이) 말한 것

명 운명 = destiny

- an irony of **fate** 운명의 장난

fatal 몡 치명적인 = deadly, lethal

0598
★★☆

*infa*mous
[ínfəməs]

in 부정·반대 + *fam* 말하다 +
ous 형접
⇨ 부정적으로 많이 말이 되는

형 악명 높은 = notorious

- be **infamous for** one's cruelty
 잔인함으로 악명이 높다

infamy 몡 악명·오명

0599 ★★☆

infant
[ínfənt]

in 부정 + *fa* 말하다 +
nt 명접(사람)
⇨ (아직) 말을 못하는 사람

명 유아 · 아기

- a nursery for **infants** under three
  3세 미만 유아를 위한 유아원

infancy 명 1. 유아기 2. 초창기

유의어 / *infant* 갓난아기 · 유아
toddler 아장아장 걷는 아기
child 어린이

0600 ★☆☆

preface
[préfis]

pre 앞 + *fa* 말하다 + *ce* 명
⇨ 앞에 하는 말

명 서문 = foreword, prologue

- write a **preface** 서문을 쓰다

0601 ★★☆

confess
[kənfés]

con 강조 + *fess* 말하다
⇨ 완전히 다 말하다

동 자백하다 · 고백하다

- **confess** one's crime
  자신의 범죄를 자백하다

confession 명 자백 · 고백

0602 ★★☆

profess
[prəfés]

pro 앞 + *fess* 말하다
⇨ (공개적으로) 앞으로 말하다

타 1. 공언하다 = declare
2. 주장하다 = insist, assert

- **profess** loyalty to the king
  그 왕에게 충성을 공언하다
- **profess** innocence 무죄를 주장하다

profession 명 1. 공언 2. (전문)직업
professional
형 전문적인 명 전문가 · 프로
≠ *amateur* (아마추어)

professor 명 (대학) 교수

---

fac (t) / *fec* (t) / *fic* (t) / *fit* / *feat* : 1. **make** 만들다 2. **do** 하다

0603 ★★☆

manufacture
[mænjufǽktʃər]

manu 손 + *fac*(t) 만들다 +
ure 명접
⇨ (예전의 수공업은) 손으로 만들어 냄

명 (대량) 생산 · 제조 = production
타 제조하다

- the **manufacture** of computers 컴퓨터 제조
- **manufacture** automobiles 자동차를 제조하다

manufacturer
명 제조업자 · 제조사

0604 ★★☆

factor
[fǽktər]

fac 만들다 + *or* 명접

⇩

만들어 내는 것

명 요인 · 요소 = component ▶ 결과를 만들어 내는 것

- a key **factor** for success 성공의 핵심 요인

타 고려하다 · 감안하다 = make allowance for ▶ 결과를 만드는 요인을 넣다

- **factor in** inflation 인플레이션을 고려하다

0605 **facile** ★☆☆

[fǽsəl]

fac 하다 + *ile* ~하기 쉬운

⇩

하기 쉬운

형 1. **손쉬운** = *easy* ▶ (좋은 의미로) 하기 쉬운
2. **안이한·별 노력 없는** = *effortless* ▶ (나쁜 의미로) 너무 쉽게 하는

• a **facile** solution 손쉬운 해결책
• a **facile** attitude 안이한 태도

facilitate
동 용이하게 하다

0606 **facility** ★☆☆

[fəsíləti]

facil(e) 손쉬운 + *ity* 명접

⇩

손쉽게 하는 것

명 1. **능력·재능** = *capability* ▶ 쉽게 할 수 있는 힘
2. **(편의) 시설** ▶ 쉽게 할 수 있도록 돕는 것

• have a **facility** for ~ ~에 재능이 있다
• an educational **facility** 교육시설

0607 **faculty** ★☆☆

[fǽkəlti]

facul(= facile) 손쉬운 + *ty* 명접

⇩

손쉽게 함

명 1. **(창조적) 능력·재능** = *gift* ▶ 손쉽게 할 수 있는 힘
2. **교수진·(대학의) 학부** ▶ 손쉽게 할 수 있는 사람들

• develop mental **faculties** 지적 능력을 개발하다
• a member of the Harvard **faculty** 하버드 교수진 중 한 명

0608 **affair** ★★☆

[əféər]

af(= ad) ~를 + *fair(= fac)* 하다

⇩

~을 해야함

명 1. **일·문제** ▶ 해야 되는 일
2. **불륜** = *adultery* ▶ 남녀 간에 하는 일

• a trifling **affair** 사소한 일
• love **affair** 연애(사건)

숙어 / **have an affair with~** ~와 바람을 피우다

0609 **affect** ★★★

[əfékt]

af(= ad) ~에 + *fect* 만들다

⇩

~에게 무엇인가 만들어내다

동 1. **영향을 주다** = *influence* ▶ ~에게 어떤 효과를 만들어내다
2. **~인 체하다** = *pretend* ▶ 거짓으로 어떤 인상을 만들어내다

• **affect** the outcome of the trial 소송 결과에 영향을 주다
• **affect** indifference 무관심한 척하다

affection 명 애정
affectation 명 가장·꾸밈
affectionate 형 애정 어린
affecting 형 감동적인
affected 형 1. 병에 걸린
2. 거짓의

0610 ★★★ effect
[ifékt]

ef(= ex) 밖 + *fect* 만들다
⇨ 만들어져 나온 것

- 명 영향 · 효과 = influence, result
- 동 (결과를) 가져오다 = result in
  - the beneficial **effects** of exercise
    운동의 유익한 효과
  - **effect** a change in politics
    정치에 변화를 초래하다

숙어 / **have an effect on~** ~에 영향을 미치다

effective 형 효과적인
= efficacious

efficient 형 효율적인
≠ inefficient (비효율적인)

0611 ★★☆ defect
[díːfekt]

de 떨어지다 + *fect* 하다
⇩
제대로 하는
것과 거리가 멈

- 명 결함 · 결점 ▶ 제품이 제대로 하는 것과 거리가 멈
  = flaw, shortcoming, drawback
  - engine **defects** 엔진 결함

- 자 (정당·국가 등을) 버리다 · 떠나다 ▶ 떨어져 멀어지다
  = desert
  - **defect** from the party 그 당을 떠나다(탈당하다)

defective 형 결함이 있는
= faulty

defector 명 탈당자·탈주자

0612 ★★☆ infectious
[infékʃəs]

in 안 + *fec* 하다 +
tious 형접
⇨ 안에서 일을 하는

- 형 전염성의 = contagious
  - a serious **infectious** disease 심각한 전염병

infect 동 감염시키다
infected 형 감염된
infection 명 감염·전염
  - the risk of **infection** 감염 위험

0613 ★★☆ fiction
[fíkʃən]

fic(t) 만들다 + *ion* 명접
⇨ (이야기를) 만들어 낸 것

- 명 허구 · 소설 = novel
  ≠ nonfiction (실화 · 논픽션)
  - a science **fiction** thriller 공상 과학 소설 스릴러

fictitious 형 허구의 · 지어낸

0614 ★★☆ proficient
[prəfíʃənt]

pro 앞 + *fic(i)* 만들다 + *ion* 형접
⇨ (척척) 앞으로 만들어내는

- 형 능숙한 = competent, adept
  - a **proficient** typist 능숙한 타이피스트
  - be **proficient** in Englishe 영어에 능하다

proficiency 명 (언어의) 능숙함

0615 ★★☆ sufficient
[səfíʃənt]

suf (=sub) 아래로부터 +
fic (i) 만들다
⇨ 밑에서부터 필요한 양까지 만드는

- 형 충분한 = adequate, ample, plentiful
  ≠ deficient (부족한)
  - **sufficient** evidence[fuel] 충분한 증거[연료]

suffice 자 충분하다

0616
★★☆

profit
[práfit]

pro 앞 + *fit* 만들다
⇨ (일해서) 앞으로 만들어낸 것

명 (금전적) **수익·이윤** ≠ *loss* (손실)

- *make a net **profit** of ~* ~의 순수익을 내다
- ***profit** and loss statement* 손익 계산서

비교 / ***benefit*** 이익·혜택
      advantage (상대적) 이익·유리

profitable **형** 수익성 있는

0617
★★★

benefit
[bénəfit]

bene 좋은 + *fit* 하는 것

⇩

도움이 되게 한 것

명
1. **혜택·이익** ▶ 도움이 되게 한 일
2. **(정부가 주는) 수당·보조금** = *subsidy* ▶ 도움이 되게 하는 돈
3. **자선** ▶ 도움이 되는 행사

- *the **benefits** of regular exercise* 규칙적인 운동의 이점
- *child[unemployment] **benefit*** 육아 보조금[실업 수당]
- *a **benefit** concert* 자선 콘서트

동 혜택을 주다·도움을 받다 ▶ 도움이 되게 어떤 일을 하다

- *The new drug will **benefit** many patients.*
  그 신약을 많은 환자들에게 도움을 줄 것이다.
  = *Many patients will **benefit** from the new drug.*
  많은 환자들은 그 신약에 도움을 받을 것이다.

beneficial
형 유익한·이로운
beneficent
형 도움을 베푸는·
    선행을 하는
beneficiary
명 수혜자·수령인

0618
★★☆

feature
[fíːtʃər]

feat 만들다 + *ure* 명접

⇩

눈에 띄게
만들어 주는 것

명
1. **특징** = *characteristic* ▶ 눈에 띄게 만들어주는 것
2. **용모·이목구비** ▶ 눈에 확 띄게 만드는 얼굴 생김새
3. **특집 기사·장편영화** ▶ 눈에 확 띄게 만들어진 기사나 영화

- *the geographical **feature** of South Korea* 한국의 지리적 특징
- *one's handsome **features*** 잘 생긴 용모
- *a special **feature** on property investment* 부동산 투자에 관한 특집

난 feature에
주연배우감인데!

타 특집으로 다루다·주연으로 삼다 ▶ 눈에 확 띄게 만들어주다

- *the movie that **features** famous actors* 유명 배우들이 나오는 게 특징인 그 영화

0619
★★☆

defeat
[difíːt]

de (=*dis*) 부정·되돌려 +
feat 하다
⇨ 상대를 원점상태로 되돌리다

타 패배시키다 = *beat*
명 패배

- ***defeat** the enemy* 적을 이기다
- *suffer **defeat** in the game* 그 경기에서 패배하다

연습문제

♥ 영어를 우리말로, 우리말을 영어로 바꾸세요.

1. equivalent

2. adequate

3. estimate

4. esteem

5. confess

6. manufacture

7. factor

8. defect

9. infectious

10. proficient

11. 본질적인; 필수적인

12. 결석한

13. 우화

14. 악명 높은

15. 서문

16. 공언하다; 주장하다

17. 손쉬운; 안이한

18. 능력 · 재능; (편의)시설

19. 영향을 주다; ~인 체하다

20. 패배시키다; 패배

♥ 다음 중 밑줄 친 단어와 같은 뜻을 고르시오.

21. **Adequate** nutrition is essential to the proper physical development of growing children.

  ① Intense   ② Massive   ③ Tremendous
  ④ Sufficient   ⑤ Balanced

22. President Abraham Lincoln was **esteemed** by people around the world.

  ① adored   ② respected   ③ estimated
  ④ evaluated   ⑤ concentrated

23. Former President Richard Nixon is **infamous** for the Watergate scandal which drove him from office.

  ① serious   ② chronic   ③ notorious
  ④ striking   ⑤ isolated

♥ 다음 중 밑줄 친 단어의 반대되는 뜻을 고르시오.

24. If he is **proficient** in English, I'll employ him.

  ① scanty   ② beneficial   ③ engaging
  ④ intensive   ⑤ poor

♥ 다음 괄호에 들어갈 알맞은 말을 고르시오.

25. A mile is (equivocal / equivalent) to approximately 1.6 kilometers.

26. Even though the thief (confessed / professed) his crime, he was sentenced to more than ten years in federal prison.

27. This company (manipulate / manufacture) automobiles and other vehicles in the factories located in France.

28. Anything you say can and will be used against you in a court of law and thus, (affect / effect) the outcome of the trial.

▶ 정답 *p. 451*

fal / *-faul* : wrong 잘못된

0620
★★☆
*fal*se
[fɔːls]

fal 잘못된 + *se* 형접
⇨ 잘못된

형 1. **틀린·잘못된**
2. **가짜의·거짓의** = *fake* ≠ *genuine* (진짜의)

- *make a **false** statement* 허위진술을 하다
- ***false** teeth[hair]* 틀니[가발]

falsehood 명 거짓말·허위

0621
★★☆
*faul*t
[fɔːlt]

faul 잘못된 + *t* 명접
⇨ 잘못된 점이나 행동

명 1. **결점·흠** = *defect, flaw*
2. **잘못·과실** = *blame*

- *a structural **fault*** 구조적 결함
- *admit one's **faults*** 자신의 과실을 인정하다

어법 / ***find fault with*** ~의 흠을 찾다·비난하다

faulty 형 결함이 있는·불완전한
faultless 형 흠잡을 데 없는

---

fare : go 가다

0622
★★☆
fare
[feər]

⇩

가다

명 **(교통) 요금** ▶ 가는 데 내는 돈
- *a taxi **fare**[air**fare**]* 택시요금[항공 요금]

자 **지내다** = *get along* ▶ (일이) 진행되어 가다
- ***fare** well in the election* 선거에서 성공하다

뉘앙스 /
price (제품의) 가격
charge (서비스 이용) 요금
cost (지불되는) 비용
fee (전문적 서비스에 대한) 수수료·요금
fare (교통) 요금

0623
★★☆
*fare*well
[feərwél]

fare 지내다 + *well* 잘
⇨ 잘 지내라!

명 《문어체》 **작별 (인사)**
- *a **farewell** party* 송별회
- *A **Farewell** to Arms* 무기여 잘 있거라 (소설책)

0624
★★☆
*wel*fare
[wélfeər]

well 잘 + *fare* 지내다
⇨ 잘 지내도록 함

명 **복지·후생** = *wellbeing*
- *public **welfare** programs* 공공복지 프로그램

fend : strike 치다·때리다 (같은 어근 *flict*)

0625 ★★☆ defend
[difénd]

de 떨어뜨려 + *fend* 치다
⇨ (상대의 공격을) 받아쳐 떨쳐내다

타 1. 방어하다   2. 변호하다

- **defend** the territory against invaders
  침입자들에 맞서 영토를 수비하다
- **defend** a suit 소송을 변호하다

defense 명 1. 방어 2. 옹호·변호
defensive 형 방어[수비]의
defendant 명 《민사》 피고
≠ *plaintiff* (원고)

참고 / *the accused* 《형사》 피고

0626 ★★☆ offend
[əfénd]

of(=ob) 거슬러 + *fend* 치다
⇨ (법이나 남의 감정에) 거슬러 치다

자 위반하다

타 기분 상하게 하다 = *upset*

- **offend** against the law 법을 위반하다
- be **offended** by his remark 그의 말에 기분이 상하다

offense 명 1. 불쾌함 2. 위법 행위
offensive 형 1. 불쾌한 2. 공격적인
offender 명 범죄자 = *criminal*

fer : carry, bear 나르다·옮기다

0627 ★★☆ fertile
[fə́ːrtl]

fer(t) 나르다 + *ile* ~하기 쉬운
⇨ (곡식을) 많이 날라주는

형 비옥한·기름진 = *productive*

- **fertile** soil 비옥한 토양

fertility 명 비옥함
fertilizer 명 비료
fertilization 명 〈생물〉 수정

0628 ★★☆ confer
[kənfə́ːr]

con 함께 + *fer* 옮기다

⇩

옮겨다 주다

타 수여하다 = *bestow* ▶ (상·학위 등을) 옮겨다 주다

- **confer** the gold medal **on** the winner
  우승자에게 금메달을 수여하다

자 상의하다 = *consult* ▶ (생각을) 서로 함께 옮기다

- **confer with** one's wife 아내와 상의하다

conference
명 (대규모) 학회·회담

0629 ★★☆ differ
[dífər]

dif(=dis) 떨어져 +
fer 옮기다
⇨ (각각) 떨어져 옮겨지다

자 다르다

- **differ from** him in opinion
  그와는 의견에 있어서 다르다
- His house **differs from** mine.
  그의 집은 내 집과는 다르다.

different 형 다른
difference 명 차이
differentiate 동 구별하다
어법 / *defer* 미루다·연기하다

0630 ★★☆ indifferent
[indífərənt]

in 부정 + *different* 다른
⇨ 다르게[특별하게] 여기지 않는

형 무관심한 = *uninterested*

- **indifferent to** others 남들에게 무관심한

indifference 명 무관심

0631
★★☆

infer
[infə́:r]

in 안 + *fer* 옮기다
⇨ (마음) 안으로 옮겨오다

🔵 **추론하다** = deduce

- **infer** the result **from** the fact
  그 사실로부터 결과를 추론하다

어법 / **infer A from B** A를 B로부터 추론하다

inference 명 추론

0632
★★☆

offer
[ɔ́:fər]

of(=ob) ~에게 +
fer 옮기다
⇨ (생각이나 물건을) 옮겨 전달하다

🔴 1. **제안하다** = suggest
　 2. **제공하다** = provide

🟢 **제의 · 제안**

- **offer** him a good job 그에게 좋은 일자리를 제안하다
- **offer** a number of advantages 많은 이점들을 제공하다
- accept the job **offer** 일자리 제안을 받아들이다

offering 명 1. (신께 바치는) 공물
　　　　　　 2. (내놓은) 작품

0633
★★☆

prefer
[prifə́:r]

pre 먼저 + *fer* 나르다
⇨ (더 좋은 것을) 먼저 나르다

🔴 **더 좋아하다 · 선호하다**

- **prefer** dogs **to** cats
  고양이보다 개를 더 좋아하다

넌 고향으로 가버럿!

시무룩

어법 / **prefer A to B** A를 B보다 더 좋아하다

preference 명 선호 · 애호

preferable 형 더 좋은 · 바람직한

0634
★★★

refer
[rifə́:r]

re 다시 + *fer* 옮기다

⇩

~쪽을 가리켜서
다시 옮기다

🔴 **~로 보내다 · 맡기다** ▶ 다른 데로 가리키다

- **refer** the patient **to** a specialist
  그 환자를 전문의에게 보내다

🟣 1. 《to》 **언급하다 · 나타내다** ▶ (뜻이) ~을 가리키다
　　 = mention, represent
　 2. 《to》 **참조하다** ▶ (정보를 얻기 위해) ~을 가리키다

- **refer to** the incident 그 사건을 언급하다
- **refer to** a dictionary[encyclopedia]
  사전[백과사전]을 참조하다

reference 명 1. 언급
　　　　　　　 2. 참조 · 참고 (문헌)
　　　　　　　 3. 추천서[인]

referee 명 심판

숙어 /
in reference to ~에 관하여
= as regards
refer to A as B A를 B라 부르다

0635
★★☆

suffer
[sʌ́fər]

suf(=sub) 아래 + *fer* 나르다
⇨ (무거운 것을) 아래에서 나르다

🔴 **(어려운 일을) 겪다 · 당하다** = sustain

🟣 **시달리다 · 고통 받다**

- **suffer** damage 피해를 입다
- **suffer from** chronic headache 만성 두통에 시달리다

suffering 명 고통 = torment

0636
★★★

transfer
[trænsfə́ːr]

trans 가로질러 +
fer 옮기다

⇩

다른 쪽으로
가로질러 옮기다

동 1. **옮기다 · 전학하다** = mention, represent ▶ 다른 곳으로 옮기다
2. **갈아타다 · 환승하다** ▶ 다른 교통수단으로 옮기다
3. **(돈을) 이체하다** ▶ 다른 계좌로 옮기다

- ***transfer*** the patient **to** another ward 그 환자를 다른 병동으로 옮기다
- ***transfer*** to a bus 버스로 갈아타다
- ***transfer*** money **to** his account 돈을 그의 계좌로 이체하다

명 **이동 · 이적 · 전학** ▶ 다른 곳으로 옮김

- pay a ***transfer*** fee 이적료를 지불하다

---

fa / *fai* / *fy* : trust 믿음 · 믿다

0637
★★☆

confident
[kánfədənt]

con 강조 +
fid 믿다 + *ent* 형접
⇨ (스스로) 확실히 믿고 있는

형 1. **확신하는**
2. **자신감 있는**

- be ***confident*** of her success 그녀의 성공을 확신하다
- in a ***confident*** manner 자신감 있는 태도로

confide **동** (비밀을 믿고) 털어놓다
- ***confide in*** one's mother
  엄마에게 속마음을 털어놓다

confidence
명 1. 확신 2. 자신감

confidential
형 1. 비밀의 2. 친밀한
- leak ***confidential*** information
  비밀 정보를 유출하다

0638
★★☆

faith
[feiθ]

faith 믿음
⇨ (남이나 신에 대한) 믿음

명 1. **믿음 · 신뢰** = trust, belief
2. **(종교적) 신앙 · 신념**

- lose ***faith*** in him 그에 대한 믿음을 잃다
- one's religious ***faith*** 자신의 종교적 신념

faithful **형** 충실한 · 충직한

0639
★★☆

defy
[difái]

de (=*dis*) 떨어뜨려 + *fy* 믿음
⇨ 믿음을 멀리하며 거부하다

타 1. **반항하다 · 거역하다** = disobey
2. **거부하다 · 불가능하게 하다**

- ***defy*** one's parents 부모에게 반항하다
- ***defy*** comparison 비교를 거부하다

defiance **명** 반항
defiant **형** 반항하는

fin (e) : end 끝

0640
★★★
fine
[fain]

fin 끝 + e 형접

⇩

끝의

형 1. **좋은·훌륭한** ▶ (완벽히) 끝난
2. **고운·가는** ▶ 끝처리가 잘 된
- a **fine** painting 훌륭한 그림
- **fine** sand[thread] 고운 모래[가는 실]

명 **벌금** = penalty ▶ 잘못을 끝맺음하는 돈
- pay a **fine** for speeding 과속에 대해 벌금을 내다

타 **벌금을 부과하다** ▶ 명사 벌금이 동사로 쓰여
- be **fined** for smoking 담배 피운 것에 대해 벌금을 부과받다

0641
★★☆
finance
[fáinæns]

fin 끝 + ance 명접

⇩

(빚을) 끝내는 것

명 **재무·금융** ▶ (빚을) 끝내는 일
- the Minister of **Finance** 재무장관

타 **자금을 공급하다** ▶ (빚을) 끝내다
- be **financed** by a government grant
  정부 보조금으로 자금을 지원받다

financial **형** 재정의·금융의

비교 / **fund** (특정 목적을 위한) 기금·자금

0642
★★☆
confine
[kənfáin]

con 강조 + fin 끝 +
e 동접

⇩

확실히 끝을 정하다

타 1. **한정하다** = restrict, limit ▶ 끝이나 한계를 정하다
2. **가두다·감금하다** ▶ 공간의 끝을 정하다
- **confine** one's activity **to** a city 활동을 한 도시에 국한시키다
- be **confined** to bed 병상에서 꼼짝 못 하다

어법 / **confine A to B** A를 B로 한정[제한]하다

confinement
명 갇힘·감금
- solitary **confinement** 독방 감금

0643
★★☆
define
[difáin]

de 강조 + fin 끝 + e 동접
⇨ (의미의) 끝을 확실히 정하다

동 1. **정의하다**
2. **규정하다·분명히 밝히다**
- **define** words concisely 단어들을 간결하게 정의하다
- **define** the contract terms 계약 조건을 규정하다

definition **명** 정의
definite **형** 확실한·분명한
definitely **부** 분명히·틀림없이
definitive **형** 최종적인·확정적인

0644
★★☆
refine
[rifáin]

re 다시 + fine 좋은
⇨ 다시 좋게 만들다

타 1. **정제하다**
2. **개선하다** = improve
- the process of **refining** oil 정유과정
- **refine** a design 디자인을 개선하다

refinement
명 1. 정제 2. 개선 3. 세련

refined
형 1. 정제된·정유된
  2. 품위 있는·세련된

refinery **명** 정제[정유]공장

0645 ★★☆ infinite

[ínfənət]

in 부정 + *fin* 끝 + *ite* 동접
⇨ 끝이 정해져 있지 않은

형 **무한한** = *endless* ≠ *finite* (유한한)

- *The universe is **infinite**.* 우주는 무한하다.
- ***infinite** amount[patience]* 무한한 양[인내심]

infinitely **부** 무한히
infinity **명** 무한함·무한대

---

firm : 확실한

0646 ★★☆ affirmative

[əfɔ́ːrmətiv]

af (=ad) ~을 +
firm 확실한 + *tive* 형접
⇨ ~을 확실한 입장을 하는

형 **긍정의·동의하는**

- *an **affirmative** response* 긍정적인 반응

affirm **동** 확언하다
affirmation **명** 1. 확언·단언
　　　　　　　　 2. 긍정

0647 ★★☆ confirm

[kənfɔ́ːrm]

con 강조 + *firm* 확실한
⇨ 더욱 확실하게 하다

타 1. **확인하다** = *ascertain*
　　 2. **확정하다** = *determine*

- ***confirm** a reservation* 예약을 확인하다
- *vote to **confirm** the treaty* 그 조약을 확정하기 위해 투표하다

confirmation **명** 확인
비교 / *conform* ~에 따르다

---

flex / *flect* : bend 구부리다

0648 ★★☆ flexible

[fléksəbl]

flex 구부리다 + *ible* ~될 수 있는
⇨ 구부러질 수 있는

형 1. **유연한** = *bendable*
　　　 ≠ *inflexible* (구부러지지 않는·융통성 없는)
　 2. **융통성 있는·유동적인**

- *do exercises to become **flexible***
  유연해지기 위해 운동을 하다
- *a **flexible** plan* 유동적인 계획

flexibility **명** 유연함

0649 ★★☆ reflect

[riflékt]

re 뒤로 +
flect 구부리다

⇩

뒤로 구부리다

동 1. **비추다·반사하다** ▶ 거울이 빛을 뒤로 구부려 보여주다
　　 2. **반영하다** = *show* ▶ 어떤 성질을 뒤로 구부려 보여주다
　　 3. **숙고하다** = *consider, deliberate* ▶ (생각을) 뒤로 구부려 어떤 것에 맞추다

- *be **reflected** in the mirror* 거울에 반사되다
- ***reflect** a culture[trend]* 문화[유행]를 반영하다
- ***reflect** on the problem* 그 문제를 숙고하다

reflection
명 1. 반사 2. 반영
　　 3. 심사숙고

reflective
형 1. 반사하는 2. 반영하는
　　 3. 사색하는

reflex
명 반사 작용[신경]

연습문제

DAY **23** | 어근 *fal- ~ flex-*

♥ 영어를 우리말로, 우리말을 영어로 바꾸세요.

1. *false*
2. *fertile*
3. *indifferent*
4. *infer*
5. *prefer*
6. *confident*
7. *confine*
8. *define*
9. *infinite*
10. *confirm*
11. 결점; 잘못
12. (교통) 요금
13. 방어하다; 변호하다
14. 위반하다; 기분 상하게 하다
15. 수여하다; 상의하다
16. (어려운 일을) 겪다, 당하다; 시달리다
17. 옮기다; 이체하다
18. 반항하다; 거부하다
19. 좋은; 고운; 벌금
20. 반사하다; 반영하다

♥ 다음 중 밑줄 친 단어와 같은 뜻을 고르시오.

21. We **inferred** from the negative comments she had made that the project would be canceled.
    ① deduced ② maintained ③ inflamed
    ④ measured ⑤ overlooked

22. In traditional Korean society, women's roles were **confined** to the home.
    ① terminated ② bound ③ limited
    ④ defined ⑤ involved

23. I'd like to **confirm** my reservation for my flight to Amsterdam.
    ① conform ② ascertain ③ alter
    ④ call off ⑤ modulate

♥ 다음 중 밑줄 친 단어의 반대되는 뜻을 고르시오.

24. My grandmother lost her **false** teeth when she got drunk, and threw up at the party.
    ① counterfeit ② sturdy ③ suitable
    ④ tolerable ⑤ genuine

♥ 다음 괄호에 들어갈 알맞은 말을 고르시오.

25. I was bitterly (offended / opposed) by his rude remark about my parents.

26. I (prefer / differ) dogs to cats because dogs can sniff out toxic materials and track down criminals.

27. (Confer / Refer) to a dictionary if you don't know what those vocabulary words mean.

28. The unique culture is (reformed / reflected) in its language, art and literature of the African tribes in Nigeria.

▶ 정답 *p. 452*

flict : strike 치다 · 때리다

DAY 24

0650
★★☆
conflict
[kɔnflíkt]

con 서로 + flict 치다
⇨ 서로 부딪쳐 맞지 않다

자 **상반되다 · 충돌하다** = differ

명 **갈등 · 충돌** = discord

- His statement **conflicts with** the facts.
  그의 진술은 사실과 상충된다.
- a **conflict** of interest 이해관계의 충돌

conflicting 형 상반된 · 모순된

0651
★★☆
inflict
[inflíkt]

in (=on) ~에게 + flict 치다
⇨ ~에게 쳐서 고통을 주다

타 **(고통 · 벌을) 가하다 · 입히다**

- **inflict** damage **on** the company
  회사에 피해를 가하다

어법 / **inflict A on B** A를 B에게 가하다

infliction 명 (고통 · 해를)가함 · 안김

---

flu : flow 흐르다

0652
★★☆
fluid
[flúːid]

flu 흐르다 + id 형접
⇨ (물처럼) 흐르는

형 **유동체의 · 유동적인**

명 **액체 · 유동체** = liquid

- a **fluid** situation 유동적인 상황
- drink plenty of **fluids** 액체를 충분히 마시다

fluidity 명 1. 유동성 · 가변성
2. 우아함

0653
★★☆
fluent
[flúːənt]

flu 흐르다 + ent 형접
⇨ 물 흐르는 듯한

형 **유창한**

- a **fluent** speaker of English
  영어에 유창한 사람
- be **fluent** in five languages
  5개 국어에 능통하다

fluency 명 1. 유창함
2. (일의) 능숙함

fluently 부 유창하게

0654
★★★
influence
[ínfluəns]

in 안 +
flu 흐르다 + ence 명접

⇩

안으로 흘러
들어옴

명 1. **영향** = impact ▶ 안에 흘러들어와 하는 일
2. **세력 · 영향력** ▶ 안에 흘러들어와 어떤 일을 하는 힘

- have a bad **influence on** children 아이들에게 나쁜 영향을 끼치다
- a man of **influence** 영향력있는 사람

타 **~에 영향을 주다** = affect ▶ 안에 흘러들어와 어떤 일을 하다

- **influence** one's decision 결정에 영향을 주다

influential 형 영향력 있는

0655 ★★☆
influenza
[ìnfluénzə]

in 안 + *flu* 흐르다 + *enza* 명접
⇨ (바이러스가 몸) 안으로 흘러들어
온 것

명 유행성 독감·인플루엔자
- come down with **influenza** 유행성 독감에 걸리다

〈줄여서〉 *flu* 라고 함

---

form : 형태·형성

0656 ★★☆
form
[fɔːrm]
⇩
형태

명 1. 형태·모양 ▶ 사물의 형태
2. 서식·문서 = *document* ▶ 일정한 형태를 갖춘 서류
- in the **form** of a pill 알약 형태로
- fill out an application **form** 신청서를 작성하다

동 형성하다 ▶ 형태를 갖추다
- **form** a new culture 새로운 문화를 형성하다

formal **형** 공식적인·격식을 차린
≠ *informal* (비공식적인·일상적인)
formality
명 격식·형식적 절차
formation
명 형성·(모양을 갖춘) 대형

0657 ★☆☆
formula
[fɔːrmjulə]

form 형태·틀 + *ula* 명접
⇨ 일정한 틀로 정해진 것

명 《수학·화학》 공식·～식
- a complex mathematical **formula** 복잡한 수학 공식

formulate **동** 공식화하다·고안하다

0658 ★★☆
conform
[kənfɔːrm]

con 함께 + *form* 형성
⇨ 함께 형성되다

자 (규칙·법에) 따르다·순응하다 = *comply*
- **conform** to the school regulations 학칙을 따르다

비교 / **confirm** 확인하다

conformity **명** 일치·유사·순종

0659 ★★☆
inform
[infɔːrm]

in 안 + *form* 형성
⇩
마음 안에
형성해주다

동 1. 알리다·통지하다 = *notify* ▶ (개념을 마음 안) 에 형성해주다
2. 밀고하다 ▶ 범인의 존재를 알리다
- **inform** him of the result 결과를 그에게 알리다
- **inform** on one's partner 자신의 동료를 밀고하다

information **명** 정보
informer **명** 밀고자

어법 /
inform A of B
A에게 B를 알리다

비교 /
acquaint A with B
A에게 B를 숙지시키다

0660 ★★☆

reform
[rifɔ́ːrm]

re 다시 + form 형성

⇩

다시 형성하다

타 1. **개혁하다·개선하다** = improve ▶ 제도 등을 좋게 다시 형성하다

2. **교정하다·교화하다** ▶ 죄수를 더 나아지도록 다시 형성하다

- **reform** the tax system 세금 제도를 개혁하다
- the program to **reform** prisoners 죄수들을 교화시키기 위한 프로그램

명 **개혁·개선** ▶ 제도 등을 좋게 다시 형성

- political **reform** movements 정치 개혁 운동

reformation
명 개혁·개선

reformer **명** 개혁가

0661 ★★☆

uniform
[júːnəfɔ̀ːrm]

uni 하나 + form 형태
⇨ 하나의 형태인

형 **획일적인·균일한**

명 **제복·유니폼**

- **uniform** bus fare 균일한 버스 요금
- a school[military] **uniform** 교복[군복]

---

fort / forc : strong 강한, strength 힘

0662 ★★☆

comfortable
[kʌ́mfərtəbl]

com 강조 +
fort 힘 + able ~할[될] 수 있는
⇨ (다시) 힘이 나게 할 수 있는

형 **편안한** ≠ uncomfortable (불편한)

- a **comfortable** atmosphere 편안한 분위기
- feel **comfortable** with ~ ~와 함께 있으면 편안하다

비교 / **convenient** 편리한

comfort
명 편안함·위안 **동** 위로하다
≠ *discomfort* (불편; 불편하게하다)

0663 ★★☆

fortify
[fɔ́ːrtəfài]

fort(i) 강한 + fy 동접(~만들다)
⇨ 강화하다

타 **강화하다·튼튼히 하다** = strengthen

- **fortify** a border against invasion
  침략에 대비해 국경을 강화하다

fortification
명 방어 시설·요새화

fort **명** 요새·보루

0664 ★★★

force
[fɔːrs]

for 강한 + ce 명접

⇩

강한 것

명 1. **(물리적인) 힘·폭력** ▶ 강한 힘

2. **군대** = army ▶ 강한 힘을 갖춘 조직

- use **force** to open the door 힘으로 문을 열다
- government **forces** 정부군

타 **강요하다·~하게 시키다** = compel ▶ (말이 아니라) 힘을 써서 ~하게 하다

- **force** her to serve 그녀를 봉사하도록 강요하다
- be **forced** to serve 봉사하도록 강요받다

forceful
형 강력한·강인한

0665 ★★☆ enforce
[infɔ́ːrs]

en 만들다 + force 힘

⇩

힘을 만들다

타 1. **강요하다** = force, compel ▶ (말이 아니라) 힘으로 하다
2. **(법률 등을) 집행[시행]하다** ▶ 법이 힘을 갖게 만들다
- *try to **enforce** obedience* 복종을 강요하려고 하다
- ***enforce** a smoking ban* 흡연 금지를 시행하다

enforcement
명 (법률의) 집행·시행

0666 ★★☆ reinforce
[rìːinfɔ́ːrs]

re 다시 + in 안 + force 힘
⇨ ~안에 다시 힘을 넣다

타 **보강하다 · 강화하다** = fortify
- ***reinforce** the ground forces* 지상군 병력을 강화하다
- ***reinforce** one's argument* 자신의 주장을 보강하다

reinforcement
명 1. 보강 2. 병력 증원

---

frag / *frac* : break 깨(지)다

0667 ★★☆ fragile
[frǽdʒəl]

frag 깨지다 +
ile 형접(~하기 쉬운)
⇨ 깨지기 쉬운

형 **깨지기 쉬운 · 취약한** = vulnerable
- ***Fragile**, handle with care.*
  깨지기 쉬우니 취급 주의.
- *the country's **fragile** economy*
  그 나라의 취약한 경제

fragility **명** 부서지기 쉬움·허약함

0668 ★★☆ fragment
[frǽgmənt]

frag 깨다 + ment 명접
⇨ 깨진 것

명 **조각 · 파편** = piece
- *a **fragment** of glass* 유리 조각

fragmentation **명** 분열
fragmentary **형** 단편적인

참고 / ***scrap*** (종이·옷감 등의) 조각

0669 ★☆☆ fraction
[frǽkʃən]

frac 깨다 + tion 명접
⇨ 쪼개진 것

명 1. **부분 · 일부** = portion
2. **〈수학〉 분수**
- *a **fraction** of the cost* 비용의 일부
- *express 50% as a **fraction*** 50%를 분수로 표현하다

0670 ★★☆ fund
[fʌnd]

fund 바닥 · 바탕
⇨ (일을 하는데) 바탕이 되는 것

명 기금 · 자금

타 자금을 공급하다 = *provide money for*

- raise **funds** for disaster relief
  재난 구호를 위한 기금을 모금하다
- **fund** the election campaign
  선거 운동에 자금을 공급하다

0671 ★★★ fundamental
[fʌndəméntl]

fund 바닥 + *ment* 명접 +
al 형접
⇨ 기본 바탕을 이루는

형 근본적인 · 기본적인 = *basic, essential, underlying*

명 《-s》 기본 원칙 · 핵심

- a **fundamental** purpose[principle] 근본적인 목적[원칙]
- the **fundamentals** of physics 물리학의 기본 원칙들

fundamentally
부 근본적으로 · 본질적으로

0672 ★★☆ found
[faund]

found 바닥

⇩

바닥에 놓다

타 1. 설립하다 = *establish, set up* ▶ 조직을 바닥에 놓다
2. ~에 기반을 두다 = *base* ▶ 다른 사물을 바탕으로 만들다

- **found** a college 대학을 설립하다
- be **founded** on fact 사실에 근거를 두다

foundation
명 1. 토대 · 근거 2. 재단
founder **명** 창립자 · 설립자
well-founded
형 충분한 근거가 있는
≠ *ill-founded* (근거없는)

0673 ★★☆ profound
[prəfáund]

pro (=*forth*) ~쪽으로 +
found 바닥
⇨ (깊은) 바닥 쪽으로 내려가는

형 심오한 · 깊은 = *deep*
≠ *superficial* (피상적인)

- a **profound** question 심오한 질문

profundity **명** 심오함

fus / fund / fut : 1. pour 붓다·따르다 2. melt 녹이다

0674
★★☆
*fus*ion
[fjú:ʒən]

fus 녹이다 + *ion* 명접
⇨ (두 개를) 녹여서 합친 것

명 융합·결합 = combination

- nuclear *fusion* 핵 융합
- a *fusion* of different information
  서로 다른 정보들의 결합

0675
★★☆
con*fuse*
[kənfjú:z]

con 함께 + *fus* (e) 붓다
⇨ (이것저것) 함께 붓다

통 1. 혼란스럽게 하다 = confound
   2. 혼동하다

- *confuse* the enemy 적을 혼란스럽게 하다
- *confuse* A *with* B A와 B를 혼동하다

confusion 명 1. 혼란 2. 혼동
confusing
형 혼란스러운·헷갈리게 만드는
confused
형 (사람이) 혼란스러워 하는

0676
★★☆
re*fuse*
[rifjú:z]

re 뒤 + *fus* (e) 붓다
⇨ (상대의 제안을) 뒤로 부어버리다

통 거절하다 = reject, turn down

명 쓰레기 [réfju:s] = trash, garbage, rubbish

- *refuse* the bribes 뇌물을 거절하다
- a pile of *refuse* 쓰레기 더미

refusal 명 거절

0677
★★☆
re*fund*
[rifʌnd]

re 뒤 + *fund* 붓다
⇨ (받았던 것을) 되돌려 부어주다

타 (판매자가) 환불해주다 = give back money

명 환불·환급

- *refund* the ticket 표 값을 환불해주다
- give a full *refund* 전액 환불해주다

비교 / *return* (소비자가 제품을) 반품하다

0678
★★☆
*fut*ile
[fjú:tl]

fut (부어) 쏟다 +
ilt ~하기 쉬운
⇨ (통이 새어서) 쏟아져 나오기 쉬운

형 헛된·소용없는 = useless, vain

- make a *futile* effort 헛된 노력을 하다

futility 명 헛됨·무가치함
비교 / *fertile* 비옥한

⁰⁶⁷⁹ _regard_ ★★★

[rigá:rd]

_re_ 강조 + _gard_ 보다

⇩

(주의 깊게) 보다

타 1. **(특정 태도로) 보다** ▶ 주의 깊게 바라보다
2. **간주하다 · ~로 여기다** = _look on_ ▶ 다른 사람을 ~라고 보다
   ≠ _disregard_ (무시하다)

- _regard_ us with suspicion 우리를 의심스럽게 보다
- She _regards_ him _as_ a friend. 그녀는 그를 친구로 여긴다.

명 1. **관심 · 고려** = _care_ ▶ 주의 깊게 바라봄
2. **존경 · 존중** = _respect_ ▶ (사람을) 주의 깊게 바라봄
3. **《–s》 안부** ▶ 항상 존중하며 지켜본다는 말

- without _regard_ to ~을 고려하지 않고
- have great _regard_ for ~을 대단히 존경하다
- Give him my best _regards_. 그에게 안부를 전해줘.

어법 / **_regard A as B_** A를 B로 간주하다 · 여기다

숙어 / **_regardless of_** ~에 관계없이

regarding 전 ~에 관해서
= _as regard_
= _in[with] regard to_

⁰⁶⁸⁰ _guarantee_ ★★☆

[gǽrəntí:]

guar (an) 지켜주다 +
tee 명접

⇩

지켜주는 것

명 1. **보장** ▶ 잃지 않도록 지켜줌
2. **품질 보증서** = _warranty_ ▶ 제품의 품질에 대해 지켜줌

- a _guarantee_ of employment 고용 보장
- come with a money-back _guarantee_ 환불 보증서가 함께 오다

타 **(품질) 보증하다** ▶ 잃지 않도록 지켜주다

- _guarantee_ delivery by noon 정오까지 배달을 보증하다

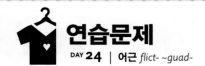

연습문제

♥ 영어를 우리말로, 우리말을 영어로 바꾸세요.

1. **inflict**

2. **fluent**

3. **formula**

4. **conform**

5. **fortify**

6. **reinforce**

7. **fragile**

8. **fundamental**

9. **profound**

10. **futile**

11. 상반되다; 갈등

12. 개혁하다; 교화하다

13. 획일적인; 제복

14. 강요하다; (법률을) 시행하다

15. 조각, 파편

16. 설립하다; ~에 기반을 두다

17. 혼란스럽게 하다; 혼동하다

18. 거절하다; 쓰레기

19. 간주하다; 고려; 존중

20. 보장; 보증하다

♥ 다음 중 밑줄 친 단어와 같은 뜻을 고르시오.

21. It is important for children to learn how to resolve **conflict**s through discussion.
   ① ingredient ② liability ③ response
   ④ mortality ⑤ discord

22. You must **inform** your bank immediately if your credit cards are lost or stolen.
   ① hatch ② contact ③ notify
   ④ hinder ⑤ deposit

23. The country tried to **fortify** its eastern border against the enemy's invasion.
   ① enforce ② reinforce ③ block
   ④ establish ⑤ erect

♥ 다음 중 밑줄 친 단어의 반대되는 뜻을 고르시오.

24. You'd better mark that package **fragile** so the movers know not to be too rough with it.
   ① bygone ② flawless ③ rough
   ④ tough ⑤ profound

♥ 다음 괄호에 들어갈 알맞은 말을 고르시오.

25. Every student need to (confirm / conform) to the school regulations on hair length and the dress code.

26. Be careful not to (confuse / confront) a common cold with the flu.

27. The owner made intense but (fertile / futile) efforts to locate his lost puppy in the neighborhood.

28. Since you violated the terms, I (regard / respect) the contract as having been broken.

▶ 정답 p. 452

gen / gener / gn / germ : birth 탄생·종

0681
★★☆
general
[dʒénərəl]

gener 탄생·종 +
al 형접

⇩

어떤 종 전체의

형 일반적인·전반적인 = universal ▶ 어떤 종 전체와 연관된
- a **general** hospital 종합 병원

명 (군대의) 장군·장성 ▶ (부대) 전체를 지휘하는 사람
- a three-star **general** 3성 장군

어법 / **in general** 일반적으로·대개

generally 🔵 일반적으로
generalize 🔵 일반화하다
비교 / **generous** 관대한

0682
★★☆
genuine
[dʒénjuin]

gen (u) 탄생·종 + ine 형접
⇨ 태어난 실제 종과 같은

형 1. 진짜의·진품인 = authentic
2. 진심의·진실한 = sincere, serious
- the **genuine** article 진품
- show a **genuine** interest 진심으로 관심을 보이다

0683
★★☆
genetic
[dʒənétik]

gen (e) 탄생·종 +
tic 형접
⇨ 탄생 때부터 있는

형 유전의[적인] = hereditary
- a **genetic** disease 유전적인 병

genetics 🔵 〈단수취급〉 유전학

0684
★★☆
genius
[dʒíːnjəs]

gen (i) 탄생 + us 명접

⇩

탄생시키는 사람

명 1. 천재 = prodigy ▶ 새로움을 탄생시키는 사람
2. 천재성·천부적 재능 = gift, talent ▶ 새로움을 탄생시키는 재능
- a **genius** artist 천재 예술가
- admire his **genius** 그의 천재성에 감탄하다

0685
★★☆
ingenious
[indʒíːnjəs]

in 안 + gen (i) 태어난 +
ous 형접
⇨ (재능을 갖고) 태어난

형 독창적인·기발한 = originative
- an **ingenious** solution
  기발한 해결책

ingenuity
🔵 (기발한) 재주·독창성
비교 / **ingenuous** 순진한

0686
★★☆
generate
[dʒénərèit]

gener 탄생 + ate 동접
⇨ 탄생시키다

타 발생시키다 = arouse
- **generate** electricity
  전기를 발생시키다

generation
🔵 1. 세대 2. (열·전기의) 발생

generator 🔵 발전기

0687 ★★☆

hydrogen
[háidrədʒən]

hydro (=water) 물 + gen 탄생
⇨ (산소와 만나) 물을 만드는 것

명 수소

- a **hydrogen** bomb 수소 폭탄

참고 / **oxygen**
산소

carbon dioxide
이산화탄소(CO_2)

0688 ★★☆

oxygen
[áksidʒen]

oxy (=acid) 산성의 +
gen 명접(만드는 것)
⇨ 산성을 만드는 것

명 산소

- wear an **oxygen** mask 산소마스크를 쓰다

0689 ★★☆

pregnant
[prégnənt]

pre 이전의 +
gn 탄생 + ant 형접
⇨ 태어나기 전의

형 1. **임신한** = expecting
2. **의미심장한** = significant

- be eight months **pregnant** 임신 8개월이다
- a **pregnant** silence 의미심장한 침묵

pregnancy **명** 임신

0690 ★★☆

germ
[dʒəːrm]

germ 탄생하는 것

명 1. **태동·기원**
2. **세균·미생물** = microbe

- the **germ** of an idea 사상의 태동[싹틈]
- get rid of **germs** 세균을 없애다

germinal **형** 초기의

---

geo : earth 흙·땅

0691 ★★☆

geography
[dʒiágrəfi]

geo 땅 +
graphy 쓰기·묘사
⇨ 땅(지형)에 대해 묘사한 것

명 1. **지리학**
2. **지리·지형**

- take a **geography** lesson 지리 수업을 듣다
- the **geography** of London 런던의 지리

geographic
형 지리학의·지리적인

geographer
명 지리학자

0692 ★☆☆

geology
[dʒiálədʒi]

geo 땅 + logy 학문
⇨ 땅[흙]에 대한 학문

명 **지질학** : 지구를 구성하는 흙·지층·암석 등을 연구하는 학문

- major in **geology** 지질학을 전공하다

geological **형** 지질학적인

geologist **명** 지질학자

0693
★☆☆

*geo*metry
[dʒiámətri]

geo 땅 +
metry(=measurement) 측정
⇨ 땅을 측정하는 것 (기하학은 건
설 공사시 땅을 측정하며 발달)

명 기하학 (도형 및 공간의 성질에 대하여 연구하는 학문)

• plane[descriptive] **geometry**
평면[도형] 기하학

홈 높이가
150미터군!

geometric **형** 기하학적인

• **geometric** patterns 기하학적 무늬들

---

gest / gist : carry 옮기다

0694
★☆☆

*gest*ure
[dʒéstʃər]

gest 옮기다 +
ture 명접
⇨ (몸으로 뜻을) 옮기는 것

명 몸짓 · 제스처

• a **gesture** of assent 동의의 제스처

0695
★★☆

*di*gest
[daidʒést]

di(s) 산산이 +
gest 옮기다

⇩

산산이

쪼개어 옮기다

동 1. 소화하다 ▶ 음식을 산산이 쪼개어 옮기다
    2. (완전히) 이해하다 =figure out ▶ 내용을 소화하여 이해하다

• vegetables easy to **digest** 소화하기 쉬운 야채
• **digest** the new information 새로운 정보를 이해하다

명 요약(판) ▶ 긴 내용을 산산이 쪼개어 옮긴 것

• a monthly news **digest** 월간 뉴스 요약판

digestion **명** 소화
≠ indigestion (소화불량)

digestive **형** 소화의

0696
★★★

*sug*gest
[sədʒést]

sug(=sub) 아래 +
gest 옮기다
⇨ (슬그머니) 아래로 옮겨다 놓다

동 1. 제안하다 = offer
    2. 암시하다 = imply

• **suggest** that people (should) find
  사람들이 찾아야 한다고 제안하다
• **suggests** that he is the criminal
  그가 범인임을 암시하다

suggestion
명 1. 제안 · 의견 2. 암시 · 기미

suggestive
형 1. 연상시키는 2. 야한 · 외설적인

0697
★★☆

*re*gister
[rédʒistər]

re 다시 + gest 옮기다 +
er 명접
⇨ (이름을) 다시 옮겨다 놓은 것

명 기록부 · 명부 = roll, list, catalogue
동 등록하다 · 기록하다

• call the **register** 출석을 부르다
• **register** for a course 수강 신청을 하다

registration **명** 등록 · 신고

glan / glo / glit / glim : shine 빛나다·반짝이다

0698 ★★☆
glance
[glæns]

glan 빛나다 + ce 명접
⇨ 눈빛이 한 번 빛남

명 힐끗 봄 = a quick look
자 힐끗 보다·훑어보다
- *take a **glance** at her* 그녀를 힐끗 보다
- ***glance at** a watch* 시계를 힐끗 보다

0699 ★★☆
glow
[glou]

glo (w) 빛나다 ⇨
(은은하게) 빛나다

자 (계속 은은하게) 빛나다·타다
명 (은은한) 불빛
- ***glow** in the darkness* 어둠속에서 빛나다
- *the **glow** of the lamp* 램프의 불빛

0700 ★★☆
glory
[glɔ́:ri]

glo 빛나다 + ry 명접
⇨ (명성이) 빛남

명 영광·영예
- *the moment of **glory*** 영광의 순간

glorious **형** 영광스러운
glorify **동** 찬미하다·미화하다

0701 ★☆☆
gloss
[glas]

glo 빛나다 + ss 명접
⇨ 빛나는 것

명 윤·광택
- *polish to a high **gloss*** 차를 아주 광나게 닦다
- *wear lip **gloss*** 립글로스를 바르다

glossy **형** 윤[광]이 나는

0702 ★☆☆
glitter
[glítər]

glit (t) 빛나다 + er 동접
⇨ 반짝반짝 빛나다

자 반짝반짝 빛나다 = sparkle, twinkle
명 반짝거리는 빛·광휘
- ***glittering** stars* 반짝이는 별들
- *All that **glitters** is not gold.*
  반짝인다고 다 금은 아니다.
- *the **glitter** of diamonds*
  다이아몬드의 광휘

glittering
형 1. 밝게 빛나는 2. 눈부신·성공적인

비교 / **glisten** (젖은 것이) 반짝이다
shimmer 희미하게 빛나다

내 금이 팔찌처럼 빛나네!

0703 ★★☆
glimpse
[glimps]

glim (p) 빛나다 + se 동접
⇨ (잠시) 눈빛이 빛나다

동 언뜻 보다
명 언뜻 봄
- ***glimpse** him through the window* 창문을 통해 그를 언뜻 보다
- *catch a **glimpse** of a tower* 탑을 언뜻 보다

DAY
25

0704
★★☆

recognize
[rékəgnàiz]

re 다시 + *co* 강조 +
gn(o) 알다 + *ize* 동접
⇨ 다시 확실히 알다

(타) 1. **알아차리다·인식하다** = perceive
2. **인정하다** = admit

- **recognize** the odor at once
  즉시 그 냄새를 알아차리다
- **recognize** this athlete **as** Korea's new Olympic swimming champion
  이 운동선수를 한국의 새로운 올림픽 수영 챔피언으로 인정하다

recognition
(명) 1. 인식 2. 인정·표창

recognizable
(형) (쉽게) 알아볼 수 있는

0705
★★☆

diagnose
[dáiəgnòus]

dia 완전히 + *gno* 알다 +
se 동접 ⇨ 완전히 알아내다

(타) **진단하다**

- be **diagnosed** as cancer 암 진단을 받다

diagnosis (명) 진단

0706
★★☆

ignore
[ignɔ́ːr]

i(n) 부정 + *gno* 알다 +
re 동접 ⇨ 모르는 척하다

(타) **무시하다·못 본 척하다** = disregard, pass over

- **ignore** one's advice ~의 충고를 무시하다

ignorance (명) 무지·무식
ignorant (형) 무식한·무지한

0707
★★☆

note
[nout]

not 알다 + *e* 명접

⇩

알려주는 것

(명) 1. **메모·노트** ▶ 어떤 내용을 알려주는 것
2. **음(표)** ▶ 음을 알려주는 것

- take a **note** of ~을 메모하다
- a high[low] **note** 높은[낮은] 음

(타) 1. **주의하다·주목하다** = pay attention to ▶ 어떤 내용을 알게 되다
2. **언급하다** = mention ▶ 어떤 내용을 남에게 알게 하다

- **note** his previous criminal record 그의 이전 범죄 기록에 주목하다
- as **noted** above 위에 언급된 바와 같이

숙어 / **take note of** ~에 주목하다·알아차리다

notable
(형) 주목할 만한·뛰어난

noted (형) 유명한

0708
★★☆

*not*ice

[nóutis]

not 알다 + *ice* 명접

⇩

알리는 것

명 1. **공지·예고** ▶ 사람들에게 알리는 것

2. **주목·알아챔** ▶ 사람들이 알아차림

- *give advance* **notice** 사전에 통지를 하다
- *attract much* **notice** 많은 주목을 끌다

타 **알아차리다·주목하다** = *perceive* ▶ 사람들이 알아차리다

- **notice** *a smell of gas* 가스 냄새를 알아차리다

숙어 / *on[at] short notice* 갑자기·충분한 예고 없이

noticeable
형 눈에 띄는·분명한

0709
★★☆

*not*ify

[nóutəfài]

not 알다 + *ify* ~하게 하다
⇨ 알게 하다

타 **(공식적으로) 통지하다·알리다** = *inform*

- **notify** *the police of the damage* 경찰에 피해를 알리다

어법 / ***notify A of B*** A를 B에게 통지하다

notification **명** 통고·통지

0710
★★☆

*not*ion

[nóuʃən]

not 알다 + *ion* 명접
⇨ 알고 있는 것

명 **개념·생각** = *concept*

- *the traditional* **notion** *of marriage*
결혼에 대한 전통적 개념

0711
★★☆

*not*orious

[noutɔ́:riəs]

not 알다 +
or 명접 + *(i)ous* 형접
⇨ (나쁜 쪽으로) 알려진

형 **악명 높은** = *infamous*

- *a* **notorious** *murderer[dictator]*
악명 높은 살인범[독재자]

notoriety **명** 악명

0712
★★☆

*no*ble

[nóubl]

(g)no 알다 +
ble ~될 수 있는
⇨ (평민과 달리) 잘 알려진

형 1. **귀족의**

2. **고귀한·숭고한** = *sublime*
≠ *humble* (미천한)

- *the* **noble** *class* 귀족 계급
- *a* **noble** *cause* 고귀한 명분

ignoble **형** 비열한·야비한

DAY 25

0713
★★★

*ackno*wledge

[æknálidʒ]

ac (=*ad*) ~을 +
know 알다 + *ledge* 접미사
⇨ ~을 (확실히) 알다

타 1. **인정하다** = *admit*

2. **감사를 표하다**

- **acknowledge** *one's defeat* 자신의 패배를 인정하다
- **acknowledge** *their support* 그들의 지원에 감사를 표하다

acknowledgement
명 1. 인정 2. 감사(의 글)

연습문제

DAY **25** | 어근 *gen- ~ gno-*

♥ 영어를 우리말로, 우리말을 영어로 바꾸세요.

1. *genuine*

2. *genetic*

3. *ingenious*

4. *generate*

5. *register*

6. *glance*

7. *glow*

8. *glitter*

9. *ignore*

10. *notify*

11. 수소

12. 산소

13. 임신한; 의미심장한

14. 지리; 지리학

15. 소화하다; 이해하다

16. 제안하다; 암시하다

17. 인식하다; 인정하다

18. 진단하다

19. 공지; 주목; 알아차리다

20. 인정하다 ; 감사를 표하다

♥ 다음 중 밑줄 친 단어와 같은 뜻을 고르시오.

21. An art expert has certified that the painting is a **genuine** Picasso.

  ① available   ② extraordinary   ③ authentic
  ④ conspicuous   ⑤ anonymous

22. Evidence from studies done on twins indicates that **genetic** factors may play a role in determining a person's personality.

  ① intrinsic   ② significant   ③ vivid
  ④ constant   ⑤ hereditary

23. The child was obliged to **acknowledge** he had lied when the stolen toy was found in his room.

  ① admit   ② commit   ③ permit
  ④ submit   ⑤ transmit

24. The plans for a party have **generated** a lot of enthusiasm among the children.

  ① simulated   ② burst   ③ crept
  ④ aroused   ⑤ moderated

♥ 다음 괄호에 들어갈 알맞은 말을 고르시오.

25. When in the middle of an emergency, sometimes people come up with (ingenious / ingenuous) solutions to resolve the situation.

26. His wife was (diagnosed / prescribed) as thyroid cancer three months ago, and had to go through a surgery to remove them.

27. My advice was completely (ignored / recognized) by my boss who underestimated my job performance.

28. Teachers (digest / suggest) learning about the foreign culture and language before studying abroad in Spain.

▶ 정답 *p. 452*

grad / -gred / -gres / -gree : 1. go 가다 2. step 단계

0714
★★☆
gradual
[grǽdʒuəl]

grad (u) 가다 + al 형접
⇨ (조금씩) 가는

형 **점진적인 · 점차적인** ≠ radical (급진적인)

- a **gradual** change in the climate
  기후의 점진적인 변화

gradually 부 점차 · 서서히
= step by step

grade 명 1. 등급 · 성적 2. 학년

0715
★★☆
graduate
[grǽdʒueit]

grad (u) 단계 + ate 동접
⇨ (학문의) 단계[학위]를 갖다

자 **졸업하다**

명 **졸업생 · 대학원생** [grǽdʒuət]

- **graduate from** high school 고등학교를 졸업하다
- a college **graduate** 대학 졸업생

graduation 명 졸업
graduate school 명 대학원
참고 / **undergraduate**
(대학) 학부생 · 대학생
어법 / **graduate from + 학교**
~에서 졸업하다

0716
★★☆
ingredient
[ingríːdiənt]

in 안 +
gred(i) 가다 + ent 명접
⇨ 안에 들어 있는 것

명 1. **(음식의) 재료 · 성분**
2. **(구성) 요소** = element, component

- the main **ingredients** of this dish
  이 요리의 주된 재료
- an essential **ingredient** for success
  성공을 위한 필수 요소

0717
★★☆
aggressive
[əgrésiv]

ag (=ad) ~쪽으로 +
gress 가다 + ive 형접

⇩

힘차게 ~쪽으로 가는

형 1. **공격적인** ▶ (나쁜 의미로) 힘차게 ~쪽으로 가는
2. **적극적인** = positive ▶ (좋은 의미로) 힘차게 ~쪽으로 가는

- an **aggressive** dog 공격적인 개
- an **aggressive** marketing strategy 적극적인 마케팅 전략

aggression 명 공격

0718
★★☆
congress
[káŋgres]

con 함께 + gres (s) 가다
⇨ 함께 가서 모임

명 1. **(대규모) 회의 · 대회** = convention
2. **《C–》 (미국의) 의회** = parliament

- an international academic **congress** 국제 학술회의
- get the support of **Congress** 의회의 지지를 얻다

congressman
명 (미국의) 하원의원
congressional 형 의회의

0719
★★☆

degree
[digríː]

de 아래 + gree 단계

⇩

오르고 내려가는 단계

명 1. (온도 · 각도의) **도 · 정도** ▶ 온도나 각도의 단계
   2. **학위** ▶ 학문의 단계

- *32 **degrees** Celsius* 섭씨 32도
- *receive a bachelor's[master's] **degree*** 학사[석사] 학위를 받다

숙어 / ***by degrees*** 점차 · 서서히
       to a degree 어느 정도

---

graph / gram : write 쓰다, draw 그리다

0720
★★☆

graphic
[grǽfik]

graph 그리다 + ic 형접
⇨ (알기 쉽게) 그려놓은

형 1. **그래픽의 · 도표의**
   2. **생생한** = vivid

명 **그래픽**

- *a **graphic** designer* 그래픽 디자이너
- *a **graphic** account of an earthquake*
  지진에 대한 생생한 설명
- *learn computer **graphics*** 컴퓨터 그래픽을 배우다

0721
★☆☆

photograph
[fóutəgræf]

photo 빛 + graph 그린 것
⇨ 빛으로 그린 것

명 **사진** = photo, picture

- *take a **photograph*** 사진을 찍다

photographer
명 사진사 · 사진 작가

photography 명 사진 촬영

0722
★☆☆

paragraph
[pǽrəgræf]

para 옆 + graph 쓰다
⇨ (단락이 시작할 때) 옆으로 들여 쓴 것

명 **단락 · 절**

- *condense a **paragraph*** 단락을 요약하다
- *an introductory **paragraph*** 도입 단락

참고 / ***passage*** (책의) 구절

0723
★★☆

diagram
[dáiəgræm]

dia 가로질러 + gram 그린 것
⇨ (선을 이리저리) 가로질러 그린 것

명 **도표 · 도해** = chart

- *a **diagram** of an engine* 엔진에 대한 도해

grat / grac : thankful 감사하는, joy 기쁨

0724 ★★☆
*grat*itude
[grǽtətjùːd]

grat (=thankful) 감사하는 +
(i)tude 명접 ⇨ 감사함

명 **감사** = *thankfulness*
≠ *ingratitude* (배은망덕)
- express **gratitude** for ~에 대해 감사를 표하다

grateful 형 감사하는
gratify 동 만족시키다

0725 ★★☆
con*grat*ulate
[kəngrǽtʃulèit]

con 함께 +
grat 기쁨 + *ate* 동접
⇨ 함께 기뻐하다

타 **축하하다**
- **congratulate** you on your success
  너의 성공을 축하하다

숙어 / **congratulate A on B** A를 B에 대해 축하하다

congratulation 명 축하
- *congrats!* (구어체로) 축하해!

비교 / *congratulate* + 일
(공식적으로) 축하하다 · 기념하다
- *celebrate* victory 승리를 축하하다

0726 ★★☆
*grac*e
[greis]

grac 감사하는 + *e* 명접

⇩

감사해야 할 것

명 1. (신의) 은총 ≠ *disgrace* (불명예 · 망신) ▶ 신에게 감사해야 할 것
2. 품위 · 우아함 = *elegance* ▶ 남의 행동의 감사해야 할 모습
- give thanks for God's **grace** 신의 은총에 감사하다
- dance with **grace** 품위 있게 춤을 추다

숙어 / **grace period** 유예 기간

graceful = *gracious*
형 우아한 · 품위 있는

---

grav / griev : 무거운

0727 ★★☆
*grav*ity
[grǽvəti]

grav 무거운 + *ity* 명접
⇨ 무거운 성질

명 1. 심각성 · 중대성
2. 중력
- the **gravity** of the situation 상황의 심각성
- the force[law] of **gravity** 중력의 힘[법칙]

눈가 아래서
날 자꾸
당기는거야?

grave 형 심각한 명 무덤

0728 ★★☆
*griev*e
[griːv]

griev 무거운 + *e* 동접
⇨ (마음이) 무겁다

동 (몹시) 슬퍼하다 = *lament, mourn*
- **grieve** (over) her death 그녀의 죽음을 몹시 슬퍼하다

grief 명 큰 슬픔 · 비탄

hab / hib : 1. hold 잡고 있다 2. live 살다 (habit(습관)도 우리가 계속 잡고 있는 것이란 뜻)

0729 ★★☆
inhabit
[inhǽbit]
in 안 + hab 살다 +
it 동접
⇨ ~안에 살다

📕 ~에 살다 · 서식하다 = reside in, dwell in
- **inhabit** the region 그 지역에 살다

inhabitant
몡 1. 주민 = resident 2. 서식 동물

0730 ★★☆
exhibit
[igzíbit]
ex 밖 +
hib (= hold) 잡고 있다 + it 동접
⇨ (보이도록) 밖으로 잡고 있다

📕 1. 전시하다 = display
2. (감정 · 특징 등을) 드러내다 = show
- **exhibit** one's paintings 자신의 그림들을 전시하다
- **exhibit** signs of the disease 그 병의 징후를 보이다

exhibition
몡 1. 전시(회)
2. 표출 · 드러냄

0731 ★★☆
prohibit
[prouhíbit]
pro 강조 +
hib(= hold) 잡고 있다 + it 동접
⇨ (하지 못하게) 완전히 붙잡고 있다

📕 (법으로) 금지하다 = ban, proscribe
- **prohibit** smoking in the hospital
  병원 내의 흡연을 금지하다

prohibition 몡 금지
prohibitive
혱 1. 금지하는 2. 엄청나게 비싼
비교 / **inhibit** 금지하다 · 억제하다

---

hered / herit / heir : heir 물려받는 사람

0732 ★★☆
heredity
[hərédəti]
hered 물려받음 + ity 명접
⇨ (조상들로부터) 물려받는 것

📗 유전 = inheritance
- the effects of **heredity** and environment
  유전과 환경의 영향

hereditary 혱 유전적인
= genetic

0733 ★★☆
heritage
[héritidʒ]
herit 물려받음 + age 명접
⇨ (조상들로부터) 물려받는 것

📗 (문화 · 전통 등의) 유산
- preserve the cultural **heritage**
  문화유산을 보존하다

어법 / **legacy** (금전적) 유산

0734 ★★☆
inherit
[inhérit]
in 안 + herit 물려 받음
⇨ (조상들로 부터) 안으로 물려받다

📕 상속받다 · 물려받다 ≠ hand down (물려주다)
- **inherit** a fortune 큰 재산을 물려받다

숙어 / **inherit A from B**   B로부터 A를 물려받다

inheritance
몡 1. 유산 · 상속 2. 유전(된 것)
- an **inheritance** tax 상속세

0735
★★☆

heir

[ɛər]

heir 물려 받는 자

• 'h' 가 묵음인 것에 주의!

명 상속인 · 계승자 = *successor*

• an ***heir*** to the man 그 남자의 상속자

비교 / ***heiress*** 여자 상속인

---

host / **hospit** : 1. **guest** 손님 2. **enemy** 적 ('손님'은 낯선 사람이라서 '적'이 될 수도 있음)

0736
★★☆

host

[houst]

host : *guest*

⇩

손님을
맞아들이는 사람

명 1. **주인 · 주최자** ▶ 손님을 맞아들이는 사람

　　2. **(방송) 진행자** ▶ 방송에서 손님을 맞는 사람

• the ***host*** greeting guests at the door
　문에서 손님들을 맞이하는 주인
• the ***host*** of the talk show 토크쇼 진행자

타 1. **(행사를) 주최하다** = *hold* ▶ 행사에 손님을 맞아들이다

　　2. **(방송의) 사회를 보다** ▶ 방송에서 손님을 맞아들이다

• ***host*** the World Cup 월드컵을 개최하다
• ***host*** a radio program 라디오 프로그램을 진행하다

hostess **명** 여주인

0737
★★☆

*host**ile***

[hástl]

host 적 +
iile 형접(~하기 쉬운)
⇨ 적이 되기 쉬운

형 적대적인 = *unfriendly, inhospitable*

• be ***hostile*** towards ~ ~에 대해 적대적이다

hostility **명** 적대감 = *hatred*

0738
★★☆

*hospit**able***

[háspitəbl]

hospit 손님을 맞다 +
able ~할 수 있는

⇩

손님을
맞아들일 수 있는

형 1. **환대하는 · 친절한** = *friendly, genial* ▶ 사람이 손님을 잘 맞는

　　　 ≠ *inhospitable*(불친절한 · (환경이) 살기 힘든)

　　2. **(환경이) 쾌적한 · 알맞은** = *agreeable* ▶ 환경이 손님을 잘 맞는

• be ***hospitable*** to one's guests 손님들을 환대하다
• a ***hospitable*** environment 쾌적한 환경

hospitality
명 환대 · 후한 대접

DAY 26

hum : 1. soil 흙·땅 2. low 낮은

0739
★★☆

*hum*ble
[hʌ́mbl]

hum 낮은 +
ble 형접

⇩

낮은

형 1. **비천한** ▶ (나쁜 의미로) 낮은
　　2. **겸손한** ▶ (좋은 의미로) 낮은

- rise from a **humble** origin 비천한 가문 출신이다
- show a **humble** attitude 겸손한 태도를 보이다

humility 명 겸손

0740
★★☆

*hum*iliate
[hju:mílièit]

hum (il) 낮은 + (i)ate 동접
⇨ (상대의 자존심을) **낮추다**

타 **창피를 주다·굴욕을 주다**
= mortify, shame

- **humiliate** her in public
  공개적으로 그녀에게 창피를 주다

humiliation
명 창피·굴욕

humiliating
형 창피한·굴욕적인

isol / .insul : island 섬

0741
★★☆

*isol*ate
[áisəlèit]

isol 섬 +
ate 동접(만들다)
⇨ 섬처럼 만들다

타 **격리하다·고립시키다**

- **isolate** a patient **from** the others
  다른 사람들로부터 환자를 격리하다
- **isolate** a village 마을을 고립시키다
- be **isolated** by the floods 홍수로 인해 고립되다

isolation 명 격리·고립
- an **isolation** ward 격리 병동

isolated 형 외딴·고립된

비교 / *insulate*
1. 절연하다·단열하다 2. 분리하다

0742
★☆☆

*pen*insula
[pənínsjulə]

pen (=almost) 거의 +
insul (a) 섬
⇨ 거의 섬에 가까운 땅

명 **반도**

- the Korean **peninsula** 한반도

연습문제

DAY **26** | 어근 *grad-* ~ *isol-*

♥ 영어를 우리말로, 우리말을 영어로 바꾸세요.

1. *gradual*

2. *paragraph*

3. *gratitude*

4. *grieve*

5. *inhabit*

6. *exhibit*

7. *prohibit*

8. *inherit*

9. *humiliate*

10. *isolate*

11. 재료, 성분; 요소

12. 공격적인; 적극적인

13. 회의; 의회

14. 정도; 학위

15. 심각성 · 중대성; 중력

16. 유전

17. 유산

18. 상속인 · 계승자

19. 적대적인

20. 비천한; 겸손한

♥ 다음 중 밑줄 친 단어와 같은 뜻을 고르시오.

21. The boss **humiliated** him in front of the entire staff by saying he was the company's worst employee ever.

    ① criticized   ② mortified   ③ frustrated
    ④ commended   ⑤ evaluated

22. The entire nation is **grieving** the death of their President.

    ① fearing   ② escaping   ③ investigating
    ④ mourning   ⑤ commemorating

23. Beach fires are **prohibited** during the summer months due to the fire hazard.

    ① expelled   ② regulated   ③ proscribed
    ④ encouraged   ⑤ praised

♥ 다음 중 밑줄 친 단어의 반대되는 뜻을 고르시오.

24. The President was met by **hostile** crowds when he came to town during his election tour today.

    ① fragile   ② enormous   ③ admiring
    ④ cheering   ⑤ hospitable

♥ 다음 괄호에 들어갈 알맞은 말을 고르시오.

25. The French chef explained that chicken and mushrooms are the main (factors / ingredients) of this dish.

26. Our neighbor expressed his (gratitude / gradation) for our help by inviting our family to dinner.

27. Several villages in the northern regions have been (initiated / isolated) by the floods.

28. The government has spent more than thousands of dollars in preserving the cultural (heirs / heritages) of the nation.

▶ 정답 *p. 453*

it / ish : go 가다

0743
★★☆

exit
[éksit]

ex 밖 + *it* 가다
⇨ 밖으로 나가다

동 나가다 · 퇴장하다 = *go out*

명 1. 퇴장 · 떠남
2. 출구 = *way out* ≠ *entrance* (입구)

- ***exit** the parking lot* 주차장을 나가다
- *make a quick **exit*** 급히 떠나다
- *an emergency **exit*** 비상구

0744
★★☆

initial
[iníʃəl]

in 안 + *it* (*i*) 가다 +
al 형접
⇨ (새로이) 안으로 들어가는

형 처음의 · 최초의 = *first*

명 (이름의 첫) 머리글자 · 이니셜

- *the **initial** stages of a negotiation* 협상의 초기 단계
- *write one's **initials*** 자기 이름의 머리글자들을 쓰다

initially **부** 처음에

0745
★★☆

initiate
[iníʃièit]

in 안 + *it* (*i*) 가다 +
ate 동접
⇨ (어떤 일의) 안으로 들어가다

타 시작[착수]하다 = *commence*

- ***initiate** a new project* 새로운 프로젝트를 시작하다

initiation
명 1. 시작 · 착수 2. 가입 · 입회

initiative
명 1. 주도권 · 진취성 2. (새로운) 계획

- *take the **initiative*** 주도권을 잡다

0746
★★☆

perish
[périʃ]

per 강조 + *ish* (= *it*) 가다
⇨ 완전히 가버리다

자 죽다 = *die* · 소멸하다 = *disappear*

- ***perish** in the earthquake* 지진으로 죽다

---

ject : throw 던지다

0747
★★★

object
[ábdʒikt]

ob 반대로 +
ject 던지다

⇩

반대쪽에 던져진 것

명 1. 물건 · 물체 = *article* ▶ (자기 눈의) 반대편에 던져져 있는 것
2. 목적 · 목표 = *aim* ▶ 반대편에 던져진 자신이 노리는 것

- *unidentified flying **objects*** 미확인 비행 물체(UFO)
- *attain one's **object*** 자신의 목적을 달성하다

자 《*to*》 반대하다 [əbdʒékt] = *oppose* ▶ 자기 의견을 반대쪽에 던지다

- ***object** to ~ing* ~하는 것에 반대하다

objection **명** 반대
objective
형 객관적인 **명** 목적 · 목표인

넌 주어의
반대쪽에 있구나

S ⟶ V ⟶ O
subject verb object

0748
★★☆

subject

[sʌ́bdʒikt]

sub 아래 +
ject 던지다

⇩

아래에 던져져
당하는 것

명
1. **주제** ▶ 토론되는 것
2. **과목·연구 대상** ▶ 연구나 학습되는 것
3. **백성·신하** ▶ 왕의 지배를 당하는 사람들

- a **subject** of conversation 대화의 주제
- complete required **subjects** 필수 과목들을 이수하다
- a British **subject** 영국 국민

형
1. **~의 지배를 받는** ▶ ~의 아래에 던져져 지배를 받는
2. **~를 당하기 쉬운** ▶ ~의 아래에서 쉽게 당하는

- be **subject** to the law 법의 적용을 받다
- be **subject** to a disease 병에 걸리기 쉽다

타 **지배하에 두다·종속시키다** ▶ ~을 다른 것 아래에 던지다

- **subject** A **to** B A를 B의 지배를 받게 하다

subjective 형 주관적인
≠ **objective** (객관적인)

subjection 명 종속

0749
★★☆

project

[prɑ́dʒekt]

pro 앞으로 +
ject 던지다

⇩

앞으로 던지다

타
1. **기획하다·계획하다** ▶ 미래에 대한 생각을 앞으로 던지다
2. **영사하다·보이다** ▶ 빛이나 이미지를 앞으로 던지다
3. **(인상을) 보이다·나타내다** ▶ 앞으로 내 던져지다

- the **projected** housing development 계획된 주택 개발
- **project** motion pictures on a screen 영화를 스크린에 영사하다
- **project** a positive image 긍정적인 이미지를 보이다

자 **튀어나오다·돌출되다** = protrude ▶ 앞으로 던져지다

- **projecting** teeth 뻐드렁니

명 **(장기적) 계획·프로젝트** ▶ 앞으로 내 던져진 미래에 대한 생각

- a construction **project** 건설 계획

projection
명 1. 예상·계획 2. 영사

0750
★★☆

inject

[indʒékt]

in 안 + *ject* 던지다
⇨ (약물을 몸) 안으로 던져 넣다

타 **주사하다**

- be **injected** with a vaccine (예방) 백신을 주사 맞다

injection 명 주사 = shot

0751
★★☆

reject

[ridʒékt]

re 뒤로 + *ject* 던지다
⇨ 뒤로 던져버리다

타 **거절하다** = refuse, turn down

- **reject** a marriage proposal 청혼을 거절하다

rejection 명 거절

DAY
27

just : **fair** 공정한·올바른

0752 ★★☆
justice
[dʒʌ́stis]

just 공정한 + *ice* 명접
⇨ 공정함

명 1. **정의·공정**　2. **재판·심판**

- *a sense of justice* 정의감
- *to do him justice* 그를 공정히 평가하면
  (= *to do justice to him*)

just 형 공정한
부 1. 정확히·딱　2. 바로·방금

0753 ★★☆
justify
[dʒʌ́stəfài]

just 공정한 +
ify ~하게 만들다
⇨ 정당하게 만들다

동 **정당화하다·해명하다** = *legitimize*

- *justify* one's own decision
  자신의 결정을 정당화하다

justification 명 정당한 이유
justifiable 형 정당한·타당한
= *reasonable*

0754 ★★☆
adjust
[ədʒʌ́st]

ad ~에 + *just* 올바른
⇨ (필요에 따라) ~에 올바로 맞추다

동 1. **조정하다·조절하다** = *regulate*
　　2. **적응하다** = *adapt*

- *adjust* the car seat 카시트를 조정하다
- *adjust to* the hot weather 더운 날씨에 적응하다

adjustment 명 1. 조정　2. 적응
adjustable 형 조절 가능한

---

labor : 노동·일

0755 ★★☆
labor
[léibər]

labor : (힘든) 일

명 1. **노동·근로** = *toil*
　　2. **(출산의) 진통**

- *physical[manual] labor* 육체노동
- *be in labor* 애를 낳으려 진통 중이다

laborer 명 노동자
laborious 형 힘든

0756 ★★☆
elaborate
[ilǽbərət]

e (=*ex*) 밖 +
labor 노동·공 +
ate 형접

⇩

공들여 만들어 낸

형 **정성들인·공들인** ▶ 정성껏 공들여 만들어낸

- *an elaborate design* 정성들인 디자인

동 **자세히 설명하다** [ilǽbərèit] ▶ 설명을 공들여 만들어내다

- *elaborate on the subject* 그 주제에 대해 자세히 설명하다

elaborately 부 정성들여
elaboration 명 정성·공들임

0757 ★★☆
collaborate
[kəlǽbərèit]

col (=*com*) 함께 + *labor* 일 +
ate 동접 ⇨ 함께 일하다

자 **협력[협동]하다** = *cooperate, pull together*

- *collaborate with* one's classmates 급우들과 협동하다

collaboration 명 협력·협동

lat : carry 옮기다·나르다

0758 ★★☆ relate
[riléit]

re 다시 + lat (e) 옮기다

⇩

다시 옮기다

타 1. **관련시키다·연관시키다** ▶ 일어난 일을 다른 일로 다시 옮기다
2. **말하다·이야기하다** ▶ 말을 다시 옮기다
   = recount, narrate
- **relate** physical symptoms **to** stress
  육체적 증상들을 스트레스와 관련시키다
- **relate** an exciting story
  흥미진진한 이야기를 말하다

어법 / **relate A to B** A를 B에 연관시키다

relation 명 1.《주로 -s》
관계·관련 2. 친척 = relative

relationship
명 관계·관련

relative
형 비교적인·상대적인
명 친척 = kin

0759 ★★☆ translate
[trænsléit]

trans 옮겨 + lat (e) 놓다
⇨ 다른 언어로 옮겨 놓다

타 번역하다
- **translate** the book **into** Korean
  그 책을 한국어로 번역하다

translation 명 번역

어법 / **translate A into B**
A를 B로 번역하다

비교 / **interpret** 해석하다·통역하다

---

leag / li(g) / ly : bind 묶다

0760 ★★☆ colleague
[káli:g]

col 함께 + leag 묶다 +
ue 명접
⇨ 함께 묶인 사람

명 (직장) **동료** = a fellow worker
- have dinner with a **colleague**
  동료들과 저녁을 먹다

비교 / **comrade** 동지·전우

0761 ★★☆ oblige
[əbláidʒ]

ob ~에 대해 +
lig (e) 묶다

⇩

~에 대해 묶어두다

동 1. **의무적으로 ~하게 하다** ▶ (법적으로) ~를 묶어두다
2. **돕다·은혜를 베풀다** = help ▶ (은혜를 베풀어) ~를 묶어두다
- be **obliged** to go 가야만 하다
- **oblige** one's friends 친구들을 돕다

obligation 명 의무

obligatory 형 의무적인
= compulsory, mandatory

obliging
형 (기꺼이) 도와주는·친절한

0762 ★★☆ religion
[rilídʒən]

re 다시 +
lig 묶다 + ion 명접0
⇨ (신과 인간을) 다시 묶어주는 것

명 종교
- the freedom of **religion** 종교의 자유

religious
형 1. 종교의 2. 독실한 = pious

0763
★★☆

liable
[láiəbl]

li 묶다 + *able* 형접

⇩

묶여 있는

형 1. 책임이 있는 = *responsible* ▶ 어떤 일에 묶여 있는
2. ~하기 쉬운·당하기 쉬운 ▶ 원하지 않는 것에 묶여 있는
• *be liable for* damage 피해에 대해 책임이 있다
• *be liable to* injury 부상당하기 쉽다

어법 / *be liable for* **N** ~에 대해 책임이 있다
be liable to **V** ~하기 쉽다
be liable to **N** ~당하기 쉽다

liability
명 1. 책임 2. 〈-ties〉 부채 = *debt*
• *business assets and liabilities*
회사 자산과 부채

0764
★★☆

ally
[ǽlai]

al (=*ad*) ~을 + *ly* 묶다

⇨ (하나로) 묶인 것

명 동맹국·협력자
• *the European allies* 유럽 동맹국들

allied **형** 동맹한·연합한
alliance **명** 동맹·연합
= *association*

0765
★★☆

rally
[rǽli]

r (=*re*) 다시 +
ally 하나로 묶다

⇩

다시 하나로 묶다

동 1. 모이다·결집하다 ▶ 사람들을 다시 하나로 묶다
2. 회복하다·활기를 되찾다 = *revive* ▶ 투자자들이 다시 묶여 모이다
• *rally* support for the party 그 당에 대한 지지를 결집하다
• *The stock market rallied.* 주식시장이 반등했다.

명 1. (대규모) 집회·대회 = *convention* ▶ 다시 묶인 사람들
2. 회복·반등 = *recovery* ▶ 투자자들이 다시 묶여 모임
• *a political[candlelight] rally* 정치[촛불] 집회
• *a year-end rally* 연말의 주가의 반등

0766
★★☆

rely
[rilái]

re 강조 + *ly* 묶다

⇨ (자신을) ~에 강하게 묶다

자 의지하다·믿다 = *count on*
• *rely on* one's parents 부모님께 의지하다
• *rely on* one's honor ~의 명예를 믿다

어법 / *rely on* ~을 의지하다·믿다

reliance **명** 의존·의지
reliable **형** 믿을 수 있는
reliant **형** 의지[의존]하는

leas / lax / ly : loose 느슨한·풀린

0767 ★★☆ release
[rilíːs]

re 뒤로 +
lease 느슨하게 풀다

⇩

뒤로 느슨하게 풀다

동 1. **풀어 주다·석방하다** ▶ 묶여 있는 사람을 느슨하게 풀다
2. **배출하다** =discharge ▶ (붙잡고 있던 것을) 느슨하게 풀다
3. **개봉하다·발표하다** ▶ 작품을 대중에게 풀다

- **release** a prisoner 죄수를 석방하다
- **release** toxic chemicals 유해 화학물질을 배출하다
- **release** a movie[album] 영화를 개봉하다[앨범을 발표하다]

명 1. **석방·해방** =liberation ▶ 묶여 있는 사람을 느슨하게 품
2. **배출·방출** ▶ 안에 있던 것을 느슨하게 품
3. **개봉·발매** ▶ 작품을 대중에게 품

- the **release** of the hostages 인질들의 석방
- the **release** of carbon dioxide 이산화탄소의 배출
- the film's general **release** 그 영화의 일반 개봉

0768 ★★☆ lease
[liːs]

lease : (쥐고 있던 것을) 느슨하게
풀어 내주는 것

명 **임대차 계약**
- take out a two-year **lease** 2년간 임대차 계약을 맺다

동 1. **(돈을 받고) 대여하다·세 주다**
2. **(돈을 내고) 임대하다**

- **lease** the house **to** them 그 집을 그들에게 세 주다
- **lease** land **from** the city 시로부터 땅을 임대하다

0769 ★★☆ relax
[rilǽks]

re 뒤로 +
lax (= loose) 풀린

⇨ (몸·마음을) 뒤로해 풀다

동 1. **편하게 하다**
2. **휴식을 취하다·(긴장을) 풀다**

- feel **relaxed** 편안함을 느끼다
- **relax** over coffee 커피를 마시며 편히 쉬다

relaxed **형** 느긋한·여유 있는

0770 ★★☆ analyze
[ǽnəlàiz]

ana 완전히 + ly풀린 +
(i)ze 동접

⇨ 완전히 풀어헤치다

타 **분석하다**
- **analyze** the data by computer
  그 데이터를 컴퓨터로 분석하다

analysis **명** 분석
≠synthesis (종합)

analyst **명** 분석가

analytic **형** 분석적인

0771 ★★☆ paralyze
[pǽrəlàiz]

para 옆에 +
ly 풀린 + (i)ze 동접

⇨ (몸이) 옆으로 풀리다

타 **마비시키다**
- be **paralyzed** from the waist down
  허리 아래가 마비되다

paralysis **명** 마비
- sleep **paralysis** 수면 마비·가위눌림

DAY
27

연습문제

DAY 27 | 어근 *audi ~ cap, cep*

♥ 영어를 우리말로, 우리말을 영어로 바꾸세요.

1. initiate

2. perish

3. inject

4. reject

5. justify

6. elaborate

7. translate

8. oblige

9. liable

10. analyze

11. 처음의

12. 물체; 목표; 반대하다

13. 주제; 과목; ~의 지배를 받는

14. 조정하다; 적응하다

15. 관련시키다; 이야기하다

16. 결집하다; 회복하다

17. 의지하다 · 믿다

18. 석방하다; 배출하다; 개봉하다

19. 임대차계약

20. 마비시키다

♥ 다음 중 밑줄 친 단어와 같은 뜻을 고르시오.

21. It is time for us to **initiate** a campaign for the environment.
   ① overtake　　② promote　　③ launch
   ④ conserve　　⑤ intensify

22. She **rejected** his requests for a date a number of times before finally saying yes.
   ① submitted　　② turned down　　③ perished
   ④ obliged　　⑤ justified

23. Certain courses are **obligatory** for your degree program, and certain others are merely suggested.
   ① liable　　② complete　　③ favorable
   ④ paradoxical　　⑤ compulsory

♥ 다음 중 밑줄 친 단어의 반대되는 뜻을 고르시오.

24. It is important for a reporter to be totally **objective** when relating the news.
   ① impartial　　② dejected　　③ subjective
   ④ substantial　　⑤ detached

♥ 다음 괄호에 들어갈 알맞은 말을 고르시오.

25. Tens of thousands of people (persisted / perished) in the unprecedented earthquake which left the whole city in ruins.

26. You are more (liable / able) to injury unless you exercise on a steady and regular basis.

27. My girlfriend and I watched the latest (relieved / released) movie at a multiplex cinema yesterday.

28. It will take you only a few hours to (analyze / paralyze) the data by computer.

▶ 정답 *p. 453*

lect / leg / lig : choose 고르다

0772
★★★
collect
[kəlékt]

col (=com) 함께 +
lect 고르다

⇩

골라서 함께 모으다

타 1. **수집하다** ▶ 사물을 골라서 함께 모으다
2. **징수하다** ▶ 세금을 골라서 함께 모으다
3. **모금하다** = raise ▶ 돈을 함께 모으다

- **collect** foreign coins 외국 동전을 수집하다
- **collect** taxes from people 사람들로부터 세금을 징수하다
- **collect** money for the victims 피해자들을 위해 모금하다

collection (명) 1. 수집품 2. 모금
= fund raising

0773
★★☆
elect
[ilékt]

e (x) 밖 + lect 고르다
⇨ (사람을) 골라내다

타 **선출하다**
- **elect** a representative
대표를 선출하다

election (명) 선거

0774
★★☆
select
[silékt]

se 따로 + lect 고르다
⇨ (좋은 것을) 따로 골라내다

타 **선별하다·선택하다** = choose, pick out
형 **엄선된**
- **select** a new coach 새 감독을 선임하다
- use **select** ingredients 엄선된 재료를 사용하다

selection (명) 선발·선택

0775
★☆☆
recollect
[rèkəlékt]

re 다시 + collect 모으다
⇨ (옛 기억을) 다시 모으다

타 **기억해 내다** = remember, recall
- **recollect** what happened
무슨 일이 있었는지 기억해 내다

recollection (명) 기억(력)

0776
★★☆
neglect
[niglékt]

neg (=not) 부정 + lect 고르다
⇨ (일을) 선택하여 하지 않다

타 **소홀히 하다·게을리 하다**
- **neglect** one's children 아이들을 방치하다
- **neglect** one's duty 의무를 다하지 않다

neglectful (형) 태만한 = negligent
negligible (형) 얼마 안 되는

0777
★★☆
intellect
[íntəlèkt]

intel (=inter) 둘 중에 +
lect 고르다
⇨ 둘 중에 더 좋은 것을 골라내는 것

명 **지적 능력·지성**
- a woman of superior **intellect** 지적 능력이 우수한 여자

intelligent (형) 영리한·똑똑한
intellectual (형) 지적인
intelligible (형) 이해할 수 있는

⁰⁷⁷⁸
★★☆

*eleg*ant
[éligənt]

e (x) 밖 +
leg 고르다 + *ant* 형접
⇨ 신경 써서 골라 낸

형 우아한 · 품격 있는 = civilized

- *an elegant piece of furniture*
  우아한 가구 한점

elegance 명 우아함

⁰⁷⁷⁹
★★☆

*dilig*ence
[dílidʒəns]

di (=dis) 따로 +
lig 고르다 + *ence* 명접
⇨ 애써 따로 골라냄

명 근면 · 부지런함 = industry

- *show great diligence* 대단히 근면하다

diligent 형 근면한
diligently 부 부지런히

---

leg (is) : law 법

⁰⁷⁸⁰
★★☆

*leg*al
[líːgəl]

leg 법 + *al* 형접
⇨ 법의

형 1. 법의 · 법률상의
2. 합법적인 = legitimate ≠ illegal (불법적인)

- *take legal action against* ~을 상대로 법적 조치를 취하다
- *make a legal contract* 합법적인 계약을 맺다

legally 부 법률상 · 합법적으로
legality 명 합법성 · 적법성

⁰⁷⁸¹
★★☆

*leg*acy
[légəsi]

leg 법, 법적 권리 + *cy* 명접
⇨ (상속) 법에 의해 갖게 된 것

명 유산 = inheritance

- *leave a legacy* 유산을 남기다

참고 / *heritage* (국가 · 사회의) 유산

⁰⁷⁸²
★★☆

*leg*islate
[lédʒislèit]

legis 법 +
lat(e) (=carry) 옮기다
⇨ 법으로 옮기다

동 (법률을) 제정하다 = enact

- *legislate against hunting animals*
  동물 사냥을 금지하는 법을 제정하다

legislation 명 제정 · 입법
legislative 형 입법(부)의
legislator 명 국회의원
= congressman

⁰⁷⁸³
★★☆

privilege
[prívəlidʒ]

privi (=private) 개인의 +
leg(e) 법 · 법적 권리
⇨ (특정) 개인에게만 적용되는 법

명 특권 · 특혜 = prerogative

- *acquire special privileges* 특별한 권한을 얻다

privileged 형 특권을 가진
≠ underprivileged (혜택을 못 받은)

0784
★★☆

delegate

[délidʒèit]

de 떨어뜨려 +
leg 법·법적 권리 +
ate 동접

⇩

법적 권리를
떨어뜨려주다

타 1. **(권한을) 위임하다** ▶ 남에게 법적 권리를 떨어뜨려 주다

2. **(대표로) 파견하다·선출하다** = elect ▶ 법적 권리를 주어 멀리 보내다

- **delegate** authority **to** him 그에게 권한을 위임하다
- **delegate** him **to** the convention 대회에 그를 대표로 파견하다

명 **(선출된) 대표** [délidʒət] = representative ▶ 법적 권리를 갖게 된 사람

- be appointed as a **delegate** 대표로 임명되다

delegation
명 1. 위임 2. 대표단

---

lev / liev : light 가벼운, raise 올리다

0785
★★☆

elevate

[éləvèit]

e (x) 밖 + lev 가벼운 + ate 동접
⇨ (밖으로 빼내서) 가볍게 만들어서
올리다

타 1. **올리다·높이다** = raise, lift

2. **승진시키다** = promote

- **elevate** blood pressure 혈압을 상승시키다
- be **elevated** to a manager 관리자로 승진하다

elevation
명 1. 향상·승진 2. 높이·고도 = altitude

elevator 명 엘리베이터

0786
★★☆

relevant

[réləvənt]

re 다시 +
lev 가벼운 + ant 형접
⇨ (주제와 맞아) 다시 위로 올려진[부각된]

형 **관련된·적절한** = pertinent ≠ irrelevant (관련없는)

- **relevant to** the subject
  그 주제와 관련된

relevance 명 관련성·적절함

0787
★★☆

relieve

[rilíːv]

re 다시 + lev(e) 가벼운
⇨ 덜어내어 다시 가볍게 해주다

타 **(고통·어려움을) 덜어주다·완화시키다**

= soothe, alleviate

- the way to **relieve** stress 스트레스를 완화시키는 방법

relief 명 1. 완화·안도
2. 구원·구제·구호품
3. 양각

- disaster **relief** 재난 구호물자

liber / liver : free 자유로운

0788 ★★☆ **liberal**

[líbərəl]

liber 자유로운 + al 형접

⇩

얽매이지 않고 자유로운

형 1. **후한·아끼지 않는** = generous ▶ 얽매이지 않고 자유롭게 주는

2. **진보적인** = progressive ▶ 전통에 얽매이지 않고 자유로운
≠ conservative (보수적인)

3. 《교육》 **교양의·인문학의** ▶ 생각이 얽매이지 않고 자유로운

- make a **liberal** donation 후하게 기부하다
- a **liberal** politician 진보적인 정치가
- the **liberal** arts 인문학

liberty
명 자유 = freedom

liberalism
명 (정치적) 진보주의

liberate
동 자유롭게 해주다

0789 ★★★ **deliver**

[dilívər]

de (=off) 떨어져 + liver 자유로운

⇩

떨어내어[내보내어] 홀가분하게 하다

동 1. **배달하다** ▶ 물건을 내보내어 홀가분하게 하다

2. **(연설·강의를) 하다** ▶ 마음속의 생각을 내보내어 홀가분하게 하다

3. **(아기를) 분만시키다** ▶ 아이를 내보내어 홀가분하게 하다

4. **해방시키다·구출하다** ▶ 안전하게 내보내어 홀가분하게 하다

5. **(약속을) 이행하다** ▶ 의무를 이행하여 홀가분해지다

- **deliver** a letter[package] 편지[소포]를 배달하다
- **deliver** a speech 연설하다
- **deliver** her of a baby 그녀에게서 아이를 분만시키다
- **deliver** him from danger 그를 위험으로부터 구출하다
- **deliver** on one's promise 약속을 이행하다

delivery
명 1. 배달 2. 연설 3. 출산

deliverance
명 해방

---

limin : border 경계, limit 한계

0790 ★★☆ **eliminate**

[ilímənèit]

e (=ex) 밖 + limin 경계 + ate 하다

⇨ 경계 밖으로 몰아내다

타 **제거하다·없애다** = remove, get rid of

- **eliminate** waste products 폐기물들을 없애다
- **eliminate** an answer choice 하나의 선택지를 제거하다

elimination 명 제거·배제

0791 ★★☆ **preliminary**

[prilímənèri]

pre 이전의 + limin 경계 + ary 형접

⇨ (시작하는) 경계 이전의

형 **예비의** = preparatory

명 **예비 절차**

- the **preliminary** round of the tournament
토너먼트의 예선전

liter : letter 글자

0792 ★★☆
*liter*al
[lítərəl]

liter 글자 + al 형접
⇨ 글자의

형 1. **글자 그대로의** ≠ *figurative* (비유적인)
2. **직역의**
- a ***literal*** translation 직역

literally **부** 글자 그대로

0793 ★★☆
*liter*ate
[lítərət]

liter 글자 + ate 형접
⇨ 글자를 아는

형 **(글을) 읽고 쓸 줄 아는** ≠ *illiterate* (문맹의)
- become ***literate*** in English
영어를 읽고 쓸 수 있게 되다

literacy **명** 읽고 쓸 줄 아는 능력

0794 ★★☆
*liter*ary
[lítərèri]

liter 글자 + ary 형접
⇨ 글을 짓는

형 **문학의 · 문학적인**
- a ***literary*** work 문학작품
- win a ***literary*** prize 문학상을 타다

literature **명** 1. 문학 2. 문헌
- study English ***literature*** 영문학을 공부하다

---

loc : place 장소

0795 ★★☆
*loc*al
[lóukəl]

loc 장소 + al 형접
⇨ (특정한) 장소의

형 **지역의 · 현지의** = *regional*
- a ***local*** custom[restaurant] 지역 관습[현지 식당]

locality **명** (특정) 장소 · 지역
locale **명** (배경) 장소

0796 ★★☆
*loc*ate
[lóukeit]

loc 장소 +
ate 동접
⇩
장소를 정하다

타 1. **~에 위치시키다** ▶ 어떤 것의 장소를 정하다
2. **~의 위치를 찾아내다** ▶ 어떤 것의 장소를 확인하다
- be ***located*** by the river 강 옆에 위치하다
- ***locate*** the suspect 용의자의 위치를 찾아내다

location **명** 장소 · 위치
relocate **동** (회사를) 이전하다

범인이 산 중턱에서 오줌을 싸고 있다!

0797 ★★☆
*al*loc*ate*
[ǽləkèit]

al(=ad) ~에 +
locate 위치시키다
⇨ (사물을) ~에게 위치시키다

타 **할당하다** = *allot, assign*
- ***allocate*** the budget **for** disaster relief
예산을 재난구호에 할당하다
- ***allocate*** the resources appropriately
자원을 적절하게 할당하다

allocation **명** 할당(량)

log (u) : speak 말하다

0798
★★☆
logical
[ládʒikəl]

logic 논리 + *al* 형접
⇨ 논리적인

형 **논리적인 · 타당한** = *justifiable*
≠ *illogical* (비논리적인)
- a **logical** argument 논리적인 주장

logic 명 논리(학)

0799
★★☆
apologize
[əpάlədʒàiz]

apo (=off) 떨어져 +
log 말 + *ize* 동접
⇨ (책임에서) 떨어지다

자 **사과하다** = *make an apology*
- **apologize** to A for B   A에게 B에 대해 사과하다

apology 명 사과
- *make an* **apology** 사과하다

apologetic 형 사과의[하는]

0800
★☆☆
monologue
[mάnəlɔ̀ːg]

mono 혼자 + *logu(e)* 말
⇨ 혼자서 하는 말

명 **독백** = *soliloquy*
- *play a* **monologue** 독백을 연기하다

0801
★★☆
prologue
[próulɔːg]

pro 앞 + *log* 말하다 +
ue 명접
⇨ 앞에 하는 말

명 **머리말 · 프롤로그** = *introduction*
≠ *epilogue* (맺음말 · 에필로그)
- *the* **prologue** *to this novel* 이 소설의 도입부

연습문제

DAY 28 | 어근 lect- ~ log(u)-

♥ 영어를 우리말로, 우리말을 영어로 바꾸세요.

1. elect
2. neglect
3. diligence
4. legacy
5. legislate
6. relevant
7. liberal
8. eliminate
9. allocate
10. apologize
11. 수집하다; 모금하다
12. 우아한 · 품격 있는
13. 특권, 특혜
14. (권한을) 위임하다; 파견하다
15. 덜어주다, 완화시키다
16. 배달하다; (연설)하다
17. 예비의
18. 글자 그대로의; 직역의
19. (글을) 읽고 쓸 줄 아는
20. ~에 위치시키다

♥ 다음 중 밑줄 친 단어와 같은 뜻을 고르시오.

21. Talking about the personal life of employees is not **relevant** to a discussion of their ability to do their job.
   ① pertinent　　② trivial　　③ legitimate
   ④ opportune　　⑤ momentous

22. The government has been cutting budgets in various departments in an effort to **eliminate** the deficit.
   ① decline　　② put off　　③ defeat
   ④ eradicate　　⑤ get rid of

23. The government has agreed to **allocate** funds for the restoration of the old town.
   ① administer　　② allot　　③ boost
   ④ transfer　　⑤ appropriate

♥ 다음 중 밑줄 친 단어의 반대되는 뜻을 고르시오.

24. The Japanese government has been trying to **legislate** more holiday time for its workers because people often don't use their vacation time in that country.
   ① execute　　② enforce　　③ abstain
   ④ abolish　　⑤ commemorate

♥ 다음 괄호에 들어갈 알맞은 말을 고르시오.

25. The Korean people (select / elect) representatives into office to make these important decisions on their behalf.

26. The parents were sent to prison after pleading guilty to abusing and (fostering / neglecting) their four children.

27. At the age of 29, he was appointed as a (delegate / deletion) to the United Nations.

28. Every student became (literate / literal) in English after receiving more than two years of education at the school.

▶ 정답 p. 453

lus / lud : play 장난치다

DAY 29

0802 ★★☆
delusion
[dilúːʒən]

de 강조 +
lus 장난치다·가지고 놀다
+ ion 명접
⇨ (자기 생각을) 가지고 노는 것

명 망상
- **delusions** of grandeur 과대망상

delude 동 속이다

0803 ★★☆
illusion
[ilúːʒən]

il (=in) 안 + lus 장난 + ion 명접
⇨ 마음속의 장난 같은 것

명 환상·착각 = misunderstanding
- optical **illusion** 착시 현상
- be under the **illusion** 착각[환상]에 빠져 있다

illusory 형 환상에 불과한
illusionist 명 마술사·요술쟁이
= magician

---

magni / master / major / majes : great 큰

0804 ★★☆
magnify
[mǽgnəfài]

magni 큰 + fy 동접(만들다)
⇨ 크게 만들다

동 확대하다 = enlarge
- a **magnifying** glass 돋보기[확대경]
- **magnify** the image 10 times
  이미지를 10배 확대하다

magnification 명 확대

0805 ★★☆
magnitude
[mǽgnətjùːd]

magni 큰 +
tude 명접
⇨ (사건이나 별 등의) 크기

명 1. (큰) 규모·중요성
2. (별의) 광도; (지진의) 진도
- realize the **magnitude** of the problem 그 문제의 중요성을 깨닫다
- a star of the first **magnitude** 일등성

0806 ★★☆
magnificent
[mægnífəsnt]

magni 큰 +
fic 만들다 + ent 형접
⇨ 크게 만들어진

형 웅장한·장엄한 = grand, splendid
- a **magnificent** palace 웅장한 궁전
- a **magnificent** banquet 성대한 연회

magnificence
명 웅장함·훌륭함

0807
★★☆

master
[mǽstər]

mast 큰 +
er 비교급 접미어

⇩

더 큰 사람

명 1. **주인** ▶ 남에게 법적 권리를 떨어뜨려 주다
2. **달인·대가** ▶ 어떤 분야에서 재능이 자기보다 더 큰 사람
3. **석사** ▶ 가르칠 권한을 받은 큰 사람
- ask the **master's** permission 주인의 허락을 청하다
- the work of a **master** 대가의 작품
- a **master's** degree 석사 학위

타 **통달[숙달]하다** ▶ 어느 분야에서 큰 사람이 되다
- **master** new skills 새로운 기술을 숙달하다

mistress 명 여자 주인
mastery 명 숙달·통달
maestro
명 (음악의) 거장·마에스트로
참고 / *a bachelor's degree* 학사 학위
a master's degree 석사 학위
a doctor's degree = a PhD
박사 학위

0808
★★☆

masterpiece
[mǽstərpiːs]

master 대가 +
piece (한 점의) 작품
⇨ 대가의 작품

명 **걸작·명작**
- the **masterpiece** of Picasso
피카소의 걸작

0809
★★☆

major
[méidʒər]

⇩

큰

형 1. **주요한·중대한** = main, principal ▶ 관심이 큰
2. **심각한** = serious ▶ (나쁜 의미로) 관심이 크게 가는
- a **Major** League Baseball game 메이저리그 야구 경기
- a **major** disease 심각한 질병

자 **전공하다** ▶ ~에 관심을 크게 가지다
- **major in** history 역사를 전공하다

majority
명 1. 다수 2. (선거에서) 득표 차
- **majority** rule 다수결 원칙
- win the election by a large **majority**
선거에서 큰 득표 차로 이기다

참고 / *minor in* ~을 부전공하다

0810
★★☆

majestic
[mədʒéstik]

majes 큰 + tic 형접
⇨ 크고 위엄있는

형 **장엄한·위엄있는** = large and beautiful
- **majestic** mountain[temple] 웅장한 산[절]

majesty
명 1. 웅장함 2. 《M-》(호칭으로) 폐하
- Your **Majesty** 폐하

mand / mend : 1. order 명령하다 2. entrust 맡기다

0811
★★★
command
[kəmǽnd]

com 강조 +
mand 명령하다

⇩

아래로 명령하다

타 1. **명령하다** = order ▶ 위에서 아래로 명령하다
2. **(당연하게) ~를 받다** = deserve ▶ 명령하듯이 당연한 것으로 요구하다
3. **(장소가) ~을 내려다보다** = overlook ▶ 명령하는 듯한 높은 위치에 있다
- **command** the soldiers **to** withdraw 병사들에게 후퇴하라고 명령하다
- **command** a high salary 고액의 월급을 받다
- **command** a fine view 전망이 좋다

명 1. **명령 · 지휘(부)** ▶ 위에서 내려 보며하는 명령
2. **능력 · 구사력** = skill ▶ 명령하듯이 언어를 마음껏 다룸
- troops under his **command** 그의 지휘를 받는 병력들
- have a good **command** of English 영어를 잘 구사하다

어법 / **command A to V** A를 ~하라고 명령하다

commander
명 지휘관

commanding
형 우세한 · 위엄 있는

0812
★★★
demand
[dimǽnd]

de 강조 + mand 명령하다
⇨ 강력히 명령하듯이 말하다

타 **(강력히) 요구하다** = claim
명 **요구 · 수요**
- **demand** an apology[refund] 사과[환불]를 요구하다
- a **demand for** foreign cars 외제차에 대한 수요

demanding 형 힘든 · 부담이 큰
= exacting, burdensome

0813
★★☆
recommend
[rèkəmǽnd]

re 강조 +
com 강조 + mend 맡기다
⇨ (좋다고) 완전히 맡기다

타 **추천하다 · 권장하다**
- **recommend** him for the job 그를 그 일에 추천하다

recommendation
명 추천(서) · 권장
- a letter of **recommendation** 추천서

---

manu / man ⓘ / main : hand 손

0814
★★☆
manual
[mǽnjuəl]

manu 손 + al 형접

⇩

손의

형 1. **수동의** ≠ automatic (자동의) ▶ 손으로 직접 하는
2. **육체노동의** ▶ 일이 손[육체]을 이용하는
- the **manual** function of the camera 그 카메라의 수동 기능
- a **manual** laborer 육체노동자

명 **(사용) 설명서** = specification ▶ (작동 법을 알려주는) 사용 설명서
- a user's **manual** 사용 설명서

⁰⁸¹⁵
★☆☆

manuscript
[mǽnjuskrìpt]

manu 손 + script 쓴 것
⇨ 손으로 쓴 것

명 원고·필사본

- *read one's **manuscript*** ~의 원고를 읽다

⁰⁸¹⁶
★★★

manage
[mǽnidʒ]

man 손 + age 동접
⇩
(말을)
손으로 다루다

동 1. **관리하다·경영하다** =*run* ▶ 조직을 자기 손으로 다루다
2. **간신히[어떻게든] 해내다** ▶ 상황을 자기 손으로 잘 다루다

- ***manage** the department* 그 부서를 관리하다
- ***manage** to pass the exam* 간신히 시험에 합격하다

참고 / ***manage to V*** 간신히[가까스로] ~해내다

management
명 경영(진)·관리

manager
명 경영[관리]자·(스포츠) 감독

⁰⁸¹⁷
★★☆

manipulate
[mənípjulèit]

mani 손 + pul (=*fill*) 채우다 +
ate 동접 ⇨ 잘 다루어서 (광석을)
손 가득 채우다

타 1. **(기계 등을) 다루다·조종하다**
2. **(나쁜 의도로) 조작하다**

- ***manipulate** a computer mouse*
  컴퓨터 마우스를 조작하다
- ***manipulate** public opinion*
  여론을 조작하다

manipulation
명 조작·조종

⁰⁸¹⁸
★★★

maintain
[meintéin]

main 손 + tain (=*hold*) 잡고 있다
⇩
손으로 잡고 있다

타 1. **유지하다** ▶ 현 상태를 손으로 잡고 있다
2. **(가족을) 부양하다** ▶ 가족을 포기 않고 손으로 계속 잡고 있다
3. **주장하다** =*assert* ▶ 자신의 생각을 계속 잡고 있다

- ***maintain** friendly relations with ~* ~와 친근한 관계를 유지하다
- ***maintain** one's family* 가족을 부양하다
- ***maintain** that he is innocent* 그가 결백하다고 주장하다

maintenance
명 1. 유지 2. (가족) 부양

---

mechan : **machine** 기계

⁰⁸¹⁹
★★☆

mechanic
[məkǽnik]

mechan 기계 + ic 명접
⇨ 기계를 다루는 사람

명 기계공·정비공

- *a car **mechanic*** 자동차 정비공

mechanical **형** 기계적인
mechanics
명 1. 《단수 취급》 기계학 2. 기술·기법

0820 ★★☆

mechanism
[mékənìzm]

mechan 기계 +
ism 명접

⇩

기계의 움직임

명 1. **기계 장치** ▶ 여러 기계들이 함께 움직이는 것
2. **체계·구조·방식** = system ▶ 서로 짜여져 기계적으로 움직이는 것

- the **mechanism** of a clock 시계의 기계 장치
- the **mechanism** of market economy 시장경제의 메커니즘

---

medi : middle 중간

0821 ★★☆

medium
[míːdiəm]

medi 중간 + um 명접

⇩

중간에 있는 것

명 1. **(대중) 매체** → 《복수》 media ▶ 뉴스를 전하는 중간에 있는 것
2. **수단** → 《복수》 mediums ▶ 목적을 이루기 위한 중간 단계

- mass **media** 대중 매체
- a **medium** of communication 의사소통 수단

형 **중간의** ▶ 중간 상태인

- small and **medium**-sized enterprises 중소기업

multimedia
형 다중 매체의·멀티미디어의

참고 /
스테이크를 굽는 세 가지 방법!
rare 살짝 익힌
medium 중간 정도로 구운
well done 완전히 익힌

0822 ★★☆

medieval
[mìːdíːvəl]

medi 중간 + ev (=age) 시대 +
al 형접 ⇨ 중간 시대의

형 **중세의** (5 ~ 15 세기를 가리킴)

- the culture of **medieval** europe
  중세 유럽의 문화

0823 ★★☆

mediate
[míːdièit]

medi 중간 + ate 동접
⇨ 중간에서 역할을 하다

동 **중재하다**

- **mediate** the dispute 분쟁을 중재하다

mediation 명 중재
mediator 명 중재자

0824 ★★☆

immediate
[imíːdiət]

im (=not) 없는 + medi 중간 +
ate 형접 ⇨ 중간 (과정)이 없는

형 1. **즉각적인·즉시의** = instant
2. **(공간적으로) 바로 옆의** = close

- take **immediate** action 즉각적인 조치를 취하다
- sit to my **immediate** right 내 바로 오른쪽에 앉다

immediately
부 1. 즉시·즉각 2. 바로 옆에

ment / mind / monu : mind 마음 · 정신

0825 ★★☆
mental
[méntl]

ment 정신 + al 형접
⇨ 정신의[적인]

🔶형 **정신의[적인]** ≠ physical (신체의)
* **mental** illness 정신병

mentality 명 사고방식

0826 ★★☆
mention
[ménʃən]

men 생각 + tion 명접
⇨ 생각을 보여주는 것

🔵명 **언급** = remark
🔴타 **언급하다** = comment
* Don't **mention** it. 그런 말씀 마세요.[별 말씀을요.]

숙어 / **not to mention** ~은 말할 것도 없고 = let alone

0827 ★★☆
co**mment**
[kάment]

com 강조 + ment 생각
⇨ 생각을 확실히 보여줌

🔵명 **언급 · 논평**
🔴동 **언급하다 · 논평하다** = remark
* **comment** on the bribery scandal
뇌물 스캔들에 대해서 논평하다

commentary 명 해설 · 논평

0828 ★★☆
re**mind**
[rimάind]

re 다시 + mind 마음
⇨ 다시 마음속에 떠오르게 하다

🔴타 **(다시) 생각나게 하다 · 상기시키다**
* **remind** me of my mother
내게 어머니를 상기시키다

어법 / **remind A of B** A에게 B를 생각나게 하다

reminder
명 생각나게 하는 것 · 독촉장

0829 ★★☆
monument
[mάnjumənt]

monu 마음 · 기억 + ment 명접
⇨ (다시) 마음에 떠오르게 하는 것

🔵명 **기념비 · 기념물**
* erect a **monument** 기념비를 세우다

monumental
형 기념비적인 · 엄청난

mon : warn 경고하다·알리다

0830 ★★☆ **mon**ster
[mánstər]

mon 경고하다 + ster 명접
⇨ (불행을) 경고해주는 것

(옛날 서양 사람들은 '괴물'이 나타나면 재앙이 임박했음을 '경고하는 신호'라 여긴 데에서 유래)

명 괴물

- a sea **monster** 바다 괴물
- the nine-headed **monster** 머리가 아홉게 달린 괴물

monstrous
형 1. 거대한 = gigantic
　　2. (엄청나게) 나쁜·사악한 = wicked

0831 ★★☆ **mon**itor
[mánətər]

mon(it) 알리다 +
or 명접

⇩

잘못을 알려주는 사람

명 1. 반장·학급 위원　▶ (잘못을) 알려주는 사람
　　2. 감시 장치　▶ (이상 있음을) 알려주는 것
　　3. 화면·모니터　▶ (정보를) 알려주는 것

- the library **monitor** 도서관 관리 위원(학생)
- put a **monitor** in the nursery 놀이방에 감시 장치(CCTV)를 설치하다
- a computer **monitor** 컴퓨터 모니터

타 감시하다·관찰하다 = watch and check　▶ (알리기 위해) 추적 관찰하다

- **monitor** one's blood pressure 혈압을 관찰하다

0832 ★★☆ sum**mon**
[sʌ́mən]

sum(=sub) 아래 +
mon 알리다

⇩

아래로 알리다

타 1. 소환하다·부르다 = call　▶ (위에서) 아래로 알리다(하달하다)
　　2. (용기·힘을) 내다　▶ 알려주어 불러내다

- be **summoned** to court 법정에 소환되다
- **summon** one's courage 용기를 내다

0833 ★★☆ de**mon**strate
[démənstrèit]

de 강조 +
mon(str) 보여주다 + ate 동접

⇩

확실히 보여주다

타 보여주다·입증하다 = substantiate　▶ 남에게 확실히 보여주다

- **demonstrate** a technology[talent] 기술[재능]을 입증하다

자 시위운동하다 = protest　▶ 자신의 의사를 확실히 보여주다

- **demonstrate** against the war 반전 시위를 벌이다

demonstration
명 1. 실증·시범
　　2. 시위운동·데모

- give a **demonstration**
시범을 보이다

demonstrator
명 1. 시범을 보이는 사람
　　2. 시위자 = protester

demonstrative
형 (감정을) 숨기지 않는

연습문제

DAY 29 | 어근 lus- ~ mon-

♥ 영어를 우리말로, 우리말을 영어로 바꾸세요.

1. *magnify*

2. *magnificent*

3. *majestic*

4. *recommend*

5. *maintain*

6. *medieval*

7. *mediate*

8. *remind*

9. *monument*

10. *summon*

11. 망상

12. 환상 · 착각

13. 걸작, 명작

14. 명령하다; 내려다보다

15. 요구하다; 수요

16. 원고 · 필사본

17. 조종하다; 조작하다

18. 기계공, 정비공

19. 즉각적인; (공간적으로) 바로 옆의

20. 입증하다; 시위운동하다

♥ 다음 중 밑줄 친 단어와 같은 뜻을 고르시오.

21. A lot of teachers **demonstrated** against cuts to the education budget.

① determined ② established ③ protected
④ protested ⑤ indicated

22. The officer **commanded** his troops to attack the fortress.

① encouraged ② required ③ ordered
④ compelled ⑤ enabled

23. Experts **maintain** that refrigerating champagne or other white wines for more than a few hours can dull the flavor.

① consist ② insist ③ persist
④ subsist ⑤ resist

♥ 다음 중 밑줄 친 단어의 반대되는 뜻을 고르시오.

24. I can't drive her car because it has a **manual** transmission.

① regular ② elaborate ③ monumental
④ smooth ⑤ automatic

♥ 다음 괄호에 들어갈 알맞은 말을 고르시오.

25. The group (asks / demands) an apology from the doctor for making rude comments towards ill patients.

26. Many citizens had strong suspicions that media (managed / manipulated) public opinion on important issues.

27. He was (submitted / summoned) to court as a witness for the defense in the criminal trial.

28. The government organized a task force to (mediate / meditate) the dispute between the management and the unions.

merc (h) : trade 거래하다

DAY 30

0834
★★☆

merch**ant**
[mɔ́:rtʃənt]

merch 거래하다 + ant 명접
⇨ (물품을) 거래하는 사람

명 상인 · 무역상 = trader, dealer

- an arabian **merchant** 아라비아 상인

merchandise **명** 상품 · 물품

0835
★★☆

com**merc**ial
[kəmɔ́:rʃəl]

com 서로 +
merc 거래하다 + ial 형접
⇨ 서로 거래하는

형 상업의

명 상업 광고

- the **commercial** heart of the city 그 도시의 상업 심장부
- a TV **commercial** TV 광고방송[CF]

commerce **명** 상업 · 무역

- electronic **commerce** 전자 상거래

---

meter / mens / meas : measure 재다 · 측정하다

0836
★★☆

thermo**meter**
[θərmámətər]

therm 열 +
meter 재는 것 ⇨ 열을 재는 것

명 온도계

- use a **thermometer** 온도계를 사용하다

0837
★★☆

im**mens**e
[iméns]

im 부정 +
mens 측정하다 + e 형접
⇨ (너무 커서) 측정되지 않는

형 엄청난 · 어마어마한 = huge, enormous

- an **immense** amount[territory] 엄청난 양[영토]

immensely **부** 엄청나게 · 대단히

0838
★★☆

di**mens**ion
[diménʃən]

di(s) 멀리 · 따로 +
mens 재다 + ion 명접

⇩

따로따로 잰 것

명 1. (공간 등의) **크기 · 치수** ▸ 사물의 치수를 따로따로 잰 것
2. 《-s》 **규모 · 범위** = extent ▸ 어떤 일의 크기를 잰 것
3. **측면 · 차원** ▸ 공간의 크기를 따로따로 잰 것

- measure the **dimensions** of the room 방의 치수를 재다
- the vast **dimension** of the disaster 그 재난의 엄청난 규모
- the fourth **dimension** 4차원

dimensional

형 1. 치수의 2. 차원의

- a three-**dimensional** movie
3차원(3D) 영화

0839
★★☆

*mea*sure
[méʒər]

meas 재다 + *ure* 명접

⇩

측정값

명 1. (측정) 단위 ▶ 측정할 때 기본이 되는 것
2. (판단의) 척도·기준 = *standard* ▶ 측정의 기준
3. (꽤 많은) 양·정도 ▶ 측정이 될 만한 양
4. 《주로 ~s》 조치·대책 = *action, step* ▶ 나쁜 것이 측정되어 하는 일

- a *measure* of length 길이의 측정 단위
- a *measure* of happiness 행복의 척도
- achieve a *measure* of success 상당한 성공을 거두다
- take *measures* to reduce ~을 줄이기 위한 조치를 취하다

타 재다·측정하다 ▶ 측정하다

- *measure* the distance 거리를 재다

숙어 / *measure* up to ~에 필적하다 = *match*

measurement
명 1. 측정 2. 치수·크기

measurable
형 1. 측정할 수 있는
2. 눈에 띄는
= *significant*

---

migr : move 이동하다

0840
★★☆

*migr*ate
[máigreit]

migr 이동하다 +
ate 명접 ⇨ 이동하다

자 (집단으로) 이주하다

- *migrate* to a warmer region
  더 따뜻한 지역으로 이동하다

내가 통일을 파서?

migration 명 이주·이동
migratory 형 이주하는
migrant 형 이주하는
명 이주민·철새

0841
★★☆

e*migr*ate
[émigrèit]

e (=ex) 밖 +
migr 이동하다 + *ate* 동접
⇨ (타국으로) 이동해 나가다

자 이민 가다·(타국으로) 이주하다

- *emigrate* to America
  미국으로 이민 가다

숙어 / *emigrate* (from A) to B (A에서) B로 이민 가다

emigration
명 (타국으로의) 이민·이주
emigrant
명 (타국으로의) 이민[이주]자

0842
★★☆

im*migr*ate
[ímigrèit]

im 안 +
migr 이동하다 + *ate* 동접
⇨ (타국에서) 이주해 들어오다

자 (타국에서) 이민 오다·이주해 오다

- *immigrate* from other countries
  다른 나라들에서 이민오다

immigration
명 (타국에서 오는) 이민·이주
immigrant
명 (타국에서 온) 이민[이주]자

- illegal *immigrants* 불법 이민자들

min (i) / minu : small 작은

0843 ★★☆

minimum
[mínəməm]

mini 작은 + mum 최상급 명접
⇨ 가장 적은 것 ⇨ 최소(의)

명 **최소한도·최저(치)** ≠ *maximum* (최고·최대(치))

형 **최소의·최저의**
- *a bare* **minimum** 최저수준
- *the* **minimum** *wage* 최저임금

0844 ★★☆

minor
[máinər]

min(i) 작은 +
or 비교급 형접

⇩

더 작은

형 **작은·가벼운** ≠ *major* (중대한·중대한) ▶ 중요도가 더 작은
- *a* **minor** *crime[injur]* 가벼운 범죄[부상]

명 1. **미성년자** ▶ (성인에 비해) 더 작은 사람
2. **부전공** ▶ 전공에 비해 더 작은 과목
- *sell alcohol to a* **minor** 미성년자에게 술을 팔다
- *take history as my* **minor** 부전공으로 사학을 공부하다

minority 명 소수 (집단)
≠ *majority* (다수·득표 차)

0845 ★★☆

minister
[mínəstər]

mini 작은 + ster 사람

⇩

(신분이) 작은 사람인
하인·종

명 1. **성직자·목사** = *priest* ▶ 하나님의 종 역할을 하는 사람
2. **《英》장관·각료** ▶ 왕[대통령]의 하인 역할을 하는 사람
= 《美》 *Secretary*
- *the* **minister** *of the church* 그 교회의 목사
- *the Prime* **Minister** 총리

ministry
명 1. 성직자; 목회 (활동)
2. (정부) 부처

0846 ★★☆

ad**min**ister
[ədmínəstər]

ad ~에 +
minister 하인

⇩

~의 하인 역할을 하다

타 1. **관리하다·운영하다** = *manage* ▶ 하인[관리인]의 역할을 하다
2. **(법을) 집행하다** ▶ 하인[관리인]의 역할로 법을 실행하다
3. **(약을) 투약하다** ▶ 의사가 내린 처방을 실행하다
- **administer** *a charity* 자선 단체를 운영하다
- **administer** *justice* 법을 집행하다
- **administer** *this drug* 약을 투약하다

ad**min**istration
명 1. 관리
2. 《A-》 (미국의) 행정부
- *the Trump* **Administration**
트럼프 행정부(= 미국 정부)

ad**min**istrator
명 관리자

0847 ★★☆

di**min**ish
[dimíniʃ]

di(= de) 강조 +
mini 작은 + sh 동접
⇨ 완전히 작아지게 하다

통 **줄(이)다·약화시키다** = *reduce, lessen*
- *the illness that* **diminishes** *his strength*
그의 힘을 약화시키는 병

di**min**ution
명 감소·축소

di**min**utive
형 아주 작은

0848 ★★☆

minute

[mínit]

min(u) 작은 + te 명접

⇩

작게 쪼갠 것

명 1. (시간의) 분 ▶ 한 시간을 60개로 작게 쪼갠 것
2. 잠깐 = moment ▶ 작게 쪼개진 짧은 시간
3. 《-s》 회의록 ▶ 회의 내용을 작게 간단히 쓴 것

- *arrive 25 minutes late* 25분을 늦게 도착하다
- *talk for a minute* 잠깐동안 이야기하다
- *take the minutes during the meeting* 회의 시간동안 회의록을 작성하다

형 1. 상세한 ▶ 작은 것까지 포함하는
2. 아주 작은 = minuscule ▶ 양이 아주 작은

- *a minute investigation* 아주 세심한 조사
- *a minute amount of money* 아주 작은 양의 돈

주의 /
minute
형용사 발음 : [mainjúːt]
미닡(X) → 마이뉴-트(O)

---

min / moun : project 튀어나오다

0849 ★★☆

eminent

[émənənt]

e (x) 밖 +
min 튀어나오다 + ent 형접
⇨ (눈에 띄게) 밖으로 튀어나온

형 저명한·탁월한 = famous, noted

- *an eminent doctor[scholar]* 저명한 의사[학자]

eminence **명** 명성

0850 ★★☆

prominent

[prámənənt]

pro 앞 +
min 튀어나오다 + ent 형접
⇨ (눈에 띄게) 앞으로 튀어나온

형 1. 돌출된·두드러진 = conspicuous
2. (인물이) 중요한·유명한 = celebrated

- *a prominent chin* 튀어나온 턱(= 주걱턱)
- *a prominent musician[scientist]*
  유명한 음악가[과학자]

prominence **명** 명성·중요성
prominently
부 두드러지게·눈에 띄게

0851 ★★☆

imminent

[ímənənt]

im (=upon) 위 +
min 튀어나오다 + ent 형접 ⇨
~위로 돌출하여 가까이 있는

형 임박한·곧 닥칠 = impending

- *in imminent danger* 임박한 위험에 처한

imminence **명** 임박·위급

0852
★★☆

mount

[maunt]

mount 튀어 오르다

⇩

(튀어) 오르다

동
1. **오르다 · 올라타다** ▶ 말이나 계단 등에 오르다
2. **커지다 · 증가하다** = *increase* ▶ 수량이 서서히 오르다
3. **(중요한 일을) 시작하다** ▶ 본격적으로 일에 올라타다

- *mount* a horse[platform] 말[연단]에 오르다
- *mounting* tension between the two countries 양국간의 고조되는 긴장
- *mount* a protest 시위를 시작하다

---

mir / *mar* : **wonder** 놀라다

0853
★★☆

miracle

[mírəkl]

mir (a) 놀라다 +
cle 명접
⇨ 놀라운 것

명 기적 = *a wonderful event*

- an economic *miracle* 경제 기적

miraculous **형** 기적의 · 기적 같은

= *amazing*

0854
★★☆

admiration

[ǽdmǝréiʃǝn]

ad ~에 +
mira 놀라다 + *tion* 명접
⇨ (좋은 의미로) ~에 놀람

명 존경 · 감탄

- deserve our *admiration* 우리의 존경을 받을만하다

비교 / *admiral* (해군) 제독

admire **타** 존경하다 · 감탄하다

admirable **형** 존경[감탄]스러운

0855
★★☆

marvel

[máːrvəl]

mar (vel) 놀라움

명 경이로움 = *wonder*

자 놀라다

- the *marvel* of nature 자연의 경이로움
- *marvel* at his scholarship 그의 학식에 놀라다

marvelous **형** 놀라운 · 아주 좋은

= *wonderful*

---

mit / *mis* : **send** 보내다

0856
★★★

admit

[ædmít]

ad ~로 + *mit* 보내다

⇩

안으로 들여보내다

타
1. **(마지못해) 인정하다** ▶ 자기 것이라며 들여보내다
2. **(들어가는 것을) 허락하다** ▶ 어떤 장소 안으로 들여보내다

- *admit* one's wrongdoing[fault] 범죄[과실]를 인정하다
- be *admitted* to the hospital 병원에 입원하다

admission

명 1. 인정 2. 입장(료) · 입학 · 입원

admittance **명** 입장 허가

0857
★★★

commit
[kəmít]

com 강조 + *mit* 보내다

⇩

완전히 보내다

타 1. **맡기다 · 헌신하다** ▶ 사람을 어떤 곳으로 보내다
2. 《oneself》 **약속하다 · 언명하다**
▶ 자신의 의지를 입 밖으로 보내다
3. **저지르다** ▶ 나쁜 생각을 행동으로 내보내다

- **commit** the criminal **to** prison 그 범죄자를 감옥에 보내다
- **commit oneself to** do ~하겠다고 약속하다
- **commit** a crime 범죄를 저지르다

commission
(명) 1. 위원회 = committee
2. 수수료 · 커미션 3. 의뢰

commitment
(명) 1. 헌신 · 전념 = devotion
2. 약속 · 공약

committed (형) 헌신적인
= devoted

0858
★★☆

emit
[imít]

e(x) 밖 + *mit* 보내다
⇨ 밖으로 내보내다

타 (빛 · 가스 · 소리 등을) **내다 · 내뿜다** = give off

- **emit** smoke[heat] 연기[열]를 내뿜다

emission (명) 1. 배출 2. 배출 물질

0859
★★☆

omit
[oumít]

e(b) 강조 + *mit* 보내다
⇨ (빼서) 내보내다

동 1. **빠뜨리다 · 생략하다**
2. **~하는 것을 빠뜨리다**

- **omit** a name from the list 이름을 명단에서 빠뜨리다
- **omit** to mention his name 그의 이름을 언급하는 것을 빠뜨리다

omission (명) 누락 · 생략

0860
★★☆

permit
[pərmít]

per 통과하여 + *mit* 보내다
⇨ 통과시켜 보내다

타 **허락하다** = allow
명 **허가증**

- **permit** development in an area 지역의 개발을 허용하다
- issue a **permit** 허가증을 발행하다

permission (명) 허락 · 승인

0861
★★★

submit
[səbmít]

sub 아래 + *mit* 보내다

⇩

다른 사람의
아래로 보내다

동 1. **제출하다** = file, hand in ▶ 문서를 다른 사람 아래로 보내다
2. **항복[굴복]하다** = yield, surrender ▶ 자신을 다른 사람 아래로 보내다

- **submit** an application 신청서를 제출하다
- **submit** to a conqueror 정복자에게 굴복하다

어법 / **submit to N** ~에 항복[굴복]하다

submission
(명) 1. 제출
2. 굴복 · 순종
= obedience

submissive
(형) 순종적인 = compliant

0862 ★★☆ transmit

[trænsmít]

trans 가로질러 + *mit* 보내다
⇨ (이쪽→ 저쪽) 가로질러 보내다

타 1. **전송하다**
2. **(병을) 전염시키다**

- **transmit** *documents by fax* 팩스로 서류를 전송하다
- *sexually* **transmitted** *diseases* 성병

transmission
명 1. 전송·전달 2. 전염 = *contagion*

0863 ★★☆ mission

[míʃən]

mis (*s*) 보내다 + *ion* 명접
⇨ (기독교 전파를 위해 외국으로)
　　보내는 것

명 1. **전도** 2. **임무** = *duty*

- *a* **mission** *school* 전도 학교(미션 스쿨)
- *a rescue* **mission** 구조 임무

missionary **명** 선교사

0864 ★★☆ dismiss

[dismís]

dis 떨어뜨려 +
mis (*s*) 보내다

⇩

멀리 떨어뜨려
보내다

타 1. **해고하다** = *fire* ▶ 직원을 떨어뜨려 보내다
2. **묵살하다 · 기각하다** ▶ 남의 주장을 집어치우도록 보내다

- **dismiss** *a staff member* 직원을 해고하다
- **dismiss** *his proposal* **as** *unrealistic*
　그의 제안을 비현실적이라고 묵살하다

dismissal
명 1. 해고 2. 묵살

dismissive
형 무시하는 · 멸시하는

연습문제

DAY **30** | 어근 merc(h)- ~ mit-

♥ 영어를 우리말로, 우리말을 영어로 바꾸세요.

1. commercial

2. immense

3. migrate

4. diminish

5. prominent

6. imminent

7. admiration

8. emit

9. transmit

10. mission

11. 상인 · 무역상

12. 온도계

13. 이민 가다

14. 성직자; 장관

15. 관리하다; 투약하다

16. 경이로움; 놀라다

17. 인정하다; (들어가는 것을) 허락하다

18. 맡기다 · 헌신하다; 약속하다; 저지르다

19. 제출하다; 항복하다

20. 해고하다; 묵살하다 · 기각하다

♥ 다음 중 밑줄 친 단어와 같은 뜻을 고르시오.

21. Russia is an **immense** country, but much of it is uninhabited.
① imminent　　② tiny　　③ infinite
④ huge　　⑤ abnormal

22. The threat of war has **diminished** now that the government has withdrawn its troops from the disputed territory.
① magnified　　② withdrew　　③ disrupted
④ reduced　　⑤ intensified

23. He was **dismissed** from his job for lying to the boss about what had happened.
① declined　　② fired　　③ chased
④ located　　⑤ relinquished

24. Vehicles **emit** toxic air pollutants such as benzene.
① break out　　② bring about　　③ give off
④ carry out　　⑤ put off

♥ 다음 괄호에 들어갈 알맞은 말을 고르시오.

25. It is therefore necessary to take (measures / dimensions) to reduce their energy consumption by half.

26. For centuries, people have been (emigrating / immigrating) from other countries for the opportunity for prosperity in the United States.

27. Most people who (commit / violate) crimes don't think they're going to get caught by the police.

28. Even the most (eminent / imminent) doctors could not cure him, and his parents began sobbing because they had been anxiously awaiting the news all day long.

▶ 정답 p. 454

mod / *mold* : 1. **manner** 방식 2. **measure** 척도·기준

0865
★★☆

modern

[mádərn]

mod 방식 + ern 형접
⇨ (현재) 방식의

형 **현대의·현대적인** = *contemporary*

- a **modern** weapon[architecture]
  현대식 무기[건축물]

modernize 타 현대화하다

modernism
명 현대적 사상[방식]·모더니즘

0866
★★☆

moderate

[mádərət]

mod(er) 척도·기준 + ate 형접

⇩

기준을 지키는

형 1. **적당한·온건한** ▶ 정도나 강도가 기준을 지키는
   ≠ *excessive* (지나친)

2. 《정치》 **중도의** ▶ 정치인이 기준을 지키는

- **moderate** temperature[exercise] 적당한 기온[운동]
- hold a **moderate** position 중도적 입장을 유지하다

동 **누그러뜨리다·완화되다** [mádəreit] ▶ 적당한 기준치로 떨어뜨리다

- **moderate** their original demands
  그들의 원래 요구를 완화하다

moderation
명 1. 절제·적당함
2. 누그러짐·감소

0867
★★☆

modest

[mádist]

mod 척도·기준 + est 형접

⇩

기준을 지키는

형 1. **(크지 않고) 적당한** ▶ 지나치지 않고 기준을 지키는

2. **겸손한** = *humble* ▶ 스스로에 대해 기준을 지키는
   ≠ *immodest* (자만하는)

- a **modest** price 적당한 가격
- be **modest** about one's achievements 자신의 업적에 겸손하다

modesty
명 1. 적당함 2. 겸손

0868
★★☆

modify

[mádəfài]

mod 척도·기준 + ify 동접
⇨ 기준에 맞추다

타 **(알맞게) 변경[수정]하다·바꾸다** = *revise, alter*

- **modify** one's view[plan] 견해를[계획을] 수정하다

modification 명 변경·수정

0869
★★☆

com**mod**ity

[kəmádəti]

com 강조 + mod 척도·기준 +
ity 명접
⇨ (정해진) 기준에 맞춘 제품

명 **상품** = *goods, merchandise*

- agricultural **commodities** 농산물
- the world of **commodities** 편의의 세상

0870 ★★★ accommodate

[əkámədèit]

ac (=ad) ~에 + com 강조 +
mod 기준·적합함 + ate 동접

⇩

~에 적합하게 맞추다

타
1. **(인원을) 수용하다** ▸ 건물이 인원수에 적합하게 맞추다
2. **(요구에) 맞추다** ▸ 상대의 요구에 적합하게 맞추다
3. **《oneself》 (환경에) 적응하다** ▸ 새로운 환경에 적합하게 맞추다
   = adjust

• **accommodate** guests 손님들을 수용하다
• **accommodate** their special needs
  그들의 특별한 요구에 맞추다
• **accommodate oneself to** new conditions
  새로운 상황에 적응하다

accommodation
몡 1. (-s) 숙소 2. 합의·조정
   3. 적용

• reach an **accommodation**
  합의에 도달하다

accommodating
혱 (사람이) 잘 맞춰주는 · 친절한

0871 ★★☆ mold

[mould]

mold (=mode) 방식
⇨ (똑같이 만들도록) 정해진 방식

명 (주조하는) (형)틀
타 (주조하여) 만들다 =form

• fit the **mold** 틀에 맞추다
• **mold** a spoon out of clay 찰흙으로 숟가락을 만들다

---

mort / murd : death 죽음

0872 ★★☆ mortal

[mɔ́:rtl]

mort 죽음 + al 형접
⇨ 죽음의·죽게 되는

형
1. **언젠가는 죽는**
2. **치명적인** = deadly, fatal

• Every man is **mortal**. 모든 사람은 언젠가는 죽는다.
• suffer a **mortal** wound 치명적인 부상을 당하다

mortality
몡 1. 언젠가는 죽게 됨
   2. 사망·사망자 수 = toll

0873 ★★☆ immortal

[imɔ́:rtl]

im 부정 + mort 죽음 + al 형접
⇨ 죽지 않는

형 죽지 않는·불멸의 = undying

• an **immortal** classic[fame] 불멸의 명작[명성]

immortality 몡 불멸

0874 ★☆☆ mortgage

[mɔ́:rgidʒ]

mort 죽는 + gage 저당
⇨ (빚을 못 갚을 때 소유권이) 죽게 되는
   저당물

명 담보 대출
타 저당 잡히다

• take out a **mortgage** 담보 대출을 받다
• pay off the **mortgage** 담보 대출금을 다 갚다
• **mortgage** a house (대출을 받기 위해) 집을 저당 잡히다

참고 / **security** 담보

0875
★★☆

murder

[mə́:rdər]

murd 죽음 + *er* 명접
⇨ 죽이는 것

명 살인

타 살해하다 = *kill*
- *commit a murder* 살인을 저지르다
- *be charged with murder* 살인죄로 고발되다
- *murder a friend* 친구를 살해하다

murderer **명** 살인자[범]

참고 / *assassination* 암살

---

mo (t) / *mob* : **move** 움직이다 · 옮기다

0876
★★☆

motive

[móutiv]

mot 움직이다 + *ive* 형접
⇨ 움직이게 하는

형 움직이게 하는 · 원동력이 되는

명 (행동하는) 동기 · 이유 = *reason*
- *motive power* (원)동력
- *the motive of a murder* 살인 동기

motivate **동** 동기를 부여하다

motivation **명** 동기 부여 · 자극
= *stimulation*

참고 / *motif* (작품의) 주제

0877
★★☆

emotion

[imóuʃən]

e(x) 강조 + *mot* 옮기다 + *ion* 명접
⇨ 밖으로 옮겨져 나오는 것

명 감정 · 정서
- *express one's emotions* 감정을 표현하다

emotional
형 1. 감정[정서]의
　　2. 감정적인 · 감정을 자극하는

0878
★★★

promote

[prəmóut]

pro 앞 + *mot* 움직이다 + *e* 동접

⇩

앞으로 움직여
나아가게하다

타 1. 승진시키다 ▶ (직책을) 앞으로 나아가게 하다
　　 2. 촉진하다 = *encourage* ▶ (일을) 앞으로 나아가게 하다
　　 3. 홍보하다 = *advertise* ▶ (제품 등을) 앞으로 나아가게 하다
- *be promoted to manager* 관리자로 승진되다
- *promote foreign trade* 해외 무역을 촉진하다
- *promote a new product* 신제품을 홍보하다

promotion **명** 1. 승진 2. 홍보

0879
★★☆

remote

[rimóut]

re 뒤 + *mo(t)* 움직이다 +
e 형접
⇨ 뒤로 (멀리) 옮겨져 먼

형 1. 외딴 = *distant*
　　 2. (시간상) 먼 = *far*
- *a remote village* 외딴 마을
- *in the remote future* 먼 미래에

참고 / *a remote control*
　　　 리모컨(원격 조종)

0880
★★☆

moment

[móumənt]

mo(t) 움직이다 +
ment 명접

⇩

움직인 그 때

명 1. 순간 · 잠시 = *minute* ▶ 움직인 그때
　　 2. 중요성 = *importance* ▶ (결과를) 움직임
- *the happiest moment in our lives*
  우리 인생에서 가장 행복한 순간
- *a matter of great moment* 대단히 중요한 문제

momentary **형** 순간적인 · 잠깐의

momentous **형** 중대한 = *crucial*

숙어 / *for a moment* 잠깐 동안
　　　 at the moment 바로 지금
　　　 = *mow*

0881 ★★☆ **mob**
[mab]

mob 움직이다
⇨ (제멋대로) 움직이는 사람들

명 (통제가 안 되는) **군중·무리**
- an angry **mob** 성난 군중

비교 / **mop** 대걸레

---

mon / **mun** / **mut** (e) : exchange 교환하다, change 바꾸다

0882 ★★☆ **common**
[kámən]

com 서로 + mon 교환하는
⇨ 서로 주고받는

형 1. **공동의·공통의**
  2. **흔한·보통의** ≠ rare (드문·흔치않은 = uncommon)
- a **common** goal 공동의 목표
- a **common** name 흔한 이름

숙어 / **common sense** 상식

commonplace **형** 아주 흔한
commonness **명** 1. 공통 2. 흔함
참고 / **public** 대중의·공공의

0883 ★★☆ **community**
[kəmjú:nəti]

commun (=common) 공동의 +
ity 명접 ⇨ 공동체

명 **공동체·커뮤니티**
- the local **community** 지역 공동체[사회]

0884 ★★☆ **communism**
[kámjunìzm]

commun (=common) 공동의 +
ism 명접(주의)
⇨ 공공의 것이라는 주의

명 **공산주의** ≠ capitalism (자본주의)
- the difference between **communism** and capitalism
  공산주의와 자본주의의 차이

communist **명** 공산주의자
참고 / **socialism** 사회주의

0885 ★★★ **communicate**
[kəmjú:nəkèit]

commun(=common) 공동의 +
ate 동접
⇩
공동의 것으로 하다

동 1. **의사소통하다** ▶ 의견을 서로 공동의 것으로 하다
  2. **전달하다** ▶ 자신이 가진 것을 남도 공동으로 갖게 하다
  3. **(병을) 전염시키다** =transmit ▶ 자신이 가진 병을 남도 공동으로 갖게 하다
- **communicate** with each other 서로 의사소통하다
- **communicate** a message to her 그녀에게 메시지를 전달하다
- **communicate** the disease to her 병을 그녀에게 옮기다

참고 / **telecommunication** (원거리) 통신

communication
명 1. 의사소통 2. 통신
communicable
형 전염성의 = contagious

0886 ★★☆ **mutual**
[mjú:tʃuəl]

mut 교환하다 +
ual 형접 ⇨ 서로 주고 받는

형 **상호간의·공동의** = reciprocal
- **mutual** benefit[agreement] 상호 이익[합의]

mutually **부** 상호간에·서로

0887 ★★☆ **commute**
[kəmjúːt]

com 강조 + *mut(e)* 바꾸다
⇨ (집에서 직장으로) 위치를 바꾸다

자 (직장으로) **통근하다**
- *a commuting bus* 통근 버스

commuter 명 통근자

참고 / *telecommuter* 재택 근무자

---

nat : **born** 태어난·탄생한

0888 ★★☆ **nat**ure
[néitʃər]

nat 태어난 + *ure* 명접
⇨ (스스로) 태어난 것

명 1. **자연**
    2. **천성·본질** = *essence*
- *the beauty of nature* 자연의 아름다움
- *the nature of the problem* 그 문제의 본질

숙어 / **by nature** 1. 천성적으로 2. 본래
- *be weak by nature* 천성적으로 약하다

natural ≠ *unnatural* (부자연스러운)
형 1. 자연의
   2. 자연스러운·당연한
   3. 타고난
- *a natural gift* 타고난 재능

naturally
무 1. 당연히·자연스럽게 2. 천부적으로

0889 ★★☆ **nat**ionality
[næʃənǽləti]

nat 태어난 +
ion 명접 + *al* 형접 + *ity* 명접
⇨ 태어난 장소인 곳

명 국적
- *dual nationality* 이중 국적

nation 명 1. 국가 2. (전체) 국민
national 형 국가의·전국적인
- *national anthem* 국가(國歌)

---

nav : **ship** 배

0890 ★★☆ **nav**y
[néivi]

nav 배 + *y* 명접
⇨ 배를 조종하는 사람

명 해군
- *join the navy* 해군에 입대하다

naval 형 해군의

참고 / *army* 육군
    air force 공군

0891 ★★☆ **nav**igate
[nǽvəgèit]

nav(=*ship*) 배 +
ig 행하다 + *ate* 동접
⇨ 배에 (조종을) 행하다

타 조종하다·항해하다 = *steer*
- *navigate a ship* 배를 조종하다
- *navigate the canal* 운하를 항해하다

navigation 명 항해·운항
navigator 명 항해사·조종사

neg / ny / ne : deny 부인하다

0892
★★☆
negative
[négətiv]

neg (a) 부정 +
tive 형접 ⇨ 부정적인

형 1. **부정적인·나쁜**   2. **(검사 결과가) 음성인**
≠ positive (1. 긍정적인 2. 양성인)
- a **negative** answer[effect] 부정적인 대답[영향]
- a **negative** pole 음극

negatively (부) 부정적으로

0893
★★☆
deny
[dinái]

de (=away) 떨어져 +
ny 부인하다
⇨ 떨어뜨리며 부인하다

타 1. **부인하다·부정하다** = contradict
2. **거부하다** = refuse, turn down
- **deny** all the charges 모든 혐의를 부인하다
- **deny** his request 그의 요구를 거부하다

denial (명) 1. 부인·부정 2. 거부
undeniable (형) 부인할 수 없는

0894
★★☆
neutral
[njú:trəl]

ne 부정 +
uter (=either) 한 쪽 + al 형접
⇨ 둘 중 어느 쪽도 아닌

형 **중립적인·중간의**
- a **neutral** state 중립 상태

neutrally (부) 중립적으로
neutralize
(동) 무효화[상쇄]시키다 = offset

---

nomin / onym / nown : name 이름

0895
★★★
nominate
[námənèit]

nomin 이름 + ate 동접
⇨ 이름을 부르다

타 1. **(후보로) 지명하다** = designate
2. **(책임자로) 임명하다** = appoint
- be **nominated** for an Academy Award
  아카데미상 후보로 지명되다
- **nominate** her for a post 그녀를 직책에 임명하다

nomination (명) 1. 지명 2. 임명

0896
★★★
anonymous
[ənánəməs]

an (=without) ~이 없는 +
onym 이름 + ous 형접
⇨ 이름이 없는

형 **익명의** = nameless
- receive an **anonymous** letter 익명의 편지를 받다

anonymity (명) 익명(성)

0897
★★☆
renown
[rináun]

re 다시·자꾸 + nown 이름
⇨ 자꾸만 불리는 이름

명 **명성** = reputation, prestige, eminence
- win international **renown** 국제적 명성을 얻다

renowned (형) 명성 있는

연습문제

♥ 영어를 우리말로, 우리말을 영어로 바꾸세요.

1. modify

2. commodity

3. accommodate

4. emotion

5. remote

6. community

7. communism

8. mutual

9. neutral

10. renown

11. 적당한; 누그러뜨리다

12. 적당한; 겸손한

13. 죽지 않는 · 불멸의

14. 동기, 이유

15. 승진시키다; 홍보하다

16. 의사소통하다

17. 통근하다

18. 국적

19. 부인하다; 거부하다

20. 익명의

♥ 다음 중 밑줄 친 단어와 같은 뜻을 고르시오.

21. She's an excellent athlete, but she is too **modest** to admit it.

① humble　　② ordinary　　③ polite
④ diffident　　⑤ generous

22. Alice tried to **modify** her style of dress to please her new boyfriend.

① adapt　　② inform　　③ alter
④ revise　　⑤ transform

23. **Mutual** dependencies develop through the process of social interaction.

① Financial　　② Common　　③ Exceptional
④ Distinct　　⑤ Reciprocal

♥ 다음 중 밑줄 친 단어의 반대되는 뜻을 고르시오.

24. The doctor advised her to do **moderate** exercise three or four days a week.

① cautious　　② deliberate　　③ excessive
④ tolerant　　⑤ steady

♥ 다음 괄호에 들어갈 알맞은 말을 고르시오.

25. The commercials on TV (proclaim / promote) our new product and communicate quality, technology and style.

26. The president announced to the people that their country would remain a (nuclear / neutral) state and would not join any alliances.

27. The businessman received an (anonymous / unanimous) letter informing him that he had a teenage son.

28. The author of Harry Potter fantasy series, J.K. Rowling, won great international (pronoun / renown) as a writer at a bound.

norm : standard 표준·기준

0898 ★★☆

normal
[nɔ́:rməl]

norm 표준 + al 형접
⇨ 표준의

형 **보통의·정상적인** ≠ *abnormal* (비정상적인)

- **normal** size 정상 크기
- a **normal** life 일상생활

norm 명 표준·기준 = *standard*
normalize 동 정상화하다
normality 명 정상 상태

0899 ★★☆

enormous
[inɔ́:rməs]

e (=ex) 밖 + norm 표준 +
ous 형접
⇨ 표준에서 벗어난

형 **엄청난·거대한** = huge, immense, tremendous

- an **enormous** amount[income] 엄청난 양[수입]

enormously 부 엄청나게·대단히
enormity 명 엄청남·거대함
= *enormousness*

---

nounce : announce 발표하다

0900 ★★☆

pronounce
[prənáuns]

pro 앞 + nounce 발표하다
⇨ 앞으로 발표하다

타 1. **발표하다** = declare
2. **발음하다**

- **pronounce** him guilty 그가 유죄라고 선고하다
- **pronounce** an English word 영단어를 발음하다

pronouncement 명 발표
pronunciation 명 발음

0901 ★☆☆

denounce
[dináuns]

de 아래로 + nounce 발표하다
⇨ 아래로 깎아내려 발표하다

타 **(맹렬히) 비난하다** = condemn, censure

- **denounce** a policy 정책을 맹비난하다

denunciation 명 (맹렬한) 비난

---

nov : new 새로운

0902 ★★☆

novel
[návəl]

nov 새로운 + el 형접
⇨ 새로운(이야기)

형 **새로운·참신한** = new
명 **(장편) 소설** = fiction

- a **novel** approach to the problem
  그 문제에 대한 새로운 접근 방법
- publish a **novel** 소설을 출판하다

novelty 명 새로움·참신함
novelist 명 소설가

참고 / **a short story** 단편 소설

0903 ★★☆

innovate
[ínəvèit]

in 안 + nov 새로운 +
ate 하다
⇨ (조직의) 내부를 새롭게 하다

동 **혁신하다·쇄신하다**

- make an effort to **innovate**
  혁신하기 위해 노력하다

innovation 명 혁신·쇄신

0904 ★★☆ ***renovate***

[rénəvèit]

re 다시 + *nov* 새로운 +
ate 하다
⇨ 다시 새롭게 하다

🄣 (낡은 것을) **개조하다 · 수리하다** = remodel

- **renovate** the old stadium 오래된 경기장을 보수하다

renovation 🄝 개조 · 보수

0905 ★★☆ ***renew***

[rinjúː]

re 다시 + *new* 새로운
⇨ 다시 새롭게 시작하다

🄣 1. **재개하다** = resume
2. **갱신하다** = extend the period

- **renew** an attack 공격을 재개하다
- **renew** a passport 여권을 갱신하다

renewal
🄝 1. 재개 · 부활 2. 갱신 · (기한) 연장

---

nutri / *nouri* / *nur* : **feed** 먹이를 주다

0906 ★★☆ ***nutri*tion**

[njuːtríʃən]

nutri 먹이를 주다 +
tion 명접 ⇨ (살아가는 데 필요한)
먹이가 되는 것

🄝 **영양분** = nourishment

- proper and balanced **nutrition**
  적당하고 균형잡힌 영양섭취

malnutrition 🄝 영양실조

비교 / ***nutrient*** 영양소

0907 ★★☆ ***nouri*sh**

[nɔ́ːriʃ]

nouri 먹이를 주다 +
sh 동접 ⇨ 먹이를 주다

🄣 1. **영양분을 공급하다**
2. **(능력 등을) 키우다 · 발전시키다** = develop

- a well-**nourished** baby 영양상태가 좋은 갓난아기
- **nourish** artistic talent 예술적 재능을 발전시키다

nourishment
🄝 음식물 · 영양[자양]분

well-nourished
🄗 영양상태가 좋은

0908 ★★☆ ***nur*se**

[nəːrs]

nur 먹이를 주다 +
se 명접

⇩

먹이를 주며
보살피는 사람

🄝 1. **보모 · 유모** ▶ 아기에게 먹이[젖]를 주며 보살피는 사람
2. **간호사** ▶ 환자에게 먹이를 주며 보살피는 사람

- put a baby to a **nurse** 아기를 보모에게 맡기다
- a **nurse** at a hospital 병원 간호사

🄣 1. **간호하다** ▶ 환자에게 먹이를 주며 보살피다
2. **(생각을) 품다** = harbor, entertain ▶ 아이를 품어 보살피듯 생각을 품다

- **nurse** a patient 환자를 간호하다
- **nurse** an ambition 야망을 품다

nursery
🄝 보육원 · 탁아소
= *day care center*

od (y) / ed (y) : song 노래

0909
★☆☆
melody
[mélədi]

mel (노래) 가락 + od(y) 노래
⇨ 노래 가락

명 멜로디·선율
- *a beautiful melody* 아름다운 멜로디

melodious **형** (소리가) 듣기 좋은

0910
★☆☆
comedy
[kámədi]

com 축제 + ed(y) 노래
⇨ 축제에서 즐겁게 부르는 노래

명 코미디·희극
- *a TV comedy show* TV 코미디 쇼[프로]

comic
형 1. 희극의 2. 웃기는·재미있는 = *funny*

comics **명** 만화 = *cartoon*

0911
★★☆
tragedy
[trǽdʒədi]

trag (=goat) 염소 + ed(y) 노래
⇨ 염소가죽으로 된 옷을 입고
부른 노래

명 비극(적인 사건)
(옛날 연극에서 몸의 반은 사람 반은 염소였던 Satyr(사티로스) 역할을 한 배우가
염소가죽으로 된 옷을 입고 나쁜 결말을 맺는 역할을 했던 것에서 유래)
- *call the hurricane a 'national tragedy'*
허리케인을 '국가적 비극'이라 부르다

tragic **형** 비극적인 = *disastrous*

---

oper : work 일

0912
★★★
operate
[ápərèit]

oper 일 + ate 동접
⇩
일하다

동 1. **운영하다** = *run, manage* ▶ 사업으로 일하다
2. **(기계를) 작동하다** ▶ 기계를 일하도록 시키다
3. **수술하다** = *perform surgery* ▶ 의사가 환자에 대해 일하다
- *operate a company* 회사를 운영하다
- *operate a machine[computer]* 기계[컴퓨터]를 작동하다
- *operate on his leg* 그의 다리를 수술하다

operation
명 1. 운영·활동 2. 작동 3. 수술

operator
명 1. (장비·기계의) 기사 2. (전화) 교환원

0913
★★☆
cooperate
[kouápərèit]

co (m) 함께 +
operate 일하다
⇨ 함께 일하다

자 협력하다 = *collaborate*
- *cooperate with one's colleagues*
동료들과 협력하다

cooperation **명** 협력
cooperative **형** 협력하는

비교 / *corporate* 기업의

opt / opin : select 선택하다

0914 ★★☆
option
[ápʃən]
opt 선택하다 + ion 명접
⇨ (마음대로) 선택하는 것

명 선택 (사항) · 옵션 = choice, selection
- the only available **option** 가능한 유일한 선택

optional 형 선택적인

0915 ★★☆
adopt
[ədápt]
ad ~을 + opt 택하다
⇨ (아이를) 선택하다

타 1. (아이를) 입양하다
2. 채택하다 = choose
- **adopt** children[orphan] 아이들[고아들]을 입양하다
- **adopt** a new constitution 새 헌법을 채택하다

adoption 명 1. 입양 2. 채택
비교 / **adapt** 1. 적응하다 2. 개작하다

0916 ★★☆
opinion
[əpínjən]
opin 택하다 + ion 명접
⇨ (마음대로) 택하여 한 생각

명 의견 · 견해 = view
- public **opinion** 여론

opinionated 형 자기주장이 강한

---

ora / ore : 1. mouth 입 2. speak 말하다

0917 ★★☆
oral
[ɔ́ːrəl]
or (a) 입 · 말 + al 형접

형 1. 입의 · 구강의
2. 구두의 · 구술의 = verbal
- **oral** care 구강 관리
- an **oral** examination 구술 시험

0918 ★★☆
adore
[ədɔ́ːr]
ad ~을 + ore 말하다
⇨ (신을 찬양하여) 말하다

타 경애하다 · 존경하다 = admire
- **adore** a leader 리더를 존경하다

adoration 명 흠모
adorable 형 사랑스러운
= lovable

---

ordin : order 순서

0919 ★★☆
ordinary
[ɔ́ːrdənèri]
ordin 순서 + ary 형접
⇨ (특별한 것 없이) 순서대로 이어지는

형 보통의 · 평범한 = normal, usual
- **ordinary** people[clothes] 보통 사람들[평상복]
- an **ordinary** routine 일상적인 일[일과]

ordinarily 부 보통 · 평상시

0920 ★★☆ extra·ordin·ary

[ikstrɔ́:rdənèri]

extra 밖의 +
ordinary 평범한
⇨ 평범함을 벗어난

형 1. **특이한·흔치 않은** = unusual
2. **비범한·대단한** = remarkable

- an **extraordinary** event 흔치 않은 사건
- **extraordinary** beauty[intelligence] 대단한 미모[지능]

0921 ★★☆ sub·ordin·ate

[səbɔ́:rdənət]

sub 아래 + ordin 순서 +
ate 형접
⇨ 순서[계급]가 아래인

형 1. **(계급이) 부하인·하위의**
2. **부수적인·부차적인** = less important

명 **부하 (직원)** ≠ superior (상관)

- be **subordinate** to Parliament 의회보다 하위이다
- a **subordinate** issue 부수적인 문제

내 order가
한참 아래네

---

orga : work 일하다

0922 ★★☆ orga·n

[ɔ́:rgən]

orga (=work) 일하다 + n 명접
⇨ (필요한) 일을 하는 것

명 1. **(인체의) 장기·기관**
2. **《악기》 오르간**

- a vital **organ** (인체의) 중요 기관
- play the **organ** 오르간을 연주하다

organism 명 생물·유기체
organic 형 1. 유기적인
2. 유기농의

0923 ★★☆ orga·nize

[ɔ́:rgənàiz]

orga (=work) 일 + ize 동접
⇨ 일하도록 만들다

동 **조직하다·준비하다** = establish, arrange

- **organize** a committee 위원회를 조직하다

organization 명 1. 조직·준비
2. 기관·단체

- a charity **organization** 자선 단체
- nongovernmental **organization**
  비정부기구(NGO)

---

ori : rise 오르다

0924 ★★☆ ori·gin·al

[ərídʒənl]

ori(g) 오르다 +
in 명접 + al 형접
⇨ (맨 처음으로) 솟아오른

형 1. **원래의·본래의** = first
2. **독창적인** = creative

- the word's **original** meaning 그 단어의 원래 의미
- a highly **original** design 대단히 독창적인 디자인

origin
명 1. 기원·유래 2. 혈통·출신
originate 자 비롯되다·유래하다
originally 부 원래·본래
originality 명 독창성 = creativity

0925
★★☆

orient

[ɔ́ːriənt]

ori 오르다 + *ent* 명접

⇩

해가 떠오르는 쪽

명 《the O-》 동양 ≠ *the Occident* (서양) ▶ 해가 떠오르는 쪽
- *the culture of the* **Orient** 동양의 문화

타 1. **방향을 잡다 · 지향하게 하다** ▶ 해가 뜨는 쪽으로 향하게 하다
2. **적응시키다** = *accommodate* ▶ 새 생활의 방향을 잡아주다
- **orient** *the movie* **toward** *teenagers* 영화의 방향을 십대들에게 맞추다
- **orient** *oneself to college life* 대학 생활에 적응하다

oriental 형 동양의
= *eastern*
≠ *occidental* = *western* (서양의)

orientation
명 1. 지향
2. (적응을 돕는) 오리엔테이션 · 예비 교육

---

par / pair / pe(e)r : equal 똑같은 · 동일한다

0926
★★★

compare

[kəmpéər]

com 함께 +
par 똑같은 + *e* 동접
⇨ 동등한 두 개를 함께 보다

통 1. **비교하다** = *contrast* 2. **비유하다**
- **compare** *oneself* **with** *others*
  스스로를 남들과 비교하다
- **compare** *sports* **to** *life*
  스포츠를 인생에 비유하다

comparison 명 비교 · 비유
comparable
형 비교할만한 · 비슷한 = *similar*
comparative 형 비교적인
comparatively 부 비교적

0927
★★★

prepare

[pripéər]

pre 미리 +
par 똑같은 + *e* 동접
⇨ 미리 똑같이 맞추어 놓다

통 **준비하다 · 대비하다** = *arrange*
- **prepare** *dinner* 저녁을 준비하다
- **prepare** *(oneself)* **for** *the exam* 시험에 대비하다

preparation 명 준비 · 대비
preparatory 형 준비의 · 대비하는

0928
★★★

repair

[ripéər]

re 다시 + *pair* 똑같은
⇨ (고장 난 것을 전처럼) 다시 똑같이 만들다

타 **수리하다** = *fix*
명 **수리**
- **repair** *the broken bicycle* 고장 난 자전거를 수리하다
- *auto* **repairs** 자동차 수리

reparation 명 보상 · 배상금

0929
★☆☆

peer

[piər]

pe(e)r 똑같은
⇨ (나이가) 같은 사람

명 **또래 · 동년배**
- *resist* **peer** *pressure* 또래의 압박에 저항하다

peerless 형 견줄 데 없는 · 최고인
= *matchless*

연습문제

DAY **32** | 어근 norm- ~ par-

♥ 영어를 우리말로, 우리말을 영어로 바꾸세요.

1. **enormous**

2. **denounce**

3. **nourish**

4. **cooperate**

5. **option**

6. **adore**

7. **subordinate**

8. **organize**

9. **repair**

10. **peer**

11. 혁신하다 · 쇄신하다

12. 개조하다, 수리하다

13. 영양분

14. 희극

15. 비극(적인 사건)

16. 운영하다; 작동하다; 수술하다

17. 입양하다; 채택하다

18. 특이한; 비범한

19. 비교하다; 비유하다

20. 준비하다; 대비하다

♥ 다음 중 밑줄 친 단어와 같은 뜻을 고르시오.

21. We **denounce** the dangerous programme of the arms race.
   ① decline   ② condemn   ③ threaten
   ④ allege   ⑤ screen

22. Tommy has made **extraordinary** progress in reading this past year, and is now one of the top students in the class.
   ① exclusive   ② genuine   ③ proficient
   ④ remarkable   ⑤ industrious

23. Princess Diana waved good-bye to the **adoring** crowd as she boarded the plane.
   ① approving   ② appraising   ③ aspiring
   ④ apprising   ⑤ admiring

♥ 다음 중 밑줄 친 단어의 반대되는 뜻을 고르시오.

24. Romeo and Juliet is a famous **tragedy** written by Shakespeare.
   ① saga   ② fable   ③ comedy
   ④ myth   ⑤ legend

♥ 다음 괄호에 들어갈 알맞은 말을 고르시오.

25. The government of the Netherlands is considering permitting lesbian couples and gay couples to (adapt / adopt) children.

26. Unless you make constant efforts to (innovate / renovate), there is little hope that you will be able to overcome the difficulties that you now face.

27. A majority of college students spend an (informal / enormous) amount of money on tuition, room and board.

28. They rely on volunteers to run the charity (organism / organization) and to donate items needed by the children.

pear / *par* : be visible 보이다

0930
★★★
*ap**pear***
[əpíər]

ap (=ad) ~에 +
pear 보이다 ⇨ ~에 보이다

자 1. **나타나다·보이다** = turn up, show up
　　≠ disappear (사라지다)

2. **~처럼 보이다** = look, seem

- *appear* in court 법정에 출석하다
- *appear* to be disappointed 실망한 듯이 보이다

appearance
명 1. 출현 2. 겉모습·외모 = semblance

0931
★★☆
*ap**par**ent*
[əpǽrənt]

ap (=ad) ~에 +
par 보이다 + *ent* 형접
⇩
(겉으로) 보이는

형 1. **명백한** = evident, obvious　▶ 겉으로 분명히 보이는

2. **겉으로 보이는·외견상의** = seeming　▶ 겉으로 보이는

- for no *apparent* reasons 아무 뚜렷한 이유없이
- the *apparent* cause of the accident 그 사고의 외견상 원인

apparently
부 겉보기에는·외견상으로는

0932
★★★
*trans**par**ent*
[trænspéərənt]

trans 가로질러 +
par 보이다 + *ent* 형접
⇨ 가로질러 (훤히) 보이는

형 1. **투명한** ≠ opaque (불투명한)

2. **명백한·훤히 보이는** = explicit

- *transparent* glass 투명한 유리
- a *transparent* lie 명백한 거짓말

transparency 명 투명함[성]

---

part / *port* : 부분·일부

0933
★★☆
*part*ial
[pá:rʃəl]

part 부분 +
ial 형접
⇩
부분적인

형 1. **부분적인**　▶ 전체가 아니라 부분적인

2. **편파적인** = biased　▶ 양쪽 중 한 부분으로 치우치는

3. **아주 좋아하는**　▶ 어느 한 부분만 너무 좋아하는

- a *partial* explanation[eclipse] 부분적 설명[식(蝕)]
- make a *partial* judgment 편파적으로 판정하다
- be very *partial* to cakes 케이크를 아주 좋아하다

partiality
명 1. 편파 2. 아주 좋아함

0934
★★☆
*im**part**ial*
[impá:rʃəl]

im 부정+
partial 편파적인
⇨ 편파적이지 않은

형 **공정한** = objective, unbiased, disinterested

- an *impartial* judgement
  공정한 판단

impartiality 명 공평함

0935 ★★☆ **part**icle
[pá:rtikl]

part(i) 부분 +
cle 작은 (것) ⇨ 작은 부분

명 (아주 작은) 입자 · 미립자
- dust **particles** 먼지 입자들

참고 /
atom 원자 / **molecule** 분자

0936 ★★☆ **particul**ar
[pərtíkjulər]

particul 작은 부분 +
ar 형접

⇩

작은 부분의

형 1. **특정한 · 특별한** =special ▶ 전체가 아니라 어떤 작은 부분의
2. **까다로운** ▶ 작은 부분까지 신경 쓰는
- pay **particular** attention to ~에 특별한 관심을 기울이다
- be **particular** about food 음식에 대해서 까다롭다

숙어 / **in particular** 특히

particularly
부 특히
particularity
명 독특함 · 특별함

0937 ★★★ **part**icipate
[pa:rtísəpèit]

part 부분 + cip 취하다 +
ate 동접
⇨ (전체에서) 한 부분을 담당하다

자 **참여하다 · 참가하다** =take part in
- **participate in** a discussion 토론에 참여하다

participation 명 참가 · 참여
participant 명 참가자

0938 ★★☆ **port**ion
[pɔ́:rʃən]

port 부분 + ion 명접
⇨ (할당된) 부분

명 1. **부분 · 몫**
2. **(음식의) 1인분** =serving
- a **portion** of the cost 비용의 일부
- a **portion** of meat 고기 1인분

0939 ★★☆ **pro**port**ion**
[prəpɔ́:rʃən]

pro(=for) ~에 대한 +
portion 부분

⇩

전체에 대한 부분

명 1. **비율** =ratio ▶ 전체와 부분의 관계
2. **균형** =balance ▶ 전체와 부분의 (보기 좋은) 관계
- the **proportion** of smokers 흡연자들의 비율
- have no sense of **proportion** 균형 감각이 없다

숙어 / **in proportion to** ~에 비해 · ~에 비례하여

proportional 형 비례하는

0940
★★☆
passage
[pǽsidʒ]

pass 통과하다 +
age 명접

⇩

통과함

명 1. **통과 · 통행**　▶ 통과함
2. **통로 · 복도**　= corridor　▶ 통과하는 곳
3. **(책의) 구절 · (음악의) 악절**　▶ (글의 흐름이 통과하여 이어지는) 구절
- the **passage** of a vehicle 차량의 통행
- a narrow **passage** 좁은 통로
- quote a **passage** from the Bible 성경에서 한 구절을 인용하다

0941
★★☆
passenger
[pǽsəndʒər]

pass 지나가다 +
enger 타고 가는 사람
⇨ (마차에) 타고 지나가는 사람

명 **승객**
- a **passenger** plane[ship] 여객기[선]

0942
★★☆
passerby
[pǽsərbái]

pass 지나가다 + by옆
⇨ 옆을 지나가는 사람

명 **행인**
- solicit money from **passerby** 행인들에게 돈을 구걸하다

참고 / 〈복수〉 **passersby** 행인들

0943
★★☆
pastime
[pǽstàim]

pas(s) 지나가다 + time 시간
⇨ 시간을 보내려고 하는 일

명 **취미 · 소일거리**　= hobby
- her favorite **pastime** 그녀가 가장 좋아하는 취미

0944
★★☆
sur**pass**
[sərpǽs]

sur(=super) 위로 +
pass 지나가다
⇨ ~ 위로 넘어 지나가다

타 **능가하다 · 뛰어넘다**　= excel, outdo
- **surpass** one's expectations 기대를 뛰어넘다

0945
★★☆
pace
[peis]

pac 지나가다 + e 명접
⇨ (걸어서) 지나감

명 1. **걸음 · 보폭** = step　2. **속도** = speed
- take two **paces** forward 앞으로 두 걸음 나가다
- pick up the **pace** 속도를 올리다

숙어 / **keep pace with** ~와 보조를 맞추다

pacemaker 명 1. 선두 주자
2. 심박 조율기

pass / path / pati : suffer 고통을 겪다

0946
★★☆

passion
[pǽʃən]

pass 고통을 겪다 + *ion* 명접
⇨ (예수님이 인간을 사랑하여) 겪는 고통

명 열정

- show **passion** for ~에 대한 열정을 보이다

passionate **형** 열정적인
= *enthusiastic*

0947
★★☆

compassion
[kəmpǽʃən]

com 함께 + *pass* 고통을 겪다 + *ion* 명접
⇨ 함께 고통을 느낌

명 연민 · 동정심 = *pity, sympathy*

- feel **compassion** for ~에 대해 동정심을 느끼다

compassionate
형 연민 어린 · 동정하는

0948
★★☆

pathetic
[pəθétik]

path 고통을 겪다 + *etic* 형접

⇩

고통을 겪는

형
1. **불쌍한 · 애처로운** = *pitiful* ▶ (동정을 일으키며) 고통을 겪는
2. **한심한 · 형편없는** ▶ (모습이) 불쌍하다 못해

- a **pathetic** story[sight] 애처로운 이야기[광경]
- a **pathetic** excuse 한심한 변명

0949
★★☆

sympathy
[símpəθi]

sym 함께 +
path 고통을 겪다 + *y* 명
⇨ 함께 (고통을) 느끼는 마음

명
1. **공감**
2. **동정 · 연민** = *compassion*

- have **sympathy with** others 다른 사람들과 공감하다
- feel **sympathy for** the victims
  피해자들에 대해 동정심을 느끼다

sympathetic
형 1. 공감하는 2. 동정심이 있는
sympathize
동 1. 공감하다 2. 동정하다

0950
★★☆

impatient
[impéiʃənt]

im 부정 +
patient 참을성 있는
⇨ 참을성 없는

형 참지 못하는 · 안달하는 = *fretful*

- be **impatient** to do ~하고 싶어 안달하다

impatience **명** 조급함 · 안달

---

patr : father 아버지

0951
★★☆
*patr*iot
[péitriət]

patr 아버지 + *ot* (= 상태)
⇨ (조국을 사랑하는) 아버지

명 애국자
- *a great patriot* 위대한 애국자

patriotism 명 애국심
patriotic 형 애국적인

참고 /
compatriot 동포·같은 나라 사람

0952
★★☆
*patr*on
[péitrən]

patr 아버지 + *on* 명접(=사람)
⇨ 아버지와 같은 사람

명 1. 후원자 = *sponsor*
2. 단골손님 = *customer*
- *a patron of the arts* 예술계의 후원자
- *many patrons of the restaurant*
  그 식당의 많은 단골손님들

patronage 명 1. 후원
2. 애용

---

ped : foot 발 (manu : hand 손)

0953
★★★
*ped*estrian
[pədéstriən]

ped(estr) 발 + *ian* 사람
⇩
(말대신)
발로 걷는 사람

명 보행자 ▶ 발로 걸어 다니는 사람
- *pedestrian safety* 보행자의 안전

형 재미없는·지루한 = *dull, boring* ▶ (전개가) 걷는 것 처럼 느린
- *a pedestrian speech* 지루한 연설

0954
★★☆
ex*ped*ition
[èkspədíʃən]

ex 밖 +
ped(i) 발 + *tion* 명접
⇨ 밖[먼 곳]으로 발로 걸어감

명 탐험·원정 = *exploration*
- *an expedition to the South Pole* 남극 탐험

---

pel / peal / pul : drive 밀다·몰다

0955
★★★
com*pel*
[kəmpél]

com 강조 + *pel* 밀다
⇨ ~하도록 밀다

타 강요하다 = *force*
- *compel him to resign* 그를 사임하도록 강요하다

어법 / *compel* 目 *to V* ~을 ~하도록 강요하다

compulsion
명 1. 강요 2. (강한) 충동 = *impulse*

compulsory 형 강제적인·의무
적인 = *obligatory, mandatory*

0956 ★★☆ **_expel_**

[ikspél]

ex 밖 + pel 밀다·몰다
⇨ 밖으로 몰아내다

타 **추방하다·퇴학시키다**
- be **expelled** from the country 그 나라에서 추방되다
- be **expelled** from school 학교에서 퇴학당하다

expulsion ⑱ 추방·퇴학

0957 ★★☆ **_propel_**

[prəpél]

pro 앞 + pel 밀다
⇨ 앞으로 (쭉쭉) 밀어내다

타 **추진하다·몰고 가다** = drive
- **propel** a boat 배를 몰고 가다

앞으로 쭉~ 밀어줘!

propulsion ⑱ 추진(력)
propeller ⑱ 프로펠러

0958 ★★★ **_appeal_**

[əpíːl]

ap(=ad) ~로 +
peal 밀다

⇩

~로 움직여 밀다

동 1. **간청하다·호소하다** = solicit ▸ 남의 마음을 움직여 밀려하다
2. **항소하다** ▸ 재판관의 마음을 움직여 밀려하다
3. **관심을 끌다** = be attractive ▸ 남의 마음을 움직이는데 성공하다
- **appeal** to A for B A에게 B를 간청하다
- **appeal** to a higher court 상급법원에 항소하다
- **appeal** to teenagers 십대들의 관심을 끌다

명 1. **호소** ▸ 남의 마음을 움직여 밀려함
2. **항소** ▸ 재판관의 마음을 움직여 밀려함
3. **매력** = charm ▸ 남의 마음을 움직이는데 성공함
- make an **appeal** for help 도움을 호소하다
- file for an **appeal** 항소하다
- show one's sex **appeal** 자신의 성적 매력을 보여주다

appealing
⑲ 매력적인

0959 ★☆☆ **_pulse_**

[pʌls]

pul(= push) 밀다 + se 명접
⇨ (피를) 밀어내는 힘

명 **맥박**

동 **맥박이 뛰다** = throb
- take the patient's **pulse** 그 환자의 맥박을 재다
- feel the blood **pulsing** through one's veins
  혈관에 맥박이 뛰는 것을 느끼다

pulsate ⑧ 진동하다·고동치다

0960 ★★☆ **_impulse_**

[ímpʌls]

im 안 +
pul 밀다 + se 명접
⇨ 안에서 (치) 밀어 오르는 것

명 **충동** = compulsion
- buy new clothes **on impulse** 충동적으로 새 옷을 사다
- **impulse** buying 충동구매

impulsive ⑲ 충동적인
= impetuous

0961
★★☆
penalty
[pénəlti]

pen 벌 + _al_ 형접 +
_ty_ 명접 ⇨ 벌하는 것

명 처벌 = _punishment_

- receive the death **penalty** 사형 선고를 받다

penal 형 처벌의
penalize 동 처벌하다

0962
★★★
punish
[pʌ́niʃ]

pun (_i_) 벌 + _sh_ 동접
⇨ 벌하다

동 처벌하다 · 벌주다 = _discipline_

- **punish** a driver **for** drunk driving
  운전자를 음주운전에 대해 처벌하다

어법 / **punish A for B** A를 B에 대해서 처벌하다

punishment 명 벌 · 처벌

연습문제

♥ 영어를 우리말로, 우리말을 영어로 바꾸세요.

1. *appear*

2. *impartial*

3. *surpass*

4. *compassion*

5. *patriot*

6. *pedestrian*

7. *expedition*

8. *compel*

9. *expel*

10. *impulse*

11. 투명한; 명백한

12. 부분적인; 편파적인

13. 미립자

14. 비율; 균형

15. 승객

16. 행인

17. 불쌍한, 애처로운

18. 참지 못하는 · 안달하는

19. 후원자; 단골손님

20. 호소하다; 항소하다; 관심을 끌다

♥ 다음 중 밑줄 친 단어와 같은 뜻을 고르시오.

21. It is important for a teacher to be totally **impartial** when determining which students will pass or fail.
    ① *pathetic*　　② *objective*　　③ *frank*
    ④ *proportionate*　　⑤ *crucial*

22. So, as computers get faster, they will **surpass** human capabilities in these limited domains.
    ① *enhance*　　② *prove*　　③ *develop*
    ④ *excel*　　⑤ *expand*

23. Helen Keller once said that the most **pathetic** person in the world is someone who has sight, but has no vision.
    ① *fragile*　　② *persistent*　　③ *pitiful*
    ④ *disabled*　　⑤ *reserved*

♥ 다음 중 밑줄 친 단어의 반대되는 뜻을 고르시오.

24. The skin of baby mice is so **transparent** that one can actually see the milk flowing into them as they nurse.
    ① *opaque*　　② *concave*　　③ *apparent*
    ④ *splendid*　　⑤ *fluent*

♥ 다음 괄호에 들어갈 알맞은 말을 고르시오.

25. With his homecoming two weeks ahead, he was (*impartial / impatient*) to see his mother.

26. On Independence Day, my heart glows with (*patriot / patriotism*) when we sing the national anthem with great enthusiasm.

27. The city council has an aggressive approach to the promotion of (*passenger / pedestrian*) safety through controlling vehicle speed.

28. During the sale season, the shopaholics are likely to buy new clothes on (*impulse / expulsion*) .

▶ 정답 *p. 455*

pend / pens / pond : hang 매달다, weigh 무게를 달다

0963
★★★
depend
[dipénd]

de 아래 + pend 매달다
⇨ ~의 아래에 매달려 있다

자 **의지하다·의존하다** = rely

- **depend on** parents 부모님께 의존하다

dependence 명 의지·의존
dependent 형 의지[의존]하는

0964
★★★
independent
[ìndipéndənt]

in 부정 +
dependent 의지하는
⇨ (남에게) 의지하지 않는

형 **독립된·독립적인** ≠ dependent (의지하는)

- an **independent** country 독립국
- **independent of** Japan 일본으로부터 독립한

independence 명 독립
independently 부 독립적으로

0965
★★★
suspend
[səspénd]

sus(=sub) 아래 +
pend 매달다

⇩

아래에 매달아두다

타 1. **매달다·걸다** = hang ▶ 아래에 매달다
　 2. **(일시) 중단하다·정학시키다** ▶ 못 움직이게 매달아 두다

- **suspend** a lantern from the ceiling 랜턴을 천장에 매달다
- **suspend** a student 학생을 정학시키다

온도가도 못하겠네!

suspension
명 1. (일시) 중단 2. 정학·정직

- license **suspension** 면허정지

suspense
명 서스펜스·긴장감

0966
★★☆
pension
[pénʃən]

pens 무게를 달다 + ion 명접
⇨ 무게를 달아서 주는 돈

명 **연금**

- receive a **pension** 연금을 받다

0967
★★☆
compensate
[kámpənsèit]

com 함께 +
pens 무게를 달다 + ate 동접
⇨ (부족한 쪽을 메우려) 함께 무게를 달다

동 **보충하다·보상하다**

- **compensate for** lack of experience
  경험 부족을 보완하다
- **compensate** him **for** the damage
  그에게 피해에 대해 보상하다

숙어 / **compensate (A) for B** (A에게) B에 대하여 보상하다

compensation 명 보상(금)

0968
★★★

dispense
[dispéns]

dis 멀리 +
pens(e) 무게를 달다

⇩

무게를 달아
멀리 주다

동 1. **분배하다** ▸ 무게를 달아서 멀리 나누어주다
2. **(약을) 조제하다** ▸ 무게를 달아 약을 나누어 만들다
- **dispense** clothing to the poor 빈민들에게 의복을 나누어주다
- **dispense** medicines 약을 조제하다

숙어 / **dispense with** ~없이 지내다
- **dispense with** a car 차 없이 지내다

dispenser
명 (일정량씩 분배해주는) 기계·디스펜서

dispensary
명 조제실·병원내 약국

DAY 34

dispensable 형 없어도 되는
≠ *indespensable* (없어서는안될·필수적인)

0969
★★☆

ponder
[pándər]

pend 무게를 달다 + er 동접
⇨ 생각의 저울질을 하다

동 **숙고하다** = consider, contemplate, weigh up
- **ponder** on the meaning of life 인생의 의미에 대해 숙고하다

---

peri / per : try 시도하다·시험하다

0970
★★☆

peril
[pérəl]

peri 시도하다 + l 명접
⇨ (어려운 일을) 시도에 뒤따르는 것

명 **(큰) 위험** = danger, hazard
- the **perils** of motor racing 자동차 경주의 위험
- the species in **peril** 위험에 처한 종

숙어 / **in peril** 위험에 처한

perilous 형 위험한

뉘앙스 /

risk
(미래에 닥칠지 모르는) 위험

danger
(건강상의·죽음에 이를 수 있는) 위험

peril
(danger와 비슷하나 더 심각한) 위험

hazard
(danger보다좀더격식을차린) 위험·위험요소

0971
★★★

experience
[ikspíəriəns]

ex(=out of) ~로부터 + per(i)
시도하다 + ence 명접
⇨ (여러 번의) 시도로부터 얻어진 것

명 **경험**

타 **경험하다·겪다** = undergo, go through
- learn by **experience** 경험을 통해 배우다
- **experience** a lot of difficulties 많은 어려움을 겪다

experienced
형 경험 있는·노련한
≠ *inexperienced* (경험이 없는)

0972
★★☆

experiment
[ikspérəmənt]

ex 강조 + per(i) 시험하다 +
ment 명접
⇨ 시험해 보는 것

명 **실험**

자 **실험하다**
- conduct an **experiment** on ~을 대상으로 실험하다
- **experiment** with new teaching methods
  새로운 교수법들을 실험하다

experimental 형 실험의

0973 ★★★ expert
[ékspə:rt]

ex (=out of) ~로부터 +
per 시도하다 + *t* 명접(사람)
⇨ (여러 번) 시도로부터 얻어낸 사람

명 전문가 = *specialist*
　　　≠ *novice* (초보자)

형 전문가의 · 전문적인

- an **expert** in economics 경제 분야의 전문가
- require **expert** knowledge 전문지식을 요구하다

expertise **명** 전문 지식[기술]

---

pet (e) / peti / peat : seek 구하다

0974 ★★☆ appetite
[ǽpətàit]

ap(= ad) ~을 + *pet* 구하다 + *ite*
명접
⇨ (음식을) 구하려는 상태

명 1. 식욕
　　 2. 욕구 = *desire*

- stimulate **appetite** 식욕을 자극하다
- have an **appetite** for adventure 모험에 대한 욕구가 있다

appetizer
명 식욕을 돋우는 음식 · 애피타이저

0975 ★★☆ compete
[kəmpí:t]

com 서로 + *pet* 구하다
⇨ (얻으려고) 서로 구하다

자 경쟁하다 = *vie*

- **compete with** a rival company
  라이벌 회사와 경쟁하다

competition
명 1. 경쟁 2. 대회 · 시합
competitive
형 1. 경쟁하는 2. 경쟁력 있는

0976 ★★☆ competent
[kámpətənt]

compete 경쟁하다 +
(e) nt 형접
⇨ 경쟁할 힘이 있는

형 유능한 · 적임의 = *capable*
　　　≠ *incompetent* (무능한)

- be **competent** as a lawyer 변호사로서 유능하다

competence **명** 유능함 · 능력

0977 ★★☆ petition
[pətíʃən]

pet(i) 구하다 + *tion* 명접
⇨ (도움을) 구하는 것

명 (공식) 요청 · 탄원(서)

타 (공식) 요청하다 = *request, ask for*

- draw up a **petition** 탄원서를 작성하다
- **petition** the government **to** investigate 정부에 조사를 공식 요청하다

0978 ★★☆ repeat
[ripí:t]

re 다시 + *peat* 구하다
⇨ 다시 추구하다

타 반복하다 · 되풀이하다 = *go over*

- **repeat** the same mistake 같은 실수를 반복하다

repetition **명** 반복
repeatedly
부 반복하여 · 되풀이하여

---

phan / phas / phen / fan⁽ᵗᵃ⁾ : appear 나타나다·보이다

0979
★☆☆
phantom
[fǽntəm]

phan 나타나다 + *tom* 명접
⇨ (스윽) 나타나는 것

명 **유령·혼령** = ghost

- a film about the **phantoms** 유령들에 대한 영화

0980
★★☆
phase
[feiz]

phas 보이다 + *e* 명접
⇨ (달이 변하며) 보이는 것

명 **단계·시기** = stage

- the research[experimental] **phase** 연구[실험] 단계

0981
★★★
emphasize
[émfəsàiz]

em(= en) 만들다 + *phas* 보이다
+ *ize* 동접
⇨ (확실히) 보이게 만들다

타 **강조하다** = stress, underline

- **emphasize** the importance of good manners
  예의 바름의 중요성을 강조하다

emphasis 명 강조

- lay **emphasis** on ~을 강조하다

0982
★★★
phenomenon
[fináмənɑn]

phen(omen) 보이다 + *on* 명접
⇨ 나타나 보이는 것

명 **현상**

- a natural **phenomenon** 자연(스러운) 현상

phenomenal
형 경이적인·놀라운 = amazing

참고 /
〈복수〉 **phenomena** 현상들

0983
★★☆
fantasy
[fǽntəsi]

fan(ta) 보이다 + *sy* 명접
⇨ (상상 속에서) 나타나는 것

명 **공상·환상**

- a series of animated **fantasy** movies
  애니메이션 판타지 영화시리즈

fantastic 형 환상적인
= incredible

0984
★★☆
fancy
[fǽnsi]

fan 나타나다 + *cy* 명접

⇩

상상 속에서
나타나는 것

명 **상상·공상** ▶ 상상 속에 나타나는 것

- take one's **fancy** 자신의 마음을 사로잡다

타 1. **상상하다** = imagine ▶ 상상 속에 나타나다
2. **좋아하다** ▶ 원해서 상상 속에 자주 나타나다

- **fancy** oneself as an actor 자신을 배우로 상상해보다
- don't **fancy** going out 외출하고 싶지 않다

형 **멋진·고급의** ▶ 상상 속에 나타날 법한

- a **fancy** restaurant[hotel] 고급 식당[호텔]

fanciful 형 상상[공상]의

상상속의
그곳이네!
완전좋아!

plaud / plod : clap 박수치다

0985 ★★☆
applaud
[əplɔ́:d]

ap(=ad) ~에게 +
plaud 박수치다
⇨ ~에게 박수치다

⑧ 박수갈채하다 = clap
- **applaud** at the end of the show
  쇼의 마지막에 박수를 치다

applause ⑲ 박수 (갈채)

0986 ★★★
explode
[iksplóud]

ex 밖 + *plod(e)* 박수치다
⇨ 박수와 같은 큰 소리가 나다

⑧ 폭발하다·터뜨리다 = burst, blow up
- **explode** the bomb 폭탄을 터뜨리다

explosion
⑲ ¹· 폭발 ²· 폭발적 증가
explosive
⑲ ¹· 폭발하기 쉬운
  ²· (증가폭이) 폭발적인

---

ple (n) / pli / ply : fill 채우다

0987 ★★★
plenty
[plénti]

plen 채우다 + *ty* 명접
⇨ 가득 참

⑲ 풍부한 양·풍성함 = richness
- **plenty of** water supply 많은 급수량
- 숙어 / **in plenty** 넉넉하게·충분히

plentiful ⑲ 풍부한

0988 ★★★
complete
[kəmplí:t]

com 강조 + *ple* 채우다 +
te 형접
⇨ 완전히 다 채워진

⑲ 완벽한·완전한 = perfect
⑧ 끝마치다·완성하다 = finish
- a **complete** sentence 완전한 문장
- **complete** one's task 자신의 임무를 완수하다

completely ⑲ 완전히 = totally
completion ⑲ 완료·완성

0989 ★★☆
complement
[kámpləmənt]

com 강조 + *ple* 채우다 +
ment 명접
⇨ (완전하도록) 채우는 것

⑲ 보충물·보완물
⑪ 보완하다·완성시키다
- a **complement** to a party 파티를 완벽하게 채워 주는 것
- **complement** the food 음식을 보완하다

complementary
⑲ 상호 보완적인

0990 ★★☆
supplement
[sʌ́pləmənt]

sup(=sub) 아래부터 +
ple 채우다 + *ment* 명접
⇨ (아래에서) 채우는 것

⑲ ¹· 보충(물)·추가 ²· (책의) 부록·증보
⑪ 보충하다
- dietary **supplements** 건강 보조 식품
- the **supplement** to the encyclopedia 그 백과사전의 부록
- **supplement** one's income 수입을 보충하다

supplementary ⑲ 보충[추가]의

참고 /
complement
기존 것에 더해 완벽하게 만들어 주는 것
supplement
기존 것만으로는 부족해 추가하는 것

0991 implement ★★☆

[ímpləmənt]

im(=in) 안 + ple 채우다 + ment 명접

⇩

안을 채워주는 것

명 **도구** = tool ▶ 일의 안을 채워주는 것
- farming **implements** 농기구들

타 **실행하다** = fulfill, carry out ▶ (임무를) 채워 넣어 완성하다
- **implement** a plan 계획을 실행하다

implementation 명 실행

이 도구들로 우리 계획을 실행합시다!

0992 accomplish ★★★

[əkámpliʃ]

ac(=ad)~을 + com 강조 + pli 채우다 + sh 동접

⇨ ~을 완전히 채우다

타 **성취하다 · 완수하다** = achieve
- **accomplish** a mission 임무를 완수하다

accomplishment
명 1. 성취 · 업적 2. 교양 · 소양
accomplished
형 1. 노련한 · 완성된 2. 교양있는

0993 compliment ★★☆

[kámpləmənt]

com 강조 + pli 채우다 + ment 명접

⇨ 의무인 예의를 완전히 채우는 것

명 **칭찬 · 인사의 말** = praise
동 **칭찬하다** = commend
- pay him a **compliment** 그를 칭찬하다
- **compliment** her on her beauty
  그녀의 미모를 칭찬하다

complimentary
형 1. 칭찬하는 2. 무료의
= free of charge
- a **complimentary** ticket 무료 티켓

0994 supply ★★★

[səplái]

sup(=sub) 아래부터 + ply 채우다

⇨ 아래부터 (위로) 채우는 것

동 **공급하다 · 제공하다** = provide, furnish
명 **공급 · 비축(량)**
- **supply** A **with** B A에게 B를 공급하다
- **supply** and demand 수요와 공급

supplier 명 공급자 · 공급 회사

0995 comply ★★☆

[kəmplái]

com 강조 + ply 채우다

⇨ (법규 · 칙의 요건을) 완전히 채우다

자 **(법 · 명령에) 따르다 · 준수하다** = conform
- **comply with** a regulation 규칙을 준수하다

compliance 명 준수
compliant 형 (잘)따르는 · 순종적인
= submissive

0996 plead ★★☆

[pli:d]

plea(=please) 즐겁게하다 + d 동접

⇨ (자기를) 기쁘게 해달라고 하다

자 **애원하다 · 간청하다** = beg
- **plead with** the judge **for** mercy
  판사에게 자비를 간청하다

plea 명 1. 간청 2. (법정) 진술 · 주장
시제변화 / **plead - pled - pled**

연습문제

DAY 34 | 어근 *pend- ~ ple-*

♥ 영어를 우리말로, 우리말을 영어로 바꾸세요.

1. *depend*

2. *compensate*

3. *ponder*

4. *peril*

5. *competent*

6. *emphasize*

7. *applaud*

8. *accomplish*

9. *compliment*

10. *comply*

11. 독립된 · 독립적인

12. (일시) 중단하다

13. 분배하다; 조제하다

14. 경험; 경험하다 · 겪다

15. 실험; 실험하다

16. 전문가

17. 식욕; 욕구

18. (공식) 요청, 탄원(서)

19. 현상

20. 도구; 실행하다

♥ 다음 중 밑줄 친 단어와 같은 뜻을 고르시오.

21. As Marly nears the end of high school, he needs to **ponder** his future plans.

① *spend* ② *reveal* ③ *spoil*
④ *contemplate* ⑤ *come up with*

22. Teenagers must be warned about the **peril**s of unsafe sex.

① *hazard* ② *scandal* ③ *instinct*
④ *handicap* ⑤ *crisis*

23. A bomb has **exploded** at a train station in Ulster, Northern Ireland, killing 4 people.

① *impelled* ② *blew up* ③ *collapsed*
④ *broke out* ⑤ *expedited*

♥ 다음 중 밑줄 친 단어의 반대되는 뜻을 고르시오.

24. The audience **complimented** the pianist on his performance.

① *pretended* ② *qualified* ③ *criticized*
④ *depleted* ⑤ *evaluated*

♥ 다음 괄호에 들어갈 알맞은 말을 고르시오.

25. He asked the lawyer to pursue a claim against the insurance firm to (compensate / dispense) him for the damage.

26. My parents always (assume / emphasize) the importance of good manners and etiquette at the dinner table.

27. All employees are expected to (apply / comply) with government safety regulations and laws that apply to their respective positions at the company.

28. As reported by a French food expert, this red wine (complements / compliments) the lobster food perfectly.

▶ 정답 *p. 455*

plic / *plex* / *ploi* / *plo*(y) / *ply* : **fold** 접다, **weave** 엮다 · 짜다

0997
★★☆

simplicity
[simplísəti]

sim(=same) 하나 +
plic 접다 + *ity* 명접
⇨ (둘이 아니고) 한 겹임

명 **단순함 · 소박함** ≠ *complexity* (복잡성)
- *simplicity* of design 디자인의 단순함

simple 형 단순한 · 소박한
simplify 동 단순하게 하다

0998
★★☆

complicate
[kámpləkèit]

com 강조 + *plic* 접다 +
ate 동접
⇨ 여러 겹으로 접다

타 **복잡하게 하다**
- *complicate* the current situation
  현 상황을 복잡하게 하다

complication
명 1. 복잡화 2. 합병증
complicated 형 복잡한

0999
★★☆

explicit
[iksplísit]

ex 밖 + *plic* 접다 +
it 형접
⇨ 밖으로 접혀져 잘 드러나는

형 **분명한 · 명백한** = *evident, obvious*
　　　　　　　≠ *implicit* (함축된 · 내포된)
- an *explicit* instruction 분명한 지침

1000
★★★

complex
[kəmpléks]

com 함께 + *plex* 접다
⇩
함께 접혀 있는

형 **복잡한** = *complicated* ▶ 여럿이 함께 접혀있는
- *complex* devices 복잡한 기기들

명 1. **복합건물 · 단지** ▶ 여러 시설이 함께 있는 건물
　 2. **강박관념 · 콤플렉스** ▶ 머릿속에 복잡하게 얽힌 생각
- a sports *complex* (여러 스포츠 시설이 함께 있는) 스포츠 복합건물
- overcome one's inferiority *complex* 열등감을 극복하다

complexity 명 복잡성

1001
★★☆

perplex
[pərpléks]

per 완전히 + *plex* 접다 · 얽히다
⇨ (생각을) 완전히 얽히게 하다

타 **당혹스럽게 하다** = *bewilder, embarrass*
- be slightly *perplexed* 약간 당혹스러워하다

perplexing 형 당혹스러운
perplexed 형 당혹해하는

1002
★★★

exploit

[iksplɔ́it]

ex 밖 + *ploit* 접다

⇩

**묻힌 것을 밖으로
펼쳐내다**

타 1. **(자원·능력을) 개발하다** = *develop* ▶ 묻힌 것을 쓸 수 있게 밖으로 펼쳐내다
　 2. **착취하다** = *milk* ▶ 너무 무리하게 밖으로 펼쳐내다

- *exploit* natural resources 천연 자원을 개발하다
- be accused of *exploiting* workers 노동자들을 착취한 혐의로 고발되다

명 《−s》**공훈·업적** = *achievement, feat* ▶ 묻힌 것을 밖으로 펼쳐낸 좋은 행동

- the *exploits* of the hero 그 영웅의 업적

exploitation
명 1. (부당한) 이용
　 2. 개발

1003
★★☆

diplomacy

[diplóuməsi]

di 두 + *plo* 접다 + *macy* 명접
⇨ 두 겹으로 접힌 문서의 교환

명 **외교·사교 능력** = *tact*

- achieve peace through *diplomacy*
  외교를 통해 평화를 얻다

diplomatic
형 1. 외교의 2. 수완이 있는·재치 있는

diplomat 명 외교관

비교 / *diploma* 졸업장

1004
★★★

employ

[implɔ́i]

em(=in) 안 + *ploy* 접다

⇩

안으로 접어 넣어 쓰다

타 1. **고용하다** = *hire* ▶ (사람을 회사) 안으로 넣어 쓰다
　 2. **쓰다·이용하다** = *use* ▶ (방법을) 안에 넣어 쓰다

- *employ* an accountant 회계사를 고용하다
- *employ* a new method 새로운 방법을 쓰다

employment 명 1. 고용 2. 이용
≠ *unemployment* (실업)

employer 명 고용주·사장
≠ *employee* (종업원·사원)

1005
★★☆

imply

[implái]

im 안 + *ply* 접다
⇨ (의미를) 안에 접어 넣다

타 **암시하다·내포하다** = *suggest*

- Silence often *implies* consent.
  침묵은 종종 동의를 암시한다.

implication 명 암시·함축
implicit 형 함축된·내포된

---

plor : **cry** 외치다·울다

1006
★★★

explore

[iksplɔ́:r]

ex 밖 +
plor 외치다 + *e* 동접
⇨ (사냥꾼이 사냥감을 보고) 외치다

타 1. **탐험하다**
　 2. **탐구하다·연구하다** = *study*

- *explore* a jungle 정글을 탐험하다
- *explore* various alternatives 다양한 대안들을 연구하다

exploration 명 탐험·탐사
explorer 명 탐험가

1007
★☆☆

deplore

[diplɔ́:r]

de 강조 +
plor 울다 + *e* 동접
⇨ 몹시 슬피 울다

타 **한탄하다·개탄하다** = *strongly disapprove of*

- *deplore* a fate 운명을 개탄하다

polit / polic / polis : city 도시, citizen 시민

1008 ★★☆ politics
[pálətiks]
polit 도시 + ics 명접
⇨ 도시[시민]를 다루는 활동

명 《단수 취급》 1. 정치 2. 정치학
- talk about domestic **politics**
  국내 정치에 대해 이야기하다
- major in **politics** 정치학을 전공하다

political 형 정치적인
politician 명 정치가
비교 / **politic** 현명한

DAY 35

1009 ★★☆ policy
[páləsi]
polit 도시 + y 명접
⇨ 도시를 다룰 방안

명 정책·방침
- a new **policy** 새로운 정책

비교 / **policy** 보험증권
- take out a **policy** 보험에 들다
(proof(증거)라는 다른 어원에서 유래된 단어임)

1010 ★★☆ metropolis
[mitrápəlis]
metro (=mother) 어머니 +
polis 도시
⇨ 모체가 되는 큰 중심 도시

명 중심 도시·수도
- a business **metropolis** 기업 대도시

metropolitan 형 대도시의
참고 / **megalopolis** 거대 도시

popul / publ : people 사람들·대중

1011 ★★☆ popular
[pápjulər]
popul 대중 + ar 형접
⇨ 대중적인

형 인기 있는·대중적인
- a **popular** song 유행가요
- be **popular** with housewives 주부들에게 인기가 있다

popularity 명 인기

1012 ★★☆ populate
[pápjulèit]
popul 사람들 + ate 동접
⇨ (어떤 곳에) 사람들이 있게 하다

타 ~에 거주하다 = inhabit
- a densely **populated** area 인구밀도가 높은 지역

population 명 인구

1013 ★★☆ public
[pʌ́blik]
publ 대중 + ic 형접
⇨ 대중의

형 (일반) 대중의·공공의 ≠ private (사적인·개인적인)
명 일반 사람들·대중
- **public** use[opinion] 공용[여론]
- announce to the **public** 일반 대중에게 공표하다

publicity
명 1. (대중에게) 알려짐·평판 2. 홍보

¹⁰¹⁴
★★☆
publish
[pʌ́bliʃ]

publ 대중 + *ish* 동접

⇩

대중들에게 알리다

타 **1. 출판하다·발행하다** ▶ 책을 대중들에게 알리다

2. 발표하다·공표하다 ▶ 어떤 정보를 대중들에게 알리다

• **publish** *a book* 책을 발행하다

• **publish** *the picture of the suspect*
 그 용의자의 사진을 공개하다

publication
명 1. 출판·발행 2. 발표·공개

publisher **명** 출판인·출판사

---

¹⁰¹⁵
★★☆
re**publ**ic
[ripʌ́blik]

re(=*res* : *thing*) 것 +
public 대중의 ⇨ 대중들의 것

명 **공화국** : 국가의 주권이 국민에게 있는 국가

• *the* **republic** *of Korea* 대한민국(R.O.K)

---

port : **carry** 옮기다·나르다

---

¹⁰¹⁶
★★★
im**port**ant
[impɔ́ːrtənt]

im 안 + *port* 옮기다 +
ant 형접
⇨ (의미를) 안에 옮겨 지니고 있는
: 의미 있는

형 **중요한** = *significant*
            ≠ **unimportant** (중요하지않은)

• *play an* **important** *role* 중요한 역할을 하다

importance **명** 중요성

---

¹⁰¹⁷
★★★
su**pport**
[səpɔ́ːrt]

sup(=*sub*) 아래에서 +
port 옮기다

⇩

아래에서 위쪽으로
(옮기듯) 떠받치다

타 **1. (밑에서) 받치다** ▶ 사물을 아래에서 위쪽으로 떠받치다

2. 지지하다 = *back* ▶ 남의 생각을 아래에서 떠받치다

3. (가족을) 부양하다 = *maintain* ▶ 가족을 경제적으로 떠받치다

• **support** *the shelf* 선반을 떠받치다

• **support** *his theory* 그의 이론을 지지하다

• **support** *one's family* 가족을 부양하다

명 **1. 지탱·지지** ▶ 아래에서 위쪽으로 떠받침

2. 지원·부양 ▶ 경제적으로 떠받침

• *get* **support** *from* ~로부터 지지를 얻다

• *provide financial* **support** 재정적 지원을 제공하다

---

¹⁰¹⁸
★★☆
im**port**
[impɔ́ːrt]

im 안 + *port* 옮기다

⇩

안으로 옮기다

타 **수입하다** ▶ 제품을 나라 안으로 옮기다

• **import** *cars* **from** *Germany* 독일에서 차를 수입하다

명 **1. 수입품** ▶ 나라 안으로 옮긴 제품

2. 의미·취지 ▶ 마음 안으로 옮겨 간직하는 것

• *an* **import** *tax* 수입세

• *the* **import** *of an event* 사건의 의미

1019 ★★☆ export
[ikspɔ́:rt]

ex 밖 + port 옮기다
⇨ (나라의) 밖으로 옮기다

- 🈺 수출하다
- 🈔 수출(품) [ékspoːrt]
  - **export** oil **to** Asian countries
    아시아 국가에 석유를 수출하다
  - the **export** of gold 금의 수출

1020 ★★☆ report
[ripɔ́:rt]

re 다시
⇨ (사건을 사람들에게) 다시 옮기다

- 🈺 보도하다 · 보고하다 = cover
- 🈔 보고(서) · 보도
  - **report** the news 뉴스를 보도하다
  - a **report** card (학교) 성적표
  - a weather **report** 일기 예보

reporter 🈔 기자
reportedly
🈕 보도에 따르면 · 소문에 의하면
= purportedly

1021 ★★☆ transport
[trænspɔ́:rt]

trans 가로질러 +
port 옮기다

⇩

이쪽에서 저쪽으로
가로질러 옮기다

- 🈺 수송하다 = convey ▶ 사물을 가로질러 옮기다
  - **transport** goods by ship 배로 상품을 수송하다
- 🈔 1. 수송 = transit ▶ 사물을 가로질러 옮김
  2. 황홀 = ecstasy ▶ (넋이 나가도록) 사람의 마음을 옮김
  - the **transport** of goods 제품의 수송
  - in a **transport** of joy 기쁨에 도취되어

transportation 🈔 수송
- use public **transportation**
  대중교통을 이용하다

1022 ★★☆ portable
[pɔ́:rtəbl]

port 옮기다 + able ~될 수 있는
⇨ 옮겨질 수 있는

- 🈝 휴대용의 = mobile
  - a **portable** television 휴대용 텔레비전

portability 🈔 휴대성

1023 ★★☆ opportunity
[ɑpərtjú:nəti]

op(=ob : toward) ~쪽으로 +
ity 명접 ⇨ (범선이 들어오게 바람이)
항구 쪽으로 불어줌

- 🈔 기회 = chance
  - miss[take] an **opportunity** 기회를 놓치다[잡다]

opportunist 🈔 기회주의자
opportunistic 🈝 기회주의적인

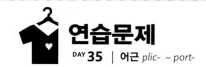

연습문제

DAY **35** | 어근 *plic- ~ port-*

♥ 영어를 우리말로, 우리말을 영어로 바꾸세요.

1. simplicity

2. explicit

3. imply

4. explore

5. deplore

6. politics

7. republic

8. support

9. transport

10. opportunity

11. 복잡하게 하다

12. 당혹스럽게 하다

13. 개발하다; 착취하다

14. 외교 · 사교 능력

15. 고용하다

16. 정책 · 방침

17. 중심 도시 · 수도

18. 인기 있는, 대중적인

19. 출판하다; 발표하다

20. 휴대용의

♥ 다음 중 밑줄 친 단어와 같은 뜻을 고르시오.

21. The **explicit** violence of some of today's video games is a source of concern for many parents.
   ① extreme   ② domestic   ③ evident
   ④ repeated   ⑤ irregular

22. Questions about the meaning of life have always **perplexed** humankind.
   ① affected   ② violated   ③ involved
   ④ perished   ⑤ bewildered

23. The police **employed** a number of different methods in their attempt to gather evidence for the trial.
   ① adopted   ② used   ③ devised
   ④ practiced   ⑤ worked out

♥ 다음 중 밑줄 친 단어의 반대되는 뜻을 고르시오.

24. The system is so **complicated** that no one is able to use it properly.
   ① efficient   ② delicate   ③ elaborate
   ④ simple   ⑤ sophisticated

♥ 다음 괄호에 들어갈 알맞은 말을 고르시오.

25. Many senators are making an effort to create new (politics / policies) to push unemployment down.

26. The water supply and the atmosphere are deeply polluted from such a rapid growth from (expelling / exploiting) natural resources.

27. As the most densely (populated / populous) area in the country, Seoul has some very crowded roadways, particularly during rush hour.

28. We plan to allocate more resources to cooperate with the company and (transplant / transport) goods by ship.

DAY 36

1024
★★★
*pos*itive
[pázətiv]

pos(it) 놓다 +
ive 형접

⇩

(확실하게) 놓는

형 1. **긍정적인** ≠ *negative* (부정적인) ▶ ('예'라는) 입장을 확실히 놓는
2. **(검사 결과가) 양성의** ▶ (결과에 대해 '예'라는) 입장을 확실히 놓는
3. **확실한·확신하는** = *certain* ▶ ('예'라는) 입장을 확실히 놓는

- *have a **positive** attitude* 긍정적인 태도를 갖다
- *test **positive** for banned drugs* 금지 약물에 대해 양성 반응이 나오다
- *be **positive** that we will win* 우리가 이길 것을 확신하다

명 **긍정적인 면[것]** ▶ '예'와 같은 긍정의 성질인 것

- *a **positives** of living in the country* 시골에 사는 긍정적인 면들

positively
부 1. 긍정적으로
2. 확실히·분명히
= *definitely*

1025
★★★
com*pos*e
[kəmpóuz]

com 함께 +
pos(e) 놓다

⇩

(전체를 이루도록)
함께 놓다

타 1. **구성하다** = *constitute* ▶ 전체를 이루도록 함께 놓다
2. **작곡하다·작문하다** ▶ 음이나 글자를 함께 놓다
3. **(마음을) 진정시키다** = *calm down* ▶ 마음을 조화롭게 함께 놓다

- *A is **composed** of B.* A는 B로 구성되어 있다.
- *compose a song* 노래를 작곡하다
- *compose oneself* 진정하다

composition
명 1. 구성 2. 작문·작곡
composure
명 침착·평정
component
명 (구성)요소·부품
composer
명 작곡가
composed
형 침착한

1026
★★☆
de*pos*it
[dipázit]

de 아래 +
pos(e) 놓다

⇩

(쌓이도록)
아래에 내려놓다

타 1. **퇴적시키다·침전시키다** ▶ 아래에 놓아 쌓이게 하다
2. **예금하다** ≠ *withdraw* (인출하다) ▶ 돈을 은행에 놓아 쌓이게 하다

- *mud **deposited** by flood waters* 홍수로 퇴적된 진흙
- *deposit a salary in an account* 계좌에 월급을 입금하다

명 1. **예금** ▶ 은행에 놓여 쌓인 돈
2. **계약금·보증금** ▶ 계약시 아래에 깔아 놓는 돈
3. **침전물·매장량** ▶ 아래에 놓여 쌓인 것

- *make a **deposit*** 예금하다
- *put a **deposit** on the house* 그 집에 대해 계약금을 걸다
- *discover oil **deposits*** 석유 매장량을 발견하다

1027
★★★
*dis***pose**
[dispóuz]

dis 떨어뜨려 +
pos(e) 놓다

⇩

(각각) 떨어뜨려 놓다

타 1. **배치하다** ▶ 위치를 떨어뜨려 놓다
2. **~하고 싶게 하다** = *incline* ▶ 사람의 체액(humor)을 배치시키다
- *dispose* the troops along the river 강을 따라 병력들을 배치하다
- be[feel] *disposed* to do ~하고 싶은 기분이다

자 **처분하다 · 처리하다** = *get rid of* ▶ 물건을 멀리 떨어뜨려 처리하다
- *dispose of* toxic waste 유독성 폐기물을 처리하다

disposition
명 1. 배열 · 배치 2. 기질 · 성향

disposal 명 처리 · 처분
- have ~ at one's *disposal*
  ~을 자기 마음대로 사용하다

disposable 형 일회용의
- *disposable* paper cups
  일회용 종이컵

1028
★★☆
*ex***pose**
[ikspóuz]

ex 밖 +
+ *pos(e)* 놓다

⇩

밖에 내놓다

타 1. **노출하다** ▶ 보이도록 밖에 내놓다
2. **폭로하다** = *disclose* ▶ 감춰진 사실을 밖에 내놓다
- *expose* one's skin to sunlight 햇볕에 노출되다
- *expose* a secret plan 비밀 계획을 폭로하다

exposure
명 1. 노출 2. 폭로

exposition
명 1. 설명 2. 전시회
= *exhibition*

1029
★★★
*im***pose**
[impóuz]

im(=on) ~에게 +
pos(e) 놓다

⇩

~에게 놓다

타 1. **(세금 · 형벌을) 부과하다** ▶ 세금이나 형벌을 ~에게 놓다
2. **(의견 등을) 강요하다** = *force* ▶ 자신의 생각을 ~에게 놓다
- *impose* a fine[tax] *on* him 그에게 벌금[세금]을 부과하다
- *impose* one's beliefs *on* him 그에게 자신의 믿음을 강요하다

자 **폐를 끼치다 · (남의 호의 등을) 이용하다** ▶ (자신을 남에게) 얹어 놓다
- *impose on* his kindness 그의 친절함을 이용하다

어법 / *impose A on B* A를 B에게 부과하다
　　　 impose on ~을 이용해먹다

imposition
명 1. 부과 2. 폐 · 부담

imposing
형 인상적인 = *impressive*

1030
★★☆
*pro***pose**
[prəpóuz]

pro 앞으로 + *pos(e)* 놓다
⇨ (생각을) 앞으로 내놓다

타 **제안하다 · 제의하다** = *offer, suggest*
- *propose* a new method 새로운 방법을 제안하다

proposal 명 제안 · 프러포즈
- make a *proposal* to ~에게 프러포즈를 하다

proposition
명 1. (사업상) 제의 2. 명제

1031
★★☆
*pur***pose**
[pə́:rpəs]

pur (= *pro*) 앞 + *pos(e)* 놓다
⇨ (스스로) 앞에 내놓은 목표

명 **목적 · 의도** = *intention*
- the *purpose* of one's visit 방문의 목적

숙어 / **on purpose** 고의로 · 일부러 = *deliberately*
　　　 for the purpose of ~ing ~하기 위하여

purposeful 형 목적이 있는

1032 ★★☆

suppose
[səpóuz]

sup (=sub) 아래+ *pos(e)* 놓다
⇨ (주장의 근거를) 아래에 놓다

타 **가정하다** = think, guess
- be **supposed** to do ~하기로 되어 있다[~해야한다]

supposition 명 가정·추정
supposedly 부 아마

1033 ★★☆

compound
[kámpaund]

com 함께 +
pound 놓다
⇩
함께 놓다

DAY
36

동 **섞다·혼합하다** = combine ▶ 함께 놓아 섞다
- **compound** rubber **with** chemicals 고무와 화학 물질을 합성하다

명 **결합·합성물** = composite ▶ 함께 놓아 섞은 것
- a chemical[organic] **compound** 화학 합성물[유기 화합물]

형 **합성의·복합의** ▶ 함께 놓아 섞은
- a **compound** substance 합성물

---

poss / pot : able ~할 수 있는, powerful 강력한

1034 ★★☆

possible
[pásəbl]

poss ~할 수 있는 +
ible 형접
⇨ (어떤 일이 발생) 할 수 있는

형 **가능한·가능성이 있는** ≠ impossible (불가능한)
- as soon as **possible** 가능한 한 빨리(=ASAP)
- It is **possible** to V ~하는 것은 가능하다

숙어 / **make it possible to V**
~하는 것을 가능하게 하다

possibility 명 가능성
= probability, odds
possibly 부 아마·어쩌면
= perhaps, maybe

1035 ★★★

possess
[pəzés]

poss ~할 수 있는 +
ess(=be) 존재하다·있다
⇩
(언제나)
함께 있을 수 있다

타 1. **소유하다·보유하다** = have, own ▶ (언제나) 어떤 사물과 함께 있다
2. **(감정·생각이) 사로잡다** ▶ (언제나) 사람의 마음속에 함께 있다
- **possess** illegal weapons 불법 무기들을 소지하다
- be **possessed** by fear 공포에 사로잡히다

possession
명 1. 소유·보유
2. 《주로 -s》 소지품·소유물
possessive
형 소유의·소유욕이 강한

1036 ★★☆

potential
[pəténʃəl]

potent 강력한 + *ial* 형접
⇨ 강력한 힘을 가진

형 **잠재적인·가능성 있는** = possible
명 **잠재력·가능성**
- a **potential** danger 잠재적 위험
- shows great **potential** 큰 잠재력을 보이다

관련 / **potent** 강한·강력한

1037 ★★☆

preci**ous**
[préʃəs]

preci 가치 + ous 형접
⇨ 가치 있는

형 **귀중한 · 값비싼** = dear, valuable

- **precious** stones 보석
- We cannot afford to waste **precious** time.
  우리는 귀중한 시간을 낭비할 여유가 없다.

1038 ★★★

apprec**iate**
[əpríːʃièit]

ap (=ad) ~에 +
preci 가치 + ate 동접
⇩
~에 가치를 평가하다

동 1. **이해하다 · 감상하다** ▶ ~에 진정한 가치를 평가하다
2. **~를 고맙게 여기다** ▶ 남의 도움의 가치를 높게 평가하다
3. **가치가 오르다** = increase in value ▶ (진정한) 가치가 비로소 평가되다
  ≠ depreciate (가치를 떨어뜨리다)

- **appreciate** works of art 예술 작품을 감상하다
- We **appreciate** your help. 당신의 도움에 감사합니다.
- Our house has **appreciated**. 우리 집의 가치가 올랐다.

appreciation
명 1. 이해(력) 2. 감사
3. 가치 상승

appreciative
형 1. 이해하는 2. 감사하
는 = grateful

1039 ★★☆

praise
[preiz]

prais 가치 + e 명접
⇨ (누군가에게) 가치를 부여하는 말

명 **칭찬 · 찬사** = compliment

타 **칭찬하다** ≠ criticize (비난하다)

- receive[give] **praise** 칭찬을 받다[주다]
- **praise** him for his effort 그를 노력에 대해 칭찬하다

1040 ★★☆

prize
[praiz]

priz 가치 + + e 명접
⇨ (보답으로 주는) 가치 있는 것

명 **상 · 상품** = award

타 **소중히하다 · 높이 평가하다** = value

- win a **prize** 상을 타다
- **prize** money 상금
- one's most **prized** possession 자신의 가장 소중한 재산

1041 ★★☆

prison
[prízn]

pris 붙잡다 + on 명접
⇨ 붙잡아두는 곳

명 **감옥 · 교도소** = jail

- a **prison** break 탈옥
- be sentenced to 50 years in **prison**
  감옥살이 50년형을 선고받다

prisoner 명 죄수 · 포로
- a **prisoner** of war 전쟁 포로

imprison 동 투옥하다
= put in jail

1042 ★★☆

surpris**e**
[sərpráiz]

sur (=over) 위로 +
pris 붙잡다 + e 동접
⇨ (덮치듯이) 위에서 잡다

타 **놀라게 하다** = astonish

명 **놀라움 · 뜻밖의 일**

- be **surprised** at the news 그 소식에 놀라다
- To one's **surprise** 놀랍게도

surprising 형 놀라운

1043 ★★☆ **comprise**
[kəmpráiz]

com 함께 + pris 붙잡다 + e 동접

⇨ (전체를 이루려) 함께 붙잡고 있다

🅣 1. **~로 구성되다** = consist of
2. **구성하다·이루다** = make up

- The play **comprises** three acts. 그 연극은 3막으로 구성되어 있다.
- Three acts **comprise** the play. 3막이 그 연극을 구성하고 있다.
  = The play is **comprised of** three acts.

1044 ★★☆ **enterprise**
[éntərpràiz]

enter (= inter) 중간 +
pris 붙잡다 + e 명접

⇩

(두 손) 사이에 붙잡음

🅜 1. **기업·사업** = corporation ▶ 두 손 사이에 일을 붙잡음
2. **진취성·기상** ▶ 두 손 사이에 (큰) 일을 붙잡으려는 마음
= initiative

- privatize the pulbic **enterprise** 공기업을 민영화하다
- show no **enterprise** 진취성이 없다

enterprising 🅗 진취적인
entrepreneur 🅜 기업[사업]가

1045 ★★☆ **comprehend**
[kàmprihénd]

com 강조 + prehend 붙잡다
⇨ (의미를) 완전히 붙잡다

🅥 1. **포함하다** = include
2. **이해[파악]하다** = grasp, perceive

- **comprehend** many meanings 많은 뜻을 포함하다
- **comprehend** the meaning of ~의 의미를 이해하다

comprehension
🅜 이해력
comprehensive
🅗 1. 포괄적인 2. 이해력 있는

1046 ★★☆ **prey**
[prei]

prey (먹으려) 잡는 것

🅜 **먹이·사냥감** = game

- look for **prey** 먹이를 찾다
- fall **prey** to ~의 먹이가[희생양이] 되다

---

press : 누르다

1047 ★★☆ **compress**
[kəmprés]

com 함께 + press 누르다
⇨ (부피를 줄이려) 함께 꾹 누르다

🅣 1. **압축하다**
2. **요약하다** = summarize

- **compress** air[data] 공기[데이터]를 압축하다
- **compress** the book **into** 3 pages
  그 책을 3페이지로 요약하다

compression 🅜 1. 압축 2. 요약
compressor 🅜 압축기

1048 ★★☆ **depress**
[diprés]

de 아래로 + press 누르다
⇨ (기분·경제를) 내리 누르다

🅣 1. **우울하게 하다**
2. **(경기를) 침체시키다**

- be **depressed** by the result 그 결과에 침울하다
- **depress** the economy 경제를 침체시키다

depression
🅜 1. 우울증 2. 불경기 = recession
depressed 🅗 1. 우울한 2. 침체된

1049
★★☆

express
[iksprés]

ex 밖 + *press* 누르다

⇩

눌러 밖으로 짜내다

타 **표현하다 · 나타내다** ▶ 의견을 눌러 밖으로 짜내다
- *express* one's views 자신의 견해를 나타내다

형 1. **분명한** = *explicit* ▶ 의견을 눌러 밖으로 짜낸
2. **(기차 등이) 급행의** ▶ 목적지가 분명히 밖으로 표시된
- his *express* purpose 그의 분명한 목적
- an *express* train 급행열차

expression 명 1. 표현 2. 표정
expressive
형 (감정·느낌을) 잘 나타내는 · 표현력이 있는
참고 / *expressway* 고속도로
= *highway*

1050
★★☆

impress
[imprés]

im 안 + *press* 누르다
⇨ (마음) 안에 눌러 찍다

타 1. **(감명을) 주다**
2. **각인시키다** = *imprint*
- be *impressed* by his speech 그의 연설에 감명을 받다
- *impress* the dangers of junk food
  정크푸드(불량식품)의 위험성을 각인시키다

impression 명 인상·느낌
impressive 형 인상적인

1051
★★☆

oppress
[əprés]

op(=ob) 반대로 + *press* 누르다
⇨ (~의) 반대로 누르다

타 **억압하다 · 박해하다** = *persecute*
- *oppress* the people 국민들을 억압하다

oppression 명 탄압·억압
oppressor 명 압제자

1052
★★☆

suppress
[səprés]

sup(=sub) 아래 + *press* 누르다
⇨ (아래로) 내리 누르다

타 1. **진압하다** = *put down*
2. **억누르다 · 억제하다** = *repress*
- *suppress* a riot 폭동을 진압하다
- *suppress* one's feelings 감정을 억제하다

suppression 명 1. 진압 2. 억제

연습문제

DAY **36** | 어근 *pos- ~ press-*

♥ 영어를 우리말로, 우리말을 영어로 바꾸세요.

1. positive

2. expose

3. purpose

4. suppose

5. compound

6. possess

7. precious

8. appreciate

9. enterprise

10. suppress

11. 구성하다; 작곡하다

12. 예금하다

13. 배치하다; 처분하다

14. (세금·형벌을) 부과하다

15. 잠재적인; 잠재력·가능성

16. 포함하다; 이해하다

17. 먹이, 사냥감

18. 압축하다; 요약하다

19. 우울하게 하다; (경기를) 침체시키다

20. 표현하다; 급행의

♥ 다음 중 밑줄 친 단어와 같은 뜻을 고르시오.

21. I was impressed by the **imposing** cathedral during my first tour in Europe.
    ① stately   ② attractive   ③ run-down
    ④ municipal   ⑤ contemporary

22. I thought the young man to be a man of **enterprising** spirit.
    ① depressed   ② diligent   ③ ambitious
    ④ straightforward   ⑤ sensible

23. I just can't **comprehend** her brother's attitude; he seems so negative and angry about everything.
    ① arouse   ② grasp   ③ include
    ④ soothe   ⑤ provoke

♥ 다음 중 밑줄 친 단어의 반대되는 뜻을 고르시오.

24. My father had a really **positive** influence on me when I was young.
    ① dramatic   ② adverse   ③ crucial
    ④ negative   ⑤ profound

♥ 다음 괄호에 들어갈 알맞은 말을 고르시오.

25. It is scientifically proven that water is (composed / supposed) of hydrogen and oxygen.

26. This official form allows the corporation to (deposit / dispose) his salary in the bank account.

27. The military government (oppressed / impressed) the people by burning the village crops and starving them.

28. After the trial, the judge made a decision to (impel / impose) a fine on the offender.

1053
★★☆

*prim**e***
[praim]

prim 첫째의 + *e* 형접
⇨ 첫째가는

형 1. **가장 중요한 · 주요한** = *main*
2. **최고의**

- ***prime*** time 황금시간대[골든아워]
- *a female **prime** minister* 여자 수상

1054
★★☆

*prim**ary***
[práimeri]

prim 첫째의 + *ary* 형접
⇨ 첫째 가는

형 1. **제1의 · 주요한** = *chief*
2. **초등의 · 처음의** = *elementary*

- *the **primary** cause of his death* 그의 사망의 주요 원인
- ***primary** school[education]* 초등학교[교육]

primarily 뷔 주로

1055
★★☆

*prim**itive***
[prímətiv]

prim 첫째의 + *ive* 형접
⇨ 처음 시대의

형 **원시의 · 원시적인**

- *a **primitive** society[tribe]* 원시사회[부족]

1056
★★☆

*prin**cipal***
[prínsəpəl]

prin 첫째의 + *cip(=take)* 잡다 +
al 형접
⇨ 첫째를 차지하는 (사람)

형 **주된 · 주요한** = *prime, primary, main, chief*

명 **교장 · 총장** = *head teacher*

- *the **principal** source of income* 주된 수입원
- *the new high school **principal*** 그 고등학교의 신임 교장

principally 뷔 주로

1057
★★☆

*prin**ciple***
[prínsəpl]

prin 첫째의 +
cip(=take) 취하다 + *le* 명접
⇩
첫째로 취하는 것

명 1. **원리 · 원칙** ▶ 첫째로 취하는 규칙
2. **주의 · 신념** = *belief* ▶ 첫째로 취하는 믿음

- *the **principle** of democracy* 민주주의 원리
- *It's against my **principle**.* 그것은 내 원칙에 어긋난다.

priv : separate (따로) 떼어놓다

1058
★★☆
private
[práivət]

priv 따로 떼어놓다 +
ate 형접
➡ (공공에서) 따로 떼어놓은

형 1. **사적인 · 개인적인** ≠ *public* (대중의 · 공공의)
　　 2. **비밀의** = *secret*

- ***private*** property[education] 사유 재산[사교육]
- ***private*** information 비밀 정보

privacy **명** 사생활 · 프라이버시
- *an invasion of* ***privacy*** 사생활 침해

privately **부** 1. 사적으로 2. 은밀히

1059
★★☆
deprive
[dipráiv]

de 강조 +
priv 따로 떼어놓다 + *e* 동접
➡ ~에게서 완전히 떼어놓다

타 **박탈하다 · 빼앗다** = *rob, strip*

- ***deprive*** him *of* his property
　그에게서 재산을 빼앗다

deprivation **명** 박탈

비교 / ***deprive*** A ***of*** B
　　　A에서 B를 빼앗다

---

prov / prob : prove 증명하다, test 시험하다

1060
★★☆
prove
[pru:v]

prov (e) (시험으로) 증명하다

동 1. **증명하다** = *substantiate*
　　 2. **(~임이) 판명되다 · 드러나다** = *turn out*

- ***prove*** one's innocence 자신의 결백을 입증하다
- ***prove*** valuable 귀중한 것으로 판명되다

proof **명** 증거 · 증명 = *evidence*

비교 / ***proof*** 가 명사 뒤에 붙으면
　　　'~을 막아주는'

　　water***proof*** 방수의
　　wind***proof*** 방풍의
　　sound***proof*** 방음의
　　fire***proof*** 불연성의

1061
★★☆
ap**prove**
[əprú:v]

ap (=ad) ~을 +
prove 증명하다
➡ 승인을 통해 옳음을 증명하다

동 **승인하다 · 찬성하다** = *officially accept*

- ***approve*** the building plans
　그 건축 계획을 승인하다
- ***approve*** *of* his proposal 그의 제안을 찬성하다

approval **명** 승인 · 인정
- ***approval*** rating 지지율

1062
★★☆
dis**approve**
[dìsəprú:v]

dis 반대 +
approve 승인하다
➡ 승인하지 않다

동 **승인하지 않다 · 반대하다** = *officially refuse*

- ***disapprove*** the bill 그 법안을 거부하다
- ***disapprove*** *of* his behavior 그의 행동을 못마땅해 하다

disapproval **명** 반대 · 불허

1063
★★☆

*prob*able
[prábəbl]

prob 증명하다 +
able 될 수 있는
⇨ 증명되어 받아들일 수 있는

형 (일어날) **가능성이 있는** = *possible*
≠ *improbable* ((일어날) 가능성이 없는)

- the **probable** outcome 일어날 가능성이 있는 결과

probability
명 가능성·개연성

1064
★★☆

*prob*e
[proub]

prob 증명하다 +
e 명접

⇩

증명하려 함

명
1. **(철저한) 조사** = *examination* ▶ 증명하려는 조사
2. **탐사선·탐사기** ▶ 증명하려는 기구

- an **probe** into corruption 부패에 대한 철저한 조사
- launch a space **probe** 우주 탐사선을 발사하다

동 **캐내다·조사하다** = *investigate* ▶ 증명하려 하다

- **probe into** his past 그의 과거를 캐내다

---

proper / *propri* : one's own 자기 자신의

1065
★★☆

proper
[prápər]

proper 자기 자신의

⇩

자기 자신의

형
1. **적당한·적절한** = *suitable* ▶ 자기 자신의 것이라 어울리는
2. **고유의** ▶ 자기 자신만의

- take **proper** measures 적절한 조치를 취하다
- a **proper** noun 고유명사

1066
★★☆

*proper*ty
[prápərti]

proper 자기 자신의 +
ty 명접

⇩

자기 자신의 것

명
1. **재산·부동산** = *estate* ▶ (구체적으로) 자기 자신이 가진 것
2. **(고유한) 속성·특징** = *characteristic* ▶ (추상적으로) 자기 자신이 가진 특성

- a **property** market 부동산 시장
- the **property** of Aluminium 알루미늄의 특징

비교 /
propriety 예절

1067
★★☆

ap*propri*ate
[əpróupriət]

ap (=ad) ~을 +
propri 자기 자신의 + *ate* 형접

⇩

자기 자신의 것인

형 **적절한·적당한** = *proper* ▶ 자신의 것이라 어울리는
≠ *inappropriate* (부적절한)

- the **appropriate** amount of vegetables 적당량의 채소

타 **제멋대로 쓰다·전용하다** [əpróuprièit] ▶ ~을 자기 자신만의 것으로 하다

- **appropriate** government funds 정부 자금을 유용하다

appropriation
명 도용

point / punct : point 점, prick 찌르다

1068
★★★
appoint
[əpɔ́int]

ap (=ad) ~에 +
point 점을 찍다
⇨ ~에 점을 콕 찍어 정하다

타 1. (약속을) 정하다
2. 임명하다 = nominate, designate

- **appoint** a date 날짜를 정하다
- **appoint** him **as** the sales director
  그를 영업이사로 임명하다

appointment 명 1. 약속 2. 임명
- *have an* **appointment** 약속이 있다

1069
★★★
disappoint
[dìsəpɔ́int]

dis 멀리 + *appoint* 임명하다
⇨ 임명된 자리에서 멀리 물러나 하다

동 실망시키다 = let down

- **disappoint** one's fans 팬들을 실망시키다

disappointment 명 실망
disappointing 형 실망스러운
disappointed 형 실망한

1070
★☆☆
punctual
[pʌ́ŋktʃuəl]

punct (=u) 찌르다 + *al* 형접
⇨ (시간을) 정확히 점을 찍는

형 시간을 엄수하는 = exact, accurate, on time

- a **punctual** businessman 시간을 잘 지키는 사업가

punctually
부 정각에·시간을 엄수하여

punctuality 명 시간 엄수·정확함

1071
★☆☆
punctuate
[pʌ́ŋktʃuèit]

punct 찌르다 + *ate* 동접
⇨ (글에) 날카로운 끝으로 점을 찍다

타 (문장에) 구두점을 찍다

- **punctuate** a sentence correctly
  문장에 구두점을 정확히 찍다

punctuation 명 구두점
- a **punctuation** mark (하나의) 구두점

---

put : think 생각하다

1072
★★☆
reputation
[rèpjutéiʃən]

re 반복 +
put (a) 생각하다 + *tion* 명접
⇨ 자꾸 생각나는 것

명 평판·명성 = repute, renown, prestige

- have a good **reputation** 평판이 좋다

reputable 형 명성있는
repute 동 ~라고 평하다

1073
★★☆
dispute
[dispjú:t]

dis 떨어져 +
put (e) 생각하다
⇨ (서로 다르게) 떨어져 생각하다

동 1. 토론하다·논쟁하다
2. 논박하다·이의를 제기하다 = challenge

명 분쟁·논쟁 = discord, controversy

- **dispute** with A over[on] B A와 B에 대해서 논의하다
- **dispute** the witness's statement 그 증인에 증언에 반박하다
- a territorial **dispute** 영토 분쟁

1074
★★☆
acquire
[əkwáiər]

ac (= ad) ~을 + quire 구하다
⇨ ~을 구하다

🔲 얻다·획득하다 = obtain, come by
- **acquire** a reputation[ticket] 명성을 얻다[표를 구하다]

acquisition 🅜 습득·획득
acquisitive 🅗 욕심 많은
acquired 🅗 (병이) 후천적인
≠ **congenital** ((병이) 선천적인)

1075
★★☆
inquire
[inkwáiər]

in 안 + quire 묻다
⇨ (일의) 안을 캐묻다

🅥 묻다·문의하다 = ask
- **inquire of** me what to do 나에게 무엇을 할지를 묻다

숙어 / **inquire after** ~의 안부를 묻다
    inquire into ~을 조사하다
    - **inquire into** the incident 그 사건에 대해 조사하다

inquiry 🅜 1. 질문 2. 조사·수사
= investigation
inquisitive 🅗 꼬치꼬치 캐묻는·
호기심 많은 = curious

1076
★★★
require
[rikwáiər]

re 다시·반복 + quire 구하다
⇨ 다시 구하다

🔲 (상황이) 요구하다·필요로 하다 = need
- a patient **requiring** surgery 수술이 필요한 환자

requisite 🅗 필요한 🅜 필수품
requirement 🅜 필요조건·요건

1077
★★★
conquer
[kɑ́ŋkər]

con 강조 + quire 구하다
⇨ 완전히 구하여 얻다

🔲 1. 정복하다 = defeat
  2. 극복하다 = overcome
- **conquer** the country 그 나라를 정복하다
- **conquer** cancer 암을 극복하다

conquest 🅜 정복
conqueror 🅜 정복자

이제
내 땅이다!

1078
★★☆
request
[rikwést]

re 다시·반복 + quest 구함
⇨ 다시 재차 구함

🅜 요청·부탁
🔲 (정중히) 요청하다 = ask for
- make a formal **request** 공식 요청하다
- **request** more information 더 많은 정보를 요청하다

1079
★☆☆
exquisite
[ikskwízit]

ex 밖 +
quisit 구하다 + e 형접
⇨ (세심하게) 구해낸 것인

🅗 (매우) 훌륭한·정교한 = excellent
- an **exquisite** artifact 아주 훌륭한 공예품

radic : root 뿌리

1080
★★★
radical
[rǽdikəl]

radic 뿌리 + *al* 형접

⇩

뿌리의

형 1. **근본적인 · 철저한** = *fundamental* ▶ 나무의 뿌리처럼 근본적인
2. **급진적인 · 과격한** ▶ 뿌리까지 바꾸려는

- a ***radical*** *reform of education* 근본적인 교육 개혁
- a ***radical*** *feminist* 급진적인 페미니스트

radically
부 근본적으로 · 완전히

radicalist
명 급진주의자

1081
★★☆
eradicate
[irǽdəkèit]

e(x) 밖 + *radic* 뿌리 +
ate 동접

⇨ 뿌리를 뽑아내다

타 **근절하다 · 뿌리뽑다** = *root out*

- ***eradicate*** *school violence* 학교 폭력을 근절하다
- ***eradicate*** *terrorism* 테러를 근절하다

eradication
명 근절

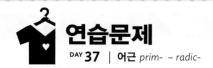

연습문제

DAY 37 | 어근 *prim- ~ radic-*

♥ 영어를 우리말로, 우리말을 영어로 바꾸세요.

1. primitive
2. principle
3. deprive
4. approve
5. disapprove
6. probable
7. disappoint
8. reputation
9. dispute
10. exquisite
11. 주된, 주요한; 교장
12. 적당한; 고유의
13. 재산·부동산; 속성, 특징
14. 적절한; 제멋대로 쓰다
15. 정하다; 임명하다
16. 시간을 엄수하는
17. 요구하다·필요로 하다
18. 정복하다; 극복하다
19. 근본적인; 급진적인
20. 근절하다

♥ 다음 중 밑줄 친 단어와 같은 뜻을 고르시오.

21. The book should **prove** helpful to many people.
    ① show up ② turn out ③ take off
    ④ result in ⑤ check out

22. His parents were so **disappointed** in him that they didn't speak to him all day.
    ① put down ② turned down ③ looked down
    ④ let down ⑤ taken down

23. The President has proposed a number of **radical** changes to the economy.
    ① decent ② fair ③ foremost
    ④ primary ⑤ fundamental

♥ 다음 중 밑줄 친 단어의 반대되는 뜻을 고르시오.

24. **Acquired** heart disease is much more common in adults than in children.
    ① Genetic ② Ingenious ③ Congenital
    ④ Generous ⑤ Genuine

♥ 다음 괄호에 들어갈 알맞은 말을 고르시오.

25. The (primary / primitive) society in South Africa mainly hunted wild animals for food.

26. The minister (appointed / appropriated) the public revenue and funds without asking permission from the church elders.

27. The conference was held to resolve the territorial (debate / dispute) between China and Japan over the small islands.

28. The principals of the local high schools focused on the need to (educate / eradicate) school violence.

▶ 정답 *p. 456*

rang / rank : line 줄, row 열

산들이 줄을 서있네?

1082
★★☆

range
[reindʒ]

rang 줄·열 + *e* 명접

⇩

쪽 늘어선 줄이나 열

명
1. **범위 · 폭** = *scope* ▶ 쭉 늘어선 줄이나 열의 크기
2. **거리** = *distance* ▶ 쭉 늘어선 모양의 길이
3. **산맥** ▶ 쭉 늘어선 산의 줄

- *a wide **range** of opinions* 광범위한 의견들
- *a long **range** missile* 장거리 미사일
- *Taebaek mountain **range*** 태백산맥

동 범위가 걸쳐있다 ▶ 줄지어 쭉 늘어서있다

- ***range** in age **from** 7 **to** 13* 연령이 7에서 13세에 걸쳐있다

어법 / ***range from A to B*** 범위가 A에서 B까지 걸치다

1083
★★★

arrange
[əréindʒ]

ar (=*ad*) ~에 +
range 줄·열

⇩

줄을 맞추어 놓다

타
1. **배열하다 · 정돈하다** ▶ 줄을 맞추어 가지런히 놓다
2. **준비하다 · 마련하다** = *prepare* ▶ 줄[순서]을 맞추어 정하다
3. **조정하다 · 해결하다** ▶ 줄[순서]을 잘 맞추어 문제를 해결하다

- ***arrange** the books by subject* 책들을 주제별로 정리하다
- ***arrange** a wedding* 결혼식을 준비하다
- ***arrange** disputes* 논쟁을 조정하다

arrangement
명 1. 배열 2.《-s》준비
3. 합의·조정
- *make an **arrangement** with* ~와 합의하다

1084
★★☆

rank
[ræŋk]

rank 줄·열

⇩

(순서대로)
늘어뜨린 줄

명 계급 · 지위 = *class, status* ▶ 사회적 지위의 늘어뜨린 줄

- *people of high **rank*** 계급이 높은 사람들

동 (순위 · 등급을) 평가하다 ▶ 지위나 등급을 줄지어 늘어뜨리다

- ***rank** the school as the best* 그 학교를 최고로 평가하다
- *be **ranked** third* 3등으로 평가되다

1085 ★★☆ **rate**

[reit]

rat 생각하다 + *e* 명접

⇩

생각되어 평가된 양

명 1. 비율·~율 = *ratio* ▶ 전체에 비해 평가된 양
2. 속도 = *speed* ▶ 빠르기의 평가된 양
3. 요금 = *charge* ▶ 돈으로 평가된 양

• a birth[death] **rate** 출생률[사망률]
• at an alarming **rate** 놀라운 속도로
• the hotel's **rates** 그 호텔의 요금

동 (등급을) 평가하다[되다] = *rank* ▶ 생각하여 평가하다

• a highly **rated** college 높이 평가받는 대학

숙어 / **at any rate** 어쨌든·아무튼

first-rate
형 일류의·최고의

second-rate
형 이류의

overrate
동 과대평가하다

≠ *underrate* (과소평가하다)

1086 ★★☆ **rational**

[rǽʃənl]

ration(=reason) 이성 +
al 형접 ⇨ 이성적인

형 합리적인·이성적인 = *reasonable, sensible*

≠ *irrational* (비이성적인)

• a **rational** decision 합리적인 결정

rationality
명 합리성·타당성

1087 ★★★ **reason**

[rí:zn]

reas 생각하다 +
on 명접

⇩

생각함

명 1. 이성·사고력 ▶ 생각할 수 있는 능력
2. 이유·근거 = *cause, ground* ▶ 어떤 행동을 유발하는 생각

• lose one's **reason** 이성을 잃다
• the **reason** for the decision 그 결정에 대한 이유

동 (논리적으로) 사고[판단]하다 = *think logically* ▶ (주의깊게) 생각하다

• the ability to **reason** 논리적 사고력

reasonable
형 1. 합리적인·타당한
2. (가격이) 적정한·알맞은
= *affordable*
≠ *unreasonable*
(불합리한·부당한)

reasonably
부 1. 합리적으로 2. 상당히·꽤

비교 / **stand to reason**
사리에 맞다[당연하다]

1088 ★★☆ **correct**

[kərékt]

cor(=com) 강조 +
rect 옳은
⇨ (완전히) 옳은

형 맞는·옳은 ≠ *incorrect* (맞지않는·틀린)
타 바로잡다·정정하다 = *revise*

• a **correct** answer to the question 그 질문에 맞는 답
• **correct** the grammatical error 문법적 오류를 바로잡다

correction **명** 정정·수정
corrigible **형** 바로 잡을 수 있는

1089
★★☆

direct
[dirékt]

di(s) 멀리 +
rect 똑바른

⇩

곧장
똑바로 가는

형 직접적인 ≠ *indirect* (간접적인) ▶ 곧장 똑바로 가는
- have a **direct** impact on ~에 직접적인 영향을 주다

타 지휘하다 · 감독하다 = *supervise* ▶ 곧장 똑바로 가게 하다
- **direct** the project 그 프로젝트를 지휘하다
- **direct** the play 연극을 지휘하다

direction
명 1. 방향 2. 지시 · 지휘
- a sense of **direction** 방향 감각

director
명 1. (회사의) 이사 · 책임자
2. (영화) 감독

directly
부 1. 직접 2. 즉시 · 곧바로

1090
★★☆

erect
[irékt]

e(=ex) ~로부터 위로 +
rect 똑바른
⇨ 위로 똑바른

형 똑바로 선 · 직립한 = *upright*
타 세우다 · 건립하다 = *build*
- stand **erect** 똑바로 서다
- **erect** a memorial 기념비를 세우다

DAY
38

1091
★★☆

region
[ríːdʒən]

reg 통치하다 + ion 명접
⇨ (왕이) 통치하던 곳

명 1. 지방 · 지역 = *area*
2. (인체의) 부위
- the agricultural **regions** 농업 지역들
- the abdominal **region** 복부

regional **형** 지방의 · 지역의

1092
★★☆

regular
[régjulər]

regul 통치하다 +
ar 형접
⇨ (일정한 원칙의) 지배를 받는

형 규칙적인 · 정기적인 ≠ *irregular* (불규칙적인)
- do **regular** exercise 정기적으로 운동하다

regularly **부** 규칙적으로 · 정기적으로

1093
★★☆

regulate
[régjulèit]

regul 통치하다 +
ate 동접
⇨ (일정한 원칙대로) 통치하다

타 1. 규제하다 = *control*
2. 조절[조정]하다 = *modulate*
- **regulate** the use of chemicals
  화학 물질의 사용을 규제하다
- **regulate** the temperature 온도를 조절하다

regulation **명** 규정 · 규제
≠ *deregulation* (규제완화[철폐])

regulatory **형** 규제[단속]하는

1094
★★☆

reign
[rein]

re (i)g 통치하다 +
n 명접
⇨ 통치한 시간

명 통치 기간
자 통치하다 · 지배하다 = *rule*
- the **reign** of the queen 그 여왕의 통치 기간
- **reign over** an empire 제국을 통치하다

1095 ★★☆

sovereign

[sávərin]

sover (=super) 위 +
reign 통치하다

⇩

위에서
통치하는 사람

명 **군주·국왕** = ruler, monarch ▶ 백성들 위에서 통치하는 사람
- the **sovereign** of Great Britain 대영제국의 군주

형 1. **절대 권력을 지닌** ▶ 백성들 위에서 통치하는
2. **(국가가) 독립된·자주적인** = independent ▶ 스스로 통치하는
- the **sovereign** power of a king 왕의 절대 권력
- a **sovereign** nation 독립국, 주권 국가

sovereignty

명 1. 통치권 2. (국가의) 독립

1096 ★★☆

royal

[rɔ́iəl]

roy 통치하다·왕 +
al 형접
⇨ 통치하는 왕의

형 **국왕의·왕실의** = regal
- the **royal** family 왕족[왕가]

royalty

명 1. 왕족 2. 인세·저작권 사용료

---

rol (l) / rot : roll 1. 돌다 2. 두루마리·명부

1097 ★★☆

roll

[roul]

⇩

돌리다

동 1. **돌(리)다** ▶ (구체적으로) 돌리다
2. **(둥글게) 감다** ▶ 돌려서 둥글게 만들다
- **roll** a ball 공을 굴리다
- **roll** up one's sleeves 소매를 걷어 붙이다

명 1. **두루마리·롤** ▶ 둥글게 감긴 것
2. **명부·명단** ▶ 이름이 적혀있는 둥글게 감긴 종이
- a **roll** of film 한 통의 필름
- call the **roll** 출석을 부르다

비교 /
role 역할 *role* 도 원래 '배우의 역할이 적혀있는 두루마리(대본)'에서 유래됨

속담 /
A rolling stone gathers no moss.
구르는 돌에 이끼가 안 낀다.

1098 ★★☆

control

[kəntróul]

cont (=contra) ~에 대하여 +
rol (=roll) 두루마리
⇨ (원본에) 대조해보는 두루마리 사본

(원래 '사본'의 의미로 원본과 맞는지 대조해 혼란을 없애는 것이 '통제')

명 **통제·지배**
동 **통제하다·지배하다**
- take the **control** 지배권을 잡다
- **control** one's temper 화를 참다

self-control 명 자제력

1099 ★★☆

enroll

[inróul]

en (=in) 안 + *roll* 명부
⇨ (이름을) 명부(두무마리) 안에 쓰다

동 **(강좌 등에) 등록하다[시키다]**
- **enroll** a child in a school 아이를 학교에 입학시키다
- **enroll** for a course 강좌에 등록하다

enrollment 명 등록

1100 ★★☆ rotate

[róuteit]

rot 돌다 + ate 동접
⇨ 돌(리)다

동
1. **회전하다** = spin, revolve
2. **(일을) 교대로 하다**
- **rotate** on an axis 축을 중심으로 회전하다
- **rotate** the night shift 교대로 야간 근무를 하다

rotation
명 1. 회전·자전 2. 순환·교대 = shift
- in **rotation** 교대로, 돌아가며

제 지구력 끝내줘다!
계속 도니까 어지러워~

---

rud / cru (d) : rough 거친

1101 ★☆☆ rudimentary

[rù:dəméntəri]

rud (i) 거친 +
ment 명접 + ary 형접
⇨ (시작 단계라서) 거친 상태인

형 **기본적인·기초적인** = basic, elementary
- a **rudimentary** knowledge 기본적인 지식

1102 ★★☆ crude

[kru:d]

crud 거친 + e 형접

⇩

(가공 전이라)
거친 상태인

형
1. **(가공 안 된) 천연 그대로의** = raw ▶ (재료가) 가공 전이라 거친 상태인
2. **조잡한·상스러운** = coarse ▶ (행동 등이) 거친 상태인
- import **crude** oil 원유를 수입하다
- tell **crude** jokes 상스러운 농담들을 하다

1103 ★★☆ cruel

[krú:əl]

cru 거친 + el 형접
⇨ 너무 거친

형 **잔인한·잔혹한** = brutal, barbarous
- the **cruel** murderer 잔인한 살인범

cruelty 명 잔인함

---

rupt : break 깨다·부수다

1104 ★★★ corrupt

[kərápt]

cor (=com) 강조 +
rupt 부수다
⇨ (도덕이) 완전히 부서진

형 **타락한·부패한** = decadent
타 **타락시키다**
- a **corrupt** official 부패한 공무원
- a judge **corrupted** by greed 탐욕으로 타락한 판사

corruption 명 타락·부패

1105 ★★☆ bankrupt

[bǽŋkrʌpt]

bank 긴 탁자 + rupt 부수다
⇨ 긴 탁자가 부서진

형 **부도난·파산한** = insolvent
- go **bankrupt** 파산하다

(환전업자의 긴 탁자(bank)가 지급 불능 상태로 인해 부서진(rupt)
데서 유래됨)

bankruptcy 명 파산·부도

1106
★★☆

erupt
[irʌ́pt]

e (x) 밖 + rupt 터지다
⇨ 밖으로 터져 나오다

자 분출하다 · 발발하다 = break out

- The volcano **erupted**. 그 화산이 분출했다.

eruption 명 분출

1107
★★☆

interrupt
[ìntərʌ́pt]

inter 중간 + rupt 끊다
⇨ 중간에서 끊다

타 방해하다 · 중단하다 = halt, discontinue

- **interrupt** a conversation 대화를 가로막다

interruption 명 중단

비교 / **disrupt** 방해하다 · 지장을 주다

---

sacr / saint : **holy** 신성한

1108
★★☆

sacred
[séikrid]

sacr 신성한 + ed 형접
⇨ (장소나 분위기가) 신성한

형 신성한 · 성스러운 = holy, divine
≠ **profane** (불경한)

- a **sacred** temple 신성한 신전

1109
★★☆

sanction
[sǽŋkʃən]

sanc(=sacred) 신성한 +
tion 명접
⇨ 신성한 힘을 가진 제사장이
하는 일

명 제재 = restriction

타 인가하다 · 승인하다 = approve

- impose **sanctions** on ~에 제재를 가하다
- **sanction** the establishment of a new school
  새 학교의 설립을 인가하다

1110
★★☆

saint
[seint]

saint 신성한 존재

명 성인(聖人)

- the wisdom of a **saint** 성인의 지혜
- **St.** Paul 성 바울

줄여서 **St.**

♥ 영어를 우리말로, 우리말을 영어로 바꾸세요.

1. **regular**

2. **sovereign**

3. **enroll**

4. **rudimentary**

5. **crude**

6. **corrupt**

7. **erupt**

8. **interrupt**

9. **sacred**

10. **sanction**

11. 배열하다; 마련하다

12. 합리적인 · 이성적인

13. 이성; 이유

14. 옳은; 바로잡다

15. 직립한; 세우다

16. 규제하다; 조절하다

17. 국왕의, 왕실의

18. 회전하다; 교대로 하다

19. 부도난, 파산한

20. 성인(聖人)

♥ 다음 중 밑줄 친 단어와 같은 뜻을 고르시오.

21. During warm weather, sweating helps man **regulate** his body temperature.

   ① modify ② mediate ③ modulate
   ④ moderate ⑤ medicate

22. Belief in religion requires a suspension of **rational** thought which I am not prepared to make.

   ① intriguing ② reasonable ③ logical
   ④ originative ⑤ impartial

23. The company went **bankrupt** as a result of its inability to properly promote their product.

   ① insolvent ② indecisive ③ corrupt
   ④ prosperous ⑤ threatening

♥ 다음 중 밑줄 친 단어의 반대되는 뜻을 고르시오.

24. Stonehenge is believed to have been a **sacred** site for the people who lived in England hundreds of years ago.

   ① historic ② crude ③ improper
   ④ profane ⑤ ethical

♥ 다음 괄호에 들어갈 알맞은 말을 고르시오.

25. If you read the magazine regularly and have a (radical / rudimentary) knowledge of the sport, you will have no difficulty in joining it.

26. Two (correct / corrupt) officials were caught taking bribes and sent to prison.

27. More women are doing (regular / irregular) exercise, and may wish to continue their routine during pregnancy.

28. Candidates from overseas normally are not allowed to (enroll / entitle) for a summer course.

▶ 정답 p. 457

scal¹ : shell 껍질

1111 ★★☆ scale¹

[skeil]

scale(=shell) 껍질 +
e 명접

⇩

생선의 껍질

명 1. **천칭·저울** ▶ 저울의 접시로 쓰인 생선의 껍질
　　 2. **비늘·치석** ▶ 생선의 껍질처럼 표면에 있는 것

- *a spring scale* 용수철저울
- *remove scale on the teeth* 이빨의 치석을 제거하다

타 **비늘을 벗기다·치석을 제거하다** ▶ 생선의 껍질을 떼어내다

- *scale the fish* 생선의 비늘을 벗기다

scal² / scend : ladder 사다리

1112 ★★☆ scale²

[skeil]

scal (=ladder) 사다리 +
e 명접

⇩

사다리 모양의 눈금

명 1. **눈금·규모·정도** = *size, extent* ▶ 사다리 모양의 눈금의 크기
　　 2. **등급·계급** ▶ 사람들을 사다리 모양의 눈금처럼 나눔

- *on a large scale* 대규모로
- *the social scale* 사회적 계급

타 **오르다·올라가다** = *climb* ▶ 사다리 모양처럼 위로 올라가다

- *scale a mountain* 산에 오르다

숙어 / *scale up/down* (크기·규모를) 늘리다/줄이다

1113 ★★☆ escalate

[éskəlèit]

(e)scaln 사다리 +
ate 동접

⇩

사다리 모양이 되다

동 1. **(점점) 오르다·상승하다** = *rise* ▶ 사다리 모양이 되며 오르다
　　 2. **(점점) 악화되다** ▶ (나쁜 면이) 사다리 모양처럼 오르다

- *the escalating rate of interest* 점점 상승하는 이자율
- *escalate into an all-out war* 전면전으로 악화되다

escalation
명 단계적 상승

escalator
명 에스컬레이터

1114 ★★☆ ascend

[əsénd]

a (=ad) ~에 +
scend 사다리·오르다
⇨ ~에 올라가다

동 **오르다·올라가다** = *climb*

- *ascend to the throne* 왕위에 오르다

ascent **명** 올라감·상승
ascendant **명** 선조·조상

1115 ★★☆

descend
[disénd]

de 아래로 + *scend* 사다리
⇨ 사다리를 아래로 내려오다

동 **내려오다 · 내려가다** = go down

- *slowly **descend** the stairs*
  계단을 천천히 내려오다

descent
명 1. 내려오기 · 내리막 2. 혈통 · 가계

descendant 명 자손 · 후손

≠ *ancestor* (선조 · 조상)

---

sci : know 알다 (같은 어근 *gno, not*)

1116 ★★☆

scientific
[sàiəntífik]

sci(ent) 알다 + *(i)fic* 형접
⇨ 알게 만드는

형 **과학의 · 과학적인**

- *a **scientific** approach* 과학적 접근

science 명 과학

scientist 명 과학자

1117 ★★☆

conscious
[kánʃəs]

con 강조 + *sci* 알다 + *ous* 형접
⇨ 확실히 알고 있는

형 1. **의식이 있는** ≠ *unconscious* (1. 의식이 없는 2. 의식하지 못 하는)
　 2. **의식하는 · 알고 있는** = aware

- *a **conscious** patient* 의식이 있는 환자
- *be **conscious** after ~* ~후에도 의식이 있다

consciousness 명 의식 · 자각

self-conscious 형 자의식이 강한

어법 / *be conscious of N*
　　　~을 알고 있다

1118 ★★☆

conscience
[kánʃəns]

con 강조 + *sci* 알다 + *ence* 명접

⇨ (옳고 그름을) 확실히 알고 있는 것

명 **양심** = scruple

- *a matter of **conscience*** 양심의 문제

conscientious 형 양심적인

conscience-stricken

형 양심의 가책을 받는

---

scribe : write 쓰다

1119 ★★☆

describe
[diskráib]

de 아래 + *scribe* 쓰다
⇨ 아래로 써 내려가다

타 **묘사하다 · 써내려가다** = write down

- ***describe** the situation* 상황을 설명하다

description 명 서술 · 묘사

- *beyond **description***
  이루 말할 수 없는[형언할 수 없는]

descriptive 형 서술[묘사]하는

1120 ★★☆

subscribe
[səbskráib]

sub 아래 + *scribe* 쓰다

⇩

(문서) **아래에 쓰다**

동 1. **서명하다** ▶ 문서 아래에 이름을 쓰다
　 2. **정기구독하다** ▶ 신청서 아래에 이름을 쓰다
　 3. **동의하다** = agree ▶ 동의의 표시로 아래에 이름을 쓰다

- ***subscribe** to a contract* 계약에 서명하다
- ***subscribe** to the monthly newsletter*
  월간 뉴스레터를 정기구독하다
- ***subscribe** to his idea* 그의 생각에 동의하다

subscription 명 구독

- *renew **subscription***
  구독을 갱신하다

subscriber 명 구독자

그래요 이 잡지 구독할게요!

1121
★★☆

prescribe
[priskráib]

pre 미리 + scribe 쓰다
⇨ (명령으로) 미리 써 두다

타 1. **규정하다** = define, provide
2. **처방하다**

- *prescribe a prison sentence for ~*
  ~에 대해 징역형을 규정하다
- *prescribe painkillers for~*
  ~에 대해 진통제를 처방하다

prescription 명 처방전

비교 / *proscribe* 금지하다

1122
★★☆

ascribe
[əskráib]

a (=ad) ~에 + scribe 쓰다
⇨ (원인이) ~에 있다고 쓰다

타 (~의 원인을) **~로 돌리다** = attribute

- *ascribe the victory to one's efforts*
  성공의 원인을 노력으로 돌리다

어법 / *ascribe A to B*
A의 원인을 B로 돌리다

---

sect / seg : cut 자르다

1123
★★☆

*sect*ion
[sékʃən]

sect 자르다 +
ion 명접

⇩

자른 것

명 1. **부분·부문·섹션** = part, field, sector ▶ 잘라놓은 것
2. **절개** ▶ 자르는 것

- *read the sports section* 스포츠 란을 읽다
- *be born by Caesarean section* 제왕 절개로 태어나다

참고 / *sector* 1. 부문 2. (지역의) 지구

1124
★★☆

insect
[ínsekt]

in 안 + sect 자르다
⇨ 안으로 잘린 듯 구분된 몸

명 **곤충·벌레**

- *various species of insects* 다양한 종류의 곤충들
- *an insect bite* 벌레 물림

참고 /
worm (땅에 기어다니는) 벌레
bug (날아다니는) 작은 곤충·벌레

1125
★★☆

*seg*ment
[ségmənt]

seg 자르다 + ment 명접
⇨ (전체에서) 잘려진 것

명 **부분·조각** = section
타 (부분으로) **나누다·분할하다** = divide

- *the final segment of the book* 그 책의 마지막 부분
- *segment a book into 3 chapters* 책을 세장으로 나누다

1126 ★★☆ sense

[sens]

sens 느끼다 + *e* 명접

⇩

느끼는 것

명 1. **감각·느낌** =*feeling* ▶ 느낄 수 있는 힘
2. **의미** =*meaning* ▶ 말에서 느끼는 것
- *a* **sense** *of smell[humor]* 후각[유머 감각]
- *the literal* **sense** *of a word* 단어의 글자 그대로의 의미

타 **느끼다·감지하다** =*notice, detect* ▶ 감각을 통하여 느끼다
- **sense** *a prey around* 주위의 먹이를 감지하다

숙어 / ***make sense*** 타당하다·이치에 맞다
make sense of ~을 이해하다

sensible
형 1. 분별 있는 2. 상당한

sensibility
명 (미적·감정적) 감각·감성

sensitive ≠ *insensitive* (둔감한)
형 1. 민감한 2. 섬세한·세심한

sensitivity
명 (신경·기계의) 예민함·민감함

senseless
형 1. 의미없는·무분별한
2. 의식을 잃은

DAY 39

1127 ★★☆ sensation

[senséiʃən]

sens(a) 느끼다 + *tion* 명접
⇨ 느낌이 옴

명 1. **(특정한) 느낌·감각**
2. **선풍적 인기·센세이션**
- *a burning* **sensation** *in my arm* 내 팔에 화끈거리는 느낌
- *be expected to create a* **sensation**
센세이션을 일으킬 거라 예상된다

sensational **형** 선풍적인

1128 ★★☆ nonsense

[nánsens]

non 부정 + *sense* 의미
⇨ (중요한) 의미가 없는 말

명 **(말이 안 되는) 허튼 소리·무의미함** =*meaninglessness*
- *The rumor is* **nonsense**. 그 소문은 허튼 소리다.

nonsensical
형 말이 안 되는·어리석은 =*silly*

1129 ★★★ sentence

[séntəns]

sent(=*sense*) 느끼다 +
ence 명접
⇨ 느낌을 표현한 것

명 1. **(형의) 선고**
2. **문장**

동 **형을 선고하다**
- *a death[life]* **sentence** 사형[종신형]
- *a complete* **sentence** 완전한 문장
- **sentence** *a murderer to death* 살인범을 사형 선고하다

테마 /
judge 판사 판단하다
jury 배심원단 →***verdict*** 평결
court 법정·법원 / ***trial*** 재판
guilty 유죄인 ≠ ***innocent*** 무죄인
convict 유죄판결하다

1130 ★★☆ sentiment

[séntəmənt]

senti 느끼다 + *ment* 명접
⇨ (개인이) 느끼는 것

명 1. **감정·정서** =*emotion*
2. **(감정에 사로잡히는) 감상(感傷)**
- *anti-Japanese* **sentiment** 반일감정
- *like* **sentiment** *in the movie* 그 영화 속의 감상적인 면을 좋아하다

sentimental
형 감정에 치우치는·감상적인

1131
★★☆
assent
[əsént]

as(=ad) ~에 + *sent* 느끼다
⇨ ~에 함께 느끼다

자 찬성하다·동의하다 = *agree*

명 찬성·승인 = *approval*

- **assent to** *the proposal* 그 제안에 찬성하다
- *give* **assent to** *the plan* 그 계획에 찬성하다

1132
★★☆
consent
[kənsént]

con 함께 + *sent* 느끼다
⇨ 함께 느끼다

자 승낙하다·허락하다 = *assent*

명 승낙·허락 = *permission*
≠ *dissent* (반대)

- **consent to** *the marriage* 그 결혼을 승낙하다
- *require parental* **consent** 부모의 동의가 필요하다

1133
★★☆
resent
[rizént]

re 강조 + *sent* 느끼다
⇨ (상대에게) 강한 감정을 느끼다

타 ~에게 화를 내다·분개하다

- *She* **resented** *me.* 그녀는 나에게 화를 냈다.

resentment (명) 화·분개 = *anger*
resentful (형) 분개하는

1134
★★☆
scent
[sent]

scent (냄새나 기운을) 느낌

명 1. 냄새·향기
2. (암시하는) 기미·기운

- *the* **scent** *of flowers* 꽃향기
- *the* **scent** *of victory* 승리의 기운

뉘앙스 /

smell 〈일반적인 말〉 냄새
scent (남아있는) 냄새·향기
aroma (기분 좋은) 향기·방향
fragrance, perfume 향수·향기
odor (주로 나쁜) 강한 냄새

sequ / secu / su (e) : follow 뒤따르다 · 쫓다

1135
★★☆
sequence
[síːkwəns]

sequ 뒤따르다 +
ence 명접
⇨ (순서대로) 뒤따르는 것

명 (연속된) **순서 · 일련** = order, series

- in alphabetical **sequence** 알파벳순으로

숙어 / **in sequence** 순서대로 · 차례차례로

sequential **형** 순차적인

비교 / **sequel** (책·영화 등의) 속편

1136
★★★
con**sequ**ence
[kánsəkwèns]

con 함께 +
sequ 뒤따르다 + ence 명접

⇩

(어떤 일과)
함께 뒤따르는 것

명 1. **결과** = result, outcome ▶ 어떤 일과 함께 뒤따르는 것
2. **중요성** = significance ▶ 결과와 함께 뒤따르는 것

- the **consequence** of the incident 그 사건의 결과
- a matter of **consequence** 중요한 사안

숙어 / **in consequence** 결과적으로

consequent **형** 결과로 일어나는
consequential **형** 중요한
consequently
부 결과적으로 · 그러므로 = therefore

1137
★★☆
subsequent
[sʌ́bsikwənt]

sub (바로) 아래 +
sequ 뒤따르다 + ent 형접
⇨ (앞에 것에) 바로 뒤따르는

형 **이후의 · 다음의** = next

- **subsequent** generations 이후 세대들

subsequently
부 나중에 · 이후에 = later

1138
★★☆
con**secu**tive
[kənsékjutiv]

con 함께 +
sequ(t) 뒤따르다 + ive 형접
⇨ (계속해서) 함께 뒤따르는

형 **연속적인** = successive

- for three **consecutive** months 3개월 동안 연속으로
- lose three **consecutive** games 3연패하다

1139
★★☆
ex**ecu**te
[éksikjùːt]

ex(=out) 밖으로 · 끝까지 +
(s) ecu 뒤따르다 +
te 동접

⇩

(어떤 일을)
끝까지 따르다

타 1. **실행하다 · 수행하다** = fulfill, follow out, carry out ▶ 계획·임무를 끝까지 따르다
2. **사형시키다** = kill ▶ 사형 명령을 끝까지 따르다

- **execute** a task 임무를 수행하다
- **execute** a prisoner 죄수를 처형하다

1140 ★★☆ *suit*

[suːt]

su '(뒤따르다)'에서 유래

⇩

뒤따라 오는 것

명 1. **정장·(한 벌의) 옷** ▶ 상하의가 서로 따라서 나온 옷
2. **소송** = *lawsuit* ▶ 사건을 뒤따라 나오는 것
- *wear a business **suit*** 양복을 입다
- *a **suit** of armor* 갑옷 한벌
- *file a **suit** against* ~를 상대로 소송을 걸다

동 **(~에게) 어울리다** = *become* ▶ 어울리게 다른 것을 따라 나오다
- *Your new clothes **suit** you.* 새 옷 너한테 잘 어울려.

sue **동** 고소하다·소송을 제기하다
suitable **형** 적절한
suitcase **명** 여행가방

비교 /
suite [swiːt] (여러 개의 방이 연결된)
스위트룸

1141 ★★☆ *pursue*

[pərsúː]

pur (=*pro*) 앞으로 +
sue 쫓다
⇨ (잡기 위해) 앞으로 쫓아가다

타 1. **뒤쫓다·추적하다** = *chase*
2. **추구하다**
- ***pursue** the criminal* 그 범인을 뒤쫓다
- ***pursue** a career in politics* 정치에서 경력을 쌓아나가다

pursuit **명** 1. 추적 2. 추구

1142 ★★☆ *issue*

[íʃuː]

is (=*ex*) 밖 +
sue 뒤따르다

⇩

밖으로 뒤따라
나온 것

명 1. **이슈·문제** ▶ 밖으로 (뒤따라) 나온 일
2. **발행·~호** ▶ (책·화폐 등을) 밖으로 냄
- *a variety of social **issues*** 다양한 사회 이슈[문제]들
- *the recent **issue** of the magazine* 그 잡지의 최근호

동 **발행하다·발표하다** = *publish* ▶ 세상 밖으로 (뒤따라) 나가게 하다
- ***issue** an identification card* 신분증을 발행하다

연습문제

DAY 39 | 어근 scal- ~ sens-

♥ 영어를 우리말로, 우리말을 영어로 바꾸세요.

1. escalate
2. ascend
3. descend
4. describe
5. ascribe
6. segment
7. nonsense
8. assent
9. subsequent
10. pursue
11. 저울; 비늘, 치석
12. 양심
13. 서명하다; 정기구독하다
14. 규정하다; 처방하다
15. 선풍적 인기
16. 문장; (형의) 선고
17. 분개하다
18. 결과; 중요성
19. 실행하다; 사형시키다
20. 정장; 소송

♥ 다음 중 밑줄 친 단어와 같은 뜻을 고르시오.

21. The police **ascribed** the car accident to fast driving.
    ① involved　　② reported　　③ occurred
    ④ attributed　　⑤ described

22. Jannette is very **conscious** of her weight, so she is careful about everything she eats.
    ① vigilant　　② aware　　③ devoid
    ④ sensible　　⑤ suspicious

23. The thief is being **pursued** by police.
    ① located　　② subdued　　③ chased
    ④ investigated　　⑤ apprehended

♥ 다음 중 밑줄 친 단어의 반대되는 뜻을 고르시오.

24. They refused to **assent** to the new rules.
    ① assess　　② consent　　③ dissent
    ④ dissect　　⑤ resent

♥ 다음 괄호에 들어갈 알맞은 말을 고르시오.

25. I believe that it is a matter of (conscience / consequence) and morality for the individuals concerned.

26. The woman who attended several business meetings decided to (describe / subscribe) to the contract.

27. Some states do not allow physicians to (prescribe / proscribe) painkillers for the disease.

28. The accused pleaded guilty to the other two murders in appellate court, where he also could be (sentenced / decided) to death.

▶ 정답 *p. 457*

ser / sert : join 연결[결합]하다

1143 ★★☆
series
[síəri:z]

ser 연결하다 + ies 명접
⇨ (하나로) 연결된 것

명 1. **연속·일련** = sequence
2. **(책·TV의) 연재물·시리즈**
- a **series** of operations 일련의 책략들
- a popular television **series** 인기 있는 TV 시리즈

1144 ★★☆
insert
[insə́:rt]

in 안 + ser 연결하다
⇨ 안에 넣어 연결시키다

타 **(사이에) 넣다·삽입하다** = put in
- **insert** the key in the lock 열쇠를 자물쇠에 넣다

insertion
명 끼워 넣기·삽입

1145 ★★☆
desert
[dizə́:rt]

de 이탈 + sert 연결하다

⇩

연결된 것을
떨어뜨리다

타 **(장소·사람을) 버리다·떠나다** ▶ 자신과 연결된 것을 멀리 떨어뜨리다
= leave, abandon
- **desert** a friend 친구를 버리다

명 **사막** [dézərt] ▶ 멀리 떨어뜨려져 버려진 곳
- cross a **desert** 사막을 건너다

주의 / 동사와 명사의 발음
이 다름에 주의!

dessert [dizə́:rt]
후식·디저트

1146 ★★☆
exert
[igzə́:rt]

ex 밖 + (s)ert 결합하다
⇨ (힘을)가결합해 모아 밖으로 내다

타 **쓰다·발휘하다** = exercise
- **exert** all of his strength 그의 모든 힘을 발휘하다

숙어 / **exert yourself** (힘껏) 노력하다 = make an effort

exertion
명 노력 = endeavor

---

serve : 1. keep 지키다 2. slave 노예·봉사하다

1147 ★★☆
serve
[sə:rv]

⇩

(하인으로) **일하다**

타 1. **시중들다** ▶ 하인이 주인을 섬기듯 일하다
2. **(음식 등을) 제공하다** ▶ 하인이 주인에게 음식을 나르다
3. **도움이 되다** ▶ 하인과 같은 돕는 역할을 하다
4. **복무하다·복역하다** ▶ 하인처럼 속박되어 일하다
- **serve** a customer 고객의 시중을 들다
- **serve** dinner to the guests 손님들에게 저녁 식사를 제공하다
- **serve** the purpose 목적에 부합하다
- **serve** 10-year sentence 10년을 복역하다

service
명 1. 봉사·서비스
2. 근무·병역 3. 예배

servant 명 하인·종

1148 ★★☆ *conserve*

[kənsə́ːrv]

con 강조 + serve 지키다
⇨ 확실히 지키다

타 (노력하여) 보존하다 · 아껴 쓰다

- a way to **conserve** energy 에너지를 아끼는 방법
- **conserve** the forest 숲을 보호하다

conservation 명 보호 · 보존
- nature **conservation** 자연 보호

conservative ≠ liberal (진보적인)
형 보수적인 명 보수주의자

1149 ★★☆ *preserve*

[prizə́ːrv]

pre 미리 + serve 지키다
⇨ (위험으로부터) 미리 지키다

타 (위험에서) 보호하다 · 보존하다 = protect

- **preserve** our environment 환경을 보존하다

preservation 명 보호 · 보존
preservative 명 방부제

1150 ★★★ *reserve*

[rizə́ːrv]

re 뒤에 +
serve 지키다 · 보관하다

⇩

뒤에 보관해 남겨두다

타 1. **남겨두다** ▶ 나중을 위해 뒤에 남겨두다
2. **예약하다** = book ▶ 방 · 좌석을 나중을 위해 남겨두다
3. **유보하다 · 보류하다** = defer ▶ 행동을 내보내지 않고 뒤에 남겨두다

- **reserve** the wine for a special occasion
  특별한 일에 마시려고 와인을 남겨두다
- **reserve** a seat 좌석을 예약하다
- **reserve** judgment 판단을 보류하다

명 1. **저장 · 비축 · 예비 (자원)** ▶ 나중을 위해 뒤에 남겨둠
2. **삼가기 · 자제** ▶ 행동을 내보내지 않고 뒤에 남겨둠

- the **reserves** of a bank 은행의 적립금
- speak with **reserve** 삼가서 이야기하다

참고 / **without reservation [reserve]** 솔직히 · 기탄없이

reservation
명 1. 예약
2. 의구심 · 거리낌

reserved
형 내성적인 = shy
≠ outgoing (외향적인)

1151 ★★★ *observe*

[əbzə́ːrv]

ob (= over) 위 +
serve 지키다 · 지켜보다

⇩

위에서 지켜보다

타 1. **관찰하다** = watch ▶ 사물을 위에서 지켜보다
2. **언급하다** ▶ 지켜본 후에 말하다
3. **지키다 · 준수하다** = abide by ▶ 규칙을 잘 지키다

- **observe** the stars in the sky
  하늘의 별들을 관측하다
- **observe** that he is strange
  그가 이상하다고 말하다
- **observe** the rules 규칙들을 준수하다

observation
명 1. 관찰 2. 의견

observance
명 준수

observatory
명 관측소

observer
명 관찰자 · 참관인

1152 ★★☆ *deserve*

[dizə́ːrv]

de 강조 + serve 봉사하다
⇨ ~에 제대로 봉사하여 받을
만하다

동 ~을 받을 만하다 = merit

- **deserve** an award 상을 받을 만하다
- **deserve** to be punished 처벌 받아 마땅하다

deserving 형 합당한 · 자격이 있는
- **deserving** of praise 칭찬 받을만한

deserved 형 응당한 · 응분의

sid / sess : sit 앉다

1153
★★☆
preside
[prizáid]

pre 앞 + sid(e) 앉다
⇨ (의장의 역할로서) 앞에 앉다

자 (회의·재판 등을) **주재하다** = be in charge of
- **preside over** the meeting 회의를 주재하다

참고 / **vice-president** 1. 부통령 2. 부회장

president 몡 1. 《P-》 대통령 2. 회장
presidency
몡 대통령직[임기]·회장직[임기]
presidential 혱 대통령의
- a **presidential** candidate 대통령 후보

1154
★★☆
reside
[rizáid]

re 뒤에 + sid(e) 앉다
⇨ 뒤로 눌러 앉다

자 거주하다·살다 = live, dwell
- **reside in** Los Angeles 로스앤젤레스에 살다

residence 몡 거주(지)
resident 혱 거주하는
몡 1. 거주자
  2. 레지던트 : 병원에서 거주하며 일하는 의사
residential 혱 거주의·주거하는

1155
★☆☆
session
[séʃən]

sess 앉다 + ion 명접
⇩
앉아있는 것

몡 1. (법원·국회의) **개회·회기** ▶ 앉아있는 것
2. **기간·학기** = period, term ▶ (일을 하기 위해) 앉아 있는 시간
- a regular **session** of the National Assembly 정기국회 회기
- the summer **session** 여름 학기

---

sign / seal : mark 표시

1156
★★☆
signature
[sígnətʃər]

sign 표시 + (a)ture 명접
⇨ (자신을) 표시하는 것

몡 (공식적) **서명** = autograph
- **put** one's **signature** on ~에 서명을 하다

sign 몡 신호·표시 동 서명하다
- **sign** the contract 계약서에 서명하다

1157
★★★
significant
[signífikənt]

sign(i) 표시 +
fic 만들다 + ant 형접
⇨ (특별히) 표시해놓는

혱 **의미심장한·중요한** = important, crucial
≠ insignificant (중요하지 않은)
- a **significant** change[discovery] 중요한 변화[발견]

significance 몡 중요성·의미
signify 타 의미하다·나타내다
= indicate, represent

1158
★★☆
assign
[əsáin]

sign (=ad) ~에게 +
sign 표시하다
⇨ ~의 몫으로 표시하다

타 1. **할당하다·배정하다** = allot, allocate
2. **선임하다·임명하다** = appoint
- **assign** a job 임무를 할당하다
- **assign** him for the guard 그를 경호원으로 선임하다

assignment
몡 1. 배정·배치 2. 임무·과제 = task

1159 ★★☆
designate
[dézignèit]

de 강조 + sign 표시 + ate 동접
⇨ (의도를) 분명히 표시하다

타 1. **(사람을) 지명하다** = nominate
2. **(장소를) 지정하다**

- **designate** one's successor 후임자를 지명하다
- be **designated as** a National Park 국립공원으로 지정되다

designation
명 1. 지명 2. 지정·지시

1160 ★★☆
resign
[rizáin]

re 뒤로 + sign 표시
⇨ 뒤로 물러나겠다고 표시하다

동 **사임하다·물러나다** = step down

- **resign** one's position 직위에서 물러나다

resignation 명 사임·사직(서)

비교 / **retire** 은퇴하다

1161 ★☆☆
seal
[si:l]

seal 표시

⇩

표시한 것

명 1. **직인·도장** ▶ 밀납을 찍어 표시한 것
2. **봉인·밀봉** ▶ 직인을 찍어 열지 못하게 표시한 것
3. **물개** ▶ 몸에 표시[점]가 많은 동물

- bear the president's **seal** 회장의 직인이 찍혀있다
- take off the **seal** 봉인을 뜯다[개봉하다]
- hunt **seals** 물개를 사냥하다

타 1. **봉인하다·밀봉하다** = close tightly ▶ 직인을 찍어 열지 못하게 표시하다
2. **결정하다·확정짓다** ▶ 직인을 찍어 확실하게 하다

- **seal** an envelope 편지 봉투를 봉인하다
- **seal** the deal 그 거래를 확정짓다

DAY **40**

---

simil / simul / seem / sem : **same** (똑)같은, **like** 비슷한

1162 ★★☆
similar
[símələr]

simil 같은 + ar 형접
⇨ 같아 보이는

형 **비슷한·유사한** = comparable, identical

- **similar to** one's brother 형과 비슷한
- **similar in** color 색깔이 비슷한

similarly 부 비슷하게
similarity 명 유사성·닮음
= similitude

1163 ★★☆
assimilate
[əsíməlèit]

as(=ad) ~에 + simil 같은 + ate 동접

⇩

**~에 같아지게
만들다**

동 1. **동화시키다** ▶ ~에 하나로 같아지게 만들다
2. **소화하다·이해하다** = digest ▶ 자신과 같은 한몸이 되게 하다

- **assimilate** the new immigrants 새로운 이주자들을 동화시키다
- **assimilate** new concepts 새로운 개념들을 완전히 이해하다

assimilation 명 1. 동화 2. 이해

1164
★★☆

simulate
[símjulèit]

simul 같은 + ate 동접
⇨ ~ 처럼 똑같이 하다

타 1. **~인 체 하다 · 가장하다** = pretend
2. **모의실험하다**

- **simulate** grief at the news 그 소식에 슬픈 척하다
- **simulate** the landing 착륙을 모의실험하다

simulation
똉 1. 가장 2. 모의실험 · 시뮬레이션

1165
★★★

seem
[si:m]

~같아 보이다

자 **(~인 것처럼) 보이다 · ~인 것 같다** = appear

- **seem (to be)** happy 행복해 보이다

seeming
똉 외견상의 · 겉으로 보이는
seemingly
똉 외견상으로 · 겉보기에는

1166
★★★

resemble
[rizémbl]

re 강조 + sem 비슷한 +
ble 동접
⇨ 아주 비슷해 보이다

타 **~를 닮다** = take after

- **resemble** one's father 아버지를 닮다

참고 / **resemble** 은 '타동사'임에 주의
resemble with his father (X)
resemble his father (O)

resemblance 똉 닮음 · 비슷함

1167
★★☆

assemble
[əsémbl]

as (=ad) ~을 + sem 비슷한 +
ble 동접 ⇨ (하나로 모아서) ~로 비
슷해 보이게 하다

동 1. **모으다 · 모이다**
2. **조립하다** = put together

- **assemble** data for a report
  보고서를 위해 데이터를 모으다
- **assemble** a toy 장난감을 조립하다

assembly
똉 1. 의회 · 회의 · 집회 2. 조립
- *freedom of* **assembly** 집회의 자유
- *an* **assembly** line (공장의) 조립 라인

soci : companion 친구

1168
★★☆
social
[sóuʃəl]

soci 친구 + al 형접
⇨ 서로 친구가 되는

형 1. **사회의 · 사회적인** ≠ antisocial (반사회적인 · 사교적이지 않은)
2. **사교상의 · 사교의**
- a **social** issue 사회문제
- enjoy **social** activities 사교활동을 즐기다

society
명 사회 · 협회 · 단체

sociable
형 사교적인 · 붙임성 있는

1169
★★★
associate
[əsóuʃièit]

as (=ad) ~을 +
soci 친구 + ate 동접

⇩

~와 친구가 되게 하다

동 1. **연상하다 · 연관 짓다** ▶ ~와 연결하여 친구가 되게 하다
2. **(사람과) 어울리다** ▶ ~와 친구가 되다
- **associate** certain brand names **with** high quality products
  특정 브랜드 이름과 고품질 제품을 연관짓다
- **associate** with criminals 범죄자들과 어울리다

명 **동료** = colleague ▶ ~와 친구가 된 사람
- his business **associates** 그의 사업 동료들

형 **준(準)~ · 부(副)~** ▶ ~와 친구처럼 옆에 있는
- an **associate** member 준회원

어법 / **associate A with B** A를 B에 연관 짓다
associate with something ~와 연관되다
associate with someone ~와 어울리다

association
명 1. 연상 · 연관 2. 협회

DAY
40

---

sol / solit : alone 혼자인

1170
★★☆
sole
[soul]

sol 혼자인 + e 형접
⇨ (다른 것 없이) 혼자인

형 **유일한 · 혼자의**
- the **sole** survivor 유일한 생존자

solely 부 오로지 · 단지
= only, exclusively

비교 / **solo** 1. 혼자서 하는 · 단독의
2. 〈음악〉 솔로의

1171
★★☆
desolate
[désələt]

de 강조 + sol 혼자인 +
ate 형접

⇩

완전히 혼자인

형 1. **외로운 · 쓸쓸한** = lonely ▶ 사람이 완전히 혼자인
2. **적막한 · 황량한** ▶ 장소가 완전히 홀로인
- **desolate** old parents 외로운 노부모
- a **desolate** landscape 적막한 풍경

desolation
명 1. 외로움 2. 황량함

1172
★★☆
solitary
[sálətèri]

solit 혼자인 + ary 형접
⇨ 혼자서 지내는

형 1. **혼자의 · 혼자서하는**
2. **고독한 · 혼자서 잘 지내는**
- a **solitary** traveler 혼자 여행하는 사람
- enjoy one's **solitary** life 고독한 삶을 즐기다

solitude 명 (한적한) 고독

참고 / **lonely** 외로운

301

연습문제

DAY **40** | 어근 *ser(t)- ~ sol-*

♥ 영어를 우리말로, 우리말을 영어로 바꾸세요.

1. *insert*

2. *exert*

3. *conserve*

4. *preserve*

5. *deserve*

6. *reside*

7. *assign*

8. *resign*

9. *desolate*

10. *solitary*

11. 사막; 버리다

12. 남겨두다; 예약하다

13. 관찰하다; 준수하다

14. (공식적) 서명

15. 지명하다; 지정하다

16. 동화시키다; 이해하다

17. 가장하다; 모의실험하다

18. ~처럼 보이다, ~인 것 같다

19. 모으다; 조립하다

20. 연상하다·연관 짓다; 어울리다

♥ 다음 중 밑줄 친 단어와 같은 뜻을 고르시오.

21. She was completely **assimilated** to her new country.
    ① adapted ② adopted ③ accepted
    ④ ascended ⑤ altered

22. I've been told that I **resemble** my grandfather.
    ① miss ② take after ③ look after
    ④ take care of ⑤ look up to

23. The four seats in the restaurant are **reserved** under my name.
    ① decided ② secured ③ occupied
    ④ booked ⑤ dominated

♥ 다음 중 밑줄 친 단어의 반대되는 뜻을 고르시오.

24. The game will continue only when both teams agree to **observe** the rules.
    ① treat ② hold ③ break
    ④ stick to ⑤ tighten

♥ 다음 괄호에 들어갈 알맞은 말을 고르시오.

25. We can (preserve / reserve) the environment by recycling things, buying local products, and saving electricity and water.

26. The public at large is of an opinion that the area has to be (designed / designated) as a National Park.

27. Consumers can (assess / associate) certain brand names with high quality products.

28. One day I hope to partake in a charitable organization that exists solely to (serve / deserve) the purpose that benefits mankind.

▶ 정답 *p. 457*

DAY 41

solv / solu : loosen 풀다·느슨하게 하다

1173
★★☆
solution
[səlúːʃən]
solu 풀다 + tion 명접
⇨ (문제나 물질을) 풀기

명 1. 해결(책)
2. 용해·용액
- the **solution to** the problem 그 문제에 대한 해결책
- a weak **solution** of salt 묽은 소금 용액

solve
동 1. 녹이다·풀다 2. 해결하다

1174
★★☆
absolute
[ǽbsəlùːt]
ab ~로부터 +
solut (=loose) 풀린 + e 형접
⇨ ~에서 얽매이지 않고 풀린

형 절대적인·완전한 = complete
- wield **absolute** power 절대적인 권력을 휘두르다

absolutely
부 1. 완전히·틀림없이
2. 《대답으로》 물론

1175
★★☆
dissolve
[dizálv]
dis 떨어져 + solve 풀다

⇩

(뭉친 것을)
떨어뜨려 풀다

동 1. 녹다·용해시키다 ▶ 뭉친 것을 떨어뜨려 물에 풀다
2. 사라지다·끝내다 = terminate ▶ 뭉친 것이 풀려서 없어지다
- **dissolve** salt in water 소금을 물에 녹이다
- **dissolve** Parliament 의회를 해산하다

dissolute
형 (행실이) 방탕한

1176
★★★
resolve
[rizálv]
re 강조 + solve 풀다

⇩

확실히 풀다

동 1. 해결하다 = solve ▶ 문제를 확실히 풀다
2. 결심하다 = decide ▶ 망설이는 곤란한 심리상태를 풀다
- **resolve** the dispute 그 논쟁을 해결하다
- **resolve to** quit smoking 담배를 끊기로 결심하다

resolution
명 1. 해결 2. (굳은) 결심·결의안
3. 해상도
- New Year's **resolution**
  새해 결심

resolute **형** 단호한
≠ **irresolute** (우유부단한)

---

soph (i) / sopho : wise 현명한

1177
★★☆
sophisticated
[səfístəkèitid]
sophi 현명한 + st 사람 +
icated ~화 된

⇩

현명한 사람처럼 된

형 1. 세련된·순진하지 않은 ▶ 사람이 현명한 사람처럼 보이는
≠ unsophisticated
2. 정교한·복잡한 = complex ▶ 사물이 단순하지 않고 똑똑해 보이는
- a **sophisticated** lifestyle[lady] 세련된 생활양식[닳고 닳은 여성]
- a **sophisticated** computer network 복잡한 컴퓨터 네트워크

sophistication
명 1. 세련·교양 2. 정교함

1178
★★☆

philosophy
[filásəfi]

phil(o) 사랑 +
soph 지혜 + *y* 명접
⇨ 지혜를 사랑함

명 철학
- *a professor of **philosophy*** 철학 교수

philosopher **명** 철학자

1179
★☆☆

sophomore
[sáfəmɔ̀:r]

sopho 현명한 +
more(=foolish) 어리석은
⇨ 현명한 듯 하면서 어리석은 자

명 (대학·고교의) 2학년
- *a **sophomore** in college*
  대학교 2학년

참고 / *freshman* 1학년
junior 3학년
senior 4학년

---

spec (t) / spic / spis / spit / sp : look 보다

1180
★★☆

spectacle
[spéktəkl]

spect(a) 보다 +
cle 명접

⇩

볼만한 것

명
1. **광경·구경거리** ▶ 볼만한 장면
2. 《~s》 **안경** = glasses ▶ 보는 걸 도와주는 것

- *a magnificent **spectacle*** 장엄한 광경
- *a pair of **spectacles*** 안경 하나

펑!
퍼웅-!
spectacles로 spectacle을 보고있어! 흥흥

spectacular **형** 장관을 이루는
spectator **명** (스포츠) 관중·구경꾼

비교 / *audience*
1. (공연의) 관객·청중
2. (책·영화 등의) 독자·시청자

1181
★★☆

specimen
[spésəmən]

spec(i) 보다 + *men* 명접
⇨ (알기 위해) 보는 것

명 견본·표본 = sample
- *a rare insect **specimen*** 희귀한 곤충 견본

1182
★★☆

species
[spí:ʃi:z]

spec(i) 보다 + *es* 명접
⇨ (특징을 지녀) 눈에 확 보이는 것

명 (생물 분류상의) 종(種)
- *protect endangered **species***
  멸종 위기에 놓인 종을 보호하다

주의 /
***species**는 단·복수 동형임에 주의!*

1183
★★☆

specific
[spisífik]

spec(i) 보다 + *fic* 형접
⇨ 확 보이는

형 특정한·구체적인 = particular
- *talk about a **specific** topic*
  특정 주제에 대해 이야기하다

specify **타** 구체화하다
specification
명 (자세한) 설명서·
스펙 (구직자 사이에서 학력·학점·자격증 등을 통틀어 말하는)

1184 ★★☆ **special**

[spéʃəl]

spec(i) 보다 + al 형접
⇨ (더 나아) 눈에 확 보이는

형 특별한

- participate in a **special** event 특별행사에 참여하다

참고 / **specially** 부 (어떤 목적을 위해) 특별히·특별하게

- They are **specially** trained dogs. 그들은 특수훈련을 받은 개들이다.

especially 부 (다른 것과 비교해서) 특히·특별히

- I like pets, **especially** dogs. 나는 애완동물을 좋아하는데 특히 개를 좋아한다.

specialize 동 〈in〉 전문으로 하다
specialist 명 1. 전문가 2. 전문의(사)

1185 ★★☆ **speculate**

[spékjulèit]

spec(ul) 보다 + ate 동접
⇩
~라고 보다

동 1. **추측하다** = guess, surmise ▶ 정신적으로 이리저리 살펴보다
2. **투기하다** = invest money ▶ 가치가 오를 것이라 추측을 하다

- **speculate about** his motive 그의 동기에 대해 추측하다
- **speculate in** oil shares 석유 주식에 투기하다

speculation 명 1. 추측 2. 투기

DAY 41

1186 ★★☆ **aspect**

[æspekt]

a (=ad) ~로 +
spec 보다 ⇨ 보이는 면

명 1. **측면·양상**
2. **방향·면** = direction

- affect all **aspects** of life 삶의 모든 측면에 영향을 주다
- The house has a southern **aspect**. 그 집은 남향이다.

1187 ★★★ **inspect**

[inspékt]

in 안 +
spec 보다 ⇨ 안을 들여다보다

타 조사하다·검사하다 = look into, investigate

- **inspect** their passports 그들의 여권을 검사하다
- **inspect** the damage 피해를 조사하다

inspection 명 1. 조사·검사 2. 검열·사찰
- a regualr **inspection** 정기 검사

inspector 명 조사관·검열관

1188 ★★★ **expect**

[ikspékt]

ex 밖 + (s) spec 보다
⇨ (기다리며) 밖을 내다보다

타 기대하다·예상하다 = anticipate

- **expect** to find 찾을 것이라고 기대하다
- **expect** the economy to improve
  경제가 나아질 것이라고 기대하다

expectation 명 예상·기대
expectancy 명 기대
- life **expectancy** 기대 수명
unexpected 형 예기치못한·뜻밖의

1189 ★★☆ **prospect**

[práspekt]

pro 앞 +
spec 보다
⇩
앞에 보이는것

명 1. **조망·경치** ▶ 눈앞에 보이는 경치
2. **전망·가능성** = possibility ▶ 미래의 앞날에 보이는 것

- command a fine **prospect** 경치가 좋다
- the **prospects** for the future 장래의 전망

prospective 형 곧 있을·장래의

1190
★★☆

respect
[rispékt]

re 다시·반복 +
spec 보다

⇩

자꾸만 바라보다

타 존경하다 = look up to ▶ 어떤 사람을 자꾸만 바라보다
- a highly **respected** teacher 대단히 존경받는 선생님

명 1. 존경 = reverence, homage ▶ 어떤 사람을 자꾸만 바라봄
2. (측) 면·점 = aspect ▶ 어떤 사물의 보이는 점[면]
- **respect** for my father 아버지에 대한 존경
- in every **respect** 모든 면에서

respectful
형 존경심을 표하는·공손한
respectable
형 존경스러운·훌륭한
respective
형 각자의·각각의

1191
★★☆

perspective
[pərspéktiv]

per 통과·관통 +
spec 보다 + ive 명접

⇩

관통하여 보는 것

명 1. 원근법 ▶ 멀리까지 통과하여 보는 것
2. 관점·시각 = viewpoint, standpoint ▶ 사물을 꿰뚫어 보는 법
- the artist's use of **perspective** 그 화가의 원근법 사용
- a scientific **perspective** 과학적 관점

1192
★★★

suspect
[səspékt]

sus (=sub) 아래 +
spec 보다
⇨ 아래에서 위로 눈을 치켜뜨며
보다

타 (~가 맞다고) 의심하다·생각하다
명 용의자
- **suspect** him of a criminal 그가 범인이라고 의심하다
- a murder **suspect** 살인 용의자

참고 / **suspect A of B** A를 B한 것으로 의심하다

비교 / **suspect** vs. **doubt**

  doubt (~가 아닐 거라고) 의심하다
  - I **doubt** if he will succeed. 난 그가 성공할지 의문이다.
  - I **doubt** that he will succeed.(X)

  suspect (~가 맞을 거라고) 의심하다
  - I **suspect** that he is the criminal. 나는 그가 범인일거라고 의심한다.

suspicion **명** 의심
suspicious **형** 의심스러운·수상한

1193
★★☆

conspicuous
[kənspíkjuəs]

con 강조 + spic (u) 만들다 +
ous 형접
⇨ 잘 보이는

형 눈에 잘 띄는 = noticeable
- a **conspicuous** place 눈에 잘 띄는 곳
- a **conspicuous** building 눈에 잘 띄는 빌딩

conspicuously
부 눈에 잘 띄게

1194
★★☆

despise

[dispáiz]

de 아래 + *spis* 보다 + *e* 동접
⇨ 아래로 내려다보다

동 경멸하다 = scorn, look down on

- *despise* their corrupt business methods
  그들의 부정한 비즈니스 방식을 혐오하다

despicable **형** 비열한 = mean

1195
★★☆

despite

[dispáit]

de 아래 + *spit*(e) 보다
⇨ (힘겨운 일도) 아래로 깔보며

전 ~에도 불구하고 = in spite of

- *despite* his effort 그의 노력에도 불구하고

어법 / *despite of* N (X) (*despite*가 전치사이므로 뒤에 *of*가 올 수 없음)
despite N (O)

1196
★★☆

spy

[spai]

sp(=spec) 보다 + *y* 명접
⇨ (몰래) 보는 사람

명 스파이 · 간첩 = secret agent

- an industrial *spy* 산업 스파이
- a *spy* satellite 첩보위성

참고 / 《복수》 *spies* 스파이들

---

sper / *spair* : **hope** 희망

1197
★★☆

prosper

[práspər]

pro 앞으로 + *sper* 희망
⇨ 희망이 앞으로 쭉쭉 나아가다

자 번영하다 · 번창하다 = thrive, flourish

- *prosper* as a center of trade 무역의 중심지로 번창하다

prosperous **형** 번영[번창]하는
prosperity **명** 번영 · 번창

1198
★★☆

despair

[dispéər]

de 떨어져 + *spair* 희망
⇨ 희망이 바닥으로 떨어지다

자 절망하다 · 희망을 버리다
명 절망

- *despair* of being rescued 구조될 것을 단념하다
- be overcome by *despair* 절망에 휩싸이다

desperate
형 1. 자포자기의 = hopeless
  2. 절박한 · 필사적인
- be *desperate for* money
  돈이 몹시 필요하다

desperately **부** 필사적으로

spher : globe 구(球)

1199
★★☆
sphere
[sfiər]

spher 구 + e 명접

⇩

구

명 1. **(동그란) 구(체)** = glob ▶ (구체적인) 구
2. **(활동·지식의) 영역·분야** = field, realm ▶ 구모양의 범위

- a metal **sphere** 금속으로 된 구
- the **sphere** of influence of the U.S. 미국의 영향권

1200
★★☆
atmosphere
[ǽtməsfiər]

atmo (=air) 공기 +
sphere 구

⇩

지구의 공기

명 1. **대기·공기** ▶ (구체적인) 지구의 공기
2. **분위기** = mood ▶ (비유적으로) 어떤 곳의 분위기

- the outer **atmosphere** 외기권
- a romantic[solemn] **atmosphere**
로맨틱한[엄숙한] 분위기

1201
★☆☆
hemisphere
[hémisfiər]

hemi (=half) 반 +
sphere 구 ⇨ 반구

명 **(지구·뇌의) 반구**

- the Northern[Southern] **Hemisphere** 북[남]반구

연습문제

DAY 41 | 어근 solv- ~ spher-

♥ 영어를 우리말로, 우리말을 영어로 바꾸세요.

1. absolute

2. dissolve

3. philosophy

4. sophomore

5. specimen

6. specific

7. aspect

8. prospect

9. conspicuous

10. prosper

11. 해결하다; 결심하다

12. 세련된; 정교한

13. 광경, 구경거리

14. (생물 분류상의) 종(種)

15. 추측하다; 투기하다

16. 조사하다, 검사하다

17. 원근법; 관점

18. 의심하다 · 생각하다; 용의자

19. 경멸하다

20. 절망하다 · 희망을 버리다; 절망

♥ 다음 중 밑줄 친 단어와 같은 뜻을 고르시오.

21. Scientists **speculate** that the illness is caused by a virus.
① surmise ② submit ③ suffer
④ suspect ⑤ subsist

22. She had the car **inspected** by a mechanic before she bought it.
① looked on ② looked into ③ looked for
④ looked out ⑤ looked up

23. After a couple of difficult years, our business has finally begun to really **prosper**, and we are looking at record profits this quarter.
① conduct ② transact ③ develop
④ improve ⑤ thrive

♥ 다음 중 밑줄 친 단어의 반대되는 뜻을 고르시오.

24. Although **despised** by critics, the movie attracted a wide audience.
① scorned ② appraised ③ evaluated
④ respected ⑤ disregarded

♥ 다음 괄호에 들어갈 알맞은 말을 고르시오.

25. Both salt and sugar (dissolve / solve) in water, but oil does not.

26. The boss wife was murdered and the coworkers (doubt / suspect) him of the criminal because their boss recently got divorced

27. Ten students joined the eco-friendly campaign to protect endangered (specimens / species) .

28. On Sunday afternoon, he could not participate in the game (despite / despise) his effort because of the rain and strong winds.

spir (e) : breathe 숨 쉬다

1202
★★☆
spirit
[spírit]

spir 숨 쉬다 + it 명접
⇨ (세차게) 숨 쉬고 있는 상태

명 1. **정신·영혼** = soul
2. **사기·기상**

- the **spirit** of Olympics 올림픽 정신
- in high **spirits** 사기가 드높은

spiritual 형 정신의[적인]
= mental

1203
★★☆
aspire
[əspáiər]

a (=ad) ~쪽으로 + spire 숨 쉬다
⇨ ~쪽을 바라보며 숨을 몰아쉬다

자 **열망하다** = yearn, crave, long for

- **aspire** to be a famous actor
  유명한 배우가 되기를 열망하다

I will be~

aspiration 명 열망
aspirant 명 열망하는 자

1204
★★☆
inspire
[inspáiər]

in 안 + spire 숨 쉬다

⇩

~의 안에 숨을
불어넣다

타 1. **격려[고무]하다** = encourage ▶ ~의 안에 숨을 불어넣다
2. **영감을 주다** ▶ ~의 안에 창작의 기를 불어넣다

- **inspire** many young people 많은 젊은이들을 격려하다
- be **inspired** by her life story 그녀의 인생 이야기에서 영감을 받다

inspiration
명 (예술적) 영감·기발한 생각

1205
★★☆
expire
[ikspáiər]

ex 밖 +
(s)pire 하다

⇩

숨이 나가다

자 1. **죽다** = die ▶ 사람의 숨이 나가서 끝나다
2. **만료되다** = end ▶ 사물의 기간이 끝나다

- **expire** after a long illness 오랜 병을 앓고 난 후 죽다
- The contract **expires** soon. 그 계약이 곧 만료된다.

expiration 명 만기·만료

- **expiration** date
  만기일·(식품의) 유통 기한

1206
★★☆
respiration
[rèspəréiʃən]

re 다시 + apire 숨 쉬다 +
(a)tion 명접
⇨ 다시 숨을 쉬기

명 **호흡·숨쉬기** = breathing

- artificial **respiration** 인공호흡

respire 동 호흡하다

1207
★☆☆

perspire
[pərspáiər]

per 관통 +
spire 숨쉬다
⇨ (땀이) 피부를 통과하여 숨을
쉬듯 나오다

통 땀을 흘리다 = sweat

- **perspire** heavily 땀을 뻘뻘 흘리다

perspiration **명** 땀

---

spons / spond : promise 약속하다

1208
★★☆

sponsor
[spánsər]

spon (s) 약속하다 +
or 명접(사람)
⇨ (도움을 주겠다고) 약속한 사람

명 후원자·스폰서
타 후원하다 = support

- a **sponsor** of the Olympics 올림픽 후원사
- **sponsor** the competition 그 대회를 후원하다

sponsorship **명** 후원·협찬

1209
★★★

respond
[rispánd]

re 뒤로·되돌려 +
spond 약속하다 ⇨
(상대 질문에) 약속을 되돌려주다

자 응답하다·반응하다 = react, reply

- **respond** briefly to his question
  그의 질문에 짧게 답하다

response **명** 응답·반응

responsible **형** 책임이 있는
= answerable, accountable
- be **responsible for** ~에 책임이 있다

responsibility
명 책임 = charge

1210
★★☆

correspond
[kɔ̀:rəspánd]

cor (=com) 서로 +
respond 응답하다

⇩

서로 응답하다

자 1. 편지를 주고받다　▶ 서로 편지에 응답하다
2. 부합하다·일치하다 = accord　▶ 서로 맞다며 응답하다

- **correspond with** one's friend 친구와 편지를 주고받다
- **correspond to[with]** the facts 사실과 부합하다

correspondence
명 1. 서신교환·연락 2. 일치·부합

correspondent
명 통신원·특파원

1211 ★★★ **stan**d
[stænd]

⇩

서다

자 서다 ▶ (구체적으로) 서있다
- **stand** for a long time 오랫동안 서있다

타 참다 · 버티다 = bear (부정문으로만 쓰임에 유의!) ▶ ~에 굴하지 않고 맞서다
- **can't stand** his behavior 그의 행동을 참을 수 없다

명 1. 태도 · 입장 = stance ▶ 자신의 의견을 담아 서있는 것
2. 가판대 · 점포 = stall ▶ 물건을 팔기 위해 세워둔 곳
- take a strong **stand** against ~에 대해 강한 반대 입장을 취하다
- a news**stand** on a street 거리의 신문 가판대

숙어 / **stand by** 1. 구경만하다 2. 대기하다 3. 지지하다 · 돕다
stand for ~을 상징하다 · 나타내다

1212 ★★☆ **stan**dard
[stǽndərd]

stan 서다 + (h)ard 단단한
⇨ (판단을 위해) 단단하게 세워둔 것

명 기준 · 수준 = norm
형 표준의 · 일반적인 = general
- **standard** of living 생활수준
- **standard** spelling 표준 맞춤법

standardize **타** 표준화하다

1213 ★★☆ con**stan**t
[kánstənt]

con 함께 + stan 서다 +
t 형접 ⇨ (늘) 함께 서있는

형 끊임없는 · 일정한
- maintain a **constant** weight 일정한 몸무게를 유지하다

constantly **부** 항상 · 끊임없이

1214 ★★☆ in**stan**t
[ínstənt]

in 안 + stan 서있다 +
t 형접 ⇨ (대기하고) 안에 서있는

형 즉석의 · 즉각적인 = prompt, instantaneous
- an **instant** response 즉각적인 반응

instance **명** 사례 · 경우
- for **instance** 예를 들면

instantly **부** 즉시 · 즉각
= immediately
- **instantly** respond 즉각적으로 대답하다

1215 ★★★ sub**stan**ce
[sʌ́bstəns]

sub 아래 + stan 서다 +
ce 명접 ⇨ (하늘) 아래에 서있는
[존재하는] 것

명 1. 물질 = material
2. 실체 · 본질 = essence
- chemical[toxic] **substances** 화학[유독] 물질들
- the rumor without **substance** 실체가 없는 그 소문

substantial **형** 상당한
= considerable
- a **substantial** amount of money
상당한 액수의 돈

substantiate
동 (구체적으로) 입증하다

1216
★★☆

statue
[stǽtʃuː]

stat 서다 + ue 명접
⇨ (모양을 만들어) 세운 것

명 조각상·(동)상

- put up a **statue** 동상을 세우다

1217
★☆☆

stately
[stéitli]

stat(e) 서다 + ly ~ 인
⇨ (딱 자리 잡고) 서있는

형 당당한·위엄 있는 = majestic

- in a **stately** manner
  위엄 있는 태도로

state **명** 1. 상태 2. 국가 3. 주
　　　동 말하다
statement **명** 1. 진술·성명
　　　　　　 2. 명세서·계산서

1218
★★☆

status
[stéitəs]

stat 서다 + us 명접
⇨ 서 있는 위치

명 1. (법적) 신분·지위 = position
　　 2. (일의) 상태·상황 = condition

- have the **status** of a minor 미성년자 신분이다
- the social **status** of women 여성의 사회적 지위

1219
★★☆

statistics
[stətístiks]

stat(ist) 세우다 + ics 명접
⇨ (숫자로) 세워진[정립된] 것

명 통계·통계학

- release **statistics** about unemployment rates
  실업률에 관한 통계를 발표하다

statistical **형** 통계적인
statistician **명** 통계학자

1220
★★☆

station
[stéiʃən]

stat 서다 + ion 명접

⇩

서있게 하는 곳

명 1. 역·정거장 ▶ 차나 기차를 세우는 곳
　　 2. (소방·경찰등의)~서·~소 ▶ 임무 대기상태로 세워두는 곳
　　 3. 방송국 ▶ 방송 송출 전에 세워두는 곳

- a railroad **station** 기차역
- a police[fire] **station** 경찰서[소방서]
- a radio **station** 라디오 방송국

타 (군대를) 배치하다·주둔시키다 ▶ 군인들을 세워두다

- be **stationed** in Iraq 이라크에 주둔하고 있다

stationary
형 움직이지 않는·정지된

어법 / **stationery** 문구류

1221
★★☆

estate
[istéit]

e 첨가된 모음 + stat 서다 +
e 명접 ⇨ (법적으로 자기 소유로)
확고히 서있는 것

명 1. 재산 = property
　　 2. 토지·부동산 = realty

- inherit the **estate** from one's parents
  부모로부터 재산을 물려받다
- a real **estate** market[agent] 부동산 시장[중개업자]

1222 ★★☆

stage
[steidʒ]

sta 서다 + *ge* 명접

⇩

서있는 곳

명 1. **단계·시기** = *step, phase* ▶ 진행되는 일이 현재 서 있는 곳
2. **무대·연극** ▶ 배우를 세우는 곳

- *at an early* ***stage*** 초기 단계에
- *go on the* ***stage*** 배우가 되다

타 1. **(공연을) 무대에 올리다** ▶ 연극을 무대에 세우다
2. **(시위·파업 등을) 벌이다·시작하다** = *mount* ▶ 연극을 무대에 올리듯 어떤 일을 시작하다

- ***stage*** *a play* 연극을 무대에 올리다
- ***stage*** *a protest against* ~에 반대하여 항의 시위를 벌이다

1223 ★★☆

stable
[stéibl]

sta 서다 + *(a) ble* ~할 수 있는

⇩

(딱) 서 있을 수 있는

형 **안정된·안정적인** ▶ 넘어지지 않고 서 있을 수 있는
≠ *unstable* (불안정한)

- *a* ***stable*** *ladder[income]* 안정된 사다리[수입]
- *a* ***stable*** *marriage life* 안정적인 결혼 생활

명 **마구간·외양간** = *stall* ▶ 소·말이 서 있을 수 있는 곳

- *a horse* ***stable*** 마구간

stability **명** 안정(성)
≠ *instability* (불안정성)

stabilize **동** 안정시키다[되다]

1224 ★★★

establish
[istǽbliʃ]

e 첨가된 모음 + *sta* 서있다 +
ble 형접 + *ish* 동접
⇨ 안정적으로 서있게 하다

타 1. **(회사·조직을) 설립하다** = *found*
2. **(관계·명성을) 확립하다**

- ***establish*** *a school[company]*
  학교[회사]를 설립하다
- ***establish*** *diplomatic relations with*
  ~와 외교 관계를 수립하다

establishment **명** 1. 설립·확립
2. 《the E-》(사회) 기득권층·지배층

established
형 1. 확립된 2. 인정받는·저명한

1225 ★★☆

ecstasy
[ékstəsi]

ec(=ex) 밖 + *sta* 서다 +
sy 명접
⇨ (온전한 정신의) 밖에 서있는 상태

명 **황홀경·엑스터시** = *great happiness, rapture*

- *go into* ***ecstasy*** 황홀경에 빠지다

1226 ★★☆

constitute
[kánstətjùːt]

con 함께 + *stit* 서다 +
ute 동접

⇩

(전체를 이루기 위해)
함께 서다

타 1. **구성하다·~을 이루다** ▶ 전체를 이루기 위해 함께 서다
= *compose*
2. **설립하다** = *establish* ▶ 함께 힘을 합쳐 ~을 세우다

- *Twelve months* ***constitute*** *a year.*
  12개월이 1년을 이룬다.
- ***constitute*** *a democratic government*
  민주 정부를 설립하다

constitution
명 1. 헌법 2. 체질
- *be guaranteed by the* ***Constitution***
  헌법에 보장되다

constitutional
형 1. 헌법상의·합헌적인
2. 체질상의

constituent
명 1. 구성 성분 2. 유권자

1227
★★☆

institute
[ínstətjùːt]

in 안 + *stit* 서다 + *ute* 동접

⇩

안에 똑바로 세우다

타 1. **설립하다** = establish ▶ 조직이나 기관을 안에 똑바로 세우다
2. **(법·제도를) 시행하다** = start, enforce ▶ 어떤 일을 시행하여 바로 서게 하다
- **institute** a provisional government 임시정부를 수립하다
- **institute** the new policy 새로운 정책을 시행하다

명 **(연구·교육) 기관·협회** = organization ▶ 안에 똑바로 세워진 것
- found an **institute** 기관을 설립하다

institution
명 1. 기관·단체
2. 제도·관습
3. 시행

1228
★★☆

substitute
[sʌ́bstətjùːt]

sub 아래 + *stit* 서다 + *ute* 동접
⇨ (다른 것의 대체물로) 아래에 세우다

동 **대용하다·대체하다**

명 **대체물·교체선수** = replacement
- **substitute** butter for oil 기름을 버터로 대체하다
- a **substitute** during the second half 후반전 교체선수

1229
★★☆

superstition
[sùːpərstíʃən]

super 위 + *stit* 서다 + *ion* 명접
⇨ (상식·과학을 넘어) 위에 서있는 것

명 **미신**
- believe the **superstition** 미신을 믿다

superstitious 형 미신적인

비교 /

supernatural 초자연적인

1230
★★☆

steady
[stédi]

stead 서다 + *y* 형접
⇨ (흔들림 없이 딱) 서있는

형 1. **확고한·안정된** = firm
2. **꾸준한·일정한** = constant
- walk with **steady** steps 안정된 발걸음으로 걷다
- sustain **steady** growth 꾸준한 성장을 지속하다

steadily 부 꾸준히·끊임없이

1231
★★☆

destiny
[déstəni]

de 떨어져 + *stin* 서다 + *y* 명접 ⇨ (우리가 도달하게 될)
멀리 서있는 곳

명 **운명** = fate
- work out one's own **destiny**
  자신의 운명을 스스로 개척하다

destined 형 ~할 운명인

비교 /

destination 명 목적지·도착지

1232
★★☆

install
[instɔ́ːl]

in 안 + *stall* 세우다

⇩

안에 세우다

타 1. **설치하다** = put in ▶ 물건을 어떤 장소 안에 세우다
2. **취임시키다** = inaugurate ▶ 사람을 어떤 직책안에 세우다
- **install** software on a computer
  컴퓨터에 소프트웨어를 설치하다
- **install** the first woman president
  첫 여성 대통령을 취임시키다

installation
명 1. 설치·설비 2. 취임

installment
명 할부

- on an **installment** plan
  할부로

¹²³³
★★★
cost

[kɔːst]

co(=com) 함께 +
st(=stand) 서다

⇩

어떤 것과
함께 서려면 드는 것

(4형식 동사로 쓰임에 유의!)

명 1. **값 · 비용** = *price* ▶ 어떤 것과 함께 서려면 드는 돈
     2. **희생 · 손실** = *loss* ▶ 어떤 것과 함께 서려면 필요한 댓가

- *the total **cost** of his trip* 그의 여행의 총 경비
- *at the **cost** of his life* 그의 목숨을 희생하여

타 1. **(값 · 비용이) ~가 들다** ▶ 어떤 것과 함께 서려면 (돈이) ~가 든다
     2. **(~에게 ~을) 잃게 하다 · 희생시키다** ▶ 어떤 것과 함께 서려면 ~가 요구된다

- ***cost** him a lot of money* 그의 돈이 많이 들다
- ***cost** him his life* 그의 목숨을 잃게 하다

숙어 / ***at all costs*** 어떤 희생을 치르더라도 · 반드시
         at the cost of ~를 희생하여

costly

형 1. 값비싼
    2. 희생이 큰

---

¹²³⁴
★★☆
rest

[rest]

re 뒤로 + *st*(=stand) 서있다
⇨ 남아서 뒤에 서있는 것

명 《the –》 **나머지** = *remainder*

- *for the **rest** of my life* 내 남은 인생 동안

비교 /
'***rest*** 휴식 · 휴식하다'는 다른 어원의 단어임

---

¹²³⁵
★★☆
arrest

[ərést]

ar(=ad) ~을 + *re* 뒤 +*st*
(=stand) 서다 ⇨ (범인을 붙잡아)
뒤에 서게 하다

타 **체포하다** = *apprehend, round up*
명 **체포**

- ***arrest** the murderer on the spot* 살인범을 현장에서 체포하다
- *make an **arrest** of the murderer* 살인범을 체포하다

arresting **형** 아주 매력적인

연습문제

♥ 영어를 우리말로, 우리말을 영어로 바꾸세요.

1. aspire

2. respiration

3. correspond

4. standard

5. constant

6. substance

7. stately

8. statistics

9. substitute

10. destiny

11. 격려하다; 영감을 주다

12. 죽다; 만료되다

13. 후원자; 후원하다

14. 응답하다 · 반응하다

15. 조각상 · 동상

16. 지위; 상황

17. 단계; 무대

18. 구성하다 · ~을 이루다; 설립하다

19. 미신

20. 설치하다; 취임시키다

♥ 다음 중 밑줄 친 단어와 같은 뜻을 고르시오.

21. There has been a **substantial** increase in the number of forest fires this year due to our unusually dry weather.
   ① gradual   ② considerable   ③ consistent
   ④ progressive   ⑤ incredible

22. The building rose before him, tall and **stately**.
   ① static   ② attractive   ③ majestic
   ④ abandoned   ⑤ adjacent

23. Her grandfather **established** his own law firm in 1922.
   ① emerged   ② devised   ③ stabilize
   ④ innovated   ⑤ founded

♥ 다음의 빈칸에 들어갈 알맞은 것을 고르시오.

24. As citizens of the world, we are all responsible _____ one another.
   ① to   ② in   ③ on
   ④ for   ⑤ with

♥ 다음 괄호에 들어갈 알맞은 말을 고르시오.

25. One of the primary school's actor club students (aspires / inspires) to be a famous actor in the future.

26. In 20th century, many people believed in (supervision / superstition) that finding a four-leaf clover would bring them good luck.

27. I can't (stand / hold) his behavior anymore; he always makes fun of my height.

28. A strong sense of the value and blessings of the new policy induced the people to (instituted / constituted) the new policy at a very early period.

sist : stand 서다

1236
★★☆
as**sist**
[əsíst]

as (=ad) ~옆에 +
sist 서다
⇨ ~옆에 가까이 서다

동 돕다·거들다 = *aid, give a hand*
• **assist** a doctor 의사를 거들다

어~시스타?

assistance 명 도움
assistant 명 조수·보조

1237
★★☆
con**sist**
[kənsíst]

com 함께·강조 + *sist* 서다
⇩
함께 서있다

자 1. **구성되다** ▶ 전체를 이루려 ~들이 함께 서있다
= *be composed of*

2. **~에 있다·존재하다** = *exist* ▶ ~안에 함께 (서)있다
• Water **consists of** hydrogen and oxygen.
물은 수소와 산소로 구성되어 있다.
• Happiness does not **consist in** money.
행복은 돈에 있지 않다.

consistence 명 일관성
consistent 형 일관된

1238
★★☆
in**sist**
[insíst]

in 안 + *sist* 서다
⇨ (자기 생각) 안에 서 있다

동 주장하다·고집하다 = *assert, contend*
• **insist on** his innocence 그의 결백을 주장하다
• **insist that** he is innocent 그가 결백하다고 주장하다

insistence 명 주장·고집
insistent 형 고집하는

1239
★★☆
e**xist**
[igzíst]

ex 밖에 + *(s)ist* 서다
⇨ 밖에 드러나 서있다

자 있다·존재하다
• **exist** for centuries 수세기동안 존재하다

existence 명 1. 존재 2. 생활
• the struggle for **existence** 생존 경쟁
existing 형 기존의·현재 사용되는
• the **existing** law 현행법

1240
★★☆
per**sist**
[pərsíst]

per 끝까지 + *sist* 서다
⇨ 끝까지 서 있다

자 지속하다·고집하다 = *last, go on*
• **persist in** smoking 흡연을 지속하다

persistence 명 고집·지속
persistent 형 끈질긴·지속되는
persistently 부 집요하게

1241
★★☆
re**sist**
[rizíst]

re 뒤에 + *sist* 서다
⇨ (곁에 있다가) 뒤로 물러나 서 있다

타 저항하다
• **resist** the military government 군사정부에 저항하다

resistance 명 저항(력)
resistant
형 저항하는·저항력이 있는
irresistible
형 1. 저항할 수 없는 2. (너무나) 매력적인

---

sti / stu : strong 강한

1242 ★★☆
stiff
[stif]

sti (f) 강한 + *f* 형접
⇨ (부드럽지 않고) 강한

형 뻣뻣한 · 뻑뻑한
- a **stiff** neck[back] 뻣뻣한 목[등]

stiffen 동 뻣뻣해지다 · 경직되다
stiffness 명 뻣뻣함

1243 ★☆☆
sturdy
[stə́:rdi]

stu (r) 강한 + *dy* 형접

⇩

강한

형 1. **튼튼한** = robust, hardy ▶ (몸이) 강한
2. **확고한** = first ▶ (결심이) 강한
- all men of **sturdy** build 모두 체격이 건장한 남자들
- a **sturdy** opposition 확고한 반대
- a **sturdy** construction 견실한 공사

sturdiness 명 튼튼함

1244 ★★☆
stubborn
[stʌ́bərn]

stu (b) 강한 + *(b)orn* 형접
⇨ (자기 생각이) 강한

형 고집 센 · 완고한 = obstinate
- a **stubborn** child 고집 센 아이
- a **stubborn** resistance 완강한 저항

DAY 43

---

sting / stinc / stim : sting 찌르다

1245 ★★☆
distinguish
[distíŋgwiʃ]

di(=dis) 떨어뜨려 +
sting 찌르다 + *uish* 동접
⇨ 찔러서 서로 떨어뜨리다

타 구별하다 = discriminate, differentiate
- **distinguish** good **from** evil 선과 악을 구별하다
- **distinguish** oneself 이름을 날리다

숙어 / **distinguish A from B** A와 B를 구별하다

distinguished
형 유명해진 · 뛰어난

1246 ★★☆
extinguish
[ikstíŋgwiʃ]

ex 밖 + *(s)ting* 찌르다 +
uish 동접
⇨ 찔러서 밖으로 없애다

동 (불을) 끄다 · 소화하다 = put out
- **extinguish** the flames 불을 끄다

extinguisher 명 소화기

1247 ★★☆
distinct
[distíŋkt]

di(=dis) 떨어뜨려 +
stinc 찌르다 + *t* 형접
⇨ 찔려서 서로 떨어져 있는

형 1. **다른 · 구별되는** = different
2. **뚜렷한 · 분명한** = evident, obvious
- **distinct from** each other 서로 다른
- have a **distinct** culture 뚜렷한 문화를 가지고 있다

숙어 / **distinctive** 독특한 · 특징적인

distinction 명 차이 · 구분

1248 ★★☆ **extinct**
[ikstíŋkt]

ex 밖 + (s) tinc 찌르다 + t 형접
⇨ 찔러 밖으로 빼내어진

형 1. **멸종된** ≠ *extant* (현존하는)
　 2. **불꺼진 · 활동을 멈춘**
- an **extinct** species 멸종된 종들
- an **extinct** volcano 사화산

extinction 명 멸종

1249 ★★☆ **instinct**
[ínstiŋkt]

in 안 + stinct 찌르는 것
⇨ (마음) 안에서 찔러대는 것

명 **본능 · 본성**
- a survival **instinct** 생존 본능

instinctive 형 본능적인

1250 ★★☆ **stimulate**
[stímjulèit]

stim(=sting) 찌르다 +
ate 동접
⇨ (~하도록) 쿡쿡 찌르다

타 **자극하다 · 활발하게 하다** = *encourage*
- **stimulate** economic growth 경제 성장을 자극하다

stimulation 명 자극
stimulus 명 자극제 = *stimulant*

---

strict / **strain** / **str** (ai) / **stig** : **draw tight 팽팽히 당기다[묶다]**

1251 ★★☆ **strict**
[strikt]

strict (풀어주지 않고) 팽팽하게
당기는

형 **엄격한 · 엄한** = *rigid, stern*
- a **strict** teacher 엄한 선생님
- a **strict** punishment 엄격한 처벌

strictly 부 엄격하게
strictness 명 엄격함

1252 ★★☆ **restrict**
[ristríkt]

re 뒤 + strict 팽팽하게 당기다
⇨ 뒤에 팽팽히 당겨 묶어놓다

타 **제한하다** = *limit, confine*
- **restrict** smoking in public places
　공공장소에서 흡연을 제한하다

restriction 명 제한 · 제약

1253 ★★☆ **district**
[dístrikt]

dis(=apart) 따로따로 +
strict 팽팽하게 당기다
⇨ 따로 따로 팽팽히 당겨 통제할
　수 있는 지역

명 **(행정상의) 지역 · 구역**
- an election **district** 선거구

1254
★★☆
strain
[strein]
⇩
팽팽히 당겨진
긴장 상태

명 압박 · 부담 = stress, burden ▶ 팽팽히 당겨진 신경의 긴장 상태
- *put a strain on him* 그에게 압박을 가하다

동 1. (근육을) **무리하게 사용하다** ▶ 근육을 팽팽히 당기다
2. **열심히 노력하다** = strive ▶ 스스로 팽팽히 당겨 노력하다
- *strain one's shoulder* 어깨를 접지르다
- *strain to open the jar* 병을 여느라고 안간힘을 쓰다

비교 /
sprain (발목 · 관절을) 삐다

1255
★★☆
constrain
[kənstréin]

con 강조 +
strain 팽팽하게 묶다
⇩
팽팽히 묶다

타 1. **강요하다** ▶ 팽팽히 당겨 강제로 시키다
2. **제한하다 · 제약하다** = restrict ▶ 하지 못하게 팽팽히 묶어 두다
- *constrain him to say* 그가 말하도록 강요하다
- *constrain him from saying* 그의 말을 제한하다

constraint
명 제한 · 제약

비교 /
constrict
1. 조이다 · 수축하다
2. 제약하다

DAY 43

1256
★★☆
restrain
[ristréin]

re 뒤 + *strain* 팽팽하게 당기다
⇨ 뒤에 팽팽히 당겨 묶어 두다

타 1. **막다 · 제지하다** = prevent
2. (감정을) **억제하다** = repress
- *restrain oneself from yawning* 하품나는 것을 막다
- *restrain one's anger* 화를 억누르다

restraint **명** 규제 · 제한

1257
★★☆
stress
[stres]

str 팽팽히 당기다 + *ess* 명접
⇩
팽팽히 당겨진 상태

명 1. **강세 · 강조** ▶ 팽팽히 당겨져 힘이 들어간 상태
2. **스트레스 · 압박** ▶ 신경이 팽팽히 당겨진 상태
= strain, distress
- *put a stress on marketing* 마케팅을 강조하다
- *be under stress* 스트레스를 받다

타 1. **강조하다** = emphasize ▶ 명사 '강조'가 동사로 쓰여
2. **스트레스를 주다** ▶ ~의 신경을 팽팽히 당기다
- *stress the need for a reform* 개혁의 필요성을 강조하다
- *get stressed out* 스트레스로 지치다

stressful **형** 스트레스가 많은

1258
★★☆

distress
[distrés]

di (=dis) 따로따로 +
stress 팽팽히 당기다
⇨ 팽팽히 당겨진 압박 상태

명 (정신적) 고통·괴로움　= pain, anguish

- suffer mental **distress** 정신적 고통을 겪다

distressful 형 괴로운

1259
★★☆

string
[striŋ]

str 팽팽히 당기다 + ing 명접
⇨ 팽팽히 당겨 묶는 것

명 줄·끈

- fasten the **strings** tight 줄을 팽팽히 고정시키다

숙어 / **pull the strings** 배후에서 통제하다·조종하다

비교 / **sting** 찌르다·쏘다

1260
★☆☆

strait
[streit]

strai 팽팽히 당기다 + t 명접
⇨ 팽팽히 당겨져 좁아진 바다

명 1. 해협　2. 곤경　= hardship

- go through the narrow **strait** 좁은 해협을 통과하다
- be in a dire **strait** 극심한 곤경에 처해있다

1261
★★☆

prestige
[prestíːʒ]

pre 미리 + stig 팽팽히 당겨 묶다
+ e 명접 ⇨ (시선을)
미리 팽팽히 당겨 묶어두는 것

명 명성·명망　= reputation

형 명망 있는·고급의　= classic

- gain international **prestige** 국제적 명성을 얻다
- a **prestige** car 명차

prestigious 형 명망 높은·일류의

- a **prestigious** university 명문대

---

stru(ct) / str(oy) / strat : pile 쌓다, build 짓다·세우다

1262
★★☆

structure
[strʌ́ktʃər]

strct 짓다 + ure 명접
⇨ (만들어) 세운 것

명 구조(물)

타 조직하다·구성하다　= organize

- the **structure** of the brain 뇌의 구조
- a well-**structured** argument 구성이 잘 된 주장

structural 형 구조적인

1263
★★☆

construct
[kənstrʌ́kt]

con 함께 + struct 세우다
⇨ (갖추어) 함께 세우다

타 1. 건설하다　= build
　　≠ destroy (파괴하다)

2. 구성하다　= compose

- **construct** a bridge 다리를 건설하다
- a well-**constructed** movie 구성이 잘 된 영화

construction 명 건설·건축물
constructive 형 건설적인

1264 ★★☆

instruct

[instrʌ́kt]

in 안 + *struct* 세우다·쌓다

⇨ (지식을 머리) 속에 쌓아서 짓다

타 1. **가르치다** = teach
2. **지시하다** = direct

- **instruct** children in English 아이들에게 영어를 가르치다
- **instruct** him **to** collect information
  그에게 정보를 수집하라고 지시하다

instruction
명 1. 가르침·지도 2. 지침·지시

instructor 명 강사·교사

instructive 형 교육적인·유익한

1265 ★★☆

obstruct

[əbstrʌ́kt]

ob(=against) 거슬러 +
struct 세우다

⇨ 거슬러 세우다

타 **막다·방해하다** = block, hinder

- **obstruct** traffic of the road
  그 도로의 교통을 방해하다

obstructive 형 방해하는

obstruction 명 방해·차단

1266 ★★☆

instrument

[ínstrəmənt]

in 안 + *stru* 짓다 +
ment 명접

⇨ 안에 지을 때 쓰는 것

명 1. **기구** = tool
2. **악기**

- surgical **instruments** 외과 수술 도구들
- a musical **instrument** 악기

instrumental
형 도움이 되는·유익한

DAY 43

1267 ★★☆

destroy

[distrɔ́i]

de 아래 + *story* 짓다

⇨ 지어진 것을 아래로 무너뜨리다

타 **파괴하다** = ruin, raze, devastate

- **destroy** the environment 환경을 파괴하다

destruction 명 파괴

destructive 형 파괴적인

1268 ★★☆

industry

[índəstri]

indu (=in) 안에 +
str 세우다·짓다 + *y* 명접

⇩

내면에 형성된 것

명 1. **근면** = diligence ▸ 마음의 내면에 형성된 것
2. **산업** ▸ 근면한 활동들

- praise him for his **industry** 근면함에 대해 그를 칭찬하다
- the tourism **industry** 관광 산업

industrial 형 산업의

industrious 형 근면한

industrialize 동 산업화하다

1269 ★★☆

strategy

[strǽtədʒi]

strat 세우다 +
eg (=lead) 이끌다 + *y* 명접

⇨ (승리로) 이끌기 위해 세운 것

명 **(장기적) 전략·계획**

- the military[marketing] **strategy** 군사[마케팅] 전략

strategic 형 전략적인

비교 / **tactics** (개개의) 전술·작전

연습문제

DAY **43** | 어근 *sist- ~ struct-*

♥ 영어를 우리말로, 우리말을 영어로 바꾸세요.

1. *insist*

2. *persist*

3. *stubborn*

4. *distinguish*

5. *distinct*

6. *instinct*

7. *restrict*

8. *distress*

9. *prestige*

10. *obstruct*

11. 구성되다; ~에 있다 · 존재하다

12. 저항하다

13. 뻣뻣한 · 빽빽한

14. (불을) 끄다, 소화하다

15. 멸종된; 활동을 멈춘

16. 자극하다 · 활발하게 하다

17. 해협; 곤경

18. 기구; 악기

19. 파괴하다

20. (장기적) 전략 · 계획

♥ 다음 중 밑줄 친 단어와 같은 뜻을 고르시오.

21. My boss is so **stubborn**. Once he gets an idea in his head, there's just no changing his mind.
    ① strict ② obstinate ③ despicable
    ④ relentless ⑤ capricious

22. Tommy's success in this project has certainly earned him a lot of **prestige** in his field.
    ① fortune ② courtship ③ confidence
    ④ foundation ⑤ reputation

23. One of the visitors cried out to **obstruct** the proceedings.
    ① assemble ② institute ③ hinder
    ④ undergo ⑤ gaze

♥ 다음 중 밑줄 친 단어의 반대되는 뜻을 고르시오.

24. Although dinosaurs have been **extinct** for millions of years, they are still very popular among children.
    ① lively ② appeared ③ extant
    ④ probable ⑤ proportional

♥ 다음 괄호에 들어갈 알맞은 말을 고르시오.

25. He (insisted / persisted) on his innocence when the plaintiff accused him of stealing money from the bank.

26. A fireman tried to (distinguish / extinguish) the flames to save a child's life who were trapped in the fire.

27. Do you think that the most basic instinct of all living beings is the survival (instance / instinct) ?

28. The general discussed the military (stray / strategy) and tactics used by the commanders of the armies in World War I.

▶ 정답 *p. 458*

suad : urge 촉구하다

1270
★★★
persuade
[pərswéid]

per 강조 +
suad(e) 촉구하다
⇨ 강하게 촉구하다

🈯 **(~하도록) 설득하다** = induce, convince

• **persuade** her **to do** 그녀를 ~하도록 설득하다

persuasion 🈔 1. 설득 2. 믿음

persuasive 🈐 설득력 있는

어법 /
persuade A to V

A를 ~하도록 설득하다

1271
★★☆
dissuade
[diswéid]

dis 떨어져 +
suad(e) 촉구하다
⇨ 멀리 떨어지라고 촉구하다

🈯 **(~하지 않도록) 단념시키다** = discourage

• **dissuade** him **from** leaving home
  그가 집을 떠나는 것을 단념시키다

dissuasion 🈔 단념시킴

dissuasive 🈐 단념시키는

어법 /
dissuade A from ~ing

A를 ~하는 것을 단념시키다

sult / sal : leap 뛰어오르다

1272
★★☆
insult
[insʌ́lt]

in (=on) ~에 +
sult 뛰어오르다
⇨ (말로 공격하여) ~에게 뛰어오르다

🈐 **모욕을 주다** = humiliate

🈔 **모욕** = shame, disgrace

• be **insulted** by his rudeness 그의 무례함에 모욕을 당하다
• shout **insults** at the referee 심판에게 모욕적인 말을 퍼붓다

insulting 🈐 모욕적인

1273
★★★
result
[rizʌ́lt]

re 다시 + sult 뛰어오르다
⇨ (결과로서) 다시 뛰어오르다는

🈎 **(~의 결과로) 발생하다 · 생기다**

🈔 **결과** = consequence, outcome

• problems **resulting from** errors
  오류로 인해 생기는 문제들
• the **result** of the vote 투표 결과

숙어 / **result in** (결과적으로) ~을 낳다[야기하다]
　　　 result from (결과가) ~에서 생기다

resultant
🈐 그 결과로 생긴 · 그에 따른

1274
★☆☆
salmon
[sǽmən]

sal 뛰어오르다 + mon 명접
⇨ 뛰어오르는 물고기

🈔 **연어** 《복수》 salmon (단·복수 같음)

• wild and farmed **salmon**
  자연산 연어와 양식 연어

주의 / **salmon**은 발음 주의!
샐몬(X) → 쌔먼(O)

우와~!
salmon이다!

¹²⁷⁵
★★☆
assault

[əsɔ́:lt]

as (=ad) ~에게 +
sault 달려들다
⇨ ~에게 달려드는 것

명 폭행·공격 = *aggression*

타 폭행[공격]하다 = *attack*

- *victims of sexual **assault*** 성폭행 피해자들

숙어 / *under assault* 공격받고 있는

---

sum / *em* : take 취하다

---

¹²⁷⁶
★★★
assume

[əsú:m]

as (=ad) ~을 + *sum* 취하다

⇩

~를 취하다

타
1. **가정하다** = *suppose* ▶ 어떤 생각을 취하다
2. **(일·책임을) 맡다** = *undertake* ▶ 어떤 일을 취하다
3. **~인 체하다** = *affect* ▶ (일부러) 어떤 모습을 취하다

- ***assume** the suspect **to be** guilty*
  그 용의자가 유죄라고 생각하다
- ***assume** responsibility for* ~에 대한 책임을 맡다
- ***assume** ignorance* 모르는 체하다

assumption
명 1. 추정 2. (일·책임을) 맡음·인수

assuming **형** 젠체하는·거만한

---

¹²⁷⁷
★★★
consume

[kənsú:m]

con 강조 + *sum* 취하다

⇩

완전히 다 취하다

타
1. **소비하다** ▶ 시간·돈을 완전히 다 취하여 쓰다
2. **먹다·마시다** ▶ 음식을 완전히 다 취하다
3. **(감정이) 사로잡다** ▶ 어떤 감정이 사람을 완전히 취하다

- ***consume** much electricity* 많은 전기를 소모하다
- ***consume** a lot of beer* 맥주를 많이 마시다
- *be **consumed** with jealousy* 시샘에 사로잡히다

consumption
명 1. 소비·소모 2. 폐결핵

consumer **명** 소비자
≠ *producer* (생산자)

---

¹²⁷⁸
★★☆
presume

[prizú:m]

pre 미리 + *sum* 취하다

⇩

(근거 없이)
미리 취하다

타
1. **추정하다·가정하다** ▶ 근거없이 생각을 미리 취하다
   = *assume*
2. **감히 ~하다** = *dare* ▶ 근거없이 어떤 행동을 미리 취하다

- ***presume** that she is innocent* 그녀가 무죄라고 추정하다
- ***presume to** advise others* 감히 남들에게 충고하다

presumption
명 1. 추정 2. 건방짐

presumptive **형** 추정상의

presumptuous **형** 건방진

---

¹²⁷⁹
★★☆
resume

[rizú:m]

re 다시 + *sum(e)* 취하다
⇨ (중단한 것) 다시 취하다

타 재개하다·다시 시작하다 = *restart*

- ***resume** the debate* 토론을 재개하다

resumption **명** 재개

비교 / *resumé* [rèzuméi] 이력서

1280
★★☆

*ex**em**pt*

[igzémpt]

ex 밖 + *em* 잡다 +
pt 형접

⇨ 잡아서 밖으로 빼내진

형 면제된

타 면제시키다
- ***be exempt from*** military service 병역이 면제되다
- ***be exempted from*** paying the tax 세금 납부가 면제되다

exemption **명** 면제
tax-exempt
형 비과세의·세금이 면제된

1281
★★☆

prompt

[prampt]

pro 앞 + *(e)m* 잡다 +
pt 형접

⇩

잡아서
앞으로 내놓은

형 신속한·즉각적인 =*immediate* ▶ 잡아서 앞으로 즉시 내놓은
- take **prompt** action against ~대해 즉각적인 조치를 취하다
- the tourism **industry** 관광 산업

타 촉구하다·재촉하다 =*urge* ▶ (행동이) 앞으로 나가게 하다
- **prompt** her **to** listen up 경청하도록 그녀에게 촉구하다

promptly
부 즉시·지체 없이

promptitude
명 신속·민첩

---

sure : 확실한

DAY
44

1282
★★☆

assure

[əʃúər]

ad (=as) ~에 + *sure* 확실한
⇨ ~에게 확실하게 하다

타 보장하다·장담하다
- **assure** him **of** high quality 그에게 높은 품질을 보장하다

assurance **명** 보장·장담

1283
★★☆

insure

[inʃúər]

in (=en) 만들다 +
sure 확실한
⇨ 확실하게[안전하게] 만들다

타 1. 보장하다 =*ensure, guarantee*
　　2. 보험에 들다·보험을 판매하다
- **insure** the safety 안전을 보장하다
- **insure** a building against fire 건물을 화재보험에 들다

insurance **명** 보험(료)
- take out life **insurance**
  생명보험을 들다

---

surg / *sour* : spring up 솟아오르다

1284
★★☆

surge

[səːrdʒ]

surg (e) 솟아오르다
⇨ 위로 솟아오르다

자 급등하다 =*soar*

명 1. 급등·급증
　　2. (갑자기 확) 몰려듦
- Stock prices **surged**. 주가가 급등했다.
- enjoy a **surge** in popularity 급증하는 인기를 누리다
- a **surge** of immigrants 몰려드는 이민자들

surging **형** 급등하는·급증하는
- **surging** oil costs 급등하는 유가

327

1285
★★☆
source
[sɔ:rs]

sour 솟아오르다 + *ce* 명접
⇨ 솟아오르는 곳

명 1. **근원·원천**
2. **(자료의) 출처·소식통**
- a **source** of energy[income] 에너지원[소득원]
- a government **source** 정부 소식통

1286
★★☆
resource
[rí:sɔ:rs]

re 반복 + *sour* 솟아오르다
+ *ce* 명접
⇨ (필요한 것이) 자꾸만 솟아오르는 것

명 1. 《~s》 **자원·부(富)**
2. **역량·자질·기지**
- natural[human] **resources** 천연[인적] 자원
- a man of **resources** 재략이 뛰어난 사람

resourceful
형 지략 있는·수완이 좋은

---

tact / tag : touch 만지다·접촉하다

1287
★★★
contact
[kántækt]

con 서로 + *tact* 접촉하다
⇨ 서로 접촉하다

타 ~**에게 연락하다** = get hold of
명 1. **접촉·연락** = touch
2. **연줄·인맥**
- **contact** Customer Service 고객서비스센터로 연락하다
- keep in **contact** with ~와 연락하고 지내다
- have a lot of **contacts** 연줄이 많다

주의 / **contact**은 타동사임!

Contact me, please (O)
Contact to me, please (X)

1288
★★☆
tact
[tækt]

tact 접촉
⇨ (사람들에게 잘) 접촉함

명 (사교상의) **요령·재치**
- display great **tact** 대단한 재치를 보이다

tactful **형** 요령 있는·눈치 있는
≠ *tactless* (요령없는)
비교 / **wit** 위트·기지

1289
★★☆
attain
[ətéin]

at(=ad) ~에 + *tain*(=tact) 닿다
⇨ (목표)에 닿다

타 1. **(목표를) 이루다·달성하다** = achieve, accomplish
2. **(특정 나이·수준에) 도달하다** = reach
- **attain** one's goal 자신의 목표를 달성하다
- **attain** ideal weight 이상적인 몸무게에 도달하다

attainment **명** 성취·달성
attainable **형** 성취할 수 있는

(여기서 「tain」은 'hold 잡고 있다'의 어근
이 아님에 주의!)

1290
★★★
contagious
[kəntéidʒəs]

con 서로 + *tag*(i) 접촉하다 +
ous 형접
⇨ 서로 접촉하여 옮기는

형 **전염되는·전염성의** = infectious
- a **contagious** disease 전염병

contagion **명** 전염(병)

1291 ★★★ **contaminate** 目 **오염시키다** = *pollute*

[kəntǽmənèit]

con 함께 + *tamin* 만지다 +
ate 동접

⇨ (여러 사람들이) 함께 만지다

- **contaminate** the river with chemicals
  화학물질들로 강을 오염시키다

contamination 명 오염
contaminant 명 오염 물질

1292 ★★☆ **integrate** 동 **통합하다[되다]**

[íntəgrèit]

in 부정 + *teg(r)* 건드리다 +
ate 동접 ⇨ 건드리지 않은 완전한
상태로 만들다

- **integrate** art and technology
  예술과 기술을 통합하다

integration 명 통합
integrity
명 1. 완전한 상태 2. 정직·성실

integral 형 필수적인
= *indispensable*

---

tach / *tack* : stake 말뚝·붙이다

1293 ★★☆ **stake**

[steik]

⇩

(땅에 박는)

말뚝

명 1. **말뚝** ▶ (구체적인) 말뚝
2. **(내기에) 건 돈** ▶ 경마에서 말뚝에 건 돈
3. **지분·이해관계** ▶ 사업에 자신이 건 돈의 양[액수]

- drive a **stake** into the ground   말뚝을 땅에 박다
- a poker game with high **stakes**   판돈이 큰 포커 게임
- have a 30% **stake** in the company   그 회사에 30%의 지분이 있다

타 **(돈을) 걸다** ▶ 경마에서 말뚝에 돈을 걸다

- **stake** money on the race   그 경주에 돈을 걸다

숙어 / **at stake** 위험에 처한 = *at risk*

stakeholder
명 투자자·이해당사자

난 2번에
건다!

1294 ★★☆ **attach**

[ətǽtʃ]

at (=*ad*) ~에 + *tach* 붙이다
⇨ ~에 붙이다

타 **붙이다·첨부하다**

- **attach** a label **to** a parcel
  소포에 라벨을 붙이다
- **attach** a document **to** an e-mail
  이메일에 문서를 첨부하다

attachment
명 1. 부착·첨부(파일) 2. 애착

어법 / **attach A to B**
A를 B에 붙이다[두다]

1295 ★★☆ **detach**

[ditǽtʃ]

de 떨어뜨려 + *tach* 붙이다
⇨ 붙어있는 것을 떼어내다

동 **떼다·분리하다** ≠ *attach*

- **detach** the hood **from** the jacket
  재킷에서 모자를 떼다

숙어 / **detach A from B**   A를 B에서 떼다

detached 형 1. 떨어진 2. 공정한
= *impartial, objective*

- take a **detached** view of
  ~에 대해 공정한 견해를 갖다

1296
★★☆

attack
[ətǽk]

at (=ad) ~에 + *tack* 붙다
⇨ ~에 달라붙다

타 공격하다 ≠ *defend* (방어하다)

명 1. 공격·폭행 = *aggression, assault*
2. (병의) 발병·발작

- *attack* a castle 성을 공격하다
- make an *attack* on the city 그 도시를 공격하다
- die of a heart *attack* 심장마비로 죽다

attacker 명 공격[폭행]한 사람

---

tail : cut 자르다

1297
★★★

tailor
[téilər]

tail 자르다 +
or 명접(사람)

⇩

자르는 사람

명 재단사·양복장이 ▶ 천을 자르는 사람
- a skillful *tailor* 솜씨 좋은 재단사

타 (목적·사람에) 맞추다·조정하다 ▶ 필요에 맞게 자르다
- *tailor* treatment to a patient 환자에게 맞추어 치료하다

tailor-made 형 맞춤의
= *custom-made*

1298
★★☆

detail
[ditéil]

de 강조 + *tail* 자르다
⇨ 매우 잘게 자른 것

명 세부 사항·상세 정보
- describe in *detail* 상세히 묘사하다

동 자세히 말하다
- *detail* the economic crisis 경제 위기를 상세히 전하다

1299
★★☆

retail
[rí:teil]

re 다시·반복 + *tail* 자르다
⇨ (큰 덩어리를) 다시 잘라서 팔다

동 소매로 팔다
- *retail* clothing at reasonable prices
  옷을 적정 가격에 소매로 팔다

명 소매 ≠ *wholesale* (도매)
- a *retail* shop 소매점

형 소매의 **부** 소매로
- suggested *retail* price 권장 소비자 가격

retailer 명 소매업자·소매상

연습문제

♥ 영어를 우리말로, 우리말을 영어로 바꾸세요.

1. insult

2. assault

3. resume

4. prompt

5. surge

6. resource

7. contaminate

8. integrate

9. attach

10. detach

11. 설득하다

12. 단념시키다

13. 가정하다; 맡다; ~인 체하다

14. 소비하다; 먹다 · 마시다

15. 추정하다 · 가정하다; 감히 ~하다

16. 면제된; 면제시키다

17. (사교상의) 요령, 재치

18. 전염되는 · 전염성의

19. 재단사; 맞추다 · 조정하다

20. 소매(의)

♥ 다음 중 밑줄 친 단어와 같은 뜻을 고르시오.

21. Our **surging** currency is having a negative effect on the export sector of the economy.

① erecting ② soaring ③ exploding
④ depreciating ⑤ evaluating

22. Bacteria from corpses can cause illness when they **contaminate** drinking water in large quantities.

① spill ② spurt ③ pollute
④ splash ⑤ irrigate

23. Without the **prompt** action of the emergency room staff, he surely would have died.

① urgent ② violent ③ hostile
④ immediate ⑤ preventive

♥ 다음 중 밑줄 친 단어의 반대되는 뜻을 고르시오.

24. Most **retail** stores count on Christmas for the vast majority of their yearly sales.

① wholesale ② wholesome ③ temporary
④ profitable ⑤ massive

♥ 다음 괄호에 들어갈 알맞은 말을 고르시오.

25. The representative will (assume / presume) responsibility for the chairmanship of the executive council beginning August 1st.

26. Taxes fall heavily on the people so that those who have low income are (accepted / exempted) from paying the tax.

27. According to a survey, people who write down their resolutions are more likely to (arrive / attain) their goals than people who don't.

28. The educational committee is working on a program that (integrates / disintegrates) art and technology.

▶ 정답 *p. 459*

DAY 45

1300
★★★
contain
[kəntéin]

con 함께 +
tain 잡고 있다

⇩

함께 잡고 있다

타 1. **포함하다·함유하다** ▶ 사물을 안에 함께 잡고 있다
2. **억누르다·억제하다** = control ▶ 마음 안에 감정을 붙잡고 있다
- *contain* useful information 유용한 정보가 들어있다
- *contain* one's anger 화를 억제하다

container
명 1. 그릇·용기 2. (큰) 컨테이너
containment
명 억제·방지

1301
★★☆
entertain
[èntərtéin]

enter(=inter) 사이 +
tain 잡고 있다

⇩

(서로의 사이를)
잡고 있다

타 1. **접대하다** = receive ▶ 손님을 대접하며 잡고 있다
2. **즐겁게 해 주다** = amuse ▶ 기분이 좋게 대접하며 잡고 있다
3. **(생각·감정을) 품다** = bear ▶ 마음속에 생각을 잡고 있다
- *entertain* many guests 많은 손님들을 접대하다
- *entertain* us with a story 이야기로 우리를 즐겁게 해 주다
- *entertain* hopes 희망을 품다

entertainment
명 1. 오락·즐거움 2. 접대
entertainer
명 연예인·엔터테이너

1302
★★☆
obtain
[əbtéin]

ob ~쪽으로 + tain 붙잡다
⇨ ~쪽으로 가서 붙잡다

타 **(노력해서) 얻다·입수하다** = acquire
- *obtain* a doctor's degree 박사 학위를 취득하다
- *obtain* university credit 대학 학점을 따다

obtainable 형 구할 수 있는

1303
★★☆
retain
[ritéin]

re 뒤로 + tain 잡고 있다
⇨ 뒤로 붙잡고 있다

타 **보유하다·유지하다** = keep
- *retain* one's composure[popularity]
침착을[인기를] 유지하다

retention 명 보유·유지
retentive 형 기억력이 좋은

1304
★★★
sustain
[səstéin]

sus(=sub) 아래 +
tain 잡고 있다

⇩

아래에서 잡고 있다

타 1. **지탱하다·유지하다** = support ▶ 무거운 것을 아래에서 잡고 있다
2. **(피해를) 입다·받다** = suffer ▶ 무거운 것 아래에 잡혀 짓눌리다
- *sustain* economic growth 경제 성장을 떠받치다
- *sustain* serious injuries 심각한 부상을 입다

sustainable
형 (환경 파괴 없이) 지속 가능한

1305 ★★☆	**ten**ant [ténənt] ten 잡고 있다 + ant 명접(사람) ⇨ (현재) 잡고 있는 사람	명 세입자·임차인 ≠ landlord (주인·임대인) • the **tenant** of the house 그 집의 세입자	**tenancy** 명 임차 (기간)·차용권

1306 ★★☆	**con**ten**t** [kántent] con 함께 + ten 잡고있다 + t 명접 ⇩ 함께 잡고 있는 것	명 1. **내용물·함유량** ▶ 안에 함께 잡고 있는 것 2. **(책의) 목차·내용** ▶ 책 안에 함께 잡고 있는 것 • the fat **content** of food 음식의 지방 함유량 • a summary of the book's **contents** 그 책 내용의 요약 형 **만족하는** = satisfied ▶ 마음속에 잡혀 들어와 있는 • be **content** with one's life 자신의 삶에 만족하다 타 **만족시키다** = meet, satisfy ▶ 마음속에 잡혀 들어오게 하다 • The toys **contented** the children. 장난감들이 아이들을 만족시켰다 숙어 / **content oneself with** ~에 만족하다	**contentment** 명 만족

DAY
45

1307 ★★☆	**con**tin**ue** [kəntínju:] com 강조 + tin 잡고 있다 + ue 동접 ⇨ (놓지않고) 붙잡고 있다	동 **계속하다** ≠ discontinue (중단하다) • **continue** a conversation 대화를 계속하다 • **continue** to grow 계속해서 자라다	**continuous** 형 (끊임없이) 계속되는 **continual** 형 (사이를 두고) 반복되는·빈번한

1308 ★★☆	**con**tin**ent** [kántənənt] con 강조 + tin 잡고 있다 + ent 명접 ⇨ (많은 땅을) 함께 잡고 있는 곳	명 **대륙** 형 **자제심이 있는·절제하는** • the **continent** of Asia 아시아 대륙 • lead a **continent** life 금욕적인 삶을 살다	**continental** 형 대륙의 **intercontinental** 형 대륙간의

techn : skill 기술

1309
★★☆

technical
[téknikəl]

techn (i) 기술 · 솜씨 +
cal 형접
⇨ (전문) 기술과 관계된

형 1. (과학) 기술의 · 기술적인 = technological
2. 전문적인 = professional

- a few **technical** problems 몇 가지 기술적인 문제들
- a **technical** term 전문 용어

technique 명 기술 · 테크닉
technician 명 기술자

1310
★★☆

technology
[teknálədʒi]

techn (o) 기술 +
logy 명접(학문)
⇨ 기술에 관한 학문

형 과학 기술

- rapid advances in computer **technology**
  컴퓨터 기술의 급속한 발전

technological 형 과학 기술의

---

temper : mix properly 적절히 섞다

1311
★★★

temper
[témpər]

⇩

적절히 섞다

타 누그러뜨리다 · 완화하다 = lessen, reduce ▶ 적절히 섞어 알맞게 만들다
- **temper** the demand 요구 수준을 완화하다

형 1. 기분 · 기질 = mood, disposition ▶ 감정이 섞여 있는 상태
2. 화 · 짜증 = anger ▶ 화가 많이 섞여 있는 상태
3. 침착 · 평정 = composure ▶ 감정이 적절히 섞여 있는 상태

- be in a pleasant **temper** 기분이 좋다
- get into a **temper** 화를 내다
- keep[lose] one's **temper** 평정심을 유지하다[잃다]

1312
★★☆

temperate
[témpərət]

temper 적절히 섞다 +
ate 형접
⇨ 적절히 섞인

형 1. (행동이) 차분한 · 절제된 = moderate
2. (기후가) 온화한 = mild

- a **temperate** professor 차분한 교수
- a **temperate** climate 온화한 기후

temperance
명 절제 · (술을 절제하는) 금주

1313
★★☆

temperature
[témpərətʃər]

temper (a) 적절히 섞다 +
ure 명접
⇨ (더위 · 추위가) 섞인 상태

명 1. 온도
2. 체온 · (고)열 = fever

- a rise in **temperature** 온도의 상승
- take her **temperature** 그녀의 체온을 재다
- have a **temperature** (몸에) 열이 있다

1314
★★☆

temperament
[témpərəmənt]

temper (a) 적절히 섞다 +
ment 명접
⇨ (4가지 체액이) 적절히 섞인 상태

명 **기질·성격** = disposition

- have a nervous **temperament**
  신경질적인 기질이다

temperamental
형 1. 성격상의 2. 신경질적인·변덕스러운

- **temperamental** differences
  성격 차이

---

tempor : time 시간·시대

1315
★★☆

temporary
[témpərèri]

tempor 시간 + ary 형접
⇨ (잠시 동안의) 시간의

형 **일시적인·임시의** = provisional

- a **temporary** job 임시직

temporarily
부 일시적으로·임시로

1316
★★☆

contemporary
[kəntémpərèri]

con 함께 +
tempor 시대 + ary 형접
⇩
같은 시대의

형 1. **동시대의·당시의** ▶ 시대를 함께 하는
2. **현대의·당대의** = modern ▶ 서로 시대를 함께 하는

- **contemporary** records of the war 그 전쟁 당시의 기록들
- **contemporary** music[literature] 현대 음악[문학]

명 **동시대인** ▶ (현대) 시대와 함께 하는 사람

- a **contemporary** of Abraham Lincoln 아브라함 링컨의 동시대인

DAY 45

---

tempt : try 시험하다·시도하다

1317
★★☆

tempt
[tempt]

tempt 시험하다
⇨ (죄를 짓도록) 시험에 들게 하다

타 **유혹하다·부추기다** = lure

- **tempt** me into buying the product
  나에게 그 제품을 사도록 유혹하다

temptation 명 유혹

1318
★★☆

attempt
[ətémpt]

at(=ad) ~을 +
tempt 시도하다
⇨ ~을 시도하다

타 **시도하다** = try

명 **시도·노력**

- **attempt** to photograph a bird
  새의 사진을 찍으려고 하다
- make an **attempt** 시도하다

attempted 형 (범행이) 미수에 그친

- **attempted** rape[murder]
  강간[살인]미수

tend / tens : stretch 뻗다·늘이다

1319
★★☆

tendency
[téndənsi]

tend 뻗다 + ency 명접
⇨ (특정 방향으로) 뻗치는 것

명 경향·성향 = trend, inclination

- have a **tendency** to exaggerate 과장하는 경향이 있다

tend 동 1. (~하는) 경향이 있다
　　　2. 돌보다

어법 / **tend to v**
(~하는) 경향이 있다

1320
★★☆

tender
[téndər]

tend 뻗다 +
er 동·형접

⇩

(손을) 뻗어서 내다

타 제출하다 = submit, hand in ▶ 손을 뻗어서 사물을 내놓다

- **tender** a resignation 사직서를 제출하다

형 1. **연약한·여린** = delicate ▶ 너무 뻗어져 늘어나 얇아진
　　2. **(고기·야채가) 연한·부드러운** ▶ 음식이 딱딱하지 않고 잘 뻗어져 부드러운
　　3. **다정한** ▶ 사람의 태도가 연하고 부드러운

- **tender** young plants 연약한 어린 나무들
- be fond of **tender** meat 부드러운 고기를 좋아하다
- give him a **tender** look 그에게 다정한 눈길을 보내다

부드러운 상추와 고기다

1321
★★★

attend
[əténd]

at (=ad) ~로 +
tend 뻗다

⇩

~로 뻗다

동 1. **참석하다·출석하다** ▶ 발걸음을 ~로 뻗다
　　2. **돌보다·시중들다** = take care of ▶ 보살핌의 손길을 ~로 뻗다
　　3. **주의를 기울이다·처리하다** ▶ 어떤 일에 신경을 뻗어 기울이다

- **attend** the meeting 회의에 참석하다
- **attend on** one's sick mother 병든 어머니를 돌보다
- **attend to** some business 몇 가지 일을 처리하다

attendance
명 출석·참석

attendant
명 직원·안내원

attention
명 주의·주목

- pay **attention** to
~에 주의하다

attentive
형 주의하는

1322
★★☆

contend
[kənténd]

con 강조 + tend 뻗다

⇩

강하게 뻗다

동 1. **주장하다** = assert, maintain ▶ (생각을) 강하게 뻗다
　　2. **다투다·경쟁하다** = compete, vie ▶ (차지하려고) 강하게 손을 뻗다

- **contend that** he is right 그가 옳다고 주장하다
- **contend for** power 권력을 차지하기 위해 다투다

contention
명 1. 주장 = argument
　　2. 논쟁·언쟁 = quarrel

contentious
형 1. 논쟁이 되는
　　 = controversial
　　2. 논쟁을 좋아하는

1323
★★☆

extend
[iksténd]

ex 밖 + *tend* 뻗다

⇩

밖으로 뻗다

동 1. **뻗치다·연장하다** = *prolong* ▶ 밖으로 뻗어 길게 하다
　　2. **베풀다·주다** = *offer* ▶ 남에게 어떤 손길을 뻗다
- *extend* the road[deadline] 도로[마감 시한]를 늘리다
- *extend* an invitation[apology] 초대[사과]하다

extension **명** 1. 확대·연장
　　　　　　　2. 내선·구내전화
extent **명** 정도·크기·규모
- *to an[some] extent* 어느 정도까지
extensive **형** 대규모의·광범위한
= *comprehensive*

1324
★★☆

intend
[inténd]

in 안으로 + *tend* 뻗다

⇨ (생각을) ~로 뻗다

타 **의도하다** = *mean*
- *intend to* stay here 이곳에 머무를 생각이다

어법 / *intend to V* ~할 의도이다·작정이다

intent **명** 의도 **형** 열중하는
- *be intent on* ~에 열중하다
intention **명** 의도·목적
intentional **형** 의도적인
intentionally **부** 의도적으로
= *deliberately*

1325
★★☆

pretend
[priténd]

pre 앞 + *tend* 뻗다

⇨ (주장을) 앞으로 뻗다

동 **~인 척하다·가장하다** = *feign, simulate*
- *pretend to* believe him 그를 믿는 척하다

어법 / *pretend to V* ~인 척하다

pretense **명** 가식·~인 체하기
= *hypocrisy*
pretentious **형** 가식적인

1326
★★☆

tension
[ténʃən]

tens 뻗다 + *ion* 명접

⇨ 뻗어서 팽팽해진 상태

명 **긴장 (상태)**
- ease *tension* between the two countries
  두 국가간 긴장을 완화하다

tense **형** 긴장한 = *nervous*
　　　명 시제

1327
★★☆

intense
[inténs]

in 강조 + *tens* 뻗다 +
e 명접

⇨ 강하게 뻗치는

형 **극심한·강렬한** = *extreme*
- *intense* heat[pain] 폭염[극심한 고통]
- *intense* competition 극심한 경쟁

intensify
동 강화하다·격렬해지다
intensity
명 강렬함·강도·세기

비교 /

intensive **형** 집중적인·철저한
- *intensive* care unit 중환자실·집중 치료실

연습문제

DAY **45** | 어근 *tain- ~ tend-*

♥ 영어를 우리말로, 우리말을 영어로 바꾸세요.

1.   contain
2.   obtain
3.   retain
4.   technology
5.   temperament
6.   tempt
7.   attempt
8.   extend
9.   pretend
10. intense
11. 접대하다; 즐겁게 해주다
12. 지탱하다; (피해를) 입다
13. 내용물; 만족하는
14. 차분한 · 절제된; 온화한
15. 일시적인 · 임시의
16. 동시대의; 현대의
17. 제출하다; 연약한
18. 참석하다; 돌보다
19. 주장하다; 경쟁하다
20. 긴장 (상태)

♥ 다음 중 밑줄 친 단어와 같은 뜻을 고르시오.

21. He was arrested by police in the act of trying to **obtain** a false passport.

① acquire   ② describe   ③ attempt
④ extend   ⑤ forge

22. Both Britain and France **sustained** enormous losses in human and material resources in the First World War.

① did   ② erased   ③ made up
④ suffered   ⑤ disapproved

23. The government **contends** that the men who were arrested at the airport are involved with a terrorist organization.

① contains   ② obtains   ③ entertains
④ retains   ⑤ maintains

♥ 다음 중 밑줄 친 단어의 반대되는 뜻을 고르시오.

24. Since the recession ended in June 2009, **temporary** jobs have comprised about 19 percent of all new jobs.

① decent   ② challenging ③ permanent
④ adequate   ⑤ awesome

♥ 다음 괄호에 들어갈 알맞은 말을 고르시오.

25. He has a nervous (temperance / temperament) which regularly got him into difficulties in the job he had got with difficulty.

26. For an hour and a half, the play (entertained / retained) us with interesting stories.

27. I had to (intend / pretend) to believe him while privately pursuing my long-cherished ambitions.

28. Restaurant owners face (intense / intensive) competition in the food service industry.

▶ 정답 p. 459

termin : end 끝

1328
★★☆

term
[tə:rm]

⇩

끝

명
1. **기간** ▶ 이쪽 끝에서 저쪽 끝까지의 시간
2. **용어·말** ▶ 의미를 규정하는 끝[테두리]
3. 《~s》 **조건** ▶ 계약 내용의 한계와 끝
4. 《~s》 **관계·측면** ▶ 이 끝[사람]과 저 끝[사람]의 사이

- *one's third **term** as governor* 주지사로서 3번째 임기
- *scientific[technical] **terms*** 과학[전문] 용어들
- *the **terms** of the contract* 계약 조건
- *be on good **terms** with* ~와 좋은 관계이다

타 **~라고 부르다[칭하다]** = *call* ▶ 의미의 끝[테두리]을 분명히 하다

- *term oneself a singer* 자신을 가수로 부르다

숙어 / *in terms of* ~면에서·~에 관하여

1329
★☆☆

terminal
[tə́:rmənl]

termin 끝 +
al 형접

⇩

끝인

형 **끝의·말기의** ▶ 사물이나 시간의 끝인

- *a **terminal** cancer* 말기 암

명
1. **종착역·터미널** ▶ 이쪽 끝에서 저쪽 끝까지의 시간
2. 《컴퓨터》 **단말기** ▶ 메인 서버·컴퓨터로부터 연결된 끝

- *a bus **terminal*** 버스 터미널
- *ten **terminals** connected to the server*
  그 서버와 연결된 10대의 단말기들

1330
★★☆

terminate
[tə́:rmənèit]

termin 끝 +
ate 동접 ⇨ 끝내다

동 **끝나다·종결시키다** = *end*

- *terminate the contract* 계약을 종결시키다

termination
명 (계약·협상의) 종결·종료

1331
★★☆

determine
[ditə́:rmin]

de(=off) 이탈 + *termin* 끝 +
e 동접 ⇨ (망설임으로부터)
떨어져 생각을 끝내다

동 **결정하다·결심하다** = *decide*

- *determine to enter the university*
  그 대학에 입학하기로 결심하다

determination
명 결정·(굳은) 결심 = *resolution*

determined
형 결심한·단호한

- *be **determined** to do* ~하기로 결심하다

어법 / *determine to V*
~하기로 결정하다

terr : frighten 겁나게 하다

1332
★★☆
terror
[térər]

terr 겁나게 하다 + *or* 명접
⇨ 겁나게 하는 것

명 1. (극심한) **공포 · 두려움** = *extreme fear*
2. **테러 · 폭력 행위**

- *a look of* **terror** 공포에 질린 표정
- *fight against acts of* **terror** 테러 행위에 맞서 싸우다

terrorist 명 테러리스트 · 테러범
terrorism 명 테러리즘 · 폭력 행위: **terror**와 함께 쓰임

비교 /

fear 공포 〈일반적인 말〉
fright (갑작스러운) 공포
horror (혐오가 동반되는) 공포 · 경악
panic (어찌할 바를 모르는) 극심한 공포 · 공황 상태

1333
★★☆
terrify
[térəfài]

terr(i) 겁나게 하다 +
fy 동접(만들다)
⇨ 겁나게 만들다

타 **겁나게 하다 · 무섭게 하다**
= *scare, frighten, horrify*

- *be* **terrified** *of spiders* 거미를 무서워하다

terrifying 형 겁나게 하는
= *scary*
terrific 형 훌륭한 · 굉장한

- *a* **terrific** *plan* 멋진 계획

1334
★★★
terrible
[térəbl]

terr 겁나게 하다 +
ible 형접 ⇨ 겁나게 하는

형 1. **끔찍한** = *awful, horrible*
2. **형편없는 · 지독한** = *poor*

- *a* **terrible** *accident* 끔찍한 사고
- *a* **terrible** *service* 형편없는 서비스

terribly 부 대단히 · 몹시

---

terra / terre : earth 땅

1335
★☆☆
terrain
[təréin]

terra 땅 + *in* 명접
⇨ 땅의 모습

명 (특정한) **지형 · 지대 · 지역** = *a particular type of land*

- *mountainous[rocky]* **terrain** 산악[바위가 많은] 지형

1336
★☆☆
terrestrial
[təréstriəl]

terre (stri) 땅 + *al* 형접

형 1. (동식물이) **땅에서 사는 · 육생의**
2. **지구의** = *of the earth*

- **terrestrial** *animals* 땅에서 사는[육생] 동물들
- **terrestrial** *life forms* 지구 생명체

1337
★★☆

*terri*tory
[tératɔ̀ːri]

terre (t) 땅 + *ory* 명접(장소)
⇨ (힘이 미치는) 땅

📖 (다스리는) 영토 · 지역

- *invade the enemy's **territory*** 적의 영토를 침략하다
- *the disputed **territory*** 영토권 분쟁 지역

territorial 📖 영토의

1338
★★☆

Mediterranean
[mèdətəréiniən]

medi 중간+ *terra (n)* 땅 +
ean 형접
⇨ 땅[대륙] 사이에 있는 바다

📖 《the M–》 지중해

📖 지중해의

- *an island in the **Mediterranean*** 지중해에 있는 섬
- *a **Mediterranean** climate* 지중해 기후

---

test : witness 증언(하다) (*test* '시험 · 테스트'의 뜻이 아님에 주의!)

1339
★★☆

*test*ify
[téstəfài]

test(i) 증언하다 + *fy* 동접
⇨ 증언하다 ⇨ 증명하다

📖 증언하다 · 증명하다 = *prove*

- *****testify** at the trial* 그 재판에 증언하다

testimony 📖 1. 증언 2. 증거
= *evidence*

DAY 46

1340
★★☆

*con*test
[kántest]

con 서로 + *test* 증언하다
⇨ (법정에서) 서로 증언하며 다투다

📖 1. ~에 대해 논쟁하다 = *dispute, challenge*
2. 경쟁하다 · 겨루다 = *contend*

📖 경쟁 · (경연) 대회 · 콘테스트

- *****contest** the result of the election* 선거 결과에 이의를 제기하다
- *****contest** a seat in Congress* 국회의원이 되기 위해 경쟁하다
- *a beauty **contest*** 미인 대회

1341
★★☆

*pro*test
[próutest]

pro 앞 + *test* 증언하다
⇨ 앞에 나가 증언하다

📖 1. 항의하다 · 시위하다 = *demonstrate*
2. 주장하다 = *claim, assert*

📖 항의 · 시위

- *****protest** one's innocence* 결백하다고 주장하다
- *stage a **protest against*** ~에 반대하여 시위를 벌이다
- *a **protest** march* 시위행진

protestor 📖 항의[시위]자
= *demonstrator*

참고 /
Protestant
(개)신교도 · 프로테스탄트

text / tle : weave (실을) 짜다

1342 ★★☆
text
[tekst]

text 실을 짜다
⇨ 실을 짜듯 이야기를 엮어 짜낸 것

명 1. (책·잡지의) 본문·글
2. 교재·서적

타 (휴대전화로) 문자를 보내다

- have very little **text** (책에) 글이 조금만 있다
- set **texts** for high schoolers 고등학생들의 필독서들
- **text** one's girlfriend 여자친구에게 문자를 보내다

textbook 명 교과서

1343 ★☆☆
text*ile*
[tékstail]

text (실을) 짜다 + *ile* 명접
⇨ 실을 짜놓은 것

명 직물·옷감 =*fabric, cloth*

- the **textile** industry 섬유 산업

1344 ★☆☆
text*ure*
[tékstʃər]

text (실을) 짜다 + *ure* 명접
⇨ (천이) 짜여진 상태

명 촉감·질감

- a smooth **texture** of silk 실크의 부드러운 촉감

1345 ★★☆
con*text*
[kántekst]

con 함께 + *text* 엮어 짠 것
⇨ 함께 엮어 짠 것

명 1. (글의) 문맥
2. (일의) 정황·맥락

- guess meaning through **context** 문맥을 통해 의미를 추론하다
- from the historical **context** 역사적인 맥락에서

1346 ★★☆
sub*tle*
[sʌtl]

sub 아래·작게 + *tle* 짜여진
⇨ 작게[얇게] 짜여진

형 1. 미묘한
2. 교묘한·절묘한 =*clever*

- a **subtle** difference in the meanings
  의미에 있어 미묘한 차이
- take a **subtle** approach 교묘하게 접근하다

subtlety 명 1. 미묘함 2. 교묘함

---

theo / thus : god 신

1347 ★☆☆
theo*logy*
[θiálədʒi]

theo 신 + *logy* 학문
⇨ 신에 대한 학문

명 신학

- study **theology** abroad 유학 가서 신학을 공부하다

theological 형 신학의

1348
★★★

enthusiastic
[inθùːziǽstik]

en 안 + thus(ias) 신 + tic 형접
⇨ 신들린

형 열렬한·열광적인 = passionate

- enjoy an **enthusiastic** reception 열렬한 환영을 받다

enthusiasm 명 열광·열정
= zeal, eagerness

enthusiastically
부 열광적으로

---

ton / tun : **1. sound** 소리 **2. thunder** 천둥소리

1349
★★☆

tone
[toun]

⇩

소리

명 1. 음조 ▶ 음악의 소리
2. 어조·말투 ▶ 말을 하는 소리
3. 색조 ▶ 소리처럼 색이 갖는 정도와 분위기

- the low **tones** of an organ 오르간의 낮은 음조들
- reply in a friendly **tone** 다정한 어조로 답하다
- the soft **tone** of the painting 그림의 부드러운 색조

tone-deaf 형 음치의

참고 /
color-blind 색맹의
have two left legs 몸치다
have no sense of direction
길치다

1350
★★☆

astonish
[əstániʃ]

as (=ex) 밖 + ton 천둥소리 +
ish 동접 ⇨ 천둥소리가 나다

타 깜짝 놀라게 하다 = amaze, astound, stun

- be **astonished** to find ~을 알고 깜짝 놀라다

astonishment 명 깜짝 놀람
astonishing 형 놀라운

1351
★☆☆

intonation
[ìntounéiʃən]

in 안 + ton (a) 소리 + tion 명접
⇨ 소리 안의 있는 높낮이

명 억양·음의 고저

- rising **intonation** 상승 억양

1352
★★☆

monotonous
[mənátənəs]

mono (=one) 하나 + ton 소리
+ ous 형접 ⇨ 소리가 하나인

형 단조로운·지루한 = dull, boring

- in a **monotonous** voice
단조로운 목소리로

monotony 명 단조로움·지루함

1353
★★☆

tune
[tjuːn]

⇩

소리

명 곡(조)·선율 = melody ▶ 음악의 소리

- dance to a **tune** 곡에 맞춰 춤을 추다

타 1. 음을 맞추다·조율하다 ▶ 악기의 소리가 나오게 하다
2. (채널을) 맞추다 ▶ 방송 소리가 나오게 하다

- **tune** a guitar[violin] 기타[바이올린]의 음을 맞추다
- stay **tuned** 계속 시청하다

숙어 / **in tune** 음이 맞는·어울리는
out of tune 음이 맞지 않는·어울리지 않는

1354
★★☆

*tor*ch
[tɔ́ːrtʃ]

tor 뒤틀다 + *ch* 명접

⇩

(천이) **뒤틀린 것**

(옛날 나무막대에 천을 뒤틀어 감아 '횃불'을 만든 것에서 유래됨)

명 1. **횃불** ▶ 뒤틀린 천에 붙여진 불
2. **손전등** =*flashlight* ▶ 횃불이 현대적으로 변한 불

- *Olympic* **torch** *relay* 올림픽 성화 봉송
- *shine a* **torch** 손전등을 밝히다[비추다]

숙어 / **carry a torch** 짝사랑하다
pass the torch (다른 사람에게) 일을 넘기다

1355
★★☆

*tor*ture
[tɔ́ːrtʃər]

tor 비틀다 + *ure* 명접
⇨ (몸을) 비트는 행동

명 고문

타 고문하다 · 몹시 괴롭히다 =*plague*

- *the* **torture** *of prisoners* 죄수들에 대한 고문
- **torture** *a political prisoner* 정치범을 고문하다

야! 그만 비틀어!!ㅠ   torch

1356
★★☆

*tor*ment
[tɔːrmént]

tor 비틀다 + *ment* 명접
⇨ (몸을) 비틀 때 느끼는 것

명 (심한) 고통 =*extreme pain, anguish*

타 (몹시) 괴롭히다 · 고통을 주다 =*annoy, bother*

- *live in* **torment** 고통 속에 살다
- *be* **tormented** *with migraine* 편두통으로 괴로워하다

1357
★★☆

*dis*tort
[distɔ́ːrt]

dis 강조 + *tor* 비틀다
⇨ 완전히 비틀다

타 1. (모양을) **비틀다 · 일그러뜨리다**
2. (사실을) **왜곡하다** =*pervert*

- **distort** *one's face* 얼굴을 일그러뜨리다
- **distort** *the truth* 진실을 왜곡하다

distortion 명 1. 뒤틀림 2. 왜곡

♥ 영어를 우리말로, 우리말을 영어로 바꾸세요.

1. **terminate**

2. **determine**

3. **Mediterranean**

4. **testify**

5. **context**

6. **subtle**

7. **enthusiastic**

8. **astonish**

9. **monotonous**

10. **torment**

11. 공포; 테러 · 폭력 행위

12. 끔찍한; 지독한

13. 영토 · 지역

14. 항의하다; 주장하다; 항의 · 시위

15. 직물, 옷감

16. 신학

17. 억양 · 음의 고저

18. 횃불; 손전등

19. 고문; 고문하다

20. 비틀다; 왜곡하다

♥ 다음 중 밑줄 친 단어와 같은 뜻을 고르시오.

21. The audience was bored by the speaker's **monotonous** voice.
① hoarse ② stern ③ vivid
④ dull ⑤ mute

22. Police were **astonished** to discover that the robbery had been committed by two 12-year-old girls.
① amazed ② astounded ③ hindered
④ testified ⑤ distorted

23. If you can't get **enthusiastic** about your work, it's time to get alarmed.
① urgent ② reluctant ③ passionate
④ impassive ⑤ scrupulous

♥ 다음 중 밑줄 친 단어의 반대되는 뜻을 고르시오.

24. My grandmother has been diagnosed with **terminal** cancer.
① initial ② serious ③ chronic
④ incurable ⑤ hereditary

♥ 다음 괄호에 들어갈 알맞은 말을 고르시오.

25. The witness in the case was supposed to (detest / testify) at the trial, but suddenly changed her mind.

26. The English teachers have received a lot of similar questions lately regarding (subtle / substantial) differences in the meanings between some English words.

27. Stranded alone on the desert island, he lived in (torch / torment) and despair for eleven years.

28. The Japanese government has been trying to (distort / distract) the truth, by denying historical facts and rewriting the textbook.

▶ 정답 *p. 459*

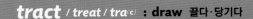

tract / **treat** / **tra**(c) : **draw** 끌다·당기다

1358
★★★
at**tract**
[ətrǽkt]

at (=ad) ~쪽으로 +
tract 끌다 ⇨ ~쪽으로 끌다

타 **끌다·끌어들이다**
- **attract** many visitors 많은 방문객들을 끌다

attraction
명 1. 매력 2. (관광) 명소 3. 〈물리〉 인력
- a tourist **attraction** 관광 명소

attractive 형 매력적인
= *arresting*

1359
★★☆
ab**stract**
[æbstrǽkt]

ab (s) 떨어드려 +
tract 끌다

⇩

떨어뜨려 끌어 낸

형 **추상적인** ▶ 구체적인 것에서 떨어뜨려 끌어 낸
≠ *concrete* (구체적인)
- an **abstract** concept[painting] 추상적인 개념[추상화]

타 **발췌하다·요약하다** ▶ 원문에서 떨어뜨려 끌어내다
= *summarize*
- **abstract** the main points 요점들을 요약하다

abstraction
명 1. 추상적 개념
　 2. 발췌 = *excerpt*

1360
★★★
con**tract**
[kántrækt]

con 함께 +
tract 끌다·당기다

⇩

(한 곳으로)
함께 끌어당기다

동 1. **계약하다** ▶ 공동의 일로 함께 끌어당기다
　 2. **수축하다** = *shrink* ▶ 좁은 한 곳으로 함께 끌어당기다
　 3. **(병에) 걸리다** = *come down with* ▶ 질병과 함께 끌어당기다
- **contract** the player 그 선수와 계약하다
- **contract** a muscle 근육을 수축시키다
- **contract** food poisoning 식중독에 걸리다

명 **계약(서)** ▶ 공동의 일로 함께 끌어당김
- win[sign] the **contract** 계약을 따내다[서명하다]

contraction
명 1. 수축
　 2. (출산의) 진통 = *labor*

contractor 명 계약자

1361
★★☆
dis**tract**
[distrǽkt]

dis 멀리 +
tract 끌다

⇩

멀리 다른 데로 끌다

타 1. **산만하게 하다** ▶ 주의를 멀리 끌어 집중력을 잃게 하다
= *disturb*

　 2. **즐겁게 하다** ▶ 주의를 멀리 끌어 기분을 전환시키다
= *entertain, divert*

- be **distracted** by a noise 소음으로 인해 산만해지다
- **distract** oneself with singing 노래를 불러 기분전환하다

distraction
명 1. 산만하게 하는 것
　 2. 오락·기분 전환 = *diversion*

¹³⁶²
★★☆
extract
[ikstrǽkt]

ex 밖 + *tract* 끌다

⇩

밖으로 끌어내다

타 1. **뽑아내다·추출하다** ▶ 사물을 밖으로 끌어내다
2. **발췌하다** = *abstract* ▶ 내용을 밖으로 끌어내다

- *extract* the oil *from* the plants
  식물들로부터 오일을 추출하다
- *have one's tooth extracted* 이빨을 뽑다
- *extract* a line *from* the poem 그 시에서 한 줄을 발췌하다

명 1. **추출물** ▶ 밖으로 끌어 낸 것
2. **발췌** = *excerpt* ▶ 밖으로 끌어낸 내용

- *herbal extracts* 허브 추출물
- *extracts from his autography* 그의 전기의 발췌

숙어 / *extract A from B* A를 B로부터 추출하다/발췌하다

extraction **명** 추출·뽑아냄

---

¹³⁶³
★★☆
trace
[treis]

trac 끌다 + *e* 명접

⇩

(땅에)
끌려서 생긴 것

명 **자취·흔적** = *vestige* ▶ 땅에 끌려서 생긴 자국

- *vanish without a trace* 흔적 없이 사라지다

타 **추적하다·알아내다** = *chase* ▶ 땅에 끌린 자국을 확인하다

- *trace the criminal* 그 범인을 추적하다

traceable **형** 추적할 수 있는

---

¹³⁶⁴
★★☆
track
[træk]

trac 끌다 + *k* 끌다

⇩

(땅에)
끌려서 생긴 좁은 자국

명 1. **(발)자국** = *vestige* ▶ 발이 땅에 끌려서 생긴 좁은 자국
2. **(좁은 산·숲) 길** = *trail* ▶ 발이 땅에 끌려서 생긴 좁은 길
3. **선로·철로** = *rail* ▶ 기차가 다니는 좁은 길
4. **경주로·트랙** ▶ 경기장의 달리는 좁은 길
5. **(음반에 녹음된) 노래 한 곡** ▶ 전축 바늘이 지나가는 좁은 길

- *the bear's[tire] tracks* 곰 발자국[타이어 자국]
- *follow the track in the forest* 숲속에 난 길을 따라가다
- *go off the track* 기차가 선로에서 벗어나다
- *run four circuits of the track* 트랙을 네 바퀴 달리다
- *the title track of his album* 그의 앨범의 타이틀 곡

이게 뭔
시츄에이션이야?

타 **추적하다** = *chase, pursue* ▶ 땅에 끌린 (좁은) 자국을 확인하다

- *track the murderer* 그 살인범을 추적하다

숙어 / *keep track of* ~에 대해 놓치지 않다(잘 알고 있다)
lose track of ~을 놓치다(잘 모르다)

1365 ★★★ **treat**

[tri:t]

tract (끌다) 에서 유래

⇩

끌다

타 1. **대하다·취급하다** ▶ 자신이 원하는 쪽으로 끌다
2. **대접하다·한턱내다** ▶ 손님 등을 식사로 이끌다
3. **치료하다** = *cure* ▶ 환자를 잘 이끌다

- ***treat** a wife like a queen* 아내를 여왕처럼 대하다
- ***treat** him to dinner* 그에게 저녁을 대접하다
- ***treat** a patient* 환자를 치료하다

명 **한턱·특별 선물** ▶ 사람을 식사로 끌어 잘 다룸

- *It is my **treat** now.* 이번엔 내가 한턱 낸다.

treatment

명 1. 대우 2. 처리·치료

1366 ★★☆ **treaty**

[trí:ti]

treat 끌다 + *y* 명접
⇨ (상대 국가를) 원하는 쪽으로
끄는 것

명 **(국가 간의) 조약·협정** = *agreement, pact*

- *sign a peace **treaty*** 평화 조약에 서명하다

1367 ★★☆ **retreat**

[ritrí:t]

re 뒤로 + *treat* 끌다
⇨ (군대를) 뒤로 끌다

자 **후퇴하다** = *withdraw*

명 **후퇴**

- *command the troops to **retreat***
  그 병력들에게 후퇴하라고 명령하다
- *beat a hasty **retreat*** 급히 후퇴하다

1368 ★★☆ **trail**

[treil]

tra 끌다 + *il* 명접

⇩

(땅에)
끌려서 생긴 것

명 1. **자국·흔적** = *vestige* ▶ 땅에 끌려서 생긴 것
2. **산길·오솔길** = *track* ▶ 발이 땅에 끌려서 생긴 길

- *a **trail** of blood* 핏자국
- *a nature **trail*** 자연 산책로

동 1. **추적하다** ▶ 땅에 끌려서 생긴 자국을 확인하다
2. **질질 끌다·(뒤에) 끌리다** ▶ 뒤에서 질질 끌리다

- ***trail** the suspect* 그 용의자를 추적하다
- *her skirt **trailing** on the ground* 땅에 질질 끌리고 있는 그녀의 치마

trailer

명 1. (다른 차량을 끌고 가는) 트레일러
2. (영화·드라마의) 예고편

1369 ★★☆ **trait**

[treit]

tra 끌다 + *it* 명접
⇨ 펜을 끌어 한 번 획 그은 선

(굵은 선·얇은 선이 있듯 사람의
특징을 비유적으로 나타냄)

명 **(성격상의) 특성·특징** = *quality*

- *desirable personality **traits*** 바람직한 성격의 특징들

1370
★★☆

portray
[pɔːrtréi]

por(=pro) 앞 +
tray(=draw) 끌다
⇨ 붓·펜을 끌어 그리다

타 (그림·글로) 그리다·묘사하다 = describe, depict
- **portray** a character 등장인물을 묘사하다

portrait
명 1. 초상화·인물사진 2. (자세한) 묘사

---

trem : shake 떨다

1371
★★☆

tremble
[trémbl]

trem 떨다 + ble 동접
⇨ (몸을) 떨다

자 (몸을) 떨다 = shiver
- **tremble** with fear 공포로 떨다

tremor **명** (약간의) 떨림

1372
★★☆

tremendous
[triméndəs]

trem(end) 떨다 + ous 형접
⇨(몸이) 떨릴 정도인

형 엄청난·대단한 = huge, enormous, immense
- at **tremendous** speed 엄청난 속도로

---

tribut : give 주다

DAY 47

1373
★★☆

tribute
[tríbjuːt]

tribut(e) 주다
⇨ 바치는 것

명 1. 공물·조공
2. 찬사·헌정
- offer a **tribute** to ~에게 공물을 바치다
- pay **tribute** to ~에 헌사를 보내다

1374
★★☆

attribute
[ətríbjuːt]

at (=ad) ~에게 +
tribut (e) 주다

⇩

(어떤 것의 원인을)

~에게 주다

타 ~ 덕[탓]으로 돌리다 = ascribe ▶ 어떤 것의 원인을 ~에게 주다
- **attribute** one's success **to** hard work 성공을 노력의 덕으로 돌리다

명 《ㅡs》 자질·속성 = quality ▶ ~에게 주어진 것
- possess **attributes** of a leader 리더의 자질을 갖추고 있다

숙어 / **attribute A to B** A의 원인을 B에 돌리다

¹³⁷⁵
★★★
contribute
[kəntríbjuːt]

con 강조 +
tribut(e) 주다

⇩

무엇인가를 주다

동 1. **기부하다** = donate ▶ 돈을 주다

2. **기여하다** = help ▶ 도움을 주다

3. **기고하다** = write ▶ 글을 써서 주다

- **contribute** money **to** charity 돈을 자선단체에 기부하다
- **contribute to** the team's success 팀의 성공에 기여하다
- **contribute** an article **to** the magazine
  그 잡지에 글을 기고하다

contribution
명 1. 기부(금) 2. 기여 3. 기고

contributor 명 1. 기부자
2. 기고자

---

¹³⁷⁶
★★☆
distribute
[distríbjuːt]

dis (=apart) 따로따로 +
tribut(e) 주다

⇨ 따로따로 나누어 주다

타 1. **나누어 주다 · 분배하다** = hand out

2. **퍼뜨리다 · 배포하다** = spread

- **distribute** leaflets to people
  전단지를 사람들에게 나누어주다
- **distribute** the seeds on the ground
  씨들을 땅에 퍼트려 뿌리다

distribution
명 1. 분배 2. 유통 3. 분포

distributor
명 유통회사 · 배급업자

---

tru : 1. **sure** 확실한 2. **faith** 믿음 · 신뢰

---

¹³⁷⁷
★★☆
truth
[truːθ]

tru 확실한 + th 명접

⇨ 확실함

명 **진실 · 사실**

- tell the **truth** 진실을 말하다

true 형 사실인 · 진실한

truthful 형 정직한 · 진실한
= honest, sincere

---

¹³⁷⁸
★★☆
trust
[trʌst]

tru 믿음 + st 명접

⇩

믿고 신뢰감

명 1. **신뢰 · 신임** = credit, faith ▶ 상대를 믿고 신뢰함

2. **(자산의) 위탁 · 신탁** ▶ 믿고 신뢰하여 맡김

- *betray* one's **trust** ~의 신뢰를 저버리다
- *be held in* **trust** 신탁 관리되다

동 1. **신뢰하다** = believe ▶ 상대를 믿고 신뢰하다

2. **믿고 맡기다** ▶ 믿고 신뢰하여 맡기다

- **trust** your judgement 너의 판단을 신뢰하다
- **trust** money to him 그에게 돈을 믿고 맡기다

trustworthy
형 신뢰할[믿을] 수 있는

---

¹³⁷⁹
★★☆
entrust
[intrʌst]

en (=in) 안 + trust 믿음

⇨ 믿음의 틀 안에 두다

타 **(믿고) 맡기다 · 위탁하다**

- **entrust** one's dog **to** a friend
  강아지를 친구에게 맡기다

숙어 / **entrust A to B** A를 B에게 맡기다 · 위탁하다

trud / trust / threat : push 밀다

1380
★★☆
intrude
[intrú:d]

in 안 + trud(e) 밀다
⇨ 안으로 밀고 들어오다

⑧ (함부로) **침범하다 · 침해하다** = *infringe*
- **intrude on** her privacy 그녀의 사생활을 침범하다

intrusion ⑱ 침범·침입

1381
★☆☆
thrust
[θrʌst]
⇩
밀다

⑧ 1. (거칠게) **밀다** = *push, shove* ▶ 세게 밀다
   2. **찌르다 · 꽂다** ▶ 뾰족한 것을 밀어 넣다
- **thrust** oneself through the crowd 군중사이를 밀치고 나아가다
- **thrust** the needle into the arm 팔에 주사바늘을 꽂다

⑲ 1. (세게) **밀치기 · 찌름** ▶ 세게 밀치기
   2. **요점 · 주제** = *main point* ▶ 강력히 밀어대는 내용
- give her a **thrust** 그녀를 왈칵 밀다
- the **thrust** of an argument 주장의 요점

1382
★★☆
threaten
[θrétn]

threat 밀다 + en 동접
⇨ 심리적으로 세게 밀어붙이다

⑧ **협박하다 · 위협하다** = *scare*
- **threaten to** do ~하겠다고 협박하다

threat
⑲ 협박 · 위협 = *menace*
threatening
⑲ 협박하는 · 위협적인

DAY 47

---

turb / troub : confuse 혼란스럽게 하다 · 어지럽히다

1383
★★☆
disturb
[distə́:rb]

dis 강조 + turb 어지럽히다
⇨ 완전히 어지럽히다

⑭ 1. **방해하다 · 어지럽히다** = *interrupt, distract*
    2. **불안하게 하다** = *unsettle*
- **disturb** the peace
  평온을 깨뜨리다
- the news **disturbing** him
  그를 불안하게 하는 뉴스

disturbance
⑲ 1. 방해 · 장애 2. 소란 · 소동
- emotional[sleep] **disturbance**
  정서[수면] 장애

1384
★★☆
trouble
[trʌbl]

troub 혼란스럽게 하다 +
le 명접
⇩
혼란스럽게
[힘들게] 하는 것

⑲ 1. **문제 · 어려움** = *problem* ▶ 마음을 힘들게 하는 것
    2. **병 · 통증** = *illness, pain* ▶ 몸을 힘들게 하는 것
    3. **애 · 수고** = *pains* ▶ 일부러 몸을 힘들게 하는 노력
- go into financial **trouble** 재정적 어려움에 빠지다
- suffer from back **trouble** 요통으로 고생하다
- take the **trouble** to do ~ 하느라 애쓰다

⑭ **괴롭히다** = *bother* ▶ 마음을 힘들게 하다
- be **troubled** by his behavior 그의 행동 때문에 골치가 아프다

urb : city 도시

1385
★★☆
urban
[ə́:rbən]
urb 도시 + an 형접
⇨ 도시의

형 **도시의** ≠ rural (시골의)
- **urban** areas[population] 도시 지역[인구]

urbanize 동 도시화하다
urbanization 명 도시화

1386
★★☆
suburb
[sʌ́bə:rb]
sub 아래 + urb 도시
⇨ 도시 아래[주변] 지역

명 《주로 – s》**교외** = outskirts
- move to the **suburbs** 교외로 이사 가다

suburban 형 교외의

연습문제

DAY 47 | 어근 *tract- ~ urb*

♥ 영어를 우리말로, 우리말을 영어로 바꾸세요.

1. **attract**

2. **distract**

3. **extract**

4. **treaty**

5. **retreat**

6. **trait**

7. **portray**

8. **tremble**

9. **tremendous**

10. **disturb**

11. 추상적인; 발췌하다 · 요약하다

12. 계약하다; 수축하다

13. 자취; 추적하다

14. 대하다; 대접하다; 치료하다

15. 기부하다; 기여하다

16. 나누어주다, 분배하다

17. (믿고) 맡기다 · 위탁하다

18. (거칠게) 밀다; 찌르다 · 꽂다

19. 도시의

20. 교외

♥ 다음 중 밑줄 친 단어와 같은 뜻을 고르시오.

21. *Their company is very successful; they are earning **tremendous** amounts of money.*

   ① attractive ② moderate ③ adequate
   ④ huge ⑤ reasonable

22. *Karen **attributed** the failure of her marriage to her husband's inability to accept her change from a mother to a businesswoman.*

   ① alleged ② ascribed ③ induced
   ④ considered ⑤ disputed

♥ 다음 중 밑줄 친 단어의 반대되는 뜻을 고르시오.

23. *In the past, air pollution was generally considered to be an **urban** problem.*

   ① inherent ② ethical ③ complicated
   ④ chronic ⑤ rural

24. *It can be quite difficult to define **abstract** ideas, such as love or friendship.*

   ① constructive ② illustrative ③ concrete
   ④ alternative ⑤ theoretical

♥ 다음 괄호에 들어갈 알맞은 말을 고르시오.

25. *With its exquisite scenery and unique cultural charms, Jeju Island (attract / attribute) many visitors from Asian countries.*

26. *The two countries signed the peace (contract / treaty) to end their dispute which lasted for more than a decade.*

27. *Various factors (contributed / distributed) to the downfall of the tragic hero.*

28. *I don't think it is fair for the monitoring system to (intrude / intrigue) on our privacy.*

▶ 정답 *p. 460*

1387
★★★

used
[juːst]

use 사용하다 + (e)d ~된
⇨ (이미) 사용된

형 1. **중고의** = second-hand
2. **익숙한** = accustomed

- a **used** car 중고차
- be **used to** doing ~하는데 익숙하다

숙어 / **used to do** (과거에) ~하곤 했다
get used to N ~에 익숙해지다

use 명 1. 사용·이용 2. 용도·쓸모
동 사용하다·이용하다

usage 명 1. 사용법·사용량
2. (단어의) 어법·용례

useful 형 유용한·쓸모있는
= of use

useless 형 쓸모없는·소용없는
= of no use

1388
★★★

abuse
[əbjúːz]

ab 떨어져 +
use 사용하다

⇩

(정상에서) **떨어져**
잘못 사용하다

명 1. **남용·오용** = misuse ▶ 정상 사용량에서 떨어져 과하게 사용함
2. **학대** ▶ 사람을 정상에서 떨어져 잘못 사용함
3. **욕설** = swearword ▶ 언어를 정상에서 떨어져 잘못 사용함

- drug[power] **abuse** 약물[권력] 남용
- child[sexual] **abuse** 아동[성적] 학대
- shower **abuse** on ~에게 욕설을 퍼붓다

타 1. **남용하다** ▶ 정상에서 떨어져 과도하게 사용하다
2. **학대하다** ▶ 사람을 정상에서 떨어져 잘못 사용하다

- **abuse** a privilege 특권을 남용하다
- **abuse** a prisoner 죄수를 학대하다

1389
★☆☆

utensil
[juːténsəl]

ute(n) 쓰다 + sil 명접
⇨ 쓰는[사용하는] 것

명 **(주방·요리) 기구**

- kitchen[cooking] **utensils** 주방[요리] 기구들

비교 /

tool (일반적) 도구·연장
implement (작업용) 도구
instrument (정밀한) 기구·악기
appliance 가전제품

1390
★★☆

utilize
[júːtəlàiz]

util 사용하다 + ize 동접
⇨ 사용하다

타 **활용하다** = make use of

- **utilize** the golden opportunity
  절호의 기회를 활용하다

utilization 명 활용·이용
utility
명 1. 유용성·효용
2. 《~ties》 (수도·전기 같은) 공공설비

- sports **utility** vehicle
  스포츠형 다목적 차량(SUV)
- pay **utility** bills 공과금을 납부하다

vac / vain : empty 빈

1391
★★☆
vacant
[véikənt]

vac 빈 + ant 형접
⇨ 비어있는

형 (방·자리 등이) **비어있는** = unoccupied
- a **vacant** seat[room] 빈 자리[방]

vacancy
명 1. (호텔 등의) 빈 방 2. 결원·공석

비교 / **empty** (안이) 텅 빈·비어있는

1392
★★☆
vacuum
[vǽkjuəm]

vacu 빈 + um 명접(공간)
⇨ (공기가) 비어있는 상태

명 1. **진공**
2. **공허함 · 공백** = void
- a **vacuum** cleaner 진공청소기
- leave a **vacuum** 공백을 남기다

1393
★★☆
evacuate
[ivǽkjuèit]

e (x) 밖 + vacu 빈 +
ate 동접
⇨ 밖으로 빼서 비우다

타 1. (위험한 곳을) **비우다**
2. (사람들을) **대피시키다**
- **evacuate** a building 건물을 떠나서 비우다
- **evacuate** children to a safe place
  아이들을 안전한 곳으로 대피시키다

evacuation **명** 대피·피난

1394
★★☆
vain
[vein]

va (i)n 빈 ⇨ (알맹이가 없이) 빈

형 **헛된 · 소용없는** = futile
- have a **vain** hope 헛된 희망을 품다
- make a **vain** attempt to escape
  도망치려는 헛된 시도를 하다

vanity
명 1. 자만심·허영심 2. 헛됨·허무함

vainly **부** 헛되이 = in vain

1395
★★☆
vanish
[vǽniʃ]

van 빈 + ish 동접
⇨ (자리를) 비우고 없어지다

자 **사라지다 · 없어지다** = disappear
- **vanish** from sight 시야에서 사라지다

vanishment **명** 소멸

비교 / **banish** 추방하다

1396
★★☆
avoid
[əvɔ́id]

a (=ex) 밖 + void 빈
⇨ 비우고 나가다

타 **피하다 · 회피하다** = escape, evade
- **avoid** the heavy traffic 교통 체증을 피하다
- **avoid** paying taxes 세금 납부를 회피하다

avoidable **형** 피할 수 있는
≠ **unavoidable** (피할 수 없는)

avoidance **명** 회피

---

vad : go 가다

1397 ★★☆ **invade**
[invéid]

in 안 + vad (e) 가다
⇨ 안으로 쳐들어가다

타 **침략하다 · 침입하다**
- **invade** the country 그 나라를 침략하다

invasion (명) 침입 · 침략

1398 ★★☆ **evade**
[ivéid]

e (x) 밖 + vad(e) 가다
⇨ 밖으로 빠져나가다

타 **회피하다 · 모면하다** = avoid, elude
- manage to **evade** the police 가까스로 경찰을 따돌리다

evasion (명) 회피 · 모면
- tax **evasion** 탈세

evasive (형) 얼버무리는

---

vag : wander 떠돌다

1399 ★★☆ **vague**
[veig]

vag 떠돌아다니다 + ue 형접
⇨ (확실히 잡히지 않고) 떠돌아다니는

형 1. **(기억·형체가) 희미한** = obscure, ambiguous
2. **(의미가) 막연한 · 모호한**
- a **vague** figure in the mist 안개 속의 희미한 형체
- give a **vague** answer 모호하게 대답하다

1400 ★☆☆ **extravagant**
[ikstrǽvəgənt]

extra 밖으로 + vag 떠돌다 +
ant 형접
⇨ (한도를 넘어) 밖으로 떠도는

형 1. **낭비하는 · 사치스러운**
2. **지나친 · 과도한** = excessive
- be **extravagant with** money 돈을 낭비하다
- make an **extravagant** demand 지나친 요구를 하다

extravagance (명) 낭비 · 사치

---

val / vail : 1. worth 가치 2. strong 강한

1401 ★★☆ **value**
[vǽljuː]

val 가치 + ue 명접
⇩
가치

명 **가치** = worth ▶ 어떤 사물의 가치
- the **value** of the antique 그 골동품의 가치

타 1. **평가하다** = rate, evaluate ▶ 어떤 것의 가치를 평가하다
2. **중시하다 · 소중히 여기다** ▶ 어떤 것의 가치를 높게 평가하다
- **value** the estate 그 부동산의 가치를 평가하다
- **value** her advice 그녀의 충고를 중시하다

valuable
(형) 가치 있는 · 소중한
(명) 《-s》 귀중품

valueless (형) 무가치한

invaluable
(형) (가치를 매길 수 없을 만큼)
대단히 귀중한 = priceless

1402
★★☆

valid
[vælid]

val 가치 + *id* 형접
⇨ 가치를 가지고 있는

형 1. **타당한·근거 있는** = reasonable
2. **(법적으로) 유효한** ≠ invalid (무효인)

- a **valid** argument 타당한 주장
- a **valid** passport 유효 여권

validity 명 1. 타당성 2. 유효함

1403
★★☆

evaluate
[ivǽljuèit]

e(=ex) 밖 + *val(=u)* 가치 + *ate*
동접 ⇨ 어떤 것의 가치를 밖으로
꺼내 보이다

타 **평가하다** = rate, assess

- **evaluate** a job applicant 입사 지원자를 평가하다

evaluation 명 평가

1404
★★★

available
[əvéiləbl]

a(=ad) ~에 + *vail* 가치·효용 +
able 형접
⇨ (당장 쓸 수 있기에) 가치가 있는

형 1. **(사물이) 이용할 수 있는** = accessible
2. **(사람) 시간이 있는**

- use all means **available** 모든 수단을 다 동원하다
- Are you **available** tomorrow? 너 내일 시간 되니?

avail 동 도움이 되다·쓸모 있다
명 효용·소용

- **avail** oneself of ~을 이용하다

1405
★★☆

prevail
[privéil]

pre 앞 + *vail* 강한

⇩

강함에서 앞서다

자 1. **우세하다·이기다** ▶ 상대보다 강함에서 앞서다
2. **널리 퍼지다·보편적이다** ▶ 강함에서 앞서서 유행하다

- **prevail** over the champion 챔피언을 이기다
- **prevail** among teenagers 십대들에게 보편적이다

숙어 / **prevail upon** 目 **to do** ~을 ~하도록 설득하다

prevailing
형 유행하는·일반적인
= popular

prevalent
형 널리 퍼진·만연된
= widespread

---

ven (t) : come 오다

1406
★★☆

venture
[véntʃər]

vent 오다 + *ure* 명접
⇨ 우연히 닥쳐온 일

명 **모험·벤처 (사업)**
동 **모험하다·(새 일을) 시작하다**

- set up a **venture** 벤처기업을 세우다
- **venture** into the new business 새로운 사업을 시작하다

venturesome 형 모험적인

1407
★★☆

adventure
[ædvéntʃər]

ad ~에 + *vent* 오다 +
ure 명접
⇨ ~에게 우연히 닥쳐온 일

명 **모험**

- thrilling **adventures** 스릴넘치는 모험

adventurous
형 모험적인·모험심이 강한

DAY
48

1408
★★☆

advent
[ǽdvent]

ad ~로 + vent 오다
⇨ ~로 옴

명 도래·출현 = coming, appearance

- the **advent** of spring 봄의 도래
- the **advent** of the computer 컴퓨터의 출현

1409
★☆☆

avenue
[ǽvənjùː]

a(=ad) ~로 + ven 오다·이르다
+ ue 명접
⇨ ~로 이르는 길

명 1. (가로수) 대로·(도로명의) ～가
   2. 방법·수단

- drive down the 5th **avenue** 5번가를 운전하다
- pursue every **avenue** 모든 수단을 강구하다

와~
길 넓다~

1410
★★☆

convenient
[kənvíːnjənt]

con 함께 + ven(i) 강한 +
ent 형접
⇨ 함께 오기에 좋은

형 편리한 ≠ inconvenient (불편한)

- a **convenient** appliance 편리한 가전제품
- When is it **convenient** for you? 언제가 편하세요?

convenience 명 편리함
- a **convenience** store 편의점

비교 / **comfortable** 편안한

1411
★★☆

convention
[kənvénʃən]

con 함께 + vent 오다 +
ion 명접

⇩

함께 온 것

명 1. (대규모) 집회·대회 = assembly ▶ 사람들이 함께 온 것
   2. 협정·협약 = agreement ▶ 함께 와서 의견이 하나가 됨
   3. 인습·관습 = custom ▶ 함께 와서 하나가 된 사회적 협약

- hold the Party **Convention** 전당대회를 개최하다
- an international **convention** 국제 협약
- break established **conventions** 인습을 타파하다

conventional
형 전통적인·재래식의 = traditional

convene 동 모이다·소집하다

1412
★★☆

event
[ivént]

e(=ex) 밖 + vent 오다
⇨ 밖으로 나온 일

명 1. (중요한) 사건·행사
   2. (스포츠) 경기·종목

- the main **event** 메인이벤트[주요 행사]
- track and field **events** 육상 경기 종목들

eventual 형 궁극[최종]적인
eventually 부 결국·마침내
eventful 형 사건이많은·다사다난한

1413
★★☆

invent
[invént]

in 안 + vent 오다
⇨ (새로운것을) 안으로 들어오게 하다

타 1. 발명하다 = devise
   2. 지어내다·꾸며대다 = manufacture, fabricate

- **invent** the light bulb 전구를 발명하다
- **invent** an excuse 핑계를 꾸며대다

invention 명 발명(품)
inventor 명 발명가
inventive 형 창의적인·독창적인
= creative, originative

1414
★★☆

intervene
[ìntərvíːn]

inter 사이 + ven(e) 오다
⇨ (양쪽) 사이에 들어오다

자 개입하다·중재하다

- **intervene in** the dispute 그 분쟁에 개입하다

intervention 명 개입

1415
★★★

prevent
[privént]

pre 먼저 + *vent* 오다
⇨ (나쁜 일을 예상하고) 먼저 와있다

타 (미리) 막다·방지하다 = discourage
- **prevent** us **from** leaving
  우리가 출발하지 못하게 하다

숙어 / **prevent A from ~ing** A를 ~하지 못하게 막다

prevention 명 예방·방지
= precaution
- crime **prevention** 범죄 예방

1416
★★☆

revenue
[révənjùː]

re 다시 + *ven* 오다 +
ue 명접

⇩

다시 되돌아오는 것

명 1. (정부의) 세입 ▶ 국민을 돌본 이후에 되돌아오는 돈
2. (기업·기관의) 수입·수익 = income, profit ▶ 판매 이후에 되돌아오는 돈
- a decrease in tax **revenue** 정부 세수의 감소
- the company's annual **revenues** 그 회사의 연간 수익

1417
★★☆

souvenir
[sùːvəníər]

sou(=sub) (아래에서) 위로 +
ven 오다 + *ir* 명접
⇨ 함께 온 것
⇨ (마음속에) 위로 떠오르게 하는 것

명 기념품
- a **souvenir** shop 기념품 가게

---

venge : revenge 복수하다

DAY 48

1418
★★☆

avenge
[əvéndʒ]

a (=ad) ~에게 +
venge 복수하다
⇨ ~에게 복수하다

타 복수하다 = get even with
- **avenge** the death of one's father
  아버지의 죽음에 복수하다
- **avenge** last week's defeat 지난주의 패배를 설욕하다

avenger 명 복수하는 사람

1419
★★☆

revenge
[rivéndʒ]

re 강조 +
venge 복수하다
⇨ 확실히 복수하는 것

명 복수·보복 = vengeance

동 복수하다·~의 원수를 갚다
- take **revenge** for their defeat 그들의 패배를 설욕하다
- **revenge** one's dead father 죽은 아버지의 복수를 하다

revengeful 형 복수심에 불타는

Tip /
avenge는 '동사',
revenge는 주로 '명사'로 쓰임

연습문제

DAY **48** | 어근 *us- ~ venge-*

♥ 영어를 우리말로, 우리말을 영어로 바꾸세요.

1. evacuate

2. vain

3. vanish

4. invade

5. evade

6. vague

7. evaluate

8. advent

9. prevent

10. souvenir

11. 중고의; 익숙한

12. 남용(하다); 학대(하다)

13. (주방·요리) 기구

14. (방·자리 등이) 비어있는

15. 진공; 공허함·공백

16. 피하다·회피하다

17. 낭비하는; 지나친·과도한

18. 타당한; 유효한

19. 우세하다; 널리 퍼지다

20. 집회; 관습

♥ 다음 중 밑줄 친 단어와 같은 뜻을 고르시오.

21. The youths **vanished** from the scene as soon as the police arrived.
   ① took off   ② evaporated   ③ disappeared
   ④ dashed   ⑤ encountered

22. He was so **vague** in his recommendations that no one knows quite what he was suggesting.
   ① specific   ② plain   ③ unanimous
   ④ obscure   ⑤ practical

23. We need to **evaluate** our current efficiency level in order to determine if our procedures need to be improved.
   ① assess   ② evacuate   ③ simulate
   ④ evade   ⑤ recognize

♥ 다음 중 밑줄 친 단어의 반대되는 뜻을 고르시오.

24. The millionaire had lived an **extravagant** life until his death.
   ① arrogant   ② frugal   ③ humble
   ④ unfortunate   ⑤ extraordinary

♥ 다음 괄호에 들어갈 알맞은 말을 고르시오.

25. Because all the seats were booked up for the day, there were no (empty / vacant) seats at the restaurant.

26. In case of the quake aftershocks, people were ordered to (evaporate / evacuate) the building.

27. The mist (prevented / restricted) us from leaving for a while when he was driving on the highway.

28. After launching a new product, the company's annual (avenue / revenue) rose by 30%.

▶ 정답 *p. 460*

vers / vert : turn 돌다·바뀌다

1420
★☆☆

verse
[vəːrs]

vers 바꾸다 + e 명접
⇨ (운율에 맞게 행을) 바꿔 쓴 것

명 1. **운문** = poetry
2. **(시의) 연·(노래의) 절**

- write the tale in **verse** 그 이야기를 운문으로 쓰다
- the second **verse** of the poem 그 시의 두 번째 연

비교 / **prose** 산문

1421
★★☆

version
[vəːrʒən]

vers 바꾸다 + ion 명접
⇨ (자기 식대로) 바꾼 것

명 1. **(바뀐) ~판·버전**
2. **설명·견해** = account, description

- a revised **version** of the book 그 책의 개정판
- his **version** of what happened 일어난 일에 대한 그의 설명

1422
★★☆

converse
[kánvəːrs]

con 강조 + vers 바꾸다 + e 형접
⇨ 완전히 바뀐 것

con 함께 + vers 돌다 + e 동접
⇨ 함께 돌아서 마주보다

명 형 **정반대(의)·역(의)** = opposite, reverse

- a **converse** opinion[effect] 정반대 의견[효과]

자 **대화하다** [kənvəːrs]

- **converse** with foreign friends 외국인 친구들과 대화하다

conversation 명 대화

1423
★★☆

controversial
[kàntrəvəːrʃəl]

contro 반대 + vers 돌다 +
ial 형접 ⇨ 서로 반대로 도는

형 **논란의 여지가 있는**

- a highly **controversial** issue
  대단히 논란이 많은 문제

controversy 명 논쟁
= dispute

1424
★★☆

diverse
[daivəːrs]

di(=dis) 멀리 + vers 바뀌다 +
e 형접 ⇨ ~에서 바뀌어 멀어진

형 **다양한** = various

- students with **diverse** interests
  다양한 관심들을 가진 학생들

diversity 명 다양성 = variety
diversify 동 다양화하다

1425
★★☆

reverse
[rivəːrs]

re 뒤 + vers 돌다 +
e 형접

⇩

뒤로 돌아선

형 **반대의·역의** = converse, adverse ▶ 방향이 뒤로 돌아선

- name in **reverse** order 역순으로 짓다

명 1. **《the-》 (정)반대·뒷면** ▶ 방향이 뒤로 돌아섬
2. **(자동차의) 후진** ▶ 차의 움직임이 뒤로 돌아섬

- be quite the **reverse** 정반대이다
- put the car into **reverse** 차에 후진 기어를 넣다

타 **뒤바꾸다·역으로 하다** ▶ 방향을 뒤로 돌아서게 하다

- **reverse** the trend 그 추세를 뒤바꾸다

1426 ★★☆ universe

[júːnəvə̀ːrs]

uni 하나 + vers 돌다 +
e 명접 ⇨ (수많은 별들이)
하나가 되어 도는 곳

명 우주 = cosmos

- the endless **universe** 끝없는 우주

universal
형 일반적인·보편적인= general

university **명** 대학교

비교 /

universe
지구를 포함한 천체 전체를 가리키는 '우주'

space
지구 밖에 있는 무한한 공간으로서의 '우주'

1427 ★★☆ advertise

[ǽdvərtàiz]

ad ~로 + vert 돌다 +
ise 명접
⇨ (관심을)~로 돌리도록 만들다

타 광고하다

- **advertise** a new product 신제품을 광고하다

advertisement
명 광고《줄여서 **ad**》

advertiser **명** 광고주·광고하는 회사

참고 / **commercial** 상업 광고

1428 ★★☆ convert

[kənvə́ːrt]

con 강조+ vert 바꾸다
⇨ 완전히 바꾸다

동 1. 전환하다·바꾸다
2. 개종하다·전향하다

- **convert** one's stocks **to** cash 주식을 현금으로 전환하다
- **convert** him **to** Christianity 그를 기독교로 개종시키다

conversion **명** 1. 전환 2. 개종
convertible
형 전환 가능한
명 (자동차) 컨버터블 : 일명 오픈카

1429 ★★☆ vertical

[və́ːrtikəl]

vert (i) 바뀌다 + cal 형접
⇨ (방향이) 바뀌게 되는 머리 위
정점을 향한

형 수직의·세로의 ≠ horizontal (수평의·가로의)

- a **vertical** line 수직선

1430 ★★☆ divorce

[divɔ́ːrs]

di(= dis : apart) 따로 +
vorc 돌다 + e 명접
⇨ 각각 따로 도는 것

명 이혼

타 이혼하다·분리하다

- get a **divorce** 이혼하다
- **divorce** one's husband 남편과 이혼하다

참고 / **separation** 별거

vi (a) / vey / voy : way 길

1431
★★☆
via
[váiə]

via 길 ⇨ ~의 길을 지나

전 1. **~을 거쳐 · 경유하여** = by way of
2. **~을 통해** = through

- fly to Los Angeles **via** Hawaii 비행기로 하와이를 거쳐 LA로 가다
- access the homepage **via** the Internet 인터넷을 통해 그 홈페이지에 접속하다

1432
★★☆
obvious
[ábviəs]

ob(=against) 마주하여 +
vi 길 + ous 형접
⇨ 가는 길과 마주하여 눈에 띄는

형 **분명한 · 명백한** = evident, definite, distinct

- an **obvious** advantage 분명한 이점

obviously **부** 분명히

1433
★★☆
trivial
[tríviəl]

tri 셋 + via 길 + al 형접
⇨ (이사람 저사람 다 모이는) 삼거리의

(옛날 서양의 '삼거리'는 이사람 저
사람 다 모여드는 곳으로 새로울
것이 없는 '흔한' 곳이라는 생각에
서 유래)

형 **사소한 · 하찮은** = petty

- deal with **trivial** matters 사소한 문제들을 처리하다

triviality **명** 사소한 문제 · 시시함

1434
★★☆
convey
[kənvéi]

con 함께 + vey 길
⇨ 함께 길을 가서 옮기다

타 1. **운반하다** = transport
2. **(생각 · 감정 등을) 전달하다**

- **convey** the goods by ship 상품들을 배로 수송하다
- **convey** a message 메시지를 전달하다

conveyance
명 1. 운송 (수단) 2. (의사) 전달

비교/ **convoy** 호위하다

1435
★★☆
voyage
[vɔ́iidʒ]

voy 길 + age 명접
⇨ (먼)길을 떠나는 것

명 **항해 · 긴 여행**

동 **항해하다**

- go on a maiden **voyage** 처녀(첫) 항해 길에 오르다
- **voyage** round the world 세계 일주 여행을 하다

1436
★★☆
victory
[víktəri]

vict 이기다 + ory 명접
⇨ 이긴 것

명 승리 = triumph
* win a **victory** over the enemy 적에 대해서 승리하다

victor 명 승리자
victorious 형 승리한·승리를 거둔

1437
★★☆
convict
[kənvíkt]

con 완전히 +
vict 이기다
⇨ (피고와의 공방에서) 완전히 이기다

타 유죄 판결하다 ≠ acquit (무죄석방하다)
명 죄수·기결수 = prisoner
* **convict** him of murder 그를 살인죄에 대해 유죄판결하다
* death-row **convict** 사형수

conviction 명 유죄 판결

1438
★★☆
convince
[kənvíns]

con 완전히 +
vinc(e) 이기다
⇨ (논쟁에서) 완전히 이기다

타 1. 확신시키다
2. 설득하다 = persuade
* **convince** me of his guilt 나에게 그의 유죄를 확신시키다
* I am **convinced** of his guilt. 나는 그의 유죄를 확신한다.
* **convince** him to stay 그를 머물도록 설득하다

conviction
명 1. 확신·신념 = faith 2. 유죄평결
* a religious **conviction** 종교적 신념

참고 /
convince A of B
A에게 B를 확신시키다
convince A to V
A에게 ~하도록 설득하다

1439
★★☆
province
[právins]

pro (=before) 앞서 +
vinc(e) 정복
⇨ 앞서 정복한 땅

명 1. (행정 단위로) ～도·주 (다른 나라를 정복하면 그 나라는 통치되는 속국(하나의 주)가 됨)
2. 분야·영역 = sphere, domain
* Kangwon **province** 강원도
* the **province** of mathematics 수학의 분야

vid / vis / wid : separate 나누다

1440
★★★
divide
[diváid]

di(= dis) 따로 + vid(e) 나누다
⇨ 따로 나누다

동 나누다 · 나뉘다 = separate
- **divide** the class **into** three groups
  학급을 세 그룹으로 나누다

어법 / **divide A into B**   A를 B로 나누다

division **명** 1. 분할 · 분열 2. 나눗셈
3. 부서 = department
dividend **명** 배당금

1441
★★★
individual
[ìndəvídʒuəl]

in 부정 + di (=dis) 따로 +
vid (u) 나누다 + al 형접
⇨ (더 이상) 완전히 이기다

형 1. 개인의 · 각각의 = separate
2. 독특한 · 특유의 = distinctive
명 개인
- respect **individual** freedom 개인의 자유를 존중하다
- an **individual** style of writing 독특한 문체
- the rights of the **individual** 개인의 권리

individually
부 개별적으로 · 각각 따로

1442
★★☆
devise
[diváiz]

de (=dis) 따로 +
vis(e) 나누다
⇨ (여러 번) 이리 저리 나누어보다

타 고안하다 · 궁리해내다 = invent, contrive
- **devise** a new method 새로운 방법을 고안하다

device **명** 1. (고안된) 장치 · 기구
2. 폭발물 · 폭탄 = bomb

1443
★☆☆
widow
[wídou]

wid 따로 떨어진 +
ow 명접(여자)
⇨ (남편과) 따로 떨어진 여자

명 미망인 · 과부 ≠ widower (홀아비)
- a wealthy **widow** 부유한 미망인

DAY
49

---

vis / vid / veil : see 보다

1444
★★☆
vision
[víʒən]

vis 보다 + ion 명접

⇩

보는 것

명 1. 시력 · 시야 = eyesight ▶ 눈으로 보는 힘
2. 상상력 = imagination ▶ 상상하여 보는 힘
3. (미래에 대한) 비전 · 전망 = foresight ▶ 상상하여 보이는 것
- have poor **vision** 시력이 약하다
- a poet of great **vision** 위대한 상상력을 지닌 시인
- a clear **vision** of the future 미래에 대한 분명한 비전

visual **형** 시각의[적인]
visible
형 1. 볼 수 있는
2. 뚜렷한 · 분명한 = obvious
visionary
형 1. 비전[선견지명]이 있는
2. 환영[환상]의

1445
★★★

advise
[ædváiz]

ad ~에게 + *vis(e)* 보이다
⇨ (길·방법을) ~에게 보여주다

타 **충고하다** = counsel

- *advise* me **to** lose weight 내게 살을 빼라고 충고하다

어법 / *advise A to V* A에게 ~하라고 충고하다

advice 몡 충고
adviser = *advisor*
몡 충고자·고문

1446
★★☆

revise
[riváiz]

re 밖 + *vis(e)* 보다
⇨ (고치려고) 다시 보다

타 **수정하다·개정하다** = correct

- *revise* our plans 우리의 계획들을 수정하다

revision 몡 수정·개정

1447
★★☆

supervise
[súːpərvàiz]

super 위 + *vis(e)* 보다
⇨ 위에서 내려다보다

타 **감독[관리]하다** = manage, oversee

- *supervise* the construction of a building
건물의 건축을 감독하다

supervision 몡 감독·관리
supervisor 몡 감독관·관리자

1448
★★☆

evident
[évədənt]

e(x) 밖 + *vid* 보다 + *ent* 형접
⇨ 밖으로 드러나 보이는

형 **분명한·명백한** = clear, obvious

- be fairly *evident* 매우 분명하다

evidence 몡 증거 = proof
- a compelling *evidence* 확실한 증거

1449
★★★

provide
[prəváid]

pro 앞·미리 +
vid(e) 보다

⇩

앞날을 미리보다

동 1. **제공하다·공급하다** = supply ▶ 앞날을 미리 보고 주다
2. **부양하다** ▶ 앞날을 미리 보고 식량을 주다
3. **대비하다** = prepare ▶ 앞날을 미리 내다봐 준비하다
4. **규정하다** = define ▶ 앞날을 미리 보며 정해놓다

- *provide* the homeless **with** food 노숙자에게 음식을 공급하다
- *provide for* one's family 가족을 부양하다
- *provide for* the future 미래에 대비하다
- It is *provided* that ~ ~라고 규정되어 있다

어법 / *provide A with B* = *provide B for[to] A*
A에게 B를 공급하다

provided that (만약) ~라면 = if

provision
몡 1. 공급·식량 2. 대비 3. 규정
provident
형 장래를 대비하는

1450 ★★☆ prudent

[prú:dnt]

pru(=pro) 앞 + *(vi)d* 보다 +
ent 형접

⇨ 앞날을 내다 보는

형 신중한 ≠ *imprudent* (경솔한)

- *make a **prudent** decision* 신중한 결정을 내리다

prudence 명 신중함

1451 ★★☆ surveillance

[sərvéiləns]

sur(=super) 위 +
veil(l) 지켜보다 + *ance* 명접

⇨ 위에서 지켜보는 것

명 감시

- *keep him under **surveillance*** 그를 감시하다
- *install a **surveillance** camera* 감시 카메라를 설치하다

1452 ★★☆ survey

[sərvéi]

sur 위 + *vey* 보다

⇩

위에서 보다

타 조사하다 · 측량하다 = *examine* ▶ 위에서 살펴보다

- *survey the damage* 피해가 얼마인지 살피다

명 1. 개관 · 조망 [sə́:rvei] = *overview* ▶ 위에서 전체를 내려다 봄
  2. 설문 조사 = *poll* ▶ 사람들의 의견을 살펴봄
  3. 측량 ▶ 토지를 위에서 내려 보며 측정함

- *a **survey** of Chinese history* 중국 역사에 대한 개관
- *conduct a **survey** on voters* 유권자들에 대한 설문 조사를 실시하다
- *have a **survey** of the land* 그 땅을 측량하다

1453 ★★☆ envy

[énvi]

en(=make) 만들다 +
v(e)y 보다

⇨ (스스로) 계속 어떤 것을
  보게 만들다

타 부러워하다

명 부러움 · 선망

- *I **envy** him **of** his success.* 나는 그의 성공이 부럽다.
- *an object of **envy*** 선망의 대상

envious 형 부러워하는
enviable 형 부러운 · 선망의 대상인

연습문제

DAY **49** | 어근 vert- ~ vis-

♥ 영어를 우리말로, 우리말을 영어로 바꾸세요.

1. controversial

2. diverse

3. vertical

4. obvious

5. voyage

6. individual

7. devise

8. widow

9. revise

10. prudent

11. 정반대의; 대화하다

12. 광고하다

13. 전환하다; 개종하다

14. 이혼; 이혼하다 · 분리하다

15. ~을 경유하여; ~을 통해

16. 사소한 · 하찮은

17. 유죄 판결하다; 죄수 · 기결수

18. 확신시키다; 설득하다

19. 공급하다; 대비하다

20. 감시

♥ 다음 중 밑줄 친 단어와 같은 뜻을 고르시오.

21. Shops on Government Street sell a **diverse** range of souvenirs.
   ① distinct   ② entire   ③ various
   ④ astonishing   ⑤ intensive

22. Don't bother me with such **trivial** matters.
   ① significant   ② petty   ③ tiny
   ④ moderate   ⑤ displeasing

23. It is **obvious** to me that Victor is not interested in helping us.
   ① confused   ② impatient   ③ competitive
   ④ evident   ⑤ intrusive

♥ 다음 중 밑줄 친 단어의 반대되는 뜻을 고르시오.

24. In order to **convict** the defendant, you must be certain, beyond a reasonable doubt, that he is guilty.
   ① accuse   ② acquit   ③ justify
   ④ identify   ⑤ confirm

♥ 다음 괄호에 들어갈 알맞은 말을 고르시오.

25. The free school lunch agenda looks simple though it is a highly (controversial / contradictory) issue.

26. Because of the economic downturn, many people (converted / diverted) the stocks to cash.

27. The case was dismissed in the absence of any definite proof, but I am (convinced / convicted) of his guilt.

28. A political prisoners was granted bail but police kept him under (survey / surveillance) .

▶ 정답 p. 460

view : see 보다

1454 ★★☆
interview
[íntərvjùː]

inter 상호간의 + *view* 보다
⇨ 상호간에 만나 보다

명 1. **면접**
2. **인터뷰 · 회담**

동 **면접을 보다 · 인터뷰하다**

- *have a job interview* 면접보다
- *do an interview with* ~와 인터뷰하다
- *interview three candidates* 세 명의 후보자들의 면접을 보다

interviewer
명 면접관 · 인터뷰 진행자
interviewee
명 면접[인터뷰] 받는 사람

1455 ★★☆
preview
[príːvjùː]

pre 미리 + *view* 보기
⇨ 미리 보기

명 **시사회 · 예고편** = *trailer*

- *a special preview* 특별 시사회

1456 ★★☆
review
[rivjúː]

re 다시 + *view* 보다
⇨ 다시 보는 것

명 **검토 · 논평** = *comment*

타 1. **검토하다 · 논평하다**
2. **복습하다** = *revise*

- *a book review* 책에 대한 논평(서평)
- *review the result* 결과를 검토하다
- *review chemistry* 화학 과목을 복습하다

---

vit / viv : live 살다, life 생명

1457 ★★☆
vital
[váitl]

vit 생명 + *al* 형접
⇩
생명과도 같은

형 1. **필수적인 · 중요한** ▶ (반드시 필요해서) 생명과도 같은
= *essential, indispensable, crucial*

2. **활기 넘치는** ▶ 생명[생기]이 넘치는

- *play a vital role* 중요한 역할을 하다
- *lack the vital force* 활력이 부족하다

vitality **명** 활력

1458 ★★☆
vivid
[vívid]

viv 살다 + *id* 형접
⇨ 살아있는

형 **생생한** = *graphic*

- *a vivid memory* 생생한 기억
- *give a vivid description of the scene*
  그 현장을 생생히 묘사하다

vividly **부** 생생하게

1459 ★★☆ **revive**
[riváiv]

re 다시 + viv(e) 살다
⇨ 다시 살아나게 하다

동 되살리다 · 회복하다 = refresh, revitalize

- try to **revive** the patient
  그 환자를 되살리기 위해 노력하다
- **revive** manufacturing industry
  제조업을 회생시키다

revival 명 부활 · 회복
= renewal

1460 ★★★ **survive**
[sərváiv]

sur 위 · 넘어 + viv(e) 살다

⇩

~보다 더 오래 살다

타 1. ~보다 오래 살다 = outlive ▶ 다른 사람보다 더 오래 살다
2. ~에서 생존하다 · 살아남다 ▶ ~을 뛰어 넘어 살아남다

- He **survived** his wife. 그는 아내보다 오래 살았다.
- **survive** the earthquake 그 지진에서 살아남다

survival 명 생존
survivor 명 생존자

VOC / vok / vow : call 부르다 · 말하다

1461 ★★☆ **vocal**
[vóukəl]

voc 말하다 + al 형접
⇨ 말하는 소리(목소리)의

형 목소리의 · 발성의

- vibrate the **vocal** cords 성대를 울리다

1462 ★☆☆ **vocation**
[voukéiʃən]

voc(a) 부르다 + tion 명접

⇩

(신의) 부름

명 1. 천직 · 직업 = calling, occupation ▶ 신이 불러 맡긴 일
2. 소명 · 사명감 = responsibility ▶ 신이 자신을 부른 것이란 의식

- choose a **vocation** 직업을 선택하다
- a strong sense of **vocation** 강한 소명 의식

vocational 형 직업상의
- a **vocational** school 직업학교

1463 ★☆☆ **vocabulary**
[voukǽbjulèri]

voc 말하다 + abul (=able)
할 수 있는 + ary 명접(집합)
⇨ 말하는 단어들의 집합

명 어휘

- expand a limited **vocabulary**
  한정된 어휘력을 늘리다

1464 ★★☆ **advocate**
[ǽdvəkèit]

ad ~을 +
voc 말하다 + ate 명접

⇨ ~을 위해 말하는 사람

명 옹호자 · 지지자 = supporter
타 옹호하다 · 지지하다 = argue for

- an **advocate** of natural childbirth
  자연 분만의 옹호자
- **advocate** abolishing the death penalty
  사형제도 폐지를 옹호하다

advocacy 명 1. 옹호 · 지지 2. 변호

1465 ★★☆

provoke
[prəvóuk]

pro 앞 + *vok(e)* 부르다
⇨ (화를) 앞으로 불러내다

타 1. **도발하다·유발하다** = trigger, set off
2. **화나게 하다** = enrage, inflame
- **provoke** allergic reactions
  알레르기 반응을 유발하다
- His remarks **provoked** me.
  그의 말이 나를 화나게 했다.

provocation 명 도발·자극
provocative
형 도발적인·화나게 하는

1466 ★☆☆

vow
[vau]

vow 말하다
⇨ (신께 약속으로) 말함

명 **맹세·서약** = oath, pledge

동 **맹세하다**
- make[break] a **vow** 맹세하다[맹세를 어기다]
- **vow to** fight for independence 독립을 위해 싸우겠다고 맹세하다

1467 ★☆☆

vowel
[váuəl]

vow 말하다 + *el* 명접
⇨ 말하여 내는 소리

명 **모음**
- a long[short] **vowel** 장모음[단모음]

비교 / **consonant** 자음

---

vol : will 의지

1468 ★★★

voluntary
[váləntèri]

vol(unt) 의지 + *ary* 형접
⇨ 의지를 갖고 하는

형 1. **자발적인**
2. **자원 봉사의**
- make a **voluntary** donation
  자발적으로 기부하다
- **voluntary** workers 자원봉사자들

voluntarily
부 자발적으로·자원해서
volunteer
명 자원봉사자 동 자원하다

뉘앙스 /

voluntary
(의지를 갖고 선택하여) 자발적인·즉흥적인

spontaneous
(그 순간 마음이 생겨나) 자발적인·즉흥적인

DAY 50

1469 ★★☆

benevolent
[bənévələnt]

bene 좋은 + *vol* 의지 +
ent 형접
⇨ 좋은 의지의

형 **자비로운·자선을 베푸는** = generous
- various **benevolent** activities 다양한 자선 활동

benevolence 명 자비·자선
= mercy, charity

volv / volt / vaul : roll 돌다

1470
★★☆
volume
[váljuːm]

vol 돌다 + ume 명접

⇩

돌돌 말아 놓은 것

명 1. **(책의) 권** ▶ 글이 쓰인 양피지를 돌돌 말아놓은 것
2. **양·체적** = amount ▶ 돌돌 말았을 때의 안의 부피
3. **음량·볼륨** ▶ 소리의 양

- *publish the novel in three* **volumes** 그 소설을 세 권의 책으로 출간하다
- *traffic* **volume** 교통량
- *turn up[down] the* **volume** 볼륨을 높이다[낮추다]

1471
★★☆
evolve
[iválv]

e(=ex) 밖 + volv(e) 돌돌 말다
⇨ 돌돌 말린 것을 밖으로 펴내다

(원래 돌돌 말린 책을 펼쳐내다 보니
점점 글이 보이는 것에서 유래)

동 1. **진화하다**
2. **(점차) 발전하다** = develop

- **evolve** *from dinosaurs* 공룡들로부터 진화하다
- **evolve** *from a hobby into a business*
  취미에서 사업으로 발전하다

evolution **명** 1. 발전 2. 진화
- *the theory of* **evolution** 진화론

1472
★★☆
involve
[inválv]

in 안 +
volv(e) 돌돌 말다

⇩

안으로
돌돌 말아 넣다

타 1. **포함하다·수반하다** = include ▶ 안으로 말아 넣다
2. **연루시키다** ▶ (사람을 포함시키면) 참여시키다

- **involve** *an element of risk* 위험 요소를 수반하다
- *get* **involved** *in a scheme* 계략에 연루되다

involvement
명 1. 개입·연루 2. 몰두·열중

1473
★★☆
revolution
[rèvəlúːʃən]

re 다시 + vol(u) 돌다+
tion 명접

⇩

다시 도는 것

명 1. **공전** = rotation ▶ 행성이 계속 다시 도는 것
2. **혁명** ▶ 세상이 다시 돌아서 완전히 변함

- *the* **revolution** *of the Earth* 지구의 공전
- *the French[Industrial]* **Revolution** 프랑스[산업] 혁명

revolutionary
형 혁명적인
revolve
동 회전하다·공전하다

1474
★★☆
revolt
[rivóult]

re 뒤 + volt 돌다

⇩

(따르지 않고)
뒤로 돌아서는 것

명 **반란** = uprising, rebellion ▶ (따르지 않고) 뒤로 돌아서는 행동

- *lead a* **revolt** *against* ~에 대한 반란을 이끌다

동 1. **반란을 일으키다** = rebel ▶ (따르지 않고) 뒤로 돌아서다
2. **역겹게 하다** = disgust ▶ 뒤로 돌아서게 만들다

- **revolt** *against the king* 그 왕에 대항해 반란을 일으키다
- *be* **revolted** *by the rotten smell* 썩은 냄새에 역겨워지다

revolting
형 혐오스러운·역겨운 = disgusting

1475 ★☆☆
vault
[vɔːlt]

vaul(=vol) 돌다(둥글다) +
t 명접

⇩

(빙 돌아서)

둥글게 생긴 것

명 1. (아치형의) **둥근 천장[지붕]** ▶ (돌아서) 둥글게 생긴 천장
2. (은행의) **금고** ▶ (문 위쪽 돌듯이) 둥글게 생긴 곳
- the **vault** of the cathedral 그 대성당의 둥근 천장
- a bank **vault** 은행 금고

동 (손·장대를 짚고) **뛰어넘다** = jump over ▶ 둥근 모양으로 뛰어 넘다
- **vault** a fence 담장을 뛰어넘다

Tip /
pole vault
장대높이뛰기

---

ward / war : watch 지켜보다, protect 지키다

1476 ★★★
warn
[wɔːrn]

war 지켜보다 + n 동접
⇨ (위험을) 지켜보다

동 경고하다 · 주의를 주다 = caution
- **warn** A **against** B A에게 B하지 말라고 경고하다
  = **warn** A **not to do** A에게 ~하지 말라고 경고하다
- **warn** A **of** B A에게 B를 경고하다

warning **명** 경고
- give a **warning** 경고하다

1477 ★★☆
aware
[əwéər]

a(=ad) ~을 +
war 지켜보다 + e 형접
⇨ ~을 지켜보고 있는

형 알고 있는 · 의식하고 있는 = conscious
≠ unaware (모르는·알지 못하는)
- be **aware** of the problem 그 문제를 알고 있다

awareness **명** 의식 · 인식

1478 ★★☆
award
[əwɔ́ːrd]

a(=ex) 밖 +
ward 지켜보다
⇨ 지켜본 후 결정한 것

명 상 = prize

타 1. 상을 수여하다 = give a prize
2. 《법》 지급 판결을 내리다
- win an **award** 상을 타다
- **award** her a gold medal 그녀에게 금메달을 수여하다
- **award** damages to the defendant
  피고에게 손해 배상하라는 판결을 내리다

DAY
50

1479 ★★☆
reward
[riwɔ́ːrd]

re 강조 +
ward 지켜보다
⇨ (행동을) 지켜본 후 주는 것

명 (금전적인) 보답 · 보상

동 보답하다 · 보상하다 = give money
- offer a cash **reward** to ~에게 금전적으로 보상하다
- be **rewarded** for one's effort 노력에 대해 보상받다

rewarding
형 보람 있는 · 수익성이 좋은

warrant

[wɔ́:rənt]

war(r) 보호하다 + *ant* 명접

⇩

보호해주는 것

명 1. **영장** ▶ 행동의 권한을 보호해 주는 것

2. **정당한 이유·근거** = *reason, ground* ▶ 행동이 옳다고 보호해 주는 것

- *issue an arrest* **warrant** 체포영장을 발부하다
- **warrant for** *one's behavior* 자신의 행동에 대한 근거

타 **정당하게 만들다·~을 받을 만하다** = *deserve* ▶ 어떤 것을 갖도록 보호해주다

- *the subject that* **warrants** *attention* 관심을 기울일만한 주제

warranty
명 (제품의) 품질 보증서

ward

[wɔ:rd]

ward 보호하다

타 **피하다·막다** = *avoid*

명 **(병원 내) 병동**

- **ward** *off a blow* 주먹을 피하다
- *the cancer* **ward** 암 병동

연습문제

DAY **50** | 어근 *view- ~ ward-*

♥ 영어를 우리말로, 우리말을 영어로 바꾸세요.

1. *preview*

2. *vital*

3. *revive*

4. *advocate*

5. *vowel*

6. *voluntary*

7. *benevolent*

8. *revolt*

9. *warn*

10. *aware*

11. 검토; 검토하다; 복습하다

12. 생생한

13. ~보다 오래 살다; 생존하다

14. 천직; 소명 · 사명감

15. 유발하다; 화나게 하다

16. 진화하다; (점차) 발전하다

17. 포함하다 · 수반하다; 연루시키다

18. 공전; 혁명

19. (금전적) 보상; 보답하다 · 보상하다

20. 영장; 이유 · 근거

♥ 다음 중 밑줄 친 단어와 같은 뜻을 고르시오.

21. During a violent **revolt** in 1989, the Romanian people overthrew their dictatorship government.

    ① reversion   ② recovery   ③ resistance
    ④ rebellion   ⑤ revolution

22. It is **vital** that food supplies be brought to the area immediately or hundreds of thousands of people will die of starvation.

    ① pragmatic   ② objective   ③ potential
    ④ strategic   ⑤ indispensable

23. Teenagers today are much more **aware** of the dangers of smoking than they were when my mother was young.

    ① conscious   ② aggressive   ③ available
    ④ enviable   ⑤ indulgent

♥ 다음 중 밑줄 친 단어의 반대되는 뜻을 고르시오.

24. The union took a **voluntary** pay cut to keep the company from going bankrupt.

    ① awful   ② compulsory   ③ receptive
    ④ exhaustive   ⑤ transitory

♥ 다음 괄호에 들어갈 알맞은 말을 고르시오.

25. His rude remarks (evoked / provoked) me into looking angrily at him and giving him a blow on the jaw.

26. He has constantly made a(n) (voluntary / involuntary) donation to a nonprofit organization promoting literacy among children.

27. An arrest (guaranty / warrant) has been issued for a man accused of stealing jewelry from clients.

28. I don't expect anything in (award / reward), sir.

▶ 정답 *p. 461*

PART
3

주제별
어휘

SUBJECT

1482
★★★
physical
[fízikəl]

physic 존재하다 + *al* 형접
⇨ (실제로) 존재하는

형 1. **물질의·물리적인** ≠ *mental* (정신적인)
2. **신체의**
- *physical* strength[therapy] 체력[물리치료]
- *physical* education 체육(= P.E.)

physics 명 물리학
physicist 명 물리학자
비교 / *physician* 내과의사
　　　 chemical 화학의

1483
★☆☆
flesh
[fleʃ]

명 1. **살; 살코기** 2. **(과일의) 과육**
- do without *flesh* 고기없이 지내다
- the soft *flesh* of a peach 복숭아의 부드러운 과육

비교 / *flash* 명 번쩍임·플래시

테마 / *bone* 뼈
　　　 thigh 넓적다리
　　　 calf 종아리
　　　 joint 관절
　　　 ligament 인대
　　　 tendon 힘줄
　　　 tissue (세포) 조직
　　　 organ (신체) 기관

1484
★★☆
muscle
[mʌ́sl]

명 1. **근육**
2. **힘·영향력** = *power*
- relax tense *muscles* 긴장된 근육을 풀어주다
- exert political *muscle* 정치적 영향력을 행사하다

muscular 형 근육의

1485
★★☆
vein
[vein]

명 1. **정맥** ≠ *artery* (동맥) 2. **광맥**
- inject medication into a *vein* 약물을 정맥에 주사하다
- a *vein* of gold 금광맥

1486
★★★
function
[fʌ́ŋkʃən]

funct (= *perform*)
수행하다 + *ion* 명접

⇩

수행하는 것

명 1. **기능** ▶ (작업을) 수행하는 것
2. **행사·의식** = *ceremony* ▶ (모임을) 수행하는 것
- the *function* of the brain 뇌의 기능
- attend a *function* 행사에 참석하다

동 **(제대로) 기능하다·작동하다** ▶ (작업을) 수행하다
- S is *functioning* normally ~가 정상적으로 작동하고 있다

functional 형 기능적인·기능상의

1487 ★☆☆ **kneel**

[niːl]

knee 무릎 + l 동접
⇨ 무릎 꿇다

자 무릎 꿇다

- **kneel** down before the king
  왕 앞에 무릎을 꿇다

knee 몡 무릎

시제 변화 /

kneel - knelt - knelt

1488 ★★★ **lean**

[liːn]

⇩

기대다

자 기대다 · 기울다 ▶ 구체적으로 기대다

- **lean** on the wall 벽에 기대다

형 호리호리한 · 마른 ▶ 남에게 기대야 할 것 같은

- a **lean** and handsome boy 호리호리하고 잘생긴 소년

1489 ★★☆ **cling**

[kliŋ]

clench (꽉 쥐다)의 변형
⇨ 꼭 붙잡다

자 꼭 붙잡다 · 달라붙다 = stick, adhere

- **cling to** one's mother 엄마에게 매달리다

1490 ★★☆ **fling**

[fliŋ]

타 (세게) 내던지다 · 내팽개치다 = hurl

- **fling** the dish against the wall
  접시를 벽에 내던지다

시제 변화 /

fling - flung - flung

1491 ★☆☆ **gasp**

[gæsp]

gap (틈 · 벌어짐)의 변형
⇨ (숨이 가빠) 입이 딱 벌어지다

동 1. 헐떡이다 = pant
2. 갈망하다 = long, aspire, yearn

- **gasp for** breath 숨이 가빠서 헐떡거리다
- **gasp for** help 도움을 갈망하다

비교 / **grasp** 1. 꽉잡다 2. 이해하다

1492 ★☆☆ **pant**

[pænt]

동 1. (숨을) 헐떡이다 = gasp
2. 갈망하다 · 몹시 바라다 = long for

- **pant for** breath 숨을 헐떡이다
- **pant for** a cup of coffee 커피 한 잔을 몹시 마시고 싶다

1493 ★★☆ **stumble**

[stʌ́mbl]

stum(= stammer) 말을 더듬다 +
ble 동접 ⇨ 더듬거리다
⇨ 발을 헛디디다 · 비틀거리다

자 비틀거리다 = stagger

- **stumble** drunkenly 술에 취해 비틀거리다
- **stumble** over one's words 말을 더듬거리다

숙어 / **stumble on** 우연히 발견하다

1494
★★☆

gaze
[geiz]

자 응시하다 · (가만히) 바라보다

명 응시 · 시선

- *gaze at the beautiful scenery* 아름다운 경치를 응시하다
- *fix a gaze out the window* 창밖에 시선을 고정하다

뉘앙스 /

stare (눈에 힘을 주고) 응시하다
gaze (가만히) 바라보다
observe 관찰하다
behold (감탄하며) 바라보다
glance 힐끗 보다
glimpse 언뜻 보다
glare 노려보다
browse (대충) 훑어보다

1495
★★☆

peep
[pi:p]

동 엿보다 · 살짝 보다

명 훔쳐보기 · 살짝 보기

- *peep through the gate* 문틈으로 엿보다
- *take a peep at* ~을 살짝 보다

1496
★★☆

imitate
[ímətèit]

imi(= copy) 복사 + *(t)ate* 동접
⇨ (그대로) 복사하다

동 모방하다 · 흉내 내다 = *mimic*

- *imitate the voices of celebrities*
  유명인의 목소리를 흉내내다

imitation **명** 모방 · 모조품

* '이미테이션'이란 외래어로도 사용됨

1497
★★☆

mock
[ma:k]

타 (흉내 내며) 놀리다 · 조롱하다 = *ridicule, make fun of*

형 가짜의 · 모의의

- *mock a person's accent* 남의 말투를 흉내내다
- *a mock trial[examination]* 모의재판[고사]

1498
★★☆

stifle
[stáifl]

stif(= stuff) 쑤셔 넣다 +
le 동접

⇩

쑤셔 넣어 막다

타 1. 질식시키다 ▶ 질식시키다
2. (감정 등을) **억누르다 · 억압하다** ▶ (감정을 막아) 억누르다
= *repress*

- *be stifled to death* 질식사하다
- *stifle a cry* 울음을 억누르다

stifling **형** 숨 막힐듯한 · 답답한
= *stuffy*

동물 *animals*

1499
★★☆

hatch
[hætʃ]

동 부화하다 · 부화시키다 = *incubate*

- *A chick hatches out of the egg.*
  병아리는 알에서 부화한다.
- *a hen hatching her eggs* 알들을 부화시키고 있는 암탉

hatchery **명** 부화장

1500
★★☆

fowl
[faul]

fowl : fly '날다'의 변형
⇨ (집에서 키우는) 날짐승

🅜 닭·가금 = poultry

• raise **fowl** 가금을 기르다

참고 / **livestock** 가축

비교 / **foul** 더러운·불결한

1501
★★☆

brute
[bru:t]

🅜 짐승·야수 = beast

• a cruel **brute** 잔혹한 야수

brutal 🅗 짐승 같은·잔인한

1502
★★☆

fierce
[fiərs]

fier(= wild) 야생의 + *ce* 형접
⇨ 야생의

🅗 사나운·격렬한 = violent, savage

• a **fierce** dog 사나운 개
• a **fierce** battle 격렬한 전투

fiercely 🅑 사납게·격렬하게

1503
★★☆

sting
[stiŋ]

stick (찌르다)의 변형
⇨ 쏘다·찌르다

🅥 (곤충·가시 등이) 쏘다·찌르다

🅜 (곤충의) 침·가시

• get **stung** by a bee 벌에 쏘이다
• the **sting** of the bees 벌의 침

시제변화 /
sting - stung - stung

1504
★★☆

trap
[træp]

🅜 덫·함정 = snare

🅣 덫으로 잡다

• fall into a **trap** 덫에 걸리다[함정에 빠지다]
• **trap** a bear 곰을 덫으로 잡다

DAY
51

1505
★★☆

shrink
[ʃriŋk]

🅥 1. 줄어들다 = reduce, diminish, dwindle
2. 움츠리다

• **shrink** rapidly 빠르게 감소하다
• **shrink** with cold 추워서 몸을 움츠리다

시제변화 /
shrink - shrank - shrunk

1506
★★☆

dwindle
[dwíndl]

dwi(= die) 죽다 + *(n)dle* 동접
⇨ 죽어가다

🅩 (점점) 줄어들다 = decrease, wane

• **dwindle to** three 세 명으로 줄어들다

1507
★★☆
scatter
[skǽtər]

동 흩어지다·흩어지게 하다

- *scatter* seed on the ground
  땅에 씨를 뿌리다

1508
★★☆
reap
[ri:p]

ripe(익은)의 변형
⇨ 익은 것을 따다

타 거두다·수확하다 = *harvest*

- *reap* a crop 농작물을 수확하다

1509
★★☆
weed
[wi:d]

명 잡초

타 잡초를 뽑다

- *pull weeds from the garden* 정원에서 잡초들을 뽑다
- *weed the flower beds* 화단의 잡초를 뽑다

숙어 / *weed out* (불필요한 것을) 제거하다

seaweed **명** (김·미역 등의) 해초

테마 / *bud* 싹; 싹이 트다
petal 꽃잎
seed 씨·종자
stem (식물의) 줄기
stalk (꽃·잎의) 줄기·대
trunk (나무의) 몸통
annual ring 나이테

1510
★★☆
bloom
[blu:m]

blo(= *swell*) 부풀다 + *om* 명접
⇨ (꽃봉오리가) 부풀어 오름

명 1. (화초의) 꽃·개화
2. (젊어서) 한창 때

동 꽃이 피다 = *blossom*

- *in full bloom* 꽃이 활짝 핀[만개한]
- *the bloom of youth* 젊음의 한창 때
- *trees bloom in the spring* 봄에 꽃이 피는 나무들

비교 / *blossom* (나무에 피는) 꽃

나무엔 꽃이 blossom하고

화단엔 꽃이 bloom했네!

1511
★★☆
bunch
[bʌntʃ]

명 다발·묶음

- *a bunch of flowers* 한 다발의 꽃

비교 / *bundle* 꾸러미·묶음

뉘앙스 /

bundle 묶음·꾸러미
bunch 다발·묶음
cluster (조밀하게 모여 있는) 무리
flock (새·양 등의) 떼·무리
herd (함께 사는 동물의) 떼·무리
swarm (곤충의) 떼
school (물고기의) 떼

1512
★★☆
rot
[rat]

동 썩다·썩게 하다 = *decay*

- *the rotten smell* 썩은 냄새

rotten **형** 썩은

연습문제

DAY **51** | 인간과 동식물

♥ 영어를 우리말로, 우리말을 영어로 바꾸세요.

1. muscle
   ....

2. vein
   ....

3. function
   ....

4. cling
   ....

5. fling
   ....

6. stumble
   ....

7. gaze
   ....

8. imitate
   ....

9. mock
   ....

10. shrink
    ....

11. 물리적인; 신체의
    ....

12. 살; 살코기
    ....

13. 무릎 꿇다
    ....

14. 헐떡이다; 갈망하다
    ....

15. 질식시키다; 억압하다
    ....

16. 닭 · 가금
    ....

17. 사나운, 격렬한
    ....

18. 덫, 함정
    ....

19. 흩어지다 · 흩어지게 하다
    ....

20. 다발, 묶음
    ....

♥ 다음 중 밑줄 친 단어와 같은 뜻을 고르시오.

21. The horse **stumbled** and almost fell.

    ① peeped   ② mocked   ③ struggled
    ④ staggered   ⑤ mimicked

22. The proposal has faced **fierce** opposition.

    ① brutal   ② rotting   ③ muscular
    ④ remote   ⑤ violent

23. The population in the city has **dwindled** drastically over the past 30 years.

    ① clung   ② shrunk   ③ leaned
    ④ gasped   ⑤ gazed

♥ 다음 중 밑줄 친 단어의 반대되는 뜻을 고르시오.

24. She has suffered **physical** abuse since childhood.

    ① sexual   ② mental   ③ optic
    ④ verbal   ⑤ metal

♥ 다음 괄호에 들어갈 알맞은 말을 고르시오.

25. She (knelt / knocked) down before the king and begged him to forgive her son.

26. He was (stifled / stiffened) to death when the acrid gunpowder smoke filled his apartment.

27. Some students like to (soak / mock) the English teacher's accent during their free time.

28. According to the environmental scientists, the number of butterflies is (shrugging / shrinking) rapidly.

▶ 정답 *p. 461*

1513 ★★☆ ***mature***
[mətjúər]

형 성숙한·다 자란 = grown-up ≠ *immature* (미숙한)

- a ***mature*** woman[attitude] 성숙한 여성[태도]
- be ***mature*** for one's age 나이에 비해 성숙하다

maturity 명 성숙함

비교 / ***ripe*** (과일·곡물이) 익은

1514 ★★☆ ***wholesome***
[hóulsəm]

whole 완전한 + *some* 형접
⇨ (심신을) 완전하게 하는

형 1. 건전한·유익한
2. 건강에 좋은 = healthful

- a ***wholesome*** game[book] 건전한 게임[유익한 책]
- ***wholesome*** food 건강에 좋은 음식

unwholesome
형 1. 불건전한 2. 건강에 안 좋은

1515 ★★☆ ***sanitary***
[sǽnətèri]

sani(=sound) 건강한 + *(t)ary* 형접
⇨ 건강에 좋은

형 위생의·위생적인 = hygienic

- poor ***sanitary*** conditions 열악한 위생 상태

sanitize 동 위생 처리하다·살균하다
= sterilize

1516 ★☆☆ ***slumber***
[slʌ́mbər]

slumb(= sleep) 잠 + *er* 명접
⇨ 잠

명 《문학》 잠·수면 = sleep

자 잠을 자다

- fall into deep ***slumber*** 깊은 잠에 빠져들다
- the princess ***slumbering*** quietly 조용히 자고 있는 공주

숙어 / ***slumber party*** 파자마 파티

1517 ★★☆ ***slender***
[sléndər]

slend(= thin) 마른 + *er* 형접
⇨ 몸이 마른

형 날씬한 = slim

- a ***slender*** figure 날씬한 몸매

나랑 어울리는 세 단어

bald
naked
slender

아이-부끄러워!

뉘앙스 / ***slim*** 날씬한
thin (몸이) 마른
skinny 삐쩍 마른
fat 뚱뚱한
overweight 과체중의
obese 비만의
chubby 통통한
plump 포동포동한

1518 ★★☆ ***naked***
[néikid]

형 1. 벌거벗은·나체의 = nude
2. 적나라한·노골적인

- the ***naked*** body[eye] 나체[육안]
- the ***naked*** facts of the case
  그 사건의 적나라한 사실들

nakedness 명 나체 상태

1519
★★☆

bald
[bɔːld]

형 대머리의

- *go **bald*** 대머리가 되다
- *a **bald** eagle* 대머리 독수리

baldness 명 대머리임

비교 / ***bold*** 용감한

1520
★★☆

famine
[fǽmin]

명 기근 · 굶주림 = *hunger, starvation*

- *a severe **famine*** 심각한 기근

비교 / ***feminine*** 여성의

1521
★★★

fatigue
[fətíːg]

명 피로

- *physical and mental **fatigue*** 육체적, 정신적 피로
- *be overcome by **fatigue*** 피로에 맥을 못 추다

1522
★★☆

weary
[wíəri]

형 지친 · 싫증난 = *tired, sick*

- *a **weary** look* 지친 표정
- *be **weary** of housework* 집안일에 싫증나다

weariness 명 지침 · 피로

1523
★★★

vulnerable
[vΛlnərəbl]

vulner(=wound) 상처 + *able* 형접
⇨ 상처 입을 수 있는

형 취약한 · 연약한 = *weak*

　　　≠ *invulnerable* (해칠[물리칠] 수 없는)

- *be **vulnerable to** disease* 질병에 취약하다

vulnerability
명 상처받기 쉬움 · 취약성

1524
★★☆

ruin
[rúːin]

타 망치다 = *spoil, upset, screw up*

명 1. 파멸 · 파탄　　2. 《~s》 폐허 · 유적 = *remains*

- ***ruin** one's housewarming party* 집들이를 망치다
- *fall into **ruin*** 파멸하다
- *the **ruins** of the ancient city* 고대 도시의 유적

1525
★☆☆

pang
[pæŋ]

pain (고통)의 변형

명 (갑작스런) 고통 = *torment, agony*

- *feel a **pang** of guilt* 양심의 가책을 느끼다

1526
★★☆

agony
[ǽgəni]

agon 경쟁 + *y* 명접
⇨ 경쟁에 수반되는 것

명 (극심한) **고통·괴로움** = anguish

- scream in **agony** 고통으로 비명을 지르다

1527
★★☆

bleed
[bli:d]

동 피가 나다·피를 흘리다

- *Your nose is **bleeding**.* 너 코피가 나고 있다.

bleeding **명** 출혈

시제변화 / **bleed - bled - bled**

1528
★★★

poison
[pɔ́izn]

명 독(약)

타 1. 독살하다
2. 오염시키다 = pollute, contaminate

- commit suicide by taking **poison** 독약을 먹고 자살하다
- **poison** the king 그 왕을 독살하다
- **poison** the air[river] 공기를[강을] 오염시키다

poisonous **형** 유독한

참고 / **food poisoning** 식중독

1529
★★☆

handicap
[hǽndikæp]

handicap : hand in cap 모자
안에 넣은 손 ⇨ 모자 안에 손을 넣
어 내기했던 도박

(모자 안에 손을 넣어 내기했던 도
박이 매우 불리한 조건이라는 데서
유래됨)

명 1. 불리한 조건·핸디캡 = disadvantage
2. (신체적·정신적) 장애 = disability

- be under a **handicap** 불리한 조건에 있다
- a physical[mental] **handicap** 신체적[정신적] 장애

handicapped **형** 장애가 있는

1530
★★☆

fever
[fí:vər]

fev(= heat) 열 + *er* 명접
⇨ 열이 남 ⇨ (고)열 ⇨ 열기

명 1. (고)열·열병 = temperature
2. 열기·열풍 = craze

- have[run] a high **fever** 고열이 나다
- soccer **fever** 축구 열기

1531
★★☆

therapy
[θérəpi]

명 치료·요법 = treatment, remedy

- undergo physical **therapy** 물리 치료를 받다
- speech **therapy** 언어 치료

therapeutic **형** 치료(법)의

therapist **명** 치료사

테마 / **treatment** 치료
  remedy 치료
  clinic (전문) 병원·치료소
  general hospital 종합병원
  medicine 의학; 약
  pharmacy 약국
  dispensary 조제실

¹⁵³² ★★☆
heal
[hi:l]

heal : whole '완전한'의 변형
⇨ (아픈 데 없이) 완전해지다
⇨ 낫다·낫게 하다

동 **낫다·낫게 하다**
- The wound **healed** up. 그 상처가 다 나았다.
- **heal** a wound[soul] 상처를 치료하다[영혼을 치유하다]

healing **명** 치유·힐링
비교 / ***heel*** 뒤꿈치

---

¹⁵³³ ★★☆
doom
[du:m]

명 **죽음·파멸** = *death, ruin*
타 **(불행한) 운명을 맞게 하다**
- meet one's **doom** 죽음을 맞다
- be **doomed** to failure[fail] 실패할 운명이다

---

¹⁵³⁴ ★★☆
span
[spæn]

명 **(지속되는) 기간·시간**
타 **(시간·범위에) 걸쳐 이어지다**
- a life **span** 수명
- **span** three decades 30년에 걸쳐 이어지다

가족 *family*

---

¹⁵³⁵ ★★☆
feminine
[fémənin]

female (여자인)에서 유래

형 **여성의·여성스러운** = *female*
- **feminine** feature 여성적인 생김새

feminist **명** 여권운동가·페미니스트
feminism **명** 여권 운동·페미니즘

---

¹⁵³⁶ ★★☆
offspring
[ɔ́:fspriŋ]

off 떨어져 + *spring* 튀다
⇨ (어미의 몸에서) 튀어나온 존재

명 **자식·(동물의) 새끼**
- produce **offspring** 자식을 낳다
- transfer wealth to **offspring** 부를 자손에게 넘겨주다

테마 / ***cub*** (육식동물의) 새끼
calf 송아지
descendant 자손·후손
progeny 자손
sibling 형제자매
ancestor 조상

---

¹⁵³⁷ ★★☆
cradle
[kréidl]

명 1. **요람·아기 침대** 2. **발상지**
- from **cradle** to grave 요람에서 무덤까지, 일생 동안
- the **cradle** of civilization 문명의 발상지

주의 /
발음에 주의! 크래들(X) → 크뤠이들(O)

1538
★★☆

foster

[fɔ́ːstər]

fost(= food) 음식 + *er* 동접
⇨ 음식을 주어 키우다

타 1. (아이를) 양육하다
2. **육성하다 · 발전시키다** = *cultivate, promote*

- *foster* a child 아이를 맡아 기르다
- *foster* the stem cell industry 줄기세포 산업을 육성하다

비교 / *adopt* 입양하다

1539
★★★

familiar

[fəmíljər]

famili(= family) 가족 + *ar* 형접
⇨ 가족처럼 낯익은

형 익숙한 · 잘 알고 있는 = *accustomed*

- foods *familiar to* Americans 미국인들에게 익숙한 음식들
- be *familiar with* the law 그 법을 잘 알고 있다

familiarity **명** 익숙함·친근함
familiarize **동** 익숙하게 하다
어법 / *familiarize A with B*
A에게 B를 친숙하게 하다[알리다]

1540
★★☆

cherish

[tʃériʃ]

cher(i) 애정 + *ish* 동접
⇨ 애정을 지니다

타 소중히 여기다 · 간직하다 = *prize*

- *cherish* the memory of ~에 대한 추억을 간직하다

1541
★★☆

eternal

[itə́ːrnəl]

eter(=age) 시대 + *nal* 형접
⇨ 시대를 이어가는

형 영원한 = *everlasting*

- the promise of *eternal* love 영원한 사랑의 약속

eternity **명** 영원

1542
★★☆

gift

[gift]

gift : give '주다'의 명사
⇨ 주는 것

명 1. 선물 = *present*
2. (천부적) 재능 = *talent*

- a wedding *gift* 결혼 선물
- have a *gift* for music 음악에 재능이 있다

gifted **형** 재능이 있는
- *gifted* children 재능 있는 아이들(영재들)

1543
★★☆

token

[tóukən]

tok(= show) + *en* 명접
⇨ 보여주는 것

명 표시 · 징표 = *sign*

- a *token* of gratitude 감사의 표시

1544
★★☆

fade

[feid]

fad(= weak) 약한 + *e* 동접
⇨ 약해지다

자 1. (색이) 바래다 · 희미해지다
2. **점차 사라지다** = *disappear*

- The colors of the photo have *faded*. 그 사진의 색이 바랬다.
- The memories *fade* away. 추억들은 점차 사라진다.

1545
★★☆

split

[split]

동 1. 쪼개다 · 쪼개지다 = *separate, divide*
2. **헤어지다** = *part*

- *split* over the issue 그 이슈에 대해 (의견이) 갈리다
- *split* from his wife 아내와 헤어지다

시제변화 / *split - split - split*

연습문제

DAY **52** | 신체상태 & 가족

♥ 영어를 우리말로, 우리말을 영어로 바꾸세요.

1. mature

2. sanitary

3. fatigue

4. weary

5. vulnerable

6. poison

7. fever

8. therapy

9. feminine

10. cherish

11. 건전한 · 유익한; 건강에 좋은

12. 벌거벗은; 적나라한

13. 대머리의

14. 기근 · 굶주림

15. 망치다; 파멸

16. (갑작스런) 고통

17. (극심한) 고통 · 괴로움

18. 불리한 조건; (신체·정신적) 장애

19. 죽음 · 파멸

20. 양육하다 · 발전시키다

♥ 다음 중 밑줄 친 단어와 같은 뜻을 고르시오.

21. Contagious diseases thrive in poor **sanitary** conditions.
   ① therapeutic   ② vulnerable   ③ hygienic
   ④ immature   ⑤ weary

22. The patient was in **agony** after her operation.
   ① anger   ② anguish   ③ fever
   ④ recovery   ⑤ token

23. He will receive physical **therapy** on his damaged left knee.
   ① substitution   ② function   ③ fatigue
   ④ training   ⑤ treatment

24. The goal is to **foster** friendly relations with developing countries for peace and economic development.
   ① bring up   ② make up   ③ take up
   ④ hold up   ⑤ keep up

♥ 다음 괄호에 들어갈 알맞은 말을 고르시오.

25. My secret to good health is eating (whole / wholesome) foods and fresh fruits in season.

26. Many children died of starvation and malnutrition when a severe (famine / fame) struck the country.

27. He was pale with physical and mental (fatigue / fatality) after traveling by plane with a toddler.

28. In African underdeveloped countries, many poverty-stricken children are (venerable / vulnerable) to various deadly diseases.

▶ 정답 p. 461

1546
★★☆

fellow
[félou]

fe(= money) 돈 + (l) *low* (= lay) 놓다
⇨ (사업에) 돈을 내놓은 사람

명 1. **동료** = colleague
2. **녀석·남자**

- a *fellow* student 동창생
- a good *fellow* 좋은 녀석

뉘앙스 / *friend* (일반적) 친구

buddy = pal (친한) 친구

mate 단짝·친구

companion 동반자·친구
colleague
= *associate* (직장) 동료

comrade 동지·전우

1547
★★☆

barbarian
[ba:rbéəriən]

barbar '바바'하는 소리 +
ian 사람
⇨ (알아들을 수 없이) 바바하는 사람

명 **야만인·미개인**

- act like a *barbarian* 야만인처럼 행동하다

(다른 나라 사람들의 말이 알아들을 수 없는 '바바'하는 소리처럼 들린데서
유래된 말)

barbarous **형** 야만적인·잔혹한

1548
★★☆

peculiar
[pikjú:ljər]

pecul(= property) 소유물 +
(i)ar 형접 ⇨ (재산이 ~에게만) 소유된

형 1. **독특한** = proper
2. **특이한** = unusual

- a custom *peculiar* to Korea 한국에 독특한 관습
- the patient's *peculiar* behavior 그 환자의 특이한 행동

peculiarity **명** 특이함
peculiarly **부** 1. 독특하게
2. 아주·특히

1549
★★☆

mingle
[míŋgl]

mix (섞다)의 변형
⇨ 섞다

동 **섞다·섞이다** = mix

- *mingle* fact *with* fiction 사실과 허구를 섞다
- *mingle with* classmates 급우들과 어울리다

1550
★★☆

blend
[blend]

동 1. **섞다** = mix
2. **어울리다·조화되다**

- *blend* fantasy *with* reality 환상과 현실을 뒤섞다
- *blend* in with ~와 잘 어울리다, 조화를 이루다

1551
★★☆

favor
[féivər]

명 1. **호의·친절**
2. **지지·찬성** = support, approval

타 **~에게 호의를 베풀다·총애하다** = support

- do me a *favor* 나에게 호의를 베풀다
- be in *favor* of the bill 그 법안에 찬성하다
- *favor* a tax cut 감세를 지지하다

숙어 / *in favor of*
~을 찬성하여·~를 위해

| 1552
★★☆ | **_aid_**
[eid] | 명 **도움 · 원조** = help
동 **돕다 · 원조하다**
• increase economic **aid** 경제적 원조를 늘리다
• **aid** developing countries 개발도상국들을 원조하다 | 비교 / **_aide_** 보좌관 |

| | | **주택 _house_** | |

| 1553
★★☆ | **_cabin_**
[kǽbin] | 명 1. **오두막집** = hut
2. **(배 · 항공기의) 객실 · 선실**
• a log **cabin** 통나무집
• the First Class **cabin** 1등실 | 참고 / **_cockpit_** 조종실
cabin crew 승무원 |

| 1554
★★☆ | **_cottage_**
[kátidʒ] | 명 **(시골의) 작은 집 · 오두막**
• live in a **cottage** 오두막에 살다 |  | 참고 / **_hut_** 오두막·움막
lodge 산장 |

| 1555
★★☆ | **_lodge_**
[ladʒ]

lodg(= log) 통나무 +
e 명접

⇩

통나무 | 명 **오두막 · 산장** = cabin, hut ▶ 통나무로 된 집
• a lakeside **lodge** 호숫가의 별장
동 1. **머무르다 · 하숙하다** = board ▶ 통나무처럼 집에 박혀 머무르다
2. **~에 꽂다 · 박히게 하다** ▶ 통나무처럼 단단히 박혀있다
• a **lodging** house 여인숙
• The fishbone **lodged** in my throat. 목에 생선가시가 박혔다. | |

| 1556
★★☆ | **_shelter_**
[ʃéltər]

shield '방패'에서 변형됨
⇨ 막아주는 것 | 명 **피신처 · 보호소** = refuge
동 **보호하다 · 피신처를 제공하다**
• take **shelter** in ~로 피신하다
• **shelter** oneself from ~로 부터 몸을 피하다 | |

**DAY
53**

| 1557
★★☆ | **_inn_**
[in]

in 안에 + n 명접
⇨ 안에 들어 가 자는 곳 | 명 **(시골의) 숙소 · 여관**
• stay at an **inn** 여인숙에서 머물다 | |

1558 ★★☆ cathedral
[kəθíːdrəl]

명 대성당

- renovate an old **cathedral** 오래된 대성당을 개조하다

테마/ **temple** 절·사원
cloister 수도원
mansion 대저택
villa 별장·대저택

1559 ★★☆ room
[ruːm]

room(=space) 공간
⇨ (집안의 공간인) 방

명 1. 방 2. 공간·여지

- a three-**room** apartment 방이 세 개인 아파트
- There is no **room** for ~ ~의 여지가 없다

roomy 혱 널찍한

1560 ★☆☆ chamber
[tʃéimbər]

cham(=room) 방 + (b)er 명접
⇨ 방

명 회의실·~실(室)

- the judge's **chamber** 판사실

참고/ **chamber music** 실내악

1561 ★★☆ vent
[vent]

vent:wind '바람'의 변형
⇨ 바람이 빠지는 곳

명 통풍구·환기구

- give **vent** to one's anger 화를 내다

ventilate 통 환기시키다

1562 ★★☆ timber
[tímbər]

명 목재·나무 = wood, lumber

- be made of **timber** 나무로 만든

Tip/

timber 는 영국, **lumber** 는 미국에서 사용

1563 ★★★ equipment
[ikwípmənt]

명 장비·장치 = apparatus

- install **equipment** 장비를 설치하다

equip 타 (장비를) 갖추게 하다
- be **equipped** with laptops
  노트북 컴퓨터를 갖추고 있다

뉘앙스/

tool 연장·도구
device (특정목적의) 장치·기구
instrument (정밀한) 기구
equipment 장비·설비
appliance 가전제품
utensil (요리) 기구·주방용품
gauge 측정 장치
hardware 철물·기계 장비

1564
★★☆

furnish
[fə́:rniʃ]

furnish : furniture '가구'의 동사
⇨ 가구를 비치하다

㉣ 1. (가구를) 비치하다
2. 제공하다 · 공급하다 = provide

- *furnish* a room 방에 가구를 비치하다
- *furnish* us **with** new information
  우리에게 새 정보를 제공하다

furniture **명** 가구
- polish the *furniture* 가구를 닦다

1565
★★☆

ornament
[ɔ́:rnəmənt]

orn(= order) 정돈 +
(a)ment 명접
⇨ (예쁘게) 정돈해 놓음

명 장식(물) = decoration

- Christmas tree *ornaments* 크리스마스 트리 장식물들

테마 / *earring* 귀걸이
bracelet 팔찌
necklace 목걸이
cane 지팡이
bow tie 나비넥타이

1566
★★★

decorate
[dékərèit]

decor(= decent) 적당한 +
ate 동접
⇨ (더 꾸며서) 적당하게 만들다

㉣ 1. 장식하다 = adorn
2. (훈장을) 수여하다

- *decorate* a cake **with** chocolate
  케이크를 초콜릿으로 장식하다
- *decorate* a soldier **for** bravery
  군인에게 용맹하다고 훈장을 수여하다

decoration **명** 장식(품)

오-! 너 멋지다!

1567
★★☆

frame
[freim]

명 1. 틀 · 액자   2. (건물 · 사람 등의) 뼈대 · 골격
㉣ 틀을 잡다

- a picture *frame* 사진 액자
- the *frame* of a bicycle 자전거의 뼈대
- *frame* a speech 연설의 틀을 잡다

1568
★★☆

mess
[mes]

명 엉망인 상태 · 지저분함
㉣ 엉망으로 만들다 = spoil

- leave a room in a *mess* 방을 어질러 놓다
- *mess* one's hair 머리를 헝클어놓다

messy **형** 지저분한 · 엉망인

1569
★★☆

routine
[ru:tíːn]

routi(=route) 길 + *ne* 명접
⇨ (따라가도록 정해진) 길

명 1. 정해진 방법 · 순서
2. (판에 박힌) 틀 · 일

- follow the exercise *routine* 정해진 운동 방법을 따르다
- a daily *routine* 일상 (생활)

route **명** 노선 · 길

1570
★★☆

neat
[ni:t]

형 단정한 · 깔끔한 = tidy

- a *neat* appearance[handwriting] 단정한 외모[글씨]
- keep one's room *neat* 자기 방을 깔끔하게 정리해두다

neatness **명** 깔끔함

1571
★★☆
tidy
[táidi]

형 깔끔한 · 정돈된 = *neat*

≠ *untidy* (단정치 못한)

동 정돈하다

- a **tidy** office 잘 정돈된 사무실
- **tidy** up a house 집을 정리하다

1572
★★☆
rent
[rent]

명 집세 · 임차료

타 1. (돈 내고) 빌리다 · 세 들다
2. 세놓다 · 임대하다

- pay the **rent** 집세를 내다
- **rent** a car 차를 렌트하다
- **rent** a student a room 학생에게 방을 세놓다

rental **명** 임대(료)

비교 / **hire** 1. 고용하다
2. 〈영국〉 빌리다 · 빌려주다

1573
★★☆
vary
[véəri]

자 바뀌다 · 다르다 = *change*

- **vary** widely 크게 다르다[매우 다양하다]

various **형** 다양한
= *diverse, varied*

variety **명** 다양성 · 변수

variance **명** 차이 · 변동

1574
★★☆
hazard
[hǽzərd]

명 (우발적) 위험 (요소) = *danger, peril, risk*

- a fire **hazard** 화재 위험

hazardous **형** 위험한

1575
★★☆
garbage
[gáːrbidʒ]

명 쓰레기 = *trash, litter, refuse, waste, rubbish*

- take out the **garbage** 쓰레기를 내다 버리다
- plastic **garbage** bag 비닐 쓰레기봉투

1576
★★☆
dwell
[dwel]

자 1. 살다 · 거주하다 = *reside*
2. 숙고하다 = *think over*

- **dwell** in a jungle 정글속에 살다
- **dwell** on the past 과거에 대해 숙고하다

dweller **명** 거주자

dwelling **명** 거주지 · 주택

1577
★★☆
haunt
[hɔːnt]

haun(= *home*) + *t* 동접

⇨ (유령이 살던) 집으로 돌아오다

타 1. 유령이 나타나다
2. (생각 등이) 괴롭히다 · 떠나지 않다

- A ghost **haunts** the house. 그 집에 유령들이 나타난다.
- The tune **haunted** me all day.
  그 선율이 온종일 내 뇌리를 떠나지 않았다.

♥ 영어를 우리말로, 우리말을 영어로 바꾸세요.

1. mingle _____

2. cottage _____

3. shelter _____

4. cathedral _____

5. chamber _____

6. timber _____

7. equipment _____

8. ornament _____

9. decorate _____

10. garbage _____

11. 독특한; 특이한 _____

12. 섞다; 어울리다 · 조화되다 _____

13. 호의; 지지 _____

14. 하숙하다; 박히게 하다 _____

15. 통풍구 · 환기구 _____

16. (가구를) 비치하다; 공급하다 _____

17. 엉망인 상태 · 지저분함 _____

18. 정해진 방법; (판에 박힌) 일 _____

19. 바뀌다 · 다르다 _____

20. 유령이 나타나다; 괴롭히다 _____

♥ 다음 중 밑줄 친 단어와 같은 뜻을 고르시오.

21. Air pollution in Beijing reached **hazardous** levels.
   ① barbarous   ② favorable   ③ various
   ④ dangerous   ⑤ messy

22. Most parents want to **shelter** their children from pain and sadness.
   ① protect   ② protest   ③ promote
   ④ progress   ⑤ proceed

23. Students are **furnished** with all the necessary materials for the new course.
   ① needed   ② decorated   ③ provided
   ④ demanded   ⑤ shielded

♥ 다음 중 밑줄 친 단어의 반대되는 뜻을 고르시오.

24. I don't want to share with someone who is noisy or **messy**.
   ① civil   ② tidy   ③ violent
   ④ courteous   ⑤ extraordinary

♥ 다음 괄호에 들어갈 알맞은 말을 고르시오.

25. When you transfer to a new school, it's important to (concur / mingle) with other classmates.

26. A group of refugees rushed to take (shrine / shelter) in an abandoned shed during the thunderstorm.

27. According to a recent survey, house prices (vary / verify) widely across the country.

28. Students should be able to identify common fire (hazards / crackers) in the laboratory and know how to prevent them.

▶ 정답 p. 462

1578
★★☆
clothing
[klóuðiŋ]

🅜 (집합적) **의류 · 의복** = clothes

- women's **clothing** 여성복
- food, **clothing**, and shelter 의식주

비교 /

cloth 옷감·천 / **clothes** 옷 /
clothe 옷을 입히다

뉘앙스 /

clothing (집합적) 의류
dress (여성·아이의) 옷
suit 정장
costume (시대) 의상
uniform 제복

1579
★★☆
weave
[wi:v]

weave 빠르게 움직이다
⇨ (실을) 빠르게 움직이다

🅥 1. (실 · 천을) **짜다 · 엮다**
2. (이야기를) **지어내다 · 만들어내다**

- **weave** rugs and carpets 깔개와 양탄자를 짜다
- **weave** a story 이야기를 지어내다

1580
★★☆
pattern
[pǽtərn]

🅜 1. **무늬**
2. (정형화된) **양식 · 패턴**

- a blouse with a floral **pattern** 꽃무늬 블라우스
- **patterns** of behaviour 행동 패턴들

1581
★★☆
trend
[trend]

tren(= bend) 구부리다 + d 명접
⇨ (강이나 상황이) 흘러 구부려지는
모양새

🅜 **동향 · 추세 · 유행** = tendency

- the latest fashion **trend** 최신 패션 유행

trendy 🅐 최신 유행의

1582
★☆☆
brace
[breis]

bra(= arm) 팔 + ce 명접
⇨ 팔을 조이는 것

(옛날 전투에서 팔부분을 조여서
보호하는 갑옷에서 유래됨)

🅜 1. **멜빵** = suspenders
2. (조여 주는) **보조기 · 치아교정기**

- buy a pair of **braces** 멜빵 한 벌을 사다
- wear **braces** on one's teeth 치아교정기를 끼다

숙어 / **brace oneself for** ~에 대비하다, 마음을 지키다

둘 다
때받치는
기능을 해!

1583
★★☆
shabby
[ʃǽbi]

🅐 **낡은 · 허름한** = wornout, run-down

- wear **shabby** clothes 낡은 옷을 입다

1584 ★★☆	**sheer** [ʃiər]	형 1. **순전한** = utter 2. **얇은 · 비치는** = see-through • win by **sheer** luck 순전히 운으로 이기다 • wear **sheer** stockings 얇은 스타킹을 신다

1585 ★★☆	**polish** [páliʃ] pol(= smooth) 매끈한 + ish 형접 ⇨ 매끈하게 하다	타 **(윤이 나도록) 닦다 · 광내다** 명 **윤 · 광(택제)** • **polish** one's shoes 신발을 닦다 • wipe the floor to a **polish** 바닥을 광나게 닦다 • shoe **polish** 신발 광택제[구두약] / nail **polish** 매니큐어

1586 ★★☆	**trim** [trim]	타 **다듬다 · 손질하다** 명 **(머리) 다듬기 · 손질** • **trim** the sides 옆머리를 다듬다 • go to the barber for a **trim** 머리를 손질하러 이발소에 가다	시제변화 / **trim–trimmed–trimmed**

예술 arts

1587 ★★☆	**sculpture** [skʌ́lptʃər] sculp(= cut) + ture 명접 ⇨ 잘라내어 만든 것	명 **조각(품)** = carving • carve a **sculpture** 조각품을 만들다

1588 ★★☆	**craft** [kræft]	명 1. **기술 · 공예** = skill 2. **(작은) 배 · 비행기** • learn the **craft** of pottery 도자기 공예를 배우다 • a sailing[pleasure] **craft** 작은 범선[유람선]	**crafty** 형 교활한 = cunning, artful **craftsman** 명 기술자 · 공예가 참고 / **spacecraft** 우주선 / **aircraft** 항공기 / **witchcraft** 마법 · 마술

1589 ★★☆	**clumsy** [klʌ́mzi]	형 **서투른** = awkward, all thumbs • a **clumsy** hairdresser[apology] 서투른 미용사[사과]	

1590 ★☆☆	**anthem** [ǽnθəm]	명 **(공식적인) 노래** = a formal song • a national **anthem** 국가

1591 ★★☆ celebrity
[səlébrəti]

명 1. 명성 = fame, renown
   2. 유명인사 = personality
- the actor's **celebrity** 그 배우의 명성
- a Hollywood **celebrity** 헐리우드의 유명인사

celebrated 형 유명한·명성있는

1592 ★★☆ splendid
[spléndid]

splend(= shine) 빛나다 + id 형접
⇨ 빛나는 ⇨ 아주 멋진·훌륭한

형 아주 멋진·훌륭한 = magnificent, brilliant, gorgeous
- a **splendid** opportunity[view] 아주 멋진 기회[경치]

splendor 명 훌륭함·탁월

음식 food

1593 ★★☆ grocery
[gróusəri]

groc(= gross) 총·전체의 +
ery 명접
⇨ (제품이) 전체가 다 있는 곳

명 식료품 잡화점 = supermarket
- stand in the **grocery** line
  식료품 잡화점에 줄을 서있다

비교 / **greengrocery** 청과상

1594 ★★☆ stir
[stəːr]

(s)tir(= turn) 돌다
⇨ (돌려서) 휘젓다

동 1. 휘젓다
   2. 마음을 흔들다·자극하다 = stimulate
- **stir** coffee with a spoon 스푼으로 커피를 젓다
- **stir** the imagination 상상력을 자극하다

숙어 / **stir up** 불러일으키다·유발하다
  - **stir up** a lot of anxiety 많은 근심을 불러일으키다

시제변화 /
stir - stirred - stirred

1595 ★★☆ grind
[graind]

ground '땅'의 변형
⇨ (물체를) 땅에다 비비다

타 (잘게) 갈다·빻다
- **grind** the coffee beans 커피콩들을 갈다
- **grind** an ax 도끼를 갈다

시제변화 /
grind - ground - ground

1596 ★★☆ soak
[souk]

suck (빨다)의 변형
⇨ (물을) 빨아들이게 하다

동 담그다·흠뻑 적시다 = drench
- **soak** rice in water 쌀을 물에 담그다

| 1597
★★☆ | **_flavor_**
[fléivər]

flav(=blow) 불다 + *or* 명접
⇨ (음식에서) 불어오는 향
⇨ (독특한) 풍미 | 명 (풍기는) 맛·풍미 = taste
• a distinctive **_flavor_** 독특한 맛 | 뉘앙스 / **_taste_** (일반적으로) 맛
flavor (풍기는) 맛·풍미(風味)
savor (좋은) 맛·향 |

| 1598
★★☆ | **_frequent_**
[frí:kwənt] | 형 잦은·빈번한 ≠ rare (드문)
타 ~에 자주 가다
• a **_frequent_** occurrence 자주 일어나는 일
• **_frequent_** a restaurant 식당에 자주 가다 | **_frequently_** 부 자주·흔히
frequency 명 1. 빈도·빈발
2. 주파수 |

| 1599
★★☆ | **_tray_**
[trei] | 명 쟁반
• bring ~ on a **_tray_**
쟁반 위에 담아 가져오다 | 참고 / **_ashtray_** 재떨이 |

남편. 흘리면 죽는다..

| 1600
★★☆ | **_vomit_**
[vámit] | 동 (구)토하다 = throw up
• be about to **_vomit_** 막 토하려고 하다 | |

언어 language

| 1601
★★☆ | **_boast_**
[boust]

boa(= swell) 부풀다 + *st* 동접
⇨ (몸을) 부풀다 | 동 자랑하다·뽐내다 = brag, show off
• **_boast_** of one's achievements 자신의 업적을 자랑하다 | **_boastful_** 형 자랑하는·뽐내는 |

| 1602
★★☆ | **_flatter_**
[flǽtər]

flat 납작한 + *(t)er* 동접
⇨ 자신을 납작하게 낮추다 | 타 아첨하다
• **_flatter_** one's boss 상사에게 아첨하다
• I'm **_flattered_**. 과찬이십니다. | **_flattery_** 명 아첨
비교 / **_flutter_** 펄럭이다 |

| 1603
★★☆ | **_argue_**
[á:rgju:] | 동 1. 다투다·언쟁하다 = quarrel
2. 주장하다 = contend, maintain
• **_argue_** about[over] money 돈에 대해서 다투다
• **_argue_** for[against] capital punishment
사형에 대해 찬성하다[반대하다] | **_argument_** 명 1. 논쟁 2. 주장 |

1604
★★☆
absurd
[æbsə́:rd]

ab 강조 +
surd(= deaf) 귀먹은
⇒ 완전히 귀가 먹은

형 불합리한 · 터무니없는 = unreasonable
- an **absurd** argument 터무니없는 주장

명 《the–》 불합리 · 부조리

absurdity 명 부조리함

1605
★★★
ridiculous
[ridíkjuləs]

rid(i)(= laugh) 웃다 +
cul 명접 + ous 형접
⇒ 웃기는 일인

형 웃기는 · 터무니없는 = ludicrous, absurd
- sound **ridiculous** 터무니 없이 들리다
- a **ridiculous** suggestion 터무니없는 제안

ridicule
명 조롱 · 조소 동 비웃다 · 조소하다

1606
★☆☆
vulgar
[vʌ́lgər]

vulg(=people) 사람들 + ar 형접
⇒ 이사람 저사람 다 하는

형 저속한 · 천박한 = coarse
- use **vulgar** language 저속한 언어를 사용하다

vulgarity 명 1. 저속함 2. 음란물

1607
★★☆
swear
[swɛər]

swear(=speak) 말하다
⇒ 진심으로 말하다

동 1. 맹세하다 = take an oath
　2. 욕하다 = curse, call names
- **swear** an oath 선서하다[맹세하다]
- Don't **swear** at me. 나한테 욕하지 마.

swearword 명 욕 · 저주
= four-letter word

1608
★★☆
curse
[kə:rs]

명 욕설 · 저주 = swearword
동 욕하다 · 악담을 퍼붓다
- put a **curse** on ~에 저주를 하다
- **curse** one's husband 남편을 욕하다

1609
★★★
blame
[bleim]

타 비난하다 · ～에게 책임을 돌리다
명 (잘못에 대한) 책임 = responsibility
- **blame** the driver **for** the crash
  운전자에게 사고의 책임을 돌리다
  = **blame** the crash **on** the driver
- put the **blame** on him 그에게 책임을 돌리다

blameworthy 형 비난받을 만한

1610
★★☆
awkward
[ɔ́:kwərd]

형 1. 어색한 · 서투른 = clumsy
　2. 난처한 · 곤란한 = difficult
- an **awkward** movement 어색한 동작
- ask an **awkward** question 곤란한 질문을 하다

awkwardly 부 어색하게 · 서투르게

연습문제

DAY **54** |

♥ 영어를 우리말로, 우리말을 영어로 바꾸세요.

1. *shabby*

2. *polish*

3. *trim*

4. *clumsy*

5. *splendid*

6. *grind*

7. *vomit*

8. *ridiculous*

9. *vulgar*

10. *blame*

11. (실 · 천을) 짜다, 엮다

12. 기술, 공예; (작은) 배, 비행기

13. 식료품 잡화점

14. 휘젓다; 마음을 흔들다

15. 잦은 · 빈번한

16. 자랑하다 · 뽐내다

17. 아첨하다

18. 불합리한, 터무니없는

19. 맹세하다; 욕하다

20. 어색한; 곤란한

♥ 다음 중 밑줄 친 단어와 같은 뜻을 고르시오.

21. The student told the teacher a <u>ridiculous</u> story about his dog eating his homework, but she didn't believe him.

① outstanding ② priceless ③ serious
④ sensible ⑤ ludicrous

22. The idea that we can prevent war by preparing for war seems <u>absurd</u> to me.

① pragmatic ② unreasonable ③ subjective
④ irresponsible ⑤ undeniable

23. Never <u>boast of</u> your achievements; it is important to remain modest.

① give off ② take off ③ show off
④ turn off ⑤ tell off

♥ 다음 중 밑줄 친 단어의 반대되는 뜻을 고르시오.

24. The baseball player made a <u>clumsy</u> attempt to catch the ball.

① skillful ② futile ③ deliberate
④ desperate ⑤ savage

♥ 다음 괄호에 들어갈 알맞은 말을 고르시오.

25. Railway officials did not (blame / bloom) the driver for the train crash that happened last month.

26. I would like to leave the company rather than (flutter / flatter) my boss.

27. Please refrain from using (vulgar / vulnerable) language or rude gesture in front of the elderly.

28. If you want to make delicious rice, you have to (suck / soak) rice in water for at least an hour beforehand.

▶ 정답 *p. 462*

1611 ★★☆ **prose**
[prouz]

명 산문

- a unique **prose** style 독특한 산문체

prosaic
형 산문체의 · 지루한 = *dull*

비교 / **verse** 운문

1612 ★★☆ **satire**
[sǽtaiər]

sati(=*full*) 가득 찬 + *re* 명접
⇨ (다양한 조롱으로) 가득 찬 것
⇨ (악 · 어리석음을 다른 것을 빗대어
　조롱하는) 풍자

명 풍자

- a political **satire** 정치 풍자

satirize **동** 풍자하다
satirical **형** 풍자적인

테마 / **satire** 풍자
　　　paradox 역설
　　　irony 반어
　　　simile 직유
　　　metaphor 은유
　　　allegory 풍유
　　　personification 의인화

1613 ★★☆ **periodical**
[pìəriádikəl]

period 기간 + (*i*)*cal* 명접
⇨ 일정 기간을 두고 나오는 것

명 정기 간행물

- publish a monthly **periodical**
　월간 정기 간행물을 발행하다

period **명** 기간 · 시기
periodic **형** 정기적인

뉘앙스 /
catalogue (상품 · 자료의) 목록 ·
　　　　　카탈로그
brochure 안내 책자
pamphlet 소책자
handout (자료용) 인쇄물
leaflet 전단지

1614 ★★☆ **article**
[á:rtikl]

명 1. (신문 · 잡지의) 글 · 기사　2. 물품 · 품목 = *item*

- a newspaper **article** 신문 기사
- household **articles** 가정용품

1615 ★★☆ **preach**
[pri:tʃ]

pre 앞 + *ach*(=*speak*) 말하다
⇨ (사람들) 앞에서 말하다

동 1. 설교하다　2. 역설하다

- **preach** a sermon 설교하다
- **preach** the importance of education
　교육의 중요성을 역설하다

1616 ★★☆ **summary**

[sʌ́məri]

sum(=peak) 꼭대기 + (m)ary
명접 ⇨ 꼭대기(가장 중요한)에 있는
것을 모음

명 요약

• a brief **summary** 간단한 요약

숙어 / **in summary** 요약하면

summarize 동 요약하다

1617 ★★☆ **brief**

[bri:f]

형 1. (시간이) 짧은 · 잠시의   2. (말 · 글이) 간결한

명 간단한 요약 · 짧은 소식

• a **brief** visit 짧은 방문
• a **brief** outline 간단한 요약
• a news **brief** 뉴스 단신

테마 / **article** 신문기사
thesis 연구논문
essay 작문
paper 과제물, 논문
report 보고서

1618 ★★☆ **hint**

[hint]

명 힌트 · 암시

• have **hinted** nothing of ~ ~아무런 단서도 남겨두지 않았다
• take a **hint** 힌트를 알아차리다

직업 occupation

1619 ★★★ **seek**

[si:k]

타 찾다 · 구하다 = look for, search for

• **seek** employment 직장을 구하다

seeker 명 추구하는 사람

시제변화 /
seek - sought - sought

1620 ★★★ **quit**

[kwit]

quiet '조용한'의 변형
⇨ (멈추어) 조용해지다

동 그만두다

• **quit** a job[smoking] 일을 그만두다[담배를 끊다]

비교 /
quit ~ing ~하는 것을 그만두다
(동명사를 목적어로 취하는 동사임에 유의!)

DAY
55

1621 ★★☆ **hinder**

[híndər]

hind 뒤의 + er 동접
⇨ (앞으로 못 나가게) 뒤에 두다

타 방해하다 · 저해하다 = block, obstruct

• **hinder** him **from** fulfill**ing** his aim
그의 목표성취를 방해하다
• **hinder** the search for survivors
생존자 수색을 방해하다

hindrance 명 방해 · 장애물

어법 /
hinder A from ~ing
A를 ~하지 못하게 하다

1622
★★☆

wage
[weidʒ]

wage(= promise)

⇩

(일에 대해) **약속된 것**

명 **임금·급료** = *pay*　▶ (일에 대해) 약속된 돈
- *raise the minimum* **wage** 최저 임금을 인상하다

타 **(전쟁을) 하다·벌이다**　▶ (전쟁을 하겠다고) 약속하다
- **wage** *a war* 전쟁을 벌이다

1623
★★☆

negotiate
[nigóuʃièit]

neg(= not) 부정 + *oti*(= leisure)
한가로움 + *ate* 동접
⇨ (서로 만나) 한가로울 새가 없다

동 **협상하다** = *bargain, deal*
- **negotiate** *with the union* 노동조합과 협상하다

negotiation 명 협상
negotiator 명 협상가
비교 / **compromise** 타협하다

1624
★★☆

livelihood
[láivlihùd]

live 살다 + *li* 형접 +
hood 명접 ⇨ 살아가는 것

명 **생계 (수단)**
- *a means of* **livelihood** 생계 수단
- *improve one's* **livelihood** 생계를 개선하다

비교 / **likelihood** 가능성·확률

1625
★★★

own
[oun]

형 **자신의**

타 **소유하다** = *possess*

자 **인정하다·고백하다** = *confess*
- *one's* **own** *experiences* 자신의 경험들
- **own** *a house* 집을 소유하다
- **own** *up to one's mistakes* 자신의 잘못을 자백하다

owner 명 주인·소유주

내 아파트야!

1626
★★☆

thrifty
[θrífti]

thrift : thrive 번창하다 +
y 형접 ⇨ 번창하게 만드는

형 **검소한·절약하는** = *frugal, economical*
- *a* **thrifty** *habit* 절약하는 습관
- *a* **thrifty** *bargain hunter* 할인 물품을 찾아 다니는 사람

1627
★★★

frugal
[frú:gəl]

frug(=fruit) 결실 + *al* 형접
⇨ (아껴서) 결실을 맺는

형 **검소한·절약하는** = *thrifty, sparing, economical*
- *be* **frugal** *with money* 돈을 절약하다
- *a* **frugal** *habit* 검소한 습관

frugality 명 절약

1628
★★☆

wretched

[rétʃid]

wretch(=drive out) 몰아내다 +
ed 형접(~된) ⇨ 쫓겨난

(형) 비참한 · 불쌍한 = miserable

- live in **wretched** poverty 비참한 가난 속에 살다
- feel **wretched** about ~에 대해 비참한 기분이 들다

감정 emotion

1629
★★☆

sorrow

[sárou]

sorry (안쓰러운)의 변형
⇨ 안쓰러워함

(명) (큰) 슬픔 · 비애 = lament, grief

- in **sorrow** for her death 그녀의 죽음을 슬퍼하는

sorrowful (형) 슬픈

1630
★★☆

lament

[ləmént]

la(= cry) 소리 지르다
+ ment 동접
⇨ 소리 지르며 울다

(동) (몹시) 슬퍼하다 · 비탄하다 = grieve, mourn

(명) (큰) 슬픔 · 비애 = sorrow

- **lament** (over) a person's death ~의 죽음을 몹시 슬퍼하다
- a **lament** for a lost love 잃어버린 사랑에 대한 슬픔

lamentable (형) 한탄스러운 · 비통한

1631
★★☆

mourn

[mɔːrn]

(동) 애도하다 · 슬퍼하다 = lament, grieve

- **mourn** a person's death ~의 죽음을 애도하다

mournful (형) 몹시 슬픈

1632
★★☆

weep

[wiːp]

(동) 울다 = cry

- **weep** at the news 그 소식을 듣고 울다

시제변화 / **weep - wept - wept**

뉘앙스 / **cry** (소리내어) 울다
weep (눈물을 흘리며) 울다
wail 울부짖다 · 통곡하다
sob 흐느껴 울다
blubber 엉엉 울다

DAY 55

1633
★★☆

shed

[ʃed]

shed(= separate) 떼다
⇨ (떼어내어) 흘리다

(동) 1. (눈물을) 흘리다
2. (빛을) 비추다

- **shed** tears 눈물을 흘리다
- **shed** light on ~을 밝히다[설명하다]

| 1634
★★☆ | **burst**
[bəːrst] | 동 터지다·터뜨리다
명 터짐·파열
• **burst into** tears 울음을 터뜨리다
• a **burst** of laughter 웃음이 터짐 |  |

| 1635
★★☆ | **spontaneous**
[spantéiniəs]
sponta(=free will) +
(n)ous 형접
⇨ 자유 의지로 하는 | 형 (순간 마음이 움직여) **자발적인·즉흥적인**
• **spontaneous** cheers and applause
자발적인 환호와 갈채 | **spontaneously**
부 자발적으로·자연스럽게

비교 /
voluntary (의지를 갖고 하여) 자발적인 |

| 1636
★★☆ | **bother**
[báðər] | 동 1. 괴롭히다
2. 《부정문에서》 애써 ~하다
• the problem **bothering** her 그녀를 괴롭히는 문제
• don't even **bother** to do 애써 ~조차 하지않다

숙어 / **Don't bother!** 수고할 것 없다.[염려하지 마.] | |

| 1637
★★☆ | **irritate**
[írətèit] | 타 짜증나게 하다 = annoy
• be **irritated** by her rudeness 그녀의 무례함에 짜증나다 | **irritating** 형 짜증나게 하는
irritable 형 짜증을 잘 내는
= temperamental |

| 1638
★★☆ | **tease**
[tiːz]
teas(= pull) 잡아당기다 +
e 동접 ⇨ (상대방을) 잡아당기다 | 타 (장난으로) **놀리다·괴롭히다** = annoy
• Stop **teasing** me ! 나 좀 그만 괴롭혀! | **teasing** 형 놀리는·괴롭히는
teasingly 부 놀리는 듯이
teaser 명 (궁금증을 불러일으키는)
예고[티저] 광고 |

| 1639
★★☆ | **rage**
[reidʒ] | 명 분노·격분 = anger, fury
• fly into a **rage** 격분하다 | **enrage** 동 격분하게 만들다 |

| 1640
★★☆ | **frown**
[fraun] | 자 얼굴을 찡그리다·눈살을 찌푸리다
= make a face
• **frown** at a person ~에게 얼굴을 찡그리다 |  |

1641
★☆☆

dismal
[dízməl]

dis(=day) 날 +
mal (=bad) 나쁜
⇨ 운이 나쁜 날인

형 우울한 · 음울한 = *gloomy, dreary, somber*

- *dismal* weather 음울한 날씨

테마 / *pleased* 즐거워하는
pleasant 즐거운
delightful 기쁜 · 즐거운
delighted 기뻐하는

1642
★★☆

gloomy
[glúːmi]

형 우울한 · 음울한 = *dreary, dismal, somber*

- *a gloomy* atmosphere 우울한 분위기
- *a gloomy* Sunday afternoon 우울한 일요일 오후

gloominess **명** 우울함

1643
★☆☆

sullen
[sʌ́lən]

sul(l) (=sole) 혼자의 +
en 형접(~된) ⇨ 혼자 남겨진

형 시무룩한 · 뚱한 = *gloomy*

- *wear a sullen* look 시무룩한 표정을 짓다

1644
★★☆

soothe
[suːð]

soft '부드러운'과 연관 암기
⇨ (격한 마음을) 부드럽게 해주다

타 달래다 · 완화시키다 = *relieve*

- *soothe* a crying baby 우는 아기를 달래다
- *soothe* the pain 통증을 완화시키다

DAY
55

407

연습문제

DAY 55

♥ 영어를 우리말로, 우리말을 영어로 바꾸세요.

1. satire
   ....

2. hinder
   ....

3. wage
   ....

4. negotiate
   ....

5. thrifty
   ....

6. frugal
   ....

7. wretched
   ....

8. sorrow
   ....

9. mourn
   ....

10. spontaneous
    ....

11. (신문 · 잡지의) 글, 기사; 물품, 품목
    ....

12. 설교하다; 역설하다
    ....

13. 짧은 · 잠시의; 간결한
    ....

14. 생계(수단)
    ....

15. (눈물을) 흘리다; (빛을) 비추다
    ....

16. 터지다 · 터뜨리다
    ....

17. 짜증나게 하다
    ....

18. 얼굴을 찡그리다 · 눈살을 찌푸리다
    ....

19. 시무룩한 · 뚱한
    ....

20. 달래다, 완화시키다
    ....

♥ 다음 중 밑줄 친 단어와 같은 뜻을 고르시오.

21. Many passengers will face **irritating** delays at the airport due to the coming storm.
    ① appropriate ② lengthy ③ annoying
    ④ excessive ⑤ unforeseen

22. You can **soothe** the pain of a bee sting by rubbing it with a piece of raw onion.
    ① revive ② relieve ③ apply
    ④ withstand ⑤ put up with

23. The economic forecast is quite **gloomy**, and the government is talking about having to make serious cuts to its budget.
    ① long-term ② optimistic ③ accurate
    ④ dismal ⑤ conservative

♥ 다음 중 밑줄 친 단어의 반대되는 뜻을 고르시오.

24. The crowd burst into **spontaneous** applause when the Queen appeared on the balcony.
    ① deafening ② enthusiastic ③ appealing
    ④ prolonged ⑤ intended

♥ 다음 괄호에 들어갈 알맞은 말을 고르시오.

25. Political (satire / saturation) created and expressed by political cartoonists and illustrators in a humorous way can teach people about recent important political events.

26. He has an unshakable belief that there exists nothing to (hinder / encourage) him from fulfilling his aim.

27. Resale shoppers and (thriving / thrifty) bargain hunters will be able to find good deals at secondhand stores.

28. Tens of thousands of people in the country still live in (weird / wretched) poverty and face starvation.

1645
★★☆
personality
[pə̀ːrsənǽləti]

personal 개인적인 + *ity* 명접
⇨ 개인이 갖고 있는 특징

명 1. 성격·개성
2. 유명인 = celebrity

- *a strong personality* 강한 개성
- *a TV personality* TV에 나오는 유명인

1646
★★☆
bold
[bould]

bol(= swell) 부풀다 + *d* 형접
⇨ (몸을) 부풀린

형 용감한·대담한 = courageous, brave, daring

명 볼드체·굵은 활자체

- *remain bold* 계속 대담하다
- *be printed in bold* 볼드체로 인쇄되다

boldness **명** 대담함

비교 / *bald* 대머리의

Tip / 글자를 굵은 활자체로 하는 것을 '볼드체'라고 함.

1647
★★☆
reckless
[réklis]

reck(= care) 주의 + *less*
~이 없는 ⇨ 주의하지 않는

형 무모한·난폭한

- *reckless driving* 난폭 운전

recklessness **명** 무모함

1648
★★☆
spur
[spəːr]

spur(= kick) (말 옆구리를) 차는 것
⇨ 박차·자극

명 1. 박차·자극 = encouragement   2. 충동

타 박차를 가하다·자극하다 = stimulate

- *a spur to action* 행동하게 하는 자극
- *on the spur of the moment* 순간적인 충동에서
- *spur economic growth* 경제 성장에 박차를 가하다

1649
★★☆
headlong
[hédlɔːŋ]

head 머리 +
long 부접(~하게, ~로)
⇨ 머리로 떨어져

부 1. (머리부터) 거꾸로·곤두박질쳐
2. 저돌적으로·성급하게

- *fall headlong to the floor* 바닥에 거꾸로 떨어지다
- *rush headlong into marriage* 성급하게 결혼하다

1650
★☆☆
nuisance
[njúːsns]

nui(= annoy) 짜증나게 하다 + (*s*)
ance 명접 ⇨ 짜증나는 것

명 짜증나는 것[사람]

- *What a nuisance!* 아이 귀찮아!

1651
★★☆

heed
[hiːd]

heed : head '머리'의 변형
⇨ (안 다치게) 머리를 잘 감싸다

타 **주의를 기울이다** = take care of
명 **주의 · 조심** = attention
- *fail to **heed** the warning* 경고에 주의를 기울이지 않다
- ***pay heed to** his advice* 그의 충고에 주의하다

heedful 형 주의깊은
heedless 형 부주의한

1652
★★★

caution
[kɔ́ːʃən]

cau(=care) 조심 + tion 명접
⇨ 조심하는 것

명 **주의 · 조심**
동 **주의를 주다 · 경고하다** = warn
- *treat with **caution*** 조심스럽게 다루다
- ***caution** me **against** ~ing*
  나에게 ~하지 말라고 주의를 주다

cautious 형 조심스러운 · 신중한
= prudent
비교 / ***precaution*** 예방(책)

1653
★★☆

timid
[tímid]

tim(=fear) 겁 + id 형접(~된)
⇨ 겁먹은

형 **소심한 · 용기 없는** = diffident
- *a **timid** girl* 소심한 소녀

낟 너무 timid해..

timidity 명 소심함 · 겁 많음

1654
★★☆

dread
[dred]

타 **두려워하다** = be afraid of
명 **두려움 · 공포** = fear
- ***dread** the exam* 시험을 두려워하다
- *be filled with **dread*** 공포에 질리다

dreadful 형 무서운 · 끔찍한

1655
★★☆

awe
[ɔː]

명 **경외감**
- *stand in **awe*** 경외감이 가득 차 서 있다

awesome 형 엄청난 · 굉장한
= wonderful
awful 형 끔찍한 · 형편없는
= terrible

1656
★★★

frustrate
[frʌ́streit]

frust(=harm) 해 + ate 동접
⇨ 해를 주어 못하게 하다
⇨ 좌절시키다

타 **좌절시키다 · 낙담시키다** = discourage
- ***frustrate** one's hopes* 희망을 좌절시키다

frustration 명 좌절
frustrating 형 좌절시키는

1657
★★☆

tolerant
[tálərənt]

tol(=bear) 견디다 +
(er)ant 형접
⇨ 견뎌내는

형 **관대한 · 너그러운** ≠ intolerant (너그럽지 못한)
- *be **tolerant** of* 관대하다

tolerate 동 참다 · 용서하다
tolerance 명 관대함
비교 /
zero tolerance
무관용 정책 : 범죄자에 대해 엄격히 처벌하는 것

1658
★★☆

vicious
[víʃəs]

vici(=vice) 악 + *ous* 형접
⇨ 악의에 찬

형 1. **악의에 찬·악의적인**
　　2. **사나운·잔인한** = cruel, savage

- spread a **vicious** rumor 악의적인 소문을 퍼뜨리다
- a **vicious** dog 사나운 개

vice 몡 악 = evil

테마 / 선악 **good and evil**
　　악덕 **vice and virtue**

1659
★★☆

wicked
[wíkid]

wick (=witch) 마녀 + *ed* 형접
⇨ 마녀 같은 ⇨ 사악한

형 **사악한·못된** = evil

- a **wicked** witch[deed] 사악한 마녀[행동]

wickedness 몡 사악함

1660
★★☆

greedy
[gríːdi]

형 **탐욕스러운** = acquisitive

- **greedy for** money[power] 돈[권력]에 대해 탐욕스러운

greed 몡 탐욕

1661
★★☆

broad-minded
[brɔ́ːd-máindid]

broad 넓은 + *mind* 마음
⇨ 넓은 마음을 지닌

형 **마음이 넓은·관대한** = tolerant ≠ narrow-minded

- be **broad-minded** about ~에 관하여 너그럽다

1662
★★☆

jealous
[dʒéləs]

jeal(=zeal) 열정 + *ous* 형접
⇨ (갖고 싶은)열정을 갖고 있는

형 **질투하는·시샘하는**

- be **jealous of** her good looks
  그녀의 멋진 외모를 질투하다

jealousy 몡 질투

뉘앙스 /

envy 부러워함
jealousy (상대를 미워하는) 시샘·질투

1663
★★☆

scorn
[skɔːrn]

s(= ex) 밖 + *corn(=horn)* 뿔
⇨ (위엄을 나타내는) 뿔을 뽑아냄

몡 **경멸·멸시** = sneer

타 **경멸하다·멸시하다** = despise, mock

- pour **scorn** on a policy 정책을 경멸하다
- **scorn** his mean action 그의 비열한 행동을 경멸하다

scornful 혱 경멸하는

1664
★☆☆

shrewd
[ʃruːd]

형 **(행동·판단이) 민첩한·기민한**

- a **shrewd** analyst 상황 판단이 빠른 분석가

shrewdness 몡 기민함

1665
★★☆

decent
[díːsnt]

dec(=take) 취하다 + *ent* 형접
⇨ 취할[받아들일] 수 있는

형 1. **적당한·괜찮은** = acceptable
　　2. **예의 바른·품위 있는** = polite

- a **decent** job[salary] 괜찮은 직장[봉급]
- be **decent** in speech 말씨가 점잖다

decency 몡 1. 체면·품위 2. 예절

1666
★★☆
bland
[blænd]

형 1. 온화한·부드러운   2. (맛이) 싱거운·맛없는
- a **bland** smile 온화한 미소
- taste a little **bland** 맛이 약간 싱겁다

1667
★☆☆
earnest
[ə́ːrnist]

honest (정직한)과 연관 암기
⇨ 성실한·진심 어린

형 성실한·진심 어린 = sincere
- an **earnest** young man 성실한 젊은이
- an **earnest** request 진심어린 부탁

1668
★★☆
optimistic
[ùptəmístik]

optim(is) 최고의 + tic 형접
⇨ (세상을) 최고로 좋게 보는

형 낙관적인 = rosy ≠ pessimistic (비관적인)
- an **optimistic** attitude[view] 낙천적인 태도[견해]

optimism 명 낙관론[주의]
optimist 명 낙천주의자

1669
★★☆
mercy
[mə́ːrsi]

merc(=reward) 보답 + y 명접
⇨ (인간의 잘못에 대한 신의) 보답

명 자비
- beg for **mercy** 자비를 빌다

숙어 / **at the mercy of** ~에 좌우되는[휘둘리는]

merciful 형 자비로운
≠ **merciless** (무자비한)

1670
★☆☆
linger
[líŋgər]

ling(=long) 긴 + er 동접
⇨ (시간이) 길어지다

자 (오래) 남아있다·계속되다 = stay long
- **linger** long in mind 마음에 오래 남아있다

lingering 형 남아있는·오래 가는

1671
★★☆
charity
[tʃǽrəti]

char(i) 애정 + ty 명접
⇨ (이웃에 대한) 애정

명 1. 자선
2. 자선 단체
- raise money for **charity** 자선기금을 모금하다
- run a **charity** 자선 단체를 운영하다

charitable
형 자비로운·자선을 베푸는
= beneficent

스포츠 sports

1672
★★☆
bronze
[branz]

명 (청)동
- win a **bronze** medal 동메달을 따다

1673
★★☆

leisure
[líːʒər]

leis(= license) 허가 +
ure 명접 ⇨ (자신에게) 허락된 시간

명 여가·레저
- a **leisure** activity 레저 활동

leisurely 형 한가로운

1674
★★☆

bait
[beit]

bite '물다'의 변형
⇨ 무는 것

명 미끼 = lure
- live fishing **bait** 살아있는 낚시 미끼

1675
★★☆

gamble
[gǽmbl]

gam(= game) 게임 +
ble 동접 ⇨ 게임을 하다

동 도박하다·돈을 걸다
- **gamble on** the horse racing 그 경마에 돈을 걸다

gambling 명 도박
gambler 명 도박꾼

1676
★★☆

parachute
[pǽrəʃùːt]

para(=protection) 보호 +
chute(=fall) 추락
⇨ 추락할 때 보호해주는 것

명 낙하산
동 낙하산을 타고 뛰어내리다
- make a **parachute** jump 낙하산을 메고 뛰어내리다
- **parachute** into enemy territory
  낙하산을 타고 적지로 뛰어내리다

오리날다~

1677
★★☆

vigor
[vígər]

vig 활기 넘치는 +
or 명접 ⇨ 활기 (넘침)

명 활력·활기 = vitality, energy
- be full of youthful **vigor** 활기찬 기운으로 넘치다

vigorous 형 활기찬
= lively, energetic
invigorate 동 활기를 불어 넣다

1678
★★☆

brisk
[brisk]

형 빠른·활발한 = lively
- a **brisk** pace 빠른 속도

1679
★★☆

stroll
[stroul]

동 거닐다·산책하다 = walk slowly
명 거닐기·산책
- **stroll** along the beach 해변을 따라 거닐다
- go for a **stroll** 산책하다

stroller 명 유모차

뉘앙스 /

wander 거닐다·돌아다니다
roam 돌아다니다·배회하다
stride 성큼성큼 걷다
strut 으스대며 걷다
trot 빨리 걷다·속보로 걷다
stagger 비틀거리며 걷다
toddle 아장아장 걷다

연습문제
DAY 56 |

♥ 영어를 우리말로, 우리말을 영어로 바꾸세요.

1. reckless

2. nuisance

3. timid

4. frustrate

5. tolerant

6. greedy

7. scorn

8. shrewd

9. linger

10. stroll

11. 성격·개성; 유명인

12. 박차·자극; 충동

13. 저돌적으로·성급하게

14. 적당한; 예의 바른

15. 온화한; 싱거운

16. 낙관적인

17. 자선 (단체)

18. 미끼

19. 낙하산

20. 활기·활력

♥ 다음 중 밑줄 친 단어와 같은 뜻을 고르시오.

21. Local governments are hoping a reduction in municipal taxes will help to **spur** economic development in the region.
① frustrate   ② monitor   ③ initiate
④ stimulate   ⑤ restrict

22. I dislike **greedy** employers who pay their employees as little as possible, but expect them to work hard all day.
① acquisitive   ② opportunistic   ③ former
④ temporary   ⑤ selfish

23. Wolves have long been described as dangerous beasts in children's stories, but actually they are very **timid**, intelligent animals.
① majestic   ② diffident   ③ vicious
④ savage   ⑤ ferocious

♥ 다음 중 밑줄 친 단어의 반대되는 뜻을 고르시오.

24. He has an interview for a job this afternoon, and is quite **optimistic** about his chances.
① decent   ② competitive   ③ pessimistic
④ clear-cut   ⑤ unrealistic

♥ 다음 괄호에 들어갈 알맞은 말을 고르시오.

25. Complicated financial regulations and unsupportive business partners (fragmented / frustrated) his hopes and plans of launching a brand new company.

26. Watch out for (reckless / rectified) drivers on the road!

27. He is so broad-minded as to be (tolerant / intolerant) of different points of view to a fault.

28. Many people interested in environmental problems poured (scarcity / scorn) on the government's policy.

▶ 정답 p. 463

1680
★☆☆

govern
[gʌ́vərn]

government (정부)의 동사형
⇨ 다스리다·통치하다

타 다스리다·통치하다 = *rule*

- **govern** a country 나라를 다스리다

government **명** 정부
governor **명** 주지사

테마 /

Congress (미국의) 의회
Parliament (영국의) 의회
session (의회의) 회기; (법정의) 개정
Cabinet 내각
governor 주지사
minister 《영국》 장관·각료
secretary ① 비서 ② 《미국》 장관

1681
★★☆

realm
[relm]

real(= *rule*) 통치하다 + *m* 명접
⇨ 통치하는 영역

명 1. 왕국 = *kingdom*
2. 영역·분야 = *sphere, domain*

- a peaceful **realm** 평화로운 왕국
- the **realm** of science 과학 분야

1682
★★☆

throne
[θroun]

명 왕위·왕좌

- **succeed** to the **throne**
  왕위를 계승하다

enthrone **동** 즉위시키다
≠ *dethrone* (퇴위시키다)

1683
★★☆

imperial
[impíəriəl]

imperi(= *empire*) 제국 + *al* 형접
⇨ 제국의·황제의

형 제국의·황제의

- **imperial** expansion 제국의 팽창

imperialism **명** 제국주의
empire **명** 제국
emperor **명** 황제

1684
★★☆

loyal
[lɔ́iəl]

형 충실한·충성스러운 = *faithful*
≠ *disloyal* (불충실한·불충한)

- be **loyal** to one's family 가족에게 충실하다

loyalty **명** 충실·충성

비교 / *royal* 1. 왕의 2. 장엄한

1685
★★☆

oath
[ouθ]

명 맹세·선서

- swear an **oath** of loyalty 충성을 맹세하다

숙어 / *under oath* (법정에서) 선서하고

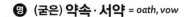

1686 ★★☆ pledge

[pledʒ]

pledg(=security) 담보 + e 명접
⇨ 담보를 맡기는 것

명 (굳은) 약속 · 서약 = oath, vow

타 (정식으로) 약속하다 · 맹세하다

- *fulfill a campaign **pledge*** 선거 공약을 이행하다
- ***pledge** loyalty **to** the king* 왕에게 충성을 맹세하다

1687 ★★☆ urge

[əːrdʒ]

urge(=push) 밀다
⇨ (~하도록) 밀다

타 촉구하다 · 재촉하다

명 (강한) 욕구 · 충동 = desire, impulse, compulsion, lust

- ***urge** us **to** vote* 우리에게 투표하도록 촉구하다
- *sexual **urges*** 성적 욕구

urgent **형** 긴급한

1688 ★★☆ fulfill

[fulfíl]

ful(=full) 가득한 + fill 채우다
⇨ (행동으로) 가득 채우다

타 이행하다 · 실현하다 = implement, realize

- ***fulfill** one's duty* 의무를 이행하다
- ***fulfill** one's ambition* 야망을 실현하다

fulfillment **명** 1. 이행 2. 실현

1689 ★★☆ drastic

[drǽstik]

dra(s)(=do) 하다 + tic 형접
⇨ (생각에 머무르지 않고) 행동하는

형 과감한 · 급격한 = extreme and sudden

- *take **drastic** measures* 과감한 조치를 취하다
- *undergo **drastic** change* 급격한 변화를 겪다

drastically **부** 급격히

1690 ★★☆ parliament

[páːrləmənt]

parlia(=parley) 협상 +
ment 명접
⇨ (정당들이) 협상하는 곳

명 의회 · 국회 = congress

- *the bill passed by **parliament*** 국회에 통과된 법안

주의 /
발음 주의 : 팔리어먼트(X) → 팔러먼트(O)

1691 ★★★ authority

[əθɔ́ːrəti]

author 권한을 가진 자 +
ity 명접
⇨ 권한을 가진 자의 성질

(**author**는 '작가'라는 이지만 어
원적으로는 '권한을 가진 자'란 뜻)

명 1. 권한 2. 《-ties》 당국

- *have the **authority** to grant permission*
  허가할 수 있는 권한이 있다
- *the military[health] **authorities*** 군[보건] 당국

authorize **동** ~에게 권한을 주다
authoritative
형 1. 권위 있는 = reliable 2. 권위적인

어법 /
authorize A to V
A에게 ~할 수 있는 권한을 주다

1692
★★☆

grant
[grænt]

gran(=cred) 믿음 +
t 명접
⇨ 믿고 주다

타 1. (공식적으로) 주다 · 허용하다 = approve, allow
2. 인정하다 = acknowledge

명 보조금 = benefit, subsidy

- **grant** a license 면허를 주다
- I **grant** his honesty. 나의 그의 정직을 인정한다.
- a research **grant** 연구 보조금

숙어 / **take it for granted that**
~을 당연한 것으로 생각하다

1693
★★☆

ambition
[æmbíʃən]

amb(i) 주변 · 둘레 +
it 가다 + ion 명접
⇨ 주변으로 뻗어나가려는 것

명 야망 · 포부

- political **ambition** 정치적 야망

ambitious
형 야심찬 · 야심이 있는

1694
★★☆

scheme
[ski:m]

명 계략 · 계획 = plot

동 계략을 꾸미다

- engage in a **scheme** 음모에 가담하다
- **scheme to** overturn the government
정부를 전복할 계략을 꾸미다

1695
★★☆

riot
[ráiət]

rio(=roar) 으르렁거리다 +
t 명접
⇨ 으르렁거리는 소리

명 폭동

- put down a **riot** 폭동을 진압하다

숙어 / **run riot** 마구 날뛰다

1696
★★☆

chaos
[kéias]

명 혼돈 · 혼란 = confusion
≠ cosmos (1.우주 2.질서)

- bring **chaos** to the region 그 지역에 혼란을 가져오다

chaotic **형** 혼돈의

1697
★★☆

banish
[bǽniʃ]

ban 금지하다 +
ish 동접
⇨ (함께 있는 것을) 금지시키다

타 추방하다 = expel

- **banish** the opposition leader
야당 지도자를 추방하다

banishment **명** 추방

날 지구에서 banish하다니!
지구를 떠나라!!

1698 ★★☆ **raw** [rɔː]

형 1. 날것의
2. 원래 그대로의 · 가공되지 않은 = *crude, unprocessed*
- *raw* meat 날고기
- *raw* material 원료

1699 ★★☆ **soar** [sɔːr]

s(= ex) 밖 + *(o)ar (= air)* 공중
⇨ 공중으로 날아오르다

자 1. 날아오르다
2. 급등하다 = *jump, boom* ≠ *slump*
- *soar* into the sky 하늘로 날아오르다
- *soaring* oil price 치솟는 유가

테마 / *stock market* 주식시장
bear market 하락장세
bull market 상승장세
rally (주가가) 반등하다

1700 ★★☆ **ready-made** [rédi-méid]

ready 준비된 + *made* 만들어진
⇨ 이미 만들어져 준비된

형 기성의 ≠ *custom-made* (맞춤의)
- *ready-made* clothes 기성복

1701 ★★☆ **steel** [stiːl]

명 강철 · 철강
타 (~에 대비해) 마음을 단단히 먹다 = *brace*
- the *steel* industry 철강 산업
- *steel* oneself for ~에 대비해 마음을 단단히 먹다

비교 / *steal* 훔치다
steer 조종하다

1702 ★★☆ **staple** [stéipl]

stake (말뚝 · 기둥)의 변형
⇨ 기둥이 되는 (것)

형 주된 = *main, chief*
명 주산물 · 주된 요소
- a *staple* diet[crop] 주된 식사[작물]
- *staples* such as flour and rice 밀가루, 쌀과 같은 주식들

참고 /
stapler
(서류 철하는) 스테이플러 · 호치키스

비교 / *byproduct* 부산물

1703 ★★☆ **quality** [kwáləti]

명 1. 질 · 품질
2. 자질 · 특성 = *attributes*
- improve the *quality* of life 삶의 질을 향상시키다
- have leadership *qualities* 리더의 자질들을 갖추다

qualify 통 자격을 주다 · 권한을 주다
- be *qualified* to vote 투표할 자격이 있다

qualification 명 1. 자격부여
2. 자격 · 권한

qualified 형 자격을 갖춘

비교 / *quantity* 양(量)

1704
★★☆

patent
[pǽtnt]

명 특허

형 1. 특허의   2. 명백한 = evident, obvious

- take out a **patent** 특허를 획득하다
- a **patent** law / holder 특허법 / 특허보유자
- a **patent** lie 명백한 거짓말

비교 / **copyright** 저작권
royalty
1. 왕족 2. 저작권사용료·인세

1705
★★★

focus
[fóukəs]

명 초점

동 초점을 맞추다 · 집중하다 = concentrate

- the **focus** of the discussion 논의의 초점
- **focus** on the economy 경제에 초점을 맞추다

1706
★★☆

budget
[bʌ́dʒit]

명 예산(안)

타 예산을 세우다

- the education **budget** 교육 예산
- **budget** millions of dollars 수백만 달러의 예산을 세우다

뉘앙스 /

finance 자금; 재무
fund 기금
capital 자본
means 돈·재력
cost 비용
proceeds (투자·행사 등의) 수익금

1707
★★★

lack
[læk]

명 부족 · 결핍 = deficiency

타 ~이 부족하다

- a **lack** of experience 경험의 부족
- **lack** confidence 자신감이 부족하다

lacking **형** 부족한
주의 / **lack**은 타동사임에 주의!

1708
★★☆

loan
[loun]

lend (빌려주다)의 스펠링 변형
⇨ 빌린 것

명 대출(금)

타 빌려주다 = lend

- take out a **loan** 대출을 받다
- **loan** him the money 그에게 돈을 빌려주다

1709
★★☆

ample
[ǽmpl]

형 충분한 = enough, adequate, sufficient

- have **ample** money[space] 충분한 돈[공간]이 있다

amplify **타** 증폭시키다

1710
★★★

worth
[wəːrθ]

명 (경제적 · 정신적) 가치 = value

형 ~의 가치가 있는
- *five thousand won's* **worth** *of apples* 사과 5천원 어치
- *be* **worth** *reading carefully* 세심히 읽을 가치가 있다

worthy 형 가치 있는
- *be* **worthy of** *respect* 존경할 만하다

1711
★★☆

thrive
[θraiv]

thriv(=seize) +
e 동접 ⇨ (기회를) 잡다

자 번창하다 · 잘 자라다 = flourish, prosper
- *a* **thriving** *computer industry* 번창하는 컴퓨터 산업

1712
★★☆

flourish
[fləˊːriʃ]

flour(=flower) 꽃 +
ish 동접 ⇨ 꽃을 피우다

자 번창하다 · 잘 자라다 = thrive, prosper
- *His business is* **flourishing**. 그의 사업이 번창하고 있다.

1713
★★☆

luxury
[lʌˊkʃəri]

lux(=lust) 욕망 +
ury 명접
⇨ 욕망에 사로잡힘

명 사치 · 호화로움
- **luxury** *goods* 사치품
- *live a life of* **luxury**
  호화스러운 삶을 살다

정말 luxury한 사람이다…!

luxurious 형 사치스런 · 호화로운
luxuriant 형 무성한 · 풍성한

1714
★★☆

quote
[kwout]

타 1. 인용하다 = cite
2. 시세를 말하다
- **quote** *a passage* **from** ~에서 한 구절을 인용하다
- *be* **quoted** *at 5,000 won* 시세가 5,000원이다

quotation 명 1. 인용(구)
2. 견적 · 시세
= estimate

연습문제

DAY 57

♥ 영어를 우리말로, 우리말을 영어로 바꾸세요.

1. imperial _____

2. urge _____

3. fulfill _____

4. drastic _____

5. parliament _____

6. riot _____

7. chaos _____

8. banish _____

9. patent _____

10. budget _____

11. 맹세, 선서 _____

12. (굳은) 약속, 서약; 맹세하다 _____

13. 권한; 당국 _____

14. 계략 · 계획; 계략을 꾸미다 _____

15. 날것의; 원래 그대로의 _____

16. 급등하다 _____

17. 주된; 주산물 _____

18. 대출(금); 빌려주다 _____

19. 사치 · 호화로움 _____

20. 인용하다 _____

♥ 다음 중 밑줄 친 단어와 같은 뜻을 고르시오.

21. Last year their company was having some trouble, but since they tried a new marketing strategy their business has been **thriving**.

① expanding　　② struggling　　③ faltering
④ prospering　　⑤ recovering

22. We are going to have to make some **drastic** changes in this company if we want to keep from going bankrupt.

① lasting　　② extreme　　③ subtle
④ desirable　　⑤ momentous

23. They couldn't **fulfill** all the conditions by the due date, so the deal fell through.

① violate　　② assume　　③ abandon
④ impose　　⑤ implement

♥ 다음 중 밑줄 친 단어의 반대되는 뜻을 고르시오.

24. The students had **ample** time to do the test, and most finished with plenty of time to spare.

① scary　　② scarce　　③ precise
④ strict　　⑤ overall

♥ 다음 괄호에 들어갈 알맞은 말을 고르시오.

25. The governor started cutting education (budgets / donations) since he took office.

26. When the story and lyrics of the song reached the king's ears, he (banished / vanished) the princess out of his kingdom.

27. You can (quote / recite) a passage from the textbook in your research paper as long as you cite the sources in the bibliography.

28. The book is (worth / worthy) reading carefully, and it has received largely positive reviews from critics.

▶ 정답 p. 463

1715
★★★
violate
[váiəlèit]

타 1. **위반하다** = break   2. **침해하다**

- **violate** an agreement[law] 협정[법]을 위반하다
- **violate** her privacy 그녀의 사생활을 침해하다

violation 명 1. 위반 2. 침해

비교 / **commit** (범죄를) 저지르다

1716
★★☆
violence
[váiələns]

명 **폭력 · 폭행**

- domestic **violence** 가정 폭력

violent 형 격렬한 · 폭력적인
≠ **non-violent** (비폭력적인)

1717
★★★
penetrate
[pénətrèit]

penet(r)(= inmost) 가장 안쪽의 +
ate 동접 ⇨ 가장 안쪽까지 들어가다

동 1. **관통하다 · 침투하다**
2. **간파하다** = notice

- **penetrate** a network 네트워크에 침투하다
- **penetrate** his hidden intention
  그의 숨은 의도를 간파하다

penetration 명 관통 · 침투
penetrating
형 1. 꿰뚫어 보는 듯한 2. 날카로운 · 예리한

1718
★★★
challenge
[tʃǽlindʒ]

타 1. **이의를 제기하다** = dispute
2. **도전하다**

명 **도전**

- **challenge** the court's decision
  법원의 결정에 이의를 제기하다
- **challenge** me to a game of chess
  체스 한 판 두자고 나에게 도전하다
- mount[take up] a **challenge** 도전하다[도전에 응하다]

challenger 명 도전자
challenging
형 도전해 볼만한 · 어려운

- a **challenging** job 도전해 볼만한 일

1719
★☆☆
villain
[vílən]

villa (시골) 집 + in 명접(사람)
⇨ 시골 촌놈

명 **악당 · 악인**

- play a **villain**
  악당 역할을 하다

뉘앙스 / **thief** 도둑
burglar 밤도둑
robber 강도
hold up man 노상강도

1720
★★★
identify
[aidéntəfài]

ident 같은 · 동일한 +
ify 만들다

⇩

동일한 것으로 보다

동 1. **(신원 등을) 확인하다 · 알아보다** ▶ 둘을 동일한 것으로 보다
2. **(원인 등을) 찾다 · 발견하다** ▶ 생각하던것과동일한것으로보다
3. **동화되다 · 동일시하다** ▶ 동일한 것이 되다

- **identify** the body **as** the criminal 그 시체가 그 범인임을 확인하다
- **identify** the cause of the accident 그 사고의 원인을 찾다
- **identify with** a character in a movie 영화 속 인물과 동화되다

identification
명 1. 신원 확인 2. 신분증
3. 동질감
identity
명 신원 · 정체(성)
identical
형 동일한 · 똑같은

1721
★★☆

clue
[klu:]

명 단서 · 실마리 = *lead, sign*

- *find a **clue to** the case* 그 사건의 단서를 찾다

1722
★★☆

thorough
[θə́:rou]

through (처음부터 끝까지)의 변형
⇨ 철저한 · 빈틈없는

형 철저한 · 빈틈없는 = *complete, exhaustive*

- *a **thorough** investigation* 철저한 수사

thoroughly **부** 완전히 · 철저히

비교 /
through ~을 통해 · 관통하여

1723
★★☆

guilty
[gílti]

형 1. 유죄인 ≠ *innocent* (무죄인)

2. **죄책감이 드는**

- *be **guilty of** murder* 살인에 대해 유죄다
- *feel **guilty about** telling a lie* 거짓말에 대해 죄책감을 느끼다

guilt **명** 1. 유죄 2. 죄책감

1724
★★☆

petty
[péti]

pet(=*small*) 작은 + (*t*)*y* 형접
⇨ (문제가) 작은

형 사소한 · 하찮은 = *trivial, trifling*

- *a **petty** problem[thief]* 사소한 문제[좀도둑]

1725
★★☆

juvenile
[dʒú:vənl]

juven (=*young*) 어린 +
ile 형접
⇨ (성인이 되기엔 아직) 어린

형 청소년의 = *adolescent*

명 청소년

- *a **juvenile** delinquent* 비행 청소년
- ***juveniles** under the age of 17* 17세 이하의 청소년들

1726
★★☆

chase
[tʃeis]

catch (잡다)의 변형
⇨ 잡으려고 쫓아가다

통 뒤쫓다 · 추적하다 = *pursue*

명 추적 · 추구

- ***chase** the murderer* 살인범을 추적하다
- *a car **chase*** 자동차 추격전

1727
★★☆

seize
[si:z]

타 1. 체포하다 = *arrest, capture*

2. 압수하다 = *confiscate*

- ***seize** pirates* 해적들을 체포하다
- ***seize** the illegal weapons* 불법 무기들을 압수하다

seizure **명** 1. 장악 2. 압수

DAY 58

1728
★★☆

harsh
[haːrʃ]

형 1. 가혹한·혹독한 = severe
2. (눈·귀에) 거슬리는

- a **harsh** punishment 가혹한 처벌
- a **harsh** voice 귀에 거슬리는 목소리

harshly 부 가혹하게
harshness 명 가혹함

1729
★★☆

client
[kláiənt]

cline(=*lean*) 몸을 기울이다 + *t* 명접
⇨ (전문가에게) 몸을 기대는 사람

명 (전문직의) 의뢰인·고객

- a lawyer's **clients** 변호사의 의뢰인들

1730
★★☆

bribe
[braib]

명 뇌물
타 뇌물을 주다·매수하다 = fix

- take a **bribe** 뇌물을 받다
- **bribe** a judge 판사를 (돈을 주고) 매수하다

bribery 명 뇌물수수

- be charged with **bribery**
  뇌물수수죄로 고발되다

군대 army

1731
★★☆

military
[mílitèri]

형 군사의·무력의

- **military** service 군 복무
- **military** intelligence 군사 첩보

1732
★☆☆

warfare
[wɔ́ːrfɛər]

war 전쟁 + *fare* 하는 것
⇨ (특정 방식의) 전쟁

명 (특정 방식의) 전쟁·전투

- guerrilla **warfare** 게릴라전
- economic **warfare** 경제 전쟁

1733
★★☆

border
[bɔ́ːrdər]

명 국경·경계 = boundary
동 경계를 접하다·~에 가깝다

- the **border** dispute 국경 분쟁
- His confidence **bordered on** arrogance.
  그의 자신감은 거만함에 가까웠다.

1734 ★★★	**alert** [ələ́:rt] erect(똑바로 선)에서 유래	**형** 경계하는 = *vigilant* **명** 경계 (경보) **타** (위험 등을) 알리다 · 경계하게 하다 

- keep **alert** during driving 운전 중에 정신을 바짝 차리고 있다
- issue a weather **alert** 기상 경보를 발령하다
- **alert** the police 경찰에 알리다

숙어 / **on the alert** 경계중인

1735 ★★☆	**armament** [á:rməmənt] arm(a) 무기 + ment 명접 ⇨ 무기를 갖춤	**명** 군비 (확충) ≠ *disarmament*(군비축소)	**arms** 명 무기

- spend much money on **armament**
군비 확충에 많은 돈을 쓰다

1736 ★★☆	**bomb** [bam]	**명** 폭탄 **타** 폭격하다	**bombing** 명 폭격 테마 / **weapon** 무기 **atom bomb** 원자 폭탄 **nuclear** 핵무기의

- place a time **bomb** 시한폭탄을 두다
- **bomb** the city 그 도시를 폭격하다

1737 ★★☆	**trigger** [trígər] trig(=pull) 당기다 + (g)er 명접 ⇨ (총에서) 당기는 부분	**명** 방아쇠 **타** 유발하다 = *set off, provoke*

- pull the **trigger** 방아쇠를 당기다
- **trigger** a war 전쟁을 유발하다

1738 ★★☆	**triumph** [tráiəmf]	**명** (큰) 승리 = *victory* **자** 승리를 거두다 · 이기다	**triumphant** 형 큰 승리를 거둔

- achieve a **triumph** 승리를 거두다
- Good **triumphs** over evil. 선은 악을 이긴다.

1739 ★★☆	**flee** [fli:] flow (흐르다)의 변형 ⇨ 멀리 흘러가다	**동** 달아나다 · 도망치다 = *run away*	**flight** 명 1. 도주 2. 비행 • take **flight** 달아나다 시세변화 / **flee – fled – fled**

- **flee to** a mountain 산으로 도망치다

DAY 58

| 1740 ★★☆ | **deadly**
[dédli]
dead 죽은 + *ly* 형접
⇨ 죽음에 이르게 하는 | 🔵형 **치명적인** =*fatal*
• a **deadly** weapon 치명적인 무기 | **dead** 형 죽은 뛰 완전히·몹시
• **dead** tired 완전히 피곤한
주의/ **deadly** 는 형용사임에 주의! |

<hr>

교육 *education*

| 1741 ★☆☆ | **arithmetic**
[əríθmətik] | 🔵명 **산수·셈**
• mental **arithmetic** 암산 | 비교/
mathematics 수학/
algebra 대수학 |

circle 원

square 정사각형

rectangle 직사각형

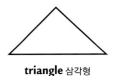
triangle 삼각형

테마/
subject 과목
Korean Language 국어
English 영어
Mathematics 수학
history 역사
science 과학
biology 생물학
chemistry 화학
physical Education
　　　　　　(=PE) 체육
fine arts 미술

| 1742 ★★☆ | **calculate**
[kǽlkjulèit] | 🔵타 **계산하다** = *compute, count*
• **calculate** the speed[cost] 속도[비용]를 계산하다 | **calculation** 명 계산·산출
calculable 형 계산할 수 있는
≠ *incalculable* (헤아릴수 없이 많은) |

| 1743 ★★☆ | **tedious**
[tí:diəs] | 🔵형 **지루한·싫증나는** = *dull, boring*
• a **tedious** lecture[speech] 지루한 강의[연설] | **tedium** 명 지루함
= *boredom* |

| 1744 ★★★ | **random**
[rǽndəm]
ran(=*run*) 달리다 +
dom 형접
⇨ (마구) 달려가는 양식인 | 🔵형 **마구잡이의·무작위의**
• a **random** sample 무작위 표본
• in **random** order 임의의 순서인 | **randomly** 뛰 무작위로 |

| 1745 ★★☆ | **scold** [skould] | 타 **꾸짖다 · 야단치다** = chide, reprove |
| | | • **scold** one's son **for** ~ing 아들을 ~에 대해 야단치다 |

| 1746 ★★☆ | **cope** [koup] | 자 **대처하다 · 대응하다** |
| | | • **cope with** the difficult situation 어려운 상황에 대처하다 |

| 1747 ★★☆ | **zeal** [zi:l]
zelos (경쟁의 신)에서 유래
⇨ 경쟁할 때 생기는 마음 | 명 **열의 · 열성** = enthusiasm | **zealous** 형 열성적인
= passionate
zealot 명 광신자 |
| | | • his untiring **zeal for** ~대한 그의 지칠줄 모르는 열정 | |

| 1748 ★★☆ | **dignity** [dígnəti]
dign(=decent) 품위 있는 +
ity 명접 ⇨ 품위 있음 | 명 **위엄 · 품위** = grace ≠ indignity (수치·모욕) | **dignitary** 명 고위 관리[인사] |
| | | • conduct oneself with **dignity** 위엄 있게 행동하다 | |

| 1749 ★★☆ | **salute** [səlú:t]
salu(=greeting) 인사 +
te 동접
⇨ 인사하다 | 동 **(예의바르게) 경례하다 · 인사하다**
명 **경례 · 인사** |
| | | • **salute** the national flag 국기에 대한 경례를 하다
• give the general a **salute** 장군에게 경례하다 |

연습문제
DAY 58

♥ 영어를 우리말로, 우리말을 영어로 바꾸세요.

1. violence

2. clue

3. thorough

4. guilty

5. juvenile

6. chase

7. harsh

8. bribe

9. alert

10. scold

11. 위반하다; 침해하다

12. 관통하다; 간파하다

13. 이의를 제기하다; 도전하다

14. (신원을) 확인하다

15. 체포하다; 압수하다

16. 방아쇠; 유발하다

17. 마구잡이의 · 무작위의

18. 대처하다 · 대응하다

19. 열의, 열성

20. 위엄, 품위

♥ 다음 중 밑줄 친 단어와 같은 뜻을 고르시오.

21. A number of doctors have **challenged** the study's claims.
   ① alarmed   ② aroused   ③ confused
   ④ disputed   ⑤ conflicted

22. Such a superficial investigation will make it impossible to **identify** the cause of the incident.
   ① ignore   ② recognize   ③ chase
   ④ seize   ⑤ trigger

23. You have to be very **alert** if you are driving at night in heavy rain.
   ① indifferent   ② deadly   ③ vigilant
   ④ weird   ⑤ weary

♥ 다음 중 밑줄 친 단어의 반대되는 뜻을 고르시오.

24. I think spanking a child is pretty **harsh** punishment for accidentally breaking a window.
   ① smooth   ② mild   ③ facile
   ④ flexible   ⑤ pliable

♥ 다음 괄호에 들어갈 알맞은 말을 고르시오.

25. The (juvenile / jealous) suspect was brought before a judge to face a charge of car theft.

26. The books are arranged in (random / radical) order, so it might be hard to find what you're looking for.

27. The jury decided unanimously that the woman was (petty / guilty) of murder in the shooting death of 16-year-old minor.

28. The large-scale hacker attacks (penalized / penetrated) computer networks of government and business Web sites.

▶ 정답 p. 463

1750
★★☆
academic
[ækədémik]

형 **학문의·학업의·학구적인**

- *acquire **academic** knowledge* 학문지식을 습득하다
- *an **academic** career* 학력

academy
명 1. (예술·과학 분야의) 학술원
2. (특수 분야의) 대학

- *the National **Academy** of Arts* 국립 예술원
- *a military **academy*** 사관학교

주의 / ***academic*** 은 발음주의!
아카데믹(X)→애커데믹(O)

1751
★★☆
category
[kǽtəgɔ̀:ri]

명 **범주·부류** = *class, sort*

- *be divided into several **categories***
몇 개의 부류로 나뉘다

categorize 동 분류하다
= *classify*

비교 / ***catalogue*** 목록·카탈로그

1752
★★☆
singular
[síŋgjulər]

singul(= *single*) 단 하나의 +
ar 형접 ⇨ 단 하나의

형 1. **단수의** ≠ *plural* (복수의)
2. **뛰어난·독보적인** = *remarkable, exceptional*

- *a **singular** noun* 단수 명사
- *a **singular** talent for music* 음악에 대한 그녀의 뛰어난 재능

singularity 명 특이성

1753
★★☆
numerous
[njú:mərəs]

numer(= *number*) + *ous* 형접
⇨ 숫자가 꽤 있는

형 **많은** = *many, a lot of*

- *have **numerous** friends* 친구가 많다
- ***numerous** motives* 수많은 동기들

비교 /
innumerable 셀 수 없이 많은

1754
★★☆
trifle
[tráifl]

명 **하찮은 것**

자 **하찮게 보다·소홀히 대하다**

- *waste time on **trifles*** 사소한 일에 시간을 낭비하다
- ***trifle** with him* 그를 소홀히 대하다

trifling 형 하찮은 = *trivial*

1755
★★☆
fallacy
[fǽləsi]

fall(= *fail*) 실패하다 +
acy 명접 ⇨ (이해하는 데) 실패한 것
⇨ 오류·오해

(*fall*이 '떨어지다'가 아님에 주의!)

명 **오류·오해** = *misconception*

- *see through the **fallacy** in one's argument*
주장의 오류를 꿰뚫어 보다

fallacious 형 잘못된·틀린

DAY
59

1756 ★★☆ **myth**
[miθ]

명 1. 신화 2. 근거 없는 믿음
- *Greek and Roman* **myth** 그리스 로마 신화
- *dispel the popular* **myth** 대중의 근거 없는 믿음을 일소하다

mythology 명 (집합적) 신화

1757 ★★☆ **paradise**
[pǽrədàis]
⇨ '파라다이스' 외래어로 암기

명 천국·낙원 *= heaven*
- *an earthly* **paradise** 지상 낙원

1758 ★★☆ **legend**
[lédʒənd]
leg(=read) 읽다 + *end* 명접
⇨ (사람들에게) 읽혀지는 것

명 전설
- *according to* **legend** 전설에 따르면

legendary 형 전설적인

비교 / ***folk tale*** 민간 설화
　　　fable 우화
　　　fair tale 동화

1759 ★☆☆ **omen**
[óumən]

명 징조·조짐
- *a bad* **omen** 나쁜 징조

ominous 형 불길한 *= sinister*
- *a* **ominous** *silence* 불길한 침묵

1760 ★★☆ **worship**
[wɔ́:rʃip]
wor(= worth) 가치 + *ship* 명접
⇨ 가치를 둠

명 숭배·예배
타 숭배하다
- **worship** *of God[idols]* 신에[우상] 대한 숭배
- **worship** *God[money]* 신[돈]을 숭배하다

1761 ★★☆ **idol**
[áidl]

명 우상 *= icon*
- **idol** *worship* 우상 숭배
- *the* **idol** *of countless teenagers*
  수많은 십대들의 우상

아이돌이다!

idolize 동 우상으로 떠받들다
= worship
idolatry 명 우상 숭배

1762 ★☆☆ **pious**
[páiəs]
pi(=pure) 순결한 + *ous* 형접
⇨ (종교적으로) 순결한

형 경건한·독실한 *= religious* ≠ *impious* (불경한)
- *live a* **pious** *life* 독실한 삶을 살다

piety 명 경건함·독실함

1763
★★☆
holy
[hóuli]

hol (=whole) 완전한 + y 형접
⇨ (종교적 의미로) 완전한

형 신성한 = sacred, divine

- a **holy** place 신성한 장소

holiness **명** 신성함

1764
★★☆
divine
[diváin]

div (=god) 신 + ine 형접
⇨ 신의

형 신의 · 신성한 = holy

타 예측하다 · 예언하다

- **divine** service 예배식
- **divine** that he is lying 그가 거짓말하고 있다고 점치다

divinity **명** 1. 신 · 신성 2. 신학

1765
★★☆
lofty
[lɔ́:fti]

loft 위층 + y 형접
⇨ 위층의

형 1. 아주 높은 · 우뚝 솟은
2. 고귀한 = noble

- **lofty** buildings 아주 높은 건물들
- **lofty** ideals 고귀한 이상

loft **명** 위층 · 상층

1766
★★☆
ideal
[aidíːəl]

idea 생각 + l 형접
⇨ 생각 속에 존재하는

형 이상적인 · 완벽한 = perfect

- one's **ideal** type 자신의 이상형

idealism **명** 이상주의
idealist **명** 이상주의자
idealize **타** 이상화하다

1767
★★☆
everlasting
[evərlǽstiŋ]

ever 언제나 + lasting 지속되는
⇨ 언제까지나 지속되는

형 영원한 · 변치 않는 = eternal

- earn **everlasting** life 영생을 얻다

1768
★★☆
moral
[mɔ́:rəl]

형 도덕의 · 도덕적인 ≠ immoral (부도덕한)

- a **moral** judgment 도덕적인 판단

morally **부** 도덕적으로
morality **명** 도덕(성)

비교 /

morale [mərǽl] 사기 · 의욕
- a lack of **morale** 패기 부족

1769
★★☆
doctrine
[dáktrin]

doctr (=doctor) 가르치는 사람 +
ine 명접 ⇨ 가르침 ⇨ 교리

명 교리 · 신조 = creed

- religious **doctrine** 종교적 교리

1770
★★★
vehicle
[víːikl]

vehi(=carry) 옮기다 + *cle* 명접
⇨ 옮겨다 주는 것

명 1. 차량·탈것
2. (전달) 수단·매개체 = medium, channel

- *a hybrid vehicle* 하이브리드 자동차
- *a vehicle for self-expression* 자기표현 수단

1771
★★☆
vessel
[vésəl]

명 (큰) 배·선박 = a large ship

- *a fishing vessel* 어선

참고 / *blood vessel* 혈관

1772
★★☆
aviation
[èiviéiʃən]

avi(=bird) 새 + *(a)tion* 명접
⇨ 새처럼 나는 것

명 항공(술)

- *the regulation of civil aviation* 민간 비행의 규제

aviator **명** 비행사

1773
★★☆
trip
[trip]

trip 발걸음 ⇨ 걸어 다님
⇨ 걷다가 걸리다

명 (짧은) 여행

자 걸려 넘어지다·발을 헛디디다 = stumble

- *go on[make] a trip* 여행을 가다
- *trip over a stone* 돌에 걸려 넘어지다

보충 / *travel* (장거리를) 여행
tour 관광 여행
sightseeing 관광
journey (장거리의 긴) 여행
voyage (긴) 여행

1774
★★☆
stuff
[stʌf]

stop (멈추다·막다)의 변형
⇨ (구멍을) 막히도록 채우다

타 (빽빽이) 채워 넣다

명 재료·물건 = material

- *stuff the suitcase with clothes*
  여행 가방에 옷을 채워 넣다
- *the cooking stuff* 요리 재료
- *sell a lot of stuff* 많은 물건들을 팔다

stuffy **형** 답답한
- *a stuffy room* (공기가 안 통해) 답답한 방

1775
★★★
fuel
[fjúːəl]

명 연료

타 연료를 공급하다

- *a fuel efficient vehicle* 연료 효율이 높은 차량
- *fuel an airplane* 비행기에 연료를 공급하다

1776 ★★☆ **pave** [peiv]

타 (도로를) 포장하다
- **pave** a road with concrete
  도로를 콘크리트로 포장하다

숙어 / **pave the way for** ~을 위해 길을 열다 · ~에 대해 준비하다

pavement 명 (도로의) 포장

비교 / **wrap** (물건을) 포장하다

1777 ★★☆ **shortcut** [ʃɔ́ːrtkʌt]

short 짧은 + *cut* 자르다
⇨ 짧게 자르듯 가는 길

명 지름길
- take a **shortcut** 지름길로 가다

테마 / **sidewalk** 인도
pathway 오솔길
by-pass 인도

1778 ★★☆ **swift** [swift]

sweep (쓸다)의 변형
⇨ (빗자루를) 휙휙 쓰는 모습의

형 (움직임이) 재빠른 · 신속한 = rapid
- take **swift** action 신속한 조치를 취하다

swiftness 명 신속함

1779 ★★☆ **parallel** [pǽrəlèl]

para(=beside) 옆에 +
(a)llel(=other) 다른
⇨ 옆에 다른 또 하나가 있는

형 평행한 · 유사한 = similar

명 유사함 · 유사한 것

타 평행하다 · ~에 유사하다
- be **parallel** to the coast 해안과 나란하다
- have no **parallel** 견줄 데가 없다
- Nobody **parallels** her. 아무도 그녀에게 필적할 수 없다.

숙어 / **in parallel with** ~와 병행하여

unparalleled 형 비할 데 없는 · 더없이 좋은

1780 ★★★ **crash** [kræʃ]

명 충돌 = collision

동 충돌하다 · 추락하다
- a car **crash** 자동차 충돌 사고
- An aircraft **crashed** near the runway.
  비행기가 활주로 근처에 추락했다.

비교 / **clash** 다투다 · 충돌하다

1781 ★★☆ **toll** [toul]

명 1. 통행료
2. 사상자 수 · 희생자 수
- pay the **toll** 통행료를 지불하다
- the death **toll** 사망자 수

숙어 / **take a toll on** ~에 큰 피해를 주다

toll gate 명 톨게이트 · 통행료 징수소

DAY **59**

1782
★★☆

miss
[mis]

타 1. **놓치다**
2. **그리워하다**

- *miss* a chance 기회를 놓치다
- I *miss* you badly. 난 네가 몹시 그리워.

missing 형 분실된·실종된

- a *missing* child 실종된 아이

1783
★★★

rescue
[réskjuː]

re 강조 +
scue(=cast off) 던져 버리다

⇨ 완전히 밖으로 던져버리다

타 **구조하다·구출하다** = *save*

명 **구조·구출**

- *rescue* the survivors 생존자들을 구조하다
- a *rescue* team[operation] 구조대[구출 작전]

1784
★★☆

barely
[béərli]

부 1. **간신히·겨우**
2. **거의 ~아니게**

- *barely* escape death 간신히 죽음을 면하다
- There is *barely* a difference. 거의 차이가 없다.

bare 형 벌거벗은·맨~

참고 /

seldom 좀처럼[거의] ~않는
rarely 좀처럼 ~하지 않는
hardly 거의 ~아니다[없다]
scarcely 거의 ~않다

♥ 영어를 우리말로, 우리말을 영어로 바꾸세요.

1. trifle _____

2. fallacy _____

3. omen _____

4. idol _____

5. pious _____

6. divine _____

7. everlasting _____

8. doctrine _____

9. vessel _____

10. rescue _____

11. 범주 · 부류 _____

12. 단수의; 독보적인 _____

13. 신화; 근거 없는 믿음 _____

14. 이상적인 · 완벽한 _____

15. 차량 · 탈것; (전달) 수단 · 매개체 _____

16. 항공 _____

17. 걸려 넘어지다 · 발을 헛디디다 _____

18. 재료 · 물건; (빽빽이) 채워 넣다 _____

19. 지름길 _____

20. 평행한 · 유사한 _____

♥ 다음 중 밑줄 친 단어와 같은 뜻을 고르시오.

21. At the age of 18, he entered the buddhist priesthood and lived a **pious** life.
   ① devout   ② moral   ③ loose
   ④ luxurious   ⑤ frugal

22. The fireman **barely** escaped death when a staircase gave way beneath his feet.
   ① nakedly   ② scantily   ③ industriously
   ④ narrowly   ⑤ subjectively

23. If the future looks **ominous**, you've got nothing to look forward to.
   ① promising   ② sinister   ③ singular
   ④ helpless   ⑤ injurious

24. The mountain boasts of the **singular** beauty of the landscape.
   ① divine   ② trifling   ③ exceptional
   ④ numerous   ⑤ unanimous

♥ 다음 괄호에 들어갈 알맞은 말을 고르시오.

25. This course will help students to acquire (abstract / academic) knowledge and skills necessary to be successful researchers in the field of medical microbiology.

26. The lawyers could easily see through the (failure / fallacy) in his argument which was actually begging the question.

27. Some planets in the solar system were named after the gods in the ancient Greek and Roman (myth / legend).

28. The judicial officers discussed the approach to cases raising questions of religious (doctrine / principal).

1785
★★☆
volcano
[vɔlkéinou]

volcan(= *Vuncan*) 불의 신 +
o 명접
⇨ 불의 신이 사는 곳

명 화산

- *an active[extinct]* **volcano** 활화산[사화산]

참고 / *lava* 용암

1786
★★☆
summit
[sʌ́mit]

sum(= *peak*) 꼭대기 +
(*m*)*it* 명접 ⇨ 꼭대기

명 1. 정상·절정 = *peak*
2. 정상 회담

- *the* **summit** *of the mountain* 그 산의 정상
- *hold a* **summit** 정상 회담을 개최하다

1787
★★☆
cliff
[klif]

cleft (갈라진 틈)의 변형
⇨ (땅이 갈라져 생긴) 절벽

명 절벽·벼랑

- *a steep* **cliff** 가파른 절벽

보충 / **mountain range** 산맥
ridge 산등성이
valley 골짜기·계곡
ravine (좁고 깊은) 협곡
canyon (커다란) 대협곡

1788
★★☆
slope
[sloup]

slop(= *slip*) 미끄러지다 +
e 명접 ⇨ 미끄러지는 곳

명 경사·경사면

- *a steep* **slope** 가파른 경사
- *a ski* **slope** 스키장 : 스키탈 때 경사면을 의미함

1789
★★☆
vast
[væst]

형 거대한·엄청난 = *huge, tremendous*

- *a* **vast** *universe* 광대한 우주
- *a* **vast** *tract of farmland* 광활한 농경지대

vastness **형** 거대함·광대함

1790
★★★
pasture
[pǽstʃər]

past(=*feed*) 먹이를 주다 + *ure*
명접 ⇨ (동물의) 먹이를 주는 곳
⇨ 초원·목초지

명 초원·목초지 = *meadow, prairie*

- *graze in the* **pasture** 초원에서 풀을 뜯다

1791
★☆☆

meadow
[médou]

mea(=mow) 풀을 베다 +
(d)ow 명접 ⇨ 풀이 베진 땅

명 목초지 = pasture

- a fragrant hillside **meadow** 향기로운 산허리의 초원

비교 / **prairie** 대초원

1792
★★☆

serene
[sərí:n]

형 고요한 · 평온한 = tranquil

- a **serene** lake 고요한 호수

serenity 명 고요함

1793
★★☆

climate
[kláimit]

명 1. 기후
2. 분위기 · 풍조

- prevent **climate** change 기후변화를 예방하다
- the current political **climate** 현재의 정치 풍조

climatic 형 기후의

비교 / **weather** 날씨

테마 / **tropical** 열대의
subtropical 아열대의
temperate 온대의
polar 한대성의

1794
★★☆

crust
[krʌst]

명 1. (빵)껍질
2. (지질) 지각 · 딱딱한 층 = a hard layer

- Promises are like pie **crust**. 약속은 파이 껍질처럼 잘 깨진다.
- the **crust** of the Earth 지구의 지각

1795
★★☆

dense
[dens]

dens(=thick) 빽빽한 +
e 형접 ⇨ 빽빽한 상태인

형 빽빽한 · 밀집한 ≠ sparse (드문드문한 · 듬성듬성한)

- a **dense** forest 빽빽한 숲[밀림]
- **dense** fog 자욱한 안개

density 명 밀집 · 밀도

- a population **density** 인구 밀도

1796
★★☆

sparse
[spa:rs]

spread (퍼지다)의 변형
⇨ 퍼져있는

형 드문드문한 · 희박한 ≠ dense (빽빽한 · 밀집한)

- a **sparse** population 희박한 인구

sparsely 부 드문드문 · 희박하게

1797
★★☆

drought
[draut]

drou(=dry) 마른 +
ght 명접 ⇨ (땅이) 마른 상태

명 가뭄 ≠ flood (홍수)

- a record **drought** 기록적인 가뭄
- suffer from **drought** 가뭄에 시달리다

DAY
60

1798
★★☆

tropical
[trápikəl]

형 열대의 · 열대 지방의

- **tropical** plants[regions] 열대 식물[지방]

1799
★★☆

moisture
[mɔ́istʃər]

moist(=wet) 젖은 + ity 명접
⇨ 젖은 상태

명 수분 · 습기

- absorb **moisture** 수분을 흡수하다

moist 형 촉촉한
moisturize 동 촉촉하게 하다
비교 / **humidity** 습도

1800
★★☆

humid
[hjúːmid]

hum(=wet) 젖은 +
id 형접(~된)
⇨ (날씨가) 젖은 듯 축축한

형 (덥고) 습한

- a **humid** climate 습한 기후

humidity 명 습도 · 습함

뉘앙스 /

moist (기분 좋게) 촉촉한 /
damp (차갑고 불쾌하게) 습한 · 축축한

1801
★★☆

damp
[dæmp]

형 축축한 · (물에) 젖은 = dank

- a **damp** basement 습한 지하실

dampen 동 1. (물에) 적시다
2. 낙담시키다

1802
★★☆

drip
[drip]

drop (떨어지다)의 변형
⇨ (물이) 뚝뚝 떨어지다

동 (물이) 뚝뚝 떨어지다[떨어뜨리다]
명 (물이) 뚝뚝 떨어짐

- The faucet is **dripping**.
  그 수도꼭지에서 물이 뚝뚝 떨어지고 있다.
- **drip** into the sink
  싱크대로 떨어지다

1803
★★☆

drift
[drift]

drive (몰다)의 명사형
⇨ 몰려가는 것 ⇨ 이동
⇨ (사람들의 생각이 몰려가는 방향인) 동향

명 1. 표류 · 이동
2. 동향 · 추이 = trend, current

동 표류하다 · 떠돌다

- continental **drift** 대륙 이동
- the **drift** of public opinion 여론의 동향
- **drift** toward the shore 물가로 표류해오다

1804
★★☆

barren
[bǽrən]

형 (땅이) 척박한 · 불모의 = sterile, infertile

- a **barren** desert 척박한 사막

1805
★★★
material
[mətíəriəl]

mater(=matter) 물질 +
(i)al 형접
⇩
물질의

형 1. **물질적인** = *physical* ▶ (구체적으로) 물질적인
2. **중요한** = *important* ▶ (막연하지 않고) 구체적인 물질인

- *receive **material** rewards* 물질적인 보상을 받다
- *evidence **material to** the case* 그 사건에 중요한 증거

명 1. **(물건의)재료** ▶ 사물을 구성하는 물질
2. **(책·영화 등의) 소재·자료** ▶ 글을 구성하는 물질

- *raw **material*** 원료[원자재]
- *reading **materials*** 읽기 자료들

materialism
명 물질(만능)주의

1806
★★☆
solid
[sálid]

sol(=whole) 완전한 +
id 형접
⇨ (빈틈이 없이) 완전한

형 1. **단단한·고체의** = *hard*
2. **견고한·확실한** = *firm*
3. **만장일치의** = *unanimous*

명 **고체·고형물**

- *a **solid** object* 단단한 물체
- ***solid** evidence[reasons]* 확실한 증거[이유들]
- *a **solid** vote* 만장일치의 투표
- *liquids and **solids*** 액체와 고체

1807
★★☆
molecule
[máləkjù:l]

mole(=mass) 덩어리 +
cule 명접(작은 것)
⇨ 덩어리의 작은 것

명 **분자**

- *a **molecule** of water* 물 분자

molecular **형** 분자의

비교 / *atom* 원자

1808
★★☆
fossil
[fásəl]

명 **화석**

- *a **fossil** of dinosaur footprints*
  공룡 발자국 화석

fossilize **동** 화석화하다

참고 /
fossil fuel (석유·석탄 등의) 화석 연료

1809
★★☆
fume
[fju:m]

fum(=smoke) 연기 + *e* 동접
⇨ 연기를 내뿜다

자 **(연기를) 내뿜다** = *give off, emit*

명 **(불쾌한) 가스·연기**

- ***fume** thick smoke* 자욱한 연기를 내뿜다
- *automobile exhaust **fumes*** 자동차 배기가스

DAY
60

1810 ★★☆	**ray** [rei]	명 (한 줄기) 빛·광선

- *a **ray** of sunlight* 한 줄기의 햇빛
- *take an X-**ray*** 엑스레이를 찍다

1811 ★★☆	**pioneer** [pàiəníər] *pion(=foot)* 발 + *(e)er* 사람 ⇨ (처음으로) 발을 내딛는 사람	명 개척자 타 개척하다	***pioneering*** 형 개척하는·선구적인

- *be known as a **pioneer*** 개척자로 알려져 있다
- ***pioneer** a new route* 새로운 길을 개척하다

1812 ★★☆	**epoch** [épək] *epo(=epi)* ~을 + *ch(=hold)* 붙잡다 ⇨ 시간을 붙잡아 멈추고 다시 시작함	명 (새로운) 시대 = *era*	***epoch-making*** 형 획기적인

- *mark[form] a new **epoch*** 새로운 신기원을 이루다

1813 ★★☆	**orbit** [ɔ́:rbit] *orb(=globe)* 구 + *it* 명접 ⇨ 구의 형태를 띤 것	명 1. 궤도 2. 영향권·세력권 동 ~의 궤도를 돌다

- *the **orbit** of the Moon around the Earth*
지구 주위를 도는 달의 궤도
- *be within the **orbit** of Russia* 러시아의 세력권 안에 있다
- ***orbit** the Earth* 지구의 궤도를 돌다

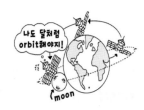

1814 ★★☆	**satellite** [sǽtəlàit] *sate(l)(=full)* 완전한 + *lit(e)(=go)* 가다 ⇨ 완전히 따라가는 것	명 위성·인공위성

- *an artificial **satellite***
인공 위성

1815 ★★☆	**launch** [lɔ:ntʃ] *lance*((던지는) 창)의 변형 ⇨ (창을 던지듯) 발사하다	타 1. 발사하다 2. 시작하다·출시하다

- ***launch** a satellite[ship]* 위성을 발사하다[배를 진수시키다]
- ***launch** a new product* 신제품을 출시하다

¹⁸¹⁶
★★☆

virtual

[vɔ́ːrtʃuəl]

virtu(=virtue) 덕·도덕적 힘 +
al 형접

⇩

어떤 힘을 갖는

형 1. **사실상의** ▶ (실제는 아니지만) 어떤 힘을 갖는
2. **가상의** ▶ (실제는 아니지만) 컴퓨터상에서 힘을 갖는

- a ***virtual*** stranger 사실상 전혀 모르는 사람
- ***virtual*** reality 가상현실

virtue **명** 1. 선행·미덕 2. 장점

---

¹⁸¹⁷
★★☆

ultimate

[ʌ́ltəmət]

ultim(=final) 최후의 +
ate 형접 ⇨ 최후의

형 **궁극적인·최후의** =*final, eventual*

- the ***ultimate*** objective 궁극적인 목적

ultimately **부** 궁극적으로·결국

참고 / *ultimatum* 최후통첩

연습문제

DAY **60**

♥ 영어를 우리말로, 우리말을 영어로 바꾸세요.

1. summit

2. cliff

3. slope

4. drought

5. humid

6. damp

7. molecule

8. fossil

9. epoch

10. ultimate

11. 기후; 분위기

12. 빽빽한 · 밀집한

13. 드문드문한 · 희박한

14. 열대의 · 열대 지방의

15. (물이) 똑똑 떨어지다

16. 척박한 · 불모의

17. 고체의; 견고한

18. 개척자; 개척하다

19. 발사하다; 시작하다

20. 사실상의; (컴퓨터를 이용한) 가상의

♥ 다음 중 밑줄 친 단어와 같은 뜻을 고르시오.

21. A **vast** number of cows had to be destroyed in Great Britain a few years ago when it was found that they were carrying a deadly virus.

① dreadful ② trivial ③ remarkable
④ exorbitant ⑤ huge

22. The clothes in the dryer are still **damp**, so you'd better turn it on for another 15 minutes or so.

① dank ② misty ③ humid
④ musty ⑤ barren

23. The mayor has **launched** a new program to encourage cycle-tourism as a great attraction in our town.

① advanced ② pushed on ③ promoted
④ initiated ⑤ accelerated

♥ 다음 중 밑줄 친 단어의 반대되는 뜻을 고르시오.

24. It took Bilbo and his companions days to hike through the **dense** forest of Mirkwood.

① diffuse ② penetrable ③ packed
④ spacious ⑤ sparse

♥ 다음 괄호에 들어갈 알맞은 말을 고르시오.

25. The (utter / ultimate) objective of this project is to raise awareness of environmental issues.

26. Experts gathered to discuss whether or not we have entered a new (epic / epoch) in Earth's geological history.

27. The heart surgeon is known as the (pirate / pioneer) of heart transplant operations.

28. If you drive past the hill, you'll be able to see a (barren / banned) desert with tons of ash and volcanic material spreading across the vast area.

▶ 정답 *p. 464*

ANSWER
연습문제 ↗ 정답

DAY 01

1. ③
2. ②
3. ②
4. ④
5. ①
6. ④
7. ③
8. ②
9. ④
10. ①
11. ⑤
12. ①
13. ③
14. ③
15. board
16. plain
17. bill
18. count

DAY 02

1. ②
2. ④
3. ③
4. ①
5. ③
6. ②
7. ②
8. ①
9. ④
10. ③
11. ④
12. ②
13. ③
14. ⑤
15. ④
16. lot
17. deal
18. charged

DAY 03

1. ②
2. ③
3. ④
4. ③
5. ③
6. ①
7. ②
8. ②
9. ④
10. ②
11. ②
12. ⑤
13. ①
14. ④
15. crush
16. grasp
17. branded

DAY 04

1. abolish (법 · 제도 등을) 폐지하다
2. abundant 풍부한 · 많은
3. accumulate 축적하다 · 모으다
4. abandon (사람 · 장소를) 버리다 · 포기하다
5. arrogant 거만한 · 오만한
6. anticipate 기대하다 · 예상하다
7. antibiotic 항생제
8. antibody 항체
9. autobiography 자서전
10. bestow 수여하다
11. 흡수하다; 몰두시키다 absorb
12. 비난하다; 고소하다 accuse
13. 전진하다; (이론 등을) 제기하다 advance
14. 반사적인; 자동의 automatic
15. (유명인의) 사인 autograph
16. 어리둥절하게 하다 bewilder
17. 골동품(의) antique
18. 허락하다, 허용하다 allow
19. 가속시키다 accelerate
20. 접근하다 approach
21. ②
22. ①
23. ③
24. ②
25. accused
26. abandon
27. autographs
28. absorbed

DAY 05

1. **circumstance** (주변) 상황 · 환경
2. **combine** 합치다 · 결합하다[되다]
3. **accompany** 동행하다 · 동반하다; 반주 해주다
4. **compromise** 타협 · 절충; 타협하다; 손상하다
5. **consult** 상의하다; ~의 상담을 받다
6. **confront** 맞서다 · 직면하게 하다
7. **contemplate** 심사숙고하다
8. **conceal** 감추다 · 숨기다
9. **contrast** 대조하다 · 대비되다; 대조 · 차이
10. **counterpart** 상대물 · 대응되는 것[사람]
11. 순환하다; 유포하다 **circulate**
12. 동행; 회사 **company**
13. 편찬하다 **compile**
14. (전문적으로) 조언하다 **counsel**
15. 불평하다; 호소하다 **complain**
16. 비난하다; 유죄 선고하다 **condemn**
17. 농축시키다; (글을) 요약하다 **condense**
18. 붕괴되다; 폭락하다 **collapse**
19. ~와 다른 · 반대되는 **contrary**
20. 위조하다; 위조의 **counterfeit**
21. ③
22. ④
23. ⑤
24. ④
25. **complain**
26. **counterfeited**
27. **consult**

28. **company**

DAY 06

1. **derive** ~에서 유래되다; ~을 얻다
2. **diameter** 지름 · 직경
3. **disinterested** 사심이 없는 · 객관적인
4. **disgust** 혐오감 · 역겨움; 혐오감을 주다 · 역겹게 하다
5. **enclose** (담 · 울타리가) 둘러싸다; 동봉하다
6. **encounter** (우연히) 만나다 · 마주치다; 만남
7. **exotic** 외국의 · 이국적인
8. **exaggerate** 과장하다
9. **exhaust** 지치게 하다; 고갈시키다; 배기가스
10. **emerge** (밖으로) 나오다 · 모습을 드러내다
11. 바치다, 쏟다 **devote**
12. 사투리, 방언 **dialect**

13. 약점, 불리한 점 **disadvantage**
14. 정직하지 못한 · 부정한 **dishonest**
15. 불충한 · 충실하지 않은 **disloyal**
16. 무질서; 장애 **disorder**
17. 확대하다; 자세히 설명하다 **enlarge**
18. 계몽하다, 교화하다 **enlighten**
19. 제목을 붙이다; 권한을 주다 **entitle**
20. 포옹하다; 받아들이다 **embrace**
21. ⑤
22. ②
23. ④
24. ⑤
25. **Exhausted**
26. **enlighten**
27. **enable**
28. **disorder**

DAY 07

1. **foresee** 예견하다
2. **forefather** 선조 · 조상
3. **foremost** 가장 중요한 · 최고의
4. **inherent** 내재하는
5. **invest** 투자하다; (권한을) 부여하다
6. **indispensable** 없어서는 안 될 · 필수적인
7. **inevitable** 피할 수 없는 · 불가피한
8. **illegal** 불법적인
9. **interpret** 통역하다; 해석하다
10. **interaction** 상호 작용 · 소통
11. 추가의; 추가로 **extra**
12. 수입, 소득 **income**
13. 격분시키다; 격렬하게 하다 **inflame**
14. 투옥하다 **imprison**
15. 통찰력 **insight**
16. 순진한; 무죄인 **innocent**
17. 특정 개인과 상관없는; 비인간적인 **impersonal**
18. 불규칙적인 **irregular**
19. 무책임한 **irresponsible**
20. 간섭하다, 참견하다 **interfere**
21. ①
22. ③
23. ②
24. ②
25. **indispensable**
26. **inevitable**
27. **intermediate**
28. **interpret**

446

DAY 08

1. **obstacle** 장애(물)
2. **oppose** 반대하다
3. **outcome** 결과
4. **utmost** 최고의 · 극도의
5. **outdo** 능가하다
6. **overcharge** (금액을) 많이 청구하다 · 바가지를 씌우다
7. **overflow** 넘치다; 넘침 · 범람
8. **overwork** 과로하다 · 혹사시키다; 과로
9. **overcome** 극복하다; (감정에) 사로잡히다
10. **overtake** 따라잡다; 닥치다 · 덮치다
11. 애매한; 무명의 **obscure**
12. 경치; 예상, 전망 **outlook**
13. 뛰어난; 미해결의 **outstanding**
14. 외향적인 **outgoing**
15. 배출구; 할인점 **outlet**
16. 완전한; (소리를) 내다, 말하다 **utter**
17. 압도하다, 제압하다 **overwhelm**
18. 만기를 넘은 **overdue**
19. 우연히 듣다 **overhear**
20. 내려다보다; 간과하다; 용서하다 **overlook**
21. ④
22. ②
23. ⑤
24. ④
25. **obstacle**
26. **outbreak**
27. **overdue**
28. **overwhelming**

DAY 09

1. **permanent** 영구적인
2. **postpone** 연기하다 · 미루다
3. **posterity** 자손 · 후세
4. **precaution** 예방 조치 · 조심
5. **premature** 너무 이른 · 시기상조의
6. **purchase** 구매하다 · 구입하다; 구매 · 구입
7. **reveal** (비밀 등을) 드러내다 · 폭로하다
8. **reluctant** 꺼리는 · 내키지 않는
9. **replace** 대체하다 · 교체하다
10. **recover** 되찾다; 회복하다
11. 꾸준히 계속하다 **persevere**
12. 수행하다; 공연하다 **perform**
13. 보호하다, 지키다 **protect**

14. 전달하다; 중계하다 **relay**
15. 남다 · 머물다; 여전히 ~이다 **remain**
16. 재활용하다 **recycle**
17. 복제하다; 번식하다 **reproduce**
18. 휴양지; 의지, (의지) 수단 **resort**
19. 나타내다; 대표하다 **represent**
20. 제거하다; 해고하다 **remove**
21. ④
22. ④
23. ②
24. ③
25. **permanent**
26. **precaution**
27. **reluctant**
28. **premature**

DAY 10

1. **separate** 나누다 · 분리되다; 분리된 · 따로 떨어진
2. **subconscious** 잠재의식의; 잠재의식
3. **superficial** 피상적인 · 깊이가 없는
4. **surface** 표면; 표면화되다 · 떠오르다
5. **surmount** 극복하다
6. **transform** 변형시키다
7. **unfair** 불공정한 · 부당한
8. **uneasy** 불안한 · 불안정한
9. **undergraduate** 대학생 · 학부생
10. **undertake** 맡다 · 착수하다
11. 해저의; 잠수함 **submarine**
12. 우수한; 상관 **superior**
13. 흑자 **surplus**
14. 증상 · 조짐 **symptom**
15. 망원경 **telescope**
16. 이식하다 **transplant**
17. ~하기를 꺼리는 **unwilling**
18. 실업 **unemployment**
19. 풀다; 되돌리다 **undo**
20. (안 좋은 일을) 겪다, 받다 **undergo**
21. ①
22. ②
23. ③
24. ②
25. **symptoms**
26. **transforms**
27. **undergoing**
28. **unreasonable**

DAY 11

1. *uphold* 지지하다 · 옹호하다
2. *withhold* 보류하다 · 내주지 않다
3. *withstand* 견뎌내다
4. *aboard* 탑승하여
5. *amaze* 놀라게 하다
6. *arise* 일어나다 · 발생하다
7. *arouse* 불러일으키다
8. *monarch* 군주 · 제왕
9. *duplicate* 복사하다; 사본; 사본의
10. *multiply* 곱하다; 증가시키다 · 증식하다
11. 똑바른; 정직한 *upright*
12. 뒤엎다; (기분을) 상하게 하다 *upset*
13. 긍정적인 면 *upside*
14. 철수하다; 철회하다; 인출하다 *withdraw*
15. 비슷한; 똑같이 *alike*
16. 주다; ~할 여유가 있다 *afford*
17. 진퇴양난 *dilemma*
18. 황혼(기) *twilight*
19. 부족 · 종족 *tribe*
20. 다수; 대중 *multitude*
21. ④
22. ②
23. ⑤
24. ①
25. *dilemma*
26. *withdraw*
27. *withstand*
28. *afford*

DAY 12

1. *fortunate* 운 좋은
2. *lessen* 줄다 · 줄이다
3. *classify* 분류하다
4. *idealize* 이상화하다
5. *baggage* (여행용) 수화물 · 짐
6. *guidance* 안내 · 지도
7. *accuracy* 정확(함) · 정확도
8. *boredom* 지루함 · 따분함
9. *slavery* 노예 (상태); 노예 제도
10. *machinery* 기계류
11. 열정적인 *passionate*
12. 숨 쉬다, 호흡하다 *breathe*
13. 깊게 하다, 깊어지다 *deepen*

14. 정화하다 *purify*
15. 만족시키다 · 충족시키다 *satisfy*
16. 실현하다; 인지하다 *realize*
17. 순종 · 복종 *obedience*
18. 제물 · 희생; 희생시키다 *sacrifice*
19. 현명함 · 지혜 *wisdom*
20. 뇌물수수 *bribery*
21. ②
22. ④
23. ③
24. ①
25. *bribery*
26. *guidance*
27. *realized*
28. *lessen*

DAY 13

1. *optimism* 낙천주의
2. *psychology* 심리학; 심리
3. *ethics* 윤리학 · 도덕
4. *laboratory* 실험실 · 실습실
5. *hardship* 어려움 · 곤란
6. *tuition* 교습; 등록금
7. *discussion* 토론 · 논의
8. *honesty* 정직
9. *owner* 소유자 · 주인
10. *preacher* 설교자 · 전도사
11. 은퇴, 퇴직 *retirement*
12. 어둠 *darkness*
13. 귀먹음, 청각 장애 *deafness*
14. 게으름, 나태 *idleness*
15. 통솔력 *leadership*
16. 학문; 장학금 *scholarship*
17. 잔인함 · 냉혹함 *cruelty*
18. 기쁨 · 즐거움 *pleasure*
19. 압력, 압박 *pressure*
20. 주지사 · 지사 *governor*
21. ②
22. ④
23. ⑤
24. ③
25. *amusement*
26. *psychology*
27. *hardships*
28. *discussion*

DAY 14

1. *feminist* 여권 신장론자 · 남녀 평등주의자
2. *journalist* 기자 · 저널리스트
3. *coward* 겁쟁이
4. *refugee* (피)난민
5. *countess* 여자 백작 · 백작 부인
6. *sensible* 감지할 수 있는; 분별 있는
7. *verbal* 언어의 · 구두의
8. *peasant* 농부 · 소작농
9. *customary* 관례적인
10. *painful* 고통스러운 · 괴로운
11. 마술사 *magician*
12. 술고래, 술주정뱅이 *drunkard*
13. 종업원, 직원 *employee*
14. 환경의 *environmental*
15. 눈부신, 훌륭한 *brilliant*
16. 오염 물질 *pollutant*
17. 전설적인 *legendary*
18. 비서; 장관 *secretary*
19. 쾌활한 · 유쾌한 *cheerful*
20. 의심스러운 *doubtful*
21. ⑤
22. ④
23. ③
24. ②
25. *refugee*
26. *verbal*
27. *customary*
28. *Secretary*

DAY 15

1. *electronic* 전자의
2. *typical* 전형적인 · 보통의
3. *chemical* 화학의 · 화학적인; 화학물질
4. *selfish* 이기적인
5. *countless* 무한한 · 셀 수 없이 많은
6. *priceless* 아주 값비싼 · 대단히 귀중한
7. *restless* 가만히 못 있는 · 불안한
8. *spacious* 넓은 · 널찍한
9. *scarcely* 거의 ~ 않다
10. *likewise* 똑같이 · 마찬가지로
11. 역사상 유명한 · 역사적인 *historic*
12. 유치한 *childish*
13. 폭발성의; 폭발적인 *explosive*

14. 무자비한 *merciless*
15. (~보다) 열등한 *inferior*
16. 부담스러운, 힘든 *burdensome*
17. 다투기 좋아하는 *quarrelsome*
18. 골치 아픈 · 골칫거리인 *troublesome*
19. ~할 것 같은 *likely*
20. 시기적절한 *timely*
21. ①
22. ②
23. ④
24. ②
25. *electronic*
26. *restless*
27. *prior*
28. *quarrelsome*

DAY 16

1. *react* 반응하다 · 반응을 보이다
2. *altitude* 고도 · 높이
3. *adolescent* 청소년의
4. *alter* 변경하다 · 바뀌다
5. *anguish* 고통 · 괴로움
6. *unanimous* 만장일치의
7. *annual* 매년의 · 연례의
8. *adapt* 맞추다 · 적응하다; 각색하다
9. *artificial* 인공적인; 인위적인 · 꾸며낸
10. *consider* 고려하다; 간주하다
11. 정확한; 강요하다 *exact*
12. 대리인 · 중개인 *agent*
13. (병이) 급성의; 예리한 *acute*
14. 번갈아 하다 · 교대로 하다 *alternate*
15. 대안 *alternative*
16. 소질 · 적성 *aptitude*
17. 장인 · 기능 보유자 *artisan*
18. 천문학 *astronomy*
19. 우주비행사 *astronaut*
20. 재난 · 재해 *disaster*
21. ②
22. ②
23. ④
24. ⑤
25. *alter*
26. *unanimous*
27. *aptitude*
28. *artificial*

DAY 17

1. **bind** 묶다 · 결속시키다
2. **bond** 유대; 속박; 채권
3. **embarrass** 당황하게 하다
4. **forbid** 금지하다
5. **blind** 눈 먼 · 맹인인; 맹목적인
6. **blunt** 무딘 · 뭉툭한; 직설적인 · 무뚝뚝한
7. **blaze** 활활 타다; 불꽃 · 화염
8. **capable** ~할 수 있는 · 유능한
9. **deceive** 속이다 · 기만하다
10. **conceit** 자만심
11. 청중, 관객 **audience**
12. 경계 · 한계 **boundary**
13. 묶음, 꾸러미 **bundle**
14. 장벽 · 장애물 **barrier**
15. 전기, 일대기 **biography**
16. 얼굴이 빨개지다; 홍조 **blush**
17. 수용 능력 · 용량; 능력 **capacity**
18. 포획하다; 포착하다 **capture**
19. 차지하다; 점령하다 **occupy**
20. 알아차리다, 감지하다 **perceive**
21. ④
22. ④
23. ①
24. ②
25. **barrier**
26. **embarrassing**
27. **forbidden**
28. **exception**

DAY 18

1. **achieve** 성취하다 · 달성하다
2. **cargo** 화물
3. **broadcast** 방송하다; 방송
4. **forecast** 예측하다 · 예보하다; 예측 · 예보
5. **proceed** 가다 · 이동하다; 진행하다 · 계속하다
6. **exceed** 넘다 · 초과하다
7. **ancestor** 조상
8. **necessary** 필요한
9. **cease** 멈추다 · 중단하다
10. **eccentric** 별난 · 이상한
11. 수도 · 자본; 사형의 **capital**
12. 옮기다; 휴대하다 **carry**

13. 계승하다; 성공하다 **succeed**
14. 전례 없는 · 유례없는 **unprecedented**
15. 접근 · 접속 **access**
16. 전임자 **predecessor**
17. 만성적인 **chronic**
18. 우연; 사고 **accident**
19. (나쁜) 사건 **incident**
20. 우연한; 대충하는 · 무심결의 **casual**
21. ③
22. ②
23. ⑤
24. ④
25. **proceeding**
26. **unprecedented**
27. **cease**
28. **predecessor**

DAY 19

1. **concise** 간결한
2. **precise** 정확한
3. **civilization** 문명
4. **exclaim** 소리치다 · 외치다
5. **proclaim** 선언하다 · 공포하다
6. **incline** (마음이) ~로 기울게 하다
7. **include** 포함하다
8. **exclude** 배제하다 · 제외하다
9. **disclose** 밝히다 · 폭로하다
10. **encourage** 용기를 북돋우다 · 격려하다; 권장하다
11. 자살 **suicide**
12. 인용하다; (증거 · 예를) 들다 **cite**
13. 암송하다; 열거하다 **recite**
14. 시민의; 예의바른 **civil**
15. 주장하다; 요구하다 **claim**
16. 쇠퇴하다 · 감소하다; 거절하다 **decline**
17. 결론을 내리다; 끝내다 · 마치다 **conclude**
18. 진심에서 우러난 · 정중한 **cordial**
19. 불화, 다툼 **discord**
20. 시체 · 송장 **corpse**
21. ①
22. ③
23. ⑤
24. ③
25. **suicide**
26. **cite**
27. **disclose**
28. **discord**

DAY 20

1. *increase* 증가하다 · 인상하다; 증가 · 인상
2. *criticize* 비평하다; 비판하다 · 비난하다
3. *criterion* (판단 · 결정의) 기준
4. *crisis* 위기
5. *hypocrisy* 위선
6. *discern* 알아보다 · 구별하다
7. *ascertain* 확인하다 · 알아내다
8. *cultivate* 경작하다; (관계 · 능력을) 개발하다
9. *currency* 통화; 유통 · 유행
10. *occur* 일어나다 · 발생하다; (생각이) 떠오르다
11. 구체적인 *concrete*
12. 신병, 신입 사원; 모집하다 *recruit*
13. 교리; 신조 *creed*
14. 비판적인; 위기의, 중대한 *critical*
15. 구별하다; 차별하다 *discriminate*
16. 관계된; 걱정하는 *concerned*
17. 증서; 자격증 *certificate*
18. 농업 *agriculture*
19. 식민지 *colony*
20. 안전한, 확실한 *secure*
21. ①
22. ②
23. ④
24. ②
25. *discrimination*
26. *concerned*
27. *coarse*
28. *currencies*

DAY 21

1. *accustomed* 익숙한
2. *endeavor* 노력 · 시도; 노력하다
3. *addict* 중독자
4. *indicate* 가리키다 · 나타내다
5. *dedicate* 바치다 · 헌신하다
6. *dominate* 지배하다 · 우세하다
7. *donate* 기부하다 · 기증하다
8. *anecdote* 일화
9. *surrender* 항복하다 · 포기하다; 항복
10. *reduce* 줄이다 · 축소하다
11. 관습; 세관 *custom*
12. 의무; 세금 *duty*
13. 받아쓰게 하다; 명령하다 *dictate*
14. 반박하다; ~에 모순되다 *contradict*
15. 가정의; 국내의 *domestic*
16. 영토; 영역 · 분야 *domain*
17. (약의 1회) 복용량 *dose*
18. 배신하다; 누설하다 *betray*
19. 공제하다 · 감점하다 *deduct*
20. 유도하다; 설득하다 *induce*
21. ②
22. ③
23. ④
24. ②
25. *customs*
26. *indicating*
27. *dose*
28. *conducting*

DAY 22

1. *equivalent* 동등한 · 상당하는; 상응하는 것
2. *adequate* 충분한
3. *estimate* 평가하다 · 추산하다; 추정(치)
4. *esteem* 존경하다; 존경
5. *confess* 자백하다 · 고백하다
6. *manufacture* 생산 · 제조; 제조하다
7. *factor* 요인 · 요소; 고려하다 · 감안하다
8. *defect* 결함 · 결점; 버리다 · 떠나다
9. *infectious* 전염성의
10. *proficient* 능숙한
11. 본질적인; 필수적인 *essential*
12. 결석한 *absent*
13. 우화 *fable*
14. 악명 높은 *infamous*
15. 서문 *preface*
16. 공언하다; 주장하다 *profess*
17. 손쉬운; 안이한 *facile*
18. 능력 · 재능; (편의)시설 *facility*
19. 영향을 주다; ~인 체하다 *affect*
20. 패배시키다; 패배 *defeat*
21. ④
22. ②
23. ③
24. ⑤
25. *equivalent*
26. *confessed*
27. *manufacture*
28. *affect*

DAY 23

1. *false* 틀린 · 잘못된; 가짜의 · 거짓의
2. *fertile* 비옥한 · 기름진
3. *indifferent* 무관심한
4. *infer* 추론하다
5. *prefer* 더 좋아하다 · 선호하다
6. *confident* 확신하는; 자신감 있는
7. *confine* 한정하다; 가두다 · 감금하다
8. *define* 정의하다; 규정하다
9. *infinite* 무한한
10. *confirm* 확인하다; 확정하다
11. 결점; 잘못 *fault*
12. (교통) 요금 *fare*
13. 방어하다; 변호하다 *defend*
14. 위반하다; 기분 상하게 하다 *offend*
15. 수여하다; 상의하다 *confer*
16. (어려운 일을) 겪다, 당하다; 시달리다 *suffer*
17. 옮기다; 이체하다 *transfer*
18. 반항하다; 거부하다 *defy*
19. 좋은; 고운; 벌금 *fine*
20. 반사하다; 반영하다 *reflect*
21. ①
22. ③
23. ②
24. ⑤
25. *offended*
26. *prefer*
27. *Refer*
28. *reflected*

DAY 24

1. *inflict* (고통 · 벌을) 가하다 · 입히다
2. *fluent* 유창한
3. *formula* 공식 · ~식
4. *conform* (규칙 · 법에) 따르다 · 순응하다
5. *fortify* 강화하다 · 튼튼히 하다
6. *reinforce* 보강하다 · 강화하다
7. *fragile* 깨지기 쉬운 · 취약한
8. *fundamental* 근본적인 · 기본적인; 기본 원칙
9. *profound* 심오한 · 깊은
10. *futile* 헛된 · 소용없는
11. 상반되다; 갈등 *conflict*
12. 개혁하다; 교화하다 *reform*
13. 획일적인; 제복 *uniform*
14. 강요하다; (법률을) 시행하다 *enforce*
15. 조각, 파편 *fragment*
16. 설립하다; ~에 기반을 두다 *found*
17. 혼란스럽게 하다; 혼동하다 *confuse*
18. 거절하다; 쓰레기 *refuse*
19. 간주하다; 고려; 존중 *regard*
20. 보장; 보증하다 *guarantee*
21. ⑤
22. ③
23. ②
24. ④
25. *conform*
26. *confuse*
27. *futile*
28. *regard*

DAY 25

1. *genuine* 진짜의 · 진품인; 진심의 · 진실한
2. *genetic* 유전의 · 유전적인
3. *ingenious* 독창적인 · 기발한
4. *generate* 발생시키다
5. *register* 기록부 · 명부; 등록하다 · 기록하다
6. *glance* 힐끗 봄; 힐끗 보다
7. *glow* (계속 은은하게)빛나다 · 타다; 불빛
8. *glitter* 반짝반짝 빛나다; 광휘
9. *ignore* 무시하다 · 못 본 척하다
10. *notify* 통지하다 · 알리다
11. 수소 *hydrogen*
12. 산소 *oxygen*
13. 임신한; 의미심장한 *pregnant*
14. 지리; 지리학 *geography*
15. 소화하다; 이해하다 *digest*
16. 제안하다; 암시하다 *suggest*
17. 인식하다; 인정하다 *recognize*
18. 진단하다 *diagnose*
19. 공지; 주목; 알아차리다 *notice*
20. 인정하다; 감사를 표하다 *acknowledge*
21. ③
22. ⑤
23. ①
24. ④
25. *ingenious*
26. *diagnosed*
27. *ignored*
28. *suggest*

DAY 26

1. **gradual** 점진적인 · 점차적인
2. **paragraph** 단락 · 절
3. **gratitude** 감사
4. **grieve** (몹시) 슬퍼하다
5. **inhabit** ~에 살다 · 서식하다
6. **exhibit** 전시하다; (감정 · 특징 등을) 드러내다
7. **prohibit** (법으로) 금지하다
8. **inherit** 상속받다 · 물려받다
9. **humiliate** 창피를 주다 · 굴욕을 주다
10. **isolate** 격리하다 · 고립시키다
11. 재료, 성분; 요소 **ingredient**
12. 공격적인; 적극적인 **aggressive**
13. 회의; 의회 **congress**
14. 정도; 학위 **degree**
15. 심각성 · 중대성; 중력 **gravity**
16. 유전 **heredity**
17. 유산 **heritage**
18. 상속인 · 계승자 **heir**
19. 적대적인 **hostile**
20. 비천한; 겸손한 **humble**
21. ②
22. ④
23. ③
24. ⑤
25. **ingredients**
26. **gratitude**
27. **isolated**
28. **heritages**

DAY 27

1. **initiate** 시작하다 · 착수하다
2. **perish** 죽다 · 소멸하다
3. **inject** 주사하다
4. **reject** 거절하다
5. **justify** 정당화하다 · 해명하다
6. **elaborate** 정성들인 · 공들인; 자세히 설명하다
7. **translate** 번역하다
8. **oblige** 의무적으로 ~하게 하다; 돕다
9. **liable** 책임이 있는; ~하기 쉬운
10. **analyze** 분석하다
11. 처음의; 머리글자 **initial**
12. 물체; 목표; 반대하다 **object**
13. 주제; 과목; ~의 지배를 받는 **subject**

14. 조정하다; 적응하다 **adjust**
15. 관련시키다; 이야기하다 **relate**
16. 결집하다; 회복하다 **rally**
17. 의지하다 · 믿다 **rely**
18. 석방하다; 배출하다; 개봉하다 **release**
19. 임대차계약 **lease**
20. 마비시키다 **paralyze**
21. ③
22. ②
23. ⑤
24. ③
25. **perished**
26. **liable**
27. **released**
28. **analyze**

DAY 28

1. **elect** 선출하다
2. **neglect** 소홀히 하다 · 게을리 하다
3. **diligence** 근면 · 부지런함
4. **legacy** 유산
5. **legislate** (법률을) 제정하다
6. **relevant** 관련된 · 적절한
7. **liberal** 후한; 진보적인; 교양의
8. **eliminate** 제거하다 · 없애다
9. **allocate** 할당하다
10. **apologize** 사과하다
11. 수집하다; 모금하다 **collect**
12. 우아한 · 품격 있는 **elegant**
13. 특권, 특혜 **privilege**
14. (권한을) 위임하다; 파견하다 **delegate**
15. 덜어주다, 완화시키다 **relieve**
16. 배달하다; (연설)하다 **deliver**
17. 예비의 **preliminary**
18. 글자 그대로의; 직역의 **literal**
19. (글을) 읽고 쓸 줄 아는 **literate**
20. ~에 위치시키다 **locate**
21. ①
22. ⑤
23. ②
24. ④
25. **elect**
26. **neglecting**
27. **delegate**
28. **literate**

DAY 29

1. *magnify* 확대하다
2. *magnificent* 웅장한 · 장엄한
3. *majestic* 장엄한 · 위엄있는
4. *recommend* 추천하다 · 권장하다
5. *maintain* 유지하다; 부양하다; 주장하다
6. *medieval* 중세의
7. *mediate* 중재하다
8. *remind* 생각나게 하다 · 상기시키다
9. *monument* 기념비 · 기념물
10. *summon* 소환하다 · 부르다; (용기 · 힘을) 내다
11. 망상 *delusion*
12. 환상 · 착각 *illusion*
13. 걸작 · 명작 *masterpiece*
14. 명령하다; 내려다보다 *command*
15. 요구하다; 수요 *demand*
16. 원고 · 필사본 *manuscript*
17. 조종하다; 조작하다 *manipulate*
18. 기계공 · 정비공 *mechanic*
19. 즉각적인; (공간적으로) 바로 옆의 *immediate*
20. 입증하다; 시위운동하다 *demonstrate*
21. ④
22. ③
23. ②
24. ⑤
25. *demands*
26. *manipulated*
27. *summoned*
28. *mediate*

DAY 30

1. *commercial* 상업의; 상업 광고
2. *immense* 엄청난 · 어마어마한
3. *migrate* (집단으로) 이주하다
4. *diminish* 줄(이)다 · 약화시키다
5. *prominent* 돌출된 · 두드러진; 중요한 · 유명한
6. *imminent* 임박한 · 곧 닥칠
7. *admiration* 존경 · 감탄
8. *emit* 내다 · 내뿜다
9. *transmit* 전송하다; (병을) 전염시키다
10. *mission* 전도; 임무
11. 상인 · 무역상 *merchant*
12. 온도계 *thermometer*
13. 이민 가다 *emigrate*

14. 성직자; 장관 *minister*
15. 관리하다; 투약하다 *administer*
16. 경이로움; 놀라다 *marvel*
17. 인정하다; (들어가는 것을) 허락하다 *admit*
18. 맡기다 · 헌신하다; 약속하다; 저지르다 *commit*
19. 제출하다; 항복하다 *submit*
20. 해고하다; 묵살하다 · 기각하다 *dismiss*
21. ④
22. ④
23. ②
24. ③
25. *measures*
26. *immigrating*
27. *commit*
28. *eminent*

DAY 31

1. *modify* 변경[수정]하다 · 바꾸다
2. *commodity* 상품
3. *accommodate* 수용하다; 맞추다; 적응하다
4. *emotion* 감정 · 정서
5. *remote* 외딴; (시간상) 먼
6. *community* 공동체 · 커뮤니티
7. *communism* 공산주의
8. *mutual* 상호간의 · 공동의
9. *neutral* 중립적인 · 중간의
10. *renown* 명성
11. 적당한; 누그러뜨리다 *moderate*
12. 적당한; 겸손한 *modest*
13. 죽지 않는 · 불멸의 *immortal*
14. 동기 · 이유 *motive*
15. 승진시키다; 홍보하다 *promote*
16. 의사소통하다 *communicate*
17. 통근하다 *commute*
18. 국적 *nationality*
19. 부인하다; 거부하다 *deny*
20. 익명의 *anonymous*
21. ①
22. ③
23. ⑤
24. ③
25. *promote*
26. *neutral*
27. *anonymous*
28. *renown*

DAY 32

1. **enormous** 엄청난 · 거대한
2. **denounce** (맹렬히) 비난하다
3. **nourish** 영양분을 공급하다; 발전시키다
4. **cooperate** 협력하다
5. **option** 선택 (사항) · 옵션
6. **adore** 경애하다 · 존경하다
7. **subordinate** 부하인 · 하위의; 부수적인 · 부차적인
8. **organize** 조직하다 · 준비하다
9. **repair** 수리하다; 수리
10. **peer** 또래 · 동년배
11. 혁신하다 · 쇄신하다 **innovate**
12. 개조하다 · 수리하다 **renovate**
13. 영양분 **nutrition**
14. 희극 **comedy**
15. 비극(적인 사건) **tragedy**
16. 운영하다; 작동하다; 수술하다 **operate**
17. 입양하다; 채택하다 **adopt**
18. 특이한; 비범한 **extraordinary**
19. 비교하다; 비유하다 **compare**
20. 준비하다; 대비하다 **prepare**
21. ②
22. ④
23. ⑤
24. ③
25. **adopt**
26. **innovate**
27. **enormous**
28. **organization**

DAY 33

1. **appear** 나타나다 · 보이다
2. **impartial** 공정한
3. **surpass** 능가하다 · 뛰어넘다
4. **compassion** 연민 · 동정심
5. **patriot** 애국자
6. **pedestrian** 보행자; 재미없는 · 지루한
7. **expedition** 탐험 · 원정
8. **compel** 강요하다
9. **expel** 추방하다 · 퇴학시키다
10. **impulse** 충동
11. 투명한; 명백한 **transparent**
12. 부분적인; 편파적인 **partial**

13. 미립자 **particle**
14. 비율; 균형 **proportion**
15. 승객 **passenger**
16. 행인 **passerby**
17. 불쌍한 · 애처로운 **pathetic**
18. 참지 못하는 · 안달하는 **impatient**
19. 후원자; 단골손님 **patron**
20. 호소하다; 항소하다; 관심을 끌다 **appeal**
21. ②
22. ④
23. ③
24. ①
25. **impatient**
26. **patriotism**
27. **pedestrian**
28. **impulse**

DAY 34

1. **depend** 의지하다 · 의존하다
2. **compensate** 보충하다 · 보상하다
3. **ponder** 숙고하다
4. **peril** (큰) 위험
5. **competent** 유능한 · 적임의
6. **emphasize** 강조하다
7. **applaud** 박수갈채하다
8. **accomplish** 성취하다 · 완수하다
9. **compliment** 칭찬 · 인사의 말; 칭찬하다
10. **comply** (법 · 명령에) 따르다 · 준수하다
11. 독립된 · 독립적인 **independent**
12. (일시) 중단하다 **suspend**
13. 분배하다; 조제하다 **dispense**
14. 경험; 경험하다 · 겪다 **experience**
15. 실험; 실험하다 **experiment**
16. 전문가 **expert**
17. 식욕; 욕구 **appetite**
18. (공식) 요청 · 탄원(서) **petition**
19. 현상 **phenomenon**
20. 도구; 실행하다 **implement**
21. ④
22. ①
23. ②
24. ③
25. **compensate**
26. **emphasize**
27. **comply**

28. **complements**

DAY 35

1. **simplicity** 단순함 · 소박함
2. **explicit** 분명한 · 명백한
3. **imply** 암시하다 · 내포하다
4. **explore** 탐험하다; 탐구하다 · 연구하다
5. **deplore** 한탄하다 · 개탄하다
6. **politics** 정치; 정치학
7. **republic** 공화국
8. **support** 받치다; 지지하다; 부양하다
9. **transport** 수송하다; 수송; 황홀
10. **opportunity** 기회
11. 복잡하게 하다 **complicate**
12. 당혹스럽게 하다 **perplex**
13. 개발하다; 착취하다 **exploit**
14. 외교 · 사교 능력 **diplomacy**
15. 고용하다 **employ**
16. 정책 · 방침 **policy**
17. 중심 도시 · 수도 **metropolis**
18. 인기 있는 · 대중적인 **popular**
19. 출판하다; 발표하다 **publish**
20. 휴대용의 **portable**
21. ③
22. ⑤
23. ②
24. ④
25. **policies**
26. **exploiting**
27. **populated**
28. **transport**

DAY 36

1. **positive** 긍정적인; (검사 결과가) 양성의; 확신하는
2. **expose** 노출하다; 폭로하다
3. **purpose** 목적 · 의도
4. **suppose** 가정하다
5. **compound** 섞다 · 혼합하다
6. **possess** 소유하다 · 보유하다; (감정 · 생각이) 사로잡다
7. **precious** 귀중한 · 값비싼
8. **appreciate** 이해하다; ~를 고맙게 여기다
9. **enterprise** 기업 · 사업; 진취성 · 기상
10. **suppress** 진압하다; 억누르다 · 억제하다
11. 구성하다; 작곡하다 **compose**
12. 예금하다 **deposit**

13. 배치하다; 처분하다 **dispose**
14. (세금 · 형벌을) 부과하다 **impose**
15. 잠재적인; 잠재력 · 가능성 **potential**
16. 포함하다; 이해하다 **comprehend**
17. 먹이 · 사냥감 **prey**
18. 압축하다; 요약하다 **compress**
19. 우울하게 하다; (경기를) 침체시키다 **depress**
20. 표현하다; 급행의 **express**
21. ①
22. ③
23. ②
24. ④
25. **composed**
26. **deposited**
27. **oppressed**
28. **impose**

DAY 37

1. **primitive** 원시의 · 원시적인
2. **principle** 원리 · 원칙; 주의 · 신념
3. **deprive** 박탈하다 · 빼앗다
4. **approve** 승인하다 · 찬성하다
5. **disapprove** 승인하지 않다 · 반대하다
6. **probable** (일어날) 가능성이 있는
7. **disappoint** 실망시키다
8. **reputation** 평판 · 명성
9. **dispute** 토론하다; 이의를 제기하다; 분쟁 · 논쟁
10. **exquisite** (매우) 훌륭한 · 정교한
11. 주된 · 주요한; 교장 **principal**
12. 적당한; 고유의 **proper**
13. 재산 · 부동산; 속성 · 특징 **property**
14. 적절한; 제멋대로 쓰다 **appropriate**
15. 정하다; 임명하다 **appoint**
16. 시간을 엄수하는 **punctual**
17. 요구하다 · 필요로 하다 **require**
18. 정복하다; 극복하다 **conquer**
19. 근본적인; 급진적인 **radical**
20. 근절하다 **eradicate**
21. ②
22. ④
23. ⑤
24. ③
25. **primitive**
26. **appropriated**
27. **dispute**
28. **eradicate**

DAY 38

1. **regular** 규칙적인 · 정기적인
2. **sovereign** 군주 · 국왕; 절대 권력을 지닌; 독립된
3. **enroll** 등록하다 · 등록시키다
4. **rudimentary** 기본적인 · 기초적인
5. **crude** 천연 그대로의; 조잡한 · 상스러운
6. **corrupt** 타락한 · 부패한; 타락시키다
7. **erupt** 분출하다 · 발발하다
8. **interrupt** 방해하다 · 중단하다
9. **sacred** 신성한 · 성스러운
10. **sanction** 제재; 인가하다 · 승인하다
11. 배열하다; 마련하다 **arrange**
12. 합리적인 · 이성적인 **rational**
13. 이성; 이유 **reason**
14. 옳은; 바로잡다 **correct**
15. 직립한; 세우다 **erect**
16. 규제하다; 조절하다 **regulate**
17. 국왕의 · 왕실의 **royal**
18. 회전하다; 교대로 하다 **rotate**
19. 부도난 · 파산한 **bankrupt**
20. 성인(聖人) **saint**
21. ③
22. ②
23. ①
24. ④
25. **rudimentary**
26. **corrupt**
27. **regular**
28. **enroll**

DAY 39

1. **escalate** (점점) 오르다 · 상승하다; (점점) 악화되다
2. **ascend** 오르다 · 올라가다
3. **descend** 내려오다 · 내려가다
4. **describe** 묘사하다 · 써내려가다
5. **ascribe** (~의 원인을) ~로 돌리다
6. **segment** 부분 · 조각; 나누다 · 분할하다
7. **nonsense** 허튼 소리 · 무의미함
8. **assent** 찬성하다 · 동의하다; 찬성 · 승인
9. **subsequent** 이후의 · 다음의
10. **pursue** 뒤쫓다 · 추적하다; 추구하다
11. 저울; 비늘 · 치석 **scale**
12. 양심 **conscience**
13. 서명하다; 정기구독하다 **subscribe**

14. 규정하다; 처방하다 **prescribe**
15. 선풍적 인기 **sensation**
16. 문장; (형의) 선고 **sentence**
17. 분개하다 **resent**
18. 결과; 중요성 **consequence**
19. 실행하다; 사형시키다 **execute**
20. 정장; 소송 **suit**

21. ④
22. ②
23. ③
24. ③
25. **conscience**
26. **subscribe**
27. **prescribe**
28. **sentenced**

DAY 40

1. **insert** (사이에) 넣다 · 삽입하다
2. **exert** 쓰다 · 발휘하다
3. **conserve** (노력하여) 보존하다 · 아껴 쓰다
4. **preserve** (위험에서) 보호하다 · 보존하다
5. **deserve** ~을 받을 만하다
6. **reside** 거주하다 · 살다
7. **assign** 할당하다 · 배정하다; 선임하다 · 임명하다
8. **resign** 사임하다 · 물러나다
9. **desolate** 외로운 · 쓸쓸한; 적막한 · 황량한
10. **solitary** 혼자의; 고독한 · 혼자서 잘 지내는
11. 사막; 버리다 **desert**
12. 남겨두다; 예약하다 **reserve**
13. 관찰하다; 준수하다 **observe**
14. (공식적) 서명 **signature**
15. 지명하다; 지정하다 **designate**
16. 동화시키다; 이해하다 **assimilate**
17. 가장하다; 모의실험하다 **simulate**
18. ~처럼 보이다 · ~인 것 같다 **seem**
19. 모으다; 조립하다 **assemble**
20. 연상하다 · 연관 짓다; (사람과) 어울리다 **associate**
21. ①
22. ②
23. ④
24. ③
25. **preserve**
26. **designated**
27. **associate**
28. **serve**

DAY 41

1. **absolute** 절대적인 · 완전한
2. **dissolve** 녹다 · 용해시키다; 사라지다 · 끝내다
3. **philosophy** 철학
4. **sophomore** (대학 · 고교의) 2학년
5. **specimen** 견본 · 표본
6. **specific** 특정한 · 구체적인
7. **aspect** 측면 · 양상; 방향 · 면
8. **prospect** 조망 · 경치; 전망 · 가능성
9. **conspicuous** 눈에 잘 띄는
10. **prosper** 번영하다 · 번창하다
11. 해결하다; 결심하다 **resolve**
12. 세련된; 정교한 **sophisticated**
13. 광경 · 구경거리 **spectacle**
14. (생물 분류상의) 종(種) **species**
15. 추측하다; 투기하다 **speculate**
16. 조사하다 · 검사하다 **inspect**
17. 원근법; 관점 **perspective**
18. 의심하다 · 생각하다; 용의자 **suspect**
19. 경멸하다 **despise**
20. 절망하다 · 희망을 버리다; 절망 **despair**
21. ①
22. ②
23. ⑤
24. ④
25. **dissolve**
26. **suspect**
27. **species**
28. **despite**

DAY 42

1. **aspire** 열망하다
2. **respiration** 호흡 · 숨쉬기
3. **correspond** 편지를 주고받다; 합하다 · 일치하다
4. **standard** 기준 · 수준; 표준의 · 일반적인
5. **constant** 끊임없는 · 일정한
6. **substance** 물질; 실체 · 본질
7. **stately** 당당한 · 위엄 있는
8. **statistics** 통계 · 통계학
9. **substitute** 대용하다 · 대체하다; 대체물 · 교체선수
10. **destiny** 운명
11. 격려하다; 영감을 주다 **inspire**
12. 죽다; 만료되다 **expire**
13. 후원자; 후원하다 **sponsor**

14. 응답하다 · 반응하다 **respond**
15. 조각상 · 동상 **statue**
16. 지위; 상황 **status**
17. 단계; 무대 **stage**
18. 구성하다 · ~을 이루다; 설립하다 **constitute**
19. 미신 **superstition**
20. 설치하다; 취임시키다 **install**
21. ②
22. ③
23. ⑤
24. ④
25. **aspires**
26. **superstition**
27. **stand**
28. **instituted**

DAY 43

1. **insist** 주장하다 · 고집하다
2. **persist** 지속하다 · 고집하다
3. **stubborn** 고집 센 · 완고한
4. **distinguish** 구별하다
5. **distinct** 다른 · 구별되는; 뚜렷한 · 분명한
6. **instinct** 본능 · 본성
7. **restrict** 제한하다
8. **distress** (정신적) 고통 · 괴로움
9. **prestige** 명성 · 명망; 명망 있는 · 고급의
10. **obstruct** 막다 · 방해하다
11. 구성되다; ~에 있다 · 존재하다 **consist**
12. 저항하다 **resist**
13. 뻣뻣한 · 뻑뻑한 **stiff**
14. (불을) 끄다 · 소화하다 **extinguish**
15. 멸종된; 활동을 멈춘 **extinct**
16. 자극하다 · 활발하게 하다 **stimulate**
17. 해협; 곤경 **strait**
18. 기구; 악기 **instrument**
19. 파괴하다 **destroy**
20. (장기적) 전략 · 계획 **strategy**
21. ②
22. ⑤
23. ③
24. ③
25. **insisted**
26. **extinguish**
27. **instinct**
28. **strategy**

DAY 44

1. **insult** 모욕을 주다; 모욕
2. **assault** 폭행 · 공격; 폭행하다 · 공격하다
3. **resume** 재개하다 · 다시 시작하다
4. **prompt** 신속한 · 즉각적인; 촉구하다 · 재촉하다
5. **surge** 급등하다; 급등 · 급증; (갑자기 확) 몰려듦
6. **resource** 자원 · 부; 역량 · 자질 · 기지
7. **contaminate** 오염시키다
8. **integrate** 통합하다 · 통합되다
9. **attach** 붙이다 · 첨부하다
10. **detach** 떼다 · 분리하다
11. 설득하다 **persuade**
12. 단념시키다 **dissuade**
13. 가정하다; 맡다; ~인 체하다 **assume**
14. 소비하다; 먹다 · 마시다 **consume**
15. 추정하다 · 가정하다; 감히 ~하다 **presume**
16. 면제된; 면제시키다 **exempt**
17. (사교상의) 요령 · 재치 **tact**
18. 전염되는 · 전염성의 **contagious**
19. 재단사; 맞추다 · 조정하다 **tailor**
20. 소매(의) **retail**
21. ②
22. ③
23. ④
24. ①
25. **assume**
26. **exempted**
27. **attain**
28. **integrates**

DAY 45

1. **contain** 포함하다 · 함유하다; 억누르다 · 억제하다
2. **obtain** (노력해서) 얻다 · 입수하다
3. **retain** 보유하다 · 유지하다
4. **technology** 과학 기술
5. **temperament** 기질 · 성격
6. **tempt** 유혹하다 · 부추기다
7. **attempt** 시도하다; 시도 · 노력
8. **extend** 뻗치다 · 연장하다; 베풀다 · 주다
9. **pretend** ~인 척하다 · 가장하다
10. **intense** 극심한 · 강렬한
11. 접대하다; 즐겁게 해주다 **entertain**
12. 지탱하다; (피해를) 입다 **sustain**
13. 내용물; 만족하는 **content**
14. 차분한 · 절제된; 온화한 **temperate**
15. 일시적인 · 임시의 **temporary**
16. 동시대의; 현대의 **contemporary**
17. 제출하다; 연약한 **tender**
18. 참석하다; 돌보다 **attend**
19. 주장하다; 경쟁하다 **contend**
20. 긴장(상태) **tension**
21. ①
22. ④
23. ⑤
24. ③
25. **temperament**
26. **entertain**
27. **pretend**
28. **intense**

DAY 46

1. **terminate** 끝나다 · 종결시키다
2. **determine** 결정하다 · 결심하다
3. **Mediterranean** 지중해; 지중해의
4. **testify** 증언하다 · 증명하다
5. **context** 문맥; 정황 · 맥락
6. **subtle** 미묘한; 교묘한 · 절묘한
7. **enthusiastic** 열렬한 · 열광적인
8. **astonish** 깜짝 놀라게 하다
9. **monotonous** 단조로운 · 지루한
10. **torment** 고통; 괴롭히다 · 고통을 주다
11. 공포; 테러 · 폭력 행위 **terror**
12. 끔찍한; 지독한 **terrible**
13. 영토 · 지역 **territory**
14. 항의하다; 주장하다; 항의 · 시위 **protest**
15. 직물 · 옷감 **textile**
16. 신학 **theology**
17. 억양 · 음의 고저 **intonation**
18. 횃불; 손전등 **torch**
19. 고문; 고문하다 **torture**
20. 비틀다 · 왜곡하다 **distort**
21. ④
22. ②
23. ③
24. ①
25. **testify**
26. **subtle**
27. **torment**
28. **distort**

DAY 47

1. **attract** 끌다 · 끌어들이다
2. **distract** 산만하게 하다; 즐겁게 하다
3. **extract** 추출하다; 발췌하다; 추출물; 발췌
4. **treaty** 조약 · 협정
5. **retreat** 후퇴하다; 후퇴
6. **trait** (성격상의) 특성 · 특징
7. **portray** 그리다 · 묘사하다
8. **tremble** (몸을) 떨다
9. **tremendous** 엄청난 · 대단한
10. **disturb** 방해하다 · 어지럽히다; 불안하게 하다
11. 추상적인; 발췌하다 · 요약하다 **abstract**
12. 계약하다; 수축하다 **contract**
13. 자취; 추적하다 **trace**
14. 대하다; 대접하다; 치료하다 **treat**
15. 기부하다; 기여하다 **contribute**
16. 나누어주다, 분배하다 **distribute**
17. (믿고) 맡기다 · 위탁하다 **entrust**
18. (거칠게) 밀다; 찌르다 · 꽂다 **thrust**
19. 도시의 **urban**
20. 교외 **suburb**
21. ④
22. ②
23. ⑤
24. ③
25. **attract**
26. **treaty**
27. **contributed**
28. **intrude**

DAY 48

1. **evacuate** (위험한 곳을) 비우다; 대피시키다
2. **vain** 헛된 · 소용없는
3. **vanish** 사라지다 · 없어지다
4. **invade** 침략하다 · 침입하다
5. **evade** 회피하다 · 모면하다
6. **vague** 희미한; 막연한 · 모호한
7. **evaluate** 평가하다
8. **advent** 도래 · 출현
9. **prevent** (미리) 막다 · 방지하다
10. **souvenir** 기념품
11. 중고의; 익숙한 **used**
12. 남용(하다); 학대(하다) **abuse**
13. (주방 · 요리) 기구 **utensil**

14. (방 · 자리 등이) 비어있는 **vacant**
15. 진공; 공허함 · 공백 **vacuum**
16. 피하다 · 회피하다 **avoid**
17. 낭비하는; 지나친 · 과도한 **extravagant**
18. 타당한; 유효한 **valid**
19. 우세하다; 널리 퍼지다 **prevail**
20. 집회; 관습 **convention**
21. ③
22. ④
23. ①
24. ②
25. **vacant**
26. **evacuate**
27. **prevented**
28. **revenue**

DAY 49

1. **controversial** 논란의 여지가 있는
2. **diverse** 다양한
3. **vertical** 수직의 · 세로의
4. **obvious** 분명한 · 명백한
5. **voyage** 항해 · 긴 여행; 항해하다
6. **individual** 개인의 · 각각의; 독특한 · 특유의; 개인
7. **devise** 고안하다 · 궁리해내다
8. **widow** 미망인 · 과부
9. **revise** 수정하다 · 개정하다
10. **prudent** 신중한
11. 정반대의; 대화하다 **converse**
12. 광고하다 **advertise**
13. 전환하다; 개종하다 **convert**
14. 이혼; 이혼하다 · 분리하다 **divorce**
15. ~을 경유하여; ~을 통해 **via**
16. 사소한 · 하찮은 **trivial**
17. 유죄 판결하다; 죄수 · 기결수 **convict**
18. 확신시키다; 설득하다 **convince**
19. 공급하다; 대비하다 **provide**
20. 감시 **surveillance**
21. ③
22. ②
23. ④
24. ②
25. **controversial**
26. **converted**
27. **convinced**
28. **surveillance**

DAY 50

1. *preview* 시사회 · 예고편
2. *vital* 필수적인 · 중요한; 활기 넘치는
3. *revive* 되살리다 · 회복하다
4. *advocate* 옹호자 · 지지자; 옹호하다 · 지지하다
5. *vowel* 모음
6. *voluntary* 자발적인; 자원 봉사의
7. *benevolent* 자비로운 · 자선을 베푸는
8. *revolt* 반란; 반란을 일으키다; 역겹게 하다
9. *warn* 경고하다 · 주의를 주다
10. *aware* 알고 있는 · 의식하고 있는
11. 검토; 검토하다; 복습하다 *review*
12. 생생한 *vivid*
13. ~보다 오래 살다; 생존하다 *survive*
14. 천직; 소명 · 사명감 *vocation*
15. 유발하다; 화나게 하다 *provoke*
16. 진화하다; (점차) 발전하다 *evolve*
17. 포함하다 · 수반하다; 연루시키다 *involve*
18. 공전; 혁명 *revolution*
19. (금전적) 보상; 보답하다 · 보상하다 *reward*
20. 영장; 이유 · 근거 *warrant*
21. ④
22. ⑤
23. ①
24. ②
25. *provoked*
26. *voluntary*
27. *warrant*
28. *reward*

DAY 51

1. *muscle* 근육; 힘 · 영향력
2. *vein* 정맥; 광맥
3. *function* 기능; 행사 · 의식; 기능하다 · 작동하다
4. *cling* 꼭 붙잡다 · 달라붙다
5. *fling* 내던지다 · 내팽개치다
6. *stumble* 비틀거리다
7. *gaze* 응시하다; 응 · 시선
8. *imitate* 모방하다 · 흉내 내다
9. *mock* 놀리다 · 조롱하다; 가짜의 · 모의의
10. *shrink* 줄어들다; 움추리다

11. 물리적인; 신체의 *physical*
12. 살; 살코기 *flesh*

13. 무릎 꿇다 *kneel*
14. 헐떡이다; 갈망하다 *gasp*
15. 질식시키다; 억압하다 *stifle*
16. 닭 · 가금 *fowl*
17. 사나운 · 격렬한 *fierce*
18. 덫 · 함정 *trap*
19. 흩어지다 · 흩어지게 하다 *scatter*
20. 다발 · 묶음 *bunch*
21. ④
22. ⑤
23. ②
24. ②
25. *knelt*
26. *stifled*
27. *mock*
28. *shrinking*

DAY 52

1. *mature* 성숙한 · 다 자란
2. *sanitary* 위생의 · 위생적인
3. *fatigue* 피로
4. *weary* 지친 · 싫증난
5. *vulnerable* 취약한 · 연약한
6. *poison* 독(약); 독살하다; 오염시키다
7. *fever* (고)열 · 열병; 열기 · 열풍
8. *therapy* 치료 · 요법
9. *feminine* 여성의 · 여성스러운
10. *cherish* 소중히 여기다 · 간직하다
11. 건전한 · 유익한; 건강에 좋은 *wholesome*
12. 벌거벗은; 적나라한 *naked*
13. 대머리의 *bald*
14. 기근 · 굶주림 *famine*
15. 망치다; 파멸 *ruin*
16. (갑작스런) 고통 *pang*
17. (극심한) 고통 · 괴로움 *agony*
18. 불리한 조건; (신체 · 정신적) 장애 *handicap*
19. 죽음 · 파멸 *doom*
20. 양육하다 · 발전시키다 *foster*
21. ③
22. ②
23. ⑤
24. ①
25. *wholesome*
26. *famine*
27. *fatigue*
28. *vulnerable*

DAY 53

1. **mingle** 섞다 · 섞이다
2. **cottage** 작은 집 · 오두막
3. **shelter** 피신처 · 보호소; 보호하다 · 피신처를 제공하다
4. **cathedral** 대성당
5. **chamber** 회의실 · –실
6. **timber** 목재 · 나무
7. **equipment** 장비 · 장치
8. **ornament** 장식(물)
9. **decorate** 장식하다; (훈장을) 수여하다
10. **garbage** 쓰레기
11. 독특한; 특이한 **peculiar**
12. 섞다; 어울리다 · 조화되다 **blend**
13. 호의; 지지 **favor**
14. 하숙하다; 박히게 하다 **lodge**
15. 통풍구 · 환기구 **vent**
16. (가구를) 비치하다; 공급하다 **furnish**
17. 엉망인 상태 · 지저분함 **mess**
18. 정해진 방법; (판에 박힌) 일 **routine**
19. 바뀌다 · 다르다 **vary**
20. 유령이 나타나다; 괴롭히다 · 떠나지 않다 **haunt**
21. ④
22. ①
23. ③
24. ②
25. **mingle**
26. **shelter**
27. **vary**
28. **hazards**

DAY 54

1. **shabby** 낡은 · 허름한
2. **polish** 닦다 · 광내다; 윤
3. **trim** 다듬다 · 손질하다; 다듬기 · 손질
4. **clumsy** 서투른
5. **splendid** 아주 멋진 · 훌륭한
6. **grind** (잘게) 갈다 · 빻다
7. **vomit** 토하다 · 구토하다
8. **ridiculous** 웃기는 · 터무니없는
9. **vulgar** 저속한 · 천박한
10. **blame** 비난하다 · ~에게 책임을 돌리다
11. (실 · 천을) 짜다 · 엮다 **weave**
12. 기술 · 공예; (작은) 배 · 비행기 **craft**
13. 식료품 잡화점 **grocery**

14. 휘젓다; 마음을 흔들다 **stir**
15. 잦은 · 빈번한 **frequent**
16. 자랑하다 · 뽐내다 **boast**
17. 아첨하다 **flatter**
18. 불합리한 · 터무니없는 **absurd**
19. 맹세하다; 욕하다 **swear**
20. 어색한; 곤란한 **awkward**
21. ⑤
22. ②
23. ③
24. ①
25. **blame**
26. **flatter**
27. **vulgar**
28. **soak**

DAY 55

1. **satire** 풍자
2. **hinder** 방해하다 · 저해하다
3. **wage** 임금 · 급료; (전쟁을) 하다 · 벌이다
4. **negotiate** 협상하다
5. **thrifty** 검소한 · 절약하는
6. **frugal** 검소한 · 절약하는
7. **wretched** 비참한 · 불쌍한
8. **sorrow** 슬픔 · 비애
9. **mourn** 애도하다 · 슬퍼하다
10. **spontaneous** 자발적인 · 즉흥적인
11. (신문 · 잡지의) 글 · 기사; 물품 · 품목 **article**
12. 설교하다; 역설하다 **preach**
13. 짧은 · 잠시의; 간결한 **brief**
14. 생계(수단) **livelihood**
15. (눈물을) 흘리다; (빛을) 비추다 **shed**
16. 터지다 · 터뜨리다 **burst**
17. 짜증나게 하다 **irritate**
18. 얼굴을 찡그리다 · 눈살을 찌푸리다 **frown**
19. 시무룩한 · 뚱한 **sullen**
20. 달래다 · 완화시키다 **soothe**
21. ③
22. ②
23. ④
24. ⑤
25. **satire**
26. **hinder**
27. **thrifty**
28. **wretched**

DAY 56

1. **reckless** 무모한 · 난폭한
2. **nuisance** 짜증나는 것[사람]
3. **timid** 소심한 · 용기 없는
4. **frustrate** 좌절시키다 · 낙담시키다
5. **tolerant** 관대한 · 너그러운
6. **greedy** 탐욕스러운
7. **scorn** 경멸 · 멸시; 경멸하다 · 멸시하다
8. **shrewd** 민첩한 · 기민한
9. **linger** (오래) 남아있다 · 계속되다
10. **stroll** 거닐다 · 산책하다; 거닐기 · 산책
11. 성격 · 개성; 유명인 **personality**
12. 박차 · 자극; 충동 **spur**
13. 저돌적으로 · 성급하게 **headlong**
14. 적당한; 예의 바른 **decent**
15. 온화한; 싱거운 **bland**
16. 낙관적인 **optimistic**
17. 자선 (단체) **charity**
18. 미끼 **bait**
19. 낙하산 **parachute**
20. 활기 · 활력 **vigor**
21. ④
22. ①
23. ②
24. ③
25. **frustrated**
26. **reckless**
27. **tolerant**
28. **scorn**

DAY 57

1. **imperial** 제국의 · 황제의
2. **urge** 촉구하다 · 재촉하다; 욕구 · 충동
3. **fulfill** 이행하다 · 실현하다
4. **drastic** 과감한 · 급격한
5. **parliament** 의회 · 국회
6. **riot** 폭동
7. **chaos** 혼돈 · 혼란
8. **banish** 추방하다
9. **patent** 특허; 특허의; 명백한
10. **budget** 예산(안); 예산을 세우다
11. 맹세 · 선서 **oath**
12. (굳은) 약속 · 서약; 맹세하다 **pledge**
13. 권한; 당국 **authority**

14. 계략 · 계획; 계략을 꾸미다 **scheme**
15. 날것의; 원래 그대로의 **raw**
16. 급등하다 **soar**
17. 주된; 주산물 **staple**
18. 대출(금); 빌려주다 **loan**
19. 사치 · 호화로움 **luxury**
20. 인용하다 **quote**
21. ④
22. ②
23. ⑤
24. ②
25. **budgets**
26. **banished**
27. **quote**
28. **worth**

DAY 58

1. **violence** 폭력 · 폭행
2. **clue** 단서 · 실마리
3. **thorough** 철저한 · 빈틈없는
4. **guilty** 유죄인; 죄책감이 드는
5. **juvenile** 청소년의; 청소년
6. **chase** 뒤쫓다 · 추적하다; 추적 · 추구
7. **harsh** 가혹한 · 혹독한; (눈 · 귀에) 거슬리는
8. **bribe** 뇌물; 뇌물을 주다 · 매수하다
9. **alert** 경계하는; 경계; 알리다 · 경계하게 하다
10. **scold** 꾸짖다 · 야단치다
11. 위반하다; 침해하다 **violate**
12. 관통하다; 간파하다 **penetrate**
13. 이의를 제기하다; 도전하다 **challenge**
14. (신원을) 확인하다 **identify**
15. 체포하다; 압수하다 **seize**
16. 방아쇠; 유발하다 **trigger**
17. 마구잡이의 · 무작위의 **random**
18. 대처하다 · 대응하다 **cope**
19. 열의 · 열성 **zeal**
20. 위엄 · 품위 **dignity**
21. ④
22. ②
23. ③
24. ②
25. **juvenile**
26. **random**
27. **guilty**
28. **penetrated**

DAY 59

1. **trifle** 하찮은 것; 소홀히 대하다
2. **fallacy** 오류 · 오해
3. **omen** 징조 · 조짐
4. **idol** 우상
5. **pious** 경건한 · 독실한
6. **divine** 신의 · 신성한; 예측하다 · 예언하다
7. **everlasting** 영원한 · 변치 않는
8. **doctrine** 교리 · 신조
9. **vessel** (큰) 배 · 선박
10. **rescue** 구조하다 · 구출하다; 구조 · 구출
11. 범주 · 부류 **category**
12. 단수의; 독보적인 **singular**
13. 신화; 근거 없는 믿음 **myth**
14. 이상적인 · 완벽한 **ideal**
15. 차량 · 탈것; (전달) 수단 · 매개체 **vehicle**
16. 항공 **aviation**
17. 걸려 넘어지다 · 발을 헛디디다 **trip**
18. 재료 · 물건; (빽빽이) 채워 넣다 **stuff**
19. 지름길 **shortcut**
20. 평행한 · 유사한 **parallel**
21. ①
22. ④
23. ②
24. ③
25. **academic**
26. **fallacy**
27. **myth**
28. **doctrine**

14. 열대의 · 열대 지방의 **tropical**
15. (물이) 똑똑 떨어지다 **drip**
16. 척박한 · 불모의 **barren**
17. 고체의; 견고한 **solid**
18. 개척자; 개척하다 **pioneer**
19. 발사하다; 시작하다 **launch**
20. 사실상의; (컴퓨터를 이용한) 가상의 **virtual**
21. ⑤
22. ①
23. ④
24. ⑤
25. **ultimate**
26. **epoch**
27. **pioneer**
28. **barren**

DAY 60

1. **summit** 정상 · 절정; 정상 회담
2. **cliff** 절벽 · 벼랑
3. **slope** 경사 · 경사면
4. **drought** 가뭄
5. **humid** (덥고) 습한
6. **damp** 축축한 · (물에) 젖은
7. **molecule** 분자
8. **fossil** 화석
9. **epoch** (새로운) 시대
10. **ultimate** 궁극적인 · 최후의
11. 기후; 분위기 **climate**
12. 빽빽한 · 밀집한 **dense**
13. 드문드문한 · 희박한 **sparse**

대한민국 어휘 교과서

MD
VOCA
수 능

예문집

- WCS에 입각학 최첨단 예문
- 어휘 복습 & 독해력·청취력 향상
- 상세한 INDEX로 완벽한 정리

예문 MP3 다운로드
WWW.moonduk.com

지수

대한민국 어휘 교과서

MD
VOCA
수 능

예문집

지수

CONTENTS

EXAMPLE SENTENCE

EXAMPLE 예문
SENTENCE

DAY 01

0001 The local merchant sells fresh fruits and vegetables out of **a cart _drawn_** by a horse.

지역 상인은 말이 끄는 수레에서 꺼낸 신선한 과일과 채소를 판다.

0002 There were many times when they were walking **on relatively _flat_ ground** rather than uphill.

그들은 언덕보다는 비교적 평지인 곳을 걷고 있을 때가 많았다.

0003 My character in the movie is **a very _plain_ woman**, a typical mother and a wife.

영화 속에서 내 역할은 예쁘지 않은 여성으로 전형적인 엄마이자 아내이다.

0004 I really beg you to keep the faith throughout this book that it will greatly raise your **_level_ of English**.

나는 여러분이 이 책이 여러분의 영어 수준을 크게 향상 시킬 것이란 믿음을 이 책이 끝날 때까지 간직하기를 진심으로 부탁드립니다.

0005 Because the child had problems playing on traditional playgrounds because of their uneven surfaces, the town raised enough money to build a playground on **even _ground_**.

이전의 놀이터는 땅이 고르지 않아 아이가 노는데 문제가 있었기 때문에 마을에서 모금하여 고른 땅에 놀이터를짓기 충분한 기금을 모았다.

0006 I know the writer who has **an _odd_ habit**.

나는 이상한 습관을 가진 그 작가를 안다.

0007 The ruling party wanted to **pass the _bill_** quickly and start working on the next year's budget.

여당은 그 법안을 빨리 통과시키고 다음해의 예산에 관한 일을 시작하고 싶어했다.

0008 My father has served on **the _board_ of directors** of a private high school.

우리 아버지는 사립고등학교의 이사로 재직해 오셨다.

0009 At the beach, he **wore swimming _trunks_** and his girlfriend wore a bikini bathing suit.

해변에서 그는 수영 팬츠를 입고 있었고 그의 여자친구는 비키니 수영복을 입고 있었다.

0010 The police officers are allowed to **break the door _open_** in an emergency situation.

긴급상황에서 경찰관들이 문을 부수고 들어가는 것은 허용이 된다.

0011 The monk teaches his followers to act on the doctrine that **money doesn't _count_** much to them.

그 수도승은 자신의 제자들에게 돈은 그들에게 그리 중요하지 않다는 신조에 따라 행동하도록 가르친다.

0012 Five **indoor tennis _courts_** and nine outdoor courts are available for public use from Monday to Thursday.

다섯 개의 실내 테니스 코트와 아홉 개의 실외경기장은 월요일부터 목요일까지 일반인이 사용할 수 있다.

0013 The families of the victims got mad at the way in which the national media **_covered_ the incident**.

유가족들은 국내 언론들이 그 사건을 다루는 방식에 격분했다.

0014 Due to the car accident in 2013, he cannot **_move_ his arms and legs**.

2013년에 있었던 자동차사고로 인해 그는 팔과 다리를 움직일 수가 없다.

0015 The object of the concert is to **_raise_ money for the charity**.

콘서트의 목적은 자선기금을 마련하는 것이다.

0016 Today is a great time for us to **go on a _hike_** to a nearby mountain.

오늘은 우리가 근처 산으로 등산을 가기에 너무나 좋은 시간이다.

0017 She watched the bulky man rushing up **the steep _slope_**.

그녀는 그 건장한 남자가 가파른 경사를 힘차게 올라가는 모습을 지켜보았다.

0018 You can just **dump your stuff _over there_**. Then, we will sort it out later.

너는 네 물건을 저기에 내려놓아도 돼, 그럼 우리가 나중에 정리할게.

0019 We <u>held</u> **a special meeting** to discuss our ultimate objectives.

우리는 우리의 궁극적인 목표를 논의하기 위해 임시회의를 열었다.

0020 <u>**Korea**</u> <u>**beat**</u> <u>**Italy**</u> at the 2002 Korea-Japan World Cup.

한국이 이탈리아를 2002 한일 월드컵에서 이겼다.

0021 Do not be scared of me, because I <u>**bear you no ill will**</u>.

당신에게 악의를 품고 있지 않으니 저를 두려워하지 마세요.

0022 The joint statement was aimed at maintaining <u>**the balance**</u> **of power** in the region.

공동 성명은 그 지역에서 힘의 균형을 유지하는 것을 목표로 했다.

0023 A judge should always make <u>**a fair decision**</u> on whether a man is guilty or not.

판사는 어떤 사람이 죄가 있는지 없는지에 관해 항상 공정한 결정을 해야 한다.

0024 The judges should strictly <u>**screen all the candidates**</u> who take part in the audition.

심사위원들은 오디션에 참가한 모든 후보들을 엄밀히 심사해야한다.

0025 Last year, the 200,000 acres of land <u>**yielded better crops**</u> than we had expected.

작년에 20만 에이커의 땅은 우리가 예상했던 것보다 많은 농작물을 수확하였다.

0026 It doesn't seem very intelligent to <u>**appoint a public official by lot**</u>.

공무원을 추첨으로 임명하는 것은 그다지 현명해 보이지 않는다.

0027 The manager breathed a sigh of relief when he was faced with a <u>**problem easy to deal with**</u>.

자신이 쉽게 대응할 수 있는 문제와 직면하자 매니저는 안도했다.

0028 I'm afraid that I have to refuse the dinner invitation, for I have <u>**a previous engagement**</u>.

선약이 있기 때문에 아무래도 저녁식사 초대를 거절해야 할 것 같아요.

0029 My older brother <u>**gets on my nerves**</u> when he bosses me around and treats me like a little kid.

내 오빠는 나 에게 명령을 내리고 어린아이 취급을 하면서 내 신경을 건드린다.

0030 The high school student arrived home from school late because of <u>**choir practice**</u>.

그 고등학생은 합창 연습이 있었기 때문에 집에 늦게 도착했다.

0031 The owner of the company <u>**was charged with several crimes**</u> including setting up slush funds.

회사의 소유주는 비자금 조성을 포함한 몇 가지 범죄로 기소되었다.

0032 A woman with a long history of arrests <u>**faces four criminal trials**</u> this month in court.

구속의 역사가 긴 여자는 이번달 재판에서 4번의 형사재판을 받아야한다.

0033 I really appreciate your <u>**sparing no efforts**</u> to make our city crime-free.

당신이 우리 도시를 범죄가 없는 곳으로 만드는데 수고를 아끼지 않은데 정말 감사합니다.

0034 Employers and workers need a mediation service to <u>**settle the disputes**</u> over wage.

고용주와 노동자들은 임금에 대한 분규를 해결하기 위해 조정서비스가 필요하다.

0035 She <u>**is bent on**</u> becom**ing** a famous Hollywood actress.

그녀는 유명한 할리우드 여배우가 되는 것을 작정하고 있다.

0036 How do you <u>**spell your first and last name**</u>?

당신의 이름과 성은 철자가 어떻게 되나요?

DAY 03

0037 The worker **opened a bank account** in his own name for the first time.

근로자는 처음으로 자신의 이름으로 은행계좌를 만들었다.

0038 The global electronics company accounts for more than 10% of **the nation's gross domestic product**.

그 글로벌 전자 회사는 그 나라 국내총생산(GDP)의 10%이상을 차지한다.

0039 The presidential candidate delivered an impressive speech during **an election campaign**.

그 대통령 후보는 선거 운동에서 인상적인 연설을 했다.

0040 These criminals were arrested on charges of **forming a plot** to assassinate the president.

이 범죄자들은 대통령을 암살하기 위한 음모를 꾸민 혐의로 체포되었다.

0041 You may not know I **had a crush on** you from the moment I laid my eyes on you.

내가 너를 처음 본 순간부터 너를 짝사랑했다는 걸 넌 아마 모를거야.

0042 You have to **check out the engine** of your car before you leave.

당신은 떠나기 전에 자동차의 엔진을 점검해야 합니다.

0043 During the trip, the sub-committee composed of fourteen delegates finalized **the draft of the Constitution**.

여행 도중에, 14명의 대표로 구성된 소위원회는 헌법의 초안을 마무리 지었다.

0044 The request will **go through official channels** even though it might take a long time.

그 요청은 비록 시간이 많이 걸릴지라도 공식적인 경로를 거쳐 처리될 것이다.

0045 Excessive investment in social infrastructure may **drain our national resources**.

사회 기반 시설의 과도한 투자가 우리의 국가 자원을 고갈시킬지도 모른다.

0046 Many people have failed to **grasp the significance** of learning English vocabulary properly.

많은 사람들은 영어 어휘를 제대로 배우는 것의 중요성을 여지껏 이해하지 못했다.

0047 The experts wrote **a keen analysis** of current economic conditions in the United States.

전문가들은 미국의 현재 경제 상황에 대한 예리한 분석을 내놓았다.

0048 The police are suspecting that all these **dogs are bred** and trained for fighting.

경찰은 이 모든 개들이 전투용으로 사육되고 훈련받는다고 의심하고 있다.

0049 Bear in mind that you can be fined for **dropping litter** anywhere in the park.

쓰레기를 공원 내 아무데나 버리면 벌금을 받을 수 있다는 것을 명심해라.

0050 He fought against the school bully lest he should be **branded as a coward**.

그는 겁쟁이로 낙인찍히지 않기 위해 그 학교 불량배에 맞서 싸웠다.

0051 While I was camping with my dad over the weekend, I **spotted a shooting star in the sky**.

주말에 아빠와 캠핑을 하고 있을 때, 나는 하늘에서 유성을 발견했다.

0052 **A witness of the accident** noted that the unknown driver travelled eastbound and fled the scene.

그 사고의 목격자는 알 수 없는 운전자가 동쪽으로 차를 몰아 현장에서 도망쳤다고 언급했다.

0053 This fantasy novel has various **interesting and likeable characters**.

이 판타지 소설에는 다양한 흥미롭고 호감이 가는 인물들이 등장한다.

0054 The fans wanted to find out who **the mysterious figure** in the picture with the band members was.

팬들은 밴드 멤버와 함께 있는 사진 속의 미지의 사람이 누구인지 알고 싶었다.

DAY 04

0055 Abraham Lincoln was one of the most important figures to <u>**abolish slavery**</u> in America.

아브라함 링컨은 미국에서 노예제도를 폐지한 가장 주요한 인물 중 하나이다.

0056 Because he <u>**showed abnormal behavior**</u> that bothered the other classmates, the professor politely asked him to stay after class.

그가 친구들을 방해하는 비정상적인 행동을 했기 때문에 교수는 그에게 수업 후에 남아달라고 정중하게 부탁했다.

0057 The passenger <u>**was so absorbed in a book**</u> that he missed the flight to Australia.

그 승객은 책에 너무도 심취해 있어서 오스트레일리아로 가는 비행기를 놓쳤다.

0058 It is thought that there may be <u>**abundant marine resources**</u> deep in the ocean.

깊은 바닷속에는 풍부한 해양자원이 있을 것이라고 여겨진다.

0059 I felt uncomfortable when <u>**the stranger approached me**</u> in the restaurant.

레스토랑에서 낯선 사람이 나에게 다가오자 불쾌한 기분이 들었다.

0060 The woman driver <u>**accelerated her car**</u> so as to overtake the hit-and-run driver.

그 여성 운전자는 그 뺑소니 운전자를 따라잡기 위해 자신의 차를 가속했다.

0061 <u>**The man accused of murdering**</u> his nephew and aunt appeared in the courtroom.

자신의 조카와 이모를 죽인 것으로 혐의를 받고 있는 남자가 법정에 나타났다.

0062 You can <u>**accumulate**</u> a wide range of <u>**knowledge**</u> from reading a lot of books.

당신은 많은 양의 독서를 통해 폭넓은 지식을 쌓을 수 있습니다.

0063 He refused to <u>**abandon his wife and children**</u> even in times of despair.

그는 절망적인 시기에도 자신의 아내와 아이들을 버리기를 거부했다.

0064 Excuse me, but <u>**smoking is not allowed**</u> in this restaurant.

죄송하지만, 이 식당에서는 흡연이 금지되어 있습니다.

0065 The boy was punished for <u>**his arrogant behavior**</u> towards his homeroom teacher.

소년은 담임선생님에게 보인 거만한 태도에 대한 처벌을 받았다.

0066 I am eagerly <u>**awaiting your quick reply**</u> via my personal email.

저는 제 개인 메일을 통한 당신의 빠른 답변을 간절히 기다리고 있습니다.

0067 These historical artifacts could give us some hints about <u>**the ancient civilization**</u> in Egypt.

이 역사 유물들은 이집트의 고대 문명에 대한 단서를 줄 수 있다.

0068 Some of the <u>**priceless antiques**</u> have been damaged after the massive earthquake.

대규모 지진 후에 몇몇 귀중한 골동품이 파손되었다.

0069 Because of the recent scandal surrounding the politician, he should not <u>**anticipate a victory in the upcoming presidential election**</u>.

그 정치인을 둘러싼 스캔들 때문에 그는 다가오는 대통령 선거에서 승리하기를 기대해서는 안된다.

0070 The aircraft carrier operated off the coast, sending fighters to support <u>**the advancing troops**</u>.

그 항공모함은 해안에서 멀리 떨어져 작전을 펴며 전진부대를 지원하기 위해 전투기들을 보냈다.

0071 It is utterly unfair that wealthy students <u>**have too many advantages over**</u> the less wealthy ones.

부유한 학생들이 덜 부유한 학생들보다 너무나 많이 유리한 것은 극히 불공정하다.

0072 Some bacteria have become <u>**resistant to antibiotics**</u>, making it impossible to eliminate the disease.

어떤 박테리아들은 항생제에 내성을 갖게 되었고 그 질병을 근절하는 것을 불가능하게 하고 있다.

0073 Experts say this virus may weaken the immune system, <u>**limiting antibody production**</u>.

전문가들은 이 바이러스는 면역체계를 약화시켜서 항체 생성을 억제할 수 있다고 말한다.

0074 In 1911, Amundsen went on <u>**an Antarctic exploration**</u> and succeeded in planting his country's flag there.

1911년에 아문센은 남극탐험을 떠났고 그곳에 자기 나라의 깃발을 꽂는데 성공했다.

0075 Don't touch **the automatic door** when you pass through it.

자동문을 통과할 때 문을 건드리지 마세요.

0076 The famous soccer player **signed autographs** for his fans who were visiting the dome stadium to see him.

유명한 축구 선수는 그를 보러 돔구장을 방문한 팬들을 위해 사인을 해주었다.

0077 **The automobile company** is going to release a new model this summer.

자동차 회사는 이번 여름에 신차를 발표할 것이다.

0078 The old politician had to employ a ghost writer in order to **complete his autobiography**.

그 나이든 정치인은 자신의 자서전을 완성하기 위하여 대필작가를 고용해야만 한다.

0079 He **became a king** at the age of 17, and he reigned during the 14th century when the kingdom was at its height.

그는 17살에 왕위에 올랐고 왕국의 전성기였던 14세기에 통치를 했다.

0080 I have been asked to **reply on behalf of the Chairman** who is out of the country this week.

나는 이번주에 해외에 있는 의장을 대신해 답변하도록 요청받았다.

0081 It was almost breathtaking to **behold the beauty of the valley**.

그 계곡의 아름다움을 바라보는 것은 숨이 멎을 듯했다.

0082 She is recalling the times she spent with **her beloved husband**.

그녀는 사랑하는 남편과 보냈던 시간을 회상하고 있다.

0083 In 2015, the local university **bestowed on her an honorary degree** of Doctor of Laws.

2015년에 그 지방 대학은 그녀에게 명예 법학 박사 학위를 수여했다.

0084 The little girl gazed at me for a while, with **a bewildered look** on her face.

그 어린 소녀는 당황한 표정을 얼굴에 띠고 한동안 나를 응시하였다.

0085 **The circular stage** is only for the jazz band among the many musicians.

원형 무대는 많은 음악가들 중 그 재즈 밴드만을 위한 것이다.

0086 This medicine will help your blood **circulate freely through the body**.

이 약은 당신의 피가 체내를 원활히 순환하도록 도와줄 것이다.

0087 The tour guide showed sightseers to the tour bus which would **make a circuit of the capital city**.

여행 가이드는 관광객들을 수도를 순환하는 투어 버스로 안내했다.

0088 **Under no circumstances** should you lend a stranger any money.

어떠한 일이 있어도 모르는 사람에게는 돈을 한 푼도 빌려 주어서는 안 된다.

0089 The company was successful in its attempt to **combine the advantages** of two different systems.

회사는 두 가지 다른 시스템의 장점을 결합하는데 성공했다.

0090 Since he began to **run the company** in 1996, he has been focusing on improving more energy - efficient bulbs.

그가 1996년에 그 회사를 운영하기 시작한 이래로 그는 에너지 효율이 좀더 높은 전구를 개발하는데 초점을 맞춰오고 있다.

0091 "Let me **accompany you to the hotel**," his secretary said.

"당신을 호텔까지 데려다 드릴게요" 그의 비서가 말했다.

0092 This English book was written by a scholar **compiling a dictionary**.

이 영어책은 영어 사전을 편찬하고 있는 학자에 의하여 쓰여 졌다.

0093 After the exhausting debate, the president finally agreed to **make a political compromise with** the conservative party.

진이 빠지는 논의 끝에 대통령은 보수당과 정치적으로 타협하기로 마침내 합의했다.

0094 There is nothing bad about listening to **the counsel of your elders**.

연장자들의 조언에 귀를 기울여서 나쁠 것은 없다.

0095 I'm sorry, but I'll have to **consult with my secretary** on the matter.

죄송하지만, 제 비서와 그 문제에 대해 상의를 해봐야겠네요.

0096 When the bribery scandal broke out, the politician **was confronted with the biggest crisis** of his career.

뇌물 스캔들이 터지자, 그 정치가는 그의 경력에서 최대의 위기를 맞이했다.

0097 A recent survey found that many guests do not always **complain about the hotel's poor service**.

최근의 설문조사에 따르면 많은 손님들은 그 호텔의 형편없는 서비스에 대해 항상 불평을 하는 것은 아니라고 한다.

0098 The prisoner **was condemned to death** for murder, but later his death sentence was reduced to life in prison.

그 죄수는 살인죄로 사형선고를 받았지만, 나중에 그의 사형선고는 무기징역으로 감형되었다.

0099 The journalist submitted **a condensed report** on the recent crisis in Egypt.

그 기자는 이집트에서 일어난 최근의 사태에 대해 요약된 리포트를 제출했다.

0100 I'm seriously **contemplating moving to the country** next year because I feel so exhausted and stressed out about my urban life.

나는 도시생활에 너무나도 지치고 스트레스를 받아서 내년에 시골로 이사가는 것을 심사숙고하고 있다.

0101 Repair work should be carried out for the old bridge because it **is in imminent danger of collapse**.

그 오래된 다리는 금방이라도 붕괴할 위험에 처해있기 때문에 보수 공사가 진행되어야 한다.

0102 She was wearing a pair of sunglasses to **conceal her identity** in front of the cameras.

그녀는 카메라 앞에서 자신의 정체를 숨기기 위해 선글라스를 쓰고 있었다.

0103 **Contrary to my expectations**, the girl I met on the blind date was so pretty and tall.

나의 기대와 달리 소개팅에서 만난 여자는 매우 예쁘고 키가 컸다.

0104 I don't understand why her views **are in a sharp contrast with** mine.

나는 왜 그녀의 관점이 내 관점과 크게 대조되는지 이해할 수가 없다.

0105 The criminal **counterfeited 2 million-dollar bills** which make people difficult to distinguish them from the genuine ones.

범죄자는 사람들이 진폐와 위폐를 구별하기 어려울 정도의 200만 달러의 지폐를 위조했다.

0106 The Foreign Minister will leave the country next week with a view to **meet his Japanese counterpart**.

외무부 장관은 일본 측 상대를 만나기 위해 다음 주에 출국을 할 것이다.

DAY 06

0107 During the emergency, his boss ordered him to **finish the work without _delay_**.

긴급상황중에 그의 상사는 그에게 지체없이 일을 끝마치라고 지시했다.

0108 A small amount of **alcohol was _detected_ in the driver's blood through blood** tests.

혈액검사를 통하여 그 운전자의 피에서 작은 양의 알코올이 검출되었다.

0109 We could not help **postponing our _departure_** for 3 hours because of bad weather.

우리는 악천후 때문에 출발을 세 시간동안 연기하지 않을 수 없었다.

0110 Some bookworms **derive _pleasure from reading_** books about magic and fantasy.

어떤 책벌레들은 마술과 판타지에 관한 책을 읽는 것에서 즐거움을 느낀다.

0111 At age thirty-seven, he abandoned his medical career and decided to **devote _himself to helping the poor_**.

37세에 그는 자신의 의사직업을 버리고 가난한 사람을 돕는데 헌신하기로 했다.

0112 The former governor claimed that the government should **declare _war against_** the terrorists.

전직 지사는 정부가 테러리스트에게 전쟁을 선포해야 한다고 주장했다.

0113 The picture on social media has sparked **a heated _debate on_** whether the quality of education has declined.

소셜 미디어의 그 사진은 교육의 질이 저하되었는가에 대한 열띤 논쟁을 불러일으켰다.

0114 It's not uncommon for jurors to **deliberate _a case_** for more than a day.

배심원들이 사건을 하루 이상 심사숙고 하는 것은 매우 흔하지 않은 일이다.

0115 Even a small mistake by the leader can **degrade _the quality_** of the company.

리더의 아무리 사소한 실수라도 회사의 품격을 떨어뜨릴 수 있다.

0116 You can see **the _decrease_ in population** after the typhoon occurred in the Philippines.

필리핀에서 태풍이 일어난 후에 인구가 감소한 것을 볼 수 있다.

0117 The small beaker **is two inches in _diameter_**, and the larger beaker is three inches in radius.

작은 비커는 지름이 2인치이고 큰 비커는 반지름이 3인치이다.

0118 The local residents on Jeju island are known to **use a unique _dialect_** in conversations.

제주도의 지역 주민들은 대화할 때 특이한 사투리를 쓰는 것으로 알려져 있다.

0119 Baseball umpires are supposed to maintain **a _disinterested_** and objective **attitude**.

야구 심판들은 사심없고 객관적인 태도를 유지해야할 의무가 있다.

0120 Most people strongly **disagreed _with his opinion_** about the new pension system.

대부분의 사람들이 새 연금제도에 대한 그의 의견에 강하게 반대했다.

0121 The player claims that he **is at a _disadvantage_** in comparison with other competitors.

그 선수는 다른 경쟁자들에 비해 불리한 입장에 있다고 주장한다.

0122 She watched her son continuously until he **disappeared _from view_**.

그녀는 눈에 안 보일 때까지 아들을 계속 바라보았다.

0123 I **feel a strong _disgust_ at** his behavior and I hope that I'll never run into him again.

나는 그의 행동에 강함 혐오감을 느끼기에 다시 그를 마주치지 않기를 희망한다.

0124 **A _dishonest salesman_** tricked a woman into giving him access to her bank accounts and credit cards.

정직하지 않은 판매원은 그녀의 은행계좌와 신용카드를 자신이 사용하도록 한 여자를 속였다.

0125 He was branded as a traitor **disloyal _to his country_**, and was eventually hanged in public.

그는 자기 나라에 불충한 반역자로 낙인이 찍혔고 결국에는 공개적으로 교수형을 당했다.

0126 The nation **was thrown into _disorder_** by a massive anti-government demonstration.

그 나라는 대규모 반정부 시위에 의해 혼란에 빠졌다.

0127 The local merchant **displayed _fruit_** in a shop window to bring in customers to his store.

지역 상인은 손님들을 가게로 들어오도록 하기 위해 가게의 창가 쪽에 과일을 진열해 놓았다.

0128 Many Islamic states **are displeased with** the West, especially the United States.

많은 이슬람국가들은 서방, 특히 미국에 대해서 못마땅해 한다.

0129 Wireless Internet network will **enable us to gain** access to the site from anywhere.

무선 인터넷망은 우리가 그 사이트에 어디서든지 접속이 가능하게 할 것이다.

0130 I want a chance to **enlarge on that point** later on.

나중에 그 점을 상세히 설명할 기회를 갖고 싶다.

0131 He made up his mind to publish a book that would **enlighten the ignorant**.

그는 무지한 사람들을 계몽할 책을 출판하기로 결심을 했다.

0132 I could **enrich my English vocabulary** by learning where the given words came from.

나는 해당 단어들이 어디에서 유래되었는지를 배움으로써 내 영어 어휘력을 풍부하게 할 수 있었다.

0133 I would remind you that you **are entitled to appeal** to a higher court.

당신은 상급법원에 항소할 권리가 있다는 것을 알려드립니다.

0134 The old palace **is enclosed by a wall** of two feet high.

그 고궁은 2피트의 높이의 담으로 둘러싸여 있다.

0135 The two men were seen smiling and **embracing each other warmly**.

그 두 남자가 웃으며 서로를 따뜻하게 포옹하는 것이 보였다.

0136 While on a business trip, I **encountered the famous actor** at the airport.

출장을 가는 중에 나는 공항에서 그 유명한 배우를 우연히 만났다.

0137 One of the greatest pleasures of traveling the world is acquiring new tastes through **exotic food**.

세계를 여행하는 가장 큰 기쁨 중 하나는 이국적인 음식을 통해 새로운 맛을 경험해 보는 것이다.

0138 Two people can never see **the external world** exactly in the same way.

두 사람이 외부세계를 정확히 똑같은 방식으로 이해하는 것은 불가능하다.

0139 Will you find out what **the current US Dollar to Euro exchange rate** is?

현재 미국달러에서 유로화로 바꿀 때의 환율을 알아봐 줄 수 있니?

0140 Our teacher always emphasizes the importance of **expanding vocabulary**.

우리 선생님은 어휘력을 키우는 것의 중요성을 항상 강조하신다.

0141 The online portal site was deluged with a wide variety of **exaggerated advertisements**.

그 온라인 포털 사이트는 갖가지 과대광고로 넘쳐나고 있었다.

0142 **Exhausted with fatigue**, I had no strength to utter a word.

피로로 완전히 지쳐서 나는 말 한마디 내뱉을 힘도 없었다.

0143 Seoul has become **an emerging fashion capital**, where the women are quick to follow the latest trends.

서울은 여성들이 최신 유행을 빠르게 따라하면서 떠오르는 패션의 중심지가 되었다.

DAY 07

0144 I need some **extra money** to pay the bills.

요금을 내려면 나는 돈이 더 필요해.

0145 **Extracurricular activities** are an important part of your high school life.

과외 활동들은 고교 생활에 있어 중요한 부분이다.

0146 With his ability to **foresee the future**, the military general developed a strategy that led his group of soldiers to victory.

미래를 예견할 수 있는 능력을 이용하여 그 장군은 자신들의 병사들을 승리로 이끌 전략을 고안해내었다.

0147 The criminals who received the death penalty **disgraced the name of their forefathers**.

사형선고를 받은 그 죄수는 자신의 조상들의 명예를 더럽혔다.

0148 Many women who are self-conscious of their appearances usually cover their **large foreheads** with different styles of bangs.

자신의 외모를 대단히 의식하는 많은 여자들이 다양한 스타일의 늘어뜨린 앞머리로 자신들의 넓은 이마를 가리고 다닌다.

0149 Mozart is often described as **the foremost composer** of his day.

모차르트는 종종 그가 살던 시대의 가장 뛰어난 작곡가로 묘사된다.

0150 The salaried worker **saves half of his income** to buy a brand new car.

그 샐러리맨은 새 자동차를 사기 위해서 자신의 수입의 절반을 저축한다.

0151 Many people across the world enjoy playing table tennis because it's **a fun indoor sport**.

탁구는 재미있는 실내 스포츠이기 때문에 전세계 많은 사람들은 탁구를 즐긴다.

0152 The United States **inflamed the dispute** between Japan and China over the islands in the East China Sea.

미국은 중국의 동쪽 바다 근처의 섬에 대한 일본과 중국의 논쟁을 가열시켰다.

0153 Crime and violence is **an inherent problem in all major cities**.

범죄와 폭력은 모든 대도시에 항상 내재하는 문제이다.

0154 The release of the long **imprisoned opposition leader** was something of a surprise.

오랫동안 수감되었던 야당지도자의 석방은 놀라운 일이었다.

0155 Every organization has its own way to **input the new data** into its system.

모든 조직은 그들만의 새로운 데이터를 시스템에 입력하는 방식이 있다.

0156 Charles Darwin, **a man of great insight**, introduced the theory of evolution by observing the birds in Galapagos Islands.

훌륭한 통찰력을 가진 찰스 다윈은 갈라파고스 섬의 새들을 관찰해 진화이론을 발표했다.

0157 The firm **invested too much money in real estate** last year.

그 기업은 작년에 너무 많은 돈을 부동산에 투자했다.

0158 Alcohol **made him incapable of thinking** clearly about what he really wanted to do.

술 때문에 그가 정말로 하고 싶은 것이 무엇인지에 관해 명확하게 생각할 수가 없었다.

0159 He has always been the life of the party, and **is indispensable to our team**.

그는 항상 분위기 메이커 역할을 해오고 있으며 우리 팀에는 없어서는 안될 사람이다.

0160 Many unusual weather phenomena are **the inevitable results** of global warming caused by greenhouse gases.

많은 기상 이변은 온실 가스로 인한 지구 온난화의 불가피한 결과들이다.

0161 Despite the officers' suspicion, the vast majority of the bystanders **were innocent of any crime**.

경찰관의 의혹에도 불구하고 대다수의 구경꾼들은 어떤 범죄에 대해서도 결백했다.

0162 The leader coped with the situation in a very cold and **impersonal manner**.

그 지도자는 매우 차갑고 비인간적인 태도로 그 상황에 대처했다.

0163 Through random stops, the police arrested the people who **possessed illegal weapons**.

불심검문을 통해서 경찰은 불법무기를 소지한 사람들을 체포했다.

0164 Strictly speaking, what you say **is irrelevant to**

the topic. 엄밀히 말하면 너의 얘기는 그 주제와는 관련이 없다.

0165 Few businesses, however, can afford to make all of their **irregular workers** permanent.

하지만 모든 비정규직 근로자를 정규직으로 바꿀 능력이 있는 회사는 거의 없다.

0166 You should not degrade yourself by **making totally irresponsible remarks**.

당신은 너무나 무책임한 발언을 해서 품위를 떨어뜨려선 안 된다.

0167 I'm sorry to disappoint you, but I **have no interest in** politics.

실망시켜드려 죄송하지만, 정치에는 관심이 없습니다.

0168 When **international trade** collapsed in 2004, the economy turned inward and discovered a steady source of growth.

2004년에 국제 무역이 무너지면서 경제는 국내로 관심이 몰렸고 성장을 위한 안정적인 공급원을 찾았다.

0169 After months of the entry level courses, I was permitted to **take an intermediate course**.

수개월간의 입문과정이후에 나는 중급 강좌를 수강을 허락받았다.

0170 The street lamps stand **at intervals of** 10 meters along the road.

가로등이 길을 따라 10미터 간격으로 서 있다.

0171 Religious, legal, and ethical beliefs play a role in personal decisions about **sexual intercourse**.

종교적, 법적 그리고 윤리적 믿음은 성교에 대한 개인적 결정에 영향을 미친다.

0172 The country warns the government not to let political matters **interfere with business affairs**.

지역은 정부에게 정치적 요인이 비즈니스 업무에 방해되지 않도록 하라고 경고했다.

0173 The village community **interprets her silence as a refusal** to admit her theft.

그 마을 공동체는 그녀의 침묵을 도둑질을 인정하지 않는다는 뜻으로 받아들였다.

0174 His works are characterized by the frequent **interactions between** actors **and** audience.

그의 작품들은 배우와 관객사이의 빈번한 소통이 특징이다.

DAY 08

0175 Computer illiteracy will be **a major obstacle to your success**.

컴퓨터를 모르는 것은 너의 성공의 크나큰 장애물이 될 것이다.

0176 The zoologist strongly **opposes cruelty to animals** of any sort.

그 동물학자는 어떤 종류의 동물 학대에도 강하게 반대한다.

0177 The students spent three hours on **an obscure question** only to find it was unanswerable.

학생들은 한 모호한 질문에 3시간을 허비한 후에 그것이 해답이 없는 질문이라는 것을 알았다.

0178 Because of the tight race, no one will be able to predict **the final outcome of the presidential election** in the United States.

팽팽한 경쟁으로 인해 아무도 미국 대통령 선거의 최종 결과를 예측할 수 없을 것이다.

0179 The updated chart shows that **the outlook for the future of the economy** is rather grim.

갱신된 차트는 앞으로의 경제 전망이 다소 어둡다는 것을 보여준다.

0180 I believe everyone should agree that Beethoven was **an outstanding young musician**.

베토벤이 뛰어난 젊은 음악가였다는 사실에 모두가 동의해야 한다고 생각한다.

0181 Public health officials worry that **an outbreak of influenza** could have serious consequences for the health of newborn babies.

공중보건 관계자는 독감의 발생이 신생아들에게 심각한 결과를 가져올 것을 우려하고 있다.

0182 Moon is so popular with the ladies by virtue of **his outgoing personality** and good looks.

Moon은 그의 외향적인 성격과 잘생긴 용모덕택에 여자들에게 매우 인기가 많다.

0183 The artist slowly traced **the outline of her face** from an old black-and-white photograph.

화가는 흑백사진을 따라 그녀의 얼굴 윤곽을 천천히 그려나갔다.

0184 Physical activity such as working out can provide **an outlet for your inner emotions**.

운동과 같은 신체 활동은 너의 내면의 감정에 대한 배출구 역할을 할 수 있다.

0185 The promising partnership with Microsoft failed to **increase** <u>**output by 20%**</u> in 2015.

기대되었던 마이크로소프트와의 파트너십은 2014년에 생산량을 20% 늘려주지 못했다.

0186 They were so surprised they couldn't <u>**utter a single word**</u> about it during the entire meal.

그들은 너무 놀라서 식사시간 내낸 그것에 대해 말을 한마디도 꺼내지 못했다.

0187 Job openings have become <u>**a matter of utmost concern**</u> for the new immigrants.

일자리가 새로 이민 온 사람들의 가장 중요한 관심사가 되었다.

0188 Your success will rest entirely on whether you can <u>**outdo the others**</u> in patience.

당신의 성공은 당신이 인내심에 있어서 남들을 능가하는지에 전적으로 달려있다.

0189 It seems that the dangers of energy drinks far <u>**outweigh the benefits**</u>.

에너지 드링크의 위험성이 그 이점들보다 훨씬 큰 것처럼 보인다.

0190 The car mechanic of the garage <u>**overcharged me for car repairs**</u>.

그 카센터의 자동차 수리공은 나에게 자동차 수리비를 바가지 씌웠다.

0191 While the kids were having fun in the park, <u>**a plane flew overhead**</u>.

아이들이 공원에서 재미있게 놀고 있던 중 비행기가 머리위로 날아갔다.

0192 Because his uncle forgot to turn the faucet off, the bath is <u>**overflowing with water**</u> now.

삼촌이 수도꼭지를 잠그는 것을 잊어버렸기 때문에 욕조가 물로 넘치고 있다.

0193 If the presidential election had been fair, the opposition candidate would have won an <u>**overwhelming victory**</u>.

만약 그 대통령 선거가 공정하였더라면 그 야당 후보가 압승을 하였을 것이다.

0194 Because we all <u>**overworked ourselves on the new job**</u>, we decided to write a complaint letter to the CEO.

우리 모두가 새 일에서 과로를 했기 때문에 CEO에게 항의서를 쓰기로 했다.

0195 The sick patient in the hospital was able to <u>**overcome her difficulties**</u> by believing in herself.

병원에 입원한 그 아픈 환자는 자기 자신을 믿음으로써 어려움을 극복할 수 있었다.

0196 I received a written warning that they would cut off electricity if **the overdue bill** was not paid by the end of this month.

나는 이 달까지 연체된 청구요금을 내지 않으면 전기를 끊겠다는 경고장을 받았다.

0197 Although I already <u>**overheard bad rumors about her**</u>, I pretended not to know them.

비록 이미 그녀에 대한 나쁜 소문들을 우연히 들었지만, 나는 모른 체했다.

0198 The new employee was relieved when his boss <u>**overlooked his fault**</u> at work.

그 신입사원은 자신의 상사가 그의 업무 과실을 눈감아 주었을 때 안도했다.

0199 In the fishing industry, more profit is made from overseas trade rather than from <u>**overseas trade**</u>.

어업에서는 국내의 거래보다는 해외 거래를 통해 더 많은 수익을 얻을 수 있다.

0200 The red shiny sports car easily <u>**overtook the slow truck**</u> on the empty highway.

텅 빈 고속도로에서 빨갛고 빛나는 스포츠카가 느린 트럭을 쉽게 추월했다.

0201 People were up in arms in order to <u>**overthrow the dictator**</u>.

사람들이 그 독재자를 타도하기 위하여 무기를 들고 일어섰다.

0202 *Chanel said, "A woman who does not **wear a perfume** has no future."*

샤넬은 "향수를 뿌리지 않는 여자는 미래가 없다."라고 말했다.

0203 *I had many interviews until I eventually **got a permanent job**.*

나는 정규직을 얻게 될 때까지 많은 면접을 보았다.

0204 *He persevered **in his academic study** until his endeavors were crowned with glory and success.*

그는 자신의 노력이 영광과 성공으로 빛날 때까지 학문적 연구를 계속했다.

0205 *The surgeons were getting ready to **perform an operation on** the patient.*

외과의사들은 환자를 수술하기 위한 준비를 하고 있었다.

0206 *Because of the heavy snow, the general meeting will **be postponed until the day after tomorrow**.*

폭설 때문에 총회가 모레로 연기될 것이다.

0207 *Forgetting to mention something, he **added a brief postscript to the letter** before he mailed it.*

어떤 것을 언급하는 것을 까먹었기 때문에 편지를 보내기 전에 짧은 추신을 더했다.

0208 *The historic building was restored in the early 1990s and has been **preserved for posterity**.*

그 역사적인 건물은 1990년대 초반에 복원되었고 후세를 위해 보존되어 오고 있다.

0209 *Due to the deadly Ebola outbreak in Africa, the doctors remind their patients to **take precautions against infection**.*

아프리카에서 발생한 치사율 높은 에볼라 때문에 의사들은 감염되지 않도록 조심할 것을 환자들에게 당부했다.

0210 *It is inevitable to experience some feelings of **racial prejudice** if you are a foreigner living in the United States.*

당신이 미국에 사는 외국인이라면 인종에 대한 편견을 경험하는 것은 불가피하다.

0211 *The thing is, the city council is trying to make **a premature decision**.*

문제는 시의회가 너무 이른 결정을 내리려 한다는 것이다.

0212 *I've just purchased a house whose **previous owner** was a heavy smoker.*

나는 전 주인이 골초인 집을 막 구매했다.

0213 *The annual film festival will screen seven short **films produced** by students from the College of Performing Arts & Film.*

매년 열리는 그 영화 축제는 공연 예술과 영화를 전공하는 대학 학생들에 의해 제작된 7개의 단편 영화들을 상영할 것이다.

0214 *Many students have **made much progress in English** thanks to this book.*

많은 학생들이 이 책 덕택에 영어가 많이 늘었다.

0215 *You need your travel documents and evidence to support the need to **prolong your stay** in China.*

당신은 중국의 체류기간을 연장해야 할 필요성을 뒷받침할 여행서류와 증거가 필요하다.

0216 *Recycling is a good way to save money and **protect the earth's environment**.*

재활용은 돈을 아끼고 지구의 환경을 보호할 수 있는 좋은 방법이다.

0217 *My uncle **purchased a new computer** at the electronics store on Black Friday.*

내 삼촌은 블랙프라이데이에 전자제품 상점에서 새 컴퓨터를 샀다.

0218 *People began to **relay the news** to their friends via Twitter.*

사람들은 트위터를 통해서 친구들에게 그 소식을 전달하기 시작했다.

0219 *His wife **remained at home** to look after the children while he worked to pay off the mortgage.*

그는 주택담보 대출금을 갚으려 일을 하는 동안 그의 와이프는 집에 남아서 아이를 돌보았다.

0220 *Repaying **your loans** on time will help you establish and maintain a good credit rating.*

제 때에 빚을 갚는 것은 좋은 신용등급을 얻고 유지하는데 도움이 될 것이다.

0221 *The beauty experts **revealed the secrets** behind the celebrities' perfect looks.*

전문미용사들은 연예인들의 완벽한 모습 뒤에 감춰진 비밀을 보여줬다.

0222 She **is reluctant to** be photographed because she has no makeup on.

그녀는 화장을 하지 않기 때문에 사진 찍히는 것을 꺼려했다.

0223 It's very difficult to **replace an old habit with a new one**.

오래된 습관을 새로운 습관으로 바꾸기란 아주 어렵다.

0224 Rinse and pat dry with paper towels made from **recycled paper**.

물로 헹군 다음에 재생지로 만든 종이 타월로 가볍게 두드려 말리세요.

0225 The major automobile company had no choice but to **recall 1.5 million vehicles** due to serious engine defects.

그 대기업 자동차 회사는 심각한 엔진 결함 때문에 150만대의 차량을 리콜 할 수 밖에 없었다.

0226 It was a miracle that the soccer player **recovered from his ankle injury**.

그 축구선수가 발목 부상에서 회복된 것은 기적이었다.

0227 He was arrested on charges of **reproducing softwares illegally** and distributing them.

그는 소프트웨어를 불법으로 복제하여 유포시킨 혐의로 체포되었다.

0228 Police authorities have declared that they will take whatever action is necessary to **restore law and order**.

경찰 당국은 법과 질서를 회복시키기 위하여 어떠한 조치도 다 하겠다는 것을 선언했다.

0229 Our family stayed at **a beach resort** last weekend.

우리 가족은 지난 주말에 해변 리조트에 머물렀다.

0230 Several movie critics **remarked on the movies** in a negative way.

많은 영화 평론가들이 그 영화에 대해 부정적으로 언급했다.

0231 **The 50 stars** on the American flag **represent the 50 states** of the United States of America.

성조기에 있는 50개의 별은 미합중국의 50개 주들을 상징한다.

0232 The surgeon took a sip of coffee before working on an operation to **remove the tumor**.

그 외과의사는 종양을 제거하는 수술에 들어가기 전에 커피를 한 모금 마셨다.

0233 Above all, it will take a good eye for **separating the wheat from the chaff**.

무엇보다 먼저 좋은 것과 나쁜 것을 구별하려면 좋은 안목이 필요하다.

0234 The sea captain knew that the use of **a nuclear submarine** was crucial during the war.

선장은 전쟁 중에 원자력 잠수함을 사용하는 것이 중요하다는 것을 알고 있었다.

0235 The memories of those traumatic experiences are buried in your **subconscious mind**.

그런 충격적인 경험들에 대한 기억은 당신의 잠재의식적인 마음속에 들어있다.

0236 I think you **are definitely superior to others in English**.

나는 네가 영어에서 남들보다 단연 우수하다고 생각한다.

0237 The police's **superficial inspection** led to multiple unsolved cases and revealed serious flaws in the system.

경찰의 피상적인 조사는 다수의 미제 사건으로 이어졌고 시스템 상의 심각한 결점을 드러냈다.

0238 The farmer turns **surplus milk** into cheese and butter at the ranch.

그 농부는 목장의 잉여 우유를 치즈와 버터로 만든다.

0239 **The uneven surface** of the road in Alaska caused the minivan to wobble up and down.

알레스카 도로의 울퉁불퉁한 표면이 미니밴을 위 아래로 흔들리게 만들었다.

0240 After reaching the summit of Mt. Everest, I realized I could **surmount these obstacles**.

에베레스트 산의 정상에 도달한 이후에 나는 이 장해물들을 극복할 수 있다는 것을 깨달았다.

0241 Armed police raced to the scene and **surrounded the building** where 10 people were held as hostage.

무장한 경찰들은 현장으로 달려가 10명이 인질로 잡혀있는 건물을 둘러쌌다.

0242 Beethoven **composed a number of symphonies** and piano pieces, many of which have been hailed as great masterpieces.

베토벤은 많은 교향곡과 피아노곡을 작곡했으며 그중 많은 것들은 위대한 걸작품으로 찬사를 받고 있다.

0243 Some **symptoms of a cold** include sneezing, high fever, and a sore throat.

감기의 일부 증상은 재채기, 고열, 그리고 목 아픔을 포함한다.

0244 To make matters worse, domestic **synthetic fiber** makers have failed to develop high value - added goods.

설상가상으로 국내 합성 섬유 업체들은 고부가 가치 제품들을 개발하는데 실패했다.

0245 Some people believe that they can **communicate by telepathy** without using speech.

어떤 사람들은 말하지 사용하지 않고 텔레파시로 의사소통을 할 수 있다고 믿는다.

0246 Every now and then the little boy enjoyed **observing stars through a telescope** on a clear night.

가끔 그 어린 소년은 맑은 밤에 망원경을 통하여 별들을 관찰하는 것을 즐겼다.

0247 The hydroelectric power is a type of renewable energy that **transforms water into electricity**.

수력발전은 물을 전기로 바꾸는 재생에너지의 일종이다.

0248 A part of his liver was successfully **transplanted into his father**.

그의 간의 일부가 성공적으로 그의 아버지에게 이식되었다.

0249 The newcomer murmured about **the unfair treatment** all afternoon.

신참은 그 불공정한 대우에 대하여 오후 내내 투덜거렸다.

0250 We should not let the young students become **the unfortunate victims** of brainwashing.

우리는 어린 학생들이 세뇌의 불행한 희생자가 되도록 놔두어서는 안된다.

0251 The student **felt uneasy about** transferring to a new school.

그 학생은 새 학교로 전학을 가는 것에 대해서 불안함을 느꼈다.

0252 Even though the hostages were threatened with death, they refused to give in to the terrorists' **unreasonable demands**.

비록 그 인질들은 목숨의 위협을 받았지만, 그들은 테러리스트들의 비합리적인 요구에 굴복하는 것을 거부했다.

0253 Her parents endowed her with **a very unusual name** for a girl.

그녀의 부모는 그녀에게 여자치고는 매우 특이한 이름을 주었다.

0254 The local banks **are** also **unwilling to** lend money, because they are worried they may not be paid back.

그 지방 은행들은 돈을 빌려주길 꺼려하고 있는데 그 이유는 그들이 다시 돌려받지 못할 수도 있다고 걱정하기 때문이다.

0255 Our **youth unemployment rate** is now higher than it was before the financial crisis.

우리나라의 청년 실업률은 금융위기전보다 더 높다.

0256 Beware that you do not **leave your car unlocked**.

차문을 잠그지 않고 놔두는 일이 없도록 주의해라.

0257 Let us talk about the future instead of the past, since we cannot **undo the past**.

과거를 되돌릴 수는 없기 때문에 과거는 말고 미래에 관하여 이야기 합시다.

0258 The rebellion **was successful due to its underground organization** of anti-government guerillas.

그 반란은 반정부 게릴라들의 지하조직으로 인해서 성공적이었다.

0259 Corruption is widespread and **undermines the social ethics**. 부패가 만연되고 사회윤리를 훼손하고 있다.

0260 Wherever the pope travels in the world, he **underlines the need for** continuing peace talks.

세계 어딜 가든지, 교황은 평화회담을 지속되어야 한다고 강조한다.

0261 Under this new system, elite students can finish their **undergraduate programs** in only two years.

이 새 제도 하에서는 우수한 학생들이 학부과정을 단 2년 만에 이수를 할 수가 있다.

0262 She's **undergoing treatment** at the hospital after the intense surgery. 그녀는 집중 수술 이후에 병원에서 치료를 받고 있다.

0263 After laying the foundation, his father **undertook the task of raising the frame**.

반항적인 10대가 오토바이를 트럭에 부딪힌 후부터 그의 아버지가 사고에 대한 책임을 졌다.

0264 According to the law, the government must **uphold human rights** in our country.

법에 따라, 정부는 우리나라의 인권을 보장해야한다.

0265 **An upright citizen** would fight for justice and value high moral standards.

정직한 시민이라면 정의를 위해 싸우고 높은 도덕적 가치를 중시할 것이다.

0266 Before we began our road trip to New Jersey from Georgia, our plan **was upset by the snowy weather**.

조지아에서 뉴저지로 우리가 여행을 시작했을 때 우리의 계획은 눈이 내리는 날씨 때문에 엉망이 되었다.

0267 I couldn't make out **the upside of the new system** at all.

나는 그 새로운 시스템의 긍정적인 면을 도저히 이해할 수가 없었다.

0268 If you forget your PIN number, you can't **withdraw money from your bank account**.

만약 비밀번호를 잊어버리면, 은행계좌에서 돈을 인출할 수 없습니다.

0269 The contractor has a right to **withhold his payment** until the work is completed.

계약자는 작업이 완료될 때 까지 지불을 보류할 수 있는 권한이 있다.

0270 **This railway bridge** is specially designed and constructed to **withstand earthquakes**.

이 철교는 지진에 견디도록 특별히 설계되고 건설되었다.

0271 After all the passengers **were aboard the ship**, the captain gave the order to heave an anchor.

모든 승객들이 승선한 이후, 선장은 닻을 올리라고 명령을 했다.

0272 The twins **are so much alike in appearance** that many people find it difficult to tell one from the other.

그 쌍둥이들은 외모가 너무나도 닮아서 많은 사람들이 그 둘을 구분하기 힘들어한다.

0273 **To my amazement**, I passed the exam on the French Revolution last week.

놀랍게도 나는 지난 주에 치른 프랑스 혁명에 대한 시험을 통과했다.

0274 He motioned for me to **stand** **aside** lest I should hinder the parade from passing.

그는 내가 그 행렬이 지나가는 것을 방해하지 않도록 옆으로 비켜서라고 몸짓을 했다.

0275 The French Revolution **arose** **in the 18th century** in an attempt to demand a change in the government systems.

프랑스 대 혁명은 정부 제도의 변화를 요구하기 위한 시도로 18세기에 일어났다.

0276 Our governmental plan to raise cigarette prices **aroused** **a great deal of public interest**.

담배값을 인상하려는 우리 정부의 계획은 상당한 대중적 관심을 불러 일으켰다.

0277 Her father scolded her, "You ought to **feel** **ashamed** **of your wrongdoing**, young lady."

그녀의 아버지가 그녀를 꾸짖었다, "네 잘못된 행동을 부끄러워해야 해. 이 아가씨야."

0278 Since his income has dropped drastically, my husband cannot **afford** **to buy a new car**.

그의 소득이 엄청나게 줄어들었기에 내 남편은 새로운 자동차를 살 여유가 없다.

0279 The kingdom was ruled by **an absolute** **monarch**, who was adored by his subjects.

그 왕국은 절대군주에 의해 통치되었는데 그는 백성들에게 존경을 받았다.

0280 Why don't you pursue your own **unique** **style** instead of running after trends?

유행을 쫓지 말고 네 자신만의 독특한 스타일을 추구하는게 어떠니?

0281 The government attempted to resolve internal conflicts by **uniting** **the people against a common enemy**.

그 정부는 공동의 적에 대항하여 국민들을 통합시킴으로써 내부의 갈등을 해결하려 시도했다.

0282 Czech citizens voted to join **the European** **Union** by 77% with a 55% turnout.

체코 국민들은 유럽 연합 가입에 55%의 투표율과 77%의 찬성표를 던졌다.

0283 He has **earned** more than **two billion dollars** from his new business, and he is now called a billionaire.

그는 새 사업에서 20억 달러 이상을 벌었고 이제는 억만장자로 불리고 있다.

0284 I **was faced with the** **dilemma** of voting for the right-wing party or left-wing party.

나는 좌파정당 또는우파 정당을 투표해야 할지에 관해 딜레마에 빠져 있었다.

0285 All the job applicants must **submit** their resumes **in duplicate** by the end of this month.

모든 취업 지원자들은 이달 말까지 이력서를 정부(正副)본 2통을 제출해야 한다.

0286 **Entering the twilight** **of his life**, the old man resolved to return to his homeland.

인생의 황혼기에 접어들어서 그 노인은 자신의 고향으로 돌아가기로 결심했다.

0287 The girl held her breath and started **drawing a** **triangle** on the paper.

그 소녀는 숨을 참고 종이위에 삼각형을 그리기 시작했다.

0288 The explorers traveled sixteen hours to meet **the** **native tribe** in the Amazon rainforest.

탐험가들은 아마존 우림속에 사는 원주민 부족을 만나기 위해16시간을 이동했다.

0289 Not only does cigarette smoking weaken your immune system but it may **multiply the risk of** **lung cancer**, heart attacks, and the like.

흡연은 당신의 면역 체계를 약화시킬 뿐만 아니라 폐암, 심장 마비 등의 위험을 크게 증가시킬 수 있다.

0290 **A great multitude** **of students** assembled at the school auditorium to listen to his speech.

대단히 많은 학생들이 그의 연설을 듣기 위해 학교 강당에 집합했다.

DAY 12

0291 The ruling party is looking forward to **the fortune outcome** of the upcoming election.

여당은 다가오는 선거의 운좋은 결과를 기대하고 있다.

0292 It was **the most passionate speech** I had ever heard, even though I couldn't totally agree with his views.

비록 그의 견해에 전적으로 동의할 수는 없었지만, 그것은 내가 들어본 가장 열정적인 연설이었다.

0293 The newly developed machine will **help many patients breathe** easier.

새로 개발된 그 기계는 많은 환자들이 더 쉽게 호흡하는데 도움을 줄 것이다.

0294 Because the weather got colder, she **clothed her child in** a heavy sweater and pants.

날씨가 추워져서 그녀는 아이에게 두꺼운 스웨터와 바지를 입혔다.

0295 Expressing inner feelings enabled them to **deepen their special relationship**.

내면의 감정을 표현했던 것은 그들의 특별한 관계를 더욱 깊어질 수 있도록 만들었다.

0296 A healthy diet and regular exercise will **lessen the risk** of various adult diseases.

건강에 좋은 식단과 규칙적인 운동은 다양한 성인병의 위험을 줄여줄 것이다.

0297 Be careful when you take drugs because some drugs can **weaken the immune system**.

약을 복용할 때 주의하세요. 왜냐하면 몇몇 약물은 면역체계를 약화시킬 수 있습니다.

0298 The training period of the part-time trainees has been **lengthened by at least 10 hours**.

시간제 수습생들의 교육 기간이 적어도 10시간이 연장되었다.

0299 There are many ways to **purify drinking water** but none are truly sufficient.

식수를 정화하는 많은 방법이 있지만 어떤 것도 진실로 충분하지는 않다.

0300 All the books in the library are **classified by subject and genre**.

도서관에 있는 모든 책들은 주제와 장르별로 분류되어 있다.

0301 Most of the participants **were not satisfied with the ultimate results** of the competition.

참가자들의 대부분은 그 대회의 최종 결과에 만족하지 못했다.

0302 By the time the drunken driver **realized the danger**, it was too late.

그 술취한 운전자가 위험을 알아차렸을 때는 이미 너무 늦어버렸다.

0303 The mass media have exposed young people to **the idealized images of the human body**.

대중 매체들은 젊은이들을 이상화된 인체 이미지에 노출시키고 있다.

0304 After dating with his girlfriend for over three years, he **proposed a marriage to her**.

여자친구와 3년 넘게 사건 이후에, 그는 그녀에게 청혼을 했다.

0305 The passengers were reminded not to **leave their baggage unattended**.

승객들은 가방을 아무데나 놔두지 말라고 주지를 받았다.

0306 **The problem of water shortages** has been magnified by the dry summer.

물 부족 문제가 건조한 여름 날씨로 인해 확대되었다.

0307 Student activities take place **under the guidance of** an experienced tutor.

학생 활동은 노련한 교사의 지도하에 진행된다.

0308 All the soldiers made the pledge of **blind obedience** to the king's commands.

모든 병사들은 왕의 명령에 절대 복종을 맹세했다.

0309 Experts say solid fuel increases **the accuracy of missiles** in reaching targets.

전문가들은 고체연료가 목표에 도달하는 미사일의 정확성을 높인다고 말한다.

0310 The young woman **made the final sacrifice**; no more animal sacrifices are required.

그 젊은 여성이 마지막 희생을 하였기에 더 이상의 동물을 바치는 것은 필요하지 않다.

0311 I would like to book a dental appointment to get my **wisdom teeth** removed.

내 사랑니를 뽑기 위해 치과 예약을 하겠다.

0312 *The Pilgrims, the first American settlers, came from England in 1620 seeking **religious freedom**.*

최초의 미국 정착자들인 청교도들은 종교적 자유를 찾아서 1620년에 영국에서 왔다.

0313 *Listening to music will help **relieve the boredom and stress**.*

음악을 들으면 권태와 스트레스를 더는데 도움을 줄 것이다.

0314 *Abraham Lincoln was the key figure that led **the abolition of slavery** in the United States.*

아브라함 링컨은 미국에서 노예제도를 폐지하는데 앞장선 핵심 인물이다.

0315 *When the ex-Minister **was accused of bribery**, he claimed his innocence at first.*

그 전직 장관이 뇌물 수수 혐의로 고소를 받았을 때 그는 처음에는 자신의 결백을 주장했다.

0316 *As with most girls, she likes to **wear jewelry** and dresses on special occasions.*

대부분의 여자들이 그렇듯이, 그녀는 특별한 날엔 보석과 드레스를 착용하는 것을 좋아한다.

0317 *The college in Korea was planning to **install new machinery** in their technology department.*

한국의 그 대학은 기술 학과에 새로운 기계를 설치하려한다.

0318 *He has made donations and has sponsored the poor all his life, **based on humanism** rather than political ideology.*

그는 정치적 이념보다는 휴머니즘을 바탕으로 하여 평생 기부를 하고 가난한 사람들을 후원해왔다.

0319 *Despite all the struggles, his outlook on life **was one of optimism**.*

모든 혼란에도 불구하고 인생에 대한 그의 전망은 낙관론 중에 하나였다.

0320 *The 24-year-old student graduated with **a degree in sociology** from Oxford University in 2016.*

그 스물네살 먹은 학생은 2016년도에 옥스포드 대학에서 사회학 학위를 취득했다.

0321 *I am **majoring in psychology**, with a minor in linguistics.*

나는 언어학을 부전공으로 심리학을 전공하고 있다.

0322 *Immanuel Kant was one of the greatest thinkers of all time, whose writings are widely used to **study philosophy and ethics**.*

임마누엘 칸트는 전 시대를 통틀어 가장 위대한 사상가 중에 한명이었고 그의 저작은 철학과 윤리를 연구하는데 널리 사용되고 있다.

0323 *I was thinking about majoring in literature, but my parents pushed me to **major in mechanics**.*

나는 문학을 전공하려 생각하고 있었지만, 부모님은 내가 기계학을 전공하도록 떠밀었다.

0324 *I **went to the amusement park** with my girlfriend and went on all the rides.*

나는 여자 친구와 놀이공원에 가서 모든 놀이기구를 다 탔다.

0325 ***Many people approaching their own retirements** are not prepared to provide for their aging parents.*

정년이 다가오는 많은 사람들은 아직 노후를 대비하기에 준비가되지 못했다.

0326 *The guards launched an emergency search operation in the city, but the prisoners managed to escape **under the cover of darkness**.*

경비병들이 도시에 긴급수색작전을 벌였지만 죄수들은 어둠을 틈타 달아나버렸다.

0327 *The research group focuses on **the causes of deafness** and the genetic reasons lying behind it.*

연구그룹은 음치의 원인과 그 배경에 유전적 이유가 있는지에 주안점을 둔다.

0328 As he grew older, he became less active and **fell into idleness**.

그가 나이를 들어갈수록, 그는 덜 활동적이 되었고 나태해졌다.

0329 We spent three hours practicing Spanish in **a language laboratory**.

우리는 언어 연구소에서 스페인어를 연습하는데 세 시간을 보냈다.

0330 A mobile library visited the village every two weeks, until **a public library** was opened in the neighborhood.

공공 도서관이 근처에 개관될 때까지 이동도서관이 그 마을을 2주마다 방문했다.

0331 With our family facing **financial hardships**, my sister was forced to give up the idea of entering a university.

우리 가족이 재정적 어려움에 직면한 상황에서, 우리 누나는 대학 입학을 단념하지 않을 수 없었다.

0332 The party's crushing defeat in the general election was blamed on **his lack of leadership**.

그 정당의 총선에서의 참패는 그의 리더십 부족 때문으로 돌려졌다.

0333 The prestigious high school annually **grants merit scholarships** to outstanding students.

그 명문 고등학교는 매년 성적 우수 학생들에게 성적 우수 장학금을 준다.

0334 Unless an athlete **shows good sportsmanship** or Olympic spirit, he may be kicked out of the game.

선수가 훌륭한 스포츠맨십이나 올림픽정신을 보여주지 않는다면 경기에서 퇴장당할 수도 있다.

0335 **In addition to** the prison sentence, he was ordered to do 100 hours of community service.

징역형 이외에도 그는 100시간의 사회봉사 명령을 받았다.

0336 The government's decision to **raise university tuition** has led to widespread protests throughout the country.

대학 등록금을 인상하고자 하는 정부의 결정은 그 나라 전역에 걸쳐 광범위한 시위로 이어졌다.

0337 The six Foreign Minsters **held a discussion** on how to handle the North Korean nuclear issue.

여섯 명의 외무부 장관들이 북한 핵문제를 어떻게 다룰지에 관해 토론을 했다.

0338 Three teenagers have been charged with armed robbery and **cruelty to animals**.

3명의 십대들은 무장 강도와 동물 학대 혐의를 받았다.

0339 I can confirm that he is truly **a leader of honesty** and wisdom.

나는 그가 진정으로 정직과 지혜를 갖춘 지도자라는 것을 확언할 수 있다.

0340 **It is my great pleasure to** introduce to you a new method of expanding your English vocabulary dramatically.

여러분께 영어 어휘를 획기적으로 늘릴 수 있는 새로운 방법을 소개하게 되어 대단히 기쁩니다.

0341 The new Prime Minister has long **been under pressure** from the opposition parties to step down for his bribery scandal.

그 새 총리는 그의 뇌물 스캔들로 야당으로부터 사퇴하라는 압박을 오랫동안 받아왔다.

0342 It was reported that **the owner of the car** was locked out of his car.

그 차의 소유자는 키를 안에 두고 문을 잠궈버렸다고 보도되었다.

0343 This coming local election is a major event to elect **new provincial governors**.

이번 지방 선거는 새 도지사를 뽑기 위한 중요 행사이다.

0344 Tens of thousands of people across the nation thronged to hear **the popular preacher**.

전국 각지에서 온 수만명의 사람들이 그 목사의 설교를 듣기 위해 모여들었다.

DAY 14

0345 *The civic group's members have been active on animal rights issues as well as in <u>feminist</u> **movements**.*

그 시민 단체 회원들은 여권 신장 운동뿐만 아니라 동물 권익 보호 문제에도 활동을 해오고 있다.

0346 *He used to be <u>**a journalist**</u> **of the New York Times**, and the ruling party is making a bid for him.*

그는 한때 뉴욕 타임즈의 정치부 기자였으며, 여당은 그에게 영입 제안을 하고 있다.

0347 *Regardless of age or gender, everyone is lamenting over the loss of **the young talented** <u>musician</u>.*

남녀노소를 가리지 않고 모든 사람이 그 재능 있는 젊은 음악가의 죽음을 애도하고 있다.

0348 *He has risen from humble beginnings to become one of **the most popular** <u>magicians</u>.*

그는 보잘 것 없는 집안에서 태어나서 가장 인기있는 마술가 중에 한명이 되었다.

0349 *He struck me as <u>**a habitual**</u> <u>drunkard</u> or a beggar, but I decided to put up with him for the night.*

그는 상습적인 주정뱅이나 거지같은 인상을 주었지만 나는 그를 하룻밤 재워주기로 했다.

0350 *The commanders weren't surprised when many of the military newcomers **behaved like abject** <u>cowards</u> during their first tough training.*

그 지휘관들은 신병들이 첫 강도 높은 훈련동안에 비굴한 겁쟁이들처럼 행동하는 것이 놀랍지 않았다.

0351 *The company operates only in China but **has more than 100,000** <u>employees</u>.*

그 회사는 중국내에서만 영업을 하고 있는데 직원이 10 만명이 넘는다.

0352 *Numerous <u>refugee</u> **camps** have been established near the border, but the poor conditions of the camps are beyond description.*

수많은 난민 수용소가 국경 근처에 세워졌지만 수용소의 열악한 상태는 이루 말로 표현할 수 없다.

0353 *Once upon a time, in a small kingdom, there lived <u>**a pretty**</u> <u>princess</u> whose name was Elsa.*

옛날 옛날에 어느 작은 왕국에 이름이 엘사인 예쁜 공주가 살고 있었다.

0354 *The knights refused to go through the formalities of **paying homage to the** <u>countess</u>.*

그 기사들은 그 백작 부인에게 경의를 표하는 격을 갖추기를 거절했다.

0355 *The thirteen-year-old singer blew the audience away with **her remarkable** <u>achievement</u>.*

13살의 가수는 그녀의 놀라운 공연으로 관객들을 감동시켰다.

0356 *The planet is so far away from the Earth that it **is scarcely** <u>visible</u> **to the naked eye**.*

그 행성은 지구로부터 너무나 멀리 떨어져 있어서 육안으로는 거의 보이지 않는다.

0357 *Mr Moon congratulated me on making <u>**a sensible**</u> **improvement** in my English performance.*

문 선생님은 내가 영어 성적이 눈에 띄게 진전되었다고 축하해 주셨다.

0358 *There are many ways you can join and contribute to **the global environmental movement**.*

당신이 세계적인 환경 운동에 참여하고 기여할 수 있는 많은 방법이 있다.

0359 *He gave me <u>**a verbal**</u> **promise** to pay back his debts sooner or later.*

그는 내게 조만간 빚을 갚겠다는 구두약속을 했다.

0360 *Meanwhile, the hostess heard the smash of a pane of glass while she was **awaiting the** <u>arrival</u> **of her guests**.*

한편, 그 여주인은 손님들이 도착하기를 기다리고 있던 중에 유리창이 깨지는 소리를 들었다.

0361 *Our family took great pleasure in watching **her brilliant** <u>performance</u>.*

우리 가족은 그녀의 눈부신 공연을 보며 크나큰 즐거움을 느꼈다.

0362 *He was not only <u>**an excellent**</u> <u>musician</u>, but he also felt quite comfortable writing essays.*

그는 뛰어난 음악가 일 뿐만 아니라 수필을 쓰는데도 매우 재능이 있었다.

0363 *The first riot took place among **the** <u>peasant</u> <u>farmers</u> oppressed by the despotic monarch.*

첫 번째 폭동은 전제 군주에게 억압받던 소작 농부들에게서 발생했다.

0364 Not only can some types of plants abate **air pollutants**, but they can also convert carbon dioxide back into oxygen.

어떤 종류의 식물들은 공기 오염 물질을 줄여줄 뿐만 아니라 이산화 탄소를 산소로 바꿀 수도 있다.

0365 When it comes to tipping in our culture in the country, **it is customary to** leave a tip for the waiting staff at restaurants.

그 나라의 팁 문화에 관해서라면, 식당에서 웨이터들에게 팁을 주는 것이 관례적이다.

0366 His brilliant scoring and assisting abilities were compared to those of **the legendary soccer players**.

그의 눈부신 득점력과 어시스트 능력은 전설적인 축구 선수들과 비교되었다.

0367 If you encounter a new word that gives you difficulty, you need to **refer to a dictionary**.

만약 너를 힘들게 하는 새로운 단어를 만날 때는 사전을 찾아보는 것이 좋다.

0368 **US defense secretary** has warned the country against such a military action, urging a political resolution.

미 국방 장관은 정치적인 해결책을 촉구하며 그 나라가 군사적 행동을 하지 말라고 경고했다.

0369 My father is **a careful driver** and always maintains that we cannot be too careful behind the wheel.

우리 아버지는 조심하는 운전자이고 운전을 할 때는 아무리 조심을 해도 지나치지 않다고 항상 주장하신다.

0370 Laughter is so infectious; when we hear someone laughing, it is almost impossible not to **feel cheerful** and begin laughing too.

웃음은 너무나 전염성이 강하다. 그래서 우리가 누군가 웃는 것을 들을 때 유쾌함을 느끼고 역시 웃기 시작하지 않는 것은 거의 불가능하다.

0371 **It is doubtful whether** flying cars will be commercialized in the near future.

하늘을 나는 자동차가 가까운 시일내에 상용화될지는 의문이다.

0372 Don't get discouraged about the failure; instead **remain hopeful about the future**.

실패에 대해 실망하지 말고 대신에 미래에 대해 희망을 간직해라.

0373 When she pressed **the painful wound** on his hand, he let out a scream and snatched his hand away from her.

그녀가 그의 손의 아픈 상처를 누르자 그는 비명을 지르며 그녀의 손을 낚아채 치워버렸다.

0374 The presidential candidate has continued to struggle for freedom and equality, which are **the basic principles** of democracy.

자유와 평등을 위해 계속 투쟁해 왔는데, 이것들은 민주주의의 기본원리이다.

0375 Many parents worried that a reliance on **the electronic calculator** would weaken their children's grasp of mathematical concepts.

많은 부모들은 전자계산기에 의존하는 것이 자녀들의 수학 개념에 대한 이해력을 약화시킬 것이라고 우려했다.

0376 This course is designed to help students become familiar with the medieval **historic events**.

이 강좌는 학생들이 중세 역사적 사건들을 잘 알 수 있도록 돕기 위해 개설된 것이다.

0377 Seokgatap is known as Korea's most **typical example** of the stone pagodas, designated a National Treasure.

석가탑은 한국 석탑의 가장 전형적인 예로 알려져 있으며 국보로 지정되어 있다.

0378 Monoculture, which means growing huge fields of the same crop in the same location, exhausts the soil, so farmers use **more chemical fertilizers**.

단종 재배는 같은 장소에 엄청난 면적의 같은 농작물을 재배하는 것을 의미하는데, 토양을 고갈시키게 되고 그래서 농부들은 더욱 많은 화학 비료를 사용한다.

0379 Before the library was established last year, **a mobile library** used to come here twice a week.

그 도서관이 작년에 설립되기 전에는 이동도서관이 이곳에 일주일에 두 번씩 왔었다.

0380 Don't you think it's time to stop your **childish behavior**, now that you have come of age?

너도 이제 성년이 되었으니 유치한 행동을 그만 둘 때라고 생각하지 않니?

0381 Why is it that donations could possibly be based upon **selfish motives**?

왜 기부가 이기적인 동기에 기초할 수 있다는 것이 가능한 거죠?

0382 I know you can't afford that **expensive car**, but you can pay for it in installments.

나는 당신이 그렇게 비싼 차를 살 수 없다는 것을 알지만, 할부로 지불을 하면 됩니다.

0383 Deputies received a report that a car parked near the corporate headquarters could contain some **explosive materials**.

대표들은 회사의 본사 근처에 주차된 차가 폭발물질을 포함하고 있다는 연락을 받았다.

0384 There are **countless excuses** that people come up with to avoid studying, exercising, and eating healthily.

공부하기, 운동하기, 건강한 식습관을 피하려고 사람들이 내놓는 변명은 무수히 많다.

0385 Four defendants were immediately sentenced to ten years in prison by **the merciless judge**.

네 명의 피고들은 자비심 없는 판사에 의해서 즉시 10년 형을 선고 받았다.

0386 They held an exhibition of a variety of **priceless antiques**.

그들은 다양한 값비싼 골동품들의 전시회를 열었다.

0387 She gave me useful advice on how to **get restless children** to go to sleep.

그녀는 나에게 가만히 있질 못하는 아이들을 잠들게 만드는 방법에 대해 유용한 조언을 해 주었다.

0388 She never thought that her son **was inferior to** others of his age.

그녀는 자기 아들이 또래나이의 남들보다 열등하다고 결코 생각하지 않았다.

0389 International flight schedules can change **without prior notice** due to inclement weather.

국제 항공편 시간은 악천후로 인해 사전 통지 없이 변할 수 있다.

0390 We are looking to find **a spacious office** in New York City for lease.

우리는 뉴욕에서 임대해서 사용할 넓은 사무실을 찾고 있어요.

0391 She has made **the courageous decision** to give up portions of her liver so he can live.

그녀는 그를 살리기 위해 자신의 간의 일부를 내놓는 용기있는 결정을 했다.

0392 Every member of the task force was reluctant to volunteer for **the burdensome task**.

대책 위원회[TF팀]의 모든 구성원들은 그 부담스러운 임무에 자원하길 꺼려했다.

0393 *The landlady was such **a quarrelsome woman** that she constantly picked a fight with someone else.*

그 여주인은 너무나 다투기 좋아하는 여자라서 툭하면 누군가에게 시비를 걸었다.

0394 *This is the most **troublesome problem** that I have ever dealt with in my life.*

이것은 내가 평생 다루어본 문제중에서 가장 골치 아픈 문제이다.

0395 *The young girl was humming to herself **in a scarcely audible voice**.*

그 어린 소녀는 거의 들리지 않는 목소리로 혼자서 콧노래를 부르고 있었다.

0396 *Since my father passed away when I was 10, my brother has **played a fatherly role**.*

나의 아버지가 내가 열 살 때 돌아가신 이래로 형이 아버지의 역할을 해왔다.

0397 *The weather center has forecasted that it **is likely to rain** late this afternoon.*

기상청이 오늘 오후 늦게 비가 올 것이라고 예보를 했다.

0398 *The authorities failed to **take timely action** to avoid the financial crisis.*

당국은 금융 위기를 피하기 위한 시기적절한 조치를 취하지 못했다.

0399 *He who only seeks **worldly pleasures** will realize the vanity of life some day.*

세속적인 쾌락만을 추구하는 사람은 언젠가는 인생의 허무를 깨닫게 될 것이다.

0400 *You have only to **turn the screw clockwise** with a screwdriver to tighten it more.*

좀더 단단히 죄려면 드라이버로 나사를 시계방향으로 돌리기만 하면 된다.

0401 *My teacher advised me to watch him and **do likewise**.*

선생님은 나에게 자신을 잘 보고 똑 같이 해보라고 충고를 하셨다.

0402 *The police are now making **an active search** for the missing child.*

경찰은 현재 그 실종된 아이에 대한 활발한 수색 작업을 벌이고 있다.

0403 *The first thing we need to do is to **examine the actual state** of the affected region.*

우리가 해야 할 첫 번째 일은 그 피해 지역의 실상을 조사하는 것이다.

0404 *You can tell that you are **reacting badly to the drug** by those red bumps on your arm.*

네 팔의 빨간 두드러기로 미루어보아 네 약이 너에게 맞지 않는다는 것을 알 수 있다.

0405 *The investigators are trying to pinpoint **the exact location** of the stolen vehicle.*

조사관들은 도난 당한 자동차의 정확한 위치를 추적하려고 노력하고 있다.

0406 *They were told by **the real estate agent** that no one else will make them an offer.*

그들은 부동산 중개업자에게서 누구도 그들에게 가격을 제시하지 않을 것이란 충고를 들었다.

0407 *I don't know how to **write an essay** on the subject.*

나는 그 주제에 관한 글을 어떻게 써야 할지 모르겠다.

0408 *His rash and headlong actions caused him to receive **acid criticism**.*

그의 경솔하고 무모한 행동들은 그가 신랄한 비난을 받게 되는 원인이 되었다.

0409 *The patient who has been infected by the virus may develop **an acute respiratory disease**.*

그 바이러스에 감염된 환자는 급성 호흡기 질환이 생길 수 있다.

0410 *The kite was **flying at such a high altitude** that I could barely see it.*

그 연은 너무나도 높이 날고 있어서 난 겨우 볼 수가 있었다.

0411 *Nowadays, many teenagers lack the ability to **communicate with adults**.*

요즘 많은 십대들은 어른들과 의사소통하는 능력이 부족하다.

0412 *The picture of **an elderly couple** was hanging on the wall.*

노부부의 사진이 벽에 걸려있었다.

0413 **_Adolescent_ boys** might fall under negative peer pressure or be pressured to engage in stupid and risky behavior.

청소년기의 소년들은 부정적인 또래 압박을 당하거나 어리석고 위험한 행동을 하도록 압박을 받기도 한다.

0414 Currently, the councils are not planning to **alter their policies** even though they are responsible to do so.

현재, 의회는 비록 정책을 변경해야하는 의무가 있지만 정책을 바꾸려는 계획이 없다.

0415 The siblings agreed that they would **alternate in doing the dishes**.

그 자매는 설거지를 번갈아 가면서 하는 것에 동의를 했다.

0416 I **have no alternative but to** report you to the cyber police.

사이버 경찰에게 너를 보고하는 것 이외에는 다른 대안이 없다.

0417 It is not a foreign or **alien culture** as it was portrayed in the novel.

소설 속에서 묘사된 것처럼 낯설거나 외국 문화의 것이 아니다.

0418 Nothing could **relieve the parents' anguish** after their son died in a shooting.

어떤 것도 총을 맞아 아들을 잃은 부모의 고통을 완화시킬 수 없을 것이다.

0419 Consumers are usually very knowledgeable, and they **are anxious to select** the best products.

소비자들은 대개 아는 것이 많으며, 최상의 제품을 고르길 열망한다.

0420 The professor offered extra credits for participation in an attempt to **animate the class discussion**.

그 교수는 학급 토론에 활력을 주는 참가자에게 가산점을 주었다.

0421 The jurors notified the federal judge that they were unable to **make a unanimous decision**.

배심원들은 만장일치의 결정을 할 수 없다고 연방 판사에게 알렸다.

0422 The Day of the Dead, which is **an annual festival** held in Mexico, focuses on the gathering of friends and family to remember those who have passed away.

멕시코에서 매년 열리는 죽음의 날 행사는 죽은 사람들을 기억하기 위해 친구들과 가족들이 모이는 것에 중점을 두고 있다.

0423 My parents **celebrated** their twenty-first **wedding anniversary** in Hawaii.

내 부모님들은 21번째 결혼기념일을 하와이에서 맞이하셨다.

0424 The applicants for the temporary job are supposed to take a physical and **an aptitude test**.

그 임시직의 지원자들은 신체 검사와 적성 검사를 받아야 한다.

0425 Mice can move from spot to spot on the globe and **adapt to different cultures** and climatic conditions.

쥐들은 여기저기 전세계로 이동할수 있고 다른 문화와 기후 조건에 적응할 수 있다.

0426 **Having an optimistic attitude** is always better than having a pessimistic one.

낙관적인 태도를 가지는 것은 비관적인 태도를 가지는 것보다 항상 더 좋다.

0427 Anyone will be able to drive the new car, because it is equipped with **artificial intelligence** technology.

그것은 인공 지능 기술이 탑재되었기 때문에 누구든지 그 차를 운전할 수 있다.

0428 Thousands of **skilled artisans** unable to find jobs in factories were out of work.

공장에서 일자리를 찾을 수 없었던 수천명의 숙련된 기능공들은 실직이 되었다.

0429 Everyone **gets interested in astronomy** at one time or another during childhood.

어린 시절엔 누구나 한번쯤은 천문학에 관심을 갖게 된다.

0430 So-yeon Lee was **the first female astronaut** from Korea who traveled to space in 2008.

이소연 씨는 대한민국의 최초 여성 우주비행사로 2008년에 우주에 다녀왔다.

0431 These people were faced with one of the deadliest **natural disasters** in recent history.

이 사람들은 근래들어 가장 치명적인 자연재해를 겪었다.

0432 The eminent professor is **considered as an expert** on computer security techniques.

그 저명한 교수는 컴퓨터 보안 기술의 전문가로 여겨진다.

DAY 17

⁰⁴³³ She left a bad impression on the professors because her voice **was** barely **audible** to the ear **during the presentation**.

그녀가 발표하는 도중 목소리가 귀에 거의 들리지 않았기 때문에 그녀는 교수에게 나쁜 인상을 남겼다.

⁰⁴³⁴ The new weekend soap opera **attracted a large audience** across the country.

그 새 주말 드라마는 전국적으로 많은 시청자들을 끌었다.

⁰⁴³⁵ The students were **gathered in the auditorium** for morning assembly.

학생들이 아침 조회를 위해 강당에 모여 있었다.

⁰⁴³⁶ The famous soccer star from Brazil had to rest on a bench while the team doctor was **wrapped a bandage around his knee**.

그 유명한 브라질 축구선수는 팀 닥터가 그의 무릎에 붕대를 감는동안 벤치에 앉아 쉬어야했다.

⁰⁴³⁷ The ropes **binding the prisoner's arms** finally made him realize that there was no chance of escaping the punishment.

죄수의 손목을 최고 있는 끈은 마침내 그가 벌에서 벗어날 수 없다는 것을 깨닫게 했다.

⁰⁴³⁸ Spending a week together at the Girls Scout camp **formed the close bonds** among them.

걸스카우트 캠프에서 일주일간 같이 지냈던 것이 그들 사이의 긴밀한 유대감을 형성하였다.

⁰⁴³⁹ If you stay **within the boundaries of the law**, it means you have not done anything illegal.

법의 경계를 벗어나지 않는다면 불법 행위를 저지르지 않은 것이다.

⁰⁴⁴⁰ Her prom date nervously waited outside the house in the front yard with **a bundle of flowers** for her.

그녀의 프롬[학년말 댄스파티] 상대는 그녀를 위한 꽃 한 다발을 들고 집 밖의 앞 뜰에서 초조하게 기다렸다.

⁰⁴⁴¹ If you want to practice law, then you must **pass the bar exam** first.

변호사가 되고 싶다면 사법고시를 먼저 합격해야 한다.

⁰⁴⁴² It was difficult for us to communicate with the French students because of **the language barrier**.

언어장벽으로 인해 프랑스 학생들과 의사소통하는 것이 힘들었다.

⁰⁴⁴³ She was **asked an embarrassing question**, and a blush came over her face.

그녀는 당황스러운 질문을 받아서 그녀의 얼굴이 온통 빨개졌다.

⁰⁴⁴⁴ An art collector **made a bid of $1,000 for** the painting at the auction.

한 예술품 수집가가 경매에서 그 그림을 1,000달러에 입찰했다.

⁰⁴⁴⁵ My father has strictly **forbidden me to smoke** a single cigarette.

우리 아버지는 나에게 담배를 한 개비도 피지 말라고 엄격히 금지해오셨다.

⁰⁴⁴⁶ After attending the lecture, the student hoped to **major in biology** at university.

그 학생은 강의를 들은 후 대학에서 생물학을 전공하기를 원했다.

⁰⁴⁴⁷ **The biography of Abraham Lincoln** has inspired thousands of people to become involved in politics and democracy.

아브라함 링컨의 전기는 정치와 민주주의에 관심이 있는 많은 사람들을 고취시켰다.

⁰⁴⁴⁸ The eye disease, if left untreated, will make you **go blind** in two years.

그 눈병은 만약 방치된다면 2년 후에 당신이 실명하게 만들 수도 있다.

⁰⁴⁴⁹ The carpenter must have been somewhat offended by your **blunt remarks**.

그 목수는 너의 무뚝뚝한 말로 다소 기분이 상했던 것이 틀림없다.

⁰⁴⁵⁰ It seemed that she **blushed at the very idea** that I was looking her up and down.

내가 그녀를 위아래로 훑어보고 있다는 그 생각에 그녀는 얼굴이 빨개지는 것 같았다.

⁰⁴⁵¹ The world-famous soccer player wanted to go out in **a blaze of glory**.

그 세계적으로 유명한 축구 선수는 빛나는 영광 속에 물러나고 싶었다.

⁰⁴⁵² No one **is capable of surviving** on such an inhospitable terrain.

어느 누구도 그런 사람이 살기에 어려운 지대에서 생존할 수는 없다.

0453 Although the concert hall **was already filled to capacity**, hundreds of fans were still waiting in line.

그 콘서트장은 이미 만원이었지만, 수백 명의 팬들은 여전히 줄을 서서 기다리고 있었다.

0454 Milo, the German Shepherd dog, easily **captured burglars** by growling ferociously and guarding the gate.

마일로라는 독일 셰퍼드 독은 강도에게 사납게 으르렁대고 대문을 지킴으로써 강도를 거뜬히 잡았다.

0455 As they say, there is always **an exception to** every general **rule**.

사람들이 말하듯이, 모든 일반적 규칙에는 항상 예외가 있는 법이다.

0456 On the door was a notice, "Standing room only. **All seats are occupied**."

"입석만 가능합니다. 모든 좌석이 다 찼습니다."라는 공고가 문에 붙어 있었다.

0457 The American soldier in Afghanistan had tears in his eyes when he **received a letter** from his sister.

아프가니스탄의 그 미군 병사는 그의 여동생에게 편지를 받자 눈물을 글썽거렸다.

0458 The street vendor easily **deceived the customer** into buying a lemon.

그 거리 행상인은 그 고객이 불량품을 사도록 쉽게 속였다.

0459 After the change in the education curriculum, the administrators could **perceive a** drastic **change** in the grades of the students in the classroom.

교육 과정을 바꾼 후에 행정관은 학생들의 성적에 엄청난 변화를 느낄 수 있었다.

0460 The dictator **conceived a plan** to invade and take control of the neighboring country.

그 독재자는 이웃나라를 침략하여 점령할 계획을 품었다.

0461 Characterized by their enormous egos, arrogant people **are usually full of conceit**.

엄청난 자존심이 특징인 거만한 사람들은 대개 자만심으로 가득차 있다.

0462 The Eiffel Tower is located in **the capital** of France, Paris.

에펠탑은 프랑스의 수도 파리에 위치해 있다.

0463 An investigation was held to discover **the chief cause of death**.

주된 사망 원인을 밝히기 위한 조사가 있었다.

0464 Our department made a concerted effort as a whole to **achieve our goals**.

우리 부서는 우리의 목표를 달성하기 위하여 하나가 되어 공동의 노력을 했다.

0465 The bellboy said, "Sir. I'll **carry your luggage** to your room on the cart."

그 벨보이는 "손님, 제가 당신의 짐을 카트로 방까지 옮겨드리겠습니다."라고 말했다.

0466 **Cargo ships** carry all sorts of cargo, goods and materials to the designated port.

화물선은 온갖 화물, 상품들과 원료들을 지정된 항구로 싣고 간다.

0467 Don't miss the chance to meet the **cast members** of Disney's new musical!

디즈니의 새 뮤지컬의 출연진을 만날 기회를 놓치지 마세요.

0468 Psy's concert is **being broadcast live** on television and the Internet.

싸이의 콘서트는 텔레비전과 인터넷에서 생중계되고 있다.

0469 According to **the weather forecast**, it will rain heavily tonight in Seoul.

일기예보에 따르면 오늘 밤 서울에 비가 많이 올 예정입니다.

0470 The work is **proceeding as planned**, but the process might not be as smooth as before.

계획된 대로 일이 진행되고 있지만 그 과정이 예전만큼 순조롭지 않을 지도 모른다.

0471 I could not have **succeeded in my new business** but for your invaluable help.

당신의 귀중한 도움이 없었더라면 내 새 사업에서 성공하지 못했을 것이다.

0472 I would give you an A+ since your term paper **exceeded my expectations**.

나는 너의 학기말 리포트가 내 예상을 초월했기 때문에 너에게 A+를 주고 싶다.

0473 The Gulf of Mexico oil spill is one of **the historically unprecedented events** that caused severe destruction to the eco-system.

멕시코만 기름유출 사고는 생태계를 심각하게 파괴한 역사적으로 전례 없는 사건이었다.

0474 The man **honored his ancestors** by laying out food and holding memorial services for them every year.

그 남자는 매년 음식을 차려놓고 추모식을 열어서 자신의 조상을 기렸다.

0475 The three bronze doors **give access to the entrance** of the cathedral, the dome of which rises about 70 feet high.

그 세 청동 문을 통해 성당 안으로 들어갈 수 있는데, 그 성당의 돔은 높이가 약 70피트에 달한다.

0476 Her favorite activities during the **summer recess** are going to the beach, playing beach volleyball, and building sand castles.

여름휴가에 내가 가장 좋아하는 활동들은 해변에 가는 것, 해변에서 배구를 하는 것, 그리고 모래성을 쌓는 것이다.

0477 We aim to **provide necessary information** for consumers to make the right choice.

우리는 고객들이 올바른 선택을 할 수 있도록 필요한 정보를 제공하는 것을 목표로 있다.

0478 The leader follows the foot steps of **his immediate predecessor** for the purpose of restoring peace to his nation.

그 리더는 국가의 평화를 회복하기 위하여 그의 바로 앞 전임자의 발자취를 따라간다.

0479 The general gave his men orders to **cease fire** at once and throw down their weapons.

장군은 그의 부하들에게 사격을 즉시 중지하고 무기를 내려놓으라는 명령을 내렸다.

0480 The scholar turned his cell phone off and **concentrated on his studies** in the library.

그 학자는 핸드폰을 끄고 도서관에서 자신의 일에 집중을 했다.

0481 He was **an eccentric person** who enjoyed talking to animals and crawling on the floor.

그는 동물과 이야기하고 바닥에 기어 다니기를 좋아하는 별난 사람이다.

0482 Just after I recited the whole poem from memory, I could appreciate **the real charm of his poetry**.

내가 그 시 전체를 암송하고 나서야 나는 그의 시의 진정한 매력을 이해할 수 있었다.

0483 The guest speaker at the conference spoke with **a strong British accent**.

회의장의 초청 연사들은 강한 영국식 억양으로 이야기했다.

0484 He has **suffered from a chronic disease** for as long as I can remember.

그는 내가 기억하는 한 아주 오래동안 만성적인 병을 앓아왔다.

0485 The two dolphins **synchronized their movements** in the water.

돌고래 두 마리가 물 속에서 동시에 같은 동작을 취했다.

0486 I **met** my ex-boyfriend **by accident** at the airport today last week.

나는 전 남자친구를 지난주 오늘 공항에서 우연히 만났다.

0487 This was one of the deadliest **shooting incidents** on campus, with more than 10 casualties including the killer himself.

이 사건은 범인을 포함해 10명 이상의 사상자를 낸 최악의 교내 총격 사건 중 하나였다.

0488 **In case of an emergency**, it is probably more sensible to call for an ambulance than to drive oneself to the hospital.

응급시에는 직접 병원에 운전해 가는 것보다 앰블런스를 부르는 것이 아마 좀 더 현명하다.

0489 She flipped through the pages and **took a casual glance at** the reviews before putting the book aside.

그녀는 페이지를 넘기며 평론들을 대충 훑어보고는 책을 치웠다.

0490 I only use this glove on **special occasions**, so it's as good as new.

나는 이 장갑을 특별한 경우에만 사용하기 때문에, 거의 새 것이나 다름없습니다.

0491 The dentist **removed a <u>decayed</u> tooth** from the upper jaw of a little boy.

치과의사는 작은 소년의 위턱에 있는 충치를 제거하였다.

0492 The police began to suspect that he may not have **committed suicide**, but was a victim of foul play.

경찰은 그가 자살을 하지 않았을 수도 있고 오히려 살인의 희생자일 수도 있다고 의심하기 시작했다.

0493 My mother was astonished that my father **had decided to leave the company**.

우리 엄마는 아빠가 회사를 그만두기로 결정한 것에 깜짝 놀랐다.

0494 The guidance counselor offered a clear and **concise explanation** of the course material to the parents.

지도상담사는 부모님들에게 과정에서 다룰 내용을 명확하고 간결하게 설명을 해주었다.

0495 Researchers have to make very **precise calculations** during their scientific experiments.

연구원들은 과학적 실험에서 가장 정확한 계산을 해 내야 한다.

0496 He would always **cite a passage from a poem** to describe a situation.

그는 항상 어떤 상황을 묘사하기 위해서 시에서 한 구절을 인용하곤 했다.

0497 She stood in front of the audience and **<u>recited all the necessary facts</u>**.

그녀는 관중들 앞에 서서 필요한 모든 사실들을 열거했다.

0498 Many people were killed or injured severely while participating in **the civil war**.

많은 사람들이 그 내전에 동참하여 죽거나 심하게 다쳤다.

0499 One of the benefits of **modern civilization** is having fast, efficient communication through the Internet where all kinds of information are stored.

현대 문명의 이점 중 하나는 온갖 정보가 저장되어 있는 인터넷을 통해 신속하고 효율적인 소통을 한다는 것이다.

0500 He renounced a Korean citizenship and **became an American citizen**.

그는 한국 국적을 포기하고 미국 시민이 되었다.

0501 The victim also **claimed damages for** the psychological harm and distress that she had suffered.

그 피해자는 그녀가 겪었던 정신적 피해와 고통에 대한 피해보상 또한 요구했다.

0502 She <u>exclaimed</u> **in delight** over the shiny, silver engagement ring.

은으로 만든 빛나는 약혼반지를 보고 기뻐서 소리쳤다.

0503 **A national holiday was** <u>proclaimed</u> to remember those who had died in service of the country.

국경일은 순국한 사람들을 기억하기 위해 지정되었다.

0504 In the meantime, they have set up more than 10 **new dental** <u>clinics</u> throughout the country.

그 동안에 그들은 전국 각지에 10개 이상의 치과병원을 설립했다.

0505 The growth rate of total output <u>declined</u> **significantly** over the past few years.

총 생산량의 증가율이 지난 수년간에 현저히 감소했다.

0506 His arguments in a panel discussion <u>inclined</u> **me to change** my mind about the non- governmental organizations during the debate.

공개 토론에서의 그의 주장이 비정부조직에 대한 내 생각을 바꾸게 했다.

0507 The auction <u>includes</u> **various items** donated by celebrities such as sunglasses, earrings, necklaces, etc.

그 경매는 유명인사들이 기부한 선글라스, 귀걸이, 목걸이 같은 다양한 품목들을 포함하고 있다.

0508 According to the rules, **minors are** <u>excluded</u> **from the club**, but underage teenagers continue to burst in here and there.

규칙에 따라 미성년자들은 그 클럽에 가입할 수 없지만 여기저기에서 미성년 십대들이 불쑥 들어오고 있다.

0509 **The jury** <u>concluded</u> **that** he was guilty after he lied about the corpse found in the lake.

배심원은 그가 호수에서 찾은 시체에 대해 거짓말을 하자 유죄라는 결론을 내렸다.

0510 What kind of a woman would not admire **a closet full of new clothes**?

새 옷들로 가득한 옷장을 어떤 여자가 마다하겠는가?

0511 The media did not <u>disclose</u> **the identity of the politician** who is related to the crime.

미디어에서 그 범죄와 관련이 있는 그 정치인의 신원을 밝히지 않았다.

0512 After the joint concert, the violinist received **a cordial reception** held in a banquet hall.

합동 연주회 후에, 그 바이올린 연주자는 연회장에서 열린 정중한 리셉션을 받았다.

0513 The meeting between the negotiators is necessary to determine **the terms of** <u>accord</u>, which would allow both parties to respect one another.

두 협상자 간의 회의는 합의의 조건들을 결정하기 위해서 필요하며, 이것이 양 측이 상대방을 존중하도록 만들 것이다.

0514 The two countries have **existed in** <u>concord</u> for many decades.

두 개의 국가들은 수십 년 동안 조화롭게 살아왔다.

0515 According to a recent study, almost all families **experience family** <u>discord</u> at least once.

최근의 연구에 따르면 거의 모든 가족은 적어도 한번쯤은 가정불화를 겪는다고 한다.

0516 Don't beat around the bush. Let's just get straight to **the** <u>core</u> **of the matter**.

에둘러 말하지 마. 바로 문제의 요점에 대해서 이야기하자.

0517 The purpose of these programs is to <u>encourage</u> **investment** in the domestic market.

이 프로그램들의 목적은 국내 시장에 투자를 권장하는 것이다.

0518 His parents' excessive demands <u>discouraged</u> **him from** attending college.

그의 부모님의 과도한 요구는 그가 대학에 다니려는 의욕을 좌절시켰다.

0519 He could imagine **the battlefield covered with corpses** as he looked down into the valley.

그는 계곡 아래쪽을 내려다보며 시체들로 뒤덮인 전쟁터를 상상해볼 수 있었다.

0520 Thanks to **the Marine Corps**, we are fully protected from the military threats to our territorial waters.

해병대 덕분에 우리는 우리 영해에 대한 군사적 위협으로 완전히 보호받고 있다.

0521 After **working for a large corporation** for 25 years, my father retired and entered into a new business.

대기업에서 25년간 일하신 다음 우리 아버지는 퇴직을 하고 새로운 사업을 시작하셨다.

⁰⁵²² *Her work was to **incorporate the revisions into the text** and hand in the final version to her boss.*

그녀의 업무는 수정 사항들을 본문에 포함시킨 후 최종본을 상사에게 제출하는 것이었다.

⁰⁵²³ *Further corporate investment is the only way to **create more jobs** which would not otherwise exist.*

더 많은 기업 투자만이 다른 경우라면 존재할 수 없는 더 많은 일자리를 창출할 유일한 길이다.

⁰⁵²⁴ *There seems to be **a** steady **increase in crime** in the community lately.*

최근에 그 지역에서는 범죄가 지속적으로 증가하고 있는 것 같다.

⁰⁵²⁵ *My parents and I **play golf** and tennis **for recreation**.*

내 부모님과 나는 여가활동으로 골프와 테니스를 즐긴다.

⁰⁵²⁶ *The designer clearly states in the meeting that she prefers **concrete ideas** to abstract ideas.*

그 디자이너는 자신은 구체적인 생각을 추상적인 생각보다 선호한다고 회의에서 명확하게 말한다.

⁰⁵²⁷ *The Republican Party needed to **recruit a lot of new volunteers** and Election Day workers.*

공화당은 많은 새로운 자원봉사자와 선거일 일꾼들을 더 모집할 필요가 있었다.

⁰⁵²⁸ *The newlyweds agreed to **buy** the furniture **on credit** to decorate the new apartment.*

새로 결혼한 커플은 집을 꾸미기 위한 새 가구를 외상으로 사는 것에 대해 동의했다.

⁰⁵²⁹ *Dressed in red shorts and killer heels, the dancer showcased her **incredible talent**.*

빨간 반바지에 인상적인 힐을 신고 그 댄서는 그녀의 믿을 수 없는 재능을 선보였다.

⁰⁵³⁰ *The priest slowly recited his **religious creeds** during the worship service in front of the congregation.*

그 신부는 예배시간에 신도들 앞에서 그의 종교적 신념에 대해 천천히 이야기했다.

⁰⁵³¹ *The soccer coach was severely **criticized for being lazy** as well as lacking leadership.*

그 축구 감독은 통솔력이 부족할 뿐만 아니라 게으르다고 몹시 비난을 받았다.

⁰⁵³² *The lecturer taught us a variety of strategies for developing skills in **critical writing**.*

강연자는 우리에게 비판적 글쓰기의 기술을 습득할 수 있는 다양한 전략을 가르쳐주었다.

0533 **The universities' criteria for admission** vary considerably and you should pick the one that suits you best.

대학들의 입학 기준들은 각각 다르므로 당신은 당신에게 가장 잘 맞는 곳을 선택해야한다.

0534 The three nations held a conference for the purpose of discussing ways to get through **the financial crisis**.

그 세 나라는 금융위기를 극복하기 위한 방안을 논의하기 위해 회담을 개최했다.

0535 The politician's recent comments were **full of hypocrisy** causing public protest and indignation.

그 정치인의 최근의 논평은 위선으로 가득찼고 대중적 항의와 분노를 일으켰다.

0536 The candidate promised that he would end the **discrimination against the colored races**.

그 후보는 유색 인종에 대한 차별을 없앨 것을 약속했다.

0537 Nowadays, not only young women but also young men **are highly concerned about their looks**.

요즘은 젊은 여성들뿐만 아니라 젊은 남성들도 외모에 대해서 매우 신경을 많이 쓴다.

0538 She was frustrated because she could not **discern truth from falsehood**.

그녀는 진실과 거짓을 구분해 내지 못했다는 것이 화가 났다.

0539 I would request you to **ascertain the facts** before publishing highly controversial writings.

나는 대단히 논쟁의 소지가 많은 글을 출판하기 전에 사실을 확인할 것을 당신께 되풀이하여 요청합니다.

0540 The baby boy has **no birth certificate** and the names of his natural parents are not recorded anywhere.

그 남자아기는 출생신고서가 없었고 친부모의 이름은 어디에도 적혀있지 않았다.

0541 Watching the people eat with their hands instead of silverware was a **culture shock** to me.

사람들이 식기를 사용하지 않고 손으로 먹는 모습은 나에게 문화쇼크였다.

0542 The peasants **cultivate rice** and others crops during the harvest season and sell the farm products at the local marketplaces.

소작농들은 수확기에 쌀과 다른 작물을 재배하고 농작물을 지역 시장에 판다.

0543 The majority of the island residents **are occupied with agriculture** and coastal fishing.

섬 주민의 대다수는 농업과 연안 어업에 종사하고 있다.

0544 During the expedition, the explorers took over **a former French colony** in Africa.

탐험 중에 탐험가들은 프랑스의 옛날 아프리카 식민지를 빼앗았다.

0545 I try to stay up-to-date on **the current issues** in healthcare.

나는 의료보험에 대한 가장 최신 문제를 알기 위해 노력한다.

0546 When you study economics, it is impossible not to study about the **foreign currencies**.

경제학을 공부한다면 외국 통화들에 대해서 공부하지 않는 것은 불가능하다.

0547 Seven members of the same family were killed in a fatal car accident that **occurred last evening** when their vehicle swerved off the highway.

한 가족의 7명이 차량이 고속도로를 이탈했을 때 어제 저녁 발생한 치명적 자동차 사고로 인해 죽었다.

0548 They **went on an all-day excursion** to the island and watched the splendid views such as the grand waterfalls.

그들은 그 섬으로의 일일여행을 가서 거대한 폭포와 같은 멋진 경치를 보았다.

0549 The young lady frowned at me for **making a coarse joke**.

그 젊은 여성은 저속한 농담을 했다며 나에게 인상을 찌푸렸다.

0550 The guard **hurried down the corridor** toward the source of the noise.

그 경비원은 서둘러 복도를 따라 소리가 나는 곳으로 향했다.

0551 This program offers a range of lectures for people interested in going further in **their business careers**.

이 프로그램은 직업 경력을 더 쌓고 싶은 사람들에게 다양한 강의를 제공한다.

0552 *We all know that he is **a curious student** because he raises his hand every five minutes to ask the professor a question.*

그가 오분마다 손을 들고 교수님께 질문을 하기 때문에 우리는 그가 호기심 많은 학생이라는 것을 알고 있다.

0553 *The committee asked her to give **an accurate account** of the accident that occurred yesterday.*

위원회는 그녀에게 어제 일어난 사고에 대한 정확한 설명을 해줄 것을 요청했다.

0554 *One way of **securing your property** from intruders is to install security alarm sensors on the window screen.*

침입자들로부터 당신의 재산을 지키는 방법 중 하나는 창문에 보안경보센서를 설치하는 것이다.

0555 *Despite their stardom, the celebrity couple had to **go through customs** just like everyone else.*

그들의 유명세에도 불구하고 유명인사 커플은 다른 사람과 똑같이 세관을 통과해야 했다.

0556 *It takes time and effort to **get accustomed to a new job**, especially for people who don't have any work experience.*

새로운 직업에 적응을 하기 위해서는 시간과 노력이 필요한데 특히나 일을 해본 경험이 없는 사람이 더 그렇다.

0557 *Some day, I want to travel the world dressed in **the traditional costume**, Hanbok.*

언젠가 나는 전통의상인 한복을 입고 전 세계를 여행하고 싶다.

0558 *Don't forget to pay the tuition fees because **the bill is due** five days before the term starts!*

학기가 시작하기5일전이 마감일이니까 등록금 내는 것을 잊지마!

0559 *The government relies upon its citizens to **fulfill their duty** in time of public need.*

정부는 시민이 국민의 필요에 응해 자신들의 의무를 다할 것을 믿는다.

0560 *The new recruit **made every endeavor** to win the favor of his superiors.*

그 신입사원은 그의 상사의 환심을 얻으려고 모든 노력을 기울였다.

0561 *In the mysterious room, the old prophet **predicted her destiny**.* 그 비밀스러운 방에서 그 나이든 예언가는 그녀의 운명을 예언했다.

0562 *The updated application lets you use your voice to **dictate a text message** on the phone instead of typing it.*

새로 업데이트 된 어플리케이션은 문자메시지를 입력하는 대신 목소리를 이용해 핸드폰에 문자 메시지를 작성할 수 있게 한다.

0563 *In the recently released film, he plays the role of **a drug addict** connected to all sorts of crime.*

최근 개봉한 영화에서, 그는 온간 종류의 범죄와 연루되어있는 약물 중독자 역할을 연기한다.

0564 *Various circumstantial evidence from **the crime scene contradicts the statement** which the criminal made in court.*

범죄현장의 다양한 정황 증거는 그 범인이 법정에서 한 진술과는 모순된다.

0565 Your medical records are presenting in detail **the signs indicating bad health**.

당신의 의료기록에 안 좋은 건강을 나타내는 징후들을 자세히 제시하고 있다.

0566 The scientist has given up many job opportunities to **dedicate his life to** finding a cure for cancer.

과학자는 암의 치료를 찾아내는 것에 전념하기 위해 많은 일 제안을 거절했다.

0567 The private moneylender lent me money **on the condition that** I would pay it back within three months.

그 사채업자는 내가 세 달안에 그 돈을 갚는다는 조건하에 나에게 돈을 빌려주었다.

0568 The nation's main **stock index** dropped about 37 points, or 2 percent, to 1,800, its lowest close since last year.

그 나라의 주가는 약 37포인트 또는 2%하락하여 1800으로 마감하였고 이는 작년 이래로 최저치이다.

0569 Reports have been circulating in the town for months about wild animals attacking some injured **domestic animals**.

야생동물이 몇몇 부상당한 가축을 공격한다는 보도가 마을에 몇 달동안 유포되었다.

0570 **The domain of medical science** has seen huge advancements in terms of effectiveness of healthcare technologies.

의학의 영역은 건강관리 기술의 효과라는 점에서 큰 발전을 이루었다.

0571 Two tragic stories **dominated the conversation** this past month on social media.

두 비극적인 일화는 소셜 미디어에서 이번 달 내내 중심화제거리가 되었다.

0572 My son opened his piggy bank in order to **donate money to an orphanage** in the neighborhood.

내 아들은 인근에 있는 고아원에 돈을 기부하기 위해 돼지저금통을 열었다.

0573 The gentleman immediately came up and **asked my pardon** for disturbing my studying.

그 신사는 즉시 다가와 내 공부를 방해했다며 내 용서를 구했다.

0574 The physician advised her patient not to **exceed the recommended dose** of cough medicine.

의사는 그녀의 환자에게 기침약의 권장 복용량을 초과하지 말라고 충고했다.

0575 The English teacher was relating **an amusing anecdote** about his school days.

그 영어 선생님은 그의 학창시절에 관한 재미있는 일화를 이야기하고 있었다.

0576 The female character fits into the traditional mold of a heroine as she **is endowed with both beauty** and brains in equal measure.

이 여자 주인공은 아름다움과 지성을 균형적으로 갖춘 전통적인 여장부의 틀에 들어맞는다.

0577 The scholar was given a Nobel Prize for **rendering a great service to** the world.

그 학자는 세계에 크게 이바지한데 대해 노벨상을 받았다.

0578 The criminals **surrendered to the police** after the detective found a clear evidence of homicide.

그 형사가 살인에 대한 확실한 증거를 찾자 범인은 경찰에게 자수했다.

0579 People in many countries **follow the tradition** of wearing green clothes on St. Patrick's Day.

많은 나라에서 사람들은 성 패트릭날에 초록색 옷을 입는 전통을 따른다.

0580 **The first edition** consisting of 3,000 copies was sold out in less than two weeks.

초판 3,000부는 2주내에 매진되었다.

0581 If you **betray your friend** for blood money, you will get into trouble in the end.

만일 현상금을 위해 네 친구를 배신한다면, 너도 결국에는 곤란을 겪게 될 것이다.

0582 The fifth graders were assigned to plan and **conduct a survey** about school transportation.

5학년들은 학교 교통수단에 대한 설문조사를 계획하고 실시하라는 과제를 받았다.

0583 Your salary and interest income will be paid **with tax deducted at source**.

당신의 봉급과 이자 수입은 세금이 원천 징수되어 지급될 것입니다.

0584 Public education campaigns try to **educate on the dangers of smoking** to raise awareness about its side effects, such as lung cancer and respiratory illness.

공교육 캠페인에서는 폐암과 호흡기 질환과 같은 부작용에 대한 인식을 높이기 위해 흡연의 위험성에 대해 교육한다.

0585 Advertisements **induce people to buy** products and satisfy their materialistic needs.

광고는 사람들에게 물건을 사도록 유도하고 물질적 요구를 충족시켜준다.

0586 Let me **introduce myself to** you all. My name is John, and I am twenty-one years old.

모두에게 제 소개를 하겠습니다. 제 이름은 존 이고 저는 21살입니다.

0587 The senator filed a bill seeking to **reduce interest rates** for those making payments on their student loans.

그 의원은 학생대출금을 갚아나가는 사람들의 이자율을 낮추기 위한 법안을 발의했다.

0588 The move was praised as a major and historic breakthrough for **gender equality**.

그 조치는 남녀평등을 위한 커다란 역사적 돌파구로 좋은 평가를 받았다.

0589 A mile **is equivalent to** approximately 1.6 kilometers.

1마일은 약1.6킬로미터에 상당한다.

0590 The residents have been complaining about the serious parking problem, as most houses do not **have adequate parking spaces**.

대부분의 가정이 충분한 주차 공간을 가지지 못한 상태라서 주민들은 심각한 주차문제에 대하여 불평을 하고 있다.

0591 Your ability to hold an audience **is essential to our business plan**.

청중을 사로잡는 당신의 능력은 우리 사업 계획에 필수적이다.

0592 The family members were thrilled to **exchange presents** with each other on Christmas Eve.

가족 구성원들은 크리스마스이브 날 서로 선물을 주고받는 것에 대해 매우 가슴이 떨렸다.

0593 The new classmate **was absent from** school yesterday because she had the flu.

그 새 전학생은 독감에 걸렸기 때문에 어제 학교에 결석했다.

0594 The entertainment agency **estimated the crowd** in the concert hall at eight hundred.

그 연예 기획사는 콘서트홀의 관객들이 8백 명 정도 될 것이라고 추정했다.

0595 **The teacher** was much **esteemed** and loved by his students and faculty members.

그 선생님은 자신의 학생들과 교직원들에게 상당한 존경과 사랑을 받았다.

0596 **Aesop's Fables**, a well-known collection of tales designed to teach children valuable life lessons, will be presented in a storytelling play.

아이들에게 유익한 인생교훈을 가르칠 수 있도록 꾸며진 유명한 이야기 모음집인 이솝우화는 스토리텔링 연극에서 소개될 것이다.

0597 One has to experience **the irony of fate** to comprehend how cruel it is!

운명의 장난이 얼마나 잔인한 것인지 이해하려면 직접 겪어보아야 안다!

0598 The Roman Emperor **was infamous for his cruelty**, greed and all manner of wickedness.

그 로마 황제는 잔인함, 욕심 그리고 온갖 종류의 사악함으로 악명이 높았다.

0599 I still don't know whether or not I should send my child to **a nursery for infants**.

내 아이를 유아원에 보내야 할지 말지를 아직도 모르겠다.

0600 Before the author introduced the book, she **wrote a preface** to her book describing the purpose and the scope of her work.

그 작가는 책을 발표하기 전에 책의 서문에 그녀의 책의 목적과 범위에 대해 썼다.

0601 Even though the thief **confessed his crime**, he was sentenced to more than ten years in federal prison.

도둑이 자신의 범행을 털어놓았음에도 불구하고, 그는 연방 감옥에 10년 이상의 형을 선고 받았다.

0602 Even though he **professed innocence**, no one but his family members believed him.

비록 그가 무죄를 주장했지만 그의 가족을 제외한 누구도 그의 말을 믿지 않았다.

0603 This company **manufactures automobiles** and other vehicles in the factories located in France.

이 회사는 프랑스에 위치한 공장에서 자동차와 다른 자동차들을 제조한다.

0604 The entrepreneur believes strong leadership is **a key factor for success**.

그 기업가는 강한 리더십이 성공의 핵심요인이라고 생각한다.

0605 Sometimes, **a facile solution** is the best solution in dealing with your problems.

때때로, 문제를 다루는 가장 좋은 해결책은 가장 쉬운 해결책일 수도 있다.

0606 The traveller **had a facility for** languages because of her European background and multicultural experience.

유럽출신과 다양한 경험이라는 배경이 있었기 때문에 여행자는 언어들을 사용하는데 능숙했다.

0607 This sports game can **develop your mental faculties** as well as physical powers.

이 스포츠 경기를 통해 당신은 신체적 힘뿐 만아니라 지적 능력 또한 개발할 수 있다.

0608 The musical is about the secret **love affair** between two people who come from different social backgrounds.

그 뮤지컬은 사회적 배경이 다른 두 사람의 비밀스러운 연애의 이야기이다.

0609 Anything you say can and will be used against you in a court of law and thus, **affects the outcome of the trial**.

당신이 말하는 모든 진술은 법정에서 당신에게 불리하게 적용될 수 있으므로 재판의 결과에 영향을 미칠 수 있습니다.

0610 It will take less than a month before you can realize **the beneficial effects of exercise**.

당신은 한달도 되지 않아 운동의 유익한 효과를 느끼게 될 것입니다.

0611 The plane which was destined for France was delayed due to **engine defects**.

프랑스로 출발하기로 예정되어 있던 비행기는 엔진의 결함 때문에 지연되었다.

0612 Health authorities are concerned that cholera, **a serious infectious disease** by law, may sweep all over the country.

보건 당국은 심각한 법정 전염병인 콜레라가 그 나라 전역을 휩쓸지 모른다고 우려하고 있다.

0613 The fans waited three hours in the rain to meet the popular writer of **a science fiction thriller**.

팬들은 공상 과학 소설 스릴러 인기 작가를 만나기 위해 빗속에서 3시간을 기다렸다.

0614 The company is hiring **a proficient typist** that is organized and able to multitask.

그 회사는 능률적이면서 여러 업무를 동시에 수행할 수 있는 능숙한 타이피스트를 고용하고 있다.

0615 The police investigation failed to produce **sufficient evidence** to prove his connection to the bribery case.

경찰의 조사는 그 뇌물 사건에 대한 그의 연루를 입증할 충분한 증거를 내놓는데 실패했다.

0616 Finance professionals have submitted detailed **profit and loss statements**.

금융전문가들은 상세한 손익 계산서를 제출했다.

0617 **The benefits of regular exercise** extend beyond improving our fitness and appearance, which are also helpful for our mental health.

규칙적인 운동의 이점은 우리의 건강과 외모를 개선하는 것을 넘어서 우리의 정신건강에도 도움을 준다.

⁰⁶¹⁸ As the gentleman shook her hand, **his ruggedly handsome _features_** made her heart throb.

신사가 그녀와 악수를 나눌 때, 그의 남성적인 멋진 면모가 그녀의 심장을 뛰게 만들었다.

⁰⁶¹⁹ With the help of our allies, we were able to **defeat the enemy**.

우리 동맹의 도움으로 우리는 적을 물리칠 수 있었다.

DAY 23

⁰⁶²⁰ A person who knowingly **makes a _false_ statement** to a public servant may be charged with misdemeanor.

공무원에게 의도적으로 거짓 진술을 하는 사람은 경범죄로 기소될 수도 있다.

⁰⁶²¹ The employee accused of failing to perform her duties **admitted her _fault_** by stating that she did not have enough time.

자신의 임무를 이행하지 못해서 비난을 받은 그 직원은 시간이 충분하지 않았다고 말하며 자신의 잘못을 시인했다.

⁰⁶²² I hope that this female candidate **_fares_ well in the forthcoming election**.

나는 이 여성 후보가 앞으로 있을 선거에서 성공했으면 좋겠다.

⁰⁶²³ **'A _farewell_ to Arms'** is a novel written by Ernest Hemingway featuring World War One.

'무기여 잘 있거라'는 제 1차 세계대전을 다룬 어니스트 허밍웨이가 쓴 소설이다.

⁰⁶²⁴ Many people are seeking financial assistance and support services through **public _welfare_ programs**.

많은 사람들은 공공복지 프로그램을 통해 경제적인 도움과 지원 서비스활동을 추구하고 있다.

⁰⁶²⁵ The two birds remain paired up and **defend their territory against invaders** year-round.

그 두 새는 팀을 이루어 그들의 영토를 일 년 내내 침입자들로부터 방어한다.

⁰⁶²⁶ I **was bitterly offended by his rude remark** about my parents.

나는 내 부모님에 대한 그의 무례한 발언에 몹시 기분이 상했다.

⁰⁶²⁷ The agricultural expert identified **_fertile_ soil** as one of the most important factors of farming.

그 농업 전문가는 농사의 가장 중요한 요인 중 하나로 비옥한 땅을 손꼽았다.

⁰⁶²⁸ Who **confers the gold medal on the winner** in the Olympic Games?

누가 올림픽 게임의 승자에게 금메달을 수여하는거지?

⁰⁶²⁹ When my relatives came over to my house for Christmas, my uncle mentioned that **his house _differs_ from mine** in having no garage.

내 친척들이 크리스마스에 내 집으로 놀러 왔을 때, 삼촌은 삼촌 집이 차고가 없다는 점에서 내 집과는 다르다고 말했다.

⁴²

0630 None of the coworkers felt obliged to assist the new employee with his first marketing presentation because he acted cold and **indifferent to others** at the workplace.

그 신입 사원이 직장에서 남들에게 냉담하고 무관심하게 대했기 때문에 그의 동료들 그 누구도 그의 첫 번째 마케팅 발표를 도울 의무를 느끼지 못했다.

0631 I could **infer the result from the facts** before it actually happened.

나는 그 일이 실제로 일어나기 전에 사실들을 가지고 결과를 추론할 수 있었다.

0632 His parents somehow persuaded him to **accept the job offer**.

그의 부모님은 그에게 그 일자리 제의를 받아들이라고 어렵사리 설득했다.

0633 I **prefer dogs to cats** because dogs can sniff out toxic materials and track down criminals.

개는 냄새로 유독물질을 알아내고 범인들을 찾아낼 수 있기 때문에 나는 고양이보다 개를 더 좋아한다.

0634 **Refer to a dictionary** if you don't know what those vocabulary words mean.

이 단어들의 뜻을 모른다면 사전을 참고해라.

0635 In the southern region, the crops **suffered heavy damage** due to cold and dry weather.

남부지방에서는 춥고 건조한 날씨 때문에 농작물이 막대한 피해를 입었다.

0636 It will take about 10 minutes to **transfer from a subway train to a bus**.

지하철에서 버스로 갈아타는데 10분 정도 걸릴 거예요.

0637 The Korean fans of the soccer player **were confident of his success** in the English Premier League.

그 축구선수의 한국 팬들은 영국 프리미어리그에서의 그의 성공을 확신했다.

0638 My sister questioned **her religious faith** when she felt distant from God.

내 여동생은 신에게서 멀어졌다는 느낌이 들 때 그녀의 종교적 신념에 대해 의구심이 들었다.

0639 The teenager **defied his parents** and refused to study for his final exams.

그 10대는 부모님의 뜻을 거스르고 기말고사를 위해 공부를 하기를 거부했다.

0640 Not long ago, a taxi driver **was fined for smoking** while driving.

얼마전에 한 택시 기사는 운전중에 담배를 피운 혐의로 벌금을 받았다.

0641 **The Minister of Finance** met many diplomats to discuss the new economic policies and financial matters affecting the country.

재무장관은 나라에 영향을 미치는 새로운 경제 정책과 금융 문제에 대해서 토의하기 위해 많은 외교관들을 만났다.

0642 The infamous gang members did not **confine their criminal activities to the provincial city**.

그 악명 높은 범죄단원들은 그들의 범죄활동을 그 지방도시에 국한시키지 않았다.

0643 Make sure that you **define the contract terms** clearly, so that there will not be any problems later on.

추후에 문제가 생기지 않도록 계약 조건을 명확히 규정하세요.

0644 This video showing **the process of refining oil** will also be covered in your mid-term exams.

정유 과정을 보여주는 이 비디오도 역시 중간고사 시험에 포함될 것이다.

0645 Current theoretical physics indicates that **the universe is not infinite** but expanding infinitely.

현대 이론 물리학은 우주는 무한한 것이 아니라 무한히 팽창하고 있다는 것을 보여준다.

0646 He interpreted her nodding as **an affirmative response** to his question.

그는 그녀의 끄덕임을 자신의 질문에 대한 긍정적인 답변으로 해석했다.

0647 I would like to **confirm the hotel reservation** I made for the month of October 2015.

2015년 10월로 한 호텔 예약을 확인하고 싶습니다.

0648 Since **our plans are fairly flexible**, we can adjust our schedule to work with yours.

우리 계획이 상당히 융통성 있기 때문에 우리의 스케줄을 너의 스케줄에 맞춰줄 수 있다.

0649 The unique **culture is reflected** in the language, art and literature of the African tribes in Nigeria.

그 독특한 문화는 나이지리아 아프리칸 부족의 언어, 예술 그리고 문학에 반영되어있다.

0650 It is very natural to face continual **conflicts of interest** in our daily lives.

우리 일상에서 이해관계가 끊임없는 충돌에 직면하는 것은 매우 자연스러운 현상이다.

0651 The government spokesman said that the illegal walkout would **inflict serious damage** on the public and the national economy.

정부 대변인은 그 불법 파업이 국민과 국가 경제에 심각한 피해를 줄 것이라고 말했다.

0652 The physician told him to **drink plenty of fluids** and get plenty of rest.

의사는 그에게 수분을 많이 섭취하고 충분한 휴식을 취하라고 말했다.

0653 He **is fluent in five languages**: Spanish, French, Chinese, Japanese and Korean.

그는 스페인어, 프랑스어, 중국어, 일본어, 한국어 이렇게 5개 국어에 능통하다.

0654 What is the most important factor that will **influence your decision** when you choose a contractor?

당신이 계약자를 선정할 때 당신의 결정에 영향을 미칠 가장 중요한 요소는 무엇입니까?

0655 When she **came down with influenza**, her symptoms included a runny nose and muscle pains.

그녀가 독감에 걸렸을 때, 그녀의 증상은 콧물과 근육통을 포함했다.

0656 You should **fill out an application form** and return it to us by Friday.

당신은 신청서를 작성하여 금요일까지 저희에게 제출해야 합니다.

0657 This website is a place for students and educators to quickly access **complex mathematical formulas**.

이 웹사이트는 학생들과 선생님들이 복잡한 수학공식을 쉽게 찾을 수 있는 곳입니다.

0658 Every student needs to **conform to the school regulations** on hair length and the dress code.

모든 학생은 머리 길이와 복장에 대한 교칙을 따라야 한다.

0659 The king ordered his servants to immediately **inform** him **of** the first mover of the popular uprising.

왕은 자신의 하인들에게 그 민중 봉기의 주동자에 대해서 즉시 알려달라고 명령했다.

0660 The country's most prominent scholars, journalists, and activists initiated a series of **political reform movements** during the 1970s.

그 나라의 가장 유명한 학자, 기자 그리고 활동가들은 1970년대의 일련의 정치개혁운동에 시작했다.

0661 The bill, which proposed **the uniform bus fare** throughout the whole country, was rejected by the National Assembly.

전국에 동일한 버스요금을 적용하자는 법안은 국회에서 부결되었다.

0662 Her family treated me very well, and I was able to eat in **a very comfortable atmosphere**.

그녀의 가족들은 나를 매우 잘 대접했고 나는 편안한 분위기 속에서 음식을 먹을 수 있었다.

0663 Fearing a repetition of the German invasion of 1914, the French tried to **fortify their eastern border against another invasion**.

1914년 독일의 침략 당시와 같은 일이 반복되는 것을 염려하여, 프랑스군은 또 다른 침략에 대비하여 그들의 동쪽 국경을 강화했다.

0664 During the Second World War, around 200,000 Korean 'comfort women' were dragged off and **forced to serve** as sex slaves for the Japanese Imperial Army.

세계 2차 대전 당시에, 약 20만명의 한국 '위안부' 여성들은 강제로 끌려가서 일본 제국 군대를 위해 성노예로 살아야만 했다.

0665 A leader can **try to enforce obedience**, but he or she will do so at the cost of losing people's loyal support.

지도자는 복종을 강요하려고 할 수 있지만 사람들의 충실한 지지를 잃는 대가를 치러야 할 것이다.

0666 The lawyer **reinforces his argument** by presenting compelling evidence in court.

변호사는 법정에서 강력한 증거를 제시해 자신의 주장을 보강했다.

0667 Some economists are worried that the exit strategy will threaten and damage **the country's already fragile economy**.

어떤 경제학자들은 출구전략이 그 나라의 이미 취약한 경제를 위협하고 피해를 줄 것이라고 우려하고 있다.

0668 Watch your step, because the corridor is covered with **fragments of glass** from the shattered window.

복도에 산산히 부서진 창문에서 나온 유리 조각들로 덮여 있으니 발 조심하세요.

0669 Many e-books are available for nothing or at **a fraction of the cost** for printed books.

많은 전자책들은 공짜로 또는 인쇄된 책들을 사는데 드는 비용의 일부만으로 이용할 수 있다.

0670 The foundation is **raising funds for long-term disaster relief** efforts in Haiti.

그 재단은 아이티에서의 장기적인 재난 구호를 위한 기금을 모금하고 있다.

0671 **The fundamental purpose** of data communications is to exchange useful information between computer programmers and web developers.

데이터 의사소통의 근본적인 목적은 컴퓨터프로그래머와 웹 개발자들 사이에 유용한 정보를 주고받기 위한 것이다.

0672 The criticisms of others should **be founded on fact** rather than personal conviction.

다른 사람에 대한 비판은 개인적 확신보다는 사실에 근거해야 한다.

0673 The pastor at my church captured my attention with **a very profound question**.

내 교회의 목사는 매우 심오한 질문으로 내 관심을 사로잡았다.

0674 **Nuclear fusion** is the same process used by the Sun and other stars to radiate energy.

핵융합은 태양과 다른 별들이 에너지를 방출할 때 사용하는 것과 똑같은 방식이다.

0675 Be careful not to **confuse** a common cold **with** the flu.

일반 감기와 독감을 혼동하지 않도록 주의하세요.

0676 The government official might **refuse the bribes**, but the person offering the bribe is nonetheless guilty.

정부 관리는 뇌물을 거절할지도 모르지만, 그럼에도 불구하고 뇌물을 제공하는 사람은 유죄이다.

0677 We will **give a full refund** on merchandise that is lost in the mail.

배달 도중 분실된 물품에 대해서는 전액을 환불해드리겠습니다.

0678 The owner **made intense but futile efforts** to locate his lost puppy in the neighborhood.

그 주인은 마을에서 잃어버린 자신의 강아지를 찾기 위해 강도 높지만 헛된 노력을 했다.

0679 The two guards stayed alert and **regarded us with suspicion** as we entered the castle gate.

그 두 경비병은 우리가 성문으로 들어갈 때 경계를 늦추지 않고 우리를 의심스럽게 바라보았다.

0680 The young people in vocational training will be given **a guarantee of employment** following qualification.

직업 훈련을 받고있는 젊은이들은 자격 취득이후에 취업 보장을 받을 것이다.

DAY 25

0681 **A** _general_ **hospital** is a medical facility that deals with many kinds of diseases and injuries.

종합병원은 많은 종류의 질병과 상처를 치료하는 의료시설이다.

0682 If you want to create rapport, you need to **show a** _genuine_ **interest in** the person you are talking to.

친밀한 관계를 형성하고 싶다면, 당신은 당신이 대화하고 있는 사람에게 진심으로 관심을 보여야합니다.

0683 **A** _genetic_ **disease** is a disorder that is caused by an abnormality in an individual's DNA.

유전병은 개인의 DNA에 이상이 생겨서 나타나는 병이다.

0684 **The** _genius_ **artist's** eyesight began to fail in his forties and he totally lost his sight after three years.

그 천재 예술가의 시력은 40대에 나빠지기 시작하더니 3년뒤에는 아예 시력을 잃었다.

0685 When in the middle of an emergency, sometimes people come up with _ingenious_ **solutions** to resolve the situation.

긴급한 상황 속에서, 종종 사람들은 문제를 해결할 기발한 해결책을 생각해낸다.

0686 The solar panels installed on the roof will _generate_ **enough electricity** to light your house for a day.

지붕의 설치된 태양광 전지판들은 하루동안 당신의 집에 불을 켜기에 충분한 양의 전기를 생산할 것입니다.

0687 The country is reported to test the _hydrogen_ **bomb** which has huge destructive power.

그 나라는 엄청난 파괴력을 지닌 수소폭탄을 실험할 것이라고 보도되었다.

0688 I was confined to a wheelchair by day and had to **wear an** _oxygen_ **mask** at night.

나는 낮에는 휠체어에 틀어박혀 있었고 밤에는 산소마스크를 써야만 했다.

0689 **A** _pregnant_ **silence** filled the stadium before the winner was announced.

우승자가 발표되기 전 의미심장한 침묵이 경기장을 가득 채웠다.

0690 Wash your hands thoroughly with soap and warm water to **get rid of** _disease-causing_ **germs**!

따뜻한 물로 손을 비누로 깨끗이 씻어 병원균을 없애라.

0691 After he **took a** _geography_ **lesson**, the student could analyze the complicated maps in a few minutes.

지리학을 강의를 듣고 나서 그 학생은 복잡한 지도를 몇 분만에 분석할 수 있었다.

0692 I **major in** _structural_ **geology**, but I have a minor in organic chemistry.

나는 구조 지질학을 전공하고 있는데 또한 유기화학을 부전공으로 하고 있다.

0693 Problems on **plane** _geometry_ and trigonometry will account for fifteen questions of the final exam.

평면 기하학과 삼각법에 관한 문제는 기말고사에 15문제가 출제될 것이다.

0694 One of the board members raised his right hand in **a** _gesture_ **of assent** during the meeting.

이사회 구성원 중 한 명이 회의에서 동의한다는 의미로 그의 오른손을 들어올렸다.

0695 You can find plenty of fruits and **vegetables easy to** _digest_ in our refrigerator.

소화하기 쉬운 많은 과일과 야채를 냉장고에서 찾을 수 있을 것이다.

0696 Many researchers _suggested_ **that people find** healthier ways to relieve their stress than devouring pizza.

많은 연구원들은 사람들이 스트레스를 완화하기위해 피자를 게걸스레 먹는 대신에 더 건강에 좋은 방법들을 찾아야 한다고 제안했다.

0697 Students are supposed to _register_ **for the new course** by the end of March.

학생들은 3월 말까지 그 새 강좌에 수강 신청을 해야 한다.

0698 While walking past the young lady, I tried not to **take a** _glance_ **at her**.

나는 그 젊은 여성 옆을 스쳐지나가면서 그녀를 힐끗 보지 않으려고 노력했다.

0699 I could see where the child was standing because his shoes were _glowing_ **in the darkness**.

그의 신발이 어둠 속에서 빛나고 있었기 때문에 나는 그 아이가 어디에 서 있는지 알 수 있었다.

0700 **The moment of** _glory_ came when the valiant warriors defeated the enemies in battle.

그 용감한 전사들이 전투에서 적들을 물리쳤을 때 영광의 순간이 찾아왔다.

0701 How much time and cost would be required to polish the car **to a high gloss**?

차를 아주 광나게 닦는 데는 어느 정도의 시간과 비용이 소요되나요?

0702 The National Park has become one of the best places to observe **glittering stars** with a telescope.

그 국립공원은 망원경으로 반짝이는 별을 관찰할 수 있는 최고의 장소중의 하나가 되었다.

0703 Walk over to the right side through a small door, and you can **catch a glimpse** of the Eiffel Tower through the window.

작은 문을 통해서 오른쪽으로 가시면 창밖으로 에펠 타워가 언뜻 보입니다.

0704 This athlete **is recognized as Korea's new Olympic swimming champion**.

이 운동선수는 한국의 새로운 올림픽 수영 챔피언으로 인정받고 있다.

0705 His wife **was diagnosed with thyroid cancer** three months ago, and had to go through a surgery to remove it.

그의 아내는 3개월 전에 갑상선 암 판정을 받았고 갑상선을 제거하는 수술을 받아야 했다.

0706 **My advice was completely ignored** by my boss who underestimated my job performance.

내 조언은 나의 업무 수행 능력을 과소평가하는 상사에 의해서 완전히 무시되었다.

0707 I always **take a note of** a sparkling idea on a piece of paper so that I won't forget it.

나중 잊지 않도록 하기위해 번득이는 아이디어는 항상 종이쪽지에 메모를 한다.

0708 The employee must **give advance notice** in writing or electronically if one is planning on resigning or retiring.

사임을 하거나 퇴직을 할 계획이 있는 직원은 글이나 전자식으로 사전에 통지를 해야 한다.

0709 If you are the direct victim of the incident, you should immediately **notify the police of the damage** in detail.

당신의 그 사건의 직접적인 피해자라면 당신은 경찰에 그 피해에 관하여 상세히 알려야한다.

0710 Today, more and more young people are breaking away from **the traditional notion of marriage and family**.

오늘날, 점점 더 많은 젊은이들이 결혼과 가족에 대한 전통적 개념에서 탈피하고 있다.

0711 **The notorious murderer** will be put to death by lethal injection within a day or two.

악명높은 살인자는 하루이틀 내로 치명적인 물질을 주사해 죽게 할 것이다.

0712 The patriots who fought for their country's independence sacrificed themselves for **the noble cause**.

조국의 독립을 위해 싸운 애국자들은 고귀한 명분을 위해 자신을 희생했다.

0713 The rebels decided to surrender to the police officers and **acknowledge their defeat**.

반역자는 경찰에게 항복하고 자신들의 패배를 인정하기로 결정했다.

DAY 26

0714 Over the last fifty years, there has been **a gradual change in the climate** on the Korean peninsula.

지난 반세기동안에 한반도상의 기후에는 점진적인 변화가 있었다.

0715 As soon as he **graduated from high school**, he had to take on the burden of being a provider.

그는 고등학교를 졸업하자마자 가장으로서의 부담을 지게 되었다.

0716 The French chef explained that chicken and mushrooms are **the main ingredients of this dish**.

그 프랑스 요리사는 이 요리의 주된 재료가 치킨과 버섯이라고 설명했다.

0717 **The aggressive dog** always barks at strangers; I've never seen a more fiercer one before.

그 공격적인 개는 항상 낯선 사람을 보면 짖는다. 나는 더 사나운 개를 본 적이 없다.

0718 The Board of Education felt relieved when the new education budget **got the support of Congress**.

교육 위원회는 그 새로운 교육 예산이 의회의 승인을 받자 안도감을 느꼈다.

0719 The maximum temperature expected in Seoul is to be **32 degrees Celsius**, while the minimum will fluctuate from 20 to 22 degrees Celsius.

서울의 최고기온은 섭씨 32도, 최저기온은 섭씨 20도에서 22도 사이일 것으로 예측됩니다.

0720 The news reporter gave **a graphic account of the earthquake** that occurred in Japan.

그 기자는 일본에서 일어난 지진을 생생하게 설명했다.

0721 Let's stand side by side and **take a photograph** in front of the Eiffel Tower!

에펠 탑 앞에서 나란히 서서 사진찍자!

0722 Any columnists or journalists should be able to **condense a paragraph** into a single sentence.

어떤 칼럼니스트든 저널리스트든 한 문단을 한 문장으로 요약할 줄 알아야한다.

0723 The industrial designer roughed out **a diagram of an engine** on a sheet of paper to illustrate her design.

그 공업 디자이너는 그녀의 디자인을 설명하기 위해 종이 한 장에 엔진의 설계도의 윤곽을 그렸다.

0724 Our neighbor **expressed his gratitude for** our help by inviting our family to dinner.

우리 이웃은 우리 가족을 저녁 식사에 초대함으로써 우리의 도움에 대한 감사를 표했다.

0725 Her friends stopped by at the hospital to **congratulate** her **on** the birth of her daughter.

그녀의 친구들은 병원에 들려 그녀의 딸이 태어난 것을 축하했다.

0726 Ballerinas and figure skaters always **dance with such grace** and elegance.

발레리나들과 피겨 스케이터들은 항상 우아하게 춤을 춘다.

0727 **The force of gravity** pulled the heavy object down in a matter of a few seconds.

중력은 대략 몇 초 만에 무거운 물건을 아래로 잡아당겼다.

0728 She was his only daughter, and so he is still **grieving her death**.

그녀는 그의 외동딸이었고 그는 아직도 그녀의 죽음을 몹시 슬퍼하고 있다.

0729 The tribes who **inhabit the tropical region** are very diverse in culture, heritage and language.

열대 지방에 사는 부족들은 문화, 전통, 언어가 매우 다양하다.

0730 The famous artist will **exhibit his paintings** at a downtown gallery.

그 유명한 화가는 자신의 그림들을 한 시내 화랑에서 전시할 것이다.

0731 The signs ask people to refrain from smoking near the campus and note that **smoking is prohibited in the hospital**.

그 안내판은 사람들에게 캠퍼스 근처에서 흡연을 삼가고 흡연은 병원에서 금지되어 있다고 언급하고 있다.

0732 The medical researcher recently published a new study on **the effects of heredity and environment**.

그 의학 연구자는 최근에 유전과 환경의 영향에 대한 새로운 연구를 발표했다.

0733 The government spent more than thousands of dollars to **preserve the cultural heritages** of the nation.

정부는 국가의 문화유산을 보존하기 위해 수천달러를 이상 투자했다.

0734 When her rich fiancé passed away five months ago, my aunt **inherited a huge fortune**.

부자였던 그녀의 약혼자가 5달 전 죽게 되자 내 고모는 엄청난 유산을 물려받았다.

0735 The young grandson inherits the apartment and the estate because he is the sole **heir to the man**.

그 어린 손자가 유일한 그의 재산에 대한 상속인이기 때문에 그 아파트와 토지를 물려받는다.

0736 Under Hiddink's leadership, South Korea finished fourth at the 2002 **World Cup hosted** by Korea and Japan.

히딩크의 리더쉽아래, 대한민국은 일본과 공동개최한 월드컵에서 4위를 차지했다.

0737 The Islamic militant group **is openly hostile towards** the U.S. government.

그 이슬람 과격 단체는 미국 정부에 대해서 노골적으로 적대적이다.

0738 Volcanic soils and a comparatively mild climate provide **a more hospitable environment** for the region's inhabitants.

화산토와 비교적 온화한 기후는 지역 주민들에게 더욱 쾌적한 환경을 제공해줍니다.

0739 He **rose from a humble origin** and became prime minister at the age of 30 with the support of his people.

그는 그의 비천한 가문에서 출세를 하였고 사람들의 지지를 받으며 30살에 총리가 되었다.

0740 My intent was not to **humiliate her in public** but to express my opinions to her in private.

내 의도는 공개적으로 그녀에게 창피를 주려는 것이 아니라 내 의견을 그녀에게 개인적으로 표현하고 싶었던 것이다.

0741 **Several villages** in the northern regions **have been isolated** by the floods.

북쪽 지역의 몇몇 마을들은 홍수로 인해 고립되었다.

0742 Many newly-found footprints and fossils prove that dinosaurs used to live on **the Korean peninsula** a long time ago.

새로이 발견된 많은 발자국과 화석들은 공룡들이 한반도에 오래전에 살았었다는 것을 증명한다.

0743 You should have escaped through **an emergency exit** and called the police.

너는 비상구를 통해 빠져나간 뒤 경찰을 불렀어야 했다.

0744 We can see from **the initial stages of the negotiations** just what effects they are having.

우리는 그 협상들의 초기단계를 통해서 그것들이 어떠한 효과를 가지고 있는지를 이해할 수 있다.

0745 The organization has **initiated a new project** that aims to help residents who lost their homes in the floods.

그 단체는 홍수로 집이 없어져 버린 거주민들을 돕는 새로운 프로젝트를 시작했다.

0746 Tens of thousands of people **perished in the unprecedented earthquake** which left the whole city in ruins.

수만 명의 사람들이 전 도시를 폐허로 만든 전대미문의 지진에서 목숨을 잃었다.

0747 I don't understand why Mother should **object to** my play**ing** the piano at the party.

나는 엄마가 왜 내가 그 파티에서 피아노를 치는 것에 반대하는지 이해할 수가 없다.

0748 Socrates in his old age **was subject to the Law** of Athens and put to death.

소크라테스는 노년에 아테네 법의 적용을 받아서 사형을 당했다.

0749 It is important to have good communication between everyone involved in **the construction project**.

건설 계획에 참가하는 모든 사람들 사이에 소통이 잘 되는 것은 중요하다.

0750 During the study, 20 patients with high blood pressure **were injected with an experimental vaccine**.

그 연구 중에, 고혈압 환자 20면이 실험용 백신을 주사받았다.

0751 She flatly **rejected my marriage proposal**, and I had no use for the ring.

그녀는 내 청혼을 딱 잘라서 거절을 했기에 나는 그 반지가 더 이상 필요가 없어졌다.

0752 **To do him justice**, he obviously did not follow the points I was making.

그를 공정히 평가하면, 명백히 그는 내가 강조한 요점들을 따르지 않았다.

0753 Doctors need to be able to _justify_ **their own decisions** they make during the surgery.

의사들은 수술 도중에 내리는 자신들의 결정에 대해 그 이유를 해명할 수 있어야 한다.

0754 One challenge of moving to Florida is _adjusting_ **oneself to the hot weather**.

플로리다 주로 이사를 가는 것의 한 가지 문제점은 더운 날씨에 적응 하는 것이다.

0755 Some unpopular jobs may involve difficult **physical labor** and poor working conditions.

사람들이 꺼려하는 직업들은 힘든 육체노동과 열악한 노동환경과 연관이 있을 수 있다.

0756 All of us admired at **the elaborate design** of the temple.

우리모두는 그 사원의 정성들인 디자인에 감탄했다.

0757 You have got to share your notes when you _collaborate_ **with your classmates** on team projects.

팀 프로젝트에서 급우들과 협업을 할 때는 당신의 노트를 공유해야 한다.

0758 It is reported that physical and psychological **symptoms are related** to stress besides fatigue.

육체적 심리적 증상들은 피로 외에도 스트레스와 관계가 있다고 보고된다.

0759 The best-selling English book has recently been _translated_ **into Korean**, Japanese, and many other languages.

그 베스트셀러 영어책은 최근에 한국어, 일본어와 많은 다른 언어들로 번역되었다.

0760 I guess that he may not get together with us tonight, because he **has a business dinner with his** _colleague_.

그는 동료들과 회식이 있기 때문에 오늘밤 우리랑 함께 모일 수 없을거야.

0761 When my mom suddenly asked me to pick up my sister at the airport, I **was obliged to go** at once.

엄마가 갑자기 동생을 공항에서 차로 태워오라고 부탁했을 때 나는 즉시 출발해야만 했다.

0762 The critics of the new bill protest that such a ban would be against **the freedom of** _religion_.

그 새 법안에 대한 비판자들은 그러한 금지가 종교의 자유에 반하는 것이라고 항변한다.

0763 You **are more liable to injury** unless you exercise on a steady and regular basis.

꾸준히 그리고 규칙적으로 운동을 하지 않으면 당신은 부상을 당하기 쉽습니다.

0764 A meeting of **the European allies** was held in Germany to discuss issues related to globalization.

세계화에 관련된 주제를 다루기 위한 유럽 동맹의 회의가 독일에서 열렸다.

0765 Chaos erupted at **a political rally** when the two sides started fighting one another.

양측이 서로 싸우기 시작하자 정치적 집회에 혼란이 찾아왔다.

0766 We're _relying_ **on your honor** and judgement to keep the information confidential.

우리는 기밀을 유지할거라고 당신의 명예와 판단을 믿고 있습니다.

0767 My girlfriend and I watched the latest **released movie** at a multiplex cinema yesterday.

내 여자 친구와 나는 어제 복합 영화관에서 가장 최근에 개봉한 영화를 보았다.

0768 Our family **took out a two-year lease** on a newly-built two-story house.

우리 가족은 새로 지은 2층집을 2년간 임대차 계약을 맺었다.

0769 Taking a hot shower after the outdoor exercise makes me **feel relaxed** and refreshed.

실외 운동 후에 뜨거운 물론 샤워를 하면 나는 편안하고 상쾌한 기분이 든다.

0770 It will take you only a few hours to **analyze the data by computer**.

네가 그 데이터를 컴퓨터로 분석하는 데는 단 몇 시간만 소요될 것이다.

0771 His father **was completely paralyzed from the waist down** by a stroke four years ago.

그의 아버지는 4년 전 뇌졸중으로 허리 아래가 완전히 마비되었다.

DAY **28**

0772 *One of my uncle's hobbies is <u>**collecting** foreign</u> <u>**coins**</u> to display them in his antique store.*

내 삼촌의 취미 중 하나는 외국동전을 모아 그의 골동품가게에 전시해 놓는 것이다.

0773 *The Korean people <u>**elect representatives**</u> into office to make these important decisions on their behalf.*

한국 사람들은 그들을 대신하여 중요한 결정을 할 수 있도록 지도자들을 선출한다.

0774 *A screening committee is responsible for <u>**selecting**</u> <u>**a new coach**</u> for the national team.*

심사위원회가 국가대표팀 감독을 선출하는 역할을 맡고 있다.

0775 *Since you can't <u>**recollect** **what happened**</u> that night, it is very difficult to guess about her whereabouts.*

당신이 그날밤 무슨 일이 있었는지를 기억하지 못하기 때문에 그녀의 행방을 추정한다는 것이 매우 어렵다.

0776 *The parents were sent to prison after pleading guilty to abusing and <u>**neglecting** their four</u> <u>**children**</u>.*

부모님들은 그들의 4살 아이를 학대하고 방치했다는 죄가 인정되어 감옥으로 보내졌다.

0777 *She was not only <u>**a woman of superior intellect**</u> but also a charismatic leader that many people looked up to.*

그녀는 똑똑한 여자였을 뿐만 아니라 많은 이들이 우러러 보는 카리스마 있는 리더이기도 했다.

0778 *<u>**An elegant piece of furniture**</u> from the seventeenth century was displayed in the Louvre Museum.*

17세기의 우아한 가구 한 점은 루브르 박물관에 전시되었다.

0779 *The detective <u>**showed great diligence**</u> in the investigation of the burglary.*

그 형사는 그 강도죄를 조사하는데 있어 매우 부지런했다.

0780 *The photographer intends to <u>**take legal action**</u> <u>**against**</u> the magazine for publishing her picture without her consent.*

사진사는 동의 없이 그녀의 사진을 도양한 잡지사를 소송할 예정이다.

0781 *Martin Luther King Jr., the most influential African-American of all time <u>**left a great and**</u> <u>**indelible legacy**</u> for posterity.*

미국 역사상 가장 영향력 있는 흑인 지도자인 마틴 루터 킹은 후세에 위대하고 지울 수 없는 유산을 남겼다.

0782 *During the last session, the Congress <u>**has legislated**</u> <u>**against hunting globally endangered animals**</u> and the sale of illegal drugs.*

지난번 회기 중에 의회는 국제적 멸종 위기 동물의 사냥과 불법적인 약을 판매하는 것을 금지하는 법률을 제정하였다.

0783 *The institution <u>**had acquired special trade**</u> <u>**privileges**</u> in France.*

그 기관은 프랑스에서 특별한 거래 우선권을 부여받았다.

0784 *At the age of 29, he <u>**was appointed as a delegate**</u> to the United Nations.*

29세의 나이에 그는 UN의 대표로 임명되었다.

0785 *The drug may increase heart rate, <u>**elevate blood**</u> <u>**pressure**</u>, and cause some other minor side effects.*

그 약은 심장 박동수를 올리고 혈압을 상승시키며 다른 작은 부작용들을 초래할 수도 있습니다.

0786 *Your comments are right, of course, but not <u>**relevant to the main subjects**</u> discussed.*

당신의 언급은 물론 옳지만, 지금 논의되고 있는 주요 주제와는 관련이 없다.

0787 *When we get stressed out, what is <u>**the best way**</u> <u>**to relieve stress**</u>?*

우리가 스트레스를 받을 때 스트레스를 풀수 있는 가장 좋은 방법은 무엇일까?

0788 *Many celebrities are <u>**making liberal donations**</u> to help the victims of the flood- stricken area.*

많은 유명인사들이 홍수가 휩쓴 지역의 피해자들을 돕기위해 아낌없는 기부를 하고 있다.

0789 *The mailing service <u>**delivers letters and parcels**</u> to their destinations in two or three business days.*

그 우편제도는 영업일 2일에서 3일정도 이내에 편지나 소포를 목적지로 배달한다.

0790 *If you try to <u>**eliminate one or two answer choices**</u>, you can improve your chances of getting the answer right on the test.*

당신이 만약 선택지를 두 개 제거하려고 한다면, 당신은 시험에서 올바른 정답을 맞출 가능성이 높아진다.

0791 The team made it through **the preliminary rounds of the tournament**.

그 팀은 토너먼트 예선전에 진출했다.

0792 Embarrassingly, the word mafia has **a literal translation** of "my daughter" in Italian.

당황스럽게도 마피아라는 단어는 이태리어로 '내 딸'로 직역이 된다.

0793 Every student **became literate in English** after receiving more than two years of education at the school.

학교에서 2년 이상의 교육을 받게 되자 모든 학생들은 글을 읽고 쓸 줄 알게 되었다.

0794 Because Jane Austen's **literary works** are acclaimed by scholars and critics all over the world, she is recognized as one of the most popular writers in English literature.

제인 오스틴의 문학작품은 전세계의 학자들과 문학비평가들에 의해 호평을 받고 있기 때문에 그녀는 영문학에 있어 가장 유명한 작가 중 한 명으로 인식된다.

0795 He who visits the country for the first time may have a language problem, or be confused by **the local customs**.

그 나라를 처음 방문하는 사람은 언어 문제가 생기거나 그 지역의 관습에 혼란스러워할 수도 있다.

0796 The house **is located by the river**, and its surroundings are full of greenery.

그 집은 강가에 위치해있고 주변은 푸른 나무로 둘러싸여있다.

0797 The committee held a meeting to discuss now to **allocate the resources appropriately**.

위원회는 지금 자원을 적절하게 할당하 기 위한 논의를 위해 회의를 열었다.

0798 The guest speaker has presented **a logical argument** against abortion.

첫 번째 초청 연사는 낙태를 반대하는 논리적인 주장을 제시했다.

0799 You should sincerely **apologize to** her **for** the way you treated her the other night.

너는 요전날 밤에 네가 그녀에게 대했던 방식에 대해서 사과를 해야 한다.

0800 At the audition, the actors were asked to **play a five-minute monologue** about their own lives.

오디션에서 배우들은 그들 각자의 삶에 대한 5분짜리 독백을 연기하도록 요청받았다.

0801 **The prologue to this novel** begins with the narrator describing the scene and setting of the story.

이 소설의 서언은 내레이터가 그 이야기의 무대와 배경을 묘사하는 것으로 시작한다.

DAY 29

0802 The king has been encouraged to harbor **delusions of grandeur** and has turned out to be not that grand after all.

그 왕은 과대망상을 품도록 고무되어왔으며 결국 그렇게 위대하진 않다고 판명나고 있다.

0803 The truth is that all these phenomena are the results of a simple **optical illusion**.

사실은 이 모든 현상들이 단순한 착시 현상의 결과라는 것이다.

0804 My grandfather uses **a magnifying glass** to enlarge the images and words printed on the newspaper.

우리 할아버지는 신문에 인쇄되어 있는 이미지나 글자들을 확대하기 위해 돋보기를 사용하신다.

0805 Before the newspaper raised the issue, people did not **realize the magnitude of the problem**.

그 신문이 그 문제를 제기하기 전에는 사람들은 그 문제의 중요성을 깨닫지 못했다.

0806 The bride and groom enjoyed **the magnificent wedding banquet** after the ceremony.

신부와 신랑은 결혼식 이후의 성대한 결혼식 연회를 즐겼다.

0807 The universities granted more **master's degrees** in 2015 than in 2009 in the fields of economics, psychology, and civil engineering, respectively.

대학들은 2009년보다는 2015년에 경제학, 심리학, 그리고 토목 공학 분야에서 더 많은 석사학위를 수여하였다.

0808 Huge crowds filled the art exhibition to see **the masterpiece of Picasso**.

수많은 군중이 피카소의 걸작들을 보기위해 예술 전시관을 꽉 채웠다.

0809 Despite some bad news, **the major diseases** are still under control as the public health system still functions properly.

몇몇 나쁜 소식에도 불구하고 공중 보건 시스템이 적절히 작동하고 있기 때문에 심각한 질병들은 아직도 잘 통제되고 있다.

0810 While we were hiking through the rain forests, we paused to admire the breathtaking views of **the majestic mountains** and giant waterfalls.

우리가 열대 우림 속을 걷고 있을 때, 우리는 잠시 멈추어 서서 장엄한 산들과 거대한 폭포의 숨 막히는 경관에 감탄했다.

0811 The U.S. instructors will **command the soldiers to withdraw** from the territory, and cease-fire will be fully implemented in the near future.

미국의 지휘관이 병사들에게 영토에서 후퇴하라고 명령을 내릴 것이고 곧 사격이 중지 될것이다.

0812 The group **demands an apology** from the doctor for making rude comments towards ill patients.

단체는 아픈 환자에게 예의 없는 말을 한 의사로부터 사과를 요구한다.

0813 I **recommended him for the job** because he seemed well suited to this type of work.

나는 그가 이런 종류의 일에 적격이라고 생각했기 때문에 그를 그 일자리에 추천했다.

0814 A **manual laborer** is referred to as 'a blue collar' and an office worker 'a white collar'.

육체 노동자는 'blue collar'라고 불리우고 사무직 노동자는 'white collar'라고 불리운다.

0815 I **read his manuscript**, but I decided to publish another essayist's because his storyline was not unique.

나는 그의 원고를 읽었지만 이야기가 독특하지 않아서 다른 에세이작가의 글을 출판하기로 했다.

0816 The backward student **managed to pass the entrance exam**, much to the amazement of the teacher in charge of his class.

그 성적이 안 좋은 학생은 그의 학급 담임선생님이 매우 놀랍게도 입학시험에 가까스로 합격하였다.

0817 Many citizens had strong suspicions that media **manipulated public opinion** on important issues.

많은 시민들은 언론매체가 몇몇 중요한 이슈에 대해 여론을 조작했을 것이라는 강한 의심이 들었다.

0818 The student council president **maintained friendly relations with** her peers and teachers at school.

학생회장은 자신의 친구들과 선생님들과 우호적인 관계를 유지했다.

0819 A **car mechanic** repaired the rusty van with a few tools while the other service technicians inspected the tires of the blue SUV.

다른 기술자가 파란SUV의 타이어를 점검하는 동안 자동차 정비사는 몇가지 연장을 가지고 그 낡은 밴을 수리했다.

0820 ***The key mechanism of the clock*** is the mainspring, which provides the energy to drive the clock and the wheel inside it.

시계의 핵심 기계장치는 태엽인데, 이것이 시계와 시계 안의 바퀴를 돌리는 힘을 제공한다.

0821 *The latest surveys have shown that Americans don't fully trust in **mass media**.*

최근의 설문조사에 따르면 미국사람들은 대중매체를 완전히 믿지는 않는다.

0822 *As an anthropologist, she drew special attention to **the culture of medieval Europe**.*

인류학자로서 그녀는 중세 유럽의 문화에 특별한 관심을 불러 모았다.

0823 *The government organized a task force to **mediate the dispute** between the management and the unions.*

정부는 경영진과 노조와의 분쟁을 중재하기위한 대책위원회를 구성했다.

0824 *We urge the police to **take immediate action** on behalf of the victims of domestic violence.*

우리는 가정 폭력 피해자들을 위해 경찰이 즉각적인 조치를 취해줄 것을 촉구합니다.

0825 *Her mother has suffered from **mental illness** for more than twenty-five years.*

그녀의 어머니는 25년 이상 정신적 질환을 겪었다.

0826 *"Thank you for helping me with the boxes." "**Don't mention it**. It's my pleasure."*

"상자를 옮기는 것을 도와줘서 고마워." "고맙기는. 내가 좋아서 그러는 건데."

0827 *The spokesman declined to **comment on the bribery scandal** of the century.*

그 대변인은 세기의 뇌물 스캔들에 대해서 논평하기를 거절했다.

0828 *I've met her only a few times but she's really sweet and **reminds me of my mother**.*

나는 그녀를 몇 번 밖에 만나보지 못했지만 그녀는 정말 사랑스럽고 내 어머니를 떠오르게 한다.

0829 *The city council has decided to **erect a monument** in honor of those who died in the civil war.*

시 의회는 그 내전에서 죽은 이들을 기리기 위한 기념물을 세우기로 결정했다.

0830 *Along with his friend, Hercules, the strongest man in Greek mythology Herculses, set off to hunt **the nine-headed monster**.*

그리스 신화에서 가장 힘이 센 남자인 헤라클레스는 그의 친구와 함께 머리가 아홉 개 달린 괴물을 사냥하러 떠났다.

0831 *It is important for people with high blood pressure and diabetes to frequently **monitor their blood pressure**.*

고혈압과 당뇨병을 가진 사람은 자주 혈압을 관찰하는 것이 중요하다.

0832 *He **was summoned to court** as a witness for the defense in the criminal trial.*

그는 그 형사재판에서 피고측 증인으로 법정에 소환되었다.

0833 *The CEO of the automobile company **demonstrated a revolutionary technology** applied to their new cars.*

그 자동차 회사의 CEO는 그들의 신차에 적용된 획기적인 기술을 보여주었다.

DAY 30

0834 On regular market days, the traditional market was crowded with many **arabian merchants** from across the nation.

정기적인 장날에는 그 재래시장은 전국 각지에서 온 아라비아 상인들로 붐볐다.

0835 I recently came across a program that allows you to skip **TV commercials** and immediately start a new show.

나는 최근에 TV 광고를 건너뛰고 바로 새로운 프로그램을 시작할 수 있는 프로그램을 찾아냈다.

0836 The nurse **used a clinical thermometer** to measure the temperature of the little infant.

그 간호사는 그 어린 아기의 체온을 재기 위해서 체온계를 사용했다.

0837 Her assignment is to bring together and break down **an immense amount** of scattered data.

그녀의 임무는 산재한 무수히 많은 양의 자료를 수집하고 분석하는 것이다.

0838 I **measured the dimensions of my room** by using a measuring tape.

나는 줄자를 이용하여 내 방의 치수를 쟀다.

0839 It is therefore necessary to **take measures to reduce** their energy consumption by half.

그러므로 그들의 에너지 소비를 반으로 줄이기 위한 조치를 취할 필요가 있다.

0840 When Fall comes, some of the birds **migrate to a warmer region** in flocks.

가을이 오면 어떤 새들은 무리를 지어 더 따뜻한 지방으로 이동한다.

0841 Her family **emigrated to America** from South Korea three years ago.

그녀의 가족들은 3년 전에 한국에서 미국으로 이민을 갔다.

0842 For centuries, people have been **immigrating from other countries** for the opportunity for prosperity in the United States.

수세기동안 사람들은 미국에서 잘 살아볼 기회를 위해 다른 나라들로부터 이민을 오고 있다.

0843 Raising **the minimum wage** would help many struggling families to pay off their debt.

최저임금을 인상하는 것은 생활고를 겪는 가족들이 빚을 갚아 나가는데 도움을 줄 것이다.

0844 Those wrongly accused of what can be regarded as a minor crime will have their DNA records removed at 18.

가벼운 범죄로 여길 수 있는 것으로 잘못 기소된 사람들은 18세가 되면 그들의 DNA정보가 삭제될 것이다.

0845 They paid tribute to **the late Prime Minister** who dedicated his life to serving the country.

그들은 평생을 나라에 봉사하는데 바친 고인이 된 총리에게 찬사를 보냈다.

0846 The young doctor had no business **administering this drug** to a child, and he only made matters worse by giving it much too quickly.

그 젊은 의사는 이 약을 아이에게 투약할 권리가 없었고 너무나 빨리 약을 투약해서 상황을 단지 악화만 시켰다.

0847 Because **his illness diminished his strength** to walk, the football player used a wheelchair to move around.

그의 병이 걸을 힘을 빼앗아갔기 때문에 그 풋볼 선수는 휠체어를 타고 다녔다.

0848 John finally **arrived twenty-five minutes late**, apologizing to her for showing up so late.

존은 마침내 25분 늦게 도착해서 그렇게 늦게 나타난 것을 그녀에게 사과했다.

0849 Even **the most eminent doctors** could not cure him, and his parents began sobbing because they had been anxiously awaiting the news all day long.

가장 뛰어나다고 소문난 의사조차 그를 치료할 수 없었고 그의 부모들은 그 소식을 하루종일 기다리고 있었기 때문에 흐느끼기 시작했다.

0850 Hundreds of seats were filled to watch **the prominent musician** perform in the amphitheater.

그 유명한 음악가가 원형극장에서 연주하는 것을 보기 위해 수백 개의 관람석이 채워졌다.

0851 The commander authorized the attempt to rescue the architect because the group received a report that his life was **in imminent danger**.

건축가의 긴급상황으로 인해 생명이 위험하다는 연락을 받고 서장은 건축가를 구출하기 위한 요청을 허가해주었다.

0852 Inter-Korean talks were held in Beijing amid **mounting tensions between** North Korea **and** the United States.

북한과 미국사이의 긴장이 고조되는 가운데 남북회담이 베이징에서 열렸다.

0854 *Japan's significant growth in economy was referred to as the country's "**economic miracle**."*

일본의 상당한 경제성장은 국가의 "경제 기적"이라고 일컬어진다.

0854 *Cops, firefighters, and security guards who risk their own lives to save others' **deserve our admiration** for their courage.*

자신의 목숨을 걸고 다른 사람들을 구하려고 하는 경찰들, 소방관들 그리고 보안관들의 용기는 우리의 존경을 받아 마땅하다.

0855 *The students could not help but **marvel at the professor's profound scholarship** and noble character.*

그 학생들은 그 교수의 심오한 학식과 고매한 인품에 놀라지 않을 수 없었다.

0856 *The accused **admitted his wrongdoings** and apologized for his actions in front of the judge.*

그 피고는 자신의 잘못을 인정하고 판사 앞에서 자신의 행동에 대해 사죄했다.

0857 *Most people who **commit crimes** don't think they're going to get caught by the police.*

범죄를 저지르는 대부분의 사람들은 자신들이 경찰에 잡힐 것이라고 생각하지 않는다.

0858 *The chimney **emitted smoke** as the chef added three pieces of wood to the fire in the fireplace.*

주방장이 벽난로의 불속에 장작을 세 개비 넣자 굴뚝에서 연기가 뿜어져 나왔다.

0859 *The applicant filed a strong protest over the fact that his name had been deliberately **omitted from the list**.*

그 지원자는 자신의 이름이 명단에서 고의로 누락되었다는 사실에 대해 강력한 항의서를 제출했다.

0860 *The official pointed out that **development is not normally permitted in conservation areas** and national parks.*

그 관리는 보호구역과 국립공원에서는 개발이 정상적으로 허용되지 않는다는 것을 지적했다.

0861 *The college representative said about two thousand students have **submitted their applications** yesterday.*

대학 관계자는 어제 약 이천 명의 학생들이 지원서를 제출하였다고 말했다.

0862 *After the long discussion, the committee asked to **transmit documents by fax** to court registries.*

긴 심의 끝에 위원회는 팩스로 서류를 법원 등기소로 보내달라고 요청했다.

0863 *Even though the conditions were very dangerous, **rescue missions** were launched immediately and all the crew members and passengers were rescued after about a five-hour operation.*

비록 상황이 매우 위험했지만 구조 임무가 즉시 개시되었고 다섯 시간동안의 작전 끝에 모든 승무원들과 승객들이 구조되었다.

0864 *After giving him several warnings, the manager finally **dismissed the staff member** from his position.*

관리인은 직원에게 몇 가지 경고를 준 뒤 마침내 그의 직위에서 해고했다.

0865 The troops are armed with **modern weapons** which have an extremely high destructive force.

그 군대는 극도로 높은 파괴력을 지닌 현대식 무기로 무장하고 있다.

0866 Winds will die down overnight and allow more **moderate temperatures** on Monday morning.

바람은 밤중에 잦아들고 월요일아침부터 온건한 기온이 가능할 것이다.

0867 The audience admired the Nobel Prize laureate, who **was modest about his achievements**.

관중들은 자신의 업적에 대해서 겸손했던 그 노벨상 수상자를 존경했다.

0868 How much does the governor **modify her views** on the policy in response to what she's heard?

그 주지사가 자신이 들은 것에 대한 반응으로 그 정책에 대한 자신의 견해를 얼마나 바꿀 것인가?

0869 The author provides the latest insight into **the world of commodities**.

그 작가는 편의 세상에 대한 최신의 통찰력을 보여준다.

0870 The man, who ran a travel agency, had to **accommodate guests** at his apartment in Sydney due to the hotel room scarcity.

여행사를 운영하는 그 남자는 호텔방이 부족하자 시드니에 있는 자신의 아파트에 손님들을 들여야 했다.

0871 The child **molded a spoon out of clay** with the help of his mother.

그 아이는 엄마의 도움을 받아서 찰흙으로 숟가락을 만들었다.

0872 The only thing we know for sure is that **every man is mortal**.

우리가 확실히 알고 있는 유일한 것은 모든 인간이 언젠가는 죽게 된다는 것이다.

0873 The Old Man and the Sea is **an immortal classic** by Hemingway, who was a master of using symbols.

노인과 바다는 상징주의 사용의 대가였던 헤밍웨이에 의한 불후의 명작이다.

0874 Over the past few decades, the government has encouraged many people, particularly young people, to **take out mortgages**.

지난 수십 년 동안 정부는 많은 사람들 특히 젊은이들에게 담보 대출을 받도록 부추겨 왔다.

0875 Most of the village people are sure that she couldn't have **committed a murder**.

그 마을 사람들의 대부분은 그녀가 살인을 저질렀을 리가 없다고 확신한다.

0876 **The motive of the murder** remains unclear, and the jury recommends the death sentence for the man convicted of murdering his wife.

살인의 동기는 불분명한 상태에서 배심원은 자신의 아내를 죽인 것으로 유죄판결을 받은 그 남자에게 사형선고를 내릴 것을 권했다.

0877 I use various means to **express my emotions** which I find it difficult to communicate.

나는 말로 나타내기 힘든 감정을 표현하기 위하여 다양한 종류의 이모티콘을 사용한다.

0878 The commercials on TV **promote our new product** and communicate quality, technology and style.

TV에 나오는 광고는 새로운 제품을 홍보하고 품질, 기술과 스타일에 대한 것을 전달한다.

0879 He wants to move to **a remote mountain village** and spend the rest of his life there.

그는 외딴 산골 마을로 이사가서 남은 여생을 그곳에서 보내고 싶어한다.

0880 Let us recall for a moment one of **the happiest moments in our lives**.

잠시 동안 우리 삶에서 가장 행복했던 순간들 중의 하나를 떠올려봅시다.

0881 **An angry mob** surrounded the city hall and started shouting at the police.

화가 난 군중들이 시청을 둘러싸고 경찰에게 고함을 지르기 시작했다.

0882 A team's success depends entirely on how well the members pull together towards **a common goal**.

팀의 성공은 구성원들이 공통의 목표를 향하여 얼마나 잘 협동하는지에 전적으로 달려있다.

0883 He has contributed to **the local community** through many years of various charity work.

그는 수년간의 다양한 자선 활동을 통해 그 지역사회에 공헌해 왔다.

0884 I find it difficult to explain the fundamental **difference between communism and capitalism**.

나는 공산주의와 자본주의의 근본적인 차이를 설명하기 힘들다.

0885 Attorneys and clients use e-mail rather than mobile phones to **communicate** **with each other**.

변호사들과 의뢰인들은 서로 의사소통하기 위해 이동전화보다는 이메일을 사용한다.

0886 The two countries have been expanding their cooperation in the field of high technology on the basis of **mutual** **benefit**.

두 국가들은 상호 이익을 토대로 최첨단 기술분야에 협력을 넓혀가고 있다.

0887 Because I overslept and missed **the commuting** **bus**, my daddy gave me a ride to school.

내가 늦잠을 자서 통학버스를 놓쳤기 때문에 아빠가 학교까지 태워다 주셨다.

0888 After hiking for around ten miles, the hikers appreciated **the beauty of** **nature** at the peak of the mountain.

약 십 마일을 등산 한 후 등산객들은 산의 정상에서 자연의 아름다움을 감상했다.

0889 Her **dual** **nationality** let her enter in the country without having to request for a visa.

그녀가 이중국적을 갖고 있었기 때문에 비자 요청을 하지 않고 입국할 수 있었다.

0890 It's an honor to **join the** **navy** and protect our people and nation.

해군에 입대하고 국민을 보호하는 역할을 하게 되어 영광입니다.

0891 The pioneers **navigated** **their ship** across the ocean to explore the new world.

그 개척자들은 새로운 세계를 탐험하기 위해서 그들의 배를 조종하여 대양을 건넜다.

0892 We were disappointed when the investor gave **a** **negative** **answer** to our request.

투자자가 우리의 요청에 대해서 부정적인 답변을 하자 우리는 실망을 했다.

0893 The candidate **denied** **all the charges** against him, arguing that the charges were politically motivated.

그 후보는 자신의 혐의의 배경에 정치적인 의도가 숨어있다며 그에 대한 모든 혐의를 부인했다.

0894 The president announced to the people that their country would remain **a neutral** **state** and would not join any alliances.

대통령은 국민들에게 그들의 나라가 중립상태를 유지할 것이고 어떤 동맹에도 가입하지 않을 것이라고 발표했다.

0895 The actress has been **nominated** **for 7 Academy** **Awards** throughout her career.

그 여배우는 배우생활을 하면서 7번 아카데미상 후보에 올랐다.

0896 The businessman **received an** **anonymous** **letter** informing him that he had a teenage son.

그 사업가는 그가 10대 아들이 있다는 사실을 알려주는 익명의 편지를 받았다.

0897 The author of the Harry Potter fantasy series, J.K. Rowling, won great **international** **renown** as a writer at a bound.

해리포터 판타지 시리즈의 저자, J.K. Rowling은 단번에 작가로서의 대단한 국제적 명성을 얻었다.

DAY 32

0898 When I'm writing a book, everything that's happening in **my normal life** becomes useful for the book.

내가 책을 쓸 때 내 일상생활에서 벌어지는 모든 것들이 그 책에 유용하다.

0899 A majority of college students spend **an enormous amount** of money on tuition, room and board.

대다수의 대학생들은 등록금, 월세 그리고 식비에 엄청난 액수의 돈을 지출한다.

0900 The judge **pronounced him guilty** after the attorneys were caught receiving bribery from the offender.

변호사가 범죄자에게 뇌물을 받고 있다는 것을 알게 되자 판사는 그에게 유죄선고를 내렸다.

0901 We cannot but **denounce this policy** and oppose it, because it is an unacceptable waste of public money.

우리는 이 정책이 받아들일 수 없는 공적 자금의 낭비이기 때문에 비난하고 반대할 수밖에 없다.

0902 The novelist said there were no immediate plans to **publish the novel** in paperback or hardback.

그 소설가는 그 소설을 페이퍼백이나 양장본으로 출판할 당장의 계획은 없다고 말했다.

0903 Unless you **make constant efforts to innovate**, there is little hope that you will be able to overcome the difficulties that you now face.

혁신하기 위해 꾸준히 노력하지 않는다면 네가 직면하고 있는 어려움들을 극복할 수 있는 가능성은 거의 없다.

0904 The pro baseball club announced a plan to **renovate the old stadium** accommodating 20,000 spectators.

그 프로야구 구단은 2만명의 관중을 수용하는 그 오래된 구장을 보수할 계획을 발표했다.

0905 I have to **renew my passport** this month, because it will expire in a month.

나는 한 달있으면 여권이 만료가 되기 때문에 이번달에 갱신을 해야 한다.

0906 It is a well-known fact that **proper and balanced nutrition** is essential to good health.

적당하고 균형잡힌 영양섭취는 건강에 필수적이라는 것은 잘 알려진 사실이다.

0907 Her husband was relieved when she delivered a healthy, **well-nourished baby**.

그녀의 남편은 그녀가 건강하고 영양상태가 좋은 아기를 출산하자 마음이 놓였다.

0908 The only person who ever explained what the operation was for was **the nurse at the hospital**, or I would never have known.

그 수술의 목적이 무엇인지를 설명한 유일한 사람은 그 병원 간호사였고 그렇지 않았더라면 나는 결코 알지 못했을 것이다.

0909 She played **the most beautiful melody** on the cello and in such a manner that everyone was amazed.

그녀는 가장 아름다운 멜로디를 첼로로 모든 사람이 놀랄만큼 연주했다.

0910 The popular comedian has hosted **a TV comedy show** mixed with social commentary.

그 인기 개그맨은 사회비판을 섞은 TV 코미디 쇼를 진행해오고 있다.

0911 The prime minister has called the hurricane a '**national tragedy**' that urgently needs both local and international response.

총리는 그 허리케인을 '국가적 비극'이라고 불렀고 국내와 국제적 대응이 절실히 필요하다고 말했다.

0912 If you are trained by a professional to **operate this machine**, you are allowed to use it.

만약 당신이 전문가에 의해서 이 장비를 작동하도록 훈련을 받는다면 이것을 사용해도 됩니다.

0913 Assigned in a group project, he tried his best to **cooperate with his colleagues** in completing the work.

그는 그룹 프로젝트를 할당 받았기 때문에 일을 완성하기 위해 친구들과 협력하는데 최선을 다했다.

0914 The economist insists that the 'exit strategy' is not **the only available option** to save the domestic economy.

그 경제학자는 출구전략만이 국내 경제를 살릴 수 있는 가능한 유일한 선택은 아니라고 주장한다.

0915 The government of the Netherlands is considering permitting lesbian couples and gay couples to **adopt children**.

네덜란드 정부는 레즈비언 커플들과 게이 커플들이 아이들을 입양할 수 있도록 허용하는 것을 고려하고 있다.

0916 The outstanding journalist displayed tremendous courage in defying **public opinion** on several issues, including school education and environment.

그 탁월한 기자는 학교교육과 환경을 포함한 몇가지 이슈들에 대한 여론에 도전하는 엄청난 용기를 선보였다.

0917 The language test was **an oral examination**.

그 언어시험은 구술시험이었다.

0918 I used to **adore the leader**, and I still think he deserves respect for his leadership and generosity.

나는 한때 그를 숭배했었고 아직도 그의 리더쉽과 관대함에 대해 존경을 받을 자격이 있다고 생각한다.

0919 Taking a shower, brushing our teeth, and eating breakfast is **an ordinary routine** in the morning for most of us.

샤워를 하는 것, 이를 닦는 것, 아침을 먹는 것은 대부분의 사람들에게 일상적인 일과이다.

0920 She has rapidly grown from a little girl to a young lady of **extraordinary beauty** and charm.

그녀는 어린 소녀에서 대단한 미모와 매력을 가진 아가씨로 빠르게 성장했다.

0921 In a formal sense, local authorities **are entirely subordinate to Parliament**, in practice working relationships are tremendously diverse.

공식적으로는 지방 자치단체들은 전적으로 의회보다는 하위이지만 실제로는 업무상의 관계는 엄청나게 다양하다.

0922 The surgeon said that one of the three bullets that hit the officer travelled seven inches through his body without hitting **vital organs**.

그 외과의사는 그 장교를 맞춘 세 개의 총알중 하나가 그의 몸을 7인치를 관통했는데 생명유지에 필수적인 기관은 피했다고 말했다.

0923 To cope with the current crisis, we have to **organize a special committee** as soon as possible.

현 위기에 대처하기 위하여 우리는 가능한 한 빨리 특별 위원회를 조직해야 한다.

0924 Unfortunately the cathedral was severely damaged in an air raid during the Second World War but has now been rebuilt to **the highly original design**.

불행히도 그 성당은 세계 2차 대전 동안에 심하게 손상을 입었지만 이제는 매우 독창적인 디자인에 맞게 재건축되었다.

0925 What do you think is a fundamental difference between **the culture of the Orient** and that of the Occident?

동양 문화와 서양 문화의 근본적 차이는 무엇이라고 생각하십니까?

0926 Don't underestimate your worth or put yourself down by negatively **comparing yourself with others**.

네 자신을 남들과 부정적으로 비교함으로써 너의 가치를 과소평가하거나 네 자신을 깎아내리지 말라.

0927 The students read their notes and memorized the key points from the class lectures in order to **prepare for the exam**.

학생들은 시험에 대비하기 위해 자신의 필기를 보고 수업의 요점을 암기한다.

0928 The technicians offer a wide variety of **auto repairs** and maintenance services to their customers.

기술자들은 고객들에게 다양한 범위의 자동 수리와 유지 서비스들을 제공한다.

0929 There are many different types of peer pressure and most of the teenagers find it difficult to **resist peer pressure**.

또래 집단의 압박에는 많은 다른 유형들이 있으며 대부분의 십대들은 또래 집단의 압박에 저항하는 것이 어렵다고 깨닫는다.

0930 She **appeared to be much disappointed** that I became a cop contrary to her expectations.

그녀는 내가 그녀의 기대와는 달리 경찰이 되었다는 것에 몹시 실망한 것처럼 보였다.

0931 From the start he was a mysterious character, often disappearing **for no apparent reason**.

처음부터 그는 신비로운 인물이었으며 종종 아무 뚜렷한 이유없이 사라지곤 했다.

0932 The ceiling of the hotel suite is constructed with **transparent glass** that the guests can see various types of fish and coral reefs in the water.

그 호텔 스위트룸의 천장은 손님들이 물속의 다양한 종류의 물고기와 산호초를 볼 수 있도록 투명유리로 건축되어있다.

0933 The lack of raw materials provides **a partial explanation** for some of Britain's imperial history.

원자재의 부족이 영국의 제국주의 역사에 대한 부분적인 설명을 제공한다.

0934 His advice as an arbitrator was frequently sought, his **impartial judgement** being held in high esteem.

사람들은 중재자로서의 그의 충고를 자주 구했고 그의 공정한 판단은 높이 존중을 받았다.

0935 The new air-monitoring device can measure the level of **dust particles** floating in the air.

새로 나온 공중 모니터링 기계는 공기 중에 떠다니는 미세먼지의 농도를 측정 할 수 있다.

0936 As those troops are all volunteer forces, we **must pay** particular **attention** to the human cost involved.

그러한 부대들은 모두 지원군들이기에, 우리는 관련된 인명의 희생에 특별한 관심을 기울여야 한다.

0937 The dean recommended all undergraduates to **participate in the discussion** for extra credit.

학장님은 가산점을 받기 위해서는 모든 학부생들이 토론에 참여할 것을 권했다.

0938 The bereaved families demanded that the insurance company should **bear a portion of the cost** of the rescue and the hospital treatment.

유가족들은 보험회사가 구조와 병원치료 비용의 일부를 부담해야 한다고 요구했다.

0939 The government authorities are maintaining that raising the price of cigarettes will help reduce **the proportion of smokers**.

정부 당국은 담배 값의 인상이 흡연자의 비율을 감소시키는데 도움이 될 것이라고 주장하고 있다.

0940 The custodian does not allow **the passage of heavy vehicles** to enter the parking garage.

그 관리자는 차고로 대형차량이 통행하는 것을 허용하지 않는다.

0941 **The passenger plane** went missing over the Atlantic Ocean, and the airports were plunged into chaos after hearing the news.

승객을 태운 비행기는 대서양을 건너면서 실종되었고 그 뉴스가 알려진 후 공항들은 대혼란에 빠졌다.

0942 An old one-legged beggar lying on his face **was soliciting money from passersby**.

바닥에 엎드리고 있는 나이든 거지가 지나가는 행인들에게서 돈을 구걸하고 있었다.

0943 It seemed as though one of **his favorite pastimes** were strolling around the house in a blue sailor suit.

그가 가장 좋아하는 취미중의 하나는 푸른 세일러복을 입고 산책을 하는 것처럼 보였다.

0944 When the college acceptance letters were mailed home, the results **surpassed all our expectations**.

대학입학 허가서가 집으로 도착했을 때, 그 결과는 모두의 기대를 넘어섰다.

0945 It seems that the nation **picks up the pace** of reform, notably with regard to human rights.

그 나라가 특히 인권에 관하여 개혁의 속도를 올리는 것처럼 보인다.

0946 Her fiancé **showed** his burning **passion for** the woman he loves through a serenade.

그녀의 약혼자는 세레나데[소야곡]를 통해 자신이 사랑하는 여자에 대한 불타는 열정을 보여주었다.

0947 Because the social workers **felt compassion for** the sick children in Africa, they donated two thousand dollars to the hospital.

그 사회 복지가들은 아프리카의 아픈 아이들에게 연민을 느꼈기 때문에 병원에 이천 달러를 기부했다.

0948 *The news anchor reports **a pathetic story** of a dog that got run over by a car on accident.*

그 뉴스 앵커는 사고로 자동차에 치인 개의 처참한 이야기를 보도했다.

0949 *After seeing the traumatic images of the traumatic event, they **felt sympathy for the victims** of the flood.*

그들은 충격적인 사건의 사진을 본 후에 홍수의 피해자들에 대한 동정심이 생겼다.

0950 *With his homecoming two weeks ahead, he **was impatient to** see his mother.*

귀향을 2주 앞둔 상태에서 그는 엄마를 보고 싶어 안달했다.

0951 *I wouldn't say I'm **a great patriot**, but I wouldn't actually sell out my country for the life of me.*

나는 내가 위대한 애국자라고 말하지 않겠지만 나는 죽어도 내 조국을 실제로 팔아버리지는 않을 것이다.

0952 *Always **an influential patron of the arts**, the Royal Family has recognized that any civilized person's education should involve a knowledge and appreciation of painting.*

항상 예술계의 영향력있는 후원자였던 그 왕실은 모든 문명인의 교육은 그림에 대한 지식과 이해를 포함해야 한다고 인식해왔다.

0953 *The city council has an aggressive approach to the promotion of **pedestrian safety** through controlling vehicle speed.*

시의회는 차량 속도를 제한함으로써 보행자 안전의 증진에 적극적으로 접근하고 있다.

0954 *Who was the first person to go on **an expedition to the South Pole**?*

가장 먼저 남극으로 원정대를 이끈 사람은 누구인가?

0955 *His failing health **compelled him to resign** last year and to receive medical treatments every Tuesday.*

그의 악화되는 건강상태로 인해 그는 작년에 사임해야만 했고 매주 화요일마다 치료를 받아야만 했다.

0956 *He **was expelled from school** two years later when he led a student strike.*

그는 동맹 휴교를 주도한 후 2년 뒤에 학교에서 퇴학을 당했다.

0957 *The young boatman **propelled the boat** with oars to move straight across the river.*

젊은 사공은 강을 곧장 가로질러 건너기 위해 노를 저어 배를 몰았다.

0958 *The servant **appealed to his master for forgiveness** for what he had done by mistake.*

그 하인은 그의 주인에게 자신이 실수로 한 일에 대해서 용서를 호소했다.

0959 *The physician's assistant **takes the patient's pulse** during the checkup.*

그는 어린 부부를 그들의 집에서 살인한 혐의를 인정받은 후 사형선고를 받았다.

0960 *During the sale season, the shopaholics are likely to **buy new clothes on impulse**.*

세일 기간 동안 쇼핑중독자들은 아마 충동적으로 새 옷을 살 것이다.

0961 *He **received the death penalty** after being found guilty of murdering a young couple in their home.*

그는 어린 부부를 그들의 집에서 살인한 혐의를 인정받은 후 사형선고를 받았다.

0962 *When the case came to trial, the judge said that he would **punish** the driver **for** drunk driving.*

그 사건이 재판을 받게 되자, 재판관은 운전자가 음주운전을 한 것에 대해서 벌을 내릴 것이라고 말했다.

DAY 34

0963 My boyfriend no longer **depends on his parents** for money.

내 남자친구는 더 이상 부모님께 경제적으로 의지하지 않는다.

0964 Who in this classroom doesn't know that our country became **independent of Japan** in 1945?

이 교실에 우리나라가 일본에서 1945년에 일본에서 독립을 했다는 것을 모르는 사람 있나요?

0965 **The extravagant chandeliers were suspended** from the ceiling of the fancy ballroom.

화려한 샹들리에는 멋진 무도회장의 천장에 달려있었다.

0966 Only a quarter of the company employees can **receive pensions** when they retire or are discharged.

그 회사 근로자들의 4분의 1만이 퇴직하거나 해고를 당할 때 연금을 받을 수가 있다.

0967 He asked the lawyer to pursue a claim against the insurance firm to **compensate him for the damage**.

그는 변호사에게 자신의 피해를 보상해달라고 보험회사에 보험금을 청구해 줄 것을 요청했다.

0968 In areas where there is not a convenient pharmacy, some doctors are allowed to **dispense medicines** themselves and accept the relevant fees.

편리한 약국이 없는 지역에서는 어떤 의사들은 직접 약을 조제하고 적절한 수수료를 받도록 허용된다.

0969 Staring at the dark lake, the fisherman sat on a bench to **ponder on the meaning of life**.

어두운 호수를 바라보며 낚시꾼은 벤치에 앉아 인생의 의미에 대해서 깊게 생각해보았다.

0970 Not all contestants and spectators are aware of **the perils of motor racing**.

모든 참가자들과 구경꾼들이 자동차 경주의 위험에 대해서 아는 것은 아니다.

0971 I think it is difficult to distinguish the understanding of cause and effect from **learning by experience**.

나는 인과관계를 이해하는 것과 경험을 통해 배우는 것을 구별하는 것이 힘들다고 생각한다.

0972 The zoologists have received permission from the research center to **conduct a special experiment on** farm animals.

동물학자는 가축들에 특별한 실험을 할 수 있도록 연구센터로부터 허가를 받았다.

0973 **An expert in economics** has proposed a new solution to tackle the financial crisis of the country.

한 경제전문가가 국가의 경제위기와 맞서기 위한 새로운 해결책을 제시했다.

0974 According to a new research, persistent sleep deprivation sometimes causes hormonal changes that may **stimulate appetite**.

새로운 연구에 따르면 지속적인 수면 부족은 때로는 식욕을 돋구는 호르몬의 변화를 일으킨다.

0975 Even though the company operates in more than fifty countries, experts say it didn't have the global scale to **compete with its larger rival companies**.

그 회사가 50개 이상의 나라에서 운영되고 있지만 전문가들이 말하기를 더 큰 라이벌 회사들과 경쟁할 전세계적인 규모가 아니라고 한다.

0976 While on the surface appearing to be arrogant and lazy, he has made sustained efforts to **be competent as a lawyer**.

표면적으로는 건방지고 게을러 보이지만 그는 변호사로서 유능한 사람이 되려고 부단히 노력을 해왔다.

0977 The community has collected more than 1,000 signatures and **drawn up a petition** against the proposed closure of the local hospital.

그 지역 주민들은 1,000명 이상의 서명을 받고 지역병원 폐쇄안에 반대하는 탄원서를 작성했다.

0978 A sure sign of folly and madness is to **repeat the same mistake** and expect a different outcome.

어리석고 실성함의 확실한 표시는 똑 같은 실수를 저지르고서 다른 결과를 기대하는 것이다.

0979 **The new film about the phantoms** directed by a young Korean director is a little different from the mainstream horror movies.

한국의 젊은 감독이 만든 유령들에 대한 새 영화는 주류 공포 영화들과는 약간 다르다.

0980 After mapping out the concrete procedures, the scientists entered **the research phase** of the long-term project.

구체적인 절차에 대한 계획을 세운 후에, 그 과학자는 장기프로젝트의 연구단계에 돌입했다.

0981 My parents always **emphasized the importance of** good manners and etiquette at the dinner table.

내 부모님은 예의 바른 것과 저녁 식사 시 예절을 지키는 것의 중요성을 항상 강조한다.

0982 Sneezing is **a natural phenomenon** that can be observed in both humans and animals.

재채기는 인간과 동물 모두에게서 관찰될 수 있는 자연스러운 현상이다.

0983 His ultimate dream is to write and **direct a series of animated fantasy movies** like Frozen.

그의 궁극적인 꿈은 겨울 왕국 같은 애니메이션 판타지 영화시리즈의 대본을 쓰고 감독을 맡는 것이다.

0984 Feel free to drop in whenever you want to borrow any book that **takes your fancy**.

너의 마음을 사로잡는 책을 빌리고 싶을 땐 언제든지 마음편히 들려라.

0985 The audience **applauded loudly at the end of the show**, for most of them were moved to tears.

청중들은 쇼의 마지막에 크게 박수를 쳤고 대부분은 감동의 눈물을 흘리고 있었다.

0986 Three suicide attackers **exploded bombs** in a downtown shopping mall, killing at least more than 20 shoppers.

세명의 자살 테러범들이 시내 쇼핑몰에서 폭탄들을 터트려서 적어도 20명 이상의 쇼핑객들을 살해했다.

0987 When you catch a cold, don't forget to drink **plenty of water** and get some rest.

당신이 감기가 들면 물을 많이 마시고 좀 쉬어야 한다는 것을 잊지마라.

0988 If it had not been for your assistance, I could have not **completed my task**.

너의 도움이 없었더라면 나는 내 임무를 완수하지 못했을 것이다.

0989 As reported by a French food expert, this red wine **complements the lobster food** perfectly.

프랑스 요리 전문가의 보고대로, 이 적 포도주는 그 랍스터 음식을 완벽히 보완해준다.

0990 The doctor keeps her **dietary supplements** and herbal medicine in the kitchen cabinet.

그 의사는 건강 보조식품들과 약초를 부엌의 찬장에 보관한다.

0991 **All farming implements** and machinery used in the area need to be properly cleaned and disinfected.

이 지역의 모든 농기구와 기계는 제대로 닦고 소독할 필요가 있다.

0992 We are certainly willing to support anything that helps us to effectively **accomplish this mission**.

우리는 당연히 계획을 효율적으로 달성할 수 있게 하는 어떤 일이든 지지할 의사가 있다.

0993 Just as usual, many of her fans **complimented her on her breathtaking beauty** and excellent performance at the halftime show.

여느때와 마찬가지로 많은 그녀의 팬들은 하프타임쇼에서의 그녀의 숨이 멎는 듯한 미모와 뛰어난 공연에 대해 찬사를 보냈다.

0994 The islanders are regularly **supplied with** food and other provisions by helicopter.

그 섬 주민들은 헬리콥터로 주기적으로 음식과 다른 식량들을 공급받는다.

0995 All employees are expected to **comply with government safety regulations** regulations and laws that apply to their respective positions at the company.

모든 직원들은 회사 내에서 자신의 각각의 위치에 적용되는 정부의 안전 규칙을 따르도록 되어있다.

0996 When the accused was brought to court for trial, he **pleaded with the judge for mercy**.

피고가 재판을 받으러 법정에 불려나왔을 때 그는 판사에게 자비를 간청했다.

DAY 35

0997 **_The simplicity of design_** *created by him captured the minds of many housewives who attached importance to practicality.*

그가 만든 디자인의 단순함이 실용성을 중시하는 많은 주부들의 마음을 사로잡았다.

0998 *The government may* **_complicate the current situation_** *by introducing more restrictions to the system of law.*

그는 그 영화를 불법으로 복제한 혐의로 기소되고 벌금을 받을 수도 있다는 경고를 받았다.

0999 *My boss handed out* **_an explicit instruction_** *concerning working hours and wage system.*

우리 사장은 근무시간과 임금체계에 관한 분명한 지침을 배포했다.

1000 *It occurred to me that a laptop could seem like* **_a complex device_** *to my grandparents.*

내 조부모님께는 노트북 컴퓨터는 복잡한 기기로 보일 수 있겠다는 생각이 들었어요.

1001 *I was less angry than* **_slightly perplexed_** *by his obstinacy about minor details.*

나는 사소한 세부사항들에 대한 그의 집착에 화가 난 것 보다는 약간 당혹스러웠다.

1002 *The water supply and the atmosphere are deeply polluted from such a rapid growth from* **_exploiting natural resources_**.

상수도와 대기는 천연자원 개발로 인한 급속한 성장 때문에 심하게 오염되었다.

1003 *Both sides agreed to make joint efforts to* **_achieve peace through_** **_diplomacy_** *and negotiations rather than a military showdown.*

양측은 군사적 실력행사보다는 외교와 협상을 통해서 평화를 얻기 위한 공동 노력을 기울이기로 합의했다.

1004 *The sports-clothing company was going to* **_employ a new accountant_** *who could manage the funds more efficiently.*

그 스포츠 의류 회사는 자금을 좀더 효율적으로 관리할 새 회계사를 고용하기로 했다.

1005 *Many groups use* **_"Silence often implies consent"_** *to speed up decisions and move the discussion along.*

많은 단체들은 결정을 내리는데 속도를 올리고 논의를 계속 진행하기위해 "침묵은 종종 동의를 암시한다"는 것을 이용한다.

1006 *My family spent the afternoon* **_exploring the Amazon jungle_** *by foot and dugout canoe.*

내 가족은 오후를 아마존 정글을 맨발과 통나무 배로 탐험하며 보냈다.

1007 *We cannot help* **_deploring the similar fates_** *that have befallen us in the past three years.*

우리는 지난 3년간 우리에게 닥친 비슷한 운명을 개탄하지 않을 수 없다.

1008 *You can't* **_talk about domestic politics_** *without paying attention to current issues in the world.*

세상의 현 이슈들에 관심을 가지지 않고서는 국내 정치에 관하여 이야기할 수 없다.

1009 *Many senators are making an effort to create* **_new policies_** *to push unemployment down.*

많은 상원의원들은 실업률을 줄이기 위한 새로운 정책들을 만드는데 애를 쓰고 있다.

1010 *The start-up companies moved near* **_the business metropolis_**, *located in Moscow.*

새로 시작하는 기업들은 모스크바에 위치한 기업 대도시 근처로 이사했다.

1011 *It ranked third in the weekly single charts, becoming one of* **_the most popular songs_** *of the band.*

주간 싱글 차트에서 3위를 한 그 노래는 밴드에서 가장 인기 있는 노래 중 하나가 되었다.

1012 *As* **_the most densely-populated area_** *in the country, Seoul has some very crowded roadways, particularly during rush hour.*

그 나라에서 가장 인구가 밀집되어 있는 지역인 서울은 특히나 러시아워에는 매우 혼잡한 도로들이 여기저기에 있다.

1013 *Although some improvements still need to be implemented, the train station is now open for* **_public use_**.

비록 아직도 몇 가지 개선사항들이 이행될 필요가 있지만, 그 기차역은 지금 공용으로 개방되어 있다.

1014 *Several of the professors gathered together to* **_publish educational books_** *for the community.*

몇몇 교수들은 그 지역사회를 위한 교육적인 교재를 발행하기 위해 같이 모여있다.

1015 *China and* **_the Republic of Korea_** *plan to cooperate in maintaining regional peace in Northeast Asia.*

중국과 대한민국은 동북아시아의 평화를 유지하는데 서로 협력하려고 한다.

1016 I have realized that humor and playful communication can **play very important roles** in our everyday lives.

나는 유머와 즐거운 대화가 우리 일상생활에서 매우 중요한 역할을 할 수 있다는 것을 깨달았다.

1017 The proposal to improve the security of mobile banking applications **gets full support from** the citizens.

모바일 뱅킹 어플의 보안을 강화하자는 제안은 시민들의 강한 지지를 얻고 있다.

1018 More and more cars have been **imported from Germany** and the popularity is still growing.

점점 더 많은 차들이 독일로부터 수입이 되고 있고 그 인기는 아직도 높아지고 있다.

1019 **The export of gold** is forbidden even though natives continue to trade with other merchants illegally.

비록 원주민들이 불법적으로 금을 다른 상품과 교환을 하긴 하지만 금의 수출은 금지되어있다.

1020 The reporters and writers in the newsroom emphasized that they were aiming to **report the news** as fairly as possible.

뉴스편집실에 있는 기자들과 작가들은 자신들은 가능한 공정하게 뉴스를 보도하는 것을 목표로 하고 있다고 강조했다.

1021 We plan to allocate more resources to cooperate with the company and **transport goods by ship**.

더 많은 자원을 할당하여 그 회사와 협력하고 물품을 배로 수송할 계획이다.

1022 Rechargeable batteries are commonly used in consumer electronics, especially **portable devices** such as smart phones.

충전 가능한 배터리들은 스마트폰과 같은 특히 휴대용 기기에 흔히 사용된다.

1023 That soccer player **missed a golden opportunity** to score in the match against Germany.

축구 선수는 독일에 대항하여 점수를 획득할 수 있는 황금 같은 기회를 놓쳤다.

1024 Some researchers say that **a positive attitude has** been shown to lead to reduced stress hormones and helping prevent heart disease.

어떤 연구자들은 긍정적인 태도가 스트레스 호르몬을 감소시키고 심장병을 예방하는데 도움을 준다는 것이 밝혀졌다고 말한다.

1025 It is scientifically proven that water **is composed of** hydrogen and oxygen.

물은 수소와 산소로 구성되어 있다는 것은 과학적으로 증명되었다.

1026 This official form allows the corporation to **deposit his salary in the bank account**.

이 공식 서류는 그 기업이 그의 월급을 은행계좌에 입금할 수 있도록 허용한다.

1027 When I saw the old grandma carrying three heavy grocery bags, I suddenly **felt disposed to** help her.

연세가 많은 할머니가 무거운 식료품 가방 세 개를 들고 가는 것을 보았을 때 그녀를 돕고 싶은 마음이 들었다.

1028 As you can tell from her pale skin, she hardly **exposes her skin to sunlight** due to the risks of skin cancer.

그녀의 창백한 피부로부터 알 수 있듯, 그녀는 피부암의 위험 때문에 거의 햇빛에 피부를 노출시키지 않는다.

1029 After the trial, the judge made a decision to **impose a fine on** the offender.

재판 이후에 재판관은 범죄자에게 벌금을 부과하라는 판결을 내렸다.

1030 Researchers and practitioners **propose a new method** to estimate the full effects of an event.

연구자들과 실험가들이 어떤 사건의 모든 영향을 평가하기 위한 새로운 방식을 제안한다.

1031 **The purpose of her visit** to Switzerland was to spend the holidays with her grandparents.

그녀가 스위스를 방문한 목적은 그녀의 조부모님들과 주말을 보내기 위해서였다.

1032 In this school, the children **are supposed to** have two hours' physical education each week in curriculum time.

이 학교에서는 아이들이 시간표에 매주 두시간의 체육시간을 갖도록 되어있다.

1033 ***A chemical compound*** essential for muscle building in our body is known as protein.
우리 몸 안의 근육을 만드는데 필수적인 화학 합성물은 단백질로 알려져 있다.

1034 *Children who stutter should be treated by a speech therapist* ***as soon as possible****.*
말을 더듬는 어린이들은 가능한 한 빨리 언어치료사에 의해 치료를 받아야 한다.

1035 *No students are allowed to bring a gun to school or* ***possess illegal weapons*** *in school.*
어떤 학생도 학교로 총을 가지고 오거나 또는 학교 내에서 불법 무기를 소지할 수 없다.

1036 *You may have seen reports in the news over the weekend about* ***the potential dangers*** *of caffeinated energy drinks to young children.*
카페인이 든 음료를 마시는 것이 어린아이들에게 미칠 수 있는 잠재적 위험에 대한 뉴스를 주말에 보았을 수 도 있을 것이다.

1037 *Diamond, sapphires, rubies, and emeralds are examples of* ***precious stones****, among which the diamond is costliest.*
다이아몬드, 사파이어, 루비와 에메랄드는 보석의 예인데, 그 중에서 다이아몬드가 가장 비싸다.

1038 ***We appreciate your concern*** *regarding the problem, but you don't have to worry about it because it's all under control.*
그 사안과 관련된 당신의 염려에 감사드립니다만, 완전히 통제되고 있기 때문에 걱정하실 필요가 없습니다.

1039 *The film* ***received high praise*** *from filmmakers, critics and the public upon its release.*
그 영화는 개봉 당시부터 영화제작자들, 비평가들 그리고 관객들로부터 격찬을 받았다.

1040 *Two scientists* ***won the Nobel Prize*** *in Chemistry last year for their priceless contributions.*
작년에 두 명의 과학자들이 너무나 귀중한 공헌으로 노벨 화학상을 받았다.

1041 *John, then 20,* ***was sentenced to 50 years in prison****, with time served.*
당시 20세였던 존은 감옥살이 50년 형을 선고받았다.

1042 *We* ***were surprised at the news*** *of his sudden death.*
우리는 그의 갑작스런 사망 소식에 놀랐다.

1043 ***The play comprises three acts****, but I have no idea how long it will continue.*
그 연극은 3막으로 구성되어있는데 나는 상연시간이 얼마나 긴지는 모른다.

1044 *Thousands of workers gathered to protest the government's plans to* ***privatize the public enterprise*** *and lay off many workers.*
수천 명의 노동자들이 그 공기업을 민영화하고 많은 노동자들을 해고하려는 정부의 계획에 항의하기 위하여 모였다.

1045 *I couldn't fully* ***comprehend the meaning of*** *the underlined word in the sentence.*
나는 그 문장안의 밑줄 친 단어의 의미를 완전히 이해할 수가 없었다.

1046 *The number of people* ***falling prey to*** *cyber crimes is increasing very rapidly.*
사이버 범죄에 희생되는 사람들의 수가 매우 빠르게 증가하고 있다.

1047 *Driven by* ***compressed air*** *or electricity, the machinery should be kept out of the reach of children.*
압축공기나 전기로 작동하는 그 기계는 아이들의 손이 닿지 않는 곳에 보관되어야 한다.

1048 *I* ***was depressed by the result*** *of the exam because the grade didn't reflect how much I had studied.*
내가 얼마나 공부했는지가 성적으로 나타나지 못해서 나는 시험의 결과에 침울했다.

1049 *According to our club's bylaws, permission to* ***express views*** *on politically controversial issues will be refused.*
우리 회칙에 따라 정치적으로 논쟁의 소지가 있는 사안에 대한 의사표현의 허용은 거절될 것이다.

1050 *I* ***was deeply impressed by his speech*** *at the peace conference hosted by the pope.*
교황이 주최한 평화회의에서 그가 한 연설에 나는 깊은 감명을 받았다.

1051 *The military government* ***oppressed the people*** *by burning the village crops and starving them.*
군사 정부는 마을의 농작물을 불태우고 굶주리면서 사람들을 억압했다.

1052 *In spite of the police officers trying to* **suppress the riot***, the situation grew worse as mobs burned down all the shops in the village.*

폭동을 잠재우려는 경찰들의 노력에도 불구하고, 폭도들이 마을의 모든 상점을 불지르자 상황은 점점 악화되었다.

1053 *The news channel beat the movie channel in* **prime time** *total viewers for December.*

12월 전체 황금 시간대의 뉴스채널 시청자가 영화채널의 시청자를 뛰어넘었다.

1054 **The primary school** *started a fundraiser to help the orphans in Tanzania and Sierra Leone.*

그 초등학교는 탄자니아와 시에라리온의 고아들을 돕기위한 모금활동을 시작했다.

1055 **The primitive society** *in South Africa mainly hunted wild animals for food.*

남아프리카의 원시사회에서는 주로 야생동물을 사냥해 먹었다.

1056 *As for his family, whaling used to be* **the principal source of income***.*

그의 가족들에 대해 말하자면, 고래잡이가 한때는 주된 수입원이었다.

1057 *Our nation is founded on* **the principle of democracy** *that upholds the freedoms and rights of the individual.*

우리나라는 개인의 자유와 권리를 옹호하는 민주주의의 원리에 기초하고 있다.

1058 *He who has no respect for* **private property** *simply cannot be trusted.*

사유 재산에 대해 존중심이 없는 사람은 결코 신뢰받을 수 없다.

1059 *He can be forced to comply with the rules by threatening to* **deprive him of his property***.*

그의 재산을 박탈해간다는 협박을 통해 그가 규칙을 따르도록 강요할 수가 있다.

1060 *Although she was accused of murder, she confirmed her alibi to the jury to* **prove her innocence***.*

그녀는 살인죄로 고소되었지만, 그녀의 결백을 입증하기 위해 알리바이를 배심원에게 증명했다.

1061 *She has* **approved of his proposal** *which she rejected last term due to the budget issue.*

그녀는 예산 문제로 지난번에 거절한 그의 제안을 찬성했다.

1062 *Her school teacher called her parents because he* **disapproved of her behavior** *which annoyed the other classmates.*

그녀의 선생님은 친구들을 불쾌하게 하는 그녀의 행동을 못 마땅하게 여겨서 그녀의 부모님을 불렀다.

1063 According to the rumor, **the most _probable_ outcome** is that if nothing changes, the world will come to an end someday on account of global warming.

그 소문에 따르면, 가장 가능성이 있는 결과는 만약 이대로라면, 온난화로 인해서 언젠가 세상의 종말이 온다는 것이다.

1064 NASA **_launched a space _probe_** to Mars, and they found the signs that living organisms used to exist.

나사는 화성에 우주탐사용 로켓을 쏘아 올려서 한때 그곳에 유기체가 존재했던 흔적을 발견했다.

1065 The government should **take _proper_ measures** for natural disaster such as earthquakes.

정부는 지진과 같은 자연재해에 대해 적절한 조치를 취해야한다.

1066 The government introduced a new system to boost **a _property_ market**; nevertheless, the market has been experiencing the long slump.

정부는 부동산 시장의 호황을 위해서 새로운 시스템을 도입했음에도 불구하고, 부동산 시장은 오랜 불황을 겪고 있다.

1067 To make a vegetable soup, you have to use the **_appropriate_ amount of vegetables**. Otherwise it turns out fairly thick and not soupy.

채소스프를 만들기 위해서는 적당량의 채소를 넣어야 한다. 만약 그렇지 않으면 걸죽하게 되어서 스프가 되지 않을 것이다.

1068 The executives of the company **_appointed_ him as the sales director** unanimously.

그 회사의 간부들은 만장일치로 그를 영업이사로 임명하였다.

1069 He **_disappointed_ his fans** by cancelling his concert without any valid reason.

타당한 이유 없이 공연을 취소함으로써 그의 팬들을 실망시켰다.

1070 He is always kind to everyone and **a punctual businessman**.

그는 늘 모든 사람에게 친절하며 시간을 잘 지키는 사업가다.

1071 It is important to **_punctuate_ a sentence correctly**; otherwise it might convey another meaning.

문장에 구두점을 정확히 찍는 것은 중요하다. 그렇지 않으면 다른 의미를 전달 할 수도 있기 때문이다.

1072 I've always wanted to dine with my fiancé at a restaurant in New York that **has a good _reputation_**.

나는 항상 뉴욕의 인지도 있는 좋은 레스토랑에서 약혼자와 저녁을 먹고 싶었다.

1073 The conference was held to resolve **the _territorial_ dispute** between China and Japan over the small islands.

그 회담은 그 작은 섬들에 대한 중국과 일본의 영토분쟁을 해결하기 위해 열렸다.

1074 His girlfriend waited in line for three hours to get a luxury bag which had **_acquired_ a reputation** for good quality.

그의 여자 친구는 좋은 품질로 대한 명성을 얻은 명품 가방을 사기위해 줄을 서서 세 시간을 기다렸다.

1075 My girlfriend's parents **_inquired_ of me** me in great detail **what to do** in the future.

내 여자 친구의 부모님은 나에게 장래에 무엇을 할지를 대단히 깐깐히 물어 보셨다.

1076 Some people demand that the government should enact the law prohibiting the plastic surgery except in the case of **a patients absolutely _requiring_ surgery**.

어떤 사람들은 정부가 수술이 필요한 환자의 경우를 제외하고는 성형 수술을 금지하도록 법을 제정해야한다고 주장한다.

1077 Please support him and his organization by donating or volunteering in his attempt to **_conquer_ their fear of cancer**!

기부를 하거나 봉사활동을 통해 암에 대한 두려움을 극복하려는 그와 그의 단체를 지지해주세요!

1088 Professor Kim **_requested_ more information** on my study about butterflies before publishing.

김 교수님은 출판되기 전에 나비에 관한 내 연구에 대해서 더 많은 정보를 요청하셨다.

1089 **An _exquisite_ artifact** made in ancient times cannot be properly valued.

고대에 만들어진 아주 훌륭한 공예품들은 값을 제대로 측정할 수가 없다.

1080 The politician made an effort to implement **a _radical_ reform of education** of education in the elementary school sector.

그 정치가는 초등 교육부분에 근본적인 교육 개혁을 시행하려는 노력을 했다.

1081 *The principals of the local high schools focused on the need to <u>eradicate</u> <u>school violence</u>.*

그 지역 고등학교들의 교장들은 학교 폭력을 근절하기 위한 노력에 주력하고 있다.

1082 *The online networking service exploded with <u>**a wide range** of **opinions**</u> on the outbreak of MERS.*

온라인 네트워킹 서비스는 메르스의 발발에 대하여 광범위한 의견으로 넘쳐났다.

1083 *Her fiancé asked his friends to <u>**arrange** the **wedding**</u> and surprised her with a proposal on Valentine's Day.*

그녀의 약혼자는 자신의 친구에게 결혼을 준비해달라고 부탁했고 발렌타인데이에 프러포즈를 해 그녀를 놀라게 했다.

1084 *We are interviewing the tennis player who <u>**is ranked** third</u> in the world.*

우리는 세계랭킹 3위인 테니스 선수를 인터뷰하고 있다.

1085 *<u>**The death** rates</u> from heart disease have risen considerably in recent years.*

최근 **몇** 년 동안에 심장병으로 인한 사망률이 상당히 증가했다.

1086 *In a recent paper, the professor showed that people did not always make <u>rational **decisions**</u>.*

최근의 논문에서 그 교수는 사람들이 항상 합리적인 결정을 내리지는 않는다는 것을 증명했다.

1087 *Some students did not give <u>**a reason** for the decision</u> which was to skip the afternoon swim team practice.*

일부 학생들은 오후 수영 팀 연습을 빠지기로 한 결정의 이유를 밝히지 않았다.

1088 *No student but him gave <u>**a correct** answer to the question</u>.*

그를 제외한 어떤 학생도 그 질문에 대한 맞는 답을 제시하지 못했다.

1089 *The drama teacher would like to <u>**direct** a **play**</u> for Christmas at the end of the first semester.*

그 연극 선생님은 첫 학기 말에 있을 크리스마스 연극을 지도하고 싶어한다.

1090 *You can easily improve your posture by <u>**standing erect**</u> instead of bending forward.*

당신은 앞으로 구부리는 대신 곧게 서서 당신의 자세를 개선시킬 수 있다.

1091 *Rainfall in <u>**the major agricultural** regions</u> of the country is influenced by various factors.*

그 나라의 주요 농업지역의 강우량은 다양한 요인들의 영향을 받는다.

1092 More women are **doing regular exercise**, and may wish to continue their routine during pregnancy.

더 많은 여성들이 정기적으로 운동을 하고 있으며, 임신기간에도 정기적으로 운동을 계속하길 희망하기도 한다.

1093 Consumer reports have driven some legislative actions to **regulate the use of chemicals** in the products.

소비자들의 보도가 제품에서 사용되는 화학물질을 규제하기 위한 법적 조치를 취하게 하는 효과로 이어졌다.

1094 He was the first king of the dynasty to **reign over the empire**.

그는 그 제국을 통치한 왕조의 첫 번째 왕이었다.

1095 The soldiers who fought on behalf of the empire were seen as loyal subjects of **the sovereign nation of Great Britain**.

그 제국을 위해 싸운 군인들은 대영제국의 충성스러운 신하로 생각되었다.

1096 A recent news poll says that Elizabeth is the most popular member of **the royal family**.

최근 뉴스 여론조사에 따르면 엘리자베스 여왕은 왕족 중 가장 인기가 많다고 한다.

1097 It's time to **roll up our sleeves** and get down to serious work right away.

소매를 걷어 붙이고 당장 중대한 일을 시작해야할 때이다.

1098 He had received psychiatric treatment to help him **control his temper** over the previous two years.

그는 지난 2년간 스스로 화를 참는 것을 돕는 정신병 치료를 받았다.

1099 Candidates from overseas normally are not allowed to **enroll for a summer course**.

외국인 지원자들은 보통은 하계 강좌에 등록할 수 없다.

1100 An Italian astronomer also wrote that the Earth **rotates on its axis** once a day and spins around the sun once every year.

이탈리아 천문학자는 또한 하루에 한 번 지구가 자전하며, 일 년에 한 번 태양 주위를 돈다고 썼다.

1101 If you read the magazine regularly and have **a rudimentary knowledge** of the sport, you will have no difficulty in joining it.

만약 잡지를 정기적으로 읽어서, 그 스포츠에 대한 기본적인 지식을 가지고 있다면 그것에 직접 참여해보는데 큰 어려움은 없을 것이다.

1102 Many countries **import crude oil**; therefore, it is not too much to say that the oil supply countries control the world economy.

많은 국가들은 원유의 수입을 하기 때문에 원유국이 세계 경제를 지배하고 있다고 해도 과언이 아니다.

1103 In this upcoming movie, he plays the role of a detective who helps to capture an infamous and **cruel murderer**.

이제 개봉할 곧 개봉할 영화에서 그는 악명높은 잔인한 살인마를 잡는 것을 돕는 탐정을 연기한다.

1104 Two **corrupt officials** were caught taking bribes and were sent to prison.

두 명의 부패한 공무원들이 금품을 제공받다가 붙잡혀서 감옥에 보내졌다.

1105 Without bees, many businesses would **go bankrupt**, and the supermarket would not carry half the food that it does today.

벌들이 없다면, 많은 기업은 파산할 것이고, 슈퍼마켓들은 오늘 날랐던 식량의 반도 팔수 없게 될 것이다.

1106 **The volcano erupted** violently in 1980, devastating a large area of Washington state.

그 화산은 1980년에 세차게 분출하여 워싱턴 주의 광대한 지역을 폐허로 만들었다.

1107 **Our conversation was interrupted** by a phone call from my long-lost friend.

우리의 대화는 오랫동안 연락이 두절되었던 내 친구의 전화 때문에 중단되었다.

1108 There are certain rules of etiquette to adhere to when tourists from overseas visit this **sacred temple** of India.

해외방문객들이 인도의 신성한 사원을 관광을 할 때 지켜야 하는 에티켓이 있다.

1109 The U.N. Security Council quickly met and passed a unanimous vote to **impose sanctions on** the country concerning nuclear weapons.

유엔 안전 보장 이사회는 신속히 모여서 핵무기에 관하여 그 나라에 제재를 가하는 투표를 만장일치로 통과시켰다.

1110 *Everyone cannot fully make out **the wisdom of saints** on the spot.*

모든 사람들이 다 성인들의 지혜를 곧 바로 완전히 이해 할 수 있는 것은 아니다.

1111 *My physics group used **a spring scale** to measure the weight of the wooden box.*

물리학 그룹은 나무상자의 무게를 재기 위해 용수철 저울을 사용했다.

1112 *The country plans to invest many resources in that field **on a large scale**.*

그 나라는 그 분야에 대규모로 많은 자원들을 투자할 계획이다.

1113 *A mere misunderstanding between the two nations seemed to **escalate into an all-out war** before long.*

두 국가 사이의 단순한 오해가 멀지 않아 점점 전면전 상태로 악화 될 것 같다.

1114 ***Ascending to the throne**, the emperor committed himself to rule his people as justly as possible.*

왕위에 오르며 그 황제는 자기 백성들을 가능한 한 공평하게 통치하겠노라고 약속을 했다.

1115 *A strong blast of snowstorm caused a blackout. However, she calmy held up the candle and began to **slowly descend the stairs**.*

강한 눈 폭풍 때문에 정전이 되었지만 그녀는 침착하게 초를 들고 계단을 천천히 내려오기 시작했다.

1116 *This book is widely acclaimed for making **a scientific approach** to English Vocabulary.*

이 책은 영어 어휘에 대한 과학적 접근으로 널리 찬사를 받고 있다.

1117 *It's very surprising that she was **a conscious patient** after she tumbled down the stairs and hit her head on the floor.*

계단에서 굴러 넘어져 바닥에 머리를 부딪 힌 후에도 그녀가 의식이 있다는 건 매우 놀라운 일이다.

1118 *I believe that it is **a matter of conscience** and morality for the individuals concerned.*

나는 그것이 관련된 개인들의 양심과 도덕의 문제라고 믿는다.

1119 *Will you **describe the situation** at the apartment before the fire alarms go off?*

화재경보기가 울리기 전에 아파트에서 상황을 설명해주겠니?

1120 *The woman decided to **subscribe to the monthly newsletter**.* 그 여자는 월간 뉴스레터(소식지)를 정기 구독하기로 결정했다.

1121 Some states do not allow physicians to **prescribe painkillers for** the disease.

의사가 그 병에 대하여 진통제를 처방하는 것을 일부 몇몇 주에서는 허용하지 않는다.

1122 The Korean national soccer team won a trophy and they **ascribed the victory to their efforts** rather than to their luck.

적들은 믿음이 가지 않아 고개를 내저었고 그 성공의 원인을 그의 기술보다는 노력 때문이라고 생각한다.

1123 The young woman delivered her first son by **Caesarean section** because he was too big for natural birth.

그 젊은 여성은 첫째 아들이 자연분만으로 낳기에는 너무나 커서 제왕절개로 낳았다.

1124 Some farming crops were heavily damaged by **various species of insects**.

일부 농작물들은 다양한 종류의 곤충들에 의해서 심각하게 피해를 입었다.

1125 **The final segment of the book** feels added, as if joined on at the last minute by someone other than the writer.

그 책의 마지막 부분은 마치 작가 이외의 누군가에 의해 마지막 순간에 합쳐진 듯이 첨가된 느낌이 든다.

1126 Only knowing **the literal sense of the words** is not sufficient to make sense of what they really mean.

단어들의 글자 그대로의 의미를 아는 것만으로는 그것들이 정말로 의미하는 것을 이해기에 충분하지 않다.

1127 His new song is said to have gained huge popularity in Europe and is **expected to create a sensation** in the U.S. too.

그의 새 노래는 유럽에서 엄청난 인기를 끌었다고 하는데 미국에서도 역시 대단한 센세이션을 일으키리라 예상된다.

1128 The rumor that the couple are getting divorced soon **is nonsense**; they still love each other very much.

그 부부가 곧 이혼한다는 루머는 허튼소리이다. 왜냐하면 그 커플은 서로를 여전히 너무나 사랑하기 때문이다.

1129 The accused pled guilty to the other two murders in the appellate court, where he also could **be sentenced to death**.

그 피고는 항소심 법원에서 다른 두 개의 살인에 대해서 유죄를 인정했고 그곳에서도 사형을 선고 받을 수 있다.

1130 Due to the Japanese attitude toward the colonial period, **anti-Japanese sentiment** began to run deep among the Asian people.

식민 통치 기간에 대한 일본의 태도로 인해 아시아인들 사이에서 반일감정이 깊어지기 시작했다.

1131 The proposal was so beneficial to the community that the council members unanimously **assented to the proposal**.

그 제안은 지역사회에 너무나 유익했기 때문에 의원들은 만장일치로 그 제안에 동의 하였다.

1132 In traditional Muslim society, marriages are arranged by parents, although the bride and the groom must both **consent to the marriage**.

전통적인 무슬림 사회에서는, 물론 신랑과 신부 모두 결혼에 동의를 해야 하지만, 부모님에 의해서 결혼이 결정되었다.

1133 **She resented me,** because, when she proposed to me, I said "Frankly I'm not ready for marriage yet."

그녀는 나에게 화를 냈다 왜냐하면 그녀가 내게 청혼을 했을 때 "솔직히 난 아직 결혼준비가 되어있지 않아" 라고 말했기 때문이다.

1134 While on a visit to the botanical garden, you cannot ignore **the scent of flowers** that fills the air.

식물원을 방문하는 동안에는 대기를 가득 채우는 꽃향기를 지나칠 수 없다.

1135 The books in the library are **in alphabetical sequence** because it is easier to find them.

알파벳순으로 책이 나열되어있어야 책을 찾기가 용이하기 때문에 도서관에 있는 책들은 알파벳 및으로 되어있다.

1136 It is **a matter of consequence** whether to use a PPT slide or not for the lecture.

강의에 ppt 슬라이드를 사용할지 사용하지 않을지는 중요한 사안이다.

1138 Olympic figure skating champion queen Yuna, who has an incomparable talent, has a considerable influence on **subsequent generations** of figure *skating.*

탁월한 재능을 지닌 올림픽 피겨스케이팅 챔피언 여왕 김연아는 피겨스케이팅 후세들에게 엄청난 영향을 준다.

1138 *While housing prices are still falling around the country, sales have now risen **for three consecutive months**.*

주택 가격이 전국적으로 아직도 하락중인 반면에 판매량은 세달 연속으로 증가했다.

1139 *What makes the judges hard to **execute a prisoner** is unofficial organ harvesting from the executed prisoners.*

판사들이 사형을 선고하는 것을 어렵게 만드는 이유는 사형수들의 비공식적 장기 적출이다.

1140 *She **filed a suit against** John for intentionally spreading false rumors about her.*

그녀는 자신에 대한 허위 소문을 고의로 유포한 혐의로 John에게 소송을 걸었다.

1141 *The police were asked to spend more time **pursuing criminals** rather than pursuing opposition politicians.*

경찰은 야당 정치인들을 쫓지 말고 범죄자들을 쫓도록 요청을 받았다.

1142 *The columnists and news commentators were busy working on **a variety of social issues**.*

칼럼니스트와 시사 해설가들은 다양한 사회 이슈에 관한 조사하느라 바빴다.

DAY 40

1143 *In battles, there are not more than two methods of attack - the direct and the indirect - yet these two in combination give rise to **an endless series of operations**.*

전투에는 기껏해야 두 방법의 공격이 있다. 즉 직접적인 것과 간접적인 것이다. 그래도 이 두 개가 결합해서 끝없는 일련의 책략들을 발생시킨다.

1144 *The door was locked in an unusual manner; he **inserted the key in the lock** but could not open it.*

평상시와 달리 문이 잠겨 있어서 그가 문을 열기 위해서 자물쇠에 열쇠를 넣었지만 문이 열리지 않았다.

1145 *Camels were very useful when **crossing deserts** because they could survive without drinking or eating for several days.*

낙타들은 며칠동안 물을 마시거나 음식을 먹지 않고도 생존할 수 있기에 사막을 건널 때 매우 유용했다.

1146 *The movers had to **exert all of their strength** to lift and carry the heavy boxes.*

이사꾼들은 무거운 박스를 들고 운반하는 데 그들의 온 힘을 다 쏟아야 했다.

1147 *One day I hope to partake in a charitable organization that exists solely to **serve the purpose** of benefiting mankind.*

언젠가는 오직 인류에게 이로움을 주는 목적에 부합하는 자선단체에서 일하고 싶다.

1148 *We must **conserve the forest** for the next generation and use renewable energy instead of fossil fuels.*

다음 세대를 위해 숲을 보존하고 화석연료 대신 재생 가능한 에너지를 사용해야 한다.

1149 *We can **preserve the environment** by recycling things, buying local products, and saving electricity and water.*

재활용을 하고 지역 생산물을 구입하고 전기와 물을 절약함으로써 환경을 보존할 수 있다.

1150 *Her date arrived twenty minutes ago and **reserved two seats** in the luxury restaurant.*

그녀의 데이트 상대는 20분 일찍 도착해서 그녀를 위해 고급스러운 식당 두 자리를 예약해 두었다.

1151 *Millions of people across Mongolia have a chance to **observe the stars in the sky** almost every day.*

몽골에 사는 수백만 명의 사람들은 거의 매일 하늘의 별들을 관찰할 기회가 있다.

1152 *The criminal who killed the two-year old toddler* **deserves to be punished** *in prison.*

아장아장 걷는 두 살짜리 아기를 살해한 범죄자는 감옥에 가는 처벌을 받는 것이 마땅하다.

1153 *The president of the company is abroad; therefore, the vice president will* **preside over the upcoming board of directors meeting**.

회장님의 해외 출장으로 부회장님이 다가오는 이사회를 주재할 것이다.

1154 *In the 19th century many people including the Korean immigrated to the States in search of the American dream, most of whom currently* **reside in Los Angeles**.

19세기 한국인을 포함한 많은 사람들은 아메리칸드림을 꿈꾸며 미국으로 이민을 왔고, 그 중 대부분은 현재 로스앤젤레스에 거주한다

1155 *Generally speaking,* **'a regular session of the National Assembly'** *is one in a hundred scheduled each year according to parliamentary law.*

일반적으로 말하면, '정기국회 회기'는 국회법에 따라 매년 한 번씩 100일간의 회기로 소집된다.

1156 *After much deliberation, he decided to* **put his signature on** *the contract.*

심사숙고 후에 그는 계약서에 사인하기로 결정을 내렸다.

1157 *The new president brought* **significant changes** *to the employment laws and policies.*

새 대통령은 고용법과 정책에 관하여 중대한 변화를 가져왔다.

1158 *The math teacher* **assigned the job** *of cleaning the chalkboards to me.*

수학선생님은 칠판을 지우는 일을 나에게 시켰다.

1159 *The public at large is of an opinion that the area has to* **be designated as a National Park**.

일반 대중은 그 지역이 국립공원으로 지정되어야 한다는 의견을 가지고 있다.

1160 *He decided to* **resign his position**; *consequently, he is going to leave it when he completes the transfer of duties.*

그는 그의 직위에서 물러나기로 결심했다. 따라서 그는 인수인계를 마친 후 사임할 것이다.

1161 *She wondered how she was going to revise the letter and* **seal the envelope** *up properly again.*

그녀는 어떻게 그녀가 편지를 수정하고 편지봉투를 원래 모습대로 그대로 봉인할 수 있을 지가 고민이었다.

1162 *His appearance is very* **similar to his brother** *so that I always mistake him for his brother.*

그의 생김새는 그의 형과 매우 비슷해서, 나는 항상 그의 형과 그를 헷갈려 한다.

1163 *The term "melting pot" indicates that U.S. residents* **assimilate the new immigrants** *from all over the world.*

'멜팅팟'이란 용어는 미국사람들이 전 세계에서 새로 이민을 온 사람들을 동화시킨다는 것을 나타낸다.

1164 *We then thought that we ought to give the actor credit for* **the grief he simulated so well at the news**.

우리는 그 배우가 그 소식을 듣고서 그렇게 잘 가장 했던 슬픔에 대해 찬사를 보내야 한다고 그 당시에 생각했다.

1165 *The two boys* **seem to be happy** *about hanging out together and fooling around.*

그 두소년들은 함께 어울려서 시간을 보내는 것에 대해 행복해 하는 것 같다.

1166 *She* **resembles her father** *in appearance, and resembles her mother in character.*

그녀는 외모는 아빠를 닮았고 성격은 엄마를 닮았다.

1167 *John is busy* **assembling data for a report** *because he needs five more reports to graduate with a master degree.*

존은 보고서를 위해 데이터를 모으느냐 바쁘다. 왜냐하면 석사과정을 졸업하기 위해서는 5개의 보고서를 더 써야 하기 때문이다.

1168 *The more developed and complicated our society is,* **the more social activities** *we enjoy.*

우리의 사회가 더 발전하고 복잡해질수록, 우리는 더 많은 사교 활동을 즐긴다.

1169 *Consumers can* **associate certain brand names with high quality products**.

소비자들은 특정 브랜드 이름과 고품질의 제품을 연관 지을 수 있다.

1170 The 19-year-old driver was **the sole survivor** of the deadly car accident that took the lives of the rest of his family.

19살의 운전자만이 치명적이었던 자동차 사고의 생존자이고 나머지 가족은 모두 사망했다.

1171 The naturalist made no immediate reply, but later, as in the shades of night they journeyed through **the desolate landscape**, he broke the silence.

박물학자는 즉각적인 대답은 하지 않았으나 나중에 적막한 풍경속을 여행할 때 침묵을 깼다.

1172 The philosopher **enjoyed his solitary life** rather than to live in a community full of highly judgmental people.

철학자는 남에 대해서 판결을 내리기를 좋아하는 사람들로 구성된 사회에 살기보다는 혼자 사는 삶을 즐겼다.

1173 Many scientists tried to prove the solution; however, no one could prove it or solve it because **the solution to the problem** was too abstruse.

많은 과학자들이 해결책을 증명하려고 시도해지만, 그 문제에 대한 해결책이 매우 난해했기 때문에 아무도 증명하지도 심지어는 풀지 못 했다.

1174 Alexander the Great was the ruler of an immense empire and also **wielded absolute power**.

알렉산더 대왕은 광대한 제국을 지배했고 또한 그는 절대적인 권력을 휘둘렀다.

1175 Without power to **dissolve Parliament**, the Prime Minister could only resign, probably to be replaced by a rival within his own party.

의회를 해산할 힘이 없다면, 총리가 할 수 있는 유일한 일은 사임하는 것이나 아니면 아마도 당내에 라이벌에 의해 총리직이 대체되는 것이다.

1176 The government has formed a trouble shooting committee to **resolve the dispute** between the two groups that live in the same territory.

정부는 같은 영토에 사는 두 개의 그룹 사이의 갈등을 해결하기 위해 중재위원회를 조직했다.

1177 She took up a residence near the city hall, maintaining **a highly sophisticated lifestyle**.

그녀는 시청 근처에 숙소를 잡았고 매우 세련된 삶의 방식을 유지했다.

1178 **The professor of philosophy** from Yale always emphasizes that metaphysics is a branch of philosophy concerned with being.

예일대 그 철학과 교수는 형이상학은 존재와 관련된 철학의 한 분야라고 항상 강조한다.

1179 It is our college's tradition that **a sophomore in college** become a leader of each society and is responsible for each society at college.

2학년이 각 클럽에 리더를 맡고 각 클럽을 책임을 지는 것이 우리학교의 전통이다.

1180 Our family enjoyed **the magnificent spectacle** provided by the fireworks show last weekend.

우리 가족은 지난 주말의 불꽃놀이가 선보인 장엄한 광경을 즐겼다.

1181 Your assignment is to study **a rare insect specimen** affected by climate change and environmental damage.

당신의 임무는 기후변화와 환경파괴에 의한 희귀한 곤충 표본을 수집하는 것이다.

1182 Ten students joined the eco-friendly campaign to **protect endangered species**.

열 명의 학생들이 멸종 위기에 놓인 종을 보호하기 위해 친환경 캠페인에 합류하였다.

1183 According to the report, **talking about a specific topic** is beneficial to developing a critical and logical thinking.

그 보고서에 따르면, 특정 주제에 대해 이야기 하는 것은 비판적, 논리적인 사고력을 키우는데 도움이 된다.

1184 He always **participates in special events** held in Harvard because it is alma mater.

하버드대학교가 그의 모교이기 때문에 그는 항상 하버드에서 주최하는 특별행사에 참석한다.

1185 His friend shook his head in disbelief as his fellow employees **speculated about the motive** for his resignation.

그의 동료 직원이 그가 사임한 이유에 대해서 추측하자 그의 친구는 믿을 수 없다는 듯이 고개를 저었다.

1186 Homeschooling reportedly **affects all aspects of life** and isolates young learners from the social aspect of education.

보고된 바에 따르면 홈스쿨링은 삶의 모든 측면에 영향을 주며 어린 학생들을 교육의 사회적 측면으로부터 소외시킨다.

1187 The city's emergency management team will **inspect the damage** from the flood tomorrow morning.

도시의 비상사태 관리팀은 홍수로 인해 파괴된 곳을 내일 아침 조사할 것이다.

1188 Every Jack has his Gill; so, I **expect to find** a match made in heaven.

헌 짚신도 다 제 짝이 있다고 나는 나의 천생연분을 찾을 거라고 기대한다.

1189 The national monument is built on a mountain, which **commands a fine prospect** over the whole city.

국립 기념물은 산 위에 지어져 도시 전체에서 잘 볼 수 있다.

1190 Kim-Gu was **a highly respected teacher** to the nation's armed resistance against Japanese colonial rule.

김구는 독립군들에게 대단히 존경받는 선생님 이였다.

1191 From **a scientific perspective**, his discovery is regarded as not only epoch-making but also revolutionary.

과학의 관점에서 보면 그의 발견은 획기적인 뿐만 아니라 혁명적으로 간주된다.

1192 The boss's wife was murdered and the coworkers **suspect him of the criminal** because their boss had recently gotten divorced.

그들의 상사가 최근에 이혼을 했기 때문에 동료들은 그가 아내를 죽인 범인이라고 의심한다.

1193 If you don't know where the Empire State Building in New York City is, look for **a conspicuous high-rise building** near Manhattan.

뉴욕에 엠파이어 스테이트 빌딩이 어디에 있는지 모른다면 맨해튼 근처의 눈에 띄게 높이 솟아 있는 건물을 찾으세요.

1194 After discovering the dark secrets from his administrator, the honest man **despised their corrupt business methods**.

관리자를 통해 사악한 비밀을 알게 되자 정직한 남자는 그들의 부정한 비즈니스 방식을 혐오하게 되었다.

1195 On Sunday afternoon, he could not participate in the game **despite his efforts** because of the rain and strong winds.

일요일 아침에, 그는 비가 오고 강한 바람이 오는 때문에 그의 노력에도 불구하고 경기에 참석하지 못했다.

1196 In Russia, particularly in the Soviet period, he was suspected as **a self-seeking industrial spy**.

러시아 특히 구소련 시절에 그는 이기적인 산업 스파이로 의심을 받았다.

1197 The industrial complex continues to grow and **prosper as a center of trade** despite tough economic times.

경기가 좋지 않은 시기에서도 그 공단지역은 지속적으로 성장하고 무역의 중심지로 번창하고 있다.

0001 They were exhausted and there was no more hope. After a long wait, they **despaired of being rescued**.

그들은 지쳤고 더 이상 희망이 없었다. 오랜기다림 끝에 그들은 구조 될 것을 단념했다.

1199 *This area was formerly within the <u>**sphere** of</u> <u>**influence** of the US</u> but not anymore.*

이 지역이 이전에는 미국의 영향권 내에 있었지만 더 이상은 아니다.

1200 *The astronauts received a chance to explore <u>**the**</u> <u>**outer atmosphere**</u> of a different planet.*

우주비행사들은 다른 행성의 상층 대기를 탐험할 수 있는 기회를 갖게 되었다.

1201 *The Summer Solstice marks the beginning of summer in **the Northern Hemisphere**.*

하지는 북반구에서는 여름의 시작을 나타낸다.

1202 *All Korean athletes performed quite admirably for our country with **the spirit** of Olympics.*

모든 한국 선수들은 올림픽 정신을 가지고 나라를 위해서 훌륭하게 기량을 다했다.

1203 *One of the primary school's actors' club students <u>**aspires to be a famous actor**</u> in the future.*

초등학교의 배우동아리 중 한명은 나중에 유명한 배우가 되기를 열망한다.

1204 *Watching documentaries about pollution and nonrenewable resources <u>**inspired** **many young**</u> <u>**people**</u> to make greater efforts to preserve the environment.*

환경오염과 재생할 수 없는 자원에 대한 다큐멘터리를 보는 것은 많은 젊은이들이 환경을 보호하는데 더 큰 노력을 하도록 고취시켰다.

1205 *As my cellphone **contract expires soon**, I get many spam calls to renew the contract these days.*

내 핸드폰 계약이 곧 만료되기 때문에 요즘 계약을 갱신하라는 스팸 전화를 많이 받는다.

1206 *The lifeguard brought the woman back to life through <u>**artificial respiration**</u> and cardiac massage.*

그 구조대원은 그 여자를 인공호흡과 심장마사지로 다시 깨어나게 했다.

1207 *Figure skaters <u>**perspire so heavily**</u> during training that they always feel the hunger, but they have to be on a diet all the time.*

피겨 스케이터들은 훈련을 할 때 땀을 뻘뻘 흘리기 때문에 항상 허기를 느끼지만 항상 다이어트를 해야 한다.

1208 *The company has been <u>**an official sponsor of the**</u> <u>**Olympic Games**</u> since 1976 and has a longstanding commitment to the Olympic movement.*

그 회사는 1976년이래로 올림픽의 공식 후원사이며 올림픽 운동에 오랫동안 집중하고 있다.

1209 *The math teacher is waiting for the students to <u>**respond briefly to his question**</u>.*

수학선생님은 학생들이 그의 질문에 짧게 답하기를 기다리고 있었다.

1210 *The audience can tell that what she says <u>**corresponds**</u> <u>**to the fact**</u>.*

청중들은 그녀가 말하는 것이 사실과 일치한다는 것을 확신할 수 있다.

1211 *I **can't stand his behavior** anymore; he always makes fun of my height.*

나는 더 이상 그의 행동을 참을 수가 없어. 그는 항상 내 키를 가지고 놀려.

1212 *If the lower classes are allowed to pay fewer taxes, they may improve their **standard of living** by increasing their income.*

만약 하위계층이 더 적은 세금을 내도록 허용 받는다면, 그들은 자신들의 수입을 증가시킴으로써 생활 수준을 개선할 수 있을 것이다.

1213 *If you wish to keep your health, It is very important to **maintain a constant weight** by working out on a regular basis.*

당신이 건강을 유지하고 싶다면, 규칙적으로 운동을 해서 일정한 몸무게를 유지하는 것이 매우 중요하다.

1214 *She gave **an instant response** to the question how to make herself happy, and the shortest way that occurred to her was to work hard for her family.*

그녀는 자신을 행복하게 만들 방법이 무엇인가란 질문에 즉석에서 대답을 했는데 그녀에게 떠오른 가장 빠른 방식은 그녀의 가족을 위해 열심히 일하는 것이었다.

1215 *The company's main products are fertilizers, dye, and many other **chemical substances**.*

그 회사의 주요 생산품은 비료와 염료, 그리고 많은 다른 화학 물질들이다.

1216 *The young children marveled at the statue of Admiral Yi standing at the top of the mountain and they hoped to **put up a similar statue** at school as well.*

그 어린 아이들은 산꼭대기에 서있는 이장군의 동상에 깜짝 놀랐고 학교에도 똑 같은 동상을 세우기를 바랐다.

1217 *The elegant and sophisticated queen walked down the carpet **in a stately manner**.*

그 우아하고 세련된 여왕은 위엄 있는 태도로 카펫을 걸어 내려왔다.

1218 *According to the annual report, **the social status of women** has improved in the last decades, but it has a long way to go.*

그 연례 보고서에 따르면, 여성의 사회적 지위가 지난 몇 십년동안 발전해왔지만, 아직도 더 갈 길이 멀다고 한다.

1219 *The labor department **released** statistics **about the unemployment rate** which was down from 7.1% in the same period a year.*

노동부에서 실업률이 작년에 비해 7.1% 줄었다는 통계를 발표했다.

1220 *Most public **radio stations** refrain from using foul language or discussing inappropriate topics.*

대부분의 공공 라디오 방송국은 욕설 사용이나 부적절한 주제를 논의하는 것을 삼가고 있다.

1221 *What are the latest trends regarding pricing and housing within the domestic **real estate market**?*

국내 부동산 시장 내의 가격 결정과 주택 공급에 관한 가장 최근의 동향은 무엇인가?

1222 *Stomach cancer can often be cured if it is found and treated **at an early stage**.*

위암은 초기 단계에 발견되어 치료된다면 대개 완치될 수 있다.

1223 *Research says that couples that date longer before getting wedded tend to live **a more stable marriage life**.*

연구결과에 따르면 결혼하기 전에 오랫동안 연애를 한 커플은 대체로 안정적인 결혼 생활을 이어간다.

1224 ***This school was established** in 1850 with the help of American missionaries and ministers.*

이 학교는 미국 선교사들과 목사들의 도움을 받아 1850년에 세워졌다.

1225 *She **went into ecstasy** when she heard the news that her mother's cancer could be cured.*

그녀는 엄마의 암을 치유할 수 있다는 소식을 들었을 때 황홀경에 빠졌다.

1226 *South Korea **constituted a democratic government** on the 15th of August in 1948.*

남한은 1948년 8월 15일에 민주 정부를 설립했다.

1227 *A strong sense of the value and blessings of the new policy induced the people to **institute the new policy** at a very early period.*

새로운 정책의 가치와 축복들에 대한 강한 의식이 매우 초기에 그 정책을 시행하도록 사람들을 유도했다.

1228 *I asked my cooking teacher if I could **substitute butter for oil** in this recipe.*

나는 이 조리법에서 기름대신에 버터를 써도 되는지 요리 선생님에게 질문을 했다.

1229 *In the 20th century, many people **believed the superstition** that finding a four-leaf clover would bring them good luck.*

20세기에는 많은 사람들이 네잎 클로버를 찾으면 행운이 찾아 올 것이라는 미신을 믿었다.

1230 *The French cosmetics company **has sustained steady growth** for the last five decades.*

그 프랑스 화장품 회사는 지난 50년 동안 꾸준한 성장을 지속했다.

1231 *Before you talk to a fortune teller, you have to keep in mind that you are going to **work out your own destiny**.*

점쟁이와 얘기하기 전에, 당신의 운명은 당신 스스로 개척해나가는 것이라는 걸 마음속에 염두에 두어 두어야 한다.

1232 *The voters in Korea **installed the first woman president** in South Korea, just like in Southeast Asia.*

한국의 유권자들은 동남아시아에서처럼 여성대통령을 처음으로 취임시켰다.

1233 *The man saved other passengers trapped in the ship **at the cost of his own life**.*

그 남자는 자신의 목숨을 희생하여 배 안에 갇힌 다른 승객들의 목숨을 구했다.

1234 *He knelt down and proposed to me by saying "Would you be with me **for the rest of my life**?"*

그는 무릎을 꿇고 "내 남은 인생동안 저와 함께 해주시겠습니까?" 라고 말하며 청혼을 했다.

1235 *The police **made an arrest of the murderer** of a teenager who was found dead in a parking lot.*

경찰은 주차장에서 사망한 채 발견된 십대의 살인범을 체포했다.

1236 *A nurse **assists a doctor**, cares for the patients and administers medications in the hospital.*

간호사는 병원에서 환자를 돌보고 약을 투여하면서 의사를 보조했다.

1237 *No scientists doubt that **water consists of hydrogen and oxygen**.*

물이 수소와 산소로 만들어졌다는 것을 의심하는 과학자는 없다.

1238 *He **insisted on his innocence** when the plaintiff accused him of stealing money from the bank.*

원고가 그가 은행에서 돈을 훔쳤다고 고소하자 그는 결백하다고 주장했다.

1239 *The Roman Empire **existed for several centuries** before it collapsed due to corruption and instability.*

타락과 불안정함으로 인해서 멸망하기 전에 로마 제국은 몇 세기 동안 존속했다.

1240 *Because he had been addicted to nicotine since he was twenty, he **persisted in smoking** even ill in bed.*

그가 20살 때부터 니코틴에 중독되었기 때문에 아파서 누워있는 동안에도 계속 담배를 폈다.

1241 *The rebels attempted to **resist the military government** by refusing to obey their orders and making alliances with the nearby countries.*

반역자들은 그들의 지시를 따르지 않고 주변 국가들과 동맹을 맺음으로서 군사 정부에 저항을 시도했다.

1242 *The programmer got **a stiff neck** from staring at the computer screen for five hours.*

5시간 동안 컴퓨터 화면을 바라보고 나자 프로그래머의 목이 뻣뻣해졌다.

1243 *Four half-naked Indian paddlers, who were **all men of sturdy build**, were in charge of the canoes.*

네 명의 반쯤 벗은 인디언 노젓는 사람들은 모두 체격이 건장한 남자들이었는데 카누들을 맡고 있었다.

1244 *The defenders put up **stubborn resistance** against the conquerors but were defeated after no less than five years of fighting.*

방어자들은 정복자들에 대해 고집스럽게 저항했고 5년씩이나 싸운 이후에 패배했다.

1245 *It is not always easy for you to **distinguish** good **from** evil.* 선과 악을 구분하는 것이 항상 쉬운 것만은 아니다.

1246 A fireman tried to **extinguish the flames** to save a child's life who was trapped in the fire.

소방관은 불속에 갇힌 아이를 구하기 위해서 불을 끄기 위해 애를 썼다.

1247 I made up my mind to divorce when I realized that he and I were completely **distinct from each other**.

나는 그와 내가 서로 완전히 다르다는걸 깨달았을 때 이혼해야겠다고 결심했다.

1248 The 'dodo' birds had no fear of humans; their characteristics led them to be **an extinct species**.

도도새들은 사람들에 대한 두려움이 없었기 때문에 그러한 그들의 특성이 그들을 멸종 되도록 이끌었다.

1249 Do you think that the most basic instinct of all living beings is **the survival instinct**?

모든 생물의 가장 기본적인 본능은 생존의 본능이라고 생각하십니까?

1250 According to a study, there are 4 steps to **stimulate economic growth** during a recession.

연구결과에 따르면 경기침체기 동안 경제 성장을 자극할 수 있는 4가지 단계가 있다.

1251 Students who have been caught cheating on the final exam will receive **a strict punishment**.

기말고사에서 커닝을 하다가 걸린 학생들은 엄중한 처벌을 받을 것이다.

1252 The new regulations **restrict smoking in public places** to ensure a smoke-free environment for the sake of the population's health.

새로운 규제는 사람들의 건강을 위해 금연 환경을 보장하기 위해 공공장소에서의 흡연을 제한한다.

1253 As the Americans have proved, the tolerance in **an election district** is about 1 per cent.

미국인들이 증명한 바로는 선거구의 허용 오차는 약 1퍼센트이다.

1254 I've **strained my shoulder** while lifting weights and dumbells at a gymnasium.

나는 지난주에 체육관에서 역기와 아령을 들다가 어깨를 접질렸다.

1255 She **constrained him to say** immediately why he didn't answer her phone and where he had slept last night.

그녀는 그가 왜 그녀의 전화를 받지 않았는지 그리고 어제 어디서 잤는지를 당장 말하길 강요했다.

1256 It's important to **restrain yourself from yawning** during a meeting even if you are bored.

회의 중에 지루하더라도 하품을 하지 않도록 너 자신을 잘 억제하는 것이 중요하다.

1257 Korean car makers are **putting more stress on marketing** for European sales than on those of any other area.

한국의 자동차 제조회사들이 어떤 다른 지역에서의 판매에 보다 유럽판매를 위한 교육을 강조하고 있다.

1258 In times of economic recession, financial distress will lead people to **suffer mental distress**.

경제가 침체된 시기에, 금융 난은 사람들에게 정신적 고통을 겪게 할 것이다.

1259 There are usually three pegs fitted to the top portion of the instrument to **fasten the strings tight**.

줄을 팽팽히 고정할 수 있도록 보통은 그 악기의 상단부에 끼워져 있는 세 개의 줄감개가 있다.

1260 They **are in a dire straits**, and so we must do whatever we can to help them out.

그들은 극심한 곤경에 처해 있기에 우리는 그들을 도와주기 위해 할 수 있는 것은 무엇이건 해야한다.

1261 Winning the photography contest has brought him **international prestige and glory**.

그 사진 콘테스트에서 우승한 것은 그에게 국제적 명성과 영예를 가져다주었다.

1262 Neurosurgeons used the MRI scans to examine **the structure of the brain** in the little girl.

신경외과의사들은 MRI 스캔을 이용해 작은 소녀의 뇌 구조를 관찰했다.

1263 The builders plan to **construct a bridge** directly across the river at an estimated cost of seven million dollars.

건설자들은 강의 반대편과 잇는 다리를 지으려고 칠백만 달러의 계획을 세웠다.

1264 The manager **instructed him to collect information** on customer satisfaction.

매니저는 그에게 고객 만족도에 대한 정보를 수집할 것을 지시했다.

1265 A rear-end collision took place on the highway and it **obstructed traffic of the road**.

고속도로에서 발생한 추돌사고가 도로의 교통을 방해했다.

1266 The doctor's assistants checked **the surgical instruments** before bringing them inside the operating room.

그 의사의 조수들이 수술도구를 수술실로 들여오기 전에 그것들을 확인했다.

1267 Eight types of the chemicals were shown to contribute to **destroy the environment**.

8가지 종류의 화학물질은 환경을 파괴하는 역할을 한다고 나타났다.

1268 **The tourism industry** has established the world-market, for which the discovery of America paved the way.

관광 산업계는 세계적 시장을 확립했고 미국의 발견이 그 길을 열었다.

1269 The general discussed **the military strategy** and tactics used by the commanders of the armies in World War I.

장군은 제1차 세계대전에서 사령관들에 의해 사용된 군사 전략과 전술에 대해 이야기했다.

1270 The boy gave her roses and **persuaded her to** change her mind about breaking up with him.

소년은 그녀에게 장미꽃을 주며 자신과 헤어지지 않는 방향으로 마음을 바꾸도록 설득했다.

1271 Try as you may, you won't be able to **dissuade him from leaving home**.

네가 아무리 노력해도 그가 가출하려는 것을 단념시킬 수 없을 것이다.

1272 The referee awarded a corner kick to the Dutch, but it seemed so ridiculous that the spectators **shouted insults at the referee**.

심판이 독일에게 코너킥을 주었는데, 그 코너킥이 너무도 말도 안돼서 관중들이 심판에게 모욕적인 말을 퍼부었다.

1273 The consultant suggested a few steps to develop our company further, the first of which was to reduce **problems resulting from errors**.

그 자문가는 우리 회사의 발전을 위해서 몇 가지 단계를 제안했는데 첫 번째는 오류로 인해 생기는 문제를 줄여야 한다는 것이다.

1274 Both **wild and farmed salmon** are rich in omega-3 essential fatty acids which are essential for brain function.

자연산 연어와 양식연어 모두 뇌 기능에 필수적인 omega-3 필수 지방산이 풍부하다.

1275 Furthermore, children of single parent families or lower income families are also common victims of **sexual assault**.

게다가 결손 가정이나 저소득 측 가정의 아이들이 성폭행의 흔한 피해자이기도 하다.

1276 The representative will **assume responsibility for** the chairmanship of the executive council beginning August 1st.

그 대표는 8월 1일부터 최고 집행위원회의 의장 역에 대해 책임을 맡게 되었다.

1277 She **was consumed with jealousy** when she found a picture of her fiancé hugging another girl.

그녀는 자신의 약혼자가 다른 여자를 끌어안고 있는 사진을 찾았을 때 질투심에 사로잡혀있었다.

1278 The police **presume that she is innocent** because she has an absolute alibi.

그녀는 아주 확실한 알리바이가 있기 때문에 경찰은 그녀가 무죄라고 추정했다.

1279 Let's **resume the debate** from the point at which we left it on Tuesday.

지난 주 화요일 날 우리가 남겨두었던 그 부분에서부터 토론을 재개합시다.

1280 Taxes fall heavily on the people so that those who have low income **are exempted from paying the tax**.

세금은 국민들에게 무거운 부담이기 때문에 소득이 낮은 사람들은 세금 납부가 면제된다.

1281 The teacher was so angry at her distracted behavior that she **prompted her to listen up** and stay calm.

선생님은 그녀의 산만한 행동에 화가 나서 그녀에게 경청하고 얌전히 있도록 촉구했다.

1282 The salesclerk **assured him of the high quality** of the newly released cellular phone.

그 판매원은 그에게 새로 출시된 핸드폰의 높은 품질을 보장했다.

1283 The expert advised me to **insure the building against fire**.

그 전문가는 나에게 그 건물에 대해 화재보험에 들라고 충고했다.

1284 **The stock prices** recently **surged** in emerging countries such as India and China.

주가가 인도와 중국과 같은 신흥국가들에서 최근에 급등했다.

1285 Due to the environmental problems, the government attempts to harness the sun's rays as **a source of energy**.

환경 문제로 인해서 정부는 태양 광선을 동력원으로 이용하려는 시도를 하고 있다.

1286 The management system of **human resources** is part of the firm's internal environment.

인적자원 관리시스템은 회사의 내부 환경의 일부분이다.

1287 I still **keep in contact with** my elementary school friend who resides overseas.

나는 해외에 거주하고 있는 내 초등학교 친구와 아직도 연락하고 지낸다.

1288 The new employee amazed her coworkers by **displaying great tact** during her PowerPoint presentation.

새로운 직원은 파워포인트 발표에서 대단한 재치를 보여줌으로써 그녀의 동료를 놀래켰다.

1289 According to a survey, people who write down their resolutions are more likely to **attain their goals** than people who don't.

설문조사에 따르면 자신의 결심을 적어 놓는 사람은 그렇지 않은 사람보다 자신의 목표를 가능성이 높다고 한다.

1290 The crowded area was an ideal place for **the highly contagious disease** to spread easily.

붐비는 장소는 전염성이 높은 병이 쉽게 퍼지기에 매우 이상적인 장소였다.

1291 The wastes from the factory **contaminated the river with chemicals** which are very toxic.

공장에서 배출된 폐기물들은 매우 유독한 화학물질들로 강을 오염시킨다.

1292 The educational committee is working on a program that **integrates art and technology**.

교육위원회는 예술과 기술을 통합한 프로그램을 연구 중이다.

1293 This game was thrilling like **a poker game with high stakes** except that it was not for real.

진짜가 아니라는 것만 빼면 이 게임은 판돈이 큰 포커 게임 같았다.

1294 Before shipping the package off to New Zealand, she **attached a label to the parcel** at the post office.

뉴질랜드로 소포를 보내기 전에 그녀는 우체국에서 소포에 라벨을 붙였다.

1295 The cleaning guideline says to **detach the hood from the jacket** before cleaning.

세탁설명서에는 세탁전에 재킷에서 모자를 떼어 내라고 되어있다.

1296 Nancy **died of a heart attack** when she found out about her missing daughter's death.

낸시는 그녀의 잃어버린 딸의 죽음을 알게 되었을 때 심장마비로 죽었다.

1297 According to doctors union, Dr. Kim is famous for **tailoring treatment to a patient**.

의사협회에 따르면, 김 의사는 환자에게 맞추어 치료하기로 유명하다.

1298 The judge asked the witnesses to **describe the accident in detail** in front of the jury.

재판관은 그 증인에게 배심원들 앞에서 그 사고를 상세히 묘사해달라고 요구했다.

1299 An open price system is a system that prohibits producers from putting <u>suggested</u> **retail prices** on products.

오픈가격제는 제조업체들이 제품에 권장소비자가격을 표시하는 것을 금지하는 제도이다.

1300 Although the pamphlet cannot provide answers to all questions, it does <u>contain</u> **useful information** on how to maintain your car in good condition.

비록 그 소책자가 모든 질문에 대한 해답을 제공할 수는 없지만, 그것은 너의 차를 좋은 상태로 유지하는 방법에 대에서 유용한 정보를 포함하고 있다.

1301 For an hour and a half, the play <u>entertained</u> **us** <u>**with interesting stories**</u>.

한 시간 반 동안, 그 연극은 재미있는 이야기들로 우리를 즐겁게 해주었다.

1302 The exchange student is able to study in a new cultural environment and <u>obtain</u> **his university credits** at a foreign country.

교환학생은 새로운 문화환경에서 공부할 수 있고 외국에서 대학 학점을 받을 수 있다.

1303 He tried to <u>retain</u> **his composure** when several people purposely shoved him in the hallway.

그는 몇 명의 사람들이 복도에서 일부러 그를 밀치려고 할때 침착을 유지하려고 애썼다.

1304 The programs have not yet gained enough momentum to <u>sustain</u> **economic growth** in the country as a whole.

그 프로그램은 아직까지는 그 나라 전체의 경제발전에 기여를 할 정도로 충분한 힘을 얻지 못했다.

1305 The landlord can drive out <u>**the tenant of the house**</u> who does not pay the rent for several months.

임대인은 집세를 여러 달 동안 내지 않는 임차인을 쫓아낼 수 있다.

1306 Beautiful and wealthy celebrities in their fifties and sixties <u>**are probably**</u> <u>content</u> **with their lives**.

아름답고 부유한 유명 인사들은 5–60대가 되면 아마도 그들의 삶에 만족할 것이다.

1307 The teacher was stared directly at the student and <u>continued</u> **the conversation**.

선생님은 학생을 똑바로 빤히 쳐다보며 대화를 계속했다.

1308 In terms of population, China is the largest country in <u>**the continent of Asia**</u>.

인구에 있어서 중국은 아시아 대륙에서 가장 큰 국가이다.

1309 The maintenance team has found **_a few technical problems_**, and the assembly line will be shut down until the problems are fixed.

유지 관리팀이 몇 가지 기술적인 문제를 발견하여서 고장을 고칠 때까지 조립라인이 중단 될 것입니다.

1310 **_Rapid advances in computer technology_** may deprive people of decent jobs and stable income.

컴퓨터 기술의 급속한 발전이 사람들로부터 괜찮은 직장과 안정적인 수입을 빼앗아 갈지도 모른다.

1311 Most of the real estate experts conclude that higher interest rates have **_tempered_ the demand** for new houses.

대부분의 부동산 전문가들은 높아진 이자율이 새로운 주택들에 대한 수요를 누그러뜨렸다고 분석한다.

1312 The regions near the Mediterranean Sea enjoy **_a mild temperate_ climate** throughout the year.

지중해 근처의 지역에서는 연중 온화한 기후를 느낄 수 있다.

1313 A nurse approached me and **took my _temperature_** with a clinical thermometer.

간호사가 나에게 다가와서 체온계로 내 체온을 쟀다.

1314 He **has a nervous _temperament_** which regularly got him into trouble at the job he had got with difficulty.

그의 신경질적인 기질은 그가 어렵게 얻었던 일에서 자주 어려움에 처하게 했다.

1315 My sister found **_a temporary_ job** as a waitress at a local restaurant.

내 여동생은 동네 레스토랑에서 여종업원으로 임시직을 얻었다.

1316 **_The contemporary literature_** class mainly discussed the literary works of modern writers.

현대 문학 수업에서는 주로 현대의 문인들의 작품을 다룬다.

1317 The charming advertisement **_tempts_ me into buying a product** that I cannot afford right now.

그 매력적인 광고는 내가 지금 당장 살 여유가 안 되는 제품을 사도록 유혹한다.

1318 Two recent reports **made an _attempt_** to assess the success of the new develoment project.

최근의 두 보고서는 그 새 개발 계획의 성공을 평가하려고 시도했다.

1319 Nowadays it is a serious problem that the advertisement companies **have a _tendency_ to exaggerate**.

요즈음 광고회사들이 과장하는 경향이 있다는 것은 심각한 문제다.

1320 The businessman **_tendered_ a resignation** from employment because he wanted to travel around the world for a year.

그 사업가는 1년간 세계를 여행하고 싶었기 때문에 사표를 제출했다.

1321 RSVP to the secretary by Friday if you are going to **_attend_ the meeting** at the White House.

백악관에서 열리는 회의에 참석할 지의 여부를 비서에게 금요일까지 회신해주세요.

1322 Various factions among the nobles of the kingdom **_contended_ for power**, and guardianship of the young King.

그 왕국의 귀족들간의 다양한 파벌들이 권력과 그 어린 왕의 후견인의 지위를 차지하려고 경쟁했다.

1323 The local government chose to **_extend_ the road** to the outskirts of town.

그 지방 정부는 마을의 변두리까지 길을 연장하기로 결정했다.

1324 A new poll reveals that a vast majority of high school graduates **_intend_ to stay here**, California, where they grew up. 새로운 여론조사에는 고등학교 졸업생의 대다수는 그들이 자라난 캘리포니아에 머무를 생각이라는 것이 드러났다.

1325 I had to **_pretend_ to believe him** while privately pursuing my long-cherished ambitions.

나는 오랫동안 소중히 간직해온 야망을 추구하는 동안 그를 믿는 체 해야 했다.

1326 Many commentators on the international affairs say that this move will **_ease_ tension between the two countries**.

많은 국제 문제 평론가들은 이번 조치가 두 나라사이의 긴장을 완화시킬 것이라고 말한다.

1327 Restaurant owners face **_intense_ competition** in the food service industry.

레스토랑 주인들은 식품 산업분야에 있어 극심한 경쟁을 겪고 있다.

1328 *He kicked off **his third term as governor** this month after winning the re-election among his colleagues.*

그의 동료들 사이에서 재선이 된 후 그는 주지사로서 그의 3번째 임기를 시작했다.

1329 *Train stations and **bus terminals** were crowded with people heading for their native villages.*

기차역들과 버스터미널들은 고향으로 향하는 사람들로 붐볐다.

1330 *This contract stated that the company holds the right to **terminate the contract** in the event of contract violation.*

이 계약서에는 계약 위반 시 회사가 그 계약을 종결시킬 권리를 갖는다고 적혀 있었다.

1331 *The student **determined to enter the state university** that offered him a full-tuition scholarship.*

그 학생은 그에게 전액 장학금을 지원해주는 주립 대학교를 입학하기로 결심했다.

1332 *It gave him a scare to see **the look of terror** and despair in his father's eyes.*

그의 아버지의 눈에서 공포와 절망의 표정을 보는 것이 그를 겁나게 만들었다.

1333 *Whoever has seen the movie Arachnophobia knows that people are conditioned to **be terrified of spiders**.*

영화 Arachnophobia를 본 사람이라면 누구나 사람들은 거미들을 무서워하게 되어 있다는 것을 안다.

1334 ***A terrible accident** occurred last night at the intersection of two busy roads in California.*

교통량이 많은 캘리포니아의 두 도로의 교차로에서 어제 밤 끔찍한 사고가 일어났다.

1335 *The legendary explorer led his men through the rough and **mountainous terrain** amid the freezing cold.*

그 전설적인 탐험가는 혹한의 추위 속에서 부하들을 이끌고 험악하고 산악으로 이루어진 지대를 통과했다.

1336 *Even with the adequate conditions for **terrestrial life forms**, there was no indication of living beings.*

지구 생명체에 적당한 조건을 지녔는데도 불구하고 그곳엔 생명체의 징후는 없었다.

1337 *According to the original plan, the soldiers should have **invaded the enemy's territory** by midnight.*

원래 계획에 따르면, 군인들은 적군의 영토를 자정에 침략했어야한다.

1338 *Regions with **a Mediterranean climate** are generally dry during summertime and rainy during wintertime.*

지중해성 기후 지역은 대체로 여름에는 건조하고 겨울에는 비가 많이 온다.

1339 *The witness in the case was supposed to **testify at the trial**, but suddenly changed her mind.*

그 사건의 증인은 재판에서 증언을 하기로 되어있었는데 갑자기 마음을 바꾸었다.

1340 *The young cheerleader will compete in the semi-final rounds of **a national beauty contest**.*

그 어린 치어리더는 전국미인대회의 준결승에 참가할 것이다.

1341 *Students **staged a large-scale protest against** the government's decision to push ahead with state-designated textbooks.*

학생들은 국정 교과서를 밀어붙이겠다는 정부의 결정에 반대하여 대규모 시위를 벌였다.

1342 *The large-format book was about monsters from outer space, and **had** lots of pictures but **very little text**.*

그 대형사이즈 책은 외계에서 온 괴물에 관한 내용인데 그림은 많지만 글은 조금밖에 없다.

1343 *More than half of the workers in **the textile industry** have lost their jobs to the cheap labors in China.*

섬유산업의 근로자들의 절반이상이 중국의 값싼 노동력에 밀려 일자리를 잃었다.

1344 ***The pillow had a smooth texture of silk**, and didn't cause any friction or chafing against the skin.*

그 베개는 실크의 부드러운 촉감을 가지고 있어서 피부에 어떠한 마찰이나 쓸리는 느낌이 없었다.

1345 *The current episodes of gun violence against African American citizens should be approached **from the historical context** of the civil rights movement.*

미국 흑인들에 대한 총기 폭력의 현재의 사건은 시민운동의 역사적 맥락에서 접근이 되어야 한다.

1346 *The English teachers have received a lot of similar questions lately regarding **subtle differences in the meanings** between some English words.*

그 영어 선생님들은 최근에 몇 개의 영어 단어 사이의 미묘한 의미의 차이에 대한 질문을 많이 받았다.

1347 Additionally, the intern wanted to receive a scholarship and **study theology abroad** in England.

게다가 그 교생은 장학금을 받고 영국에서 신학을 공부하기를 원했다.

1348 The self-avowed socialist **enjoyed an enthusiastic reception** at his presidential campaign rally held yesterday.

스스로 사회주의자로 자처하는 그 사람은 어제 열린 대통령 유세에서 열렬한 환영을 받았다.

1349 In depicting the landscape, the artist managed to maintain **the soft tone of the painting** with limited colors.

그 경치를 표사하면서 그 화가는 몇 개의 색만으로 그 그림의 부드러운 색조를 유지하는데 성공했다.

1350 I **was astonished to find** that the mediocre movie received such a high rating by reviewers.

나는 그 평범한 영화가 평론가들에게 그렇게 높은 평가를 받았다는 것을 알고 깜짝 놀랐다.

1351 Many Korean learners of English make mistakes in speaking by using **rising intonation** inappropriately.

많은 한국의 영어 학습자들은 올림 억양을 부적절하게 사용함으로써 말을 할 때 실수를 한다.

1352 If you conduct your presentation **in a monotonous voice**, the audience will find it hard to pay attention to it.

만약 네가 단조로운 목소리로 프리젠테이션을 진행한다면 청중들은 집중을 하기가 힘들 것이다.

1353 It was very tricky to **tune the guitar** exactly, because the neck was slightly bent.

그 기타는 목이 약간 굽어있었기 때문에 정확히 조율하기가 매우 힘들었다.

1354 The tradition of **the Olympic torch relay** goes back to the 1936 Games held in Berlin, Germany.

올림픽 성화 릴레이의 전통은 독일 베를린에서 개최된 1936년 올림픽 경기로 거슬러 올라간다.

1355 The news reported on the agency's use of **torture on political prisoners** without government authorization.

그 뉴스는 그 기관이 정부의 인가를 받지않고 정치범들에 대해 고문을 사용한 것을 보도했다.

1356 Stranded alone on the desert island, he **lived in torment** and despair for eleven years.

무인도에 홀로 남겨져서 그는 고통과 절망 속에서 11년간 살았다.

1357 The Japanese government has been trying to **distort the truth**, by denying historical facts and rewriting the textbooks.

일본 정부는 역사적 사실을 부인하고 교과서를 다시 써서 진실을 왜곡하려 노력해 왔다.

1358 With its exquisite scenery and unique cultural charms, Jeju Island **attracts** **many visitors** from Asian countries.

아름다운 경치와 독특한 문화적 매력으로 제주도는 아시아 국가들로부터 많은 방문객을 끌어들인다.

1359 There is no general consensus as to the exact definition of **an abstract** **concept** like love.

사랑처럼 추상적 개념의 정확한 정의에 관하여는 일반적인 의견일치가 없다.

1360 The construction company **won the** **contract** to rebuild the road network in the county.

그 건설회사가 국가의 도로망을 다시 재건하는 계약을 따냈다.

1361 The woman couldn't concentrate on reading a novel, **distracted by the loud noise** outside the window.

그녀는 창밖에서 들려오는 시끄러운 소음으로 산만해져서 소설을 읽는데 집중할 수가 없었다.

1362 Because the little girl **had her tooth** **extracted** at the dentist's office, she refused to eat dinner.

작은 소녀는 치과에서 이를 뽑았기 때문에, 그녀는 저녁을 먹기를 거부했다.

1363 The police was at a loss when the fugitive **vanished** in the building **without a trace**.

경찰은 그 도장마가 흔적도 없이 건물에서 사라졌을 때 당황했다.

1364 The train suddenly **went off the** **track** and crashed into a building, which left many passengers seriously injured.

그 기차는 갑자기 탈선을 해서 건물과 충돌하여 많은 승객들이 심각하게 부상을 당했다.

1365 Physical therapists use a variety of techniques to **treat** **patients** of all ages, including babies.

물리치료사들은 아기를 포함한 모든 연령대의 환자들을 치료하기 위해 다양한 기법을 사용한다.

1366 The two countries **signed the peace** **treaty** to end their dispute which lasted for more than a decade.

두 국가들은 십여 년 넘게 지속된 그들의 분쟁을 끝내기 위해 평화협정에 사인했다.

1367 In the face of approaching winter, the French army of Napoleon **beat a hasty** **retreat** from Moscow.

겨울이 오는데 직면하여 프랑스 나폴레옹 군대는 모스크바로부터 서둘러 퇴각했다.

1368 They found **a nature** **trail** leading to the observation tower near the top of the hill.

그들은 산꼭대기 근처의 전망대로 이어지는 자연 산책로를 발견했다.

1369 Among **desirable personality** **traits** for nurses are humility, sociability, perseverance, and temperance.

간호사에 대한 바람직한 성격의 특징들 가운데는 겸손, 사교성, 인내심, 절제가 있다.

1370 The director decided that the British actor would be the best choice to **portray** **the character**.

그 감독은 그 영국 배우가 그 등장인물을 묘사할 최고의 선택안이라고 결정했다.

1371 The little kid **trembled** **with fear** in the dark as the thunder boomed and the lightning flashed.

그 어린 꼬마는 천둥이 치고 번개가 번쩍일 때 어둠속에서 공포로 떨었다.

1372 The bird dived down headlong into the water at **tremendous** **speed** and snatched a small fish.

그 새는 엄청난 속도로 물속으로 거꾸로 다이빙을 해서 작은 물고기를 낚아챈다.

1373 South Africa issued the Mandela bank notes to **pay** **tribute** **to** their former leader.

남아프리카는 그들의 전 지도자에 찬사를 바치기 위해 만델라 지폐를 발행했다.

1374 The student **attributes** **his success to hard work** and support from parents and teachers.

그 학생은 자신의 성공을 대단한 노력과 부모님과 선생님의 지원 덕으로 돌렸다.

1375 It was not merely the talents but the trust among the members that **contributed** **to the team's** **success**.

그 팀의 성공에 기여한 것은 재능뿐만 아니라 구성원들 사이의 신뢰감이었다.

1376 The volunteers will **distribute** **leaflets to the** **people** during lunch hour at the mall.

자원봉사자들은 쇼핑센터에서 점심시간에 사람들에게 전단지를 나누어 줄 것이다.

1377 People tend to believe that documentaries **tell the** **truth** because they do not fictionalize what happened.

사람들은 다큐멘터리는 발생한 일들을 허구화하지 않기 때문에 진실을 말한다고 믿는 경향이 있다.

1378 The orphan had his inherited wealth **held in trust** by his uncle's attorney.

그 고아는 상속받은 재산이 그의 삼촌의 변호사에 의해 신탁 관리되고 있다.

1379 During his leave of absence, the professor **entrusted his dog to one of his friends**.

그의 휴가 기간 동안에 그 교수는 그의 개를 친구 중의 한명에게 맡겼다.

1380 I don't think it is fair for the monitoring system to **intrude on our privacy**.

나는 감시시스템이 우리의 사생활을 침해하는 것이 옳지 못하다고 생각한다.

1381 Despite his skillful delivery of the presentation, **the main thrust of his argument** was not well received.

그의 능숙한 프리젠테이션 발표에도 불구하고 그의 주장의 주요한 요지는 잘 전달되지 못했다.

1382 The pirates **threatened to kill** the sailors whom they had held in captivity for three months, but they failed to act on their words.

그 해적들은 3개월 동안 그들이 억류한 선원들을 살해하겠다고 위협했으나 그들의 말을 실행하지는 못했다.

1383 The scoundrels on the street **disturb the peace** of the night by shouting and screaming.

그 거리의 악당들은 소리를 지르고 비명을 질러서 한밤중의 평온을 깨뜨렸다.

1384 He didn't even **take the trouble to** try to understand his neighbors' complaints.

그는 그의 이웃들의 불평을 이해하려고 애를 쓰지도 않았다.

1385 The rapid growth of **urban areas** is a continuing trend in developing countries, causing massive air pollution.

도시 지역의 급속한 성장은 개발도상국가에서 지속되는 추세이며 엄청난 대기 오염을 유발한다.

1386 The young couple determined to **move to the suburbs** in order to bring up their child in a less populated region.

그 젊은 부부는 자신들의 아이를 인구가 덜 밀집된 지역에서 기르기 위해 교외로 이사 가기로 결정했다.

1387 I'm sorry, but I **am not used to** talk**ing** over the phone in English.

죄송하지만 저는 전화상으로 영어로 대화하는데 익숙하지 않습니다.

1388 Each year **drug abuse** and addiction cause serious public health problems.

매년 약물 남용과 중독은 심각한 공중 건강 문제를 야기한다.

1389 These shops sell everything from radios and headphones to **kitchen utensils**, shoes and gloves.

이 가게들은 라디오와 헤드폰부터 식기까지 모든 것을 판다.

1390 You will have to move fast to **utilize the golden opportunity** to overcome this crisis.

당신은 이 절호의 기회를 활용하여 이 위기를 극복하려면 신속히 움직여야 할 것이다.

1391 Because all the seats were booked up for the day, there were no **vacant seats** at the restaurant.

그날은 모든 좌석이 예약이 차서, 그 식당에는 빈자리가 하나도 없었다.

1392 My cousins were shopping for **a vacuum cleaner** and curtains at the large discount store.

내 사촌들은 할인 매장에서 청소기와 커튼을 사고 있었다.

1393 In case of the quake aftershocks, people were ordered to **evacuate the building**.

만약에 올 여진을 대비하여, 사람들은 그 건물을 떠나라는 명령을 받았다.

1394 He **has a vain hope** to be a famous musician without any painstaking effort.

그는 고된 노력 없이 유명한 음악가가 되려는 헛된 희망을 가지고 있다.

1395 She **vanished from sight** like a puff of smoke at a Christmas party, and was never seen at the village again.

그녀는 크리스마스 파티에서 연기처럼 시야에서 사라졌고 그 마을에서 다시는 보이지 않았다.

1396 The driver swerved into the other line in a attempt to **avoid the heavy traffic**, but he was trapped in the traffic.

운전자는 다른 노선으로 방향을 바꾸어 교통 체증을 피하려고 했지만, 그는 교통체증에 갇혀 버렸다.

1397 World war Ⅱ began when Hitler **invaded the country**, Poland in 1939.

세계 2차 대전은 히틀러가 1939년에 폴란드를 침략했을 때 시작되었다.

1398 Luckily, he was such a faster runner that he could **manage to evade the police**.

다행이도, 그는 달리기가 매우 빨라서 그 결과 가까스로 경찰을 따돌렸다.

1399 She **gave me a vague answer** to my proposal; therefore, I'm wondering whether it is a yes or a no.

그녀는 내 프로포즈에 대해서 모호하게 대답했다. 그래서 나는 그 대답이 허락인지 거절인지 생각 중이다.

1400 Don't **be so extravagant with your money**. You should save up for a rainy day.

당신의 돈을 너무 헤프게 사용하지 마세요. 만일의 경우를 대비해 저축해 두세요.

1401 From an archaeological point of view, **the value of the antique** is priceless as of now, and it's value will get greater in the future.

고고학적 관점에서 보면 그 골동품의 가치는 현재로서는 값을 매길 수 없을 만큼 귀중하며 장래에는 그 가치가 더욱 높아질 것이다.

1402 During the enrollment process, the applicants need to show identification such as **a valid passport**.

입학 절차 때, 지원자들은 유효여권과 같은 신분증을 제시해야 합니다.

1403 She had sore eyes and was getting sick of **evaluating job applicants** and reading their cover letters.

그녀는 눈도 아프고 입사 지원자들을 평가하고 그들의 자기 소개서를 읽는데 슬슬 넌더리가나고 있었다.

1404 The officer says he will **use all means available** to protect the children at school.

경찰관은 학교에 있는 아이들을 보호하기 위해 어떤 방법이라도 동원할 것이라고 말했다.

1405 According to the teenager's behavior research team, putting on heavy make up **prevails among teenagers**.

십대들의 행동 연구팀에 의하면 화장을 진하게 하는 것은 십대들에게 퍼져있다.

1406 Recently, he started to learn new skills to **venture into new business**.

최근에 그는 새로운 사업을 시작하기 위해서 신기술들을 배우기 시작했다.

1407 A new movie full of **thrilling adventures** and fun stories will be released next month.

스릴 넘치는 모험과 재미있는 이야기로 가득한 새 영화가 다음달에 개봉될 것이다.

1408 **The advent of the computer** has brought appreciable changes and at the same time contributed to developing our quality of life.

컴퓨터의 출현은 상당한 변화를 가져왔고 동시에 우리의 삶의 질을 향상시키는데 기여했다.

1409 The Middle Eastern leaders gathered around to **pursue every avenue** for a peaceful solution to the matter.

중동의 지도자들이 그 문제에 대한 평화로운 해결을 위한 모든 수단을 강구하기 위해 한자리에 모였다.

1410 **When will it be convenient for you** to have me move in?

제가 언제 이사를 들어오는 것이 편하세요?

1411 He was among the first French playwrights to **break established conventions** by refusing to follow the prevailing style of the time.

그는 그 당시의 지배적인 양식을 따르기를 거부으로써 인습을 타파하고자 했던 첫 프랑스 극작가들 중의 한명 이었다.

1412 Horse racing competition is still one of **the main events** of the festival today.

경마는 오늘날에도 여전히 그 축제에서 중요한 행사 중 하나이다.

1413 Do you know that Edison had failed 999 times before he finally **invented the light bulb**?

너는 에디슨이 전구를 발명하기 전에 999번이나 실패를 했었다는 것을 아느냐?

1414 The UN **intervened in the dispute** as an 18 months old child died during the sharpening conflict.

갈등이 첨예화되는 와중에 18개월 된 어린 아이가 죽게 되자 UN이 그 분쟁에 개입했다.

1415 The mist **prevented us from leaving** for a while when he was driving on the highway.

그는 고속도로를 운전하고 있을 때 우리는 안개로 인해서 한동안 출발하지 못했다.

1416 After launching a new product, **the company's annual revenues** rose by 30%.

새 상품을 출시한 이후, 회사의 연간수익이 30% 늘었다.

¹⁴¹⁷ Every group tour visits all **the souvenir shops** and wastes time, which I really hate.

모든 단체관광은 모든 기념품가게에 들려서 시간을 낭비하는데 나는 그 점이 매우 싫다.

¹⁴¹⁸ The traitors were not satisfied until they succeeded in **avenging** **the death of their father**.

그들의 아버지의 죽음을 복수 하는데 성공하기 전까지 그 배신자들은 만족하지 못했다.

¹⁴¹⁹ The team tried their best to **take revenge for their defeat** earlier in the season.

그 팀은 지난 시즌의 패배를 설욕하기 위해서 최선을 다했다.

¹⁴²⁰ He placed **the second verse** of the poem first, after which he wrote the first verse.

그는 그 시의 두 번째 연을 먼저 쓰고, 후에 첫 번째 연을 썼다.

¹⁴²¹ The publishing company published **a revised version** **of the book**, with its updated design.

출판사는 업데이트 된 디자인으로 그 책의 개정판을 출간했다.

¹⁴²² I hold **a converse opinion** on the speaker's perspective of educational issues in Korea.

나는 화자가 한국에서의 교육에 관한 문제점에 대한 관점과 반대되는 의견을 갖고 있다.

¹⁴²³ The free school lunch agenda looks simple, though, it is **a highly controversial issue**.

무상급식 의제는 보이기에는 비록 간단해 보일지라도, 대단히 논란이 많은 문제이다.

¹⁴²⁴ Many college programs offer scholarships to high school **students with diverse interests**.

많은 대학 프로그램은 다양한 분야에 관심이 있는 고등학교 학생들에게 장학금을 제공한다.

¹⁴²⁵ Can you name the fifty **states** alphabetically **in reverse order**?

50개의 주를 알파벳 역순으로 나열할 수 있니?

¹⁴²⁶ Many scientists have tried to unveil the secrets of **the endless universe**.

많은 과학자들은 끝없는 우주의 비밀을 밝히기 위해 노력해왔다.

¹⁴²⁷ **Advertising a new product** is not an easy task, especially for small businesses.

새로운 제품을 홍보하는 것, 특히나 작은 기업에게는 쉬운 일이 아니다.

¹⁴²⁸ Because of the economic downturn, many people **converted their stocks to cash**.

경기침제로 인해, 많은 사람들은 주식을 현금으로 전환 했다.

¹⁴²⁹ The artist easily sketched **a vertical line** without using any tools.

예술가는 도구를 사용하지 않고 쉽게 수직선을 그었다.

¹⁴³⁰ She decided to **divorce her husband** and raise the kids alone.

그녀는 남편과 이혼하고 아이들을 혼자 키우기로 결심했다.

1431 You can **access the homepage via Internet**, where you can learn English for free.

당신은 인터넷을 통해 그 홈페이지에 접속해서 영어를 무료로 배울 수 있습니다.

1432 The project that was launched last year has **an obvious advantage** and disadvantage.

작년에 개시된 그 프로젝트는 분명한 장단점이 있다.

1433 My friend is often frustrated with herself while she is **dealing with trivial matters**.

내 친구는 사소한 문제들을 처리하는 동안에 종종 자기 자신에 대해서 실망을 한다.

1434 In my opinion, a good photograph can **convey a message** more clearly than a word.

내 생각에, 좋은 사진은 한 마디 말보다 더 정확하게 메시지를 전달 할 수 있다.

1435 He always says that he is dreaming of **voyaging round the world** before he dies.

그는 죽기 전에 세계 일주 항해를 할 것을 꿈꾸고 있다고 입버릇처럼 말한다.

1436 The Spanish soldiers were able to **win a victory over the enemy**.

스페인 군인들은 전쟁에서 적에 대해서 승리를 할 수 있었다.

1437 The jury **convicted him of murder** in the shooting death of 16-year-old minor.

배심원단은 그를 16살 미성년자의 총기 살인에 대해서 유죄라고 판결을 내렸다.

1438 The case was dismissed in the absence of any definite proof, but I **am convinced of his guilt**.

그 사건은 어떤 명백한 증거가 없었기에 기각되었지만, 나는 그의 유죄를 확신하고 있다.

1439 **Kangwon province** which is closest to the DMZ is the most sparsely populated one in South Korea.

강원도는 비무장지대에서 가장 가까운데 남한에서 가장 인구밀도가 낮은 도이다.

1440 The math teacher **divided the class into three groups** for this after-school activity.

그 수학 선생님은 이 방과후 활동을 위해서 학급을 세 그룹으로 나누었다.

1441 The government must protect and **respect individual freedom** which is guaranteed by the constitution.

정부는 헌법이 보장하는 개인의 자유를 보호하고 존중해야 한다.

1442 We **devised a new method** of manipulating a drone which is a small remote- control helicopter.

우리는 소형 원격 조종 헬리콥터인 드론을 조작하는 새로운 방법을 고안했다.

1443 At twenty-eight years old, he married **a wealthy widow**, who was forty with two children at the time.

28세에 그는 당시 40살이던 애가 둘 딸린 부유한 과부와 결혼을 했다.

1444 My daughter **has poor vision** and unhealthy eyes even though she is only five years old.

내 딸은 아직 5세임에도 불구하고 시력도 나쁘고 눈도 건강하지 않다.

1445 The doctor **advised me to lose some weight** by doing exercise.

의사는 나에게 운동을 해서 살을 좀 빼라고 충고 했다.

1446 Due to the environmental issue, we were asked to **revise our plan** for the city park.

환경 문제로 인하여 우리는 도시공원 계획을 수정 할 것을 요청 받았다.

1447 A supervisor is to **supervise the construction of the building** for the safety issue.

감독자는 안전을 위해서 건물의 건축을 감독해야만 한다.

1448 It **was fairly evident** from her tone of voice that she disapproved of what he said.

그녀의 목소리의 어조를 볼 때 그녀가 그의 말에 대해서 찬성하지 않는 것은 매우 분명했다.

1449 Members of the local charity organizations volunteered to **provide the homeless with canned foods**.

지역 자선단체의 회원들은 노숙자들에게 통조림음식을 제공하기로 자원했다.

1450 Most of us have been taught to **make prudent decisions** instead of acting on impulse.

우리중의 대부분은 충동적으로 결정을 내리는 것이 아닌 신중한 결정을 내리라고 가르침을 받았다.

1451 The political prisoner was granted bail, but the police **kept him under** **surveillance**.

그 정치사범은 보석허용을 받았지만 경찰은 계속 그를 감시했다.

1452 The PA research team **conducted a survey on** **voters** for the upcoming election.

PA 리서치팀은 다가올 선거위해서 유권자들에 대한 설문 조사를 실시했다.

1453 **I envy him of his success** and accomplishments in life at such a young age.

나는 그가 이렇게도 어린 나이에 성공하고 이루어낸 인생의 업적이 부럽다.

1454 I was so nervous that my body went stiff when I **had a job** **interview** with the executives of the company.

나는 그 회사 이사진 들과 면접을 볼 때 너무 긴장한 탓에 몸이 경직되었다.

1455 It was my honor to be invited to see the movie at **a special** **preview**.

특별시사회에서 그 영화를 보도록 초대를 받아서 영광이었다.

1456 The boss expected us to **review** **the results** of the project that we had announced in last summer.

사장님은 우리가 지난여름에 발표한 프로젝트에 대한 결과를 검토하기를 기대하셨다.

1457 This special program will **play a vital role** on campus and help students learn to become good leaders in their respective fields.

이 특별 프로그램은 학내에서 중요한 역할을 할 것이며 학생들이 각자의 분야에서 좋은 지도자가 되도록 도와줄 것이다.

1458 My most **vivid** **memory** of the mission trip was seeing the orphans walking in getting so excited for their Thanksgiving meal.

선교 여행 중 가장 생생한 기억은 추수감사절 식사에 너무나 기뻐하며 걸어 들어오는 고아들의 모습이었다.

1459 The government has taken several measures to **revive** **the manufacturing industry**.

정부는 제조업을 회생시키기 위해 몇 가지 조치를 취했다.

1460 Both the father and his daughter **survived** **the** **earthquake** in Japan, and they were immediately hospitalized for treatment.

아버지와 그의 딸 둘 다 일본에서 일어난 지진에서 살아남았고 치료를 받기 위해 즉시 병원에 입원되었다.

1461 If we want to produce a voiced sound, we need to **vibrate the** **vocal cords**.

우리가 유성음을 내려 한다면, 성대를 진동시켜야 한다.

1462 Working as a good doctor or a nurse requires **a** strong **sense of** **vocation**.

좋은 의사나 간호사로 일을 한다는 것은 강한 소명의식을 요구한다.

1463 It is crucially important to **expand your limited vocabulary** in order to have a good command of English.

영어를 잘 구사하기 위해서는 너의 제한된 어휘력을 늘리는 것이 결정적으로 중요하다.

1464 The Korean Justice Minister pointed out that as of 2015, the majority of Korean people still don't **advocate abolishing the death penalty**.

한국의 법무장관은 2015년 현재로서는 한국 국민들의 대다수는 아직도 사형제도 폐지를 찬성하지 않는다는 것을 지적했다.

1465 **His rude remarks provoked me** into looking angrily at him and giving him a blow to the jaw with my fist.

그의 무례한 말에 나를 화가 나서 그를 노려보고 그의 턱에 주먹을 날렸다.

1466 During the wedding ceremony, the bridegroom **made a vow** of eternal fidelity to his bride.

결혼식에서 신랑은 자신의 신부만을 영원히 사랑하겠노라 맹세를 했다.

1467 Primary stress occurs on every **long vowel** that is in the next-to-last syllable of a word.

제 1 강세는 단어의 끝에서 두 번째 음절에 있는 모든 장모음에 위치한다.

1468 He has constantly **made a voluntary donation** to a nonprofit organization promoting literacy among children.

그는 계속 어린이들 사이의 문맹률을 낮추는 비영리 단체에 자발적인 기부를 해오고 있다.

1469 Widely known as an international charity organization, the Salvation Army is collecting donations for its **various benevolent activities**.

국제적인 자선 단체로 널리 알려진 구세군은 다양한 자선 활동을 위하여 기부금을 모으고 있다.

1470 **Traffic volumes** on the highways are expected to increase during the holiday weekend.

고속도로의 교통량은 휴일인 주말 동안에 증가할 것으로 예상된다.

1471 It is widely believed that birds **evolved from dinosaurs**, and human beings evolved from apes.

새들은 공룡들에서 진화했고 인간들은 유인원들로부터 진화했다고 널리 믿어진다.

1472 The investors **got involved in a swindler's scheme** and lost all their money in an instant.

그 투자자들은 사기꾼의 계략에 걸려들어 그들의 모든 돈을 한순간에 잃었다.

1473 I wonder how the people would describe how life in Paris was during **the French Revolution**.

나는 프랑스 혁명 도중 파리에서의 삶에 대해서 사람들이 어떻게 묘사할지 궁금하다.

1474 She was imprisoned after being arrested on suspicion of **leading a revolt against** the military government.

그녀는 군사 정부에 대항하여 반란을 주도했다는 혐의를 받아 체포 된 후 구속되었다.

1475 The pole vault originated from European shepherds in the Middle Ages who **vaulted fences** or obstacles using poles.

장대 높이 뛰기는 막대기를 이용하여 담장이나 장애물을 넘었던 유럽의 양치기들로부터 유래되었다.

1476 My parents **warned** me **against** walking alone on the beach at night.

부모님이 나에게 밤에 혼자 해변을 걸어 다니지 말라고 주의를 주셨다.

1477 They would like to know if the school administrators **are aware of the problem** of cyber bullying on social media.

그들은 소셜 미디어에서 사이버 따돌림이라는 문제를 학교 관리자들은 알고 있는지 알고 싶어 한다.

1478 The IOC **awarded her a gold medal** for her excellent performance at the Summer Olympic games.

IOC는 하계 올림픽에서의 그녀의 훌륭한 연기에 대해서 금메달을 수여했다.

1479 I am firmly convinced that the day is not far distant when I will **be rewarded for my sustained efforts**.

나는 내 부단한 노력에 대해서 보상 받을 날이 그리 멀지 않다고 굳게 확신한다.

1480 **An arrest warrant has been issued** for a man accused of stealing jewelry from clients.

고객에게서 보석을 훔친 것으로 혐의를 받고 있는 남자에게 체포영장이 발부되었다.

1481 **The cancer wards** have stayed the same for these last three years so it's no good blaming the hospital.

암 병동 들은 지난 3년간 변하지 않았기에 병원을 비난해봤자 소용이 없다.

1482 After recovering from the surgery, he improved his **physical strength** by running and playing soccer.

수술에서 회복한 후, 그는 달리기와 축구를 통해서 체력을 향상시켰다.

1483 It is obvious that the Japanese people can **do without whale flesh**.

일본 사람들이 고래 고기를 먹지 않고도 지낼 수 있다는 것은 분명하다.

1484 This simple exercise can help **relax tense muscles** and increase blood circulation and oxygen to the skin.

이 간단한 운동은 긴장된 근육을 풀어주고 혈액순환과 피부에 산소 공급을 향상시켜준다.

1485 The nurse carefully **injected medication into my vein** at the health center.

건강센터에서 간호사는 조심스럽게 내 혈관 안으로 약물을 주사했다.

1486 Can you name some basic **functions of the brain**?

뇌의 기본적인 기능을 말할 수 있는가?

1487 She **knelt down before the king** and begged him to forgive her son.

그녀는 왕앞에 무릎을 꿇고 앉아 아들을 용서해 달라고 빌었다.

1488 On my way back home, I noticed a young girl **leaning on the wall** of the church.

집에 돌아오는 길에 나는 어린 소녀가 교회 벽에 기대고 있는 것을 발견하다.

1489 "Don't leave," the little child pleads as he **clings to his mother**.

"가지말아요." 어린 아이는 엄마에게 매달리며 말했다.

1490 His wife had to fight off the urge to **fling the dish against the wall** the wall.

그의 아내는 접시를 벽으로 던져버리고 싶은 충동을 물리쳐만 했다.

1491 When the marathon runner crossed the finish line, he was **gasping for breath** and sweat was pouring off his forehead.

그 마라톤 선수가 결승선을 통과했을 때, 그는 숨을 헐떡였고 땀이 이마에서 비오듯 떨어지고 있었다.

1492 All the athletes were **panting for breath** and sweating heavily after they ran 5 laps around the school's track.

운동선수 모두가 학교 트랙을 5바퀴 달린 후 숨을 헐떡거리며 땀을 몹시 흘리고 있었다.

1493 As he was **stumbling drunkenly** along the sidewalk, a bus drove by and splashed water on him.

그가 술에 취해 인도를 따라 비틀거리며 걷고 있을 때, 한 버스가 지나가며 나에게 물을 튀겼다.

1494 The tourists **gazed at the beautiful scenery** for a while before returning to their cars.

관광객들은 차로 돌아가기 전에 아름다운 광경을 한동안 응시했다.

1495 The little girls **peeped through the gate** to check whether a watchdog was guarding the house.

그 어린 소녀들은 감시인이 그 집을 지키고 있는지 확인하기 위해 문틈으로 엿보았다.

1496 During the contest, a judge suddenly asked me to **imitate the voices of celebrities**.

콘테스트 중에 한 심사위원이 갑자기 나에게 유명인사의 목소리를 흉내내보라고 요구했다.

1497 Some students like to **mock** the English teacher's **accent** during their free time.

몇 명의 학생들은 쉬는 시간에 영어 선생님이 말투를 흉내내며 놀리는 것을 좋아한다.

1498 He **was stifled to death** when the acrid gunpowder smoke of the fire filled his apartment.

매운 화약 연기가 그의 아파트를 가득 채우자 그는 질식사했다.

1499 The chicks are **hatching out of the egg** right now!

병아리들은 지금 알에서 부화하고있다.

1500 The health authorities prohibited **raising fowl** such as turkeys and hens in residential areas.

보건 당국은 주택가에서 칠면조와 암탉 같은 가금을 기르는 것을 금지시켰다.

1501 **A cruel brute** abused the little creatures in the forest and showed them no mercy.

잔인한 짐승이 숲 속의 작은 동물들을 괴롭히고 자비 없는 모습을 보였다.

1502 The little girl was playing on the playground when **a fierce dog** suddenly approached her.

작은 아이는 놀이터에서 놀고 있었는데 그때 사나운 개가 갑자기 그녀 앞에 나타났다.

1503 *While playing with her younger brother at the park, she **got stung** in the arm by a bee.*

남동생과 공원에서 놀고 있던 와중에 그녀는 벌에게 팔을 쏘였다.

1504 *The Marines realized that they **had fallen into a trap** laid by the enemy.*

그 해병대원들은 적들이 파놓은 함정에 걸려들었다는 것을 깨달았다.

1505 *According to the environmental scientists, the number of butterflies is **shrinking rapidly**.*

환경학자들에 따르면 나비의 개체수가 빠르게 줄어들고 있다고 한다.

1506 *By this time next month, our group will have **dwindled to just three**, and our future prospects look very grim.*

내년 이맘때 쯤이면 우리 팀은 단 세명으로 줄어들것이기에, 우리의 미래 전망은 매우 어둡다.

1507 *After the field was plowed, the farmer went out to **scatter seed on the ground**.*

밭을 갈고 난 뒤 농부는 땅에 씨를 뿌리러 나갔다.

1508 *As the farmers are busy **reaping a crop**, they don't have time for household matters.*

그 농부들은 수확을 거두느라 바쁘기 때문에 집안일을 신경쓸 시간이 없다.

1509 *My father makes a point of **pulling weeds from the garden** every weekend.*

우리 아버지는 주말마다 정원에서 잡초들을 규칙적으로 뽑으신다.

1510 *It's okay because we all make mistakes in **the bloom of our youth**.*

우리 모두 한창 젊을 때는 실수를 하니까 괜찮다.

1511 *I bought **a bunch of flowers** from a florist shop as my girlfriend's birthday present.*

나는 꽃 가게에서 여자 친구 생일 선물로 꽃다발을 샀다.

1512 *The air freshener got rid of **the rotten smell** from the garbage can.*

공기청정기는 쓰레기통에서 나는 썩는 냄새를 없앴다.

1513 *When you leave a comment below on an article, **a mature attitude** is required.*

당신이 어떤 기사에 댓글을 달 때는 성숙한 태도가 요구됩니다.

1514 *My secret to good health is eating **wholesome foods** and fresh fruits in season.*

제 건강의 비결은 건강에 좋은 음식과 신선한 제철 과일을 먹는 것이다.

1515 *The contaminated water and **poor sanitary conditions** cause many diseases to spread.*

오염된 물과 좋지 못한 위생상태가 많은 질병들이 퍼지는 것을 야기시켰다.

1516 *He quietly opened the door, tiptoed into the chamber, and gently woke **the princess slumbering quietly**.*

그는 조용히 문을 열고, 살금살금 방안으로 들어가 잠든 공주를 살며시 깨웠다.

1517 *She was in the spotlight on the stage, showing off her **slender figure**.*

그녀는 날씬한 몸매를 선보이며 무대 위에서 스포트라이트를 받고 있었다.

1518 *Venus, also called as the 'evening star' is bright enough to be seen with **the naked eye**.*

'저녁별'로 불리우기도 하는 금성은 육안으로 볼 수 있을 만큼 충분히 밝다.

1519 *He started **going bald** in his early twenties.*

그는 이십대 초반에 머리가 벗겨지기 시작했다.

1520 *Many children died of starvation or suffered malnutrition when **a severe famine** struck the country.*

나라에 심각한 기근이 찾아왔을 때 많은 아이들이 기아와 영양실조로 죽었다.

1521 *He was pale with **physical and mental fatigue** after traveling by plane with a toddler.*

그는 아장아장 걷는 아기와 비행기를 탄 후에 육체적, 정신적 피로에 창백해져 있었다.

1522 *My father would return home from work, with **a weary look** on his face that was part exhaustion and part hopelessness.*

아버지께서는 일부 피곤함과 분노가 반반 섞인 얼굴의 지친 표정으로 집에 돌아오시곤 하셨다.

1523 In underdeveloped African countries, many poverty-stricken children **are vulnerable to various deadly diseases**.

아프리카 저개발 국가들에서는 가난에 시달리는 많은 아이들이 다양한 치명적 질병들에 취약하다.

1524 I am sorry that I drank too much last night and **ruined your housewarming party**.

지난밤에 술을 너무 많이 마셔서 너의 집들이 파티를 망쳐서 미안해.

1525 My father gave me a disappointed look, and I **felt a pang of guilt**.

아버지께서는 실망스럽다는 눈빛을 보냈고 나는 죄책감이 들었다.

1526 I watched the man **scream in agony** with pains in his ankle.

나는 그 남자가 발목의 고통으로 비명을 지르는 것을 보았다.

1527 Don't tilt your head back when **your nose is bleeding**.

코피가 날 때는 고개를 뒤로 숙이지 마라.

1528 Grief-stricken Romeo **committed suicide by taking poison** in despair, but after a while, Juliet woke up.

비탄에 빠진 로미오는 절망감에 독약을 먹고 자살을 했지만, 잠시 후에 줄리엣은 깨어났다.

1529 Helen Keller could neither hear nor see but she overcame her **physical handicap**.

헬렌 켈러는 듣지도 보지도 못했지만 그녀는 자신의 신체적 장애를 극복했다.

1530 Her grandparents panicked and called an ambulance when she **had an extremely high fever**.

그녀의 조부모님들은 그녀가 굉장히 높은 열이 나자 공황상태에 빠지며 구급차를 불렀다.

1531 I was transported to a nearby hospital, where I had to **undergo physical therapy** for a couple of weeks.

나는 근처의 병원으로 보내졌고 그곳에서 2주 동안 물리치료를 받아야 했다.

1532 When there is no mutual trust, it is very difficult to **heal a wound** in any relationship.

상호 신뢰가 없으면 인간관계내의 상처를 치유하기는 매우 어렵다.

1533 The whole plan was naïve and **doomed to failure** from the start.

이 모든 계획이 고지식하고 처음부터 실패할 운명이었다.

1534 **The average life span** of a zebra is around 28 years, and that of a dog is about 12 years.

얼룩말의 평균수명은 약 28년이고 개의 평균수명은 약 12년이다.

1535 I was badly bullied by some classmates, because I had somewhat **feminine features**.

나는 다소 여성적인 생김새를 가지고 있다는 이유로 몇몇 급우들에게 괴롭힘을 당했다.

1536 Some large company owners have been laundering money, creating slush funds, and **transferring wealth to their offspring** without paying due tax.

어떤 대기업 소유주들은 돈을 세탁하고 비자금을 조성하고 내야할 세금을 내지 않고 자손에게 부를 물려줘 왔다.

1537 She led a life of poverty **from the cradle to the grave**.

그녀는 태어나서부터 죽을 때까지 가난한 삶을 이어갔다.

1538 The couple wanted to adopt a child whom **they had been fostering** for five years.

그 부부는 오년동안 그들이 맡아 길러왔던 아이를 입양하고 싶어 했다.

1539 He **is familiar with the tax laws** and procedures that affect transactions between tax exempt entities and those subject to taxation.

그는 세법에 대해서 잘 알고 있고 세금감면 대상과 세금부과 대상의 처리에 영향을 미치는 절차도 잘 알고 있다.

1540 Deep inside, I still **cherish the memory of** my late grandmother.

마음속 깊은 곳에 나는 아직도 돌아가신 할머님에 대한 추억을 간직하고 있다.

1541 Most people agree that marriage symbolizes **the promise of eternal love**.

대다수의 사람들은 결혼은 영원한 사랑의 약속의 상징이라는 것에 동의한다.

1542 Early on his parents discovered that he had perfect pitch and **had a gift for music**.

그가 완벽한 절대음감을 가졌고 음악에 대하여 재능이 있다는 것을 그의 부모님은 일찍부터 발견하였다.

1543 We sent her a gift as **a small token of our gratitude**.

우리는 그녀에게 작은 감사의 의미로 선물을 보냈다.

1544 However vivid and beautiful they are, people's **memories slowly fade away** with time.

아무리 생생하고 아름답다 할지라도, 사람들의 추억은 서서히 시간이 흘러가면 희미해진다.

1545 Even the ruling party **split over the issue** of free school lunches.

심지어 여당도 무상급식 문제에 대해 의견이 양분되었다.

1546 I am enjoying working on a group project with my **fellow students**.

내 학우들과 그룹 프로젝트를 진행하는 것은 즐기고 있다.

1547 Don't **act like a barbarian** when you are eating with other people.

다른 사람들과 함께 음식을 먹을 때 야만인처럼 굴지마!

1548 **This custom peculiar to Korea** has been traced back to ancient times.

한국에 고유한 이 관습의 기원은 고대시대로 거슬러 올라간다.

1549 When you transfer to a new school, it's important to **mingle with other classmates**.

네가 새 학교로 전학을 간다면, 다른 급우들과 어울리는 것이 중요하다.

1550 The science fiction novelist **blends fantasy with reality** in a skillful way.

그 공상 과학 소설가는 능숙한 방식으로 환상과 현실을 뒤섞는다.

1551 Can you **do me a favor** and vacuum the living room?

거실을 청소기로 청소해달라는 내 부탁을 들어줄 수 있니?

1552 The officials discussed the possibility of increasing economic **aid developing countries**.

그 관리들은 개발도상국들에 경제적 원조를 늘리는 것에 대한 가능성에 대하여 논의했다.

1553 A number of international airlines supply noise-canceling headphones in their business and **first class cabins**.

많은 국제 항공사들은 2등실[비즈니스석]과 1등실에 소음 방지 헤드폰을 제공한다.

1554 The newly-married couple **live in a cottage** by the railway. 그 신혼부부는 기차 길 옆 오두막에 살고 있다.

1555 My friends and I stayed at **a lodging house** for a few days during our trip in Ireland.

나와 내 친구들은 아일랜드를 여행하는 동안 며칠간 여인숙에 머물렀다.

1556 A group of refugees rushed to **take shelter in** an abandoned shed during the thunderstorm.

난민 한 무리가 폭풍우가 몰아치는 동안 비를 비하기 위해 버려진 헛간 안으로 성급히 들어서었다.

1557 Our family **stayed at an old country inn** during our trip to the mountains.

내 가족은 그 산악지방을 여행하는 동안에 오래된 시골 여관에 머물렀다.

1558 The council decided to **renovate the old cathedral** to attract more tourists to the city.

의회는 도시에 더 많은 관광객을 유치하기 위해 오래된 성당을 개조하기로 결정했다.

1559 **There is no room for** doubt that he got the right answer by guessing.

그가 찍어서 답을 맞힌 것은 의문의 여지가 없다.

1560 Members of the city council were questioned privately in **the judge's chamber**.

도시의 의회 구성원들은 재판관의 방에서 비밀스럽게 심문을 받았다.

1561 Blinking fast is his subtle way of **giving vent to** dissatisfaction with his wife.

눈을 빠르게 깜빡이는 것은 그가 아내에 대한 불만을 표출하는 방식이다.

1562 Most of the fencing around his mansion **is made of timber** and stone.

대부분의 가구들과 그의 맨션을 둘러싸고 있는 울타리는 목재와 돌로 만들어진 것이다.

1563 The technicians **installed** in the blind spots several pieces of surveillance **equipment** that the company had purchased.

기술자들은 사각지대들에 회사가 구매한 여러개의 감시 장비를 설치했다.

1564 The host greeted the special guests and brought them into **a well-furnished room**.

주인은 특별한 손님들을 반겼고 그들을 가구가 잘 완비된 방으로 안내했다.

1565 Each of the family members picked out **Christmas tree ornaments** to decorate the tree with.

가족 구성원 각자가 크리스마스트리를 장식할 장식물을 골랐다.

1566 The chef **decorated a cake with chocolate** and strawberries for his little girl's birthday.

그 요리사는 자신의 딸의 생일을 위해 케이크를 초콜릿과 딸기로 장식했다.

1567 I purchased the quality **picture frame** at a garage sale for only 10,000 won.

나는 그 고급 사진 액자를 중고품 염가세일에서 단돈 만원에 구매했다.

1568 Mom flung open the door and harshly scolded me for **leaving the room in a mess**.

엄마가 문을 홱 열더니 방을 어질러 놓았다고 나를 심하게 꾸짖었다.

1569 The housewife longed to break out of **the daily routine** and set out on a trip by herself.

그 주부는 일상에서 벗어나길 갈망해서 홀로 여행을 떠났다.

1570 The elementary school student always received compliments on her **neat handwriting** from the teacher.

그 초등학생은 단정한 글씨체로 선생님에게 항상 칭찬을 받았다.

1571 Maintaining **a tidy office** offers many benefits, including more free time, less stress and better productivity.

깔끔한 사무실을 유지하는 것은 더 많은 자유시간, 이전보다 적은 스트레스, 높아진 생산성과 같은 많은 이점을 제공해준다.

1572 How much does it cost to **rent a car** for a week?

자동차를 일주일간 대여하는데 얼마인가요?

1573 According to a recent survey, house prices **vary widely** across the country.

최근의 조사에 따르면, 집값은 전국적으로 매우 다양하다.

1574 Students should be able to identify common **fire hazards** in the laboratory and know how to prevent them.

학생들은 실험실에서 불의 위험을 식별할 수 있고 예방할 수 있어야한다.

1575 Don't leave litter behind after your picnic but put it in **a plastic garbage bag**.

소풍 후엔 쓰레기를 버리지 말고 비닐 쓰레기봉투에 넣으세요.

1576 Many peculiar creatures people don't know about **dwell in the tropical jungle**.

사람들이 알지 못하는 특이한 생물들이 열대 정글속에 살고 있다.

1577 *"Do you really think that **a ghost haunts the old house** located near the cemetery?"* the child asked his neighbor.

"정말로 묘지 근처에 있는 오래된 집은 유령이 나오는 집이라고생각하세요?"하며 아이가 그의 이웃에게 물었다.

1578 *According to the report, **women's clothing** prices have fallen by a third in 10 years.*

그 보고서에 따르면 여성복의 가격은 10년만에 3분의 1이 떨어졌다.

1579 *As for the author, she always succeeds in **weaving an exciting story** of revenge.*

그 저자에 관하여 말하자면, 그녀는 항상 흥미진진한 복수 이야기를 성공적으로 지어낸다.

1580 *Elementary school teachers can identify specific **patterns of behavior** in young children.*

초등학교 선생님들은 어린 학생의 특정한 행동 패턴을 식별할 수 있다.

1581 *Some young women are willing to starve rather than fall behind **the latest fashion trends**.*

어떤 젊은 여성들은 최신 패션 유행에 뒤처지느니 차라리 기꺼이 굶으려 한다.

1582 *Although my sister dreaded **wearing braces on her teeth**, she had to get them for more than a year to straighten her crooked teeth.*

내 여동생은 치아 교정기를 끼는 것을 두려워했지만 비뚤어진 치아를 바로잡기 위해 일년 이상 교정기를 착용해야 했다.

1583 ***Wearing shabby clothes** is definitely not acceptable for job interviews.*

낡은 옷을 입는 것은 당연히 취직 면접시험에 허용되지 않는다.

1584 *According to the tennis coach, the opponent **won by sheer luck**.*

테니스 코치에 따르면 상대는 단순히 운이 있어 경기에서 이겼다고 한다.

1585 *I make it a rule to **polish my shoes** with black shoe polish every morning.*

나는 매일 아침 검정 구두약으로 내 구두를 닦는 것을 습관으로 하고 있다.

1586 *Could you leave the top alone and **trim the sides** and back?*

윗머리는 그냥 놔두고 옆머리와 뒷머리는 다듬어 주실래요?

1587 *A sculptor from Korea **carves original rock sculptures** for private collections and art galleries.*

한국에서 온 조각가는 개인 소장품이나 화랑들을 위한 독창적인 석상을 조각한다.

1588 *Many had no formal training, and had **learned the craft** of pottery through trial and error.*

많은 사람들은 공식적인 교육을 받지 못했고 시행착오를 통해서 도자기 공예를 배웠다.

1589 *The client demanded to see the manager when **a clumsy hairdresser** splashed water into his eyes.*

서투른 미용사가 그의 눈에 물이 들어가게 하자 그 고객은 매니저를 부를 것을 요청했다.

1590 *The opera singer will sing **the national anthem** at tonight's college football championship game.*

그 오페라 가수는 오늘 대학교 풋볼 결승전게임에서 국가를 부를 것이다.

1591 ***Hollywood celebrities** do appear to be under far more pressure in their relationships.*

헐리우드의 유명인사들은 인간관계에서 훨씬 많은 압박감을 받는 것처럼 보인다.

1592 *Don't miss out on this **splendid opportunity** to study abroad for free in New Zealand!*

뉴질랜드에서 무료로 공부할 수 있는 멋진 기회를 놓치지 마세요!

1593 *While I **stood in the grocery line**, my mother dropped by the fruit corner of the store.*

내가 식료품점의 줄에 서있는 동안에, 내 엄마는 가게의 과일 코너에 잠시 들렸다.

1594 *You must **stir instant coffee with a spoon** until the coffee and sugar dissolve.*

너는 커피와 설탕이 녹을 때까지 스푼으로 인스턴트 커피를 휘젓어야 한다.

1595 *She **ground the coffee beans** in a coffee grinder until they were fine but not powdery.*

그녀는 커피분쇄기로 곱게 하지만 가루는 되지 않을 정도로 커피콩들을 갈았다.

1596 *If you want to make delicious rice, you have to **soak rice in water** for at least an hour beforehand.*

맛있는 밥을 짓고 싶으면 미리 적어도 한 시간 동안 쌀을 물에 담구어 놓아야한다.

1597 *The spicy chili peppers add **a distinctive flavor** to this authentic cabbage dish.*

매운 칠리 고추는 이 정통 양배추 요리에 독특한 맛을 더해준다.

1598 *My family **frequent** this Chinese restaurant on almost a weekly basis.*

우리 가족은 거의 매주 그 중식당에 간다.

1599 *His wife **brings** him breakfast in bed **on a tray** every morning.*

그의 아내는 매일 아침 그에게 아침식사를 쟁반에 담아 침대로 가져다준다.

1600 *Please let me know when you feel like you **are about to vomit**.*

토할 것 같은 느낌이 들 때는 꼭 알려주세요.

1601 *Parents are proud of their children and enjoy **boasting of their achievements**.*

부모님들은 자식들을 자랑스러워하고 그들이 이루어 낸 것에 대해서 자랑하기를 좋아한다.

1602 *I would rather leave the company than **flatter my boss**.*

나는 내 상사에게 아첨하느니 차라리 회사를 그만 두고 싶다.

1603 *I don't know how to deal with the married couples when they're **arguing about money**.*

결혼한 부부가 금전적인 이유로 다투고 있을 때 어떻게 반응해야 할지 모르겠다.

1604 *Everybody was hugely frustrated and disappointed that he put forward such **an absurd argument** at the moment.*

모든 사람들은 그가 그 순간 그런 터무니없는 주장을 내놓은 것에 크게 좌절하고 실망했다.

1605 *It may **sound completely ridiculous**, but there is something more to his movie.*

완전히 터무니없이 들릴수도 있지만 그의 영화에는 무엇인가 더 있다.

1606 *Please refrain from **using vulgar language** or rude gestures in front of the elderly.*

어르신 앞에서 저속한 언어나 무례한 제스처를 사용하는 걸 자제해 주세요.

1607 *I'll **swear an oath** to tell the truth, the whole truth, and nothing but the truth.*

나는 진실만을 말할 것을 맹세합니다.[법정의 증인선서]

1608 *Nikki packed her belongings and made her way down the staircase, **cursing her husband** for ruining her life.*

Nikki는 짐을 싸서 층계를 걸어 내려가며 자신의 인생을 망쳤다고 남편을 저주했다.

1609 Railway officials did not **blame the driver for the train crash** that happened last month.
철도국 공무원은 지난 달 일어난 열차충돌 사고에 대해 운전자의 책임을 묻지 않았다.

1610 My boyfriend was **asked an awkward question** when he attended a formal dinner with my family.
내 남자친구는 내 가족과 함께 정식 만찬에 왔을 때 곤란한 질문을 받았다.

1611 His recent work is characteristic of a beautiful story with **a unique prose style**.
그의 최근의 작품은 독특한 산문체로 된 아름다운 스토리가 특징이다.

1612 **Political satire** created and expressed by political cartoonists and illustrators in a humorous way can teach people about recent important political events.
정치 만화가나 삽화가에 의해 유머러스하게 만들어지고 표현된 정치 풍자는 사람들에게 최근의 정치적 사건에 대해서 알려줄 수 있다.

1613 Once **a monthly periodical is published**, it is kept on file for possible future use at the library.
일단 월간 정기 간행물이 출판되면, 미래의 사용에 대비해 도서관에 파일형태로 보관된다.

1614 All of the online news is simply a restatement of the facts based on **newspaper articles**.
모든 온라인상의 뉴스들은 신문기사에 근거한 사실들을 다시 말한 것에 불과하다.

1615 Our pastor **preached a sermon** on the need for love in today's society.
목사님이 오늘 날 사회에서 사랑의 필요성에 대해서 설교하셨다.

1616 Instead of perusing the newspaper, she went online to skim over **a brief summary** of what had happened the day before.
신문을 자세히 읽지 않고, 그녀는 온라인에서 그 전날 발생한 일들에 대해 간단한 요약을 훑어보았다.

1617 Rather than reading the whole story on the new invention, she glanced at **a brief outline** of the article.
그녀는 새로운 발명품에 대해 전체 이야기를 읽지 않고 기사의 짧은 요약을 슬쩍 보았다.

1618 The missing sailor **had hinted nothing of** where he was going to go.
실종된 선원은 자신이 어디로 가는지에 대한 아무런 단서도 남겨두지 않았다.

1619 After graduating from college, many students choose to **seek employment** in the music industry.
대학에서 졸업을 한 뒤 많은 학생들은 음악 업계에서 일자리를 찾기를 선택한다.

1620 I've **quit my job** at the shoe factory and I'll find a new one soon.
나는 신발 공장에서 하던 일을 그만두었으니 이제 곧 새로운 일자리를 찾을 것이다.

1621 He has an unshakable belief that there exists nothing to **hinder him from fulfilling his aim**.

그는 자신의 목표를 달성하는 것을 방해할 어떤 것도 존재 하지 않는다는 확고한 신념을 가지고 있다.

1622 What are the pros and cons of **raising the national minimum wage**?

국가최저시급을 인상하는 것의 장점과 단점이 무엇인가?

1623 Many employers will need to **negotiate with the union** to resolve the matter.

많은 직원들이 사안을 해결하기 위해서 노동조합과 협의를 해야 할 것이다.

1624 They are working towards **improving the livelihoods** of workers in communities and developing countries.

그들은 개도국의 시골가정들과 지역사회의 생계를 개선하기 위해 일하고 있다.

1625 Everyone is a prisoner of **his own experiences**. No one can eliminate prejudices - just recognize them.

모든 사람은 자신의 경험의 포로이다. 편견을 버릴 수 있는 사람은 아무도 없다 – 단지 편견의 존재를 인정할 뿐이다.

1626 Resale shoppers and **thrifty bargain hunters** will be able to find good deals at secondhand stores.

중고 구매자들과 검소한 흥정꾼들은 중고 상점들에서 좋은 물건을 찾을 수 있을 것이다.

1627 Collecting coupons and going thrift shopping are some of **the frugal habits** I learned from my mother.

쿠폰을 모으고 검소한 쇼핑을 하는 것은 내가 엄마에게서 배운 절약하는 습관 중 하나이다.

1628 Tens of thousands of people in the country still **live in wretched poverty** and face starvation.

그 나라의 수 만명의 사람들이 아직도 비참한 가난속에 살고 있고 굶주림에 직면하고 있다.

1629 Her classmates sobbed and kept on shedding tears **in deep sorrow for her death**.

그녀의 급우들은 그녀의 죽음에 대한 깊은 슬픔에 잠겨 흐느끼며 계속 눈물을 흘렸다.

1630 She **lamented over the death** of her son who was no more than 5 years old.

그녀는 겨우 다섯 살 밖에 되지 않은 아들의 죽음을 몹시 슬퍼했다.

1631 The mother **mourned her son's death** after he was fatally shot by the masked gunman.

아들이 목면을 한 총잡이에 의해서 치명적인 총상을 입고 죽은 후 어머니는 자신의 아들의 죽음에 슬퍼했다.

1632 My grandmother **wept** all night long **at the sad news** of her death.

우리 할머니는 그녀의 사망 소식을 듣고 밤새 우셨다.

1633 I'm looking for someone to **shed light on** how to pronounce English words properly.

나는 영어를 적절히 발음하는 법을 설명해줄 누군가를 찾고 있다.

1634 The actress **bursts into tears** as she was finally reunited with her parents.

여배우는 마침내 부모님과 재회하자 눈물을 터뜨렸다.

1635 If anything, the comedian's sudden appearance on stage led to **spontaneous cheers and applause** from the audience.

오히려 그 개그맨의 갑작스러운 무대 등장은 청중들의 자발적인 환호와 갈채를 이끌어냈다.

1636 Some students **don't even bother to** look up words in a dictionary.

어떤 학생들은 심지어 단어를 사전에서 찾는 수고조차 하지 않는다.

1637 Tom **was especially irritated by her rudeness** but I could forgive it.

탐은 특히 그녀의 무례함에 짜증을 냈지만 나는 아무렇지도 않았다.

1638 To my embarrassment, the teacher warned the school bully to **stop teasing me** any more.

내가 당황스럽게도 그 선생님이 그 불량학생에게 나를 더 이상 괴롭히지 말라고 경고했다.

1639 The woman **flew into a rage** after being taunted and called crazy by her boyfriend.

남자친구에게 비웃음당하고 미쳤다는 말을 듣자 그녀는 격분했다.

1640 I realized that something was wrong as soon as my father crossed his arms and **frowned at me** with displeasure.

나는 아버지가 불쾌해하며 팔짱을 끼고서 나를 보고 얼굴을 찡그렸을 때 무엇인가 잘못되었다는 것을 깨달았다.

1641 Due to a <u>**dismal** **weather**</u> forecast, the event was moved inside to the auditorium from the park.

기상의 악화로 행사는 공원의 강당 내부로 옮겨졌다.

1642 My mom bought us ice cream to cheer us up on <u>**a gloomy** Sunday **afternoon**</u>.

우리 엄마는 우울한 일요일 오후에 힘을 내라고 우리에게 아이스크림을 사주었다.

1643 The tennis player **wore a <u>sullen</u> look** on his face after losing three games in a row.

그 테니스 선수는 세게임을 연속으로 지고 나서 시무룩한 표정을 하고 있었다.

1644 This herbal medicine may help <u>**soothe** severe **pain**</u> in infants.

이 약초가 유아의 극심한 고통을 완화시킬 수 있다.

1645 She is a charismatic leader with **a strong personality**, and she is fully supported by most members of the party.

그녀의 강한 개성을 보이는 카리스마 넘치는 리더로서 대부분의 당원들의 전폭적인 지지를 받고 있다.

1646 Your body may shiver and tremble while your mind **<u>remains</u> bold**.

너의 마음이 대담한 상태로 남아있더라도 너의 몸은 두려워하며 떨릴 수도 있다.

1647 Because his driver's license has been suspended due to <u>**reckless** driving</u>, his wife took the wheel.

그의 운전면허는 난폭운전으로 정지가 되어서 그의 아내가 운전대를 잡았다.

1648 He must have decided **on the <u>spur</u> of the moment**; he should have waited more.

그는 충동적으로 결정을 했음에 틀림없는데, 좀 더 기다렸어야만 했다.

1649 Instead of **rushing <u>headlong</u> into marriage**, the young couple took their time to plan out their future.

성급하게 결혼하는 대신에 , 그 젊은 부부는 그들 미래를 설계하는 데 시간을 보냈다.

1650 **What a <u>nuisance</u>**! I've lost my admission ticket.

짜증나! 나 입장 티켓을 잃어버렸어.

1651 You should **pay <u>heed</u> to her advice** and think twice before investing a large amount of money in stocks.

그녀의 조언을 명심해서 듣고 많은 액수의 돈을 주식에 투자하기 전에는 숙고해야한다.

1652 The figures should be **<u>treated</u> with <u>caution</u>** due to the limited amount of the available data.

그 수치는 이용 가능한 데이터의 양이 제한적인 탓에 조심스럽게 다루어져야 한다.

1653 **A <u>timid</u> young girl** of perhaps eight or nine peeped into a room full of friends and strangers.

8~9살 정도 된 소심한 어린 소녀는 자신의 친구들과 낯선 사람들로 가득 차 있는 방을 훔쳐봤다.

1654 Many students **<u>dread</u> the exam** because there are so many concepts and applications to memorize.

많은 학생들은 외워야 할 개념들과 응용사항이 너무나도 많기 때문에 시험을 두려워한다.

1655 As a child he always loved to play the piano and **stood in awe** of his father, a professional musician.

어렸을 때부터 그는 항상 피아노를 치는 것을 좋아했고 전문적인 음악가인 자신의 아버지에 대한 경외감이 가득했다.

1656 Complicated financial regulations and unsupportive business partners **frustrated his hopes** and plans of launching a brand new company.

복잡한 금융 규정과 비협조적인 사업파트너는 새로운 회사를 설립하려는 그의 희망과 계획을 좌절시켰다.

1657 He is so broad-minded as to **be tolerant of** different points of view to a fault.

그는 너무나 마음이 넓어서 다른 관점의 견해에 지나칠 정도로 관대하다.

1658 I move that any member who posts or **spreads vicious rumors** about her be expelled without delay.

나는 그녀에 대한 악의적인 소문을 포스팅하거나 퍼뜨리는 회원은 지체없이 쫓아내야 한다고 제안한다.

1659 **The wicked witch** cast a magic spell on the naughty cat in the dark forest.

그 사악한 마녀는 어두운 숲에서 장난꾸러기 고양이에게 주문을 걸었다.

1660 The merchant was so **greedy for money** that he needed more and more gold.

그 상인은 너무나 돈에 대해 탐욕스러워서 그는 더더욱 많은 금을 원했다.

1661 Our homeroom teacher **is** so **broad-minded about** our behavior as to overlook almost all our mistakes.

우리 담임선생님은 우리의 행동에 대하여 너무나 관대해서 우리의 거의 모든 실수를 눈감아주신다.

1662 I have been **jealous of her good looks** since the fifth grade.

나는 5학년 때부터 쭉 그녀의 멋진 외모를 질투해 왔다.

1663 Many people interested in environmental problems **poured scorn on the government's policy**.

환경 문제에 관심을 가지고 있는 많은 사람들은 정부 정책을 경멸했다.

1664 He was **a shrewd analyst** of the economy and someone worth consulting for his advice.

그는 빈틈없는 경제 분석가였고 그의 조언을 얻기 위해 상담을 받을 가치가 있는 사람이었다.

1665 Even though he is not handsome, he has **a decent job**.

비록 그는 미남은 아니지만 어엿한 직장을 가지고 있다.

1666 When the soup **tastes a little bland**, you can put in some salt.

국이 좀 싱거우면, 소금을 약간 넣으면 된다.

1667 The abandoned juvenile felt wretched and hopeless when nobody paid attention to her **earnest request**.

아무도 그녀의 진심어린 부탁에 관심이 없자 그 버려진 청소년은 비참함과 절망감을 느꼈다.

1668 I wanted to get to know her better because she was a friendly person with **an optimistic attitude** towards the future.

나는 그녀가 미래에 대한 긍정적인 태도를 지닌 다정한 사람이었기에 그녀를 더 잘 알고 싶었다.

1669 The servants knelt down in front of the king and **begged for mercy**.

하인들은 왕의 앞에 무릎을 꿇고 자비를 베풀어달라고 빌었다.

1670 The shock and guilty conscience from the terrible incident will **linger long in the minds** of many people.

그 끔찍한 사건으로 인한 충격과 죄책감은 많은 사람들의 마음속에 오래 남을 것이다.

1671 The Red Cross **raises money for charity** so as to help people in need.

적십자는 궁핍한 사람들을 돕기 위하여 자선기금을 모금한다.

1672 The track athlete **won a bronze medal** in the Olympics.

그 육상선수는 올림픽경기에서 동메달을 땄다.

1673 Fishing is **a popular leisure activity** among the elderly.

낚시는 어르신들 사이에서 인기 있는 레저활동이다.

1674 Most large fish in the area are caught with **live fishing bait**.

이 지역의 대부분의 큰 물고기들은 살아있는 미끼로 잡힌다.

1675 He lost all his property by **gambling on the horse racing**.

그는 경마에 돈을 걸어서 모든 재산을 잃었다.

1676 The daring student told me that he'd rather **make a parachute jump** than a bungee jump.

그 용감한 학생은 나에게 번지점프보다는 낙하산을 메고 뛰어내리고 싶다고 말했다.

1677 The little cheerleaders were jubilant and **full of youthful vigor**.

작은 치어리더들은 환희에 차있었고 기운찬 활기로 넘쳤다.

1678 The tickets for the national championship game are selling at **a brisk pace**.

전국 챔피언 경기의 티켓은 빠른 속도로 팔리고 있다.

1679 A young couple was **strolling along the beach** hand in hand.

젊은 연인이 서로 손을 잡고 해변을 따라 거닐고 있었다.

1680 No matter what you say, we have a right to **govern our own country**.

네가 무슨 말을 하든지, 우리는 우리의 나라를 통치할 권리가 있다.

1681 Literature is one of the studies that falls outside **the realm of science**.

문학은 과학 분야의 밖에 존재하는 학문 중 하나이다.

1682 Who do you think will **succeed to the throne**, following the queen's death?

너는 누가 그 여왕이 죽고 나면 왕위를 계승할 것이라고 생각하느냐?

1683 His reign was notable for **imperial expansion**, which brought the empire large pieces of territory in Central Asia.

그의 재임기간은 중앙 아시아의 넓은 영토를 그의 왕국으로 영입하게 되는 제국의 팽창으로 주목할 만하다.

1684 My father has **been loyal to our family** all his life, and we can't thank him enough.

우리 아버지는 우리 가족을 위해 평생 헌신해 오셨고 우리가 아무리 감사해도 지나치지 않다.

1685 All the knights and nobles had to **swear a special oath of loyalty** to the king.

모든 기사들과 귀족들은 왕에게 특별한 충성의 맹세를 해야했다.

1686 The president promised to **fulfill his campaign pledge** and work closely with Congress in implementing the new policy.

대통령은 자신의 선거 공약을 이행하고 또한 새로운 정책을 시행하는데 있어 의회와 적극적으로 협력하겠다고 약속했다.

1687 They **urged us to vote** for their candidate who will bring change and reform to our country.

그들은 우리나라에 변화와 개혁을 가져다줄 그들의 후보를 위해 투표해 달라고 우리에게 촉구했다.

1688 He vowed to **fulfill his duties** and responsibilities as governor.

그는 주지사로서 그의 임무와 책임을 다할 것을 서약했다.

1689 The police authorities will **take drastic measures** to reduce sexual crimes.

경찰 당국은 성범죄를 줄이기 위해 과감한 조치를 취할 것이다.

1690 **The bill was passed by Parliament** but the president exercised his veto on the controversial bill.

그 법안은 의회에 의해 통과되었지만 대통령이 그 논란이 많은 법안에 대해 거부권을 행사했다.

1691 The plane crash is currently under investigation by **the military authorities**.

비행기 추락사건은 현재 군당국에 의해서 조사되고 있다.

1692 If the private English institute isn't **granted a new license** within a month, it will be closed for good.

만약 그 사설 영어 학원이 한달내에 새 면허를 받지 못하면, 영원히 문을 닫게 될 것이다.

1693 Before the election season started, the authorities made a statement on the hazards of **political ambition**.

선거철이 시작되기 전에, 관계 당국들은 정치적 야망에 대한 위험성에 대한 이야기를 했다.

1694 Many businesses have been accused of **engaging in an illegal scheme** to avoid paying millions of dollars in taxes.

많은 사업들이 수백만 달러의 세금을 피하기 위해 불법적인 음모에 가담한 것에 대한 혐의를 받았다.

1695 The federal troops managed to **put down the riot** without firing a shot.

연방군은 총을 발사하지 않고 폭동을 진압하는데 성공했다.

1696 The flood **brought chaos to the region**, and many people were forced to flee their homes.

홍수는 그 지역에 혼란을 가져왔고 많은 사람들은 집을 떠나야만 했다.

1697 **The opposition leader was banished** from his country for criticizing the government.

그 야당 지도자는 정부를 비판했다고 그의 나라에게 추방되었다.

1698 Nearly all **raw meat** can be cooked by combining it with salt.

거의 모든 생고기는 소금과 함께 요리될 수 있다.

1699 International concern over the **soaring oil price** has been mounting increasingly.

치솟는 유가에 대한 국제적 우려가 점점 증가하고 있다.

1700 Fit is important for customers wearing **ready-made clothes**, especially for formal events.

기성복을 입는 사람들에게, 특히나 공식적인 행사들에 참여하는 사람에게 몸에 꼭 맞는 옷을 입는 것은 매우 중요하다.

1701 **The Korean steel industry** is becoming more eco-friendly through the use of recycled materials.

한국 철강 산업은 재활용된 원자재들을 사용함으로써 더욱 친환경적이 되고 있다.

1702 Most families in the town lived on **a staple diet** of bread and fish.

마을의 대부분의 가정들은 빵과 고기를 주식으로 삼는다.

1703 What counts for much is not only to increase the quantity of life, but also to **improve the quality of life**.

매우 중요한 것은 삶을 연장하는 것 뿐만 아니라 삶의 질을 향상시키는 것이다.

1704 You should **take out a patent** as soon as possible to protect your invention.

당신의 발명품을 보호하기 위해서는 가능한 빨리 특허를 받아야 한다.

1705 The opposition leader demanded that the new government **focus on the economy** and stabilize the people's livelihoods.

그 야당 지도자는 새 정부가 경제에 초점을 맞추고 민생을 안정시킬 것을 요구했다.

1706 The governor started cutting **education budgets** as soon as he took office.

주지사는 그가 부임한 이래로 교육 예산을 절감하기 시작했다.

1707 The child **lacks confidence** on stage whereas his fellow competitors have loosened up overtime.

그 아이는 무대 위에서 자신감이 부족한 반면 경쟁 상대들은 오랜 시간동안 긴장을 풀어왔다.

1708 I have not yet paid my tuition, and I must stop by the bank to **take out a loan**.

나는 아직 등록금을 못 냈기에 은행을 들려서 대출을 받아야 한다.

1709 My friends and I left the country knowing we **had ample money** for the journey.

내 친구들과 나는 여행을 떠날 돈이 충분하지 않았음에도 나라를 떠났다.

[1710] The book **is worth reading carefully**, and it has received largely positive reviews from critics.

이 책은 자세히 읽을 가치가 있고 비평가들에게 대체로 긍정적인 평가를 받았다.

[1711] When you graduate from this university, you will have the knowledge and skills needed to take your place in **the thriving computer industry**.

네가 이 대학을 졸업할 때면, 너는 번창하는 컴퓨터 산업에서 자리를 얻기 위해 필요한 지식과 기술을 갖게 될 것이다.

[1712] **His new business in London is flourishing** with sales continually on the rise.

그의 런던에서의 새로운 사업의 매출이 지속적으로 증가하며 번창하고 있다.

[1713] She is **living a life of luxury** as she spends millions of dollars a year travelling the world on cruise ships.

그녀는 유람선을 타고 세계를 여행하는데 수백만 달러를 사용하는 호화스러운 삶을 살고 있다.

[1714] You can **quote a passage from** the textbook in your research paper as long as you cite the sources in the bibliography.

조사 리포트의 참고문헌에 출처를 밝힌다면 교과서의 일부를 인용해도 된다.

[1715] What are the consequences of **violating an international agreement**?

국제적 협약을 어기는 것에 대한 결과는 무엇입니까?

[1716] Women in some countries are still reported to be victims of **domestic violence** and honor killings.

어떤 나라들의 여성은 아직도 가정 폭력과 명예 살인의 희생자가 되고 있다고 보고된다.

[1717] The large-scale hacker attacks **penetrated computer networks** of government and business web sites.

대규모 해커 공격이 정부와 상업용 웹사이트들에 침투했다.

[1718] It was incredibly courageous of him to mount a **challenge to the decision** made by the CEO.

CEO가 내린 결정에 대해서 그가 이의를 제기한 것은 믿을 수 없을 만큼 용기있는 행동이었다.

[1719] In this action movie he **plays a cunning villain** who has eluded capture for ten years.

이 액션영화에서 그는 10년 동안 도피생활을 한 교활한 악당역할을 한다.

[1720] Such a superficial investigation will find it impossible to **identify the cause of the accident**.

그러한 피상적인 조사는 그 사고의 원인을 찾아내는 것을 불가능하게 할 것이다.

[1721] The police **found a critical clue to the murder case** near the spot where the body was found.

경찰은 시체가 발견된 지점의 근처에서 살인사건에 대한 결정적 단서를 발견했다.

[1722] The governor seems to be deeply involved in a bribery scandal, and a quick and **thorough investigation** is required.

그 도지사는 뇌물사건에 깊이 연루된 것 같고, 신속하고 철저한 수사가 요구된다.

[1723] The jury decided unanimously that the woman **was guilty of murder** in the shooting death of a 16-year-old minor.

배심원들은 그 여자가 16살 미성년자의 총기 살인에 대해서 유죄라고 만장일치로 판정을 내렸다.

[1724] The siblings got in trouble for bickering about **a petty problem** in front of their relatives.

1725 Public officers are seeking to operate a residence for **juvenile delinquents** in the community.

공무원들은 사회 내에서 비행청소년들의 거주시설을 운영할 방안을 찾고 있다.

1726 Two deputies **chased the murderer** on foot for several minutes.

두 명의 보안관들은 몇 분간 살인자를 뒤쫓았다.

1727 The police announced that they had **seized illegal weapons** and explosives after a raid on the house.

경찰은 그 집을 급습해서 불법 무기와 폭발물을 압수했다고 발표했다.

1728 The knocking at the door continued and was accompanied by **a harsh voice** and incomprehensible words.

문의 노크 소리는 계속 되었고 알아들을 수 없는 말의 갈라지는 목소리도 함께 들렸다.

1729 The young lawyer is scheduled to appear in court **on behalf of his client**.

그 젊은 변호사는 그의 의뢰인을 대신하여 법정에 출두할 예정이다.

1730 The defendant secretly **bribed the judge** to acquit him of the charges.

피고는 자신의 혐의에 대해 무죄를 선고하도록 몰래 재판관을 매수했다.

1731 Should **military service** be mandatory for both men and women?

남자와 여자 모두에게 군복무를 의무적으로 시켜야하는가?

1732 In the 21st century, **economic warfare** between rival nations has largely replaced soldiers, bombers and weapons.

21세기에 들어서 경쟁국들 사이의 경제 전쟁이 군인들, 폭격기 그리고 무기들을 주로 대체하였다.

1733 The summit in Moscow focused on a range of issues, including **the border dispute** between the two countries.

모스크바 정상회담은 두 나라간의 국경분쟁을 포함하여 다양한 사안들을 토론했다.

1734 According to the weather center, the dust was not serious enough to **issue a severe weather alert**.

기상청에 따르면 기상 경보를 발령할 만큼 황사는 심각하지는 않았다.

1735 Tensions rose between the two countries because the neighboring nation were **spending much money on armaments**.

그 이웃나라가 군비확충에 많은 돈을 쓰려고 해서 두 나라간 긴장이 고조되었다.

1736 Some of the footage captured on security cameras revealed a man **placing a time bomb** in the street two days before the tragic incident.

감시카메라에 찍힌 장면은 비극적인 사건 이틀 전에 길거리에서 한 남자가 시간폭탄을 설치하는 것을 보여줬다.

1737 Nazi Germany invaded Poland on September 1, 1939, which **triggered World War II**.

나치 독일은 1939년 9월 1일에 폴란드를 침공했고, 이것이 세계 2차 대전을 유발했다.

1738 Through his movies, the director would like to tell children that **good triumphs over evil** in the end.

그의 영화를 통해서 그 감독은 어린이들에게 선은 결국에는 악을 이긴다는 것을 말하고 싶어한다.

1739 Their attack came to nothing, and Castro and Che Guevara **fled to the mountains**.

그들의 공격은 실패로 끝났고 카스트로와 체 게바라는 산악지대로 도망쳤다.

1740 A common slingshot should be treated with the same caution as **a deadly weapon**.

평범한 새총도 치명적인 무기와 같이 똑같이 조심스럽게 다루어져야 한다.

1741 **Mental arithmetic** can be faster than using a calculator.

암산은 계산기를 사용하는 것보다 빠를 수 있다.

1742 The physics teacher taught his students how to **calculate the speed** of light in water.

물리 선생님은 그의 학생들에게 물에서 빛의 속도를 계산하는 법을 가르쳐주었다.

1743 After the students got in trouble for skipping class, their advisor gave them **a tedious lecture**.

수업에 결석을 해서 학생들이 문제를 일으키자 그들의 상담사는 지루한 잔소리를 했다.

1744 The books are arranged **in random order**, so it might be hard to find what you're looking for.

책들은 무작위 순서로 나열되어 있어서 네가 찾으려고 하는 것을 찾기 힘들 수 있다.

1745 The mother <u>scolded **her son for playing**</u> too many computer games.

그 어머니는 자기 아들을 너무 컴퓨터 게임을 많이 한다고 꾸짖었다.

1746 Adults can teach young children how to <u>cope **with the difficult situations**</u> early in life.

어른들은 어린아이들에게 젊은 시절의 어려운 상황에 어떻게 대처해야하는지 가르쳐줄 수 있다.

1747 Nothing will ever dampen <u>**my untiring zeal for**</u> better and more efficient English education.

그 어떤 것도 더 올바르고 능률적인 영어 교육에 대한 지칠 줄 모르는 나의 열정을 결코 꺾지 못할 것이다.

1748 The young representative knew how to <u>**conduct himself with dignity**</u> at the formal event.

그 어린 대표는 공식적인 행사에서 자신의 품위를 지키는 법을 알았다.

1749 All the students had to <u>salute **the national flag**</u>, and pledge allegiance to it.

모든 학생들은 국기에 대한 경례와 국기에 대한 맹세를 해야했다.

1750 This course will help students to <u>**acquire academic knowledge**</u> and the skills necessary to be successful researchers in the field of medical microbiology.

이 과정은 학생들이 의학 미생물 분야의 성공적인 연구자가 되기 위한 학문적 지식과 기술을 배우는 것을 도울 것이다.

1751 The job applicants <u>**were divided into several categories**</u> according to their abilities and experience.

그 구직자들은 각자의 스펙에 따라 몇 개의 부류로 나뉘었다.

1752 'Mouse' is <u>**a singular noun**</u>, and 'mice' is its plural form.

'mouse'는 단수명사이고 'mice'가 복수형이다.

1753 There are <u>**numerous motives**</u> for why people who volunteer at an animal shelter.

사람들이 동물보호소에서 봉사활동을 하는 데에는 수많은 동기들이 있다.

1754 The speaker quickly gets to the heart of the matter and does not <u>**waste time on trifles**</u>.

화자는 사안의 핵심에 빠르게 접근하고 사소한 일에 시간을 낭비하지 않는다.

1755 The lawyers could easily <u>**see through the fallacy**</u> in his argument which was actually begging the question.

변호사들은 교묘히 논점을 피하고 있는 그의 주장의 오류를 쉽게 파악할 수 있었다.

1756 Some planets in the solar system were named after the gods in the ancient <u>**Greek and Roman myth**</u>.

태양계의 몇몇 행성들은 고대 그리이스 로마 신화속의 신들의 이름을 따서 이름이 붙었다.

1757 The new theme park will be considered <u>**an earthly paradise**</u> for children.

그 새 테마파크는 어린이들에게는 지상 낙원으로 여겨질 것이다.

1758 <u>**According to an ancient legend**</u>, a lark was created before the earth appeared.

고대 전설에 따르면 종달새는 지구가 생기기 전에 창조되었다.

1759 It's believed to be <u>**a bad omen**</u> if you walk under a ladder.

사다리 밑을 지나가는 것은 나쁜 징조로 여겨진다.

1760 His family goes to church every Sunday morning to **worship God**.

그의 가족은 예배를 보기위해 매주 일요일 아침에 교회에 간다.

1761 He used to be **the idol of countless teenagers** in the late 1990s.

그는 한때는 1990년대 후반 수많은 십대들의 우상이었다.

1762 That Christian is **living a pious life**, praying to God and going to church every Sunday.

저 기독교신자는 매주 일요일마다 신에게 기도하고 교회에 가며 독실한 삶을 살고 있다.

1763 The pilgrims were visiting **the holy places** or shrines such as temples in Israel.

순례자들은 이스라엘의 예배당과 같은 신성한 장소나 성지를 방문하고 있었다.

1764 These families regularly attend **divine service** on Sunday mornings.

이 가족들은 정기적으로 일요일 아침마다 예배에 참여를 한다.

1765 The national park is enclosed by **lofty buildings** in the capital city.

국립공원은 도심 속에서 고층 빌딩들에 둘러싸여있다.

1766 When I met her at the Christmas party for the first time, I felt she was **my ideal type**.

내가 크리스마스 파티에서 처음으로 그녀를 만났을 때 나는 그녀가 내 이상형이라고 느꼈다.

1767 How can humans **earn everlasting life**?

인간은 어떻게 하면 영생을 얻을 수 있을까?

1768 **The moral judgement** of all was left in the hands of the old village chief.

옳고 그름에 대한 도덕적 판단은 나이든 촌장의 손에 달려있었다.

1769 The judicial officers discussed the approach to cases involving questions of **religious doctrine**.

법무관들은 종교적 교리에 대해 의문을 제기하며 그 사건의 접근방식에 대해 논의했다.

1770 Our government is offering tax benefits for those who purchased **hybrid vehicles**.

우리 정부는 하이브리드 차량을 구매한 사람들에게 세제 혜택을 제공하고 있다.

1771 Four fishermen went missing after **a fishing vessel** capsized off the coast.

해안가에서 고깃배가 전복되고 네 명의 낚시꾼들은 실종되었다.

1772 The new policy aims to improve **the regulation of civil aviation** and expand airport infrastructure.

그 새로운 정책은 민간 비행 규제를 개선하고 공항 기반시설을 확장하는 것을 목표로 한다.

1773 You may have to stay home alone, because I am ordered to **go on a business trip** to Hongkong this weekend.

이번 주말에 홍콩으로 출장을 떠나도록 지시를 받아서 당신 집에 혼자 있어야 할지도 모른다.

1774 **Her suitcase is stuffed with a variety of clothes**, jewelry, and cosmetics.

그녀의 옷가방에는 다양한 옷과 보석류와 화장품이 가득 차있다.

1775 The newly scheduled tax system will encourage drivers to purchase more **fuel efficient vehicles** as well as use fuel more efficiently.

새롭게 예정된 세제는 운전자들로 하여금 연료를 더 효율적으로 사용하는 것은 물론 연료 효율이 더 높은 차량을 구입하도록 장려할 것이다.

1776 The candidate issued an electoral commitment to **pave the road with concrete** in the outlying parts of the country.

그 후보는 그 나라의 외딴지역의 도로를 콘크리트로 포장을 하겠다는 선거공약을 발표했다.

1777 Because they were almost late, the siblings **took a shortcut** across the fields to school.

그들이 거의 지각이라서 자매들은 들판을 가로질러 지름길로 학교를 갔다.

1778 Our government should **take swift action** to ensure that such a tragic incident will not happen again.

우리 정부는 그런 비극적인 사건이 다시는 발생하지 않도록 보장하려면 신속한 조치를 취해야 한다.

1779 When it comes to eating between meals, **nobody parallels her** in our class.

군것질에 관해서라면 우리 반에서 아무도 그녀에 필적할 수 없다.

1780 A teenager is in recovery after being severely injured in **a car crash** recently.

최근의 자동차 사고에서 심한 부상을 입은 10대는 회복하는 중이다.

1781 Ten people may have survived the deadly accident, but authorities say **the death toll** from the plane crash is expected to rise.

그 심각한 사고에서 열 명의 사람들이 살아 남았을 수도 있지만, 당국에 따르면 그 비행기 추락사고의 사망자수는 증가할 것으로 예상된다고 한다.

1782 Don't **miss a chance** to apply for a full-tuition scholarship!

전액 장학금을 신청할 기회를 놓치지 마라.

1783 The passengers managed to hang on to the boat until **a rescue team** reached the location.

탑승객들은 구조대가 그 장소에 도달할 때까지 배에 매달려 버텼다.

1784 The fireman **barely escaped death** when a staircase gave way beneath his feet.

그 소방관은 층계가 그의 발 밑에서 무너졌을 때 간신히 죽음을 면했다.

1785 Do you know how many **active volcanoes** there are in the world?

너는 세계에 얼마나 많은 활화산이 있는 줄 아느냐?

1786 He finally reached **the summit** of Mount Everest after a long, adventurous journey.

그는 길고 험난한 여정 끝에 마침내 에베레스트 산의 정상에 도달했다.

1787 The hiker started climbing up **a steep cliff** to reach the top of the waterfall.

등산객은 폭포의 꼭대기에 오르기 위해 가파른 절벽을 기어오르기 시작했다.

1788 I wouldn't recommend skiing on **a steep slope** if you are a beginner.

당신이 초보자라면 가파른 언덕에서 스키를 타는 것을 추천하지 않겠다.

1789 There is **a vast tract of farmland** in the region, which had been reclaimed from the natural tidal wetlands in the past.

그 지방에는 광활한 농경지대가 있는데, 과거에 갯벌로부터 간척이 된 곳이다.

1790 Many sheep and goats were contentedly **grazing in the green pasture**.

많은 수의 양들과 염소들이 초록색 목초지에서 한가로이 풀을 뜯고 있었다.

1791 During the field trip, she sat down on a bench to sketch **the fragrant hillside meadow** in her notebook.

현장 학습 중에 그녀는 벤치에 앉아 향기로운 언덕면의 초원을 그녀의 공책에 스케치했다.

1792 His villa is located by a still and **serene lake** in the woods.

그의 별장은 숲속의 잔잔하고 고요한 호숫가에 위치하고 있다.

1793 To **prevent dangerous climate change**, we must reduce greenhouse gas emissions.

위험한 기후 변화를 예방하기 위해서 우리는 온실 가스 배출을 줄여야 한다.

1794 How thick is **the crust of the Earth** in kilometers?

지구의 표면의 두께는 몇 km입니까?

1795 Our flight was delayed about thirty minutes owing to **the dense fog**.

우리 비행기는 짙은 안개 때문에 30분 정도 연착되었다.

1796 Due to **the sparse population** of the desert terrain, the damage caused by the earthquake was much less than originally feared.

그 사막 지역의 희박한 인구 때문에 그 지진으로 인한 피해는 당초 우려했던 것보다는 훨씬 작았다.

1797 The northern part of the Korean Peninsula has **suffered from** a record **drought** for more than half a year.

한반도의 북부지방이 반년 넘게 기록적인 가뭄에 시달리고 있다.

1798 During the tour, we got to see exotic Australian **tropical plants** in the rain forest.

여행 중에 우리는 오스트리아의 우림에서 이국적인 열대 식물을 볼 수 있었다.

1799 Make sure your outfit is made of fabric which lets your skin breathe and **absorbs moisture**.

반드시 네 옷은 피부가 숨을 쉴 수 있고 수분을 흡수하는 천으로 만들어져야 한다.

1800 Being located so close to the equator, the country has a hot and **humid climate**.

적도에 너무나 가깝게 위치하여서 그 나라는 덥고 습한 기후를 지니고 있다.

1801 The overweight woman carefully walked down the spiral staircase to **the damp basement**.

살이 찐 여자는 나선형 층계를 조심스레 내려가 습한 지하실에 도달했다.

1802 I turned off **the faucet** tight, but the tap was still **dripping** into the sink.

나는 수도꼭지를 꽉 잠궜지만 여전히 물이 싱크대로 똑똑 떨어지고 있었다.

1803 The coastal villagers saved the lives of two young boys when they **drifted toward the shore**.

두 명의 어린 남자아이들이 물가로 표류해왔을 때 해안 주민들이 그들을 구했다.

1804 If you drive past the hill, you'll be able to see **a barren desert** with tons of ash and volcanic material spreading across a vast area.

만약 네가 언덕을 넘어 운전을 한다면 많은 양의 재와 화산물질이 덮고 있는 불모의 사막을 볼

수 있을 것이다.

1805 The selling price of the finished product is highly dependent on the cost of **raw materials**.

완성제품의 판매가는 원자재 비용에 주로 달려있다.

1806 No **solid evidence** exists that the disease is caused by poor eating habits or unsanitary conditions.

그 질병이 나쁜 식사 습관이나 비위생 상태에 의하여 유발된다는 확실한 증거는 존재하지 않는다.

1807 **A molecule of water** consists of two atoms of hydrogen and one atom of oxygen.

물분자는 2개의 수소원자와 1개의 산소 원자로 구성되어 있다.

1808 The scientists discovered a number of **the fossils of dinosaur footprints** in the southern part of the country.

과학들은 그 나라의 남부지방에서 많은 공룡 발자국 화석을 발견했다.

1809 It is **automobile exhaust fumes** that largely contribute to global warming and the green house effect.

지구 온난화와 온실효과를 크게 부추기는 것은 자동차 배기가스이다.

1810 **A ray of sunlight** shines through the small window of my room.

내 방의 작은 창을 통해 햇빛 한줄기가 들어온다.

1811 The heart surgeon **is known as the pioneer** of heart transplant operations.

그 심장 외과의사는 심장 이식 수술의 선구자로 알려져 있다.

1812 The invention of electricity **marked a new epoch** in the development of human civilization.

전기의 발명은 인간 문명의 발달에 새로운 신기원을 이루었다.

1813 How long does it take an artificial satellite to **orbit the Earth**?

인공위성이 지구를 공전하는데 얼마나 걸리나요?

1814 NASA is getting ready to launch **an artificial satellite** that rotates around the Earth in a *circular orbit.*

나사(NASA)는 지구 주위를 원형 궤도를 이루며 도는 인공위성을 쏘아 올릴 준비를 하고 있다.

1815 *The aerodynamics program aims to **launch a** communications **satellite** into space for the first time.*

그 항공역학 프로그램은 처음으로 우주에 통신위성을 발사하는 것을 목표로 한다.

1816 *In the old days, a girl had to marry **a virtual stranger** in accordance with her parents' wishes.*

옛날에는 여자는 부모님의 소망에 따라 사실상 전혀 모르는 사람과 결혼을 해야 했다.

1817 ***The ultimate objective** of this project is to raise awareness of environmental issues.*

이 프로젝트의 궁극적인 목적은 환경문제에 대한 경각심을 기르는 것이다.

INDEX

대한민국
고등학생
영단어 고민 이제 끝!

해외에서도 인정받는
국내 최고 어휘 전문가 문덕 선생님 집필

해외 수출된 『웃지마 나 영어책이야』, 『MD Voca 33,000』
등의 저자이자 국내 최고의 영단어 전문가 문덕 선생님의
인생 역작입니다!

영어 다의어 어떻게 해야 할까요?

다의어 문제를 외면하는 것은 어휘학습서라고 할 수 없습
니다. 오랜 강의와 연구를 바탕으로 다의어 문제 완벽 해결
했습니다!

어원과 주제별 접근의
유기적 구성으로 암기 효율 끝판왕!

과학적인 최고의 영단어 암기법 '어원 & 테마별 어휘 학습'
의 완벽한 조화로 여러분의 어휘력 빈틈을 채워줍니다.

MD 영어 연구소가 선보이는
WCS학습법의 신기원을 경험하세요.

WCS학습법은 단어학습에 머무르지 않고 문법과 독해로
어휘학습을 자연스럽게 이어주는 과학적 학습모듈입니다.

대한민국 어휘 교과서

MD
VOCA
수 능

단 어 장

지수

대한민국 어휘 교과서

MD
VOCA
수 능
단어장

지수

DAY 01

1. **draw**
   - 🔴 1. 끌다 2. (선을) 긋다 3. 매혹하다
   - 🔵 무승부 · 비김

2. **flat**
   - 🔵 1. 평평한 2. 김빠진 3. 활기 없는
   - 4. 펑크 난 · 방전된 5. 단호한

3. **plain**
   - 🔵 1. 분명한 · 평이한 2. 소박한 · 수수한
   - 3. (여자가) 예쁘지 않은   🔵 평원 · 평지

4. **level**
   - 🔵 1. 수평면 · 평면 2. 높이 · 고도 3. 수준
   - 🔵 수평의   🔵 평평하게 하다 · 쓰러뜨리다

5. **even**
   - 🔵 1. 평평한 2. 공정한 3. 짝수의 🔵 ~도 · 조차

6. **odd**
   - 🔵 1. 짝이 안 맞는 2. 이상한 3. 홀수의

7. **bill**
   - 🔵 1. 계산서 · 고지서 2. 지폐 3. 법안

8. **board**
   - 🔵 1. 판자 · (칠)판 2. 식사 3. 위원회
   - 🔵 1. 탑승하다 2. 하숙하다 · 숙식을 제공하다

9. **trunk**
   - 🔵 1. 줄기 · 몸통 2. (여행용) 대형 가방
   - 3. (자동차 뒤의) 트렁크
   - 4. (수영 · 권투에서의) 팬츠 · 반바지

10. **break**
    - 🔵 1. 깨다 2. (잠시) 쉬다 3. (소식을) 알리다
    - 🔵 휴식 · 쉬는 시간

11. **count**
    - 🔵 1. 세다 2. 중요하다 3. 생각[간주]하다
    - 🔵 셈 · 계산

12. **court**
    - 🔵 1. 궁궐 2. 법정 3. 코트 · 경기장
    - 🔵 구애하다 · 환심을 사려고 하다

13. **cover**
    - 🔴 1. 덮다 2. 보도하다 · 다루다 3. 보상하다

14. **move**
    - 🔵 1. 움직이다 · 옮기다 2. 이사하다
    - 3. 감동시키다 4. 제안하다
    - 🔵 1. 움직임 2. 이동 · 이사 3. 조치 · 행동

15. **raise**
    - 🔴 1. 올리다 · 높이다 2. (자금을) 모으다
    - 3. (문제를) 제기하다 4. (자식을) 키우다
    - 🔵 인상

16. **hike**
    - 🔵 1. 도보 여행하다 2. 대폭 인상하다
    - 🔵 1. (장거리) 도보 여행 2. 대폭 인상 · 급등

17. **steep**
    - 🔵 1. (경사가) 가파른 2. 급격한 3. 너무 비싼

18. **dump**
    - 🔴 1. (내다) 버리다 2. (헐값에) 팔다
    - 3. (애인을) 차다

DAY 02

19. **hold**
    - 🔵 1. 잡고 있다 2. 담다 · 수용하다
    - 3. 지속하다 4. 개최하다 5. 억제하다

20. **beat**
    - 🔵 1. 치다 2. 패배시키다 3. (심장 등이) 뛰다

21. **bear**
    - 🔵 1. 품다 2. 낳다 3. 열매 맺다 4. 참다

22. **balance**
    - 🔵 1. 저울 · 천칭 2. 균형 3. (계좌의) 잔고
    - 🔵 균형을 잡다

23. **fair**
    - 🔵 1. 아름다운 2. 화창한 3. 살결이 밝은
    - 4. 공정한 · 정당한 5. 꽤 많은 · 상당한

24. **screen**
    - 🔵 화면 · 스크린 · 은막
    - 🔵 1. 숨기다 · 가리다 2. 지키다 · 보호하다
    - 3. 심사하다 · 가려내다

25. **yield**
    - 🔵 1. 양보하다 · 굴복하다 2. 산출하다
    - 🔵 산출 · 수확(량)

26. **lot**
    - 🔵 1. 제비뽑기 2. 운명 3. (구획된) 땅 · 부지
    - 4. 많음

27. **deal**
    - 🔵 1. 거래 · 계약 2. 양 🔵 (나누어) 주다

28. **engagement**
    - 🔵 1. 약속 2. 약혼 3. 고용 · 일 4. 교전

29. **nerve**
    - 🔵 1. 신경 2. 《~s》 긴장 3. 용기 4. 뻔뻔함

30. **practice**
    - 🔵 1. 연습 2. 실행 3. 관행 🔵 개업하다

31. **charge**
    - 🔵 1. (임무를) 맡기다 2. 고발하다
    - 3. 청구하다 4. 장전하다 · 충전하다
    - 5. 돌격하다 · 공격하다
    - 🔵 1. 책임 2. 고발 · 혐의 3. 요금
    - 4. 장전 · 충전

32. **trial**
    - 🔵 1. 시도 · 시험 2. 재판 3. 시련

33. **spare**
    - 🔵 여분의 · 예비의
    - 🔵 1. 아끼다 2. (시간 · 돈 등을) 할애하다
    - 3. 용서하다

34. **settle**
    - 🔵 1. 정착하다 2. 해결하다 · 결정하다
    - 3. 진정시키다

35. **bent**
    - 🔵 1. 휜 · 구부러진 2. 열중한 · 결심한
    - 🔵 소질 · 취향

36. **spell**
    - 🔴 철자를 말하다[쓰다]
    - 🔵 1. 주문 · 마법 2. 매력

DAY 03

37.	*account*	명 1. 계좌 2. (자세한) 설명 3. 이유 · 중요성 4. 고려
38.	*gross*	형 1. (다 합쳐) 총 2. 엄청난 · 심각한 3. 비대한 · 뚱뚱한
39.	*campaign*	명 1. (조직적) 운동 · 캠페인 2. 군사행동 · 작전 자 캠페인을 벌이다
40.	*plot*	명 1. (이야기의) 구성 · 줄거리 2. 음모 통 음모를 꾸미다
41.	*crush*	타 1. 으스러뜨리다 2. 진압하다 · 짓밟다 명 홀딱 반함
42.	*check*	통 1. 막다 · 억제하다 2. 점검하다 · 확인하다 명 1. 저지 · 억제 2.점검 · 확인 3. 수표
43.	*draft*	명 1. 원고 · 초안 2.마시기 · 모금 3. 징병 · 선수선발 4. 찬바람 · 외풍 5. 어음 타 1. 초안을 작성하다 2. 징병하다 · 선발하다
44.	*channel*	명 1.수로 2.(전달) 경로 · 과정

		3.(TV · 라디오의)채널 타 전달하다 · 보내다
45.	*drain*	타 1.(물을)빼내다 · 비우다 2.(자원을)고갈시키다 명 유출 · 소모 · 고갈
46.	*grasp*	타 1. 꽉 잡다 2. 이해하다 명 1. 꽉 붙잡음 2. 파악 · 이해
47.	*keen*	형 1. 날카로운 2. 열렬한 · 아주 좋아하는
48.	*breed*	통 1. (동 · 식물을) 사육하다 · 재배하다 2. 낳다 · 일으키다 명 품종 · 유형
49.	*litter*	명 쓰레기 통 1. (쓰레기를) 버리다 2. 어지럽게 뒤덮다
50.	*brand*	타 낙인찍다 명 상표 · 브랜드
51.	*spot*	명 1. (작은) 점 · 얼룩 2. 지점 · 장소 타 발견하다 · 알아채다
52.	*witness*	명 목격자 · 증인 통 1. 목격하다 2. 증명하다
53.	*character*	명 1. 특징 2. (소설 의) 인물 3. 성격 · 인격
54.	*figure*	명 1. 모양 · 몸매 2. 수치 3. 인물

DAY 04

55.	*abolish*	타 (법 · 제도 등을) 폐지하다
56.	*abnormal*	형 비정상적인
57.	*absorb*	타 1. 흡수하다 2. 몰두시키다
58.	*abundant*	형 풍부한 · 많은
59.	*approach*	통 접근하다 · 가까이가다 명 접근(법)
60.	*accelerate*	타 가속시키다
61.	*accuse*	타 1. 비난하다 2. 고소하다
62.	*accumulate*	통 축적하다 · 모으다
63.	*abandon*	타 (사람 · 장소를) 버리다 · 포기하다
64.	*allow*	타 허락하다 · 허용하다
65.	*arrogant*	형 거만한 · 오만한
66.	*await*	타 기다리다
67.	*ancient*	형 고대의 · 아주 오래된
68.	*antique*	형 골동품의 명 골동품
69.	*anticipate*	타 기대하다 · 예상하다
70.	*advance*	통 1. 전진하다 · 발전시키다 2. 선불로 주다 3. (이론 등을) 제기하다

		명 1. 전진 · 발전 2. 선불(금)
71.	*advantage*	명 유리한 점 · 이점
72.	*antibiotic*	명 항생제
73.	*antibody*	명 항체
74.	*antarctic*	형 남극의
75.	*automatic*	형 1. 반사적인 · 무의식적인 2. 자동의
76.	*autograph*	명 (유명인의) 사인
77.	*automobile*	명 자동차
78.	*autobiography*	명 자서전
79.	*become*	자 ~이 되다 타 어울리다
80.	*behalf*	명 1. 이익 2. 대신 · 대표
81.	*behold*	타 (바라) 보다
82.	*beloved*	형 사랑받는 · 소중한
83.	*bestow*	타 수여하다
84.	*bewilder*	타 어리둥절[당황]하게 하다

85.	*circular*	형 1. 원형의 2. 순회하는	96.	*confront*	타 (어려움에) 맞서다 · 직면하게 하다
86.	*circulate*	통 1. 순환하다 2. 유포하다 · 유포되다	97.	*complain*	자 1. 불평하다 2. (고통을) 호소하다
87.	*circuit*	명 1. 순환 · 순회 2. (전기) 회로	98.	*condemn*	타 1. 비난하다 2. 유죄 선고하다
88.	*circumstance*	명 《주로 –s》 (주변) 상황 · 환경	99.	*condense*	타 1. 농축시키다 2. (글을) 요약하다
89.	*combine*	통 합치다 · 결합하다[되다]	100.	*contemplate*	통 심사숙고하다
90.	*company*	명 1. 동행 · 함께 있음 2. 회사	101.	*collapse*	자 1. 붕괴되다 · 무너지다 2. 폭락하다
91.	*accompany*	타 1. 동행하다 · 동반하다			명 붕괴 · 폭락
		2. (주로 피아노로) 반주 해주다	102.	*conceal*	통 감추다 · 숨기다
92.	*compile*	타 (여러 자료를 엮어) 편찬하다	103.	*contrary*	형 ~와 다른 · 반대되는
93.	*compromise*	명 타협 · 절충	104.	*contrast*	통 대조하다 · 대비되다 명 대조 · 차이
		통 1. 타협하다 2. (명성 등을) 손상하다	105.	*counterfeit*	타 위조하다 형 위조의
94.	*counsel*	통 (전문적으로) 조언하다 명 조언	106.	*counterpart*	명 상대물 · 대응되는 것[사람]
95.	*consult*	통 1. 상의하다 2. ~의 상담을 받다			

107.	*delay*	타 미루다 · 연기하다 명 지연 · 지체	126.	*disorder*	명 1. 무질서 · 혼란 2.(신체의) 장애 · 병
108.	*detect*	타 탐지하다 · 알아내다	127.	*display*	타 1. 전시하다 2.(감정 등을) 보이다
109.	*departure*	명 출발(편) · 떠남	128.	*displease*	타 불쾌하게 하다
110.	*derive*	통 1. ~에서 유래되다 2. ~을 얻다	129.	*enable*	타 ~을 할 수 있게 하다 · 가능하게 하다
111.	*devote*	타 (시간 · 노력을) 바치다 · 쏟다	130.	*enlarge*	타 1. 확대하다 2. 자세히 설명하다
112.	*declare*	타 1. 선언하다 2. (소득 · 수입품을) 신고하다	131.	*enlighten*	타 계몽하다 · 교화하다
113.	*debate*	통 논쟁[토론]하다 명 논쟁 · 토론	132.	*enrich*	타 부유하게 하다 · 풍부하게 하다
114.	*deliberate*	타 숙고하다 · 신중히 생각하다	133.	*entitle*	타 1.제목을 붙이다 2. 권한을 주다
		형 1. 신중한 2. 고의적인	134.	*enclose*	타 1. (담 · 울타리가) 둘러싸다 2.동봉하다
115.	*degrade*	타 떨어뜨리다 · 저하시키다	135.	*embrace*	타 1. 껴안다 2. 수용하다 · 받아들이다
116.	*decrease*	통 줄(이)다 · 감소하다 명 감소	136.	*encounter*	통 (우연히) 만나다 · 마주치다 명 (뜻밖의) 만남
117.	*diameter*	명 지름 · 직경	137.	*exotic*	형 외국의 · 이국적인
118.	*dialect*	명 사투리 · 방언	138.	*external*	형 밖의 · 외부의
119.	*disinterested*	형 사심이 없는 · 객관적인	139.	*exchange*	통 교환하다 명 교환 · 환전
120.	*disagree*	자 (의견이) 다르다 · 일치하지 않다	140.	*expand*	통 1.커지다 · 팽창하다 2. (규모를) 확대하다
121.	*disadvantage*	명 약점 · 불리한 점	141.	*exaggerate*	타 과장하다
122.	*disappear*	자 사라지다	142.	*exhaust*	타 1. (완전) 지치게 하다 2. 고갈시키다
123.	*disgust*	명 혐오감 · 역겨움 타 혐오감을 주다 · 역겹게하다			명 배기가스
124.	*dishonest*	형 정직하지못한 · 부정한	143.	*emerge*	자 (밖으로) 나오다 · 모습을 드러내다
125.	*disloyal*	형 불충한 · 충실하지 않은			

144.	*extra*	형 추가의 부 추가로 · 더	
		명 (영화의) 단역 배우 · 엑스트라	
145.	*extracurricular*	형 교과 과정 외의 · 과외의	
146.	*foresee*	타 예견하다	
147.	*forefather*	명 《−s》 선조 · 조상	
148.	*forehead*	명 이마	
149.	*foremost*	형 가장 중요한 · 최고의	
150.	*income*	명 소득 · 수입	
151.	*indoor*	형 실내의	
152.	*inflame*	타 1. 격분시키다 2. 격렬하게 하다	
153.	*inherent*	형 내재하는	
154.	*imprison*	타 투옥하다 · 수감하다	
155.	*input*	통 입력하다 명 입력 · 투입	
156.	*insight*	명 통찰력	
157.	*invest*	통 1. 투자하다 2. (권한을) 부여하다	
158.	*incapable*	형 ~할 수 없는 · 무능한	
159.	*indispensable*	형 없어서는 안 될 · 필수적인	

160.	*inevitable*	형 피할 수 없는 · 불가피한
161.	*innocent*	형 1. 순진한 2. 무죄인
162.	*impersonal*	형 1. 특정 개인과 상관없는
		2. 비인간적인 · 인간미 없는
163.	*illegal*	형 불법적인
164.	*irrelevant*	형 관련 없는 · 무관한
165.	*irregular*	형 1. 불규칙적인 · 고르지 못한
		2. 변칙적인 · 비정상적인
166.	*irresponsible*	형 무책임한
167.	*interest*	명 1. 관심 · 흥미 2. 이익 · 이해관계 3. 이자
168.	*international*	형 국제적인
169.	*intermediate*	형 중간의 · 중급의
170.	*interval*	명 (시간적) 간격 · (중간) 휴식 시간
171.	*intercourse*	명 교제 · 소통
172.	*interfere*	자 1. 간섭[참견]하다 2. 방해하다
173.	*interpret*	통 1. 통역하다 2. 해석하다
174.	*interaction*	명 상호 작용 · 소통

175.	*obstacle*	명 장애(물)
176.	*oppose*	타 반대하다
177.	*obscure*	형 1. 애매한 · 모호한 2. 잘 알려지지 않은 · 무명의
		타 모호하게 하다 · 숨기다
178.	*outcome*	명 결과
179.	*outlook*	명 1. 경치 2. 예상 · 전망 3. 관점
180.	*outstanding*	형 1. 뛰어난 · 출중한 2. 미해결의 · 미지불된
181.	*outbreak*	명 (전쟁 · 질병의) 발발 · 발생
182.	*outgoing*	형 1. 떠나는 · 물러나는 2. 외향적인
183.	*outline*	명 1. 윤곽 2. 개요
		통 개요를 설명하다 · 윤곽을 보여주다
184.	*outlet*	명 1. 배출구 · 표출 수단 2. (플러그를 꽂는) 콘센트
		3. 할인점 · 직판 매장
185.	*output*	명 1. 생산량 2. 출력 통 출력하다
186.	*utter*	형 완전한 · 순전한 타 (소리를) 내다 · 말하다
187.	*utmost*	형 최고의 · 극도의
188.	*outdo*	타 능가하다

189.	*outweigh*	타 ~보다 뛰어나다
190.	*overcharge*	통 (금액을) 많이 청구하다 · 바가지를 씌우다
191.	*overhead*	형 머리 위의 부 머리 위로 명 고정비
192.	*overflow*	통 넘치다 명 넘침 · 범람
193.	*overwhelm*	타 압도하다 · 제압하다
194.	*overwork*	통 과로하다 · 혹사시키다 명 과로
195.	*overcome*	타 1. 극복하다
		2. 《수동태》 (감정에) 휩싸이다 · 사로잡히다
196.	*overdue*	형 만기를 넘은
197.	*overhear*	타 (남의 대화 등을) 우연히 듣다
198.	*overlook*	타 1. (경치를) 내려다보다
		2. 못 보고 넘어가다 · 간과하다
		3. 용서하다 · 눈감아주다
199.	*overseas*	부 해외에서 형 해외의
200.	*overtake*	통 1. 따라잡다 · 추월하다
		2. (나쁜 일이) 닥치다 · 덮치다
201.	*overthrow*	타 타도하다 · 전복시키다

202.	*perfume*	명 향기 · 향수			2.(경기를) 중계하다 명 계주 · 이어달리기
203.	*permanent*	형 영구적인	219.	*remain*	자 1. (없어지지않고)남다 · 머물다 2.여전히 ~이다
204.	*persevere*	자 인내하다 · 꾸준히 계속하다	220.	*repay*	타 (빌린 돈을) 갚다 · 보답하다
205.	*perform*	동 1. (일 · 의무 등을) 수행하다 2.공연하다	221.	*reveal*	동 (비밀 등을) 드러내다 · 폭로하다
206.	*postpone*	타 연기하다 · 미루다	222.	*reluctant*	형 꺼리는 · 내키지 않는
207.	*postscript*	명 추신 · 후기	223.	*replace*	타 대체하다 · 교체하다
208.	*posterity*	명 자손 · 후세	224.	*recycle*	동 재활용하다 · 재생하다
209.	*precaution*	명 예방 조치 · 조심	225.	*recall*	타 1. 기억해내다 2. 다시 불러들이다 · 리콜하다
210.	*prejudice*	명 편견 · 선입견	226.	*recover*	동 1. 되찾다 2. 회복하다
211.	*premature*	형 너무 이른 · 시기상조의	227.	*reproduce*	동 1.복제하다 · 복사하다 2.재현하다 3. 번식하다
212.	*previous*	형 이전의 · 사전의	228.	*restore*	타 회복시키다
213.	*produce*	타 생산하다 명 농산물	229.	*resort*	명 1. 휴양지 · 리조트 2. 의지 · (의지) 수단
214.	*progress*	명 진전 · 발전 동 나아가다 · 진전을 보이다			자 (나쁜 것에) 의지하다
215.	*prolong*	타 (시간을) 연장하다	230.	*remark*	동 말하다 · 언급하다 명 말 · 언급
216.	*protect*	동 보호하다 · 지키다	231.	*represent*	타 1. 나타내다 · 상징하다 2. 대표하다
217.	*purchase*	타 구매하다 · 구입하다 명 구매 · 구입	232.	*remove*	타 1. 제거하다 · 없애다 2.해고하다 · 쫓아내다
218.	*relay*	동 1. (소식을) 전달하다			자 이동하다 · 이사하다

233.	*separate*	동 나누다 · 분리되다 형 분리된 · 따로 떨어진	250.	*unfortunate*	형 불운한 · 불행한
234.	*submarine*	형 해저의 명 잠수함	251.	*uneasy*	형 불안한 · 불안정한
235.	*subconscious*	형 잠재의식의 명 잠재의식	252.	*unreasonable*	형 불합리한 · 부당한
236.	*superior*	형 (보다 더) 우수한 · 상위의 명 상사 · 상관	253.	*unusual*	형 특이한 · 드문
237.	*superficial*	형 피상적인 · 깊이가 없는	254.	*unwilling*	형 ~하기를 꺼리는
238.	*surplus*	명 잉여 · 흑자 형 잉여의 · 여분의	255.	*unemployment*	명 실업
239.	*surface*	명 표면 동 표면화되다 · 떠오르다	256.	*unlock*	타 1. (잠긴 것을) 열다 2. (비밀을) 드러내다
240.	*surmount*	타 극복하다	257.	*undo*	타 1. (잠긴 · 묶인 것을) 풀다 · 열다
241.	*surround*	타 둘러싸다 · 포위하다			2. (원상태로) 되돌리다
242.	*symphony*	명 교향곡	258.	*underground*	형 1. 지하의 2. 비밀스런 부 지하에
243.	*symptom*	명 증상 · 조짐	259.	*undermine*	타 (서서히) 훼손하다 · 손상을 입히다
244.	*synthetic*	형 합성한 · 인조의	260.	*underline*	동 밑줄을 긋다 · 강조하다
245.	*telepathy*	명 텔레파시 · 이심전심	261.	*undergraduate*	명 대학생 · 학부생
246.	*telescope*	명 망원경	262.	*undergo*	타 (안좋은일을) 겪다 · 받다
247.	*transform*	타 변형시키다	263.	*undertake*	타 (일 · 책임을) 맡다 · 착수하다
248.	*transplant*	타 (식물 · 인체 조직을) 이식하다 명 이식			
249.	*unfair*	형 불공정한 · 부당한			

264.	*uphold*	🕮 지지하다 · 옹호하다	278.	*afford*	🕮 1.주다 · 제공하다 2. ~할[살] 여유가 있다
265.	*upright*	🕮 1. 똑바른 · 곧추 선 2. 올바른 · 정직한	279.	*monarch*	🕮 군주 · 제왕
		🕮 똑바로	280.	*unique*	🕮 독특한 · 특별한
266.	*upset*	🕮 1.뒤엎다 2. 망치다 3. (기분을) 상하게 하다	281.	*unite*	🕮 연합하다 · 통합하다
		🕮 1. 화난 · 기분이 상한 2. 배탈 난	282.	*union*	🕮 1. 결합 · 연합 2. 노동조합
267.	*upside*	🕮 긍정적인 면 · 괜찮은 면	283.	*billion*	🕮 10억
268.	*withdraw*	🕮 1. 철수하다 2.(약속 등을) 철회하다 · 취소하다	284.	*dilemma*	🕮 딜레마 · 진퇴양난
		3. 인출하다	285.	*duplicate*	🕮 복사하다 🕮 사본 🕮 사본[복사]의
269.	*withhold*	🕮 보류하다 · 내주지 않다	286.	*twilight*	🕮 황혼(기)
270.	*withstand*	🕮 견뎌 내다	287.	*triangle*	🕮 1. 삼각형 2. 《악기》 트라이앵글
271.	*aboard*	🕮 (배 · 비행기 등에) 탑승하여	288.	*tribe*	🕮 부족 · 종족
272.	*alike*	🕮 (아주) 비슷한 🕮 똑같이 · 둘 다	289.	*multiply*	🕮 1. 곱하다 2. (크게) 증가시키다 · 증식하다
273.	*amaze*	🕮 (깜짝) 놀라게 하다	290.	*multitude*	🕮 1. 다수 2. 《the ─》 대중 · 군중
274.	*aside*	🕮 한쪽으로 · 옆으로			
275.	*arise*	🕮 (일이) 일어나다 · 발생하다			
276.	*arouse*	🕮 (감정 등을) 불러일으키다			
277.	*ashamed*	🕮 부끄러워하는 · 창피한			

291.	*fortunate*	🕮 운 좋은	308.	*obedience*	🕮 순종 · 복종
292.	*passionate*	🕮 열정적인	309.	*accuracy*	🕮 정확(함) · 정확도
293.	*breathe*	🕮 숨 쉬다 · 호흡하다	310.	*sacrifice*	🕮 1. 제물 2. 희생 🕮 희생시키다
294.	*clothe*	🕮 옷을 입히다	311.	*wisdom*	🕮 현명함 · 지혜
295.	*deepen*	🕮 깊게 하다 · 깊어지다	312.	*freedom*	🕮 자유
296.	*lessen*	🕮 줄다 · 줄이다	313.	*boredom*	🕮 지루함 · 따분함
297.	*weaken*	🕮 약화시키다 · 약해지다	314.	*slavery*	🕮 1. 노예 (상태) 2. 노예 제도
298.	*lengthen*	🕮 길게 하다	315.	*bribery*	🕮 뇌물 수수
299.	*purify*	🕮 정화하다	316.	*jewelry*	🕮 보석류
300.	*classify*	🕮 분류하다	317.	*machinery*	🕮 《집합적》 기계류
301.	*satisfy*	🕮 만족시키다 · 충족시키다			
302.	*realize*	🕮 1. 실현하다 2. 깨닫다 · 인지하다			
303.	*idealize*	🕮 이상화하다			
304.	*marriage*	🕮 1. 결혼 (식) 2. 결혼 생활			
305.	*baggage*	🕮 (여행용) 수화물 · 짐			
306.	*shortage*	🕮 부족 · 결핍			
307.	*guidance*	🕮 안내 · 지도			

DAY 13

318.	*humanism*	몡 인도주의 · 휴머니즘	
319.	*optimism*	몡 낙천주의	
320.	*sociology*	몡 사회학	
321.	*psychology*	몡 1. 심리학 2. 심리	
322.	*ethics*	몡 윤리학 · 도덕	
323.	*mechanics*	몡 기계학	
324.	*amusement*	몡 즐거움 · 오락	
325.	*retirement*	몡 은퇴 · 퇴직	
326.	*darkness*	몡 어둠	
327.	*deafness*	몡 귀먹음 · 청각 장애	
328.	*idleness*	몡 게으름 · 나태	
329.	*laboratory*	몡 실험실 · 실습실 (줄여서 lab)	
330.	*library*	몡 도서관	
331.	*hardship*	몡 어려움 · 곤란	
332.	*leadership*	몡 1. 지도자임[직] 2. 통솔력 · 리더십	
333.	*scholarship*	몡 1. 학문 2. 장학금	
334.	*sportsmanship*	몡 스포츠맨정신	
335.	*addition*	몡 덧셈 · 추가	
336.	*tuition*	몡 1. (개인) 교육 · 교습 2. 등록금 · 수업료	
337.	*discussion*	몡 토론 · 논의	
338.	*cruelty*	몡 잔인함 · 냉혹함한	
339.	*honesty*	몡 정직	
340.	*pleasure*	몡 기쁨 · 즐거움	
341.	*pressure*	몡 압력 · 압박	
342.	*owner*	몡 소유자 · 주인	
343.	*governor*	몡 주지사 · 지사	
344.	*preacher*	몡 설교자 · 전도사	

DAY 14

345.	*feminist*	몡 여권 신장론자 · 남녀 평등주의자	
346.	*journalist*	몡 기자 · 저널리스트	
347.	*musician*	몡 음악가 · 뮤지션	
348.	*magician*	몡 마술사	
349.	*drunkard*	몡 술고래 · 술주정뱅이	
350.	*coward*	몡 겁쟁이	
351.	*employee*	몡 종업원 · 직원	
352.	*refugee*	몡 (피)난민	
353.	*princess*	몡 공주 · 왕세자비	
354.	*countess*	몡 여자 백작 · 백작 부인	
355.	*remarkable*	혱 놀랄만한 · 주목할 만한	
356.	*visible*	혱 눈에 보이는 · 눈에 띄는	
357.	*sensible*	혱 1. 상당한 · 감지할 수 있는 2. 분별 있는 · 현명한	
358.	*environmental*	혱 (자연) 환경의	
359.	*verbal*	혱 언어의 · 구두의	
360.	*arrival*	몡 도착	
361.	*brilliant*	혱 눈부신 · 훌륭한	
362.	*excellent*	혱 뛰어난 · 우수한	
363.	*peasant*	몡 (가난한) 농부 · 소작농	
364.	*pollutant*	몡 오염 물질	
365.	*customary*	혱 관례적인	
366.	*legendary*	혱 전설의 · 전설적인	
367.	*dictionary*	몡 사전	
368.	*secretary*	몡 1. 비서 2. 장관	
369.	*careful*	혱 조심하는 · 주의 깊은	
370.	*cheerful*	혱 쾌활한 · 유쾌한	
371.	*doubtful*	혱 1. 의심을 품은 2. 의문스러운	
372.	*hopeful*	혱 1. 희망에 찬 2. 희망적인 · 유망한	
373.	*painful*	혱 고통스러운 · 괴로운	

374.	basic	형 기본적인 · 근본적인
375.	electronic	형 전자의
376.	historic	형 역사상 유명한 · 역사적인
377.	typical	형 전형적인 · 보통의
378.	chemical	형 화학의 · 화학적인 명 화학물질
379.	mobile	형 이동식의 · 휴대용의
380.	childish	형 유치한
381.	selfish	형 이기적인
382.	expensive	형 비싼
383.	explosive	형 1. 폭발성의 2. (증가폭이) 폭발적인 명 폭발물 · 폭약
384.	countless	형 무한한 · 셀 수 없이 많은
385.	merciless	형 무자비한
386.	priceless	형 아주 값비싼 · 대단히 귀중한
387.	restless	형 가만히 못 있는 · 불안한
388.	inferior	형 (보다) 열등한 · 하위의
389.	prior	형 1. 이전[사전]의 2. ~에 앞의 · ~전의
390.	spacious	형 넓은 · 널찍한
391.	courageous	형 용감한
392.	burdensome	형 부담스러운 · 힘든
393.	quarrelsome	형 다투기 좋아하는
394.	troublesome	형 골치 아픈 · 골칫거리인
395.	scarcely	부 거의 ~ 않다
396.	fatherly	형 아버지의
397.	likely	형 ~할 것 같은 · ~할 가망이 있는
398.	timely	형 시기적절한 · 때맞춘
399.	worldly	형 1. 세속적인 · 속세의 2. 세상 경험이 많은
400.	clockwise	부 시계방향으로
401.	likewise	부 똑같이 · 마찬가지로

402.	active	형 활동적인 · 적극적인
403.	actual	형 실제의
404.	react	자 반응하다 · 반응을 보이다
405.	exact	형 정확한 타 요구하다 · 강요하다
406.	agent	형 1. 대리인 · 중개인 2.(작용하는) 물질 · 동인
407.	essay	형 (특정 주제에 관한) 글 · 작문 타 시도하다
408.	acid	형 1. (맛이) 신 · 산성의 2. (말이) 신랄한
409.	acute	형 1. (병이) 급성의 2. 예리한 3. 극심한 · 심각한
410.	altitude	형 고도 · 높이
411.	adult	명 성인 · 어른 형 성인의
412.	elderly	형 나이가 지긋한
413.	adolescent	형 청소년의
414.	alter	통 변경하다 · 바뀌다
415.	alternate	통 번갈아 하다 · 교대로 하다
416.	alternative	형 다른 · 대안이 되는 명 대안 · 다른 방안
417.	alien	형 1. 외국의 · 외계의 2. 이상한 · 생소한 명 외국인 체류자 · 외계인
418.	anguish	명 (극심한) 고통 · 괴로움
419.	anxious	형 1. 걱정[염려]하는 2. 열망하는
420.	animate	타 생기를 불어넣다 형 살아 있는 · 생물의
421.	unanimous	형 만장일치의
422.	annual	형 매년의 · 연례의
423.	anniversary	명 기념일
424.	aptitude	명 소질 · 적성
425.	adapt	통 1. 맞추다 · 적응하다 2. 각색하다 · 개작하다
426.	attitude	명 태도 · 마음가짐
427.	artificial	형 1. 인공적인 2. 인위적인 · 꾸며낸
428.	artisan	명 장인 · 기능 보유자
429.	astronomy	명 천문학
430.	astronaut	명 우주 비행사
431.	disaster	명 재난 · 재해
432.	consider	통 1. 고려하다 2. 간주하다 · ~라 여기다

433.	audible	형 들리는
434.	audience	명 (공연·영화 등의) 청중·관객
435.	auditorium	명 강당·객석
436.	bandage	명 붕대 타 붕대를 감다
437.	bind	타 묶다·결속시키다
438.	bond	명 1. 유대 (관계) 2. 《-s》 굴레·속박 3. 채권
439.	boundary	명 경계·한계
440.	bundle	명 묶음·꾸러미
441.	bar	명 1. 막대기 (모양의 것) 2. 술집·바 3. 변호사직 타 막다·금지하다
442.	barrier	명 장벽·장애물
443.	embarrass	타 당황하게 하다
444.	bid	동 1. (인사 등을) 말하다 2. (값을) 부르다·입찰하다 명 호가·입찰·시도
445.	forbid	동 (개인적으로) 금지하다
446.	biology	명 생물학
447.	biography	명 전기·일대기
448.	blind	형 1. 눈 먼·맹인인 2. 맹목적인 명 (햇빛을 막기 위한) 블라인드
449.	blunt	형 1. 무딘·뭉툭한 2. 직설적인·무뚝뚝한
450.	blush	자 얼굴이 빨개지다 명 얼굴이 빨개짐·홍조
451.	blaze	자 활활타다 명 (활활타는)불꽃·화염·강한빛
452.	capable	형 ~할 수 있는·유능한
453.	capacity	명 1. 수용 능력·용량 2. 능력
454.	capture	타 1. 잡다·포획하다 2. (사진·문장 등에) 담다·포착하다 명 1. 체포·포획 2. (이미지) 캡처
455.	exception	명 예외·제외
456.	occupy	타 1. 차지하다 2. 점령하다
457.	receive	타 1. 받다·받아들이다 2. 환영하다·접대하다
458.	deceive	타 속이다·기만하다
459.	perceive	타 알아차리다·감지하다
460.	conceive	동 1. (생각을) 품다·상상하다 2. (아이를) 갖다·임신하다
461.	conceit	명 자만심

462.	capital	형 1. 대문자 2. 자본 3. 수도 형 사형의
463.	chief	명 (단체의) ~장 형 1. 최고위인 2.주된
464.	achieve	타 성취하다·달성하다
465.	carry	동 1. 나르다·옮기다 2. 휴대하다·가지고다니다 3. 행동하다·처신하다 4. (상품을) 팔고 있다
466.	cargo	명 (선박·비행기의) 화물
467.	cast	동 1. (주사위 등을) 던지다 2. (시선 등을) 보내다 3. 배역을 정하다·캐스팅하다 명 1. 출연자들·배역진 2. 깁스
468.	broadcast	타 방송하다 명 방송
469.	forecast	타 예측하다·예보하다 명 예측·예보
470.	proceed	동 1. (특정 방향으로) 가다·이동하다 2. 진행하다·계속하다
471.	succeed	동 1. 뒤를 잇다·계승하다 2. 성공하다
472.	exceed	타 넘다·초과하다
473.	unprecedented	형 전례 없는·유례없는
474.	ancestor	명 조상
475.	access	명 접근·접속
476.	recess	명 휴회·휴식·쉬는 시간
477.	necessary	형 필요한
478.	predecessor	명 전임자
479.	cease	동 멈추다·중단하다
480.	concentrate	동 집중하다·집중시키다
481.	eccentric	형 별난·이상한
482.	charm	명 1. 매력 2. 부적 타 매혹하다
483.	accent	명 1. 강세·악센트 2. 말투·억양
484.	chronic	형 만성적인
485.	synchronize	동 동시에 맞추다
486.	accident	명 1. 우연 2. 사고
487.	incident	명 (나쁜) 사건
488.	case	명 1. 경우·사례 2.(범죄)사건·소송 3. 주장
489.	casual	형 1. 우연한 2. 대충하는 3. 캐주얼의
490.	occasion	명 1. (특정한 일의) 경우·~번 2. (특별한) 행사
491.	decay	동 썩다·부패하다[시키다] 명 부패·타락

492.	*suicide*	몡 자살		507.	*include*	타 포함하다
493.	*decide*	통 결정[결심]하다		508.	*exclude*	타 배제하다 · 제외하다
494.	*concise*	혱 간결한		509.	*conclude*	타 1. 결론을 내리다 2. 끝내다 · 마치다
495.	*precise*	혱 정확한		510.	*closet*	몡 벽장 · 찬장
496.	*cite*	타 1.인용하다 2. (증거 · 예를) 들다		511.	*disclose*	타 밝히다 · 폭로하다
497.	*recite*	타 1. 암송하다 · 낭독하다 2. 열거하다		512.	*cordial*	혱 진심에서 우러난 · 정중한
498.	*civil*	혱 1. 시민의 2. 국내의 3. 정중한 4. 민사의		513.	*accord*	몡 일치 · 합의 · 협정
499.	*civilization*	몡 문명				통 1. 일치하다 2. 부여하다
500.	*citizen*	몡 시민 · 주민		514.	*concord*	몡 조화 · 일치
501.	*claim*	타 1. (사실이라고) 주장하다 2. 요구하다		515.	*discord*	몡 불화 · 다툼
		몡 1. 주장 2. 청구(권) · 권리		516.	*core*	몡 핵심 · (과일의) 속
502.	*exclaim*	통 소리치다 · 외치다		517.	*encourage*	타 1. 용기를 북돋우다 · 격려하다 2.권장하다
503.	*proclaim*	타 선언하다 · 공포하다		518.	*discourage*	타 1. 낙담시키다 · 실망시키다 2. 단념시키다
504.	*clinic*	몡 (전문 분야의) 병원		519.	*corpse*	몡 시체 · 송장
505.	*decline*	자 쇠퇴하다 · 감소하다 타 (정중히) 거절하다		520.	*corps*	몡 1. 군단 · 부대 2. 단체 · 집단
		몡 감소 · 하락		521.	*corporation*	몡 (규모가 큰) 기업 · 회사
506.	*incline*	통 (마음이) ~로 기울게 하다		522.	*incorporate*	타 (일부로) 포함하다

523.	*create*	타 창조하다 · 만들어내다		539.	*ascertain*	타 확인하다 · 알아내다
524.	*increase*	통 증가하다[시키다] · 인상하다 몡 증가 · 인상		540.	*certificate*	몡 1. 증명서 2. 자격증 · 인가증
525.	*recreation*	몡 레크리에이션 · 취미 활동		541.	*culture*	몡 1. 문화 2. 교양
526.	*concrete*	혱 1. 구체적인 2. 콘크리트로 된		542.	*cultivate*	타 1. 경작하다 2. (관계 · 능력을) 개발하다
527.	*recruit*	몡 신병 · 신입 사원 타 (신병 등을) 모집하다		543.	*agriculture*	몡 농업
528.	*credit*	몡 1. 신용 (거래) 2. 이수 학점		544.	*colony*	몡 식민지
		타 ~의 공을 인정하다		545.	*current*	혱 현재의 · 지금의 몡 1.흐름 · 전류 2.동향
529.	*incredible*	혱 믿을 수 없는 · 믿기지 않는		546.	*currency*	몡 1. 통화 2. 유통 · 유행
530.	*creed*	몡 1. (종교의) 교리 2. 신념 · 신조		547.	*occur*	자 1. 발생하다 2. ~에게 들다[떠오르다]
531.	*criticize*	타 1. 비평하다 2. 비판하다 · 비난하다		548.	*excursion*	몡 (짧은) 여행
532.	*critical*	혱 1. 비판적인 2. 위기의 · 중대한		549.	*coarse*	혱 1. 거친 2. 저속한 · 음란한
533.	*criterion*	몡 (판단 · 결정의) 기준		550.	*corridor*	몡 복도 · 통로
534.	*crisis*	몡 위기		551.	*career*	몡 1. (전문) 직업 2. 경력
535.	*hypocrisy*	몡 위선		552.	*curious*	혱 1. 호기심 많은 · 궁금한 2.이상한 · 신기한
536.	*discriminate*	통 1. 구별하다 2. (사람을) 차별하다		553.	*accurate*	혱 정확한
537.	*concerned*	혱 1. 관계된 · 관심이 있는 2. 걱정[염려]하는		554.	*secure*	혱 안전한 · 확실한
538.	*discern*	타 알아보다 · 구별하다				통 1. 안전하게 하다 2. 확보하다

555.	*custom*	閺 1. 관습 2. 《-s》 세관; 관세	572.	*donate*	配 기부하다 · 기증하다
556.	*accustomed*	閺 익숙한	573.	*pardon*	配 용서하다 閺 용서
557.	*costume*	閺 (특정 시대의) 복장 · 의상	574.	*dose*	閺 (약의 1회) 복용량
558.	*due*	閺 1. 갚아야 할 2. ~ 때문인 3. ~할 예정인	575.	*anecdote*	閺 일화
		4. 적절한 · 마땅한 閺 《-s》 회비 · 세금	576.	*endow*	配 1. 기부하다 2.(재능 · 권리 등을) 부여하다
559.	*duty*	閺 1. 의무 2. (수입품에 대한) 세금	577.	*render*	配 1. (~을) ~한 상태가 되게 하다
560.	*endeavor*	閺 노력 · 시도 配 노력하다			2. 주다 · 제공하다 3. 표현하다 · 번역하다
561.	*predict*	配 예언[예측]하다	578.	*surrender*	配 항복하다 · 포기하다 閺 항복
562.	*dictate*	配 1. 받아쓰게 하다 2. 명령하다 · 지시하다	579.	*tradition*	閺 전통 · 관습
563.	*addict*	閺 중독자	580.	*edition*	閺 (책 · 방송의) ~판 · ~호 · ~회
564.	*contradict*	配 1. 반박하다 2. ~에 모순되다	581.	*betray*	配 1. 배신하다 2. 누설하다 · 드러내다
565.	*indicate*	配 가리키다 · 나타내다	582.	*conduct*	配 1. 수행하다 2. 지휘하다 3. 행동하다
566.	*dedicate*	配 바치다 · 헌신하다			閺 행동 · 수행
567.	*condition*	閺 1. 조건 2. 상태 3. 질환 配 길들이다	583.	*deduct*	配 공제하다 · 감점하다
568.	*index*	閺 1. 색인 · 찾아보기 2. 지표 · 지수	584.	*educate*	配 교육하다
569.	*domestic*	閺 1. 가정의 2. 국내의	585.	*induce*	配 1. 유도하다 · 유발하다 2. 설득하다
570.	*domain*	閺 1. 영토 2. 영역 · 분야	586.	*introduce*	配 1. 소개하다 2. 도입하다 3.발표하다
571.	*dominate*	配 지배하다 · 우세하다	587.	*reduce*	配 줄이다 · 축소하다

588.	*equality*	閺 평등 · 균등	604.	*factor*	閺 요인 · 요소 配 고려하다 · 감안하다
589.	*equivalent*	閺 동등한 · 상당하는 閺 동등한 것	605.	*facile*	閺 1. 손쉬운 2. 안이한 · 별 노력 없는
590.	*adequate*	閺 충분한	606.	*facility*	閺 1. 능력 · 재능 2. (편의) 시설
591.	*essential*	閺 1. 본질적인 · 근본적인 2. 필수적인	607.	*faculty*	閺 1. (창조적) 재능 2. 교수진 · (대학의) 학부
592.	*present*	閺 1. 출석한 2. 현재의 閺 1. 현재 2. 선물	608.	*affair*	閺 1. 일 · 문제 2. 불륜
		配 증정하다 · 제출하다	609.	*affect*	配 1. 영향을 주다 2. ~인 체하다
593.	*absent*	閺 결석한 配 《재귀용법》 결석하다	610.	*effect*	閺 영향 · 효과 配 (결과를) 가져오다
594.	*estimate*	配 평가하다 閺 1. 추산 2. 견적(서)	611.	*defect*	閺 결함 · 결점 配 (정당 · 국가 등을) 버리다
595.	*esteem*	配 존경하다 閺 존경	612.	*infectious*	閺 전염성의
596.	*fable*	閺 우화	613.	*fiction*	閺 허구 · 소설
597.	*fate*	閺 운명	614.	*proficient*	閺 능숙한
598.	*infamous*	閺 악명높은	615.	*sufficient*	閺 충분한
599.	*infant*	閺 유아 · 아기	616.	*profit*	閺 (금전적) 수익 · 이윤
600.	*preface*	閺 서문	617.	*benefit*	閺 1. 혜택 2. 보조금 3. 자선 配 혜택을 주다
601.	*confess*	配 자백하다 · 고백하다	618.	*feature*	閺 1. 특징 2. 용모 3. 특집 기사 · 장편영화
602.	*profess*	配 1. 공언하다 2. 주장하다			配 특집으로 다루다 · 주연으로 삼다
603.	*manufacture*	閺 (대량) 생산 · 제조 配 제조하다	619.	*defeat*	配 패배시키다 閺 패배

620.	*false*	형 1. 틀린 · 잘못된 2. 가짜의 · 거짓의				명 이동 · 이적 · 전학
621.	*fault*	명 1. 결점 · 흠 2. 잘못 · 과실	637.	*confident*	형 1. 확신하는 2. 자신감 있는
622.	*fare*	명 (교통)요금 자 지내다	638.	*faith*	명 1. 믿음 · 신뢰 2. 신앙 · 신념
623.	*farewell*	명 《문어체》 작별 (인사)	639.	*defy*	타 1. 반항하다 2. 거부하다
624.	*welfare*	명 복지 · 후생	640.	*fine*	형 1. 좋은 · 훌륭한 2. 고운 · 가는 명 벌금
625.	*defend*	타 1. 방어하다 2. 변호하다			타 벌금을 부과하다
626.	*offend*	자 위반하다 타 기분 상하게 하다	641.	*finance*	명 재무 · 금융 타 자금을 공급하다
627.	*fertile*	형 비옥한 · 기름진	642.	*confine*	타 1. 한정하다 2. 가두다 · 감금하다
628.	*confer*	타 수여하다 자 상의하다	643.	*define*	동 1. 정의하다 2. 규정하다 · 분명히 밝히다
629.	*differ*	자 다르다	644.	*refine*	타 1. 정제하다 2. 개선하다
630.	*indifferent*	형 무관심한	645.	*infinite*	형 무한한
631.	*infer*	통 추론하다	646.	*affirmative*	형 긍정의 · 동의하는
632.	*offer*	타 1. 제안하다 2. 제공하다 명 제의 · 제안	647.	*confirm*	타 1. 확인하다 2. 확정하다
633.	*prefer*	타 더 좋아하다 · 선호하다	648.	*flexible*	형 1. 유연한 2. 융통성 있는 · 유동적인
634.	*refer*	타 맡기다 자 1. 《to》 언급하다 2. 《to》 참조하다	649.	*reflect*	동 1. 비추다 · 반사하다 2. 반영하다
635.	*suffer*	타 겪다 · 당하다 자 시달리다 · 고통 받다			3. 숙고하다
636.	*transfer*	통 1. 옮기다 2. 갈아타다 3. (돈을) 이체하다			

650.	*conflict*	자 상반되다 · 충돌하다 명 갈등 · 충돌	666.	*reinforce*	타 보강하다 · 강화하다
651.	*inflict*	타 (고통 · 벌을) 가하다 · 입히다	667.	*fragile*	형 깨지기 쉬운 · 취약한
652.	*fluid*	형 유동체의 · 유동적인 명 액체 · 유동체	668.	*fragment*	명 조각 · 파편
653.	*fluent*	형 유창한	669.	*fraction*	명 1. 부분 · 일부 2. 《수학》 분수
654.	*influence*	명 1. 영향 2. 세력 타 ~에 영향을 주다	670.	*fund*	명 기금 · 자금 타 자금을 공급하다
655.	*influenza*	명 유행성 독감 · 인플루엔자	671.	*fundamental*	형 근본적인 · 기본적인 명 《-s》 기본 원칙 · 핵심
656.	*form*	명 1. 형태 · 모양 2. 서식 · 문서 통 형성하다	672.	*found*	타 1. 설립하다 2. ~에 기반을 두다
657.	*formula*	명 《수학 · 화학》 공식 · ~식	673.	*profound*	형 심오한 · 깊은
658.	*conform*	자 (규칙 · 법에) 따르다 · 순응하다	674.	*fusion*	명 융합 · 결합
659.	*inform*	통 1. 알리다 · 통지하다 2. 밀고하다	675.	*confuse*	타 1. 혼란스럽게 하다 2. 혼동하다
660.	*reform*	타 1. 개혁하다 2. 교정하다 명 개혁 · 개선	676.	*refuse*	통 거절하다 명 쓰레기
661.	*uniform*	형 획일적인 · 균일한 명 제복 · 유니폼	677.	*refund*	타 (판매자가) 환불해주다 명 환불 · 환급
662.	*comfortable*	형 편안한	678.	*futile*	형 헛된 · 소용없는
663.	*fortify*	타 강화하다 · 튼튼히 하다	679.	*regard*	타 1. (특정 태도로) 보다 2. 간주하다
664.	*force*	명 1. (물리적인) 힘 · 폭력 2. 군대			명 1. 관심 2. 존경 3. 《-s》 안부
		타 강요하다 · ~하게 시키다	680.	*guarantee*	명 1. 보장 2. 품질 보증서
665.	*enforce*	타 1. 강요하다 2. (법률 등을) 집행[시행]하다			타 (품질) 보증하다

DAY 25

681.	*general*	형 일반적인 · 전반적인 명 장군 · 장성
682.	*genuine*	형 1. 진짜의 · 진품인 2. 진심의 · 진실한
683.	*genetic*	형 유전의[적인]
684.	*genius*	명 1. 천재 2. 천재성 · 천부적 재능
685.	*ingenious*	형 독창적인 · 기발한
686.	*generate*	타 발생시키다
687.	*hydrogen*	형 수소
688.	*oxygen*	명 산소
689.	*pregnant*	형 1. 임신한 2. 의미심장한
690.	*germ*	명 1. 태동 · 기원 2. 세균 · 미생물
691.	*geography*	명 1. 지리학 2. 지리 · 지형
692.	*geology*	명 지질학
693.	*geometry*	명 기하학 (도형 및 공간의 성질에 대하여 연구하는 학문)
694.	*gesture*	명 몸짓 · 제스처
695.	*digest*	통 1. 소화하다 2. 이해하다 명 요약(판)
696.	*suggest*	통 1. 제안하다 2. 암시하다
697.	*register*	명 기록부 · 명부 통 등록하다 · 기록하다

698.	*glance*	명 힐끗 봄 자 힐끗 보다 · 훑어보다
699.	*glow*	자 (계속 은은하게) 빛나다 명 (은은한) 불빛
700.	*glory*	명 영광 · 영예
701.	*gloss*	명 윤 · 광택
702.	*glitter*	자 반짝반짝 빛나다 명 반짝거리는 빛 · 광휘
703.	*glimpse*	통 언뜻 보다 명 언뜻 봄
704.	*recognize*	타 1. 알아차리다 · 인식하다 2. 인정하다
705.	*diagnose*	타 진단하다
706.	*ignore*	타 무시하다 · 못 본 척하다
707.	*note*	명 1. 메모 2. 음(표) 타 1. 주의하다 2. 언급하다
708.	*notice*	명 1. 공지 2. 주목 타 알아차리다 · 주목하다
709.	*notify*	타 (공식적으로) 통지하다 · 알리다
710.	*notion*	명 개념 · 생각
711.	*notorious*	형 악명 높은
712.	*noble*	형 1. 귀족의 2. 고귀한 · 숭고한
713.	*acknowledge*	타 1. 인정하다 2. 감사를 표하다

DAY 26

714.	*gradual*	형 점진적인 · 점차적인
715.	*graduate*	자 졸업하다 명 졸업생 · 대학원생
716.	*ingredient*	명 1. (음식의) 재료 · 성분 2. (구성) 요소
717.	*aggressive*	형 1. 공격적인 2. 적극적인
718.	*congress*	명 1. (대규모) 회의 2. 《C-》 (미국의) 의회
719.	*degree*	명 1. (온도 · 각도의) 도 · 정도 2. 학위
720.	*graphic*	형 1. 그래픽의 · 도표의 2. 생생한 명 그래픽
721.	*photograph*	명 사진
722.	*paragraph*	명 단락 · 절
723.	*diagram*	명 도표 · 도해
724.	*gratitude*	명 감사
725.	*congratulate*	타 축하하다
726.	*grace*	명 1. (신의) 은총 2. 품위 · 우아함
727.	*gravity*	명 1. 심각성 · 중대성 2. 중력
728.	*grieve*	통 (몹시) 슬퍼하다
729.	*inhabit*	타 ~에 살다 · 서식하다
730.	*exhibit*	타 1. 전시하다 2. 드러내다

731.	*prohibit*	타 (법으로) 금지하다
732.	*heredity*	명 유전
733.	*heritage*	명 (문화 · 전통 등의) 유산
734.	*inherit*	타 상속받다 · 물려받다
735.	*heir*	명 상속인 · 계승자
736.	*host*	명 1. 주인 · 주최자 2. (방송) 진행자 타 1. (행사를) 주최하다 2. (방송의) 사회를 보다
737.	*hostile*	형 적대적인
738.	*hospitable*	형 1. 환대하는 · 친절한 2. (환경이) 쾌적한 · 알맞은
739.	*humble*	형 1. 비천한 2. 겸손한
740.	*humiliate*	타 창피를 주다 · 굴욕을 주다
741.	*isolate*	타 격리하다 · 고립시키다
742.	*peninsula*	명 반도

743.	*exit*	통 나가다 · 퇴장하다　명 1. 퇴장 2. 출구
744.	*initial*	형 처음의 · 최초의　명 머리글자 · 이니셜
745.	*initiate*	타 시작[착수]하다
746.	*perish*	자 죽다 · 소멸하다
747.	*object*	명 1.물건 · 물체 2. 목적 · 목표　자 《to》반대하다
748.	*subject*	명 1. 주제 2. 과목 · 연구 대상 3. 백성 · 신하
		형 1. ~의 지배를 받는 2. ~를 당하기 쉬운
		타 지배하에 두다 · 종속시키다
749.	*project*	타 1. 기획하다 2. 영사하다 3. (인상을) 보이다
		자 튀어나오다 · 돌출되다　명 (장기적) 계획
750.	*inject*	타 주사하다
751.	*reject*	타 거절하다
752.	*justice*	명 1. 정의 · 공정 2. 재판 · 심판
753.	*justify*	통 정당화하다 · 해명하다
754.	*adjust*	통 1. 조정하다 · 조절하다 2. 적응하다
755.	*labor*	명 1. 노동 · 근로 2. (출산의) 진통
756.	*elaborate*	형 정성들인 · 공들인　통 자세히 설명하다

757.	*collaborate*	자 협력[협동]하다
758.	*relate*	타 1. 관련시키다 2. 말하다
759.	*translate*	타 번역하다
760.	*colleague*	명 (직장) 동료
761.	*oblige*	통 1. 의무적으로 ~하게 하다 2. 돕다
762.	*religion*	명 종교
763.	*liable*	형 1. 책임이 있는 2.~하기 쉬운 · 당하기 쉬운
764.	*ally*	명 동맹국 · 협력자
765.	*rally*	통 1. 모이다 2. 회복하다　명 1. 집회 2. 회복
766.	*rely*	자 의지하다 · 믿다
767.	*release*	통 1. 풀어 주다 2. 배출하다 3. 개봉하다
		명 1. 석방 · 해방 2. 배출 · 방출 3.개봉 · 발매
768.	*lease*	명 임대차 계약　통 1. (돈을 받고) 대여하다
		2. (돈을 내고) 임대하다
769.	*relax*	통 1. 편하게 하다 2. (긴장을) 풀다
770.	*analyze*	타 분석하다
771.	*paralyze*	타 마비시키다

772.	*collect*	타 1. 수집하다 2. 징수하다 3. 모금하다
773.	*elect*	타 선출하다
774.	*select*	타 선별하다 · 선택하다　형 엄선된
775.	*recollect*	타 기억해 내다
776.	*neglect*	타 소홀히 하다 · 게을리 하다
777.	*intellect*	명 지적 능력 · 지성
778.	*elegant*	형 우아한 · 품격 있는
779.	*diligence*	명 근면 · 부지런함
780.	*legal*	형 1. 법의 · 법률상의 2. 합법적인
781.	*legacy*	명 유산
782.	*legislate*	통 (법률을) 제정하다
783.	*privilege*	명 특권 · 특혜
784.	*delegate*	타 1. (권한을) 위임하다 2. 선출하다
		명 (선출된) 대표
785.	*elevate*	타 1. 올리다 · 높이다 2. 승진시키다
786.	*relevant*	형 관련된 · 적절한
787.	*relieve*	타 (고통 · 어려움을) 덜어주다 · 완화시키다

788.	*liberal*	형 1. 후한 2. 진보적인 3. 교양의 · 인문학의
789.	*deliver*	통 1. 배달하다 2. (연설 · 강의를) 하다
		3. 분만시키다 4. 해방시키다 · 구출하다
		5. (약속을) 이행하다
790.	*eliminate*	타 제거하다 · 없애다
791.	*preliminary*	형 예비의　명 예비 절차
792.	*literal*	형 1. 글자 그대로의 2.직역의
793.	*literate*	형 (글을) 읽고 쓸 줄 아는
794.	*literary*	형 문학의 · 문학적인
795.	*local*	형 지역의 · 현지의
796.	*locate*	타 1. ~에 위치시키다 2.~의 위치를 찾아내다
797.	*allocate*	타 할당하다
798.	*logical*	형 논리적인 · 타당한
799.	*apologize*	자 사과하다
800.	*monologue*	명 독백
801.	*prologue*	명 머리말 · 프롤로그

802.	*delusion*	몡 망상
803.	*illusion*	몡 환상 · 착각
804.	*magnify*	통 확대하다
805.	*magnitude*	몡 1. (큰) 규모 · 중요성 2. (별의) 광도; 진도
806.	*magnificent*	혱 웅장한 · 장엄한
807.	*master*	몡 1. 주인 2. 달인 3. 석사 타 통달[숙달]하다
808.	*masterpiece*	몡 걸작 · 명작
809.	*major*	혱 1. 주요한 · 중대한 2. 심각한 자 전공하다
810.	*majestic*	혱 장엄한 · 위엄있는
811.	*command*	타 1. 명령하다 2. (당연하게) ~를 받다 3. (장소가) ~을 내려다보다 몡 1. 명령 · 지휘(부) 2. 능력 · 구사력
812.	*demand*	타 (강력히) 요구하다 몡 요구 · 수요
813.	*recommend*	타 추천하다 · 권장하다
814.	*manual*	혱 1. 수동의 2. 육체노동의 몡 (사용) 설명서
815.	*manuscript*	몡 원고 · 필사본
816.	*manage*	통 1. 관리하다 2. 간신히 해내다
817.	*manipulate*	타 1. 다루다 2. (나쁜 의도로) 조작하다
818.	*maintain*	타 1. 유지하다 2. 부양하다 3. 주장하다
819.	*mechanic*	몡 기계공 · 정비공
820.	*mechanism*	몡 1. 기계 장치 2. 체계 · 구조 · 방식
821.	*medium*	몡 1. (대중) 매체 2. 수단 혱 중간의
822.	*medieval*	혱 중세의
823.	*mediate*	통 중재하다
824.	*immediate*	혱 1. 즉각적인 2. 바로 옆의
825.	*mental*	혱 정신의[적인]
826.	*mention*	몡 언급 타 언급하다
827.	*comment*	몡 언급 · 논평 통 언급하다 · 논평하다
828.	*remind*	타 (다시) 생각나게 하다 · 상기시키다
829.	*monument*	몡 기념비 · 기념물
830.	*monster*	몡 괴물
831.	*monitor*	몡 1. 반장 2. 감시 장치 3. 화면 타 감시하다
832.	*summon*	타 1. 소환하다 · 부르다 2. (용기 · 힘을) 내다
833.	*demonstrate*	타 보여주다 · 입증하다 자 시위운동하다

834.	*merchant*	몡 상인 · 무역상
835.	*commercial*	혱 상업의 몡 상업 광고
836.	*thermometer*	몡 온도계
837.	*immense*	혱 엄청난 · 어마어마한
838.	*dimension*	몡 1. 크기 2. 《-s》 규모 3. 측면 · 차원
839.	*measure*	몡 1. (측정) 단위 2. 척도 · 기준 3. 양 · 정도 4. 조치 · 대책 타 재다 · 측정하다
840.	*migrate*	자 (집단으로) 이주하다
841.	*emigrate*	자 이민 가다 · (타국으로) 이주하다
842.	*immigrate*	자 (타국에서) 이민 오다 · 이주해 오다
843.	*minimum*	몡 최소한도 · 최저(치) 혱 최소의 · 최저의
844.	*minor*	혱 작은 · 가벼운 몡 1. 미성년자 2. 부전공
845.	*minister*	몡 1. 성직자 · 목사 2. 《英》 장관 · 각료
846.	*administer*	타 1. 관리하다 2. 집행하다 3. 투약하다
847.	*diminish*	통 줄(이)다 · 약화시키다
848.	*minute*	몡 1. (시간의) 분 2. 잠깐 3. 《-s》 회의록 혱 1. 상세한 2. 아주 작은
849.	*eminent*	혱 저명한 · 탁월한
850.	*prominent*	혱 1. 돌출된 2. (인물이) 중요한 · 유명한
851.	*imminent*	혱 임박한 · 곧 닥칠
852.	*mount*	통 1. 오르다 2. 커지다 3. (중요한 일을) 시작하다
853.	*miracle*	몡 기적
854.	*admiration*	몡 존경 · 감탄
855.	*marvel*	몡 경이로움 자 놀라다
856.	*admit*	타 1. (마지못해) 인정하다 2. 허락하다
857.	*commit*	통 1. 맡기다 2. 약속하다 3. 저지르다
858.	*emit*	타 (빛 · 가스 · 소리 등을) 내다 · 내뿜다
859.	*omit*	통 1. 빠뜨리다 2. ~하는 것을 빠뜨리다
860.	*permit*	타 허락하다 몡 허가증
861.	*submit*	통 1. 제출하다 2. 항복[굴복]하다
862.	*transmit*	타 1. 전송하다 2. (병을) 전염시키다
863.	*mission*	몡 1. 전도 2. 임무
864.	*dismiss*	타 1. 해고하다 2. 묵살하다 · 기각하다

DAY 31

865.	*modern*	혱 현대의 · 현대적인
866.	*moderate*	혱 1. 적당한 2. 《정치》 중도의 통 누그러뜨리다
867.	*modest*	혱 1. (크지않고) 적당한 2. 겸손한
868.	*modify*	타 (알맞게) 변경[수정]하다 · 바꾸다
869.	*commodity*	혱 상품
870.	*accommodate*	타 1. 수용하다 2. (요구에) 맞추다 3. 적응하다
871.	*mold*	명 (주조하는) (형)틀 타 (주조하여) 만들다
872.	*mortal*	혱 1. 언젠가는 죽는 2. 치명적인
873.	*immortal*	혱 죽지 않는 · 불멸의
874.	*mortgage*	명 담보 대출 타 저당 잡히다
875.	*murder*	명 살인 타 살해하다
876.	*motive*	혱 움직이게 하는 · 원동력이 되는 명 동기
877.	*emotion*	명 감정 · 정서
878.	*promote*	타 1. 승진시키다 2. 촉진하다 3. 홍보하다
879.	*remote*	혱 1. 외딴 2. (시간상) 먼
880.	*moment*	명 1. 순간 · 잠시 2. 중요성
881.	*mob*	명 (통제가 안 되는) 군중 · 무리
882.	*common*	혱 1. 공동의 · 공통의 2. 흔한 · 보통의
883.	*community*	명 공동체 · 커뮤니티
884.	*communism*	명 공산주의
885.	*communicate*	타 1. 의사소통하다 2. 전달하다 3. 전염시키다
886.	*mutual*	혱 상호간의 · 공동의
887.	*commute*	자 (직장으로) 통근하다
888.	*nature*	명 1. 자연 2. 천성 · 본질
889.	*nationality*	명 국적
890.	*navy*	명 해군
891.	*navigate*	타 조종하다 · 항해하다
892.	*negative*	혱 1. 부정적인 2. (검사 결과가) 음성인
893.	*deny*	타 1. 부인하다 · 부정하다 2. 거부하다
894.	*neutral*	혱 중립적인 · 중간의
895.	*nominate*	타 1. (후보로) 지명하다 2. (책임자로) 임명하다
896.	*anonymous*	혱 익명의
897.	*renown*	명 명성

DAY 32

898.	*normal*	혱 보통의 · 정상적인
899.	*enormous*	혱 엄청난 · 거대한
900.	*pronounce*	타 1. 발표하다 2. 발음하다
901.	*denounce*	타 (맹렬히) 비난하다
902.	*novel*	혱 새로운 · 참신한 명 (장편) 소설
903.	*innovate*	통 혁신하다 · 쇄신하다
904.	*renovate*	타 (낡은 것을) 개조하다 · 수리하다
905.	*renew*	타 1. 재개하다 2. 갱신하다
906.	*nutrition*	명 영양분
907.	*nourish*	타 1. 영양분을 공급하다 2. 키우다
908.	*nurse*	명 1. 보모 2. 간호사 타 1. 간호하다 2. (생각을) 품다
909.	*melody*	명 멜로디 · 선율
910.	*comedy*	명 코미디 · 희극
911.	*tragedy*	명 비극(적인 사건)
912.	*operate*	통 1. 운영하다 2. (기계를) 작동하다 3. 수술하다
913.	*cooperate*	자 협력하다
914.	*option*	명 선택 (사항) · 옵션
915.	*adopt*	타 1. (아이를) 입양하다 2. 채택하다
916.	*opinion*	명 의견 · 견해
917.	*oral*	혱 1. 입의 · 구강의 2. 구두의 · 구술의
918.	*adore*	타 경애하다 · 존경하다
919.	*ordinary*	혱 보통의 · 평범한
920.	*extraordinary*	혱 1. 특이한 · 흔치 않은 2. 비범한 · 대단한
921.	*subordinate*	혱 1. 부하인 2. 부수적인 명 부하 (직원)
922.	*organ*	명 1. (인체의) 장기 · 기관 2. 《악기》 오르간
923.	*organize*	통 조직하다 · 준비하다
924.	*original*	혱 1. 원래의 · 본래의 2. 독창적인
925.	*orient*	명 《the O-》 동양 타 1. 방향을 잡다 · 지향하게 하다 2. 적응시키다
926.	*compare*	통 1. 비교하다 2. 비유하다
927.	*prepare*	통 준비하다 · 대비하다
928.	*repair*	타 수리하다 명 수리
929.	*peer*	명 또래 · 동년배

930.	appear	짜 1. 나타나다 · 보이다 2. ~처럼 보이다	947.	compassion	명 연민 · 동정심

930.	*appear*	짜 1. 나타나다 · 보이다 2. ~처럼 보이다
931.	*apparent*	형 1. 명백한 2. 겉으로 보이는 · 외견상의
932.	*transparent*	형 1. 투명한 2. 명백한 · 훤히 보이는
933.	*partial*	형 1. 부분적인 2. 편파적인 3. 아주 좋아하는
934.	*impartial*	형 공정한
935.	*particle*	명 (아주 작은) 입자 · 미립자
936.	*particular*	형 1. 특정한 · 특별한 2. 까다로운
937.	*participate*	짜 참여하다 · 참가하다
938.	*portion*	명 1. 부분 · 몫 2. (음식의) 1인분
939.	*proportion*	명 1. 비율 2. 균형
940.	*passage*	명 1. 통과 2. 통로 3. 구절 · 악절
941.	*passenger*	명 승객
942.	*passerby*	명 행인
943.	*pastime*	명 취미 · 소일거리
944.	*surpass*	타 능가하다 · 뛰어넘다
945.	*pace*	명 1. 걸음 · 보폭 2. 속도
946.	*passion*	명 열정
947.	*compassion*	명 연민 · 동정심
948.	*pathetic*	형 1. 불쌍한 · 애처로운 2. 한심한 · 형편없는
949.	*sympathy*	명 1. 공감 2. 동정 · 연민
950.	*impatient*	형 참지 못하는 · 안달하는
951.	*patriot*	명 애국자
952.	*patron*	명 1. 후원자 2. 단골손님
953.	*pedestrian*	명 보행자 형 재미없는 · 지루한
954.	*expedition*	명 탐험 · 원정
955.	*compel*	타 강요하다
956.	*expel*	타 추방하다 · 퇴학시키다
957.	*propel*	타 추진하다 · 몰고 가다
958.	*appeal*	동 1. 간청하다 2. 항소하다 3. 관심을 끌다 명 1. 호소 2. 항소 3. 매력
959.	*pulse*	명 맥박 통 맥박이 뛰다
960.	*impulse*	명 충동
961.	*penalty*	명 처벌
962.	*punish*	통 처벌하다 · 벌주다

963.	*depend*	짜 의지하다 · 의존하다
964.	*independent*	형 독립된 · 독립적인
965.	*suspend*	타 1. 매달다 2. (일시) 중단하다 · 정학시키다
966.	*pension*	명 연금
967.	*compensate*	통 보충하다 · 보상하다
968.	*dispense*	통 1. 분배하다 2. (약을) 조제하다
969.	*ponder*	통 숙고하다
970.	*peril*	명 (큰) 위험
971.	*experience*	명 경험 통 경험하다 · 겪다
972.	*experiment*	명 실험 짜 실험하다
973.	*expert*	명 전문가 형 전문가의 · 전문적인
974.	*appetite*	명 1. 식욕 2. 욕구
975.	*compete*	짜 경쟁하다
976.	*competent*	형 유능한 · 적임의
977.	*petition*	명 (공식) 요청 · 탄원(서) 타 (공식) 요청하다
978.	*repeat*	타 반복하다 · 되풀이하다
979.	*phantom*	명 유령 · 혼령
980.	*phase*	명 단계 · 시기
981.	*emphasize*	타 강조하다
982.	*phenomenon*	명 현상
983.	*fantasy*	명 공상 · 환상
984.	*fancy*	명 상상 타 1. 상상하다 2. 좋아하다 형 멋진
985.	*applaud*	통 박수갈채하다
986.	*explode*	통 폭발하다 · 터뜨리다
987.	*plenty*	명 풍부한 양 · 풍성함
988.	*complete*	형 완벽한 · 완전한 통 끝마치다 · 완성하다
989.	*complement*	명 보충물 · 보완물 타 보완하다 · 완성시키다
990.	*supplement*	명 1. 보충(물) 2. (책의) 부록 타 보충하다
991.	*implement*	명 도구 타 실행하다
992.	*accomplish*	타 성취하다 · 완수하다
993.	*compliment*	명 칭찬 · 인사의 말 통 칭찬하다
994.	*supply*	통 공급하다 · 제공하다 명 공급 · 비축(량)
995.	*comply*	짜 (법 · 명령에) 따르다 · 준수하다
996.	*plead*	짜 애원하다 · 간청하다

997.	*simplicity*	명 단순함 · 소박함
998.	*complicate*	타 복잡하게 하다
999.	*explicit*	형 분명한 · 명백한
1000.	*complex*	형 복잡한 명 1. 복합건물 2. 강박관념
1001.	*perplex*	타 당혹스럽게 하다
1002.	*exploit*	타 1. (자원 · 능력을) 개발하다 2. 착취하다
		명 《−s》 공훈 · 업적
1003.	*diplomacy*	명 외교 · 사교 능력
1004.	*employ*	타 1. 고용하다 2. 쓰다 · 이용하다
1005.	*imply*	타 암시하다 · 내포하다
1006.	*explore*	타 1. 탐험하다 2. 탐구하다 · 연구하다
1007.	*deplore*	타 한탄하다 · 개탄하다
1008.	*politics*	명 《단수 취급》 1. 정치 2. 정치학
1009.	*policy*	명 정책 · 방침
1010.	*metropolis*	명 중심 도시 · 수도
1011.	*popular*	형 인기 있는 · 대중적인
1012.	*populate*	타 ~에 거주하다

1013.	*public*	형 대중의 · 공공의 명 일반 사람들 · 대중
1014.	*publish*	타 1. 출판하다 2. 발표하다
1015.	*republic*	명 공화국
1016.	*important*	형 중요한
1017.	*support*	타 1. 받치다 2.지지하다 3.부양하다
		명 1. 지탱 · 지지 2. 지원 · 부양
1018.	*import*	타 수입하다 명 1. 수입품 2. 의미 · 취지
1019.	*export*	타 수출하다 명 수출(품)
1020.	*report*	동 보도하다 · 보고하다 명 보고(서) · 보도
1021.	*transport*	타 수송하다 명 1. 수송 2. 황홀
1022.	*portable*	형 휴대용의
1023.	*opportunity*	명 기회

1024.	*positive*	형 1. 긍정적인 2. 양성의 3.확실한
		명 긍정적인 면[것]
1025.	*compose*	타 1. 구성하다 2. 작곡하다 3. 진정시키다
1026.	*deposit*	타 1. 퇴적시키다 2. 예금하다
		명 1. 예금 2. 계약금 3. 침전물
1027.	*dispose*	타 1. 배치하다 2. ~하고 싶게 하다
		자 처분하다 · 처리하다
1028.	*expose*	타 1. 노출하다 2. 폭로하다
1029.	*impose*	타 1. (세금 · 형벌을) 부과하다 2. 강요하다
		자 폐를 끼치다 · (남의 호의 등을) 이용하다
1030.	*propose*	타 제안하다 · 제의하다
1031.	*purpose*	명 목적 · 의도
1032.	*suppose*	타 가정하다
1033.	*compound*	동 섞다 명 결합 · 합성물 형 합성의 · 복합의
1034.	*possible*	형 가능한 · 가능성이 있는
1035.	*possess*	타 1. 소유하다 2.(생각이) 사로잡다
1036.	*potential*	형 잠재적인 · 가능성 있는 명 잠재력 · 가능성

1037.	*precious*	형 귀중한 · 값비싼
1038.	*appreciate*	동 1. 이해하다 2. ~를 고맙게 여기다
		3. 가치가 오르다
1039.	*praise*	명 칭찬 · 찬사 타 칭찬하다
1040.	*prize*	명 상 · 상품 타 소중히하다 · 높이 평가하다
1041.	*prison*	명 감옥 · 교도소
1042.	*surprise*	타 놀라게 하다 명 놀라움 · 뜻밖의 일
1043.	*comprise*	타 1. ~로 구성되다 2. 구성하다 · 이루다
1044.	*enterprise*	명 1. 기업 · 사업 2. 진취성 · 기상
1045.	*comprehend*	동 1. 포함하다 2. 이해[파악]하다
1046.	*prey*	명 먹이 · 사냥감
1047.	*compress*	타 1. 압축하다 2. 요약하다
1048.	*depress*	타 1. 우울하게 하다 2. (경기를) 침체시키다
1049.	*express*	타 표현하다 형 1.분명한 2. 급행의
1050.	*impress*	타 1. (감명을) 주다 2. 각인시키다
1051.	*oppress*	타 억압하다 · 박해하다
1052.	*suppress*	타 1. 진압하다 2. 억누르다 · 억제하다

1053.	*prime*	혱 1. 가장 중요한 · 주요한 2. 최고의
1054.	*primary*	혱 1. 제1의 · 주요한 2. 초등의 · 처음의
1055.	*primitive*	혱 원시의 · 원시적인
1056.	*principal*	혱 주된 · 주요한 몡 교장 · 총장
1057.	*principle*	몡 1. 원리 · 원칙 2. 주의 · 신념
1058.	*private*	혱 1. 사적인 · 개인적인 2. 비밀의
1059.	*deprive*	탱 박탈하다 · 빼앗다
1060.	*prove*	통 1. 증명하다 2. 판명되다 · 드러나다
1061.	*approve*	통 승인하다 · 찬성하다
1062.	*disapprove*	통 승인하지 않다 · 반대하다
1063.	*probable*	혱 (일어날) 가능성이 있는
1064.	*probe*	몡 1. (철저한) 조사 2. 탐사선 · 탐사기 통 캐내다 · 조사하다
1065.	*proper*	혱 1. 적당한 · 적절한 2. 고유의
1066.	*property*	몡 1. 재산 · 부동산 2. (고유한) 속성 · 특징
1067.	*appropriate*	혱 적절한 · 적당한 탱 제멋대로 쓰다 · 전용하다
1068.	*appoint*	탱 1. (약속을) 정하다 2. 임명하다
1069.	*disappoint*	통 실망시키다
1070.	*punctual*	혱 시간을 엄수하는
1071.	*punctuate*	탱 (문장에) 구두점을 찍다
1072.	*reputation*	몡 평판 · 명성
1073.	*dispute*	통 1. 토론하다 · 논쟁하다 2. 논박하다 · 이의를 제기하다 몡 분쟁 · 논쟁
1074.	*acquire*	탱 얻다 · 획득하다
1075.	*inquire*	통 묻다 · 문의하다
1076.	*require*	탱 (상황이) 요구하다 · 필요로 하다
1077.	*conquer*	탱 1. 정복하다 2. 극복하다
1078.	*request*	몡 요청 · 부탁 탱 (정중히) 요청하다
1079.	*exquisite*	혱 (매우) 훌륭한 · 정교한
1080.	*radical*	혱 1. 근본적인 · 철저한 2. 급진적인 · 과격한
1081.	*eradicate*	탱 근절하다 · 뿌리뽑다

1082.	*range*	몡 1. 범위 2. 거리 3. 산맥 통 범위가 걸쳐있다
1083.	*arrange*	탱 1. 배열하다 2. 준비하다 3. 조정하다
1084.	*rank*	몡 계급 · 지위 통 (순위 · 등급을) 평가하다
1085.	*rate*	몡 1. 비율 · ~율 2. 속도 3. 요금 통 (등급을) 평가하다[되다]
1086.	*rational*	혱 합리적인 · 이성적인
1087.	*reason*	몡 1. 이성 · 사고력 2. 이유 · 근거 통 (논리적으로) 사고[판단]하다
1088.	*correct*	혱 맞는 · 옳은 탱 바로잡다 · 정정하다
1089.	*direct*	혱 직접적인 탱 지휘하다 · 감독하다
1090.	*erect*	혱 똑바로 선 · 직립한 탱 세우다 · 건립하다
1091.	*region*	몡 1. 지방 · 지역 2. (인체의) 부위
1092.	*regular*	혱 규칙적인 · 정기적인
1093.	*regulate*	탱 1. 규제하다 2. 조절[조정]하다
1094.	*reign*	몡 통치 기간 짜 통치하다 · 지배하다
1095.	*sovereign*	몡 군주 · 국왕 혱 1. 절대 권력을 지닌 2. 독립된 · 자주적인
1096.	*royal*	혱 국왕의 · 왕실의
1097.	*roll*	통 1. 돌(리)다 2. 감다 몡 1. 두루마리 · 롤 2. 명부 · 명단
1098.	*control*	몡 통제 · 지배 통 통제하다 · 지배하다
1099.	*enroll*	통 (강좌 등에) 등록하다[시키다]
1100.	*rotate*	통 1. 회전하다 2. (일을) 교대로 하다
1101.	*rudimentary*	혱 기본적인 · 기초적인
1102.	*crude*	혱 1. (가공 안 된) 천연 그대로의 2. 조잡한
1103.	*cruel*	혱 잔인한 · 잔혹한
1104.	*corrupt*	혱 타락한 · 부패한 탱 타락시키다
1105.	*bankrupt*	혱 부도난 · 파산한
1106.	*erupt*	짜 분출하다 · 발발하다
1107.	*interrupt*	탱 방해하다 · 중단하다
1108.	*sacred*	혱 신성한 · 성스러운
1109.	*sanction*	몡 제재 탱 인가하다 · 승인하다
1110.	*saint*	몡 성인(聖人)

1111.	scale¹	명 1. 천칭·저울 2. 비늘·치석
		타 비늘을 벗기다·치석을 제거하다
1112.	scale²	명 1. 눈금·규모 2. 등급 타 오르다
1113.	escalate	동 1. (점점) 오르다·상승하다
		2. (점점) 악화되다
1114.	ascend	동 오르다·올라가다
1115.	descend	동 내려오다·내려가다
1116.	scientific	형 과학의·과학적인
1117.	conscious	형 1. 의식이 있는 2. 의식하는·알고 있는
1118.	conscience	명 양심
1119.	describe	타 묘사하다·써내려가다
1120.	subscribe	동 1. 서명하다 2. 정기구독하다 3. 동의하다
1121.	prescribe	타 1. 규정하다 2. 처방하다
1122.	ascribe	타 (~의 원인을) ~로 돌리다
1123.	section	명 1. 부분·부문·섹션 2. 절개
1124.	insect	명 곤충·벌레
1125.	segment	명 부분·조각 타 (부분으로) 나누다
1126.	sense	명 1. 감각·느낌 2. 의미 타 느끼다
1127.	sensation	명 1. (특정한) 느낌 2.선풍적 인기
1128.	nonsense	명 (말이 안 되는) 허튼 소리·무의미함
1129.	sentence	명 1. (형의) 선고 2.문장 동 형을 선고하다
1130.	sentiment	명 1. 감정 2.(감정에 사로잡히는) 감상(感傷)
1131.	assent	자 찬성하다·동의하다 명 찬성·승인
1132.	consent	자 승낙하다·허락하다 명 승낙·허락
1133.	resent	타 ~에게 화를 내다·분개하다
1134.	scent	명 1. 냄새·향기 2. (암시하는) 기미·기운
1135.	sequence	명 (연속된) 순서·일련
1136.	consequence	명 1. 결과 2. 중요성
1137.	subsequent	형 이후의·다음의
1138.	consecutive	형 연속적인
1139.	execute	타 1. 실행하다·수행하다 2. 사형시키다
1140.	suit	명 1. 정장 2. 소송 동 (~에게) 어울리다
1141.	pursue	타 1. 뒤쫓다·추적하다 2. 추구하다
1142.	issue	명 1. 이슈 2. 발행·~호 동 발행하다

1143.	series	명 1. 연속·일련 2. (책·TV의) 연재물
1144.	insert	타 (사이에) 넣다·삽입하다
1145.	desert	타 (장소·사람을) 버리다·떠나다 명 사막
1146.	exert	타 쓰다·발휘하다
1147.	serve	타 1. 시중들다 2. (음식 등을) 제공하다
		3. 도움이 되다 4. 복무하다·복역하다
1148.	conserve	타 (노력하여) 보존하다·아껴 쓰다
1149.	preserve	타 (위험에서) 보호하다·보존하다
1150.	reserve	타 1. 남겨두다 2. 예약하다 3.유보하다
		명 1. 저장·예비 (자원) 2. 삼가기·자제
1151.	observe	타 1. 관찰하다 2. 언급하다 3. 지키다
1152.	deserve	동 ~을 받을 만하다
1153.	preside	자 (회의·재판 등을) 주재하다
1154.	reside	자 거주하다·살다
1155.	session	명 1. (법원·국회의) 개회·회기 2. 기간·학기
1156.	signature	명 (공식적) 서명
1157.	significant	형 의미심장한·중요한
1158.	assign	타 1. 할당하다 2. 선임하다·임명하다
1159.	designate	타 1. (사람을) 지명하다 2. (장소를) 지정하다
1160.	resign	동 사임하다·물러나다
1161.	seal	명 1. 직인 2. 봉인 3. 물개
		타 1. 봉인하다 2. 결정하다·확정짓다
1162.	similar	형 비슷한·유사한
1163.	assimilate	동 1. 동화시키다 2. 소화하다·이해하다
1164.	simulate	타 1. ~인 체 하다·가장하다 2. 모의실험하다
1165.	seem	자 (~인 것처럼) 보이다·~인 것 같다
1166.	resemble	타 ~를 닮다
1167.	assemble	동 1. 모으다·모이다 2. 조립하다
1168.	social	형 1. 사회의·사회적인 2. 사교상의·사교의
1169.	associate	동 1. 연상하다 2. (사람과) 어울리다
		명 동료 형 준(準)~·부(副)~
1170.	sole	형 유일한·혼자의
1171.	desolate	형 1. 외로운·쓸쓸한 2. 적막한·황량한
1172.	solitary	형 1. 혼자의 2. 고독한·혼자서 잘 지내는

DAY 41

1173.	*solution*	명 1. 해결(책) 2. 용해 · 용액
1174.	*absolute*	형 절대적인 · 완전한
1175.	*dissolve*	동 1. 녹다 · 용해시키다 2. 사라지다 · 끝내다
1176.	*resolve*	동 1. 해결하다 2. 결심하다
1177.	*sophisticated*	형 1. 세련된 · 순진하지않은 2. 정교한 · 복잡한
1178.	*philosophy*	명 철학
1179.	*sophomore*	명 (대학 · 고교의) 2학년
1180.	*spectacle*	명 1. 광경 · 구경거리 2. 《~s》 안경
1181.	*specimen*	명 견본 · 표본
1182.	*species*	명 (생물 분류상의) 종(種)
1183.	*specific*	형 특정한 · 구체적인
1184.	*special*	형 특별한
1185.	*speculate*	동 1. 추측하다 2. 투기하다
1186.	*aspect*	명 1. 측면 · 양상 2. 방향 · 면
1187.	*inspect*	타 조사하다 · 검사하다

1188.	*expect*	타 기대하다 · 예상하다
1189.	*prospect*	명 1. 조망 · 경치 2. 전망 · 가능성
1190.	*respect*	타 존경하다 명 1. 존경 2. (측) 면 · 점
1191.	*perspective*	명 1. 원근법 2. 관점 · 시각
1192.	*suspect*	타 (~가맞다고) 의심하다 · 생각하다 명 용의자
1193.	*conspicuous*	형 눈에 잘 띄는
1194.	*despise*	동 경멸하다
1195.	*despite*	전 ~에도 불구하고
1196.	*spy*	명 스파이 · 간첩
1197.	*prosper*	자 번영하다 · 번창하다
1198.	*despair*	자 절망하다 · 희망을 버리다 명 절망
1199.	*sphere*	명 1. 구(체) 2. (활동 · 지식의) 영역 · 분야
1200.	*atmosphere*	명 1. 대기 · 공기 2. 분위기
1201.	*hemisphere*	명 (지구 · 뇌의) 반구

DAY 42

1202.	*spirit*	명 1. 정신 · 영혼 2. 사기 · 기상
1203.	*aspire*	자 열망하다
1204.	*inspire*	타 1. 격려[고무]하다 2. 영감을 주다
1205.	*expire*	자 1. 죽다 2. 만료되다
1206.	*respiration*	명 호흡 · 숨쉬기
1207.	*perspire*	동 땀을 흘리다
1208.	*sponsor*	명 후원자 · 스폰서 타 후원하다
1209.	*respond*	자 응답하다 · 반응하다
1210.	*correspond*	자 1. 편지를 주고받다 2. 합하다 · 일치하다
1211.	*stand*	자 서다 타 참다 명 1. 태도 · 입장 2. 가판대
1212.	*standard*	명 기준 · 수준 형 표준의 · 일반적인
1213.	*constant*	형 끊임없는 · 일정한
1214.	*instant*	형 즉석의 · 즉각적인
1215.	*substance*	명 1. 물질 2. 실체 · 본질
1216.	*statue*	명 조각상 · (동)상
1217.	*stately*	형 당당한 · 위엄 있는
1218.	*status*	명 1. (법적) 신분 · 지위 2. (일의) 상태 · 상황
1219.	*statistics*	명 통계 · 통계학
1220.	*station*	명 1. 역 2. (소방 등의) ~서 · ~소 3. 방송국

		타 (군대를) 배치하다 · 주둔시키다
1221.	*estate*	명 1. 재산 2. 토지 · 부동산
1222.	*stage*	명 1. 단계 · 시기 2. 무대 · 연극
		타 1. 무대에 올리다 2. (시위 등을) 벌이다
1223.	*stable*	형 안정된 · 안정적인 명 마구간 · 외양간
1224.	*establish*	타 1. (회사를) 설립하다 2. (관계를) 확립하다
1225.	*ecstasy*	명 황홀경 · 엑스터시
1226.	*constitute*	타 1. 구성하다 · ~을 이루다 2. 설립하다
1227.	*institute*	타 1. 설립하다 2. 시행하다 명 기관 · 협회
1228.	*substitute*	동 대용하다 · 대체하다 명 대체물 · 교체선수
1229.	*superstition*	명 미신
1230.	*steady*	형 1. 확고한 · 안정된 2. 꾸준한 · 일정한
1231.	*destiny*	명 운명
1232.	*install*	타 1. 설치하다 2. 취임시키다
1233.	*cost*	명 1. 값 · 비용 2.희생 · 손실
		타 1. (값 · 비용이) ~가 들다
		2. (~에게 ~을) 잃게 하다 · 희생시키다
1234.	*rest*	명 《the ─》 나머지
1235.	*arrest*	타 체포하다 명 체포

1236.	*assist*	타 돕다 · 거들다	
1237.	*consist*	자 1. 구성되다 2. ~에 있다 · 존재하다	
1238.	*insist*	통 주장하다 · 고집하다	
1239.	*exist*	자 있다 · 존재하다	
1240.	*persist*	자 지속하다 · 고집하다	
1241.	*resist*	타 저항하다	
1242.	*stiff*	형 뻣뻣한 · 뻑뻑한	
1243.	*sturdy*	형 1. 튼튼한 2. 확고한	
1244.	*stubborn*	형 고집 센 · 완고한	
1245.	*distinguish*	타 구별하다	
1246.	*extinguish*	통 (불을) 끄다 · 소화하다	
1247.	*distinct*	형 1. 다른 · 구별되는 2. 뚜렷한 · 분명한	
1248.	*extinct*	형 1. 멸종된 2. 불꺼진 · 활동을 멈춘	
1249.	*instinct*	명 본능 · 본성	
1250.	*stimulate*	타 자극하다 · 활발하게 하다	
1251.	*strict*	형 엄격한 · 엄한	
1252.	*restrict*	타 제한하다	

1253.	*district*	명 (행정상의) 지역 · 구역	
1254.	*strain*	명 압박 통 1. 무리하게 사용하다 2. 열심히 노력하다	
1255.	*constrain*	타 1. 강요하다 2. 제한하다 · 제약하다	
1256.	*restrain*	타 1. 막다 · 제지하다 2. (감정을) 억제하다	
1257.	*stress*	명 강조 타 1. 강조하다 2. 스트레스를 주다	
1258.	*distress*	명 (정신적) 고통 · 괴로움	
1259.	*string*	명 줄 · 끈	
1260.	*strait*	명 1. 해협 2. 곤경	
1261.	*prestige*	명 명성 · 명망 형 명망 있는 · 고급의	
1262.	*structure*	명 구조(물) 타 조직하다 · 구성하다	
1263.	*construct*	타 1. 건설하다 2. 구성하다	
1264.	*instruct*	타 1. 가르치다 2. 지시하다	
1265.	*obstruct*	타 막다 · 방해하다	
1266.	*instrument*	명 1. 기구 2. 악기	
1267.	*destroy*	타 파괴하다	
1268.	*industry*	명 1. 근면 2. 산업	
1269.	*strategy*	명 (장기적) 전략 · 계획	

1270.	*persuade*	타 (~하도록) 설득하다	
1271.	*dissuade*	타 (~하지 않도록) 단념시키다	
1272.	*insult*	통 모욕을 주다 명 모욕	
1273.	*result*	자 (~의 결과로) 발생하다 · 생기다 명 결과	
1274.	*salmon*	명 연어	
1275.	*assault*	명 폭행 · 공격 타 폭행[공격]하다	
1276.	*assume*	타 1. 가정하다 2. 맡다 3. ~인 체하다	
1277.	*consume*	타 1. 소비하다 2. 먹다 · 마시다 3. (감정이) 사로잡다	
1278.	*presume*	타 1. 추정하다 · 가정하다 2. 감히 ~하다	
1279.	*resume*	타 재개하다 · 다시 시작하다	
1280.	*exempt*	형 면제된 타 면제시키다	
1281.	*prompt*	형 신속한 · 즉각적인 타 촉구하다 · 재촉하다	
1282.	*assure*	타 보장하다 · 장담하다	
1283.	*insure*	타 1. 보장하다 2. 보험에 들다 · 보험을 판매하다	
1284.	*surge*	자 급등하다 명 1. 급증 2. (갑자기 확) 몰려듦	
1285.	*source*	명 1. 근원 · 원천 2. (자료의) 출처 · 소식통	

1286.	*resource*	명 1. 《~s》 자원 · 부(富) 2. 역량 · 자질 · 기지	
1287.	*contact*	타 ~에게 연락하다 명 1. 접촉 · 연락 2. 연줄 · 인맥	
1288.	*tact*	명 (사교상의) 요령 · 재치	
1289.	*attain*	타 1. (목표를) 이루다 · 달성하다 2. (특정 나이 · 수준에) 도달하다	
1290.	*contagious*	형 전염되는 · 전염성의	
1291.	*contaminate*	타 오염시키다	
1292.	*integrate*	통 통합하다[되다]	
1293.	*stake*	명 1. 말뚝 2. (내기에) 건 돈 3. 지분 · 이해관계 타 (돈을) 걸다	
1294.	*attach*	타 붙이다 · 첨부하다	
1295.	*detach*	통 떼다 · 분리하다	
1296.	*attack*	타 공격하다 명 1. 공격 · 폭행 2. 발병 · 발작	
1297.	*tailor*	명 재단사 타 (목적 · 사람에) 맞추다	
1298.	*detail*	명 세부 사항 · 상세 정보 통 자세히 말하다	
1299.	*retail*	통 소매로 팔다 명 소매 형 소매의 부 소매로	

1300.	*contain*	囲 1. 포함하다 2. 억누르다 · 억제하다	1314.	*temperament*	명 기질 · 성격
1301.	*entertain*	囲 1. 접대하다 2. 즐겁게 해 주다	1315.	*temporary*	형 일시적인 · 임시의
		3. (생각 · 감정을) 품다	1316.	*contemporary*	형 1. 동시대의 · 당시의 2. 현대의 · 당대의
1302.	*obtain*	囲 (노력해서) 얻다 · 입수하다			명 동시대인
1303.	*retain*	囲 보유하다 · 유지하다	1317.	*tempt*	囲 유혹하다 · 부추기다
1304.	*sustain*	囲 1. 지탱하다 2. (피해를) 입다 · 받다	1318.	*attempt*	囲 시도하다 명 시도 · 노력
1305.	*tenant*	명 세입자 · 임차인	1319.	*tendency*	명 경향 · 성향
1306.	*content*	명 1. 내용물 · 함유량 2.(책의) 목차 · 내용	1320.	*tender*	囲 제출하다 형 1. 연약한 · 여린 2. (고기 · 야
		형 만족하는 囲 만족시키다			채가) 연한 3. 다정한
1307.	*continue*	囲 계속하다	1321.	*attend*	囲 1. 참석하다 2. 돌보다 3.주의를 기울이다
1308.	*continent*	명 대륙 형 자제심이 있는 · 절제하는	1322.	*contend*	囲 1. 주장하다 2. 다투다 · 경쟁하다
1309.	*technical*	형 1. (과학) 기술의 · 기술적인 2. 전문적인	1323.	*extend*	囲 1. 뻗치다 · 연장하다 2. 베풀다 · 주다
1310.	*technology*	명 과학 기술	1324.	*intend*	囲 의도하다
1311.	*temper*	囲 누그러뜨리다 · 완화하다	1325.	*pretend*	囲 ~인 척하다 · 가장하다
		명 1. 기분 · 기질 2. 화 · 짜증 3. 침착 · 평정	1326.	*tension*	명 긴장(상태)
1312.	*temperate*	형 1. (행동이) 차분한 · 절제된 2. 온화한	1327.	*intense*	형 극심한 · 강렬한
1313.	*temperature*	명 1. 온도 2. 체온 · (고)열			

1328.	*term*	명 1. 기간 2. 용어 · 말 3. 《~s》 조건	1342.	*text*	명 1. (책 · 잡지의) 본문 · 글 2. 교재 · 서적
		4.《~s》 관계 · 측면 囲 ~라고 부르다			囲 (휴대전화로) 문자를 보내다
1329.	*terminal*	형 끝의 명 1. 종착역 2.《컴퓨터》 단말기	1343.	*textile*	명 직물 · 옷감
1330.	*terminate*	囲 끝나다 · 종결시키다	1344.	*texture*	명 촉감 · 질감
1331.	*determine*	囲 결정하다 · 결심하다	1345.	*context*	명 1. (글의) 문맥 2. (일의) 정황 · 맥락
1332.	*terror*	명 1. (극심한) 공포 · 두려움 2. 테러 · 폭력 행위	1346.	*subtle*	형 1. 미묘한 2. 교묘한 · 절묘한
1333.	*terrify*	囲 겁나게 하다 · 무섭게 하다	1347.	*theology*	명 신학
1334.	*terrible*	형 1. 끔찍한 2. 형편없는 · 지독한	1348.	*enthusiastic*	형 열렬한 · 열광적인
1335.	*terrain*	명 (특정한) 지형 · 지대 · 지역	1349.	*tone*	명 1. 음조 2.어조 · 말투 3. 색조
1336.	*terrestrial*	형 1. (동식물이) 땅에서 사는 2. 지구의	1350.	*astonish*	囲 깜짝 놀라게 하다
1337.	*territory*	명 (다스리는) 영토 · 지역	1351.	*intonation*	명 억양 · 음의 고저
1338.	*Mediterranean*	명 《the M-》 지중해 형 지중해의	1352.	*monotonous*	형 단조로운 · 지루한
1339.	*testify*	囲 증언하다 · 증명하다	1353.	*tune*	명 곡(조) 囲 1. 조율하다 2.(채널을) 맞추다
1340.	*contest*	囲 1. ~에 대해 논쟁하다 2. 경쟁하다	1354.	*torch*	명 1. 횃불 2. 손전등
		명 경쟁 · (경연) 대회 · 콘테스트	1355.	*torture*	명 고문 囲 고문하다 · 몹시 괴롭히다
1341.	*protest*	囲 1. 항의하다 · 시위하다 2. 주장하다	1356.	*torment*	명 (심한) 고통 囲 (몹시) 괴롭히다 · 고통을 주다
		명 항의 · 시위	1357.	*distort*	囲 1. (모양을) 비틀다 2. (사실을) 왜곡하다

1358.	*attract*	🔴 끌다 · 끌어들이다
1359.	*abstract*	🔵 추상적인 🔴 발췌하다 · 요약하다
1360.	*contract*	🟠 1. 계약하다 2. 수축하다 3. (병에) 걸리다 🔵 계약(서)
1361.	*distract*	🔴 1. 산만하게 하다 2. 즐겁게 하다
1362.	*extract*	🔴 1. 뽑아내다 · 추출하다 2. 발췌하다 🔵 1. 추출물 2. 발췌
1363.	*trace*	🔵 자취 · 흔적 🔴 추적하다 · 알아내다
1364.	*track*	🔵 1. (발)자국 2. (숲) 길 3. 선로 4. 경주로 5. 노래 한 곡 🔴 추적하다
1365.	*treat*	🔴 1. 대하다 2. 대접하다 3. 치료하다 🔵 한턱
1366.	*treaty*	🔵 (국가 간의) 조약 · 협정
1367.	*retreat*	🔴 후퇴하다 🔵 후퇴
1368.	*trail*	🔵 1. 자국 · 흔적 2. 산길 · 오솔길 🟠 1. 추적하다 2. 질질 끌다 · (뒤에) 끌리다
1369.	*trait*	🔵 (성격상의) 특성 · 특징
1370.	*portray*	🔴 (그림 · 글로) 그리다 · 묘사하다
1371.	*tremble*	🔴 (몸을) 떨다
1372.	*tremendous*	🔵 엄청난 · 대단한
1373.	*tribute*	🔵 1. 공물 · 조공 2. 찬사 · 헌정
1374.	*attribute*	🔴 ~ 덕[탓]으로 돌리다 🔵 《-s》 자질 · 속성
1375.	*contribute*	🟠 1. 기부하다 2. 기여하다 3. 기고하다
1376.	*distribute*	🔴 1. 나누어 주다 2. 퍼뜨리다 · 배포하다
1377.	*truth*	🔵 진실 · 사실
1378.	*trust*	🔵 1. 신뢰 · 신임 2. (자산의) 위탁 · 신탁 🟠 1. 신뢰하다 2. 믿고 맡기다
1379.	*entrust*	🔴 (믿고) 맡기다 · 위탁하다
1380.	*intrude*	🟠 (함부로) 침범하다 · 침해하다
1381.	*thrust*	🔴 1. 밀다 2. 찌르다 🔵 1. 밀치기 2.요점
1382.	*threaten*	🔴 협박하다 · 위협하다
1383.	*disturb*	🔴 1. 방해하다 · 어지럽히다 2. 불안하게 하다
1384.	*trouble*	🔵 1. 문제 2. 병 · 통증 3. 수고 🔴 괴롭히다
1385.	*urban*	🔵 도시의
1386.	*suburb*	🔵 《주로 -s》 교외

1387.	*used*	🔵 1. 중고의 2. 익숙한
1388.	*abuse*	🔵 1. 남용 · 오용 2. 학대 3. 욕설 🔴 1. 남용하다 2. 학대하다
1389.	*utensil*	🔵 (주방 · 요리) 기구
1390.	*utilize*	🔴 활용하다
1391.	*vacant*	🔵 (방 · 자리 등이) 비어있는
1392.	*vacuum*	🔵 1. 진공 2. 공허함 · 공백
1393.	*evacuate*	🔴 1. (위험한 곳을) 비우다 2. 대피시키다
1394.	*vain*	🔵 헛된 · 소용없는
1395.	*vanish*	🔴 사라지다 · 없어지다
1396.	*avoid*	🔴 피하다 · 회피하다
1397.	*invade*	🔴 침략하다 · 침입하다
1398.	*evade*	🔴 회피하다 · 모면하다
1399.	*vague*	🔵 1. 희미한 2. 막연한 · 모호한
1400.	*extravagant*	🔵 1. 낭비하는 2. 지나친 · 과도한
1401.	*value*	🔵 가치 🔴 1. 평가하다 2. 중시하다
1402.	*valid*	🔵 1. 타당한 2. (법적으로) 유효한
1403.	*evaluate*	🔴 평가하다
1404.	*available*	🔵 1. 이용할 수 있는 2. (사람이) 시간이 있는
1405.	*prevail*	🔴 1. 우세하다 2. 널리 퍼지다 · 보편적이다
1406.	*venture*	🔵 모험 🟠 모험하다 · (새 일을) 시작하다
1407.	*adventure*	🔵 모험
1408.	*advent*	🔵 도래 · 출현
1409.	*avenue*	🔵 1. 대로 · (도로명의) ~가 2. 방법 · 수단
1410.	*convenient*	🔵 편리한
1411.	*convention*	🔵 1. (대규모) 집회 2.협정 3. 인습 · 관습
1412.	*event*	🔵 1. (중요한) 사건 · 행사 2. 경기 · 종목
1413.	*invent*	🟠 1. 발명하다 2. 지어내다 · 꾸며대다
1414.	*intervene*	🔴 개입하다 · 중재하다
1415.	*prevent*	🔴 (미리) 막다 · 방지하다
1416.	*revenue*	🔵 1. 세입 2. (기업 · 기관의) 수입 · 수익
1417.	*souvenir*	🔵 기념품
1418.	*avenge*	🔴 복수하다
1419.	*revenge*	🔵 복수 🟠 복수하다 · ~의 원수를 갚다

1420.	*verse*	명 1. 운문 2. (시의) 연 · (노래의) 절		
1421.	*version*	명 1. (바뀐) ~판 · 버전 2. 설명 · 견해		
1422.	*converse*	명 형 정반대(의) · 역(의) 자 대화하다		
1423.	*controversial*	형 논란의 여지가 있는		
1424.	*diverse*	형 다양한		
1425.	*reverse*	형 반대의 명 1. (정)반대 2. 후진 타 뒤바꾸다		
1426.	*universe*	명 우주		
1427.	*advertise*	타 광고하다		
1428.	*convert*	동 1. 전환하다 2. 개종하다 · 전향하다		
1429.	*vertical*	형 수직의 · 세로의		
1430.	*divorce*	명 이혼 타 이혼하다 · 분리하다		
1431.	*via*	전 1. ~을 거쳐 · 경유하여 2. ~을 통해		
1432.	*obvious*	형 분명한 · 명백한		
1433.	*trivial*	형 사소한 · 하찮은		
1434.	*convey*	타 1. 운반하다 2. (생각 · 감정 등을) 전달하다		
1435.	*voyage*	명 항해 · 긴 여행 동 항해하다		
1436.	*victory*	명 승리		

1437.	*convict*	타 유죄 판결하다 명 죄수 · 기결수
1438.	*convince*	타 1. 확신시키다 2. 설득하다
1439.	*province*	명 1. (행정 단위로) ~도 · 주 2. 분야 · 영역
1440.	*divide*	동 나누다 · 나뉘다
1441.	*individual*	형 1. 개인의 2. 독특한 · 특유의 명 개인
1442.	*devise*	타 고안하다 · 궁리해내다
1443.	*widow*	명 미망인 · 과부
1444.	*vision*	명 1. 시력 · 시야 2. 상상력 · 비전 · 전망
1445.	*advise*	타 충고하다
1446.	*revise*	타 수정하다 · 개정하다
1447.	*supervise*	타 감독[관리]하다
1448.	*evident*	형 분명한 · 명백한
1449.	*provide*	동 1. 제공하다 2. 부양하다 3. 대비하다 4. 규정하다
1450.	*prudent*	형 신중한
1451.	*surveillance*	명 감시
1452.	*survey*	타 조사하다 명 1. 개관 2. 설문 조사 3. 측량
1453.	*envy*	타 부러워하다 명 부러움 · 선망

1454.	*interview*	명 1. 면접 2. 인터뷰 · 회담
		동 면접을 보다 · 인터뷰하다
1455.	*preview*	명 시사회 · 예고편
1456.	*review*	명 검토 · 논평 타 1. 검토하다 2. 복습하다
1457.	*vital*	형 1. 필수적인 · 중요한 2. 활기 넘치는
1458.	*vivid*	형 생생한
1459.	*revive*	동 되살리다 · 회복하다
1460.	*survive*	타 1. ~보다 오래 살다 2. ~에서 생존하다
1461.	*vocal*	형 목소리의 · 발성의
1462.	*vocation*	명 1. 천직 · 직업 2. 소명 · 사명감
1463.	*vocabulary*	명 어휘
1464.	*advocate*	명 옹호자 · 지지자 타 옹호하다 · 지지하다
1465.	*provoke*	타 1. 도발하다 · 유발하다 2. 화나게 하다
1466.	*vow*	명 맹세 · 서약 동 맹세하다
1467.	*vowel*	명 모음
1468.	*voluntary*	형 1. 자발적인 2. 자원 봉사의
1469.	*benevolent*	형 자비로운 · 자선을 베푸는

1470.	*volume*	명 1. (책의) 권 2. 양 · 체적 3. 음량 · 볼륨
1471.	*evolve*	동 1. 진화하다 2. (점차) 발전하다
1472.	*involve*	타 1. 포함하다 · 수반하다 2. 연루시키다
1473.	*revolution*	명 1. 공전 2. 혁명
1474.	*revolt*	명 반란 동 1. 반란을 일으키다 2. 역겹게 하다
1475.	*vault*	명 1. (아치형의) 지붕] 2. (은행의)금고
		동 (손 · 장대를 짚고) 뛰어넘다
1476.	*warn*	동 경고하다 · 주의를 주다
1477.	*aware*	형 알고 있는 · 의식하고 있는
1478.	*award*	명 상
		타 1. 상을 수여하다 2. 《법》지급 판결을 내리다
1479.	*reward*	명 (금전적인) 보답 · 보상
		동 보답하다 · 보상하다
1480.	*warrant*	명 1. 영장 2. 정당한 이유 · 근거
		타 정당하게 만들다 · ~을 받을 만하다
1481.	*ward*	타 피하다 · 막다 명 (병원 내) 병동

1482.	*physical*	형 1. 물질의 · 물리적인 2. 신체의			형 가짜의 · 모의의
1483.	*flesh*	명 1. 살; 살코기 2. (과일의) 과육	1498.	*stifle*	타 1. 질식시키다 2. (감정 등을) 억누르다
1484.	*muscle*	명 1. 근육 2. 힘 · 영향력	1499.	*hatch*	동 부화하다 · 부화시키다
1485.	*vein*	명 1. 정맥 2. 광맥	1500.	*fowl*	명 닭 · 가금
1486.	*function*	명 1. 기능 2. 행사 · 의식	1501.	*brute*	명 짐승 · 야수
		동 (제대로) 기능하다 · 작동하다	1502.	*fierce*	형 사나운 · 격렬한
1487.	*kneel*	자 무릎 꿇다	1503.	*sting*	동 (곤충 · 가시 등이) 쏘다 명 침 · 가시
1488.	*lean*	자 기대다 · 기울다 형 호리호리한 · 마른	1504.	*trap*	명 덫 · 함정 타 덫으로 잡다
1489.	*cling*	자 꼭 붙잡다 · 달라붙다	1505.	*shrink*	동 1. 줄어들다 2. 움츠리다
1490.	*fling*	타 (세게) 내던지다 · 내팽개치다	1506.	*dwindle*	자 (점점) 줄어들다
1491.	*gasp*	동 1. 헐떡이다 2. 갈망하다	1507.	*scatter*	동 흩어지다 · 흩어지게 하다
1492.	*pant*	동 1. (숨을) 헐떡이다 2. 갈망하다 · 몹시 바라다	1508.	*reap*	타 거두다 · 수확하다
1493.	*stumble*	자 비틀거리다	1509.	*weed*	명 잡초 타 잡초를 뽑다
1494.	*gaze*	자 응시하다 · (가만히) 바라보다 명 응시 · 시선	1510.	*bloom*	명 1. 꽃 · 개화 2. (젊어서) 한창 때
1495.	*peep*	동 엿보다 · 살짝 보다 명 훔쳐보기 · 살짝 보기			동 꽃이 피다
1496.	*imitate*	동 모방하다 · 흉내 내다	1511.	*bunch*	명 다발 · 묶음
1497.	*mock*	타 (흉내 내며) 놀리다 · 조롱하다	1512.	*rot*	동 썩다 · 썩게 하다

1513.	*mature*	형 성숙한 · 다 자란	1530.	*fever*	명 1. (고)열 · 열병 2. 열기 · 열풍
1514.	*wholesome*	형 1. 건전한 · 유익한 2. 건강에 좋은	1531.	*therapy*	명 치료 · 요법
1515.	*sanitary*	형 위생의 · 위생적인	1532.	*heal*	동 낫다 · 낫게 하다
1516.	*slumber*	명 《문학》 잠 · 수면 자 잠을 자다	1533.	*doom*	명 죽음 · 파멸 타 (불행한) 운명을 맞게 하다
1517.	*slender*	형 날씬한	1534.	*span*	명 기간 · 시간 타 (시간에) 걸쳐 이어지다
1518.	*naked*	형 1. 벌거벗은 · 나체의 2.적나라한 · 노골적인	1535.	*feminine*	형 여성의 · 여성스러운
1519.	*bald*	형 대머리의	1536.	*offspring*	명 자식 · (동물의) 새끼
1520.	*famine*	명 기근 · 굶주림	1537.	*cradle*	명 1. 요람 · 아기 침대 2. 발상지
1521.	*fatigue*	명 피로	1538.	*foster*	타 1.양육하다 2. 육성하다 · 발전시키다
1522.	*weary*	형 지친 · 싫증난	1539.	*familiar*	형 익숙한 · 잘 알고 있는
1523.	*vulnerable*	형 취약한 · 연약한	1540.	*cherish*	타 소중히 여기다 · 간직하다
1524.	*ruin*	타 망치다 명 1. 파멸 2. 《~s》 폐허 · 유적	1541.	*eternal*	형 영원한
1525.	*pang*	명 (갑작스런) 고통	1542.	*gift*	명 1. 선물 2. (천부적) 재능
1526.	*agony*	명 (극심한) 고통 · 괴로움	1543.	*token*	명 표시 · 징표
1527.	*bleed*	동 피가 나다 · 피를 흘리다	1544.	*fade*	동 1. (색이) 바래다 2. 점차 사라지다
1528.	*poison*	명 독(약) 타 1. 독살하다 2. 오염시키다	1545.	*split*	동 1. 쪼개다 · 쪼개지다 2. 헤어지다
1529.	*handicap*	명 1. 불리한 조건 · 핸디캡 2. 장애			

1546. *fellow*	몡 1. 동료 2. 녀석 · 남자	1562. *timber*	몡 목재 · 나무
1547. *barbarian*	몡 야만인 · 미개인	1563. *equipment*	몡 장비 · 장치
1548. *peculiar*	혱 1. 독특한 2. 특이한	1564. *furnish*	탵 1. (가구를) 비치하다 2. 제공하다 · 공급하다
1549. *mingle*	툉 섞다 · 섞이다	1565. *ornament*	몡 장식(물)
1550. *blend*	툉 1. 섞다 2. 어울리다 · 조화되다	1566. *decorate*	탵 1. 장식하다 2. (훈장을) 수여하다
1551. *favor*	몡 1. 호의 2. 찬성 탵 ~에게 호의를 베풀다	1567. *frame*	몡 1. 틀 · 액자 2. 뼈대 · 골격 탵 틀을 잡다
1552. *aid*	몡 도움 · 원조 툉 돕다 · 원조하다	1568. *mess*	몡 엉망인 상태 · 지저분함 탵 엉망으로 만들다
1553. *cabin*	몡 1. 오두막집 2. (배 · 항공기의) 객실 · 선실	1569. *routine*	몡 1. 정해진 방법 · 순서 2. (판에 박힌) 틀 · 일
1554. *cottage*	몡 (시골의) 작은 집 · 오두막	1570. *neat*	혱 단정한 · 깔끔한
1555. *lodge*	몡 오두막 · 산장 툉 1. 머무르다 · 하숙하다 2. ~에 꽂다 · 박히게 하다	1571. *tidy*	혱 깔끔한 · 정돈된 툉 정돈하다
1556. *shelter*	몡 피신처 툉 보호하다 · 피신처를 제공하다	1572. *rent*	몡 집세 · 임차료 탵 1. 빌리다 2. 세놓다
1557. *inn*	몡 (시골의) 숙소 · 여관	1573. *vary*	탶 바뀌다 · 다르다
1558. *cathedral*	몡 대성당	1574. *hazard*	몡 (우발적) 위험 (요소)
1559. *room*	몡 1. 방 2. 공간 · 여지	1575. *garbage*	몡 쓰레기
1560. *chamber*	몡 회의실 · ~실(室)	1576. *dwell*	탶 1. 살다 · 거주하다 2. 숙고하다
1561. *vent*	몡 통풍구 · 환기구	1577. *haunt*	탵 1. 유령이 나타나다 2. (생각 등이) 괴롭히다 · 떠나지 않다

1578. *clothing*	몡 (집합적) 의류 · 의복	1595. *grind*	탵 (잘게) 갈다 · 빻다
1579. *weave*	툉 1. 짜다 · 엮다 2. (이야기를) 지어내다	1596. *soak*	툉 담그다 · 흠뻑 적시다
1580. *pattern*	몡 1. 무늬 2. (정형화된) 양식 · 패턴	1597. *flavor*	몡 (풍기는) 맛 · 풍미
1581. *trend*	몡 동향 · 추세 · 유행	1598. *frequent*	혱 잦은 · 빈번한 탵 ~에 자주 가다
1582. *brace*	몡 1. 멜빵 2. (조여 주는) 보조기 · 치아교정기	1599. *tray*	몡 쟁반
1583. *shabby*	혱 낡은 · 허름한	1600. *vomit*	툉 (구)토하다
1584. *sheer*	혱 1. 순전한 2. 얇은 · 비치는	1601. *boast*	툉 자랑하다 · 뽐내다
1585. *polish*	탵 (윤이 나도록) 닦다 · 광내다 몡 윤 · 광(택제)	1602. *flatter*	탵 아첨하다
1586. *trim*	탵 다듬다 · 손질하다 몡 (머리) 다듬기 · 손질	1603. *argue*	툉 1. 다투다 · 언쟁하다 2. 주장하다
1587. *sculpture*	몡 조각(품)	1604. *absurd*	혱 불합리한 · 터무니없는 몡 《the-》 불합리
1588. *craft*	몡 1. 기술 · 공예 2. (작은) 배 · 비행기	1605. *ridiculous*	혱 웃기는 · 터무니없는
1589. *clumsy*	혱 서투른	1606. *vulgar*	혱 저속한 · 천박한
1590. *anthem*	몡 (공식적인) 노래	1607. *swear*	툉 1. 맹세하다 2. 욕하다
1591. *celebrity*	몡 1. 명성 2. 유명인사	1608. *curse*	몡 욕설 · 저주 툉 욕하다 · 악담을 퍼붓다
1592. *splendid*	혱 아주 멋진 · 훌륭한	1609. *blame*	탵 비난하다 · ~에게 책임을 돌리다 몡 (잘못에 대한) 책임
1593. *grocery*	몡 식료품 잡화점		
1594. *stir*	툉 1. 휘젓다 2. 마음을 흔들다 · 자극하다	1610. *awkward*	혱 1. 어색한 · 서투른 2. 난처한 · 곤란한

1611.	*prose*	몡 산문
1612.	*satire*	몡 풍자
1613.	*periodical*	몡 정기 간행물
1614.	*article*	몡 1. (신문 · 잡지의) 글 · 기사 2. 물품 · 품목
1615.	*preach*	통 1. 설교하다 2. 역설하다
1616.	*summary*	몡 요약
1617.	*brief*	톙 1. 짧은 · 잠시의 2. (말 · 글이) 간결한
		몡 간단한 요약 · 짧은 소식
1618.	*hint*	몡 힌트 · 암시
1619.	*seek*	타 찾다 · 구하다
1620.	*quit*	통 그만두다
1621.	*hinder*	타 방해하다 · 저해하다
1622.	*wage*	몡 임금 · 급료 타 (전쟁을) 하다 · 벌이다
1623.	*negotiate*	통 협상하다
1624.	*livelihood*	몡 생계 (수단)
1625.	*own*	톙 자신의 타 소유하다 자 인정하다
1626.	*thrifty*	톙 검소한 · 절약하는

1627.	*frugal*	톙 검소한 · 절약하는
1628.	*wretched*	톙 비참한 · 불쌍한
1629.	*sorrow*	몡 (큰) 슬픔 · 비애
1630.	*lament*	통 슬퍼하다 · 비탄하다 몡 (큰) 슬픔 · 비애
1631.	*mourn*	통 애도하다 · 슬퍼하다
1632.	*weep*	통 울다
1633.	*shed*	통 1. (눈물을) 흘리다 2. (빛을) 비추다
1634.	*burst*	통 터지다 · 터뜨리다 몡 터짐 · 파열
1635.	*spontaneous*	톙 (순간 마음이 움직여) 자발적인 · 즉흥적인
1636.	*bother*	통 1. 괴롭히다 2. 《부정문에서》 애써 ~하다
1637.	*irritate*	타 짜증나게 하다
1638.	*tease*	타 (장난으로) 놀리다 · 괴롭히다
1639.	*rage*	몡 분노 · 격분
1640.	*frown*	자 얼굴을 찡그리다 · 눈살을 찌푸리다
1641.	*dismal* 1642. *gloomy*	톙 우울한 · 음울한
1643.	*sullen*	톙 시무룩한 · 뚱한
1644.	*soothe*	타 달래다 · 완화시키다

1645.	*personality*	몡 1. 성격 · 개성 2. 유명인
1646.	*bold*	톙 용감한 · 대담한 몡 볼드체 · 굵은 활자체
1647.	*reckless*	톙 무모한 · 난폭한
1648.	*spur*	몡 1. 박차 · 자극 2. 충동 타 자극하다
1649.	*headlong*	부 1. 거꾸로 · 곤두박질쳐 2. 저돌적으로
1650.	*nuisance*	몡 짜증나는 것[사람]
1651.	*heed*	타 주의를 기울이다 몡 주의 · 조심
1652.	*caution*	몡 주의 · 조심 통 주의를 주다 · 경고하다
1653.	*timid*	톙 소심한 · 용기 없는
1654.	*dread*	타 두려워하다 몡 두려움 · 공포
1655.	*awe*	몡 경외감
1656.	*frustrate*	타 좌절시키다 · 낙담시키다
1657.	*tolerant*	톙 관대한 · 너그러운
1658.	*vicious*	톙 1. 악의에 찬 · 악의적인 2. 사나운 · 잔인한
1659.	*wicked*	톙 사악한 · 못된
1660.	*greedy*	톙 탐욕스러운
1661.	*broad-minded*	톙 마음이 넓은 · 관대한

1662.	*jealous*	톙 질투하는 · 시샘하는
1663.	*scorn*	몡 경멸 · 멸시 타 경멸하다 · 멸시하다
1664.	*shrewd*	톙 (행동 · 판단이) 민첩한 · 기민한
1665.	*decent*	톙 1. 적당한 2. 예의 바른 · 품위 있는
1666.	*bland*	톙 1. 온화한 2. (맛이) 싱거운 · 맛없는
1667.	*earnest*	톙 성실한 · 진심 어린
1668.	*optimistic*	톙 낙관적인
1669.	*mercy*	몡 자비
1670.	*linger*	자 (오래) 남아있다 · 계속되다
1671.	*charity*	몡 1. 자선 2. 자선 단체
1672.	*bronze*	몡 (청)동 1673. *leisure* 몡 여가 · 레저
1674.	*bait*	몡 미끼
1675.	*gamble*	통 도박하다 · 돈을 걸다
1676.	*parachute*	몡 낙하산 통 낙하산을 타고 뛰어내리다
1677.	*vigor*	몡 활력 · 활기
1678.	*brisk*	톙 빠른 · 활발한
1679.	*stroll*	통 거닐다 · 산책하다 몡 거닐기 · 산책

1680.	*govern*	🔴 다스리다 · 통치하다	1697.	*banish*	🔴 추방하다	
1681.	*realm*	🟠 1. 왕국 2. 영역 · 분야	1698.	*raw*	🟠 1. 날것의 2. 원래 그대로의 · 가공되지 않은	
1682.	*throne*	🟠 왕위 · 왕좌	1699.	*soar*	🟢 1. 날아오르다 2. 급등하다	
1683.	*imperial*	🟠 제국의 · 황제의	1700.	*ready-made*	🟠 기성의	
1684.	*loyal*	🟠 충실한 · 충성스러운	1701.	*steel*	🟠 강철 · 철강 🔴 마음을 단단히 먹다	
1685.	*oath*	🟠 맹세 · 선서	1702.	*staple*	🟠 주된 🟠 주산물 · 주된 요소	
1686.	*pledge*	🟠 (굳은) 약속 · 서약 🔴 (정식으로) 약속하다	1703.	*quality*	🟠 1. 질 · 품질 2. 자질 · 특성	
1687.	*urge*	🔴 촉구하다 · 재촉하다 🟠 (강한) 욕구 · 충동	1704.	*patent*	🟠 특허 🟠 1. 특허의 2. 명백한	
1688.	*fulfill*	🔴 이행하다 · 실현하다	1705.	*focus*	🟠 초점 🟠 초점을 맞추다 · 집중하다	
1689.	*drastic*	🟠 과감한 · 급격한	1706.	*budget*	🟠 예산(안) 🔴 예산을 세우다	
1690.	*parliament*	🟠 의회 · 국회	1707.	*lack*	🟠 부족 · 결핍 🔴 ~이 부족하다	
1691.	*authority*	🟠 1. 권한 2. 《~ties》 당국	1708.	*loan*	🟠 대출(금) 🔴 빌려주다	
1692.	*grant*	🔴 1. 주다 · 허용하다 2. 인정하다 🟠 보조금	1709.	*ample*	🟠 충분한	
1693.	*ambition*	🟠 야망 · 포부	1710.	*worth*	🟠 (경제적 · 정신적) 가치 🟠 ~의 가치가 있는	
1694.	*scheme*	🟠 계략 · 계획 🟢 계략을 꾸미다	1711.	*thrive* 1712. *flourish*	🟢 번창하다 · 잘 자라다	
1695.	*riot*	🟠 폭동	1713.	*luxury*	🟠 사치 · 호화로움	
1696.	*chaos*	🟠 혼돈 · 혼란	1714.	*quote*	🔴 1. 인용하다 2. 시세를 말하다	

1715.	*violate*	🔴 1. 위반하다 2. 침해하다	1733.	*border*	🟠 국경 · 경계 🟢 경계를 접하다 · ~에 가깝다	
1716.	*violence*	🟠 폭력 · 폭행	1734.	*alert*	🟠 경계하는 🟠 경계 🔴 (위험 등을) 알리다	
1717.	*penetrate*	🟢 1. 관통하다 · 침투하다 2. 간파하다	1735.	*armament*	🟠 군비 (확충)	
1718.	*challenge*	🔴 1. 이의를 제기하다 2. 도전하다 🟠 도전	1736.	*bomb*	🟠 폭탄 🔴 폭격하다	
1719.	*villain*	🟠 악당 · 악인	1737.	*trigger*	🟠 방아쇠 🔴 유발하다	
1720.	*identify*	🟢 1. 확인하다 2. 찾다 3. 동화되다	1738.	*triumph*	🟠 (큰) 승리 🟢 승리를 거두다 · 이기다	
1721.	*clue*	🟠 단서 · 실마리	1739.	*flee*	🟢 달아나다 · 도망치다	
1722.	*thorough*	🟠 철저한 · 빈틈없는	1740.	*deadly*	🟠 치명적인	
1723.	*guilty*	🟠 1. 유죄인 2. 죄책감이 드는	1741.	*arithmetic*	🟠 산수 · 셈	
1724.	*petty*	🟠 사소한 · 하찮은	1742.	*calculate*	🔴 계산하다	
1725.	*juvenile*	🟠 청소년의 🟠 청소년	1743.	*tedious*	🟠 지루한 · 싫증나는	
1726.	*chase*	🟢 뒤쫓다 · 추적하다 🟠 추적 · 추구	1744.	*random*	🟠 마구잡이의 · 무작위의	
1727.	*seize*	🔴 1. 체포하다 2. 압수하다	1745.	*scold*	🔴 꾸짖다 · 야단치다	
1728.	*harsh*	🟠 1. 가혹한 · 혹독한 2. (눈 · 귀에) 거슬리는	1746.	*cope*	🟢 대처하다 · 대응하다	
1729.	*client*	🟠 (전문직의) 의뢰인 · 고객	1747.	*zeal*	🟠 열의 · 열성	
1730.	*bribe*	🟠 뇌물 🔴 뇌물을 주다 · 매수하다	1748.	*dignity*	🟠 위엄 · 품위	
1731.	*military*	🟠 군사의 · 무력의	1749.	*salute*	🟢 (예의바르게) 경례하다 · 인사하다	
1732.	*warfare*	🟠 (특정 방식의) 전쟁 · 전투			🟠 경례 · 인사	

1750.	*academic*	형 학문의 · 학업의 · 학구적인	1768.	*moral*	형 도덕의 · 도덕적인
1751.	*category*	명 범주 · 부류	1769.	*doctrine*	명 교리 · 신조
1752.	*singular*	형 1. 단수의 2. 뛰어난 · 독보적인	1770.	*vehicle*	명 1. 차량 · 탈것 2. (전달) 수단 · 매개체
1753.	*numerous*	형 많은	1771.	*vessel*	명 (큰) 배 · 선박
1754.	*trifle*	명 하찮은 것 자 하찮게 보다 · 소홀히 대하다	1772.	*aviation*	명 항공(술)
1755.	*fallacy*	명 오류 · 오해	1773.	*trip*	명 (짧은) 여행 자 걸려 넘어지다 · 발을 헛디디다
1756.	*myth*	명 1. 신화 2. 근거 없는 믿음	1774.	*stuff*	타 (빽빽이) 채워 넣다 명 재료 · 물건
1757.	*paradise*	명 천국 · 낙원	1775.	*fuel*	명 연료 타 연료를 공급하다
1758.	*legend*	명 전설	1776.	*pave*	타 (도로를) 포장하다
1759.	*omen*	명 징조 · 조짐	1777.	*shortcut*	명 지름길
1760.	*worship*	명 숭배 · 예배 타 숭배하다	1778.	*swift*	형 (움직임이) 재빠른 · 신속한
1761.	*idol*	명 우상	1779.	*parallel*	형 평행한 · 유사한 명 유사함
1762.	*pious*	형 경건한 · 독실한			타 평행하다 · ~에 유사하다
1763.	*holy*	형 신성한	1780.	*crash*	명 충돌 자 충돌하다 · 추락하다
1764.	*divine*	형 신의 · 신성한 타 예측하다 · 예언하다	1781.	*toll*	명 1. 통행료 2. 사상자 수 · 희생자 수
1765.	*lofty*	형 1. 아주 높은 · 우뚝 솟은 2. 고귀한	1782.	*miss*	타 1. 놓치다 2. 그리워하다
1766.	*ideal*	형 이상적인 · 완벽한	1783.	*rescue*	타 구조하다 · 구출하다 명 구조 · 구출
1767.	*everlasting*	형 영원한 · 변치 않는	1784.	*barely*	부 1. 간신히 · 겨우 2. 거의 ~아니게

1785.	*volcano*	명 화산	1802.	*drip*	동 (물이) 똑똑 떨어지다 명 똑똑 떨어짐
1786.	*summit*	명 1. 정상 · 절정 2. 정상 회담	1803.	*drift*	명 1. 표류 · 이동 2. 동향 · 추이 타 표류하다
1787.	*cliff*	명 절벽 · 벼랑	1804.	*barren*	형 (땅이) 척박한 · 불모의
1788.	*slope*	명 경사 · 경사면	1805.	*material*	형 1. 물질적인 2. 중요한 명 1. 재료 2. 소재
1789.	*vast*	형 거대한 · 엄청난	1806.	*solid*	형 1. 단단한 · 고체의 2. 견고한 · 확실한
1790.	*pasture*	명 초원 · 목초지			3. 만장일치의 명 고체 · 고형물
1791.	*meadow*	명 목초지	1807.	*molecule*	명 분자
1792.	*serene*	형 고요한 · 평온한	1808.	*fossil*	명 화석
1793.	*climate*	명 1. 기후 2. 분위기 · 풍조	1809.	*fume*	자 (연기를) 내뿜다 명 (불쾌한) 가스 · 연기
1794.	*crust*	명 1. (빵)껍질 2. (지질) 지각 · 딱딱한 층	1810.	*ray*	명 (한 줄기) 빛 · 광선
1795.	*dense*	형 빽빽한 · 밀집한	1811.	*pioneer*	명 개척자 타 개척하다
1796.	*sparse*	형 드문드문한 · 희박한	1812.	*epoch*	명 (새로운) 시대
1797.	*drought*	명 가뭄	1813.	*orbit*	명 1. 궤도 2. 영향권 동 ~의 궤도를 돌다
1798.	*tropical*	형 열대의 · 열대 지방의	1814.	*satellite*	명 위성 · 인공위성
1799.	*moisture*	명 수분 · 습기	1815.	*launch*	타 1. 발사하다 2. 시작하다 · 출시하다
1800.	*humid*	형 (덥고) 습한	1816.	*virtual*	형 1. 사실상의 2. 가상의
1801.	*damp*	형 축축한 · (물에) 젖은	1817.	*ultimate*	형 궁극적인 · 최후의

대한민국
고등학생
영단어 고민 이제 끝!

해외에서도 인정받는
국내 최고 어휘 전문가 문덕 선생님 집필

해외 수출된 『웃지마 나 영어책이야』, 『MD Voca 33,000』 등의 저자이자 국내 최고의 영단어 전문가 문덕 선생님의 인생 역작입니다!

영어 다의어 어떻게 해야 할까요?

다의어 문제를 외면하는 것은 어휘학습서라고 할 수 없습니다. 오랜 강의와 연구를 바탕으로 다의어 문제 완벽 해결했습니다!

어원과 주제별 접근의
유기적 구성으로 암기 효율 끝판왕!

과학적인 최고의 영단어 암기법 '어원 & 테마별 어휘 학습'의 완벽한 조화로 여러분의 어휘력 빈틈을 채워줍니다.

MD 영어 연구소가 선보이는
WCS학습법의 신기원을 경험하세요.

WCS학습법은 단어학습에 머무르지 않고 문법과 독해로 어휘학습을 자연스럽게 이어주는 과학적 학습모듈입니다.